꼼꼼히 준비하고 제대로 여행하는

홍콩·마카오
여행백서

꼼꼼히 준비하고 제대로 여행하는
홍콩·마카오 여행백서

초판 1쇄 펴냄   2014년 8월 20일
개정판 1쇄 인쇄   2016년 12월 01일
개정판 1쇄 펴냄   2016년 12월 10일

지은이 김기연
펴낸이 유정식

편집디자인 김효진
표지디자인 이승현
책임편집 박수현

펴낸곳   나무자전거
출판등록   2009년 8월 4일 제 25100-2009-000024호
주소   서울 노원구 덕릉로 789, 2층
전화   02-6326-8574
팩스   02-6499-2499
전자우편   namucycle@gmail.com

ⓒ김기연 2016~2017
ISBN : 978-89-98417-23-9(14980)
ISBN : 978-89-98417-12-3(세트)
정가 : 18,000원

파본이나 잘못 인쇄된 책은 구입하신 서점에서 교환해드립니다.

이 책은 저작권법에 따라 보호받는 저작물이므로 무단전재와 복제를 금합니다.
이 책 내용의 일부 또는 전부를 이용하려면 반드시 저작권자와 나무자전거의 서면동의를 받아야 합니다.

2017년
전면
개정판

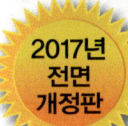

꼼꼼히 준비하고 제대로 여행하는

홍콩·마카오 여행백서

김기연 지음

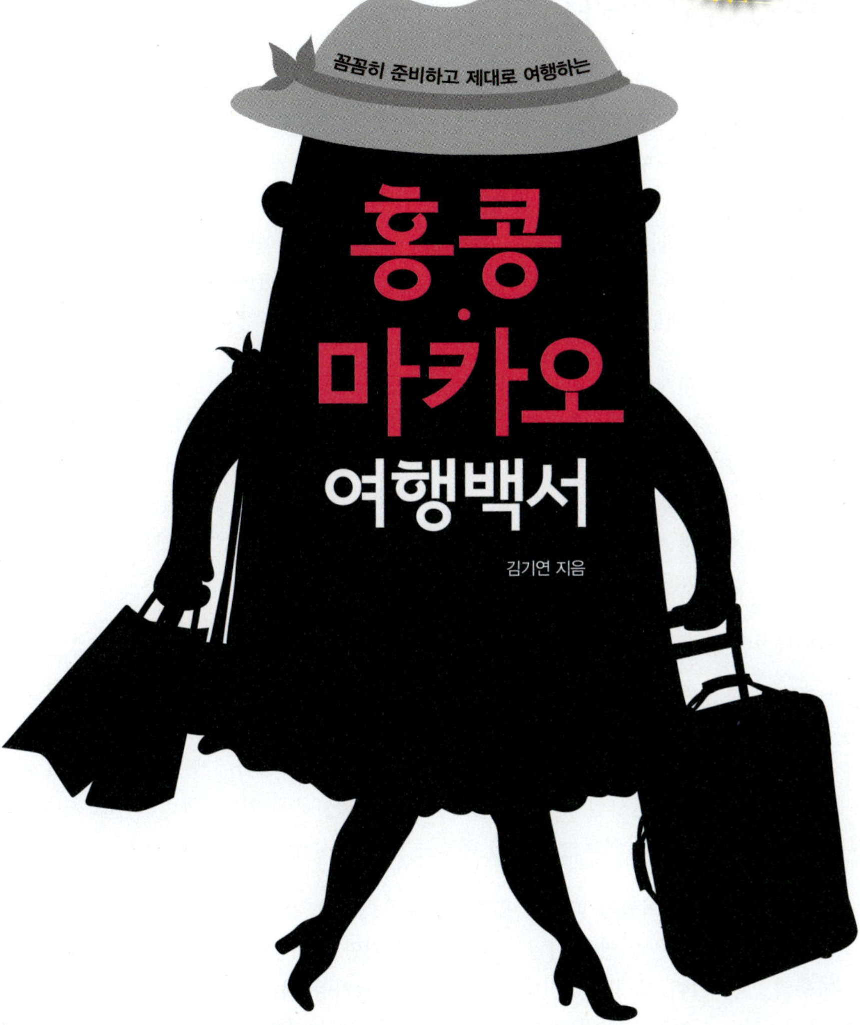

나무자전거

PROLOGUE

여행작가로서 첫걸음을 시작했던
홍콩 그리고 마카오!

홍콩가이드북이 그리 많지 않았던 때부터 15권 이상의 홍콩관련 가이드북이 쏟아져 나온 현재. 홍콩·마카오 여행백서는 2017년 개정판을 준비하며 많은 변화를 가져야만 했다. 뻔한 홍콩·마카오는 물론 히든, 핫플레이스를 소개하는 특별한 홍콩·마카오가 담겨있어야 했다. 이러한 변화는 홍콩을 찾는 한국여행자도 마찬가지이다. 미슐랭가이드가 인정하는 맛집, SNS로 유명세를 탄 새로운 맛집, 오픈라이스, 트립어드바이저 등에서 인정한 맛집 등은 물론 새로운 명소를 찾아 떠나는 여행자들이 계속 늘어나는 추세이다.

처음 가이드북 취재를 위해 만나게 된 도시, 홍콩은 이제 나에게는 특별한 도시로 자리 잡았다. 작지만 강렬한 도시 홍콩은 중국반환과 함께 내부적으로 속앓이를 해야만 했고 조금 큰 변화가 일어났다. 친절함으로 유명했던 홍콩택시는 불친절한 중국본토인으로 바뀌면서 도로의 무법자가 되었고, 대형쇼핑몰은 중국본토 관광객들로 가득하며, 유명명소는 질서를 무시하며 싸우기까지 하는 모습을 쉽게 볼 수 있게 되었다. 화려했지만 결코 요란스럽지 않던 홍콩은 무질서를 걷는 듯 하였다.

조금은 특별한 홍콩·마카오 여행을 소개하고 싶은 생각이 든 건 아마도 이런 이유일 것이다. 여행자들로 가득한 유명골목에서 살짝 벗어나기만 해도 새로운 홍콩을 만날 수 있다. 골목 자체로 마음을 사로잡는 곳도 있고, 주변 상점과 어우러진 새로운 골목을 만나는 기쁨도 느낄 수 있다. 빠르고 급한(?) 여행을 하는 한국여행자에게 조금은 마음의 여유를 찾을 수 있는 곳이 사실 유명관광지에서 멀지 않은 곳에 있다. 한번쯤 길을 잃고 1시간 쯤 홍콩의 골목을 돌아보는 여행을 해보는 건 어떨지 권해보고 싶다.

여행도 운이 따른다. 어렵게 떠나온 홍콩여행에서 태풍을 만날 수도 있고, 몸이 아플 수도 있으며 뜻하지 않은 인연을 만날 수도 있다. 하지만 준비만이라도 잘하고 출발한다면 그 여행의 반은 이미 성공한 것이다. 태풍이 오는 시기를 피해서 여행을 계획하면 되고 해외에서 아플 때 어떤 대처를 취해야 할지도 미리 알아둔다면, 여행을 떠나는 자기자신이 여행의 운이라는 열쇠를 쥐고 있는 것은 아닐까?

무모한 자신감 하나로 커다란 캐리어를 끌고 홍콩에 처음 도착했던 그때를 잊지 못한다. 동남아시아 못지않던 열기를 가득품은 숨막히는 더위마저 단숨에 압도해버렸던 이층버스에서 바라보던 홍콩풍경, 100년의 역사와 함께 달리던 스타페리와 트램, 낯선 현지인과 함께 식사를 했던 로컬식당. 그래서 나는 아직도 홍콩공항에 도착하면 AEL를 타더라도 일부러 공항 밖으로 나와 홍콩공기를 들이마시고, 하루에 한 번 이상은 스타페리를 타고, 저녁이면 트램을 타고 밤공기를 들이마시며 말도 제대로 통하지 않는 현지인들과 같은 테이블에서 식사를 하는 로컬식당을 찾는다. 취재 온 작가이기 이전에 엄연히 나도 여행자임을 느끼게 해주는 순간이다.

홍콩과 마카오는 하루가 다르게 변화되고 있는 도시이다. 2017년 개정판을 준비하면서 사라진 곳도 있고 새로운 명소로 관심이 집중되는 곳도 늘었다. 이렇듯 하루하루 바삐 움직이는 도시가 바로 홍콩과 마카오이다. 첫술로 채워지지 못했던 부분에서 겨우 허기를 면한 것이 바로 이번 2017년 개정판이다. 아직도 배는 많이 고프지만 급하게 진행하다 탈나지 않도록 욕심내지 않고, 독자의 사랑과 꾸준한 나의 발품으로 차근차근 채워나갈 것이다.

가이드북은 어디까지나 가이드 역할을 할 뿐 여행은 여러분 스스로 만들어나가는 것이기에 홍콩·마카오 여행백서는 여러분의 여행에 도움이 되는 가이드 역할에 충실한 책이었으면 한다. 마침표를 찍은 차가운 겨울을 준비하는 11월의 가을에 찾아가는 이 책이 가도 가도 새롭고, 봐도 봐도 즐겁고, 먹어도 먹어도 맛있는 홍콩·마카오여행에서 여러분의 추억을 담아오는 상자가 되길 바란다.

"배낭을 메고 가도 좋고,
커다란 캐리어를 끌고 가도 좋다.
가방의 종류와 무게는 중요하지 않기 때문이다."

Special thank to...

홍콩여행백서를 선택해준 사랑스러운 독자님들, 조언과 격려를 아낌없이 보내주는 블로그 이웃님들, 애써준 나무자전거출판사 담당자, 항상 홍콩에 관한 많은 도움을 준 박영호사장님, 언제나 힘이 되어주는 쫑아 윤정아, 새로운 일을 함께 도모하는 든든한 나의 DT팀원 배짱이 김수진, 김선녀, 박유찬 그리고 사랑하는 부모님께 글로나마 감사의 말을 전합니다.

김기연(미꼬씨)

PREVIEW

이 책은 총 6개 파트로 홍콩은 물론 마카오까지 홍콩여행을 계획하면서 한 번에 묶어서 돌아볼 수 있도록 구성하였습니다. 1파트에는 홍콩과 마카오여행을 처음 준비하면서 미리 알고 있어야 할 알찬 정보들을 수록하였고, 2~4파트에는 홍콩과 홍콩의 외곽 섬을 지역별로 구분하여 볼거리, 맛집, 쇼핑 등의 섹션으로 나눠 스팟들을 하나씩 설명하였습니다.

챕터별 구성
몇 개의 인접한 지역을 하나의 챕터로 묶어 동선을 짜기 쉽도록 설명하였습니다.

추천도
지역별 볼거리, 먹거리, 쇼핑거리를 별점으로 표시하여 중요도를 한눈에 파악할 수 있도록 하였습니다.

한눈에 보는 교통편
해당 지역을 여행하는 데 필요한 다양한 교통정보를 확인할 수 있습니다.

반드시 해봐야 할 것들
해당 지역을 방문한다면 꼭 해봐야 할 것들을 추천하였습니다.

사진으로 미리 살펴보는 베스트코스
여행지의 스팟들을 효율적으로 둘러보기 위한 동선을 제시합니다. 어디를 가야 할지, 무엇을 먹어야 할지 등이 고민된다면 베스트코스를 참고하세요.

베스트코스 이동방법 아이콘
도보 · MTR · 버스 · 택시 · 페리
트램 · 에스컬레이터 · AEL · 항공기

5파트의 마카오도 홍콩파트처럼 섹션으로 구분하여 찾고자하는 스팟들을 바로바로 찾아볼 수 있게 구성하였습니다. 마지막으로 6파트에는 홍콩과 마카오의 다양한 숙박시설에 대해서 다루었습니다. 책 중간중간에는 홍콩디지니랜드나 오션파크, 소호나 란콰이퐁처럼 독립적인 볼거리들이 있는 곳은 스페셜처리를 하여 따로 구분하여 여행계획을 잡을 수 있도록 하였습니다.

섹션별 구성
원하는 스팟을 바로 찾아볼 수 있도록 해당 여행지의 볼거리, 먹거리, 쇼핑거리 등을 각각의 섹션으로 묶어 자세하게 다루고 있습니다.

스팟 정보
해당 스팟에 대한 정보를 일목요연하게 정리하였습니다. 주소, 찾아가는 방법, 운영시간, 가격, 추천메뉴, 전화번호, 홈페이지 등의 세세한 정보는 물론, 저자가 알려주는 스팟 팁을 덤으로 알 수 있습니다.

TIP
본문에서 미처 다루지 못한 연관정보를 팁으로 상세하게 정리하였습니다.

스팟 제목
지역별 스팟들을 아이콘으로 구분하였으며, 그에 대한 간략한 설명을 부제목으로 정리하여 제목만 봐도 어떤 곳인지 미루어 짐작할 수 있으며, 별점으로 인기도를 파악할 수 있습니다.

그림 캡션
필요한 경우 이미지를 이해하기 쉽도록 캡션을 달았습니다. 특히 먹거리 섹션에서는 요리의 명칭을 현지어로도 알 수 있게 하였습니다.

연관 스팟
한 스팟에 딸린 연관 스팟들을 묶어서 소개합니다. 특히 쇼핑몰이나 백화점처럼 한건물 내에 여러 스팟이 있는 경우 한눈에 파악하는데 도움이 됩니다.

7

PREVIEW

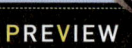

저자 강력추천 일정 및 일정별 동선

여행자의 일정과 예산, 동행 등에 따라 여행일정은 천차만별로 짤 수 있습니다. 먼저 1파트에서 제시한 동선을 참고하여 굵직한 동선을 짜고, 세부 동선은 지역별 베스트코스를 참고하여 짠다면 여행자에게 가장 효율적인 동선을 쉽고 빠르게 짤 수 있습니다.

스페셜페이지

홍콩이나 마카오 인근의 이색적인 볼거리나 즐길거리가 있는 곳은 하나의 지역으로 묶어 스페셜페이지로 구성하였습니다. 홍콩의 유명 거리인 넛츠포드테라스와 캔톤로드, 외곽지역인 란콰이퐁, 리펄스베이, 스탠리, 애버딘, 오션파크, 디스커버리베이, 홍콩디즈니랜드 등과 마카오의 타이파빌리지, 콜로안빌리지 등을 스페셜로 다루고 있습니다.

지도
인접한 지역을 묶어 구성한 챕터에는 지역에 해당하는 여행 지도를 삽입하였습니다. 지도에는 교통편과 섹션에서 소개한 스팟들의 정보를 담아 이동경로를 한눈에 파악할 수 있습니다.

지도 아이콘

- 🚇 MTR
- ⛴ 페리
- 🚌 버스
- ② 출구번호
- 🏠 숙소
- ⓔ 사원
- $ 은행
- ⓘ 관광안내소
- 🏨 호텔
- 🏛 박물관
- 🛒 쇼핑
- 🍴 음식점
- 24 편의점
- 🏫 학교

볼거리, 즐길거리로 넘쳐나는 홍콩·마카오 여행백서
1파트 홍콩과 마카오 여행 준비, 2~4파트 홍콩과 홍콩의 외곽 섬, 5파트 마카오, 6파트 홍콩과 마카오의 숙소까지 자세하게 설명합니다.

CONTENTS

Part 01 홍콩여행 제대로 준비하기

FIND MAP 홍콩전체지도 26

Section 01 홍콩여행계획하기 28
잠깐 짚고 넘어가는 홍콩 간략정보 28 | 홍콩, 마카오 여행정보 수집하기 29 | 홍콩여행에 유용한 애플리케이션 31 | 홍콩여행은 언제 가는 것이 좋을까? 32 | 여권 준비하기 34 | 항공권구입하기 35 | 알뜰살뜰 홍콩달러로 환전하기 36 | 신용카드와 직불카드 사용하기 37 | 여행 중 사건/사고에 대처하는 방법 38 | 급할 때 사용하는 생존영어와 중국어 40 |

Section 02 행복한 홍콩·마카오여행을 위한 일정별 동선 41
홍콩·마카오여행 예산잡기 41 | 효율적으로 돌아보는 홍콩·마카오여행 일정 44 | 저자 강력추천 홍콩만 2박 3일 45 | 저자 강력추천 홍콩 2박 + 마카오 1박 46 | 추천 3박 4일 일정(홍콩시내 위주) 48 | 추천 3박 4일 일정(홍콩위주) 49 | 추천 3박 4일 일정(홍콩 2박+마카오 1박) 50 | 추천 4박 5일 일정(홍콩 3박+마카오 1박) 51 |

Section 03 인천공항 출국에서 홍콩공항 도착까지의 과정 52
한눈에 살펴보는 출국과정 52 | 홍콩에 가려면 국제선이 운행되는 인천공항으로 52 | 발권과 탑승수속하기 53 | 출국심사과정 55 | 항공기 대기시간 활용하기 56 | 비행기 탑승하기 57 |

Section 04 홍콩국제공항 입국하기 58
한눈에 살펴보는 홍콩 입국과정 58 | 홍콩 출입국카드 작성과 입국심사 58 | 수하물찾기와 세관검사 59 | 홍콩국제공항에서 페리 타고 바로 마카오로 이동하기 60 | 데이터를 자유로이 사용할 수 있는 유심 구입하기 60 | 홍콩의 교통카드 옥토퍼스카드 공항에서 구입하기 61

Section 05 공항에서 홍콩시내로 이동하기 62
가장 빠른 공항고속열차 AEL 62 | 저렴하게 홍콩시내로 갈 수 있는 버스 64 | 호텔리무진버스 개념의 호텔코치 65 | 동행이 있다면 편리한 택시 66 |

Section 06 홍콩시내를 이동할 수 있는 홍콩의 대중교통 67
홍콩여행의 필수품 옥토퍼스카드 67 | 홍콩시민의 발 MTR 68 | 도심의 낭만을 즐기는 스타페리 72 | 정크선을 타고 빅토리아하버를 감상하는 아쿠아루나 73 | 홍콩의 주요섬을 운항하는 일반페리 74 | 대표적인 대중교통 버스 75 | 2층 버스로 둘러보는 홍콩, 빅버스투어와 릭샤사이트싱버스 76 | 홍콩을 상징하는 대중교통 트램 78 | 비싸지만 빠르고 편리한 택시 79 |

| FIND MAP | 홍콩 MTR 노선도 70

Section 07 　맛의 천국, 홍콩의 다양한 먹거리 80

중국의 4대 요리를 맛보자 80 | 홍콩의 레스토랑 이용하기 80 | 홍콩을 대표하는 음식 딤섬 82 | 홍콩에서 즐기는 귀족놀이, 애프터눈티 84 | 홍콩스타일의 서양식당 빙셧과 차찬탱 87 | 홍콩의 대표 면요리 완탕면 88 | 홍콩의 대표 길거리음식 89 |

Section 08 　홍콩의 뷰티&드럭스토어에서 꼭 사야하는 쇼핑리스트 91

홍콩의 대표적인 뷰티&드럭스토어 91 | 뷰티&드럭스토어에서 꼭 구입해야하는 쇼핑리스트 93 |

Special 01 　영화와 드라마 속에 그려진 홍콩·마카오 95

Part02 카오룽반도

Chapter 01 　색다른 거리가 계속 이어지는 침사추이

침사추이를 이어주는 교통편 101 | 침사추이에서 이것만은 꼭 해보자 101 | 사진으로 미리 살펴보는 침사추이 베스트코스 101 |

| FIND MAP | 침사추이 102

Section 01 　침사추이에서 반드시 둘러봐야 할 명소 104

침사추이를 만나는 통로 **스타페리선착장** 104 | 약속장소로 인기 있는 침사추이의 상징 **시계탑** 105 | 홍콩 연인의 거리 침사추이 **해변산책로** 105 | 기네스북에도 오른 메가톤급 레이저쇼 **심포니오브라이트** 106 | 홍콩의 예술의 전당 **홍콩문화센터** 106 | 신비로운 분위기의 돔형 박물관 **홍콩우주박물관** 107 | 임시 조성된 스타의 거리 **스타의 정원** 108 | 트릭아트를 만날 수 있는 **홍콩3D박물관** 108 | 재미난 홍콩의 역사를 살펴보는 **홍콩역사박물관** 109 | 중국의 과학기술을 엿볼 수 있는 **홍콩과학박물관** 109 | 북적이는 홍콩거리를 대표하는 **네이던로드** 110 | 홍콩영화 속 주요무대로 등장한 **청킹맨션** 111 | 푸르른 도심 속 오아시스 **카오룽공원** 112 | 100년의 역사를 간직한 대형 모스크 **카오룽모스크** 112 | 홍콩에서 가장 높은 빌딩, 홍콩국제상업센터 전망대 **스카이100** 113 |

Section 02 　침사추이에서 반드시 먹어봐야 할 것들 114

심포니오브라이트를 가까이에서 감상할 수 있는 이탈리안레스토랑 **쿠치나** 114 | 리츠칼튼호텔 102층에 위치한 광둥요리레스토랑 **틴렁힌** 115 | 리츠칼튼호텔의 또 다른 미슐랭레

CONTENTS

스토랑 **토스카** 115 | 아이콘호텔의 광둥요리레스토랑 **어보브앤비욘드** 116 | 세련된 광둥요리레스토랑 **퀴진퀴진** 117 | 홍콩 최고의 스테이크하우스&고급레스토랑 **하얏트리젠시 휴고스** 117 | 최고의 서비스와 분위기 있는 인터콘티넨탈호텔 레스토랑 **스푼바이알랭뒤카스** 118 | 홍콩의 전경을 내려다보며 즐기는 식사 **아쿠아** 119 | 홍콩 최상층에서 즐기는 애프터눈티 **라운지앤바** 119 | 쇼콜라애프터눈티가 유명한 **카페103** 120 | 정통 고급 애프터눈티를 맛볼 수 있는 **페닌슐라 더로비** 121 | 햇살 좋은 날 즐기는 애프터눈티 **로비라운지** 121 | 디저트가 유명한 **달로와요리카페** 122 | 반 마리 베이징덕을 주문할 수 있는 엠파이어시티 **로스티드덕** 122 | 유명 상하이요리전문점 **크리스탈제이드 라미엔샤오롱바오** 123 | 전통베이징오리전문점 **페킹가든** 124 | 구데마타캐릭터로 만든 딤섬전문점 **딤섬아이콘** 124 | 캐주얼한 카페분위기의 상하이퓨전레스토랑 **더다이닝룸** 125 | 동물모양 딤섬을 맛볼 수 있는 광둥요리레스토랑 **세레나데차이니스레스토랑** 126 | 홍콩에서 즐기는 베트남쌀국수 **나트랑** 126 | 홍콩명물 운남쌀국수 **심럼쿠이** 127 | 서민적 매캐니즈레스토랑 **마카오레스토랑** 128 | 대형 홍콩식 분식점 **추이와레스토랑** 128 | 저렴한 가격에 신선한 스시를 즐길 수 있는 **스시원** 129 | 줄을 서야 맛볼 수 있는 홍콩식 디저트가게 **스위트투스** 130 | 망고빙수가 유명한, **럭키디저트** 130 | 타이완의 유명 디저트전문점 **다즐링카페** 131 | 현지인들이 즐겨 찾는 디저트전문점 **첨밀밀/해피투게더** 132 | 홍콩과일디저트계의 지존 **허유산** 132 | 눈과 입이 즐거워지는 프로즌요거트 **스마일요거트앤디저트바** 133 | 중독성 강한 쿠키 **제니베이커리쿠키** 133 | 치즈덕후들의 치즈번으로 유명한 **구슬바우어** 134 | 홍콩의 대표 육포전문점 **비첸향** 134 | 세계에서 가장 높은 곳에 위치한 바 **오존** 135 | 멋진 야경과 함께 신선한 굴과 와인을 즐기는 **오이스터앤와인바** 136 | 와인과 함께 즐기는 심포니오브라이트 **쉐라톤호텔 스카이라운지** 136 | 독특한 디자인으로 유명한 바 **펠릭스** 137

Special 02 침사추이의 작은 유럽거리 넛츠포드테라스 138

Section 03 침사추이에서 놓치면 후회하는 쇼핑거리 140

홍콩 최대의 메머드급 쇼핑몰, **하버시티** 140 | 과거와 현재가 공존하는 초호화 복합쇼핑몰 **1881헤리티지** 146 | 편집숍 위주의 쇼핑센터 **선아케이드** 146 | 세계적 면세체인점 **티갤러리아홍콩** 147 | 편집숍 중심의 쇼핑몰 **실버코드** 147 | 홍콩 젊은이들이 선호하는 복합쇼핑몰 **아이스퀘어** 148 | 홍콩로컬과 일본브랜드위주의 중저가쇼핑몰 **더원** 149 | 홍콩 젊은 여성들의 인기브랜드 총집합 **미라몰** 150 | 네이던로드를 따라 50개의 매장이 있는 쇼핑거리 **파크레인쇼퍼스블루바드** 150 | 침사추이에서 만나는 아트갤러리몰 **케이일레븐** 151 | 쉐라톤호텔에 위치한 일본계열 백화점 **소고** 151 | 홍콩의 3대 명품 쇼핑타운 **더페닌슐라 쇼핑아케이드** 152 | 중국인들이 좋아하는 오행설에 맞춘 쇼핑몰 **엘리먼츠** 152

Special 03 침사추이 최고의 명품쇼핑거리, 캔톤로드 154

Chapter 02 야시장을 비롯한 현지인의 삶을 엿볼 수 있는 **야우마테이&몽콕**

야우마테이와 몽콕의 교통편 156 | 야우마테이와 몽콕에서 이것만은 꼭 해보자 157 | 사진으로 미리 살펴보는 야우마테이와 몽콕 베스트코스 157 |

FIND MAP 야마우테이 158　　**FIND MAP** 몽콕 159

Section 04 　야우마테이&몽콕에서 반드시 둘러봐야 할 명소 160

세계 각지의 꽃들을 도소매로 판매하는 **꽃시장** 160 | 새소리 정겨운 유엔포스트리트 **새공원** 160 | 다양한 관상어를 판매하는 **금붕어시장** 161 | 바다의 여신 틴하우를 만나는 **틴하우사원** 161 | 신카오룽에 위치한 홍콩 최대의 도교사원 **웡타이신사원** 162 | 고요함으로 가득한 도심속 중국풍 정원 **난리안가든** 163 | 도심속의 고즈넉한 산사 **치린수도원** 163 |

Section 05 　야우마테이&몽콕에서 반드시 먹어봐야 할 것들 164

착한 가격의 얼큰한 원난국수 **탐자이윈난누들** 164 | 팀호우완만큼 유명한 딤섬레스토랑 **원딤섬** 164 | 홍콩식 소보로빵 파인애플번으로 유명한 **깜와카페** 165 | 미슐랭추천 광동식 면요리점 **굿호프누들** 166 | 50년대 홍콩식 디저트카페 **미도카페** 166 | 매콤한 해산물 요리전문 **죽가장** 167 | 키티모양의 딤섬을 만날 수 있는 **헬로우키티차이니즈퀴진** 167 | 현지인들이 선호하는 유명한 디저트가게 **통팍푸** 168 |

Section 06 　야우마테이&몽콕에서 들려봐야 할 쇼핑거리 169

별별 상품을 다 파는 야시장 **템플스트리트야시장** 169 | 여성들을 위한 상품이 많은 재래시장 **여인가** 170 | 저렴하게 운동화를 구입할 수 있는 **스포츠거리** 170 | 홍콩 젊은이들이 모여드는 곳 **전자제품거리** 172 | 프라모델 총을 만날 수 있는 **건샵거리** 172 | 몽콕의 대표 쇼핑몰 **랭함플레이스쇼핑몰** 173 | 홍콩서민들의 재래시장 **리클리메이션스트리트마켓** 174 | 주방용품과 다양한 생활용품이 있는 **상하이스트리트마켓** 174 | 가짜부터 진짜 고가의 옥까지 판매하는 **제이드마켓** 175 | 세일품목이 다양한 **플라자할리우드** 175 |

Special 04 　신선한 해산물을 맛볼 수 있는 도심속의 어촌 레이유문 176

FIND MAP 　레이유문 176

Chapter 03 　위성도시로 재개발된 샤틴

샤틴을 이어주는 교통편 179 | 샤틴에서 이것만은 꼭 해보자 179 | 사진으로 미리 살펴보는 샤틴 베스트코스 179 |

FIND MAP 　샤틴 180

Section 07 　샤틴에서 반드시 둘러봐야 할 명소 181

만 가지 표정의 금불상을 만날 수 있는 **만불사** 181 | 아시아 최초의 스누피테마파크 **스누피월드** 181 | 예술광장과 공공도서관이 함께 위치한 **샤틴타운홀** 182 | 강변 따라 산책을 즐기는 **샤틴공원** 182 | 홍콩의 다양한 역사를 볼 수 있는 **홍콩헤리티지박물관** 183 | 벽으로 둘러싸인 담장마을 **창타이욱** 183 | 소원을 이뤄주는 황금바람개비 **체쿵사원** 184 | 여름시즌 주말에만 열리는 **샤틴경마장** 184 | 홍콩 3대 명문대학 중의 하나 **홍콩중문대학교** 185 |

Section 08 　샤틴에서 놓치면 후회하는 먹거리&쇼핑거리 186

CONTENTS

오감이 즐거워지는 레스토랑 **하얏트리젠시 샤틴18** 186 | 올데이 다이닝레스토랑 **하얏트리젠시 카페샤틴** 187 | 파티시에가 있는 유명제과점 하얏트리젠시 **파티세리** 187 | 호텔의 전통바 분위기 **틴틴바** 188 | 홈인테리어 전문쇼핑몰 **홈스퀘어** 188 | 샤틴의 하버시티 **뉴타운플라자** 189 |

Part 03 홍콩섬

Chapter 01 홍콩의 상업중심지구, 센트럴&성완

센트럴&성완을 이어주는 교통편 192 | 센트럴&성완에서 이것만은 꼭 해보자 193 | 사진으로 미리 살펴보는 센트럴&성완 베스트코스 193 |

FIND MAP 센트럴&성완 194

Section 01 센트럴&성완에서 반드시 둘러봐야 할 명소 196

센트럴 교통의 중심 **센트럴스타페리선착장** 196 | 센트럴의 새로운 랜드마크 **홍콩대관람차** 197 | 홍콩섬의 랜드마크 IFC 197 | 1,748개의 원형 창문에서 나오는 멋진 불빛 **자딘하우스** 198 | 홍콩금융의 중심지 **익스체인지스퀘어** 198 | 유서 깊은 광장 **황후상광장** 199 | 빅토리아 후기 신고전주의양식 건물 **입법부빌딩** 199 | 부를 가져다주는 사자상이 있는 **홍콩상하이은행** 200 | 홍콩 최초의 복합문화센터 **시티홀** 200 | 코알라빌딩이라고도 불리는 쌍둥이빌딩 **리포센터** 201 | 일명 스파이더맨이 맨손으로 오른 **청콩센터** 201 | 홍콩 현대건축의 정수 **중국은행타워** 202 | 동아시아 최고의 역사를 지닌 성공회성당 **성요한성당** 202 | 삭막한 도심 속 오아시스 **홍콩공원** 203 | 식민지시대 영국식공원 **홍콩동식물공원** 203 | 홍콩문화와 예술공간 **프린지클럽** 204 | 희미한 가스등이 밤을 밝히는 **두델스트리트와 가스등** 204 | 하늘에서 보면 별이 되는 빌딩 **더센터** 205 | 매력적인 돌계단골목 **포팅거스트리트** 205 | 세상에서 가장 긴 옥외에스컬레이터 **미드레벨에스컬레이터** 206 | 홍콩의 인사동쌈지길 **피엠큐** 206 | 중국 건국의 아버지 쑨원을 기리는 **순얏센기념관** 207 | 홍콩의학역사를 한눈에 살펴볼 수 있는 **홍콩의학박물관** 208 | 홍콩의 달동네 **윙리스트리트** 208 | 홍콩의 신사동가로수길 **포호** 209 | 홍콩에서 제일 오래된 도교사원 **만모사원** 209 | 고가의 골동품을 취급하는 거리 **할리우드로드** 210 | 골동품과 기념품거리 **캣스트리트** 210 | 홍콩 최초의 서양식 시장 **웨스턴마켓** 211 |

Section 02 센트럴&성완에서 반드시 먹어봐야 할 것들 212

미슐랭이 인정한 저렴한 딤섬레스토랑 **팀호우완 딤섬전문점** 212 | 맛과 비주얼로 현지인들을 사로잡은 **소셜플레이스** 213 | 대형 딤섬레스토랑 **시티홀 맥심즈팰리스** 213 | 호텔에서 즐기는 격조높은 애프터눈티 **클리퍼라운지** 214 | 미슐랭도 인정한 프렌치레스토랑 **라틀리에드조엘로브숑** 215 | 아르마니와 아쿠아의 만남 **아르마니아쿠아** 215 | 가장

14

핫한 광둥요리레스토랑 **두델스** 216 | 문화를 파는 스타벅스 스타벅스 **콘셉트스토어** 216 | 센트럴 최고의 전망을 자랑하는 **카페그레이디럭스** 217 | 고급 광둥요리 전문레스토랑 **만호차이니즈레스토랑** 218 | 홍콩공원에 위치한 19세기풍 전통찻집 **록차티하우스** 218 | 마카오의 유명완탕면 홍콩분점 **웡치케이** 219 | 홍콩 최고의 거위구이를 맛볼 수 있는 **융키레스토랑** 219 | 저렴하게 맛있는 거위요리를 즐길 수 있는 **얏록레스토랑** 220 | 8년 연속 미슐랭이 인정한 **침차이키누들** 220 | 홍콩곳곳에 위치한 완탕전문점 **막스누들** 221 | 중국식 로스트요리 전문점 **와펑** 221 | 홍콩 차찬탱을 대표하는 **란퐁유엔** 222 | 홍콩 에그타르트의 대명사 **타이청베이커리** 222 | 가정식 쓰촨요리를 선보이는 **다핑후오** 223 | 홍콩의 대표 올데이레스토랑 **울라** 224 | 정성이 만들어 낸 건강한 죽전문점 **라우푸키누들숍** 224 | 현지인뿐만 아니라 외국인도 반한 콘지전문점 **상키콘지숍** 225 | 양조위가 자주 찾던 현지식당 **카우케이레스토랑** 226 | 홍콩영화에서 보던 현지인의 노천식당 **싱흥유엔** 226 | 꼭 한 번은 들러볼 만한 디저트전문점 **허니문디저트** 227 |

Special 05 미드레벨에스컬레이터에서 만나는 작은 유럽, 소호 228
FIND MAP 소호 228

Special 06 센트럴의 밤을 아름답게 하는, 란콰이퐁 230
FIND MAP 란콰이퐁 230

Section 03 센트럴&성완에서 반드시 둘러봐야 할 쇼핑 234

스타페리선착장에서 바로 보이는 쇼핑몰 **ifc몰** 232 | 아르마니를 사랑하는 사람들의 전용쇼핑몰 **채터하우스** 234 | 소규모 명품쇼핑몰 **알렉산드라하우스** 234 | 명품은 물론 다양한 아이템을 만날 수 있는 **프린스빌딩** 235 | 명품브랜드가 한자리에 모인 럭셔리쇼핑몰 **랜드마크아트리움** 235 | 소규모 쇼핑아케이드 **센트럴빌딩** 236 | 홍콩에서 가장 비싼 임대료를 지불하는 매장 **아베크롬비&피치** 236 | 원스톱쇼핑이 가능한 **막스앤스펜서** 237 | 앤티크와 실용주의가 만난 토탈패션매장 **상하이탕** 237 | 홍콩섬을 대표하는 대형쇼핑몰 **퍼시픽플레이스** 238 | 홍콩 최대 자라매장 **자라플래그십스토어** 238 | 영국의 국민브랜드 **톱숍** 239 | 명품 못지않은 소재와 디자인을 갖춘 **코스** 239 | 눈과 입이 즐거워지는 **미스터심스올드스위트숍** 240 | 홍콩의 로컬브랜드 디자인리빙샵 **지.오.디** 240 | 인테리어 디자인 소품숍 **홀리스** 241 |

Chapter 02 백만 불짜리 야경을 즐기는 빅토리아피크

빅토리아피크를 이어주는 교통편 242 | 빅토리아피크에서 이것만은 꼭 해보자 242 | 빅토리아피크까지 올라가는 2가지 방법 243 |

FIND MAP 빅토리아파크 243

Section 04 빅토리아피크에서 반드시 둘러봐야 할 명소 244

120년이 넘는 역사를 자랑하는 **피크트램** 244 | 백만 불짜리 야경을 선사하는 **피크타워** 245 | 세계적인 스타를 한 자리에서 만나는 **마담투소홍콩** 245 | 무료전망대와 버스정류

CONTENTS

장이 있는 쇼핑몰 **피크갤러리아** 246 | 즐거운 눈속임의 천국 **트릭아이미술관** 246 | 홍콩 경치를 감상할 수 있는 **라이온스파빌리온** 247 | 숨겨진 홍콩의 야경을 찾아볼 수 있는 **뤼가드로드전망대** 247 |

Section 05 **빅토리아피크에서 반드시 먹어봐야 할 것들** 248

피크타워의 캐주얼 이탈리안레스토랑 **와일드파이어** 248 | 영화 〈포레스트검프〉를 떠올릴 수 있는 레스토랑 **버바검프슈림프** 249 | 커피 한 잔으로 즐기는 멋진 야경 **퍼시픽커피컴퍼니** 249 | 정원이 아름다운 퓨전레스토랑 **더피크룩아웃** 250 | 베트남 길거리음식을 맛볼 수 있는 **포야미** 251 | 200여 가지의 엄청난 메뉴가 있는 **스위트다이너스티** 251 |

Chapter 03 번잡한 국제상업지구 완차이

완차이를 이어주는 교통편 253 | 완차이에서 이것만은 꼭 해보자 253 | 사진으로 미리 살펴보는 완차이 베스트코스 253 |

FIND MAP **완차이** 254

Section 06 **완차이에서 반드시 둘러봐야 할 명소** 255

아시아 최대의 회의장&박람회장 **홍콩컨벤션&엑시비션센터** 255 | 홍콩반환을 기념하여 조성된 광장 **골든보히니아광장** 255 | 시간마다 첨탑의 색이 변하는 빌딩 **센트럴플라자** 256 | 수준 높은 공연과 전시를 볼 수 있는 **홍콩아트센터** 257 | 홍콩 만화와 애니메이션을 위한 센터 **코믹스홈베이스** 257 | 홍콩섬 최대의 재래시장 **타이윤시장** 258 | 바로크양식의 흰색건물 **구완차이우체국** 258 | 홍콩에서 가장 오래된 주거건축물 **블루하우스** 259 | 완차이 일대를 한눈에 내려다보는 **호프웰센터** 260 | 도로 한복판에 남은 작은 사원 **홍싱사원** 260 | 육교 위 예술공간 **완차이타이팻하우풋브리지** 261 | 완차이를 돋보이게 하는 옛건물 **우청전당포** 261 |

Section 07 **완차이에서 먹어봐야 할 것들** 262

럭셔리 5단 트레이의 애프터눈티 **티핀** 262 | 광둥요리전문 호텔레스토랑 **원하버로드** 262 | 영국식 빈티지 매력이 넘치는 레스토랑 **더폰** 263 | 빅토리아항 전경과 함께 즐기는 광둥요리 **골든보히니아** 264 | 홍콩아트센터에 위치한 이탈리안레스토랑 **아싸지오트라토리아 이탈리아나** 264 | 66년 전통의 완탕면 **윙와누들숍** 265 | 탕웨이 주연영화 주요 촬영지 **호놀룰루커피숍** 266 | 90년대 빙셧스타일 **캐피탈카페** 266 | 에그타르트가 유명한 **깜풍카페** 267 | 팀호완을 능가하는 딤섬맛집 **딤딤섬** 267 |

Chapter 04 홍콩 젊은이들의 거리, 코즈웨이베이

코즈웨이베이를 이어주는 교통편 269 | 코즈웨이베이에서 이것만은 꼭 해보자 269 | 사진으로 미리 살펴보는 코즈웨이베이 베스트코스 269 |

FIND MAP **코즈웨이베이** 270

Section 08 코즈웨이베이에서 반드시 둘러봐야 할 명소 271

매일 정오를 알리는 한 발의 포성 **눈데이건** 271 | 선박들의 태풍대피소 **코즈웨이베이 타이푼셀터** 272 | 바다를 메워 만든 공원 **빅토리아공원** 272 | 클래식한 외관에 현대적 시설을 갖춘 **홍콩중앙도서관** 273 | 관음보살을 모신 불교사원 **린파쿵** 273 | 홍콩명칭의 유래가 된 **틴하우사원** 274 | 홍콩섬 최대의 경마장 **해피밸리경마장** 274 |

Section 09 코즈웨이베이에서 먹어봐야 할 것들 275

문어육수로 만든 문어국수전문점 **만파이** 275 | 오랜 전통을 이어온 죽면전가 **호흥키** 275 | 150년 전통의 경양식 레스토랑 **타이핑쿤** 276 | 쓰촨요리 전문레스토랑 **레드페퍼레스토랑** 277 | 성룡의 단골 레스토랑 **시위엔지우지아** 277 | 시즌별로 메뉴가 변경되는 최상급 프렌치레스토랑 **시즌스바이올리비에엘저** 278 | 홍콩식 라멘 최강자 **부타오라멘** 278 | 60~70년대의 홍콩을 만나는 **매치박스** 279 | 마카오의 유명 밀크푸딩전문점 **이슌밀크컴퍼니** 279 | 장국영이 사랑한 60년 전통의 딤섬전문점 **예만방** 280 |

Section 10 코즈웨이베이에서 둘러봐야 할 쇼핑거리 281

새로운 랜드마크쇼핑몰 **하이산플레이스** 281 | 코즈웨이베이 대표쇼핑몰 **타임스스퀘어** 283 | 명품족과 아이엄마를 위한 호화명품쇼핑몰 **리가든스** 284 | 고급스러운 외관에 아담한 쇼핑몰 **리시어터** 284 | 홍콩 젊은이들이 많이 찾는 **소고백화점** 285 | 홍콩 패셔니스트들의 핫플레이스 **패션워크** 285 | 심플하고 모던한 일본생활용품매장 **프랑프랑** 286 | 착한 가격 스웨덴 인테리어소품전문점 **이케아** 286 | 아이들을 위한 쇼핑몰 **윈저하우스** 287 |

Special 07 여유롭게 해변산책을 즐길 수 있는 리펄스베이 288
FIND MAP 리펄스베이 288

Special 08 홍콩 속 작은 유럽, 스탠리 292
FIND MAP 스탠리 292

Special 09 드라마와 영화의 단골 촬영지, 애버딘 296
FIND MAP 애버딘 296

Special 10 홍콩 최대의 테마파크, 오션파크 300

워터프론트 301 | 서미트 302 |

CONTENTS

Part04 홍콩 외곽 섬

Chapter 01 자연을 만끽할 수 있는 란타우섬

란타우섬를 이어주는 교통편 307 | 란타우섬 내 운행버스 308 | 란타우섬에서 이것만은 꼭 해보자 309 | 사진으로 미리 살펴보는 란타우섬 베스트코스 309 |

FIND MAP 란타우섬 308

FIND MAP 타이오 309

Section 01 란타우섬에서 반드시 둘러봐야 할 명소 310

다양한 브랜드를 저렴하게 살 수 있는 아웃렛 **시티게이트아울렛** 310 | 아시아 최장의 케이블카 **옹핑 360케이블카** 310 | 테마가 있는 마을 **옹핑빌리지** 311 | 세계 최대의 청동좌불상이 있는 **포린사원** 312 | 〈반야심경〉 글귀 따라 사색하기 좋은 산책로 **지혜의 길** 313 | 홍콩의베네치아라 불리는 작은 섬마을 **타이오** 313 | 수상가옥을 바라보며 즐기는 더치커피 **솔로카페** 314 | 청사비치의 동쪽해변 **하청샤비치** 315 | 센트럴과 란타우섬을 페리로 오가는 **무이워** 315 |

Special 11 홍콩 최초 리조트개념의 부촌, 디스커버리베이 316

FIND MAP 디스커버리베이 316

Special 12 가족단위 여행자를 위한 테마파크 홍콩디즈니랜드 320

Chapter 02 하이킹을 즐기기 좋은 람마섬

람마섬을 이어주는 교통편 325 | 람마섬에서 이것만은 꼭 해보자 325 | 사진으로 미리 살펴보는 람마섬 베스트코스 325 |

FIND MAP 람마섬 325

Section 02 람마섬에서 반드시 둘러봐야 할 명소 326

람마섬 여정을 시작하는 항구마을 **용수완** 326 | 용수완에서 즐기는 해산물요리 **삼판씨푸드레스토랑** 326 | 람마섬의 인기카페 **북윌카페** 327 | 주윤발의 고향을 걸어보는 이색체험 **람마패밀리트레일** 327 | 하이킹이 시작되거나 끝나는 마을 **소쿠완** 328 | 람마섬 최고의 씨푸드레스토랑 **레인보우씨푸드레스토랑** 328 |

Chapter 03 만두축제가 유명한 청차우섬

청차우섬을 이어주는 교통편 330 | 청차우섬에서 이것만은 꼭 해보자 330 | 사진으로 미리 살펴보는 청차우섬 베스트코스 330 |

| FIND MAP | 청차우섬 330

Section 03 청차우섬에서 반드시 둘러봐야 할 명소 331

자전거로 달리는 청차우섬 메인거리 **산힝프라야스트리트** 331 | 청차우섬 만두축제가 시작되는 **팍타이사원** 332 | 청차우섬에서 만나는 가장 큰 해변 **통완비치** 332 | 바다조망이 좋은 가파른 하이킹코스 **미니만리장성** 333 | 청포차이동굴이 있는 해안 **사이완** 333 |

Part 05 마카오여행 제대로 즐기기

| FIND MAP | 마카오 336 | FIND MAP | 세나도광장 337

Chapter 01 마카오 출입국 및 여행정보

Section 01 알고가야 즐길 수 있는 마카오여행 339

잠깐 짚고 넘어가는 마카오정보 339 | 한눈에 살펴보는 마카오의 유네스코세계문화유산 25 340 | 마카오에서 즐기는 공연 342 |

Section 02 홍콩에서 마카오로 들어가기 343

페리 타고 마카오 들어가기 343 | 15분 만에 마카오에 도착하는 스카이셔틀 345 | 한국에서 직항 비행기로 마카오 들어가기 345 | 마카오 입국절차 346 |

Section 03 마카오에서 대중교통 이용하기 348

마카오페리터미널에서 마카오시내로 가기 348 | 마카오국제공항에서 시내로 이동하기 349 | 마카오에서 버스이용하기 349 | 마카오에서 택시 이용하기 350 | 페디캡 이용하기 350 | 마카오여행에 유용한 애플리케이션 350 |

Section 04 마카오만의 특별한 음식 351

마카오 고유의 퓨전요리 매캐니즈요리 351 | 포르투갈과 중국을 동시에 만나는 마카오 디저트 353 |

Chapter 02 동양에서 만나는 유럽, 마카오반도

마카오반도를 이어주는 교통편 355 | 마카오반도에서 이것만은 꼭 해보자 355 | 사진으로 미리 살펴보는 마카오반도 베스트코스 355 |

| FIND MAP | 마카오반도 356

CONTENTS

Section 05　마카오반도에서 반드시 둘러봐야 할 명소 358

마카오여행의 출발지 **세나도광장** 358 | 아시아 최초의 자선기관이었던 **자비의 성채** 359 | 마카오성당 중 내부가 가장 화려한 **대성당** 359 | 중국 첫 번째 성당 **성도미니크성당** 360 | 동서양의 문화가 잘 조화된 중국상인저택 **로우카우맨션** 360 | 마카오의 상징 **세인트폴 대성당유적** 361 | 마카오를 한눈에 내려다 볼 수 있는 **몬테요새** 362 | 한눈에 살펴보는 마카오의 역사 **마카오박물관** 362 | 역병과 귀신을 물리친 나차를 모신 사원 **나차사원** 363 | 김대건신부의 목상을 만날 수 있는 **성안토니오성당** 363 | 사시사철 푸른 공원 **카몽이스정원** 364 | 마카오에서 가장 아름다운 건물로 명성이 자자했던 **카사정원** 364 | 마카오 최초 기독교묘지 **신교도묘지** 365 | 아담한 정원을 가진 민정청사 **릴세나도빌딩** 365 | 영화 〈도둑들〉 포스터 촬영지 **펠리시다데거리** 366 | 파소스성채행렬의 시작과 끝 **성아우구스틴성당** 366 | 휴식처처럼 조용하고 편안한 **로버트호통경도서관** 367 | 아시아 최초 서양식극장 **돔페드로5세극장** 367 | 바로크양식으로 세워진 **성호세성당** 368 | 마카오에서 가장 아름다운 성당 **성로렌스성당** 368 | 마카오의 수원 **릴라우광장** 369 | 고풍스러운 전통중국저택 **만다린하우스** 369 | 이슬람건축양식이 혼재된 건축물 **무어리시배럭** 370 | 마카오에서 가장 오래된 도교사원 **아마사원** 370 | 포르투갈과 중국의 해양자료를 한눈에 볼 수 있는 **해사박물관** 371 | 언덕 위 아름다운 성당 **펜하성당** 371 | 마카오를 대표하는 랜드마크 **마카오타워** 372 | 성모마리아의 얼굴을 닮은 **관음상** 373 | 마카오반환을 기념하여 조성한 광장 **황금연꽃광장** 373 | 마카오그랑프리대회 역사를 한눈에 볼 수 있는 **그랑프리박물관** 373 | 포르투갈산 와인을 홍보하는 박물관 **마카오와인박물관** 374 | 유럽의 다양한 거리를 거닐 수 있는 **마카오피셔맨스워프** 375 | 중국내륙까지 훤히 보이는 **기아요새** 375 | 중국의 국부 쑨원을 기리는 **순얏센기념관** 376 | 마카오와 중국을 가르는 **중국국경** 376 |

Section 06　마카오반도에서 반드시 먹어봐야 할 것들 377

품격 있는 프렌치 퀴진레스토랑 **비다리카** 377 | 마카오에서 꼭 먹어봐야 할 완탕면전문점 **웡치케이** 378 | 세나도광장의 대표 매캐니즈레스토랑 **에스까다** 378 | 새롭게 떠오르는 매캐니즈요리전문점 **오문카페** 379 | 100년 역사의 레스토랑 **팟시우라우** 379 | 여행자들이 많이 찾는 매캐니즈레스토랑 **아로차** 380 | 광둥식 밀크푸딩의 명가 **이슌밀크컴퍼니** 380 | 커리어묵꼬치로 유명한 **항우** 381 | 마카오스타일의 상큼한 젤라토 **레몬첼로 젤라토** 381 | 마카오의 첫 헬로우키티카페 **헬로우키티 오브리가두** 382 | 마카오의 유명 에그타르트전문점 **마가렛트 카페이나타** 382 | 드라마 〈꽃보다남자〉로 유명해진 **티플러스** 383 | 아몬드쿠키와 다양한 육포를 맛볼 수 있는 **육포거리** 383 |

Chapter 03　동양의 라스베이거스, 코타이스트립

코타이스트립을 이어주는 교통편 385 | 코타이스트립에서 이것만은 꼭 해보자 385 | 사진으로 미리 살펴보는 코타이스트립 베스트코스 385 |

FIND MAP　코타이스트립 386

Section 07　코타이스트립에서 반드시 둘러봐야 할 명소 387

〈꽃보다 남자〉 등 한국드라마의 단골촬영지 **베네치안리조트마카오** 387 | 마카오에서 즐기는 베네치아의 낭만 **곤돌라라이즈** 388 | 다양한 공연과 세계적인 경기가 열리는 **코타**

20

이아레나&베네치안극장 388 | 도시형 종합엔터테인먼트 리조트 **시티오브드림즈** 388 | 세계 최대의 아트수중서커스 **하우스오브댄싱워터** 389 | 아시아에서 가장 핫한 나이트 클럽 **클럽큐빅** 390 | 영화를 테마로 조성된 **스튜디오시티마카오** 390 | 스튜디오시티의 상징 **골든릴** 391 | 영화 〈배트맨다크나이트〉를 4D로 체험하는 **배트맨다크플라이트** 391 | 90분간 펼쳐지는 환상의 마술쇼 **하우스오브매직** 392 | 거대한 궁전 같은 대형복합리 조트 **갤럭시리조트마카오** 392 | 다양한 장르와 세계적 수준의 라이브공연 **차이나라운지** 393 | 급부상하는 대규모 복합리조트 **샌즈코타이센트럴** 394 |

Section 08 코타이스트립에서 반드시 먹어봐야 할 것들 395

엄마의 손맛을 담은 이탈리안레스토랑 **베네** 395 | 아시아 핫폿 앤 씨푸드레스토랑 **신** 396 | 마카오 최고급 광둥요리레스토랑 **제이드드래곤** 397 | 베이징덕이 유명한 **베이징 키친** 397 | 9가지 다양한 요리를 제공하는 **메자9마카오** 398 | 미슐랭에 빛나는 인도요 리레스토랑 **더골든피콕** 399 | 미슐랭 원스타에 빛나는 이탈리안레스토랑 **오로라** 399 | 밤에 더 볼거리가 많은 C.O.D의 식당가 **소호** 400 | 인공하늘 아래서 맛보는 **푸드코트아 울렛** 400 | 호텔 내에서 즐기는 마카오간식 푸드코트 **마카오고메워크** 401 | 아시아요리 로 구성된 푸드코트 **테이스트오브아시아** 401 |

Section 09 코타이스트립에서 놓치면 후회하는 쇼핑거리 402

C.O.D의 명품브랜드 쇼핑구역 **더숍앳더블르바드** 402 | 마카오 최대의 쇼핑몰 **숍스앳베 네치안** 402 | 코타이스트립의 초호화 쇼핑몰 **숍스앳포시즌스** 403 | 홍콩에서도 만나기 힘든 브랜드가 가득한 **숍스앳코타이센트럴** 404 | 초호화 명품매장이 입점한 **더블르바 드앳스튜디오시티** 404 | 고가 주얼리와 시계매장이 많은 **더프롬나드** 405 |

Special 13 아기자기한 거리들로 형성된, 타이파빌리지 406
FIND MAP 타이파빌리지 406

Special 14 마카오의 숨겨진 보석, 콜로안빌리지 411
FIND MAP 콜로안빌리지 411

Part 06 홍콩·마카오여행 숙박업소 선택하기

Chapter 01 숙박업소를 선택하기 전에 알아둬야 할 사항들

Section 01 홍콩의 다양한 숙박업소 419

게스트하우스에서 숙박하기 419 | 한인모텔(민박)에서 숙박하기 419 | 호텔에서 숙박하 기 420 |

21

CONTENTS

Section 02 호텔 제대로 이용하기 421

호텔이용의 시작과 끝 체크인&체크아웃 421 | 나만의 공간으로 들어가는 객실카드키 422 | 귀중품을 보관할 수 있는 안전금고 422 | 객실에서 즐기는 미니바&어메니티 422 | 깔끔하게 객실을 정리해주는 청소서비스 423 | 호텔에서 사용하는 전압과 인터넷 423 | 호텔의 다양한 편의시설 423 |

Chapter 02 홍콩 추천 숙박업소

Section 03 특별한 여행을 위한 홍콩의 럭셔리호텔 425

세계에서 가장 높은 호텔 **리치칼튼홍콩** 425 | 네이던로드 초입에 위치한 **쉐라톤홍콩호텔앤타워** 426 | 빅토리아항 바로 앞에 위치한 **인터콘티넨탈홍콩** 426 | 동양의 귀부인이라 불리는 **더페닌슐라홍콩** 427 | 송송커플이 머물렀던 **포시즌호텔홍콩** 428 | 장국영을 떠오르게 하는 **만다린오리엔탈홍콩** 428 | 명품 럭셔리호텔 **그랜드하얏트홍콩** 429 | 퍼시픽플레이스 쇼핑몰과 연결된 **아일랜드샹그릴라홍콩** 430 | 홍콩섬의 피크전경을 바라보며 수영할 수 있는 **JW메리어트홍콩** 430 | 여성들이 좋아할 만한 호텔 **랭함홍콩** 431 | 센트럴의 대표 대형호텔 **르네상스홍콩하버뷰호텔** 431 | 위치와 가격이 괜찮은 호텔 **카오룽샹그릴라홍콩** 432 | 영화 〈도둑들〉에서 전지현수영장으로 유명해진 **하버그랜드카오룽** 432 |

Section 04 감각적인 젊은 층을 위한 홍콩의 부티크호텔 433

유명 홍콩아티스트들이 합작하여 만든 **호텔아이콘** 433 | 고품격 부티크호텔 **더어퍼하우스** 434 | 만다린오리엔탈의 업그레이드 랜드마크 **만다린오리엔탈** 434 | 감각을 뛰어넘는 감각을 보여주는 세계적인 부티크호텔 **W홍콩** 435 | 미래지향적인 감각의 디자인호텔 **더미라홍콩** 435 | 달에서 잠드는 기분 **미라문호텔홍콩** 436 | 센트럴 중심에 위치한 **더포팅거홍콩** 437 | 완차이의 과거와 현재를 담고 있는 **호텔인디고 홍콩아일랜드** 437 | 필립스탁만의 홍콩감성이 표현된 **J플러스호텔바이유** 438 | 유로피안스타일의 레지던스호텔 **랑송플레이스호텔** 438 | 호텔에 들어서는 순간 무료제공이 펼쳐지는 **오블로센트럴** 439 | 호텔을 가장한 예술갤러리 **코디스 홍콩앳랭함플레이스** 439 | 한국여성들이 선호하는 부티크호텔 **더럭스매너** 440 | 자연친화적인 부티크호텔 **아이클럽완차이호텔** 440 | 중국풍 디자인의 부티크호텔 **란콰이퐁호텔@카우유퐁** 441 | 저렴한 가격에 머물 수 있는 부티크호텔 **버터플라이온할리우드** 441 |

Section 05 실속파 여행자를 위한 홍콩의 중급호텔 442

조용하고 편안하며 가성비 높은 **하얏트리젠시홍콩 샤틴** 442 | 전 객실 하버뷰를 자랑하는 **글루세스터호텔** 443 | 홍콩마르코폴로계열호텔 중 가장 깔끔한 **게이트웨이호텔홍콩** 443 | 하버뷰전망이 펼쳐지는 **마르코폴로홍콩** 443 | 차이나홍콩시티 페리터미널이 가까운 곳에 자리한 **프린스호텔** 444 | K11몰에 위치한 **하얏트리젠시홍콩, 침사추이** 444 | 세심한 서비스가 고객만족으로 이어지는 **그랜드스탠포드 인터콘티넨탈** 445 | 만다린오리엔탈의 비즈니스호텔 **더엑셀시어홍콩** 445 | 저렴한 가격과 좋은 위치에 자리한 **카오룽호텔** 446 | 시내 한복판에 가족끼리 머물기 좋은 **홀리데이인골든마일** 446 | 해피밸리의 경마경기를 객실에서 볼 수 있는 **도세트완차이** 447 | 최고 위치에 자리한 3성급호텔 **더솔즈베리YMCA** 447 |

Section 06 저렴하고 편리한 홍콩의 게스트하우스&호스텔 448

홍콩한인민박을 대표하는 **홍콩파크모텔** 448 | 침사추이에 다양한 콘셉트로 운영 중인 **판다스호스텔** 449 | 호텔급 도미토리를 운영하는 **큐호텔** 449 | 홍콩의 유명호스텔 **예스인@코즈웨이베이** 450 | 친절함으로 무장한 호스텔 **호미인** 450 | 스타일리시한 게스트하우스 **홉인** 451 | 한국백배커가 선호하는 호스텔 **어반팩** 451 | 소규모의 호스텔 **레인보우로지홍콩** 452 | 아기자기한 인테리어가 돋보이는 **저스트인** 452 |

Chapter 03 마카오 추천 숙박업소

Section 07 마카오반도의 대표호텔 454

여성을 위한 품격 있는 서비스 **만다린오리엔탈마카오호텔** 454 | 대형박물관을 연상케 하는 **엠지엠마카오** 455 | 호텔정문에서 펼쳐지는 분수쇼가 유명한 **윈마카오호텔** 455 | 마카오반도의 랜드마크 **그랜드리스보아** 456 | 마카오페리터미널에서 가까운 곳에 위치한 **샌즈마카오호텔** 457 | 서비스아파트먼트호텔 **애스콧마카오** 457 | 시내중심에 위치한 독특한 건축물 **라크호텔마카오** 458 | 한국여행자가 선호하는 호텔 **소피텔마카오앳폰테16** 458 | 마카오에서는 보기 드문 부티크호텔 **록스호텔** 459 | 마카오에서 가장 로맨틱한 호텔 **포우사다드산티아고** 459 |

Section 08 코타이스트립의 대표호텔 460

4,000여 개의 객실을 갖춘 메머드급호텔 **쉐라톤마카오호텔 코타이센트럴** 460 | 24시간 버틀러서비스를 제공하는 **세인트레지스마카오, 코타이센트럴** 461 | 저렴한 가격에 5성급 서비스를 받을 수 있는 **홀리데이인마카오 코타이센트럴** 461 | 힐튼그룹의 럭셔리브랜드호텔 **콘래드호텔&리조트마카오** 462 | 전 객실이 스위트룸으로 구성된 **베네치안마카오리조트호텔** 462 | 유럽풍 럭셔리호텔 **포시즌마카오호텔** 463 | 럭셔리 비즈니스호텔 **그랜드하얏트마카오호텔** 463 | 편안함을 느낄 수 있는 최고급호텔 **크라운타워마카오** 464 | 투숙객을 록스타로 만들어 주는 **하드록마카오호텔** 465 | 세계 최고급 엔터테이먼트 시설을 제공하는 **스튜디오시티마카오** 465 | 전 객실 최고의 전망을 자랑하는 **알티라마카오호텔** 466 | 2016 미슐랭가이드 톱클래스컴포트에 선정된 **갤럭시마카오** 466 | 럭셔리의 끝판왕 **리츠칼튼마카오** 467 | 오리엔탈정신이 깃든 럭셔리호텔 **반얀트리마카오** 468 | 일본분위기를 느낄수 있는 **호텔오쿠라마카오** 468 | 아시아 JW메리어트 중 규모가 가장 큰 호텔 **JW메리어트호텔마카오** 469 | 다양한 엔터테인먼트 시설을 갖추고 있는 **브로드웨이마카오** 469 | 마카오에서 만나는 파리 **파리지앵마카오** 470 | 꽃을 주제로 한 명품리조트 **윈팰리스** 471 |

Part
01

홍콩여행 제대로 준비하기

Section01 홍콩여행계획하기
Section02 행복한 홍콩·마카오여행을 위한 일정별 동선
Section03 인천공항 출국에서 홍콩공항 도착까지의 과정
Section04 홍콩국제공항 입국하기
Section05 공항에서 홍콩시내로 이동하기
Section06 홍콩시내를 이동할 수 있는 홍콩의 대중교통
Section07 맛의 천국, 홍콩의 다양한 먹거리
Section08 홍콩의 뷰티&드럭스토어에서 꼭 사야하는 쇼핑리스트
Special01 영화와 드라마 속에 그려진 홍콩·마카오

Section 01
홍콩여행계획하기

홍콩을 여행하기 전 홍콩에 대해 다양한 정보를 미리 알아보고 어떤 특징이 있는지 무엇을 준비해야 하는지 등을 세세하게 살펴보자. 여행은 현지에서 즐기는 것이지만 여행을 준비하는 과정도 여행의 일부이기 때문에 관심을 가지고 준비하면 여행 못지않게 즐거울 수 있다.

🧳 잠깐 짚고 넘어가는 홍콩 간략정보

중국 대륙의 남동부에 위치한 홍콩은 과거에는 샹쟝香江 또는 샹하이香海라고도 불렸으며, 향나무香를 수출하는 항구港에서 유래된 지명이다. 1842년 제1차 아편전쟁에서 승리한 영국이 중국과의 난징조약으로 홍콩을 양도받고, 제2차 아편전쟁으로 카오룽반도까지 영국령에 복속시켰다. 이후 1898년부터 99년간 임차하는 협정을 맺어 식민통치를 하다 1997년 7월 1일 중국에 반환되면서 특별행정자치구로 편입되었다. 하지만 1국가 2체제를 기본으로 2047년까지는 자유방임적 자본주의를 유지한다고 선포했다.

홍콩에 거주하는 사람 대부분은 광둥지방의 중국인이고, 일부 영국인과 외국인이 포함되어 있다. 공식어는 캔토니즈라고도 불리는 광둥어이며 베이징어 사용 비중이 높아지고 있다. 식민통치기간은 길었지만 실제 영어를 구사하는 현지인은 많지 않으며, 관광 및 서비스업에 종사하는 일부 사람들만 영어를 사용한다.

홍콩에서 통용되는 통화는 홍콩달러(HK$)로, HK$1는 한화 150원(2016년 11월 기준) 정도이다. 전기는 220V, 50Hz 콘센트를 사용하는데 영국식의 3핀 타입으로 우리나라 가전제품을 사용하려면 삼발식 변환플러그가 필요하다. 도로는 좌측통행으로 자동차는 좌측, 보행자는 우측이다. 시차는 우리나라보다 1시간 늦으므로 한국이 오전 9시이면 홍콩은 오전 8시이다.

변환플러그

🧳 홍콩, 마카오 여행정보 수집하기

인터넷, 가이드북 그리고 애플리케이션 등을 통해 홍콩여행에 필요한 다양한 정보를 수집할 수 있다. 인터넷 블로그나 카페에서 다른 사람들의 홍콩여행기와 여행정보를 참고할 수 있고, 최신 가이드북을 통해 정확한 정보까지 얻을 수 있다. 스마트폰 애플리케이션을 통해 현지에서 바로바로 원하는 정보를 바로 찾을 수도 있다.

🧳 한국 홍콩관광진흥청

쇼핑, 관광지, 외식, 문화와 이벤트 등 홍콩에 관한 다양한 정보를 수집할 수 있는 곳이다. 정기적으로 업데이트되는 홍콩요술램프, 홍콩쇼핑&다이닝 가이드북 및 지도 등을 택배비 3,000원을 지불하면 택배로 받아볼 수 있다. 바로 참고하려면 e-가이드북을 내려 받으면 된다.

귀띔 한마디 침사추이 스타페리선착장 1층에 현지 관광청사무소가 있어 지도 및 여행정보를 무료로 제공받을 수 있다. **문의전화** 02-778-4403 운영시간 10:00~18:00(월~금요일)/주말과 공휴일 휴무 **찾아가기** 지하철 2호선 시청역 5번 출구로 나와 프레지던트호텔 11층 1105호이다.

홍콩관광진흥청 www.discoverhongkong.com/kr

🧳 한국 마카오관광청

마카오여행에 필요한 마카오 관광명소, 추천일정, 숙박, 음식 등의 정보를 수집할 수 있다. 무료로 가이드북을 배포하고 있으며, 사무실로 직접 방문하여 수령해도 되고, 택배비 3,000원을 지불하면 도보여행, 미식탐방, 세계문화유산가이드북과 마카오지도를 택배로 받아 볼 수 있다.

귀띔 한마디 앱스토어에서 'Experience Macau'로 검색하면 관련 애플리케이션을 무료로 다운로드 받을 수 있다. **문의전화** 02-778-4402 운영시간 09:00~18:00(월~금요일)/주말과 공휴일 휴무 **찾아가기** 지하철 2호선 시청역 5번 출구로 나와 프레지던트호텔 908호이다.

마카오관광청 kr.macautourism.gov.mo

🧳 정대리의 홍콩이야기

홍콩관광진흥청에서 운영하는 네이버 블로그로 색다른 홍콩여행을 원하는 분들이라면 방문해보자. 특히 '홍콩's 맛집'에는 가이드북에도 소개되지 않은 홍콩의 구석구석 숨은 맛집과 대표 맛집들이 잘 리뷰되어 있어 아주 유용하다. 또한 다양한 이벤트도 가끔 진행되므로 홍콩을 사랑하는 분이라면 반드시 방문해봐야 할 사이트이다.

정대리의 홍콩이야기 blog.naver.com/hktb1

🧳 네이버 대표카페 포에버홍콩

관광지, 쇼핑, 음식, 숙박, 일정 등 홍콩에 관한 거의 모든 정보가 모여 있으며, 회원수가 57만 명이 넘는 네이버 대표카페이다. 회원들 간에 다양한 정보를 공유하는 곳으로 가장 빠른 홍콩 여행소식을 접할 수 있다. 특히 쇼핑에 달인들이 추천하는 곳과 새로운 핫스팟 등은 눈여겨 체크해 볼 만하다. 홍콩 외에도 마카오와에 관한 정보도 많으므로 홍콩여행과 연계하여 계획한다면 더욱 유용하다.

포에버홍콩 cafe.naver.com/foreverhk

홍콩의 모든 맛집을 찾을 수 있는 오픈라이스홍콩

오픈라이스홍콩 www.openrice.com/en/hongkong

홍콩 내 대부분의 식당정보를 찾을 수 있는 사이트로 홍콩의 진짜 맛집을 찾는다면 이용해보자. 요리법, 요리 종류, 식당타입, 지역별 등으로 검색할 수 있으며, 선택한 식당의 주소, 전화번호, 운영시간, 가격대 등과 리뷰를 함께 볼 수 있다. 매해 지역과 분야별로 3개의 식당을 지정하여 수상하는 오픈라이스 베스트레스토랑어워드를 진행하는데 수상된 식당은 유명세로 인산인해를 이룬다. 홍콩뿐만 아니라 마카오와 말레이시아의 맛집도 소개되어 있다.

패스권 전문여행사 아이팩투어

홍콩과 마카오를 비롯하여 싱가포르, 태국, 호주 등의 테마파크, 박물관, 공연 등의 입장권과 레스토랑 식사권, 교통패스 등을 할인된 가격에 빠르고 쉽게 구입할 수 있는 인터넷티켓대행사이다. 예전에는 여행출발 전 항공권과 숙소정도만 예약가능했다면 이제는 여행계획에 맞는 명소입장권까지 인터넷으로 미리 구매하여 현장에서 발권하므로 시간과 환전수수료를 줄임과 동시에 현장보다 저렴하게 구입할 수 있어 여러모로 편리하다.

아이팩투어 www.ipacktour.com

아이팩투어는 현지보다 최대 40% 저렴하게 구입할 수 있고 다른 입장권전문여행사와 달리 구매 후 10분 안에 발매가 완료되며, e-ticket은 10분에서 24시간 안에 자동메일발송되는 시스템을 구축하고 있다. 특히 홍콩의 오션파크와 디즈니랜드입장권은 바코드로 바로 입장이 가능하며 빅토리아피크 트램은 일반 대기줄보다 빠르게 피크트램을 탑승할 수 있다.

홍콩과 마카오의 다양한 투어를 할인해주는 호텔인홍콩

호텔인홍콩 hotelinhongkong.net

호텔, 항공권을 비롯하여 홍콩공항에서 숙소까지의 교통수단인 셔틀버스, AEL 티켓뿐만 아니라 홍콩↔마카오행 페리, 디즈니랜드, 오션파크, 옹핑케이블카, 마담투소, 빅버스, 하우스오브매직, 하우스오브댄싱워터, 마카오곤돌라 등의 다양한 티켓을 할인받을 수 있는 사이트이다. 최대 20%까지 할인하여 구입할 수 있으며 이메일, 성명, 국적, 전화번호를 기재하면 회원가입이 가능하다. 신용카드로 결제를 완료하면 이메일로 바우처를 보내주며 해당 카운터에 프린트한 바우처를 제시하면 티켓으로 교환해 준다. 단, 홍콩달러(HK$) 또는 위안화(RMB)로 신용카드가 결제되기 때문에 계산 시 환율에 따라 결제금액이 변동될 수 있다.

홍콩여행에 유용한 애플리케이션

언제 어디서든 스마트폰만 있으면 유용한 여행정보를 얻을 수 있는 애플리케이션들이 많다. 다음에 소개하는 애플리케이션 정도라도 미리 설치해두면 여행에 도움이 된다.

디스커버홍콩(Discover HK)

홍콩관광청에서 개발한 애플리케이션으로 스마트폰카메라로 주변을 스캔하면 증강현실모드(AR Mode)로 해당 위치정보를 보여준다. 증강현실모드는 확실한 위치정보를 제공해주며, 탐색기능에는 명소, 레스토랑, 음식점, 상점, 쇼핑몰&스트리트마켓, 숙소 등이 소개되어 있고 검색기능은 레스토랑, 쇼핑숍, 숙소를 지역별로 검색할 수 있다.

마이홍콩가이드(My Hongkong Guide)

홍콩관광청에서 개발한 애플리케이션으로 제시된 홍콩여행일정을 토대로 나만의 여행일정을 계획할 수 있다. 레스토랑, 관광명소 등 홍콩 현지에서 바로 사용할 수 있는 전자쿠폰뿐만 아니라 홍콩여행자끼리 정보공유도 할 수 있다.

MTR모바일(MTR Mobile)

홍콩의 대표적인 교통수단인 MTR에 관한 전반적인 정보를 제공해준다. MTR 지도에서 출발지와 목적지를 설정하면 요금, 첫출발시간과 마지막출발시간, 소요시간, 환승역, 구글맵 연동 등의 정보를 보여준다. 이밖에도 영문순서대로 해당 역 출구의 주변 대표건물을 알려주며 MTR 티켓 등의 정보를 포함하고 있다.

MTR투어리스트(MTR Tourist)

MTR 애플리케이션으로 기본 정보는 MTR 모바일과 비슷하다. 영문순서대로 관광지, 쇼핑센터, 예술&문화, 호텔, 유명거리&빌딩 그리고 공공시설 등이 위치한 MTR역과 주소를 안내 받을 수 있다.

시티버스뉴월드퍼스트버스(Citybus NWFB)

홍콩 내 버스이동경로, 가까운 정류장, 과거 검색경로, 버스번호로 찾기 등의 서비스를 제공한다. Point-to-Point Search에 출발지와 도착지를 입력한 후 데이타임버스와 오버나이트버스 중 하나를 선택하면 버스목록을 보여준다. 버스번호를 선택하면 전체 운행노선이 나타나고, 해당 정류장을 선택하면 버스정류장의 사진과 위치를 알 수 있다.

홍콩페리(HK Ferry)

센트럴을 기점으로 하는 스타페리 운행정보뿐만 아니라 디스커버리베이, 무이워, 청차우, 애버딘, 란타우, 포토 등 외곽섬을 비롯한 춘완, 홍함, 타이오, 툰먼 등의 외곽지역까지 운행되는 페리정보를 안내해준다. 페리선착장 출발지와 도착지를 선택하면 요일별 운행시간표와 요금까지 알 수 있다.

마이옵절배토리(MyObservatory)

위치기반 GPS정보를 통해 홍콩현지의 날씨, 기온, 습도뿐만 아니라 각 지역별 날씨정보를 알 수 있다. 홍콩기상청과 연결되어 9일간의 일기예보와 태풍에 관련된 정보, 태풍이동경로까지 살펴볼 수 있다.

오픈라이스(OpenRice)

홍콩 내 식당정보를 지역별, 요리별 등으로 찾아볼 수 있으며, 현 위치에서 가까운 식당, 오픈라이스 선정식당 그리고 애플리케이션에서 바로 예약 가능한 식당 등의 정보를 알 수 있다. 또한 선택한 레스토랑에 대한 정보와 리뷰도 살펴볼 수 있다.

홍콩여행은 언제 가는 것이 좋을까?

평균적인 날씨로만 본다면 10~11월이 홍콩여행의 최적기이다. 아열대계절풍 기후인 홍콩은 우리나라처럼 사계절이 뚜렷하진 않지만 홍콩 나름의 사계절이 있다. 3~5월은 봄에 해당하지만 우리나라 초여름 날씨와 비슷하다. 평

▲ www.weather.gov.hk
◀ MyObservatory 애플리케이션

균기온이 18~27℃로 따뜻하지만 습도가 높아 여행을 즐기기에는 덥고 비 오는 날이 많아, 여행비수기로 저렴하게 여행할 수 있다. 6~9월은 한여름에 해당되는 시기로 평균기온은 26~33℃이지만 체감온도가 40℃를 육박하며 습도도 높고, 스콜이 빈번한 우기이다. 불쾌지수가 높아 여행에는 좋지 않은 시기지만 여름시즌세일과 휴가가 맞물리며 많은 관광객들이 찾는다.

10~11월은 홍콩여행의 가장 적기로 우리나라 초가을 날씨와 비슷하다. 평균기온은 20~28℃이며, 아침저녁으로는 선선하고 낮에는 반팔로 돌아다니기 좋지만 태풍도 자주 오므로 일정을 짜기 전 반드시 일기예보를 확인해야 한다. 12~2월은 서늘하고 건조한 시기지만 평균기온 14~18℃로 눈이나 비도 많지 않아 여행하기에 그리 나쁘지 않다. 최고 70%까지 세일하는 겨울세일시즌에는 쇼핑을 좋아하는 여행자들에게는 놓치기 힘든 시기이다. 스마트폰에 MyObservatory 애플리케이션을 다운로드하면 그날그날의 홍콩날씨를 알 수 있다. 다음 표를 참고하여 출발하는 월의 평균기온과 강수량 정도는 파악해두자.

월		1월	2월	3월	4월	5월	6월	7월	8월	9월	10월	11월	12월	년중
평균온도 (℃)	최고	18.6	18.9	21.4	25.0	28.4	30.2	31.4	31.1	30.1	27.8	24.1	20.2	25.6
	평균	16.3	16.8	19.1	22.6	25.9	27.9	28.8	28.6	27.7	25.5	21.8	17.9	23.24
	최저	14.5	15.0	17.2	20.8	24.1	26.2	26.8	26.6	25.8	23.7	19.8	15.9	21.4
평균 강수량(mm)		24.7	54.4	82.2	174.7	304.7	456.1	376.5	432.2	327.6	100.9	37.6	26.8	2,398.4
기후		건기	건기	건기	건기	우기	우기	우기	우기	우기	건기	건기	건기	아열대

알고가면 즐거운 홍콩축제

홍콩은 크고 작은 축제나 이벤트가 다양하게 준비되므로 여행계획을 세울 때 홍콩관광청 홈페이지를 참고하여 축제를 즐겨보는 것도 멋진 추억이 된다.

홍콩설축제
Hong Kong Chinese New Year, 1~2월 중

우리나라 설날에 해당하는 대규모 축제로 복을 기원하는 빨간 종이 장식을 문에 붙이며 집집마다 봄맞이 대청소를 한다. 도시마다 다양한 설날 퍼레이드와 화려한 불꽃놀이 행사가 진행된다.

청차우빵축제
The Cheung Chau Bun Festival, 5월 중

매해 석가탄신일인 음력 4월 8일에는 청차우섬의 팍타이사원에서 시작하는 전통 빵축제가 펼쳐진다. 이 축제는 해적에게 희생당한 배고픈 유령들을 달래기 위해 시작됐으며, 평안빵(平安包)을 쌓아 만든 거대한 빵탑과 화려한 빵수레 퍼레이드 등 다양한 볼거리가 제공되는 축제이자 세계무형문화유산이다.

용선축제
Hong Kong Dragon Boat Carnival, 6월 중

유네스코 인류무형문화유산에 등재된 홍콩에서 가장 유명한 축제 중의 하나로 매년 음력 5월 5일에 개최된다. 화려하게 꾸민 용모양의 배들이 경주하는 모습과 응원하는 군중이 신나게 어우러진다. 홍콩 1,000달러 지폐의 뒷면에 용선축제의 장면이 그려져 있다.

중추절축제
Mid-Autumn Festival, 9~10월 중

음력 8월 15일 우리나라 추석에 해당하는 축제로 매년 화려한 불꽃놀이가 축제기간 중에 거행되며, 송편처럼 월병을 서로 선물하는 풍습이 있다.

할로윈축제
Halloween, 10월 중

서양의 할로윈축제와 동일하며 오션파크, 홍콩디즈니랜드뿐만 아니라 소호와 란콰이퐁거리 등에서 동양적인 먹거리와 볼거리를 즐길 수 있다.

홍콩와인&음식축제
Hong Kong Wine&Dine Month, 10~11월 중

매년 가을 홍콩의 스카이라인을 배경으로 열리는 홍콩와인&음식축제는 거리에서 펼쳐지는 다채로운 카니발뿐만 아니라 세계적인 음식과 와인을 테마로 하는 음식클래스, 테마투어 등의 행사도 진행된다.

홍콩펄스3D라이트쇼
Hong Kong Pulse 3D Light Show

홍콩여름축제, 겨울축제 그리고 설축제 기간에 펼쳐지는 3D라이트공연으로 시계탑과 홍콩문화센터에서 펼쳐지며 화려한 영상과 음향효과로 심포니오브라이트와는 또 다른 재미를 선사한다.

여권 준비하기

해외여행을 하려면 가장 먼저 준비해야 할 것이 여권과 비자이다. 여권은 해외에서는 본인을 증명하는 신분증이므로 분실이나 도난에 유의해야 한다. 여권이 있더라도 유효기간이 6개월 미만이라면 연장이나 재발급받아야 하므로 미리 확인해야 한다. 중국 대부분의 도시는 비자를 받아야 하지만 홍콩과 마카오는 비자 없이도 90일간 체류가 가능하다.

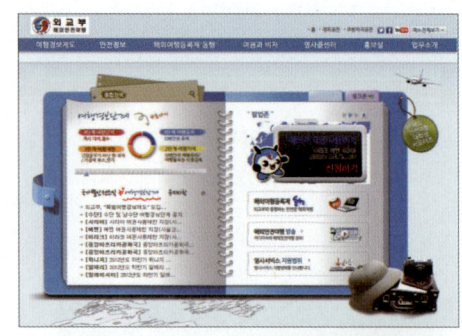

유효기간이 최대 10년인 전자여권은 유효기간 만료일까지 횟수에 제한 없이 사용할 수 있는 복수여권과 1년에 1회 사용가능한 단수여권으로 나뉜다. 18세 이상 35세 이하의 병역미필자는 지방병무청에서 국외여행 허가신청서를 받아야 한다.

여권발급은 여권발급신청서와 신분증, 여권용사진 2매, 수입인지대를 준비하여 시군청이나 구청 여권과에 신청하면 된다. 이때 여권상 영문이름과 서명은 사용할 신용카드와 반드시 동일해야 한다. 특별한 결격사유가 없는 한 보통 4일 이내 발급된다.

여권에 관한 자세한 내용은 외교통상부 여권안내홈페이지에서 알아볼 수 있다.

여권종류	유효기간	사증면수	금액	대상
복수여권	10년	48/24면	53,000/50,000원	만 18세 이상
	5년	48/24면	45,000/42,000원	만 8세부터 만 18세 미만
	5년	48/24면	33,000/30,000원	만 8세 미만
단수여권	1년		20,000원	1회 여행 시에만 가능
잔여 유효기간 부여			25,000원	여권분실, 훼손으로 인한 재발급
기재사항 변경			5,000원	사증란을 추가하거나 동반 자녀 분리할 경우

여권유효기간이 6개월 미만일 경우 기간연장을 신청해야 한다. 준비물은 여권발급신청서, 여권용사진 2매, 기존 여권과 수입인지대 25,000원이다. 여권유효기간이 경과한 지 1년 이내는 바로 연장되지만 1년이 넘었다면 새로 여권을 발급받아야 한다. 여권분실이나 훼손으로 재발급의 경우 잔여유효기간이 충분하면 25,000원이지만 신규발급에 준하는 유효기간은 신규발급수수료가 부과된다. 여권은 신분증명 외에도 다음과 같이 사용된다.

- 환전/비자신청, 발급/출국수속, 항공기탑승/현지 입국과 귀국수속
- 면세점에서 면세품구입/국제운전면허증 취득
- 해외여행 중 한국으로부터 송금된 돈을 찾을 때

🧳 항공권구입하기

여행일정이 구체화되면 항공권구입부터 서둘러야 한다. 한국에서 출발하는 홍콩행 항공사는 총 18개로 가격비교를 통해 저렴한 항공권을 구입하자. 같은 직항이라도 제주항공, 진에어, 홍콩엑스프레스항공, 델타항공, 카타르항공, 남아프리카항공, 유나이티드항공과 이스타항공 등의 저가항공사를 이용하는 것도 방법이다. 홍콩발 캐세이패시픽은 매일 6편을 운항하며 오전, 오후로 분산되어 있어 시간선택의 폭이 넓어 홍콩여행에서 가장 선호되는 항공사이다. 성수기와 주말에는 항공권구하기가 힘들 수 있으므로 미리 예약하는 것이 좋다.

목적지	도착공항(코드)	출발공항(코드)	항공사(코드)	비행시간
홍콩	홍콩국제공항 (HKG)	인천국제공항(ICN)	대한항공(KE), 아시아나(OZ), 제주항공(7C), 진에어(LJ), 캐세이패시픽항공(CX), 타이항공(TG), 영국항공(BA), 델타항공(DL), 에티하드항공(EY), 홍콩항공(HX), 카타르항공(QR), 남아프리카항공(SA), 유나이티드항공(UA), 홍콩익스프레스항공(UO), 이스타항공(ZE)	3시간 50분
		김해국제공항(PUS)	대한항공(KE), 드레곤에어(KA), 홍콩익스프레스(UO), 에어부산(BX)	3시간 40분
		제주국제공항(CJU)	드레곤에어(KA), 홍콩익스프레스(UO)	3시간 00분
마카오	마카오국제공항 (MFM)	인천국제공항(ICN)	대한항공(KE), 아시아나항공(OZ), 진에어(LJ), 에어마카오(NX), 티웨이항공(TW), 이스타(ZE), 제주항공(7C), 에어서울(AS)	3시간 50분
		김해국제공항(PUS)	에어부산(BX)	3시간 40분
		제주국제공항(CJU)	진에어(LJ)	3시간 00분

※ 홍콩은 한국보다 1시간 느리기 때문에 출발할 때는 1시간을 벌지만, 도착할 때는 1시간을 잃게 된다.

🧳 할인항공권을 찾아보자

할인항공권이란 국제규정요금을 기준으로 정상가보다 20~50% 이상 저렴한 항공권을 말한다. 같은 노선에 동일항공편이라도 여행사나 항공사마다 가격이 다르기 때문에 여러 곳을 비교분석해보는 수밖에 없다. 가격이 저렴할수록 일정이나 유효기간 등에 제한이 많고, 이코노미석에만 적용되는데 가끔 예외적인 경우도 있다. 알뜰여행의 시작은 항공권부터이

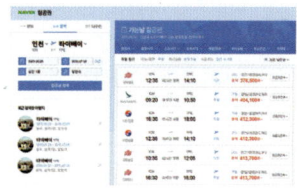
항공권가격비교

므로 시간이 걸리더라도 비교분석은 필수이다. 오프라인여행사보다는 온라인여행사가 훨씬 저렴하며, 특가항공권이 나오는 행운도 잡을 수 있다. 만약 홍콩여행을 계획하면서 홍콩으로 입국한 후 마카오에서 출국할 계획이라면 왕복이 아닌 편도항공권을 구입해야 한다. 하지만 편도항공권은 상대적으로 가격이 비싸므로 가급적 왕복항공권을 구입하는 것이 경비를 절감하는 방법이다.

🧳 항공권구입 시 주의사항

항공권가격에는 항공요금뿐만 아니라 공항이용료, 전쟁보험료 등이 포함된 기타제세공과금과 유료할증료 등이 포함된다. 유류할증료는 항공유의 시세변동에 따른 증감을 탄력적으로 반영하는 제도로 출발일이 아닌 발권일(결제시점) 기준으로 부가되며, 요금은 항공사와 구간에 따라 다르다.

인천국제공항에서 홍콩국제공항까지는 비행기로 3시간 50분 정도가 소요된다. 공항까지 이동시간이나 도착해서 숙소까지 이동시간 등을 고려하면 한나절이 소요된다. 결국 출발시간은 일정을 짜는데 있어 매

우 중요하므로 무조건 싼 항공권만 찾지 말고, 출발시간도 체크해야 한다. 또한 여권과 항공권이 철자 하나라도 다를 경우 탑승자체가 불가능하므로 예약 시 여권과 항공권 성명이 동일하게 입력해야 한다. 항공권을 온라인으로 구입하면 메일로 이티켓이 발송되거나 해당 사이트에서 다운받은 이티켓을 출력해야 공항에서 탑승권으로 교환받을 수 있다. 가방을 쌀 때는 분실에 대비하여 이티켓과 여권번호, 발행일과 생년월일이 표기된 여권 페이지를 여러 장 복사해 가는 것이 좋다.

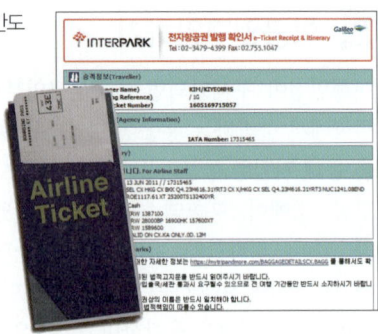

알뜰살뜰 홍콩달러로 환전하기

환전의 기본은 정확한 비용예측이다. 필요 이상의 금액을 환전하면 결국 돌아올 때 재환전 해야 하므로 수수료가 이중으로 낭비된다. 홍콩에서 얼마를 사용할지 일정에 맞춰 계산해 보고 현금과 카드를 적절하게 배분한 후 환전하자. 홍콩달러로 환전은 각 은행의 외환코너를 이용하면 되고, 홍콩에서 환전할 경우 환전율이 좋지 않으므로 가급적 한국에서 환전해 가는 것이 좋다. 홍콩에서 사용가능한 결제수단은 현찰, 신용카드와 직불카드 등이 있다.

홍콩의 화폐 알아보기

홍콩에서 사용되는 법정화폐는 홍콩달러(HK$)이다. 우리나라처럼 한국은행 한 곳에서 발행하는 것이 아니라 홍콩상하이은행, 스탠다드차타드은행과 중국은행 세 곳에서 발행하며 발행기관에 따라 디자인이 다르지만 사용하는 데는 별문제가 없다. 지폐는 HK$10, 20, 50, 100, 500, 1,000짜리 동전은 달러로는 HK$1, 2, 5, 10짜리가 있고, 센트로는 HK¢10, 20, 50  짜리가 있다. 금액을 표시하는 숫자 밑에 영문으로 달러는 DOLLARS, 센트는 CENTS라고 표기되어 있다. 홍콩에서 가장 많이 사용되는 화폐는 HK$100 이하의 지폐와 동전이다.

한국에서 홍콩달러 환전하기

환율표시를 보면 '현찰 살 때(은행입장에선 매도)'와 '팔 때(매입)' 가격이 다르게 표시된다. 우리가 환전할 때는 현찰 살 때의 금액이 환전율이 되므로 2016년 11월을 기준으로 한다면 HK$1는 우리나라 돈 146원을 줘야 살 수 있다는 말이 된다. 환전할 때는 은행홈페이지에서 환율우대쿠폰을 미리 다운받으면 환전수수료를 할인받을 수 있다. 바빠서 은행까지 가기 힘든 경우라면 사이버환전을 이용하는 방법이 있다. 보통 KEB하나은행의 외환포털(FxKeb)을 많이 이용하는데, 수수료할인도 받을 수 있고 출국할 때 공항지점에서 바로 찾을 수 있어 편리하다.

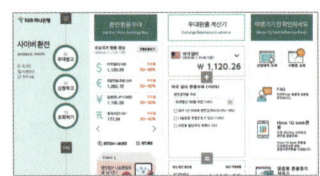
KEB하나은행 사이버환전

인천국제공항 환전소

홍콩에서 홍콩달러 환전하기

홍콩 현지에서의 환전은 환전율이 그리 좋지 않다. 하지만 국내에서 환전하지 못했다면 홍콩국제공항, 침사추이, 센트럴, 몽콕 등지의 사설환전소에서 환전할 수 있는데, 업체마다 환전율이 다르기 때문에 비교해서 환전하는 것이 좋다. 홍콩 현지은행은 거리의 사설환전소보다는 환율은 좋지만 환전수수료가 비싸기 때문에 소액이라면 오히려 사설환전소가 더 낫다. 사설환전소를 이용할 때는 간혹 금액을 속이는 경우도 있으므로 관광품질인증마크가 있는 환전소를 이용하는 것이 좋다. 침사추이 인근의 청킹맨션환전소는 수수료가 없어 그나마 나은 환전을 할 수 있다. 곳곳에 ATM기도 많은데 비록 수수료는 있지만 환율도 좋고, 24시간 이용할 수 있어 편리하다.

홍콩국제공항 환전소

홍콩현지 사설환전소

신용카드와 직불카드 사용하기

휴대성이 편리한 신용카드 Credit Card와 직불카드 Debit Card는 고액의 현금을 따로 들고 다니는 불편함을 덜어주며, 대부분의 쇼핑센터나 대형음식점 등에서 국내처럼 사용할 수 있어 편리하다. 하지만 해외에서 카드를 사용하려면 미리 카드사에 연락하여 해당 카드가 해외에서 사용할 수 있는지를 체크해봐야 한다.

국제신용카드 사용하기

홍콩은 신용카드 사용이 보편화되어 있기 때문에 노점이 아니라면 대부분 사용할 수 있으며 현금이 급할 때는 현금서비스도 가능하다. 홍콩에서 사용가능한 카드는 비자VISA, 마스터Master, 다이너스Diners, 아멕스AMEX 등이 있으며, 여권의 영문명과 동일해야 하고, 카드 뒷면에 서명도 되어 있어야 한다. 현지에서 카드를 사용하면 실제 사용금액의 1%와 US$3 정도의 수수료가 추가되기 때문에 사용금액이 클수록 수수료도 높아 현금결제보다 훨씬 불리하다.

국제직불카드 사용하기

국내에서처럼 본인통장의 잔고만큼 해외에서도 인출이 가능한 카드이다. 사용가능한 국제직불카드에는 VISA, MASTER, PLUS, CIRRUS, MAESTRO 등의 제휴마크가 표시되어 있다. 찾을 수 있는 금액이나 횟수, 일자가 정해져 있으며, 이는 은행마다 차이가 있다. 해외여행자들이 많이 이용하는 씨티은행은 홍콩시내 곳곳에 지점이 있고, 한국어가 지원되는 ATM기도 많아 편리하다. 직불카드도 신용카드와 마찬가지로 사용금액의 1%와 건당 US$0.25~3 수수료가 붙기 때문에 현금결제보다 불리하며 예금인출 시 당시의 환율이 반영되고, 인출할 때마다 건당 US$3과 인출금액의 1%의 수수료가 붙는다. 1회 100만원, 1일 600만원까지 예금인출이 가능하며 잔액을 조회할 시 건당 US$0.5의 수수료가 부가된다.

여행 중 사건/사고에 대처하는 방법

홍콩의 치안은 여행자가 다니기에 불편하지 않을 정도로 안전하지만 복잡한 야시장이나 관광명소에서는 종종 분실이나 소매치기 등의 사건이 발생한다. 여행 중 사고가 나면 남은 일정에도 영향을 주므로 사고가 나지 않게 미리 예방에 신경을 써야하고 만일 사고가 발생하더라도 침착하게 대처해야 한다.

현금이나 소지품분실, 도난

해외여행 중 가장 빈번한 사고가 분실과 도난이다. 분실은 소지품을 제대로 챙기지 못해 발생하고, 도난은 사람들이 많은 혼잡한 장소에서 발생한다. 사람들이 붐비는 야시장과 출퇴근시간대의 MTR에서 주로 발생하므로 가방을 앞쪽에 메는 등 좀 더 주위를 기울여야 한다. 분실이나 도난에 대비하여 여권번호, 발행일, 유효기간 등과 신용카드, 체크카드의 번호 그리고 해당 카드사 신고전화번호도 미리 수첩에 적어두자. 현금만 분실, 도난당했을 경우 신용카드나 직불카드를 이용할 수 있어 그나마 다행이지만 지갑을 도난, 분실했다면 여행지에서 현금을 빌리거나 송금을 받는 수밖에 없다. 송금을 받으려면 홍콩지점 우리나라 은행(외환/국민/신한/우리 등)을 찾아가 여권을 제시한 후 임시계좌를 개설하여 송금을 받으면 된다. 해외여행자보험을 가입했다면 가까운 경찰서를 찾아가 반드시 도난(분실)증명서를 발급받아야 한다. 이 증명서를 귀국 후 보험사에 제출해야만 보험상품에 따른 보상금 혜택을 받을 수 있다.

주요은행 홍콩지점	주소	홍콩점(+852)	신고 국내전화
KEB하나은행(센트럴)	32/F Far East Finance Centre, 16 Harcourt Road, Central	3578-5000	82-42-520-2500
KEB하나은행(침사추이)	Room 1205, Energy Plaza, 92 Granville Road, Tsim Sha Tsui East, Kowloon	2369-2131	
국민은행(센트럴)	Suite 1101 and 1106, 11/F Central Plaza, 18 Harbour Road, Wanchai	2530-3633	82-2-6300-9999
신한은행(ICC타워)	Unit 7709, 77/F International Commerce Centre, 1 Austin Road West, Kowloon	2867-0100	82-2-3449-8000
우리은행(퍼시픽플레이스)	Suite 1401, Two pacific Place, 88 Queensway, Admiralty	2521-8016	82-2-2006-5000
IBK기업은행(퍼시픽플레이스)	Suite 3113, Two Pacific Place, 88 Queensway, Admiralty	2521-1398	82-31-888-8000

택시에 소지품을 두고 내렸다면 즉시 택시분실물센터로 연락을 해야 한다. 전화로 분실한 물건의 종류, 택시를 타고 내린 장소, 분실물을 택시에 둔 곳, 동승한 일행의 수, 본인의 이름과 연락처 그리고 택시번호판 등 물건을 찾는데 도움이 될 만한 정보들은 다 말해주는 것이 좋다. 혹시라도 이런 경우를 대비해 택시이용 시에는 반드시 영수증을 받아두면 택시번호판을 확인하는데 도움이 된다.

홍콩 택시분실물센터 문의 (852)2385-8288 홈페이지 www.yp.com.hk/Taxi

국내 외교부계좌를 이용한 송금

여행 중 현금, 신용카드를 분실 또는 도난을 당했거나 혹은 갑작스러운 사고로 인해 돈이 급하게 필요할 경우와 불가피하게 여행기간을 연장하게 되었을 경우 송금을 받을 수 있는 신속해외송금지원제도이다. 국내에서 외교부 계좌로 입금하여 송금해 주면 해당 재외공관(대사관, 총영사관)에서 현지화로 전달받을 수 있다. 1회 최대 US$3,000까지 송금가능하며 신청방법은 다음과 같다.

① 현지 재외공관을 방문하여 영사콜센터를 통해 신속해외송금지원제도를 신청한다.
② 국내의 연고자가 영사콜센터에 송금절차를 문의 하면 입금계좌정보 및 입금금액을 안내받는다.
③ 국내의 외교부 계좌(우리은행, 농협, 수협 등)로 수수료를 포함한 송금액을 입금한다.
④ 송금 수취인은 재외공관에서 현지화로 송금된 금액을 전달 받는다.

여행자보험과 도난증명서 작성요령

도난, 사고 등이 발생할 경우 여행자보험을 가입했다면 그나마 도움이 된다. 여행자보험은 은행에서 환전할 때 무료가입을 해주기도 하고, 여행사에서 일괄처리해주는 경우도 있다. 본인이 보험사를 통해 가입하는 경우에는 보험료, 보상한도액 등을 꼼꼼히 살펴봐야 한다. 보험보상을 받으려면 현지에서 사건, 사고를 증명할 서류(치료비 영수증, 진단서, 의사소견서, 도난신고서 등)들을 잊지 말고 챙겨야 한다.

만일 도난/분실을 당했다면 가까운 경찰서에서 도난/분실증명서를 작성해야 한다. 증명서에는 도난(분실)된 사건 경위, 도난(분실) 물품은 빠짐없이 모델명까지 상세히 기록해야 하는데 이는 차후 보험보상금에 영향을 주므로 신중하게 작성한다. 이때 주의할 점은 도난(Stolen)과 분실(Lost)을 명확히 구분해야 한다. 분실은 보상이 힘들 수 있다.

여권과 항공권, 신용카드의 분실

여권을 분실했다면 여권용사진 2장, 항공권, 국내신분증, 분실여권사본, 분실증명서를 챙겨 홍콩주재 한국총영사관에서 재발급받아야 한다. 신고절차를 마치면 분실된 여권은 설령 찾더라도 다시 사용할 수 없으며, 재발급되는 여권은 무조건 단수여권이다. 재발급기간은 1~7일 정도 소요되고, 수수료는 HK$120이다. 여권분실에 대비하여 여권사본을 준비해두면 이럴 때 도움이 된다.

❶ 여권분실 후 경찰서 방문신고 및 분실증명서 발급 ❷ 주홍콩총영사관 방문신고 ❸ 영사관방문 – 여권수령 ❹ 홍콩이민국방문 – 홍콩비자신청, 입국확인(입국도장)

주홍콩 대한민국총영사관 주소 5/F Far East Finance Centre, 16 Harcourt Road 운영시간 영사관 09:00~17:30, 민원실 09:00~16:30/점심시간 12:00~13:30, 매주 주말과 공휴일 휴무 문의 (852)2529-4141(담당영사 직통)/001-800-2100-0404(무료) 찾아가기 MTR 애드미럴티역 B번 출구로 나와 맞은편 금색빌딩 5F 홈페이지 hkg.mofat.go.kr

유효기간이 1년인 항공권은 분실 시 재발급이 가능하지만 1년 미만의 할인항공권은 재발급이 불가하다. 정규요금 항공권 분실 시 항공권번호, 발행일, 구입처 전화번호를 해당 항공사지점에 신고하면 확인 후 재발급해주는데, 보통 4~7일 정도 소요된다. 할인항공권을 분실하였을 때에는 편도항공권을 홍콩에서 직접 구입하는 수밖에 없다.

신용카드를 분실하였다면 분실 즉시 해당 카드사로 분실신고를 하여 카드거래중지 신청을 해야 한다. 국내 신용카드 고객센터는 24시간 전화연결이 가능하므로 분실 즉시 신고해야 한다.

카드회사	국내전화/해외전용전화	홈페이지	카드회사	국내전화/해외전용전화	홈페이지
국민카드	1588-1688/82-2-6300-7300	kbcard.com	삼성카드	1588-8900/82-2-2000-8100	samsungcard.co.kr
신한카드	1800-1111/(82)1800-1111	shinhancard.com	씨티카드	1566-1000/82-2-2004-1004	citibank.co.kr
하나카드	1599-1155/82-2-3489-1000	hanacard.co.kr	현대카드	1577-6200/82-2-3015-9200	hyundaicard.com
BC카드	1588-4515/82-2-330-5701	bccard.com	롯데카드	1588-8300/82-2-2280-2400	lottecard.co.kr

갑작스러운 부상이나 아플 때

대형호텔에 묵는다면 호텔프런트에서 의사를 불러 적절한 조치를 받을 수 있다. 가벼운 증상일 경우 약국을 이용하거나 휴식을 취하고, 증세가 심할 경우 병원을 찾아야 한다. 긴급서비스 999에 전화를 해서 주소를 알려주면 가까운 병원의 앰뷸런스가 오는데 별도 비용이 청구된다. 가벼운 증상에 대비하여 여행 전 감기약, 멀미약, 소화제, 밴드, 상처에 바르는 약 등 상비약을 준비해 가는 것이 좋다.

- 응급서비스(경찰, 화재, 구급차) 999
- 홍콩관광진흥청 핫라인 2508-1234
- 홍콩호텔협회 예약핫라인 2383-8380
- 경찰핫라인 2527-7177
- 해외국제전화(IDD) 10013
- 수신자부담전화 10010

Part 01

급할 때 사용하는 생존영어와 중국어

영국식과 미국식 영어가 혼합된 홍콩 특유의 홍콩식 영어를 사용하고 있다. 영어가 통하지 않을 경우 '여기요', '실례합니다.', '감사합니다.' 등 여러 의미를 지닌 '음꺼이(唔該)!'를 사용하면 홍콩에서 웬만하면 다 통한다.

공항에서

탑승권 좀 보여주시겠어요? Could you show me your boarding pass, please?
여권 좀 보여주시겠어요? May I see your passport, please?
안전벨트를 매어 주십시오. Please, fasten your seat belt.
담요 한 장 주시겠습니까? May I have a blanket?
짐을 찾을 수 없어요. I can't my checked baggage.
방문 목적이 무엇입니까? What's the purpose of the visit?
관광차 왔어요. I'm here on sightseeing.
어디서 묵습니까? Where are you going to stay?
힐튼 호텔입니다. At the Hilton Hotel.

물건을 살 때

도와 드릴까요? May I help you?
저것 좀 보여주세요. Please, show me that.
전부 얼마입니까? How much in all?
여기 사진 찍어도 되요? May I take pictures here?
입장료는 얼마입니까? How much is the admission fair?
어떤 관광이 있습니까? What kinds of tours are there?
기념품은 어디서 사나요? Where can I buy some souvenirs?
죄송하지만, 힐튼 호텔 가는 길 좀 가르쳐주시겠습니까? Excuse me. Can you tell me the way to the Hilton Hotel?
거기까지 걸어갈 수 있습니까? Can I walk to there from here?
약도 좀 그려주시겠습니까? Could you draw me a map?
거스름돈은 그냥 가지세요. Keep the change.

호텔에서

예약 하셨습니까? Do you have a reservation?
3일 예약했습니다. I have a reservation for two nights.
예약하고 싶은데요. I need to make a reservation.
오늘 저녁 묵을 방이 있나요? Is there a room available tonight?
예약을 취소하겠습니다. I'll cancel my reservation
숙박비가 얼마죠? What are the rates?(How much is the room?)
하룻밤 더 묵고 싶어요. I do like to stay another day.
펜 좀 빌릴까요? May I borrow your pen?
어디서 환전합니까? Where can I change some money?
몇 번 출구입니까? What's the gate number?

식당에서

오늘 저녁 7시에 4인 좌석을 예약하고 싶어요.
I'd like to book table for four at seven this evening.
메뉴를 보고 싶어요. May I have the menu, please?
주문을 받을까요? May I take your order, please?
정하지 않았습니다. I haven't made up my mind yet.
무엇이 좋을까요? What do you recommend?
당신이 권하는 것을 먹어볼게요. I'll have what you suggest.
스테이크는 어떻게 해드릴까요? How do you like your steak?
살짝(중간/바짝) 익혀주세요. I'd like it rare(medium/well-done).

의미	광둥어	발음
안녕하세요.	你好	네이호우
얼마예요?	幾錢	게이친
미안합니다.	對唔住	뚜에이음쥐
괜찮습니다.	唔緊要	음깐니우
감사합니다.	多謝	또제
고마워요.	唔該	음꺼이
맛있어요.	好味	호우메이
좋아요./싫어요.	好/唔好	호우/음호우
잘 가.	再見	쪼이긴
만나서 반갑습니다.	幸會	항우이
비싸다	好貴	호우꾸아이
너무 비싸요	太貴啦	타이꽈이라
한국	韓國	혼궉
1, 2, 3, 4, 5, 6, 7, 8, 9, 10, 100, 1000	一, 二, 三, 四, 五, 六, 七, 八, 九, 十, 百, 千	얏, 이, 삼, 쎄이, 음, 록, 찻, 빳, 가우, 삽, 빡, 친

Section 02

행복한 홍콩·마카오여행을 위한 일정별 동선

쇼핑과 먹거리의 천국 홍콩은 실제 여행을 하다 보면 너무나도 많은 볼거리에 놀라게 된다. 또한 도심과는 사뭇 다른 다양한 섬들의 매력이 촉박하기만한 일정을 원망하게 된다. 다음에 제시하는 예산과 일정은 처음 홍콩여행을 가는 사람들을 위한 참고용이므로 이를 활용하여 자신만의 일정을 잡으면 된다.

홍콩·마카오여행 예산잡기

여행에서 예산을 크게 좌우하는 것은 항공권, 숙소, 음식이다. 최소비용으로 최대로 즐길 수 있는 알뜰한 홍콩여행부터 럭셔리하게 즐기는 여행까지 상황별 예산을 살펴보자. 예산에서 쇼핑은 개인차가 크기 때문에 제외하였고, 가볍게 둘러볼 수 있는 2박 3일에 1인 기준으로 하였다. 참고로 여행시즌에는 제시하는 금액보다 예산이 더 높을 수 있다.

최소비용으로 최대효과를 노리는 알뜰한 여행스타일 예산

환율 HK$1=150원(2016년 11월 기준) 항공권 30만 원~+Tax 숙박 2인실 HK$680×2일=HK$1,360 식비 1일 HK$500×2일=HK$1,000 교통비 포함 기타 경비 HK$300×2일=HK$600(쇼핑제외) 총 합산금액 80~100만 원 이상

✈ 여행사에서 땡처리로 판매하는 반짝 세일항공권이나 공동구매 특가항공권을 노려보자. 경매 입찰로 구입하는 항공권도 있으므로 잘만 찾으면 여행경비를 대폭 줄일 수 있다. 또한 비수기라면 기대 이상으로 저렴한 티켓도 찾을 수 있다.

🏨 저렴한 한인모텔이나 게스트하우스는 대부분 MTR역 출구와 멀지 않은 곳에 위치해 있으며 건물 외관은 허름하지만 객실은 집처럼 편안하며 깔끔한 곳도 많다. 아침과 커피, 세탁 등이 무료로 제공되지만 대부분 유료이므로 꼼꼼히 비교해보고 결정하자. 현지 게스트하우스는 저렴한 만큼 시설이 열악하고 위험할 수 있으므로 주의해야 하며, 저렴한 한인모텔이나 중급호텔을 이용하는 편이 낫다.

🍴 홍콩까지 와서 비용 때문에 매일 패스트푸드점을 이용하지 말고 저렴한 현지식당을 찾아보자. 영어가 통하지 않으므로 주문할 메뉴를 미리 한자로 적어가면 편하다. 특히 야시장에서는 현지에서만 먹을 수 있는 특별한 간식거리를 맛 볼 수 있다.

📷 홍콩은 도보로도 충분히 여행할 수 있으므로 먼 거리가 아니라면 걷는 것이 좋고, 반도와 섬을 오갈 때는 저렴한 스타페리를 이용하면 된다. 홍콩역사박물관, 우주박물관, 과학박물관 등 대부분의 박물관이 무료로 입장할 수 있다.

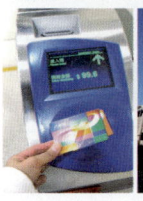

쓸 때 쓰고, 아낄 것은 아끼는 일반적인 여행스타일의 예산

환율 HK$1=150원(2016년 11월 기준) **항공권** 30만 원~+Tax **숙박** 2인실 HK$2,000×2일 = HK$4,000 **식비** 1일 HK$1,000 ×2일 = HK$2,000 **교통비 포함 기타 경비** HK$500×2일=HK$1,000(쇼핑제외) **총 합산금액** 120~150만 원 이상

✈ 홍콩직항 할인항공권을 구입한다. 에어텔을 이용하려면 인터넷 검색창에 '홍콩에어텔'로 검색하면 여행사별 다양한 상품이 나오므로 비교하여 선택하면 된다.

🏨 가격이 비교적 저렴한 중급호텔을 이용한다. 세일즈버리YMCA, 파크호텔, 코스모폴리탄호텔, 엠파이어호텔카우룽 등 고급은 아니지만 다양한 부대시설에 환경도 쾌적하기 때문에 이용에 불편함은 없다. 보통 저렴한 에어텔은 중급호텔이 많으므로 따로 구입하는 것보다 저렴한지 비교해 봐야 한다.

저렴한 중급호텔 이용

🍽 홍콩의 중급호텔은 조식이 포함되지 않는 경우가 많다. 아침은 패스트푸드점에서 간단하게 해결하고, 점심은 완탕면, 로컬딤섬 등 현지식으로 해결하고 식사 후에는 허유산이나 허니문디저트 또는 현지 유명 디저트 전문점에서 디저트를 즐겨보자. 그리고 저녁은 유명 레스토랑에서 중국요리를 선택해보자. 홍콩의 밤문화는 센트럴의 란콰이퐁, 소호 또는 침사추이의 넛츠포드테라스의 해피아워 시간을 노려보자.

🚗 교통은 옥토퍼스카드로 MTR, 트램, 버스, 스타페리 등을 이용할 수 있다. 보다 편하게 홍콩여행을 하고 싶은 분이라면 빅버스 또는 락샤버스 등 관광버스를 이용해보자.

호텔레스토랑의 중국요리
디저트로 깔끔한 마무리

홍콩의 밤문화 즐겨보기

모처럼 여행인데 럭셔리하게 즐기고 싶은 여행스타일 예산

환율 HK$1=150원(2016년 11월 기준) **항공권** 70만원~+Tax **숙박** 2인실 HK$4,000×2일=HK$8,000 **식비** 1일 HK$2,000×2일=HK$4,000 **교통비 포함 기타 경비** HK$1,000×2일=HK$2,000(쇼핑제외) **총 합산금액** 200~250만 원 이상

✈ 럭셔리한 여행을 원한다면 출발부터 직항에 비즈니스석을 이용하자. 이코노미석보다 비싸지만 항공마일리지를 이용한다면 좌석승급이 가능하다. 마일리지로 좌석승급을 하면 일반석 편도만큼 마일리지가 차감된다. 이코노미석과의 서비스 차이는 항공사나 기종에 따라 다르다.

🍽 오리와 거위구이 등의 중국요리와 유명호텔의 애프터눈티 또는 호텔레스토랑에서 우아한 식사를 즐기자. 홍콩섬 또는 카오룽반도 전경이 한눈에 펼쳐지는 전망 좋은 좌석을 원한다면 미리 예약하는 것도 잊지 말자. 리츠칼튼의 카페103 또는 라운지앤바, 페닌슐라의 더로비, 인터콘티넨탈의 로비라운지, 오리엔탈만다린의 클럽라운지 등에서 정통 애프터눈티를 즐길 수 있다. 밤에는 홍콩 야경을 전망할 수 있는 마르코폴로의 쿠치나, 리츠칼튼의 오존, 쉐라톤호텔의 스카이라운지, 페닌슐라의 펠릭스 또는 아쿠아 등에서 칵테일 또는 와인을 즐겨보자.

홍콩전경과 함께 호텔 레스토랑에서 즐기는 애프터눈티

🏨 리츠칼튼홍콩, 그랜드하얏트 등 5성급 이상의 고급호텔은 시즌별, 객실 전망에 따라 요금이 천차만별이며 현지에서 예약하는 것보다 국내 여행사나 전문업체를 통해 예약하는 것이 좋다. 럭셔리한 객실에서 차별화된 서비스를 받을 수 있다.

호텔바에서 즐기는 홍콩야경

럭셔리호텔의 고급객실

🚕 택시를 이용하면 편안하게 목적지까지 이동할 수 있지만 택시를 대절하기는 힘들다. 보통 승용차나 미니버스를 렌트하는데 비용은 HK$3,000 정도이다. 만일 기사나 가이드를 포함시키려면 별도로 HK$1,000 이상이 추가된다. 카오룽반도나 셩완, 센트럴, 코즈웨이베이 등은 택시 잡기가 쉽지 않고, 홍콩섬 북부지역 애버딘, 오션파크, 리펄스베이, 스탠리 등은 택시가 쉽게 잡히므로 굳이 자동차를 대절할 필요가 없다. 특별한 홍콩을 보고 싶다면 페닌슐라호텔 옥상에서 출발하는 헬리콥터를 탑승해보는 것도 고려해볼만한다.

호텔에서 즐기는 고급스파

효율적으로 돌아보는 홍콩·마카오여행 일정

2박 3일 추천일정

홍콩에 오전에 도착하고, 출발이 저녁시간이라면 짧은 일정이라도 알차게 보낼 수 있다. 보통 호텔체크인 시간보다 일찍 도착해서 호텔에 짐을 맡겨두고 바로 여행을 시작한다. 첫날은 카오룽반도의 주요명소를 구경하고, 둘째 날은 홍콩섬을 여행한다. 홍콩은 여행지간 거리는 짧지만 계속 걷는 것은 무리가 있으므로 MTR, 페리, 트램 등의 대중교통을 잘 활용해야 한다. 마카오까지 여행하려면 도착한 다음날에 마카오 일정을 잡는 것이 좋다.

환율 HK$1=150원(2016년 11월 기준) 항공권 직항 왕복항공권(40~50만 원선) 숙박 최소 2박(호텔 등급이나 게스트하우스 시설에 따라 요금은 차이가 난다.) 교통비 옥토퍼스카드(HK$200 이상) 이용 식비 및 기타 3일×HK$500=HK$1,500 총 예상비용 100만 원 이상(항공권, 숙소에 따라 상이하게 다를 수 있음)

3박 4일 추천일정

침사추이와 몽콕&야우마테이 그리고 센트럴 일대를 구경한 후 저녁에는 빅토리아피크에서 야경을 감상하는 하루일정과 애버딘, 리펄스베이, 스탠리 등 홍콩섬 남부를 하루일정으로 계획해보자. 빅버스를 타고 간다면 센트럴의 주요명소를 거쳐 오션파크, 리펄스베이, 스탠리, 애버딘을 가기 때문에 알찬 하루를 보낼 수 있다. 마카오에서 1박을 한다면 좀 더 여유롭게 마카오를 구경할 수 있다.

환율 HK$1=150원(2016년 11월 기준) 항공권 직항 왕복항공권(40~50만 원선) 숙박 최소 3박(호텔에서 묵을 예정이라면 에어텔도 고려해보자.) 교통비 옥토퍼스카드(HK$300 이상) 이용 식비 및 기타 4일×HK$500=HK$2,000 총 예상비용 130만 원 이상(항공권, 숙소에 따라 상이하게 다를 수 있음)

4박 5일 추천일정

5일이면 여유롭기 때문에 란타우섬, 람마섬, 청차우섬 등 홍콩섬과 홍콩남부 중에서 한나절을 보낼 수 있다. 특히 란타우섬은 홍콩디즈니랜드나 디스커버리베이 중에 선택하여 일정을 계획하면 알찬 하루를 보낼 수 있다. 마카오에서 1박 이상이라면 홍콩과는 다른 독특한 문화와 호텔에서 다양한 엔터테인먼트를 즐길 수 있다. 주말에는 페리와 호텔요금이 주중에 비해 비싸다.

환율 HK$1=150원(2016년 11월 기준) 항공권 직항 왕복항공권(40~50만 원선) 숙박 최소 4박(호텔에서 묵을 예정이라면 에어텔도 고려해보자.) 교통비 옥토퍼스카드(HK$400 이상) 이용 식비 및 기타 5일×HK$500=HK$2,500 총 예상비용 150만 원 이상(항공권, 숙소에 따라 상이하게 다를 수 있음)

5박 6일 추천일정

여유 있는 일정으로 홍콩 3박, 마카오 2박 또는 홍콩의 색다른 섬을 다녀오는 홍콩 4일, 마카오 당일치기를 계획해도 된다. 카오룽반도와 센트럴의 명소를 둘러보는 하루, 오션파크, 리펄스베이, 스탠리를 포함한 홍콩남부를 둘러보는 하루, 란타우섬, 람마섬, 청차우섬 등 홍콩 외곽섬에서 보내는 하루, 신계지역인 샤틴을 여유롭게 둘러보는 하루 그리고 마카오 당일일정 등을 계획한다면 여유롭게 색다른 홍콩·마카오를 즐길 수 있다.

환율 HK$1=150원(2016년 11월 기준) 항공권 직항 왕복항공권(40~50만 원선) 숙박 최소 5박(호텔에서 묵을 예정이라면 에어텔도 고려해보자.) 교통비 옥토퍼스카드(HK$500 이상) 이용 식비 및 기타 6일×HK$500=HK$3,000 총 예상비용 180만 원 이상(항공권, 숙소에 따라 상이하게 다를 수 있음)

베네치안마카오& 마카오피셔맨스 마카오페리터미널 숙소(2박)
C.O.D 워프
3시간 코스 30분 코스

🚌or🚖 10분   👣 5분   ⛴ 1시간

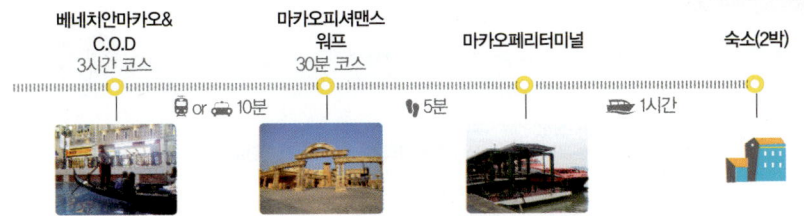

Day 03
홍콩남부

기상 및 오션파크 애버딘 리펄스베이 스탠리
조식 2시간 코스 1시간 코스 1시간 코스 2시간 코스
10분

🚌or🚌 30분   🚌or🚌 15분   🚌 20분   🚌 10분   🚌/⛴ 30분

심포니오브라이트 넛츠포드테라스 숙소(3박)
15분 코스 10분 코스

👣 2분   🚌or🚖

Day 04
코즈웨이베이

기상 및 홍콩역 코즈웨이베이 눈데이건&
체크아웃 얼리체크인 패션워크 타이푼셸터
30분 소요 1시간 코스 30분 코스

🚌or🚌   🚌or🚌 12분   👣 10분   👣 12분

코즈웨이베이 쇼핑몰 AEL 홍콩역
2시간 코스

🚌 10분   🚌 25분

공항&귀국

47

Part 01

추천 3박 4일 일정 (홍콩시내 위주)

Day 01 | 침사추이/심포니오브라이트/몽콕&야우마테이

- 홍콩국제공항 → (or 30분~1시간) → 숙소체크인 → (or) → 하버시티&캔톤로드 2시간 코스 → (바로 옆) → 1881헤리티지 30분 코스 → (5분) → 네이던로드 10분 코스 → (2분) → 카오룽공원 30분 코스 → (12분) → 스타의 정원 20분 코스 → (5분) → 침사추이 해변산책로 30분 코스 → (동일위치) → 심포니오브라이트 15분 코스 → (10분) → 템플스트리트 야시장 &레이디마켓 1시간 코스 → (or) → 숙소(1박)

Day 02 | 샤틴/레이유문/미드레벨에스컬레이터/빅토리아피크

- 기상 및 조식 → 만불사 1시간 코스 → (15분) → 샤틴공원 30분 코스 → (5분) → 홍콩헤리티지 박물관 30분 코스 → (10분) → 창타이옥 30분 코스 → (12분) → 체쿵사원 30분 코스 → (20분) → 윙타이신사원 1시간 코스 → (5분) → 난리안가든&치린수도원 1시간 코스 → (+25분) → 레이유문 1시간 코스 → (+30분) → 미드레벨 에스컬레이터&소호 1시간 코스 → (30분) → 빅토리아피크 1시간 코스 → (or) → 숙소(2박)

Day 03 | 완차이/성완/센트럴/디스커버리베이

- 기상 및 조식 → (or) → 완차이 골든보히니아광장 20분 코스 → (15분) → 타이윤시장 20분 코스 → (3분) → 블루하우스 30분 코스 → (8분) → 우청전당포 10분 코스 → (6분) → 웨스턴마켓 10분 코스 → (6분) → 캣스트리트 20분 코스 → (2분) → 만모사원&할리우드로드 30분 코스 → (2분) → 포호 20분 코스 → (5분) → 윙리스트리트 1시간 코스 → (3분) → 피큐엠 1시간 코스 → (12분) → 더델스트리트 10분 코스 → (6분) → 센트럴 황후상광장 10분 코스 → (15분) → 센트럴디스커버리베이 페리선착장 → (25분) → 디스커버리베이 2시간 코스 → (+40분) → 란콰이퐁 1시간 코스 → (or) → 숙소(3박)

Day 04 | 코즈웨이베이 → 홍콩국제공항

- 기상 및 체크아웃 → (or / or 12분) → 홍콩역 또는 카오룽역 얼리체크인 20분 소요 → (12분) → 코즈웨이베이 패션워크 20분 코스 → (12분) → 눈데이건&타이푼셸터 30분 코스 → (10분) → 코즈웨이베이 쇼핑몰 2시간 코스 → (25분) → AEL 홍콩역 30분 이상 코스 → 홍콩국제공항

홍콩여행 제대로 준비하기

**추천 3박 4일 일정
(홍콩위주)**

Day 01 | 침사추이/심포니오브라이트/몽콕&야우마테이

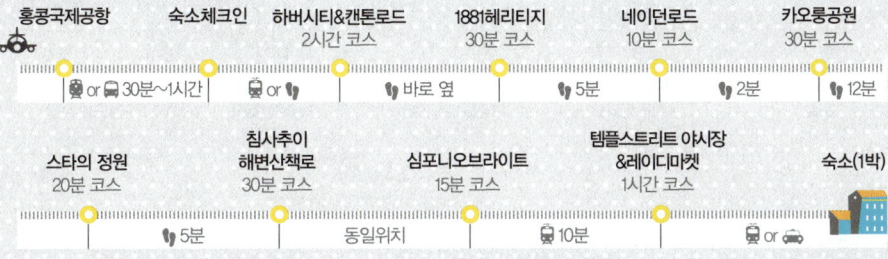

Day 02 | 홍콩사원/성완/센트럴/코즈웨이베이/완차이/빅토리아피크

Day 03 | 오션파크/애버딘/리펄스베이/스탠리

Day 04 | 디스커버리베이/공항/귀국

Part 01

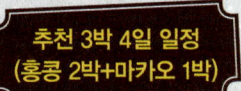
추천 3박 4일 일정
(홍콩 2박+마카오 1박)

Day 01 | 침사추이/센트럴&성완/빅토리아피크

홍콩국제공항	숙소체크인	1881헤리티지& 캔톤로드&하버시티 2시간 코스	침사추이 해변산책로 20분 코스	미드레벨에스컬 레이터&소호 1시간 코스	피큐엠 30분 코스
	🚇or🚶 30분~1시간	🚶or🚌	🚶 바로 옆	⛴+🚶 20분	🚶 5분	🚶 2분

포호 20분 코스	만모사원&할리우드로드 &캣스트리트 30분 코스	더델스트리트 10분 코스	센트럴 황후상광장 10분 코스	성요한성당 20분 코스
🚶 2분	🚶 12분	🚶 6분	🚶 7분	🚶 2분

피크트램 피크트램대기	빅토리아피크 1시간 코스	란콰이퐁 1시간 코스	숙소(1박)
피크 🚋 7분	🚌 20분	🚶or🚕	

Day 02 | 옹핑빌리지/타이오/홍콩디즈니랜드/디스커버리베이/심포니오브라이트/몽콕&야우마테이

기상 및 조식	통충역& 옹핑360케이블카 케이블카대기	옹핑빌리지& 포린사원 1시간 코스	타이오 1시간 코스	홍콩디즈니랜드 2시간 코스	디스커버리베이 1시간 코스
	🚇or🚶	🚠 25분	🚌 40분	🚌+🚶+🚇 1시간 10분	🚇 20분	⛴ 25분

센트럴 페리선착장 페리대기	심포니오브라이트 15분 코스	템플스트리트야시장 & 레이디마켓 1시간 코스	숙소(2박)
⛴ 7분	🚇 10분	🚶or🚕	

Day 03 | 마카오입국/마카오본섬/타이파섬

기상 및 체크아웃	마카오도착	호텔 체크인 30분 소요	세나도광장 30분 코스	세인트폴대성당 20분 코스	몬테요새 20분 코스
	⛴ 1시간	🚌or🚕 25분	🚌or🚶	🚶 5분	🚶 2분	🚶 10분

펠리시다데거리 20분 코스	성아우구스틴성당 10분 코스	돔페드로5세극장 10분 코스	성로렌스성당 10분 코스	만다린하우스 20분 코스	아마사원 15분 코스
🚶 5분	🚶 2분	🚶 4분	🚶 5분	🚶 6분	🚶 15분

펜하성당 20분 코스	마카오타워 30분 코스	타이파빌리지 1시간 코스	베네치안마카오& C.O.D 3시간 코스	숙소(3박)
🚕 5분	🚌or🚕 10분	🚌or🚕 10분	🚌or🚕	

Day 04 | 콜로안빌리지/기아요새/공항/귀국

기상 및 체크아웃	콜로안빌리지 1시간 코스	기아요새 1시간 코스	황금연꽃광장& 마카오와인/그랑프리박물관 30분 코스	호텔에서 맡긴 짐찾기 30분 이상 코스	마카오페리터미 널 페리대기	홍콩 국제공항
	🚌or🚕	🚌or🚕 20분	🚌or🚕 5분	🚌or🚕	🚌or🚕	⛴ 1시간

Part 01

Section 03
인천공항 출국에서 홍콩공항 도착까지의 과정

국제선은 비행기 출발 2시간 전에는 도착하는 것이 좋으며, 면세점을 이용하려면 조금 더 시간을 넉넉하게 잡고 움직이는 것이 좋다. 비행시간이 비교적 짧은 거리이지만 홍콩국제공항에 도착해서 숙소까지 이동하는 시간을 생각하면 반나절 이상이 소요된다는 것을 기억하고 일정을 조율해야 한다.

한눈에 살펴보는 출국과정

홍콩행 항공편은 인천, 김포, 김해, 제주국제공항에서 출발하고, 안전한 출국수속을 위해서는 비행기 출발 2시간 전까지 공항에 도착해야 한다.

❶ 인천공항 도착   ❷ 해당 체크인카운터에서 발권   ❸ 세관신고, 보안검색, 출국 심사   ❹ 출발 30분 전 해당 게이트 이동 후 비행기 탑승

홍콩에 가려면 국제선이 운행되는 인천국제공항으로

인천국제공항은 공항리무진을 이용할 경우 1층이나 3층 출국장 앞에서 내리고, 공항철도를 이용하면 안내표지판을 따라 3층 출국장까지 걸어가야 한다. 출국장은 A부터 M까지 카운터가 있어 항공사별로 탑승수속을 처리한다. A~C는 대한항공, K~M은 아시아나 그리고 D~K는 외국계 항공사카운터이다. 공항 3층 출국장에 도착하면 운항정보안내모니터에서 탑승수속카운터를 확인한 후 해당하는 카운터에서 탑승수속을 받으면 된다.

공항리무진과 시외버스 이용하기

6000~6030번의 공항리무진버스가 인천국제공항까지 운행되고 있으며, 강남, 강서, 강북 방면에서 출발하는데 요금은 7,000~16,000원이다. 서울뿐만 아니라 용인, 수지, 분당, 성남, 일산, 안양, 안산, 수원, 안성, 의정부 등의 경기도와 대전, 대구, 춘천, 충주, 태안, 광주, 전주 등 각 지방에서도 인천국제공항까지 버스가 운행되고 있다.

공항철도(AREX) 이용하기

서울역과 인천국제공항역을 연결하는 공항철도는 직통과 일반열차 두 가지가 있다. 직통열차는 서울역에서 인천국제공항까지 무정차로 운행하며 일반열차는 10개역을 경유한다. 국적기를 이용할 경우

서울역도심공항터미널에서 탑승수속과 수하물탁송, 출국심사를 미리 끝내고 편하게 인천공항으로 이동하여 전용출국통로를 이용할 수 있다. 단, 이 서비스는 당일 출국하는 국제선항공편에 한하며 수하물 탁송은 05:20~19:00, 출국심사는 08:00~19:00까지 가능하다.

직통열차 운행시간 06:00~22:00(시간당 1~2대 운행) 소요시간 43분 요금 8,000원(성인), 6,900원(어린이)
일반열차 운행시간 05:20~23:38(시간당 5~6대 운행) 소요시간 4~58분 요금 900~4,150원(어린이 50%, 청소년 20% 할인)

🧳 인천국제공항행 KTX 이용하기

지방에서 출발하는 경우 김포공항이나 서울역, 용산역에서 공항철도나 공항리무진으로 환승해야 하는 번거로움이 있었지만 수색연결선이 개통되고 신경의선(문산~용산)과 인천공항철도가 연결되면서 KTX를 타고 곧바로 인천국제공항역까지 이동할 수 있다. 부산에서 인천국제공항역까지는 약 3시간이 소요된다. KTX 승강장은 공항철도 승강장과는 분리되어 있으며, 귀국 후 돌아갈 때도 KTX를 타기 위해 KTX 전용승강장을 이용해야 한다.

🧳 택시 이용하기

택시를 이용할 경우 여객터미널 1층(도착층) 5C~8C번 승차장에서 내릴 수 있다. 서울, 인천, 경기에서 인천공항으로 가는 경우 할증이 적용되지 않지만 인천공항에서 서울, 인천, 경기지역으로 가는 경우 시계할증이 적용될 수 있으므로 서울이면 서울택시, 인천이면 인천택시 등과 같이 목적지와 동일한 지역택시를 이용하는 것이 좋다. 또한 심야시간(24:00~04:00)에는 심야할증 20%가 적용되며, 고속도로 통행료는 승객부담이다.

> **부산 김해국제공항에서 출발하는 경우**
> 김해국제공항에서도 대한항공, 홍콩익스프레스, 드래곤에어, 에어부산 등이 홍콩까지 직항으로 운항된다. 공항까지의 교통수단은 부산시내라면 좌석버스나 리무진버스를 이용하고, 인근의 경주, 구미, 대구, 창원, 통영 등지에서는 시외버스를 이용할 수 있다. 부산시내 리무진버스는 서면, 부산역, 해운대 1, 2번에서 이용할 수 있으며, 보통 40여분 정도 소요되지만 교통체증을 고려하여 조금 서두르는 것이 좋다. 부산지하철을 이용하는 경우에는 2호선은 사상역, 3호선은 대저역에서 경전철로 환승한 후 공항역에서 하차하면 된다. 김해국제공항은 국내선과 국제선 청사가 구분되어 있으며, 1층은 입국장, 2층은 출국장으로 입국장인 청사 1층의 항공사 체크인카운터를 이용할 수 있다.

🧳 발권과 탑승수속하기

인천국제공항 출국장은 A~M까지 항공사별로 체크인카운터가 마련되어 있다. 국적기인 대한항공(A~C)과 아시아나항공(K~M)의 체크인카운터가 좌우측 끝에 위치하고, 외국 항공사의 체크인카운터는 가운데(D~K) 자리한다. 체크인카운터를 찾기 힘들 때는 운항 정보안내 모니터에서 탑승할 항공사와 탑승수속 카운터를 확인한 후 해당 카운터에서 탑승수속을 받으면 된다. 세관신고와 출국심사에 관한 정확한 정보는 인천공항 홈페이지(www.airport.kr)에서 미리 체크해보는 것이 좋다.

홍콩·마카오 인천국제공항 취항항공사 체크인카운터 배치												
A	B	C	D	E	F	G	H	I	J	K	L	M
대한항공			델타항공	진에어 티웨이 이스타항공	제주항공 대한항공 아시아나항공	영국항공	캐세이패시픽항공		에티하드항공 유나이티드항공 타이항공	아시아나항공		
										에어마카오, 에어인디아, 에어서울, 카타르항공		

항공사 체크인카운터에 여권과 항공권을 제시하여 좌석을 배정받고, 수하물탁송을 한 후 보딩패스(탑승권)를 받으면 된다. 혹시 원하는 좌석이 있다면 카운터직원에게 요구하면 가능한 좌석 중에 선택할 수 있다. 홍콩에 도착해서 빠른 입국수속을 원한다면 출구와 가까운 좌석을 요구하는 것이 좋다. 보딩이 끝나면 비행기 탑승시간과 게이트번호를 잘 체크해두자. 병역미필의 25세 이상 병역의무자는 병무청(인터넷 발급가능)에서 국외여행허가증을 발급받아 공항병무신고소에 제출한 후 탑승수속을 해야 한다.

삼성동이나 서울역 도심공항터미널에서 탑승수속을 마쳤다면 출국장 측면의 전용통로를 이용해 보안검색 후 바로 출국심사대를 통과할 수 있다. 단 항공기 출발 50분 전까지 탑승수속을 완료해야 한다.

3분이면 탑승수속 완료! 셀프체크인 서비스 키오스크(kiosk)

카운터에서 진행하는 일반 탑승수속보다 빠르게 탑승수속을 하려면 셀프체크인(Self Check-In) 서비스인 키오스크를 이용하면 된다. 키오스크는 무비자국가로 출국할 때만 이용가능하며, 수하물은 해당 항공사카운터를 이용해야 한다. 현재 일부 항공사를 대상으로 운행되는데, 홍콩의 경우 대한항공, 아시아나, 캐세이패시픽항공 등이 이용가능하다.

이용절차 항공사선택 → 여권선택 → 여권인식 → 본인포함 승객수 선택 → 좌석변경 → 탑승권발권 → 수하물탁송

🧳 수하물 보내기

♥ 항공기 내 반입

항공사나 좌석 등급에 따라 기내 반입 기준은 다르지만 통상 10~12kg으로 가방 크기는 55×40×20cm에 3면 합이 115cm 이하로 허용되며, 반입 자체가 되지 않는 물품도 있으므로 유의해야 한다.

항공기 반입금지 대상목목	
객실/위탁수하물 모두 금지	폭발물류, 인화성물질(단, 휴대용 라이터는 1개까지 휴대 허용), 방사성, 전염성, 독성물질, 기타 위험물질
객실/위탁수하물 허용 기준	생활도구류(포크, 손톱깎이, 우산, 감자칼, 바늘, 콤파스 등), 의료장비 및 보조도구(주사바늘, 지팡이, 휠체어 등), 액체류 위생용품, 욕실용품, 의약품류(화장품, 염색약, 소염제, 알코올, 외용연고 등 단, 국제선 객실 반입 시 100ml 이하이며, 위탁수하물인 경우 500ml 이하로, 1인당 2L까지 반입 가능), 건전지 및 휴대 전자장비
위탁수하물로만 허용	창, 도검류(과도, 커터칼, 맥가이버칼, 다트 등), 스포츠용품류(골프채, 활, 야구배트, 스케이트 등), 무기류(전자충격기, 장난감총, 쌍절곤, 경찰봉, 호신용스프레이 등), 공구류(도끼, 망치, 톱, 드릴 등)
액체류 객실 허용 기준	물, 음료, 화장품 등은 개별용기로 100ml 이하까지 허용되며, 1인당 1,000ml 투명한 비닐지퍼백 1개로 넣어서 반입 가능하다. 유아식 및 의약품 등은 필요한 용량만큼 반입이 허용되는데, 의약품의 경우에는 처방전 등 증빙서류가 필요하다.

💜 위탁수하물

통상적으로 이코노미석에 적용되는 수하물무게는 항공사별로 차이는 있지만 20~23kg, 크기는 3면 합이 158cm 이하이며, 초과 시 별도요금이 부과된다. 또한 탑승수속이나 짐을 보낼 때, 클레임태그(Claim Tag)를 보딩패스나 여권 뒷면에 붙여주는데 이는 수하물탁송 증명서이므로 짐을 찾을 때까지 잘 보관해야 한다.
수하물분실에 대비하여 가방에 이름, 주소지 등을 영문으로 작성한 네임택도 달아두는 것이 좋다. 위탁수하물 중 세관신고를 해야 하는 경우 대형수하물 전용카운터 옆에 위치한 세관신고대에서 신고를 하자. 공항이나 시내면세점에서 구입한 주류, 화장품 등의 액체류는 투명봉인봉투 또는 국제표준방식으로 제조된 훼손탐지 가능봉투에 담아야 한다. 단 최종 목적지행 항공기탑승 전까지 미개봉상태를 유지해야 한다.

🧳 출국장 입장 전에 마지막 체크하기

면세구역 내에는 현금자동지급기, 로밍센터(KTF, LGT) 등이 없으므로 출국장으로 향하기 전 필요한 서비스를 받아야 한다. 참고로 SKT 로밍은 면세구역 내(중앙에 위치)에서도 이용할 수 있다.

🧳 출국심사과정

발권과 탑승수속과정을 마쳤으면 출국심사과정을 거쳐야 한다. 심사과정은 크게 세관신고, 보안검색, 출국심사 3단계로 구분할 수 있으며, 시간은 오래 걸리지 않는다.

🧳 세관신고

여권과 보딩패스를 제시한 후 출국장으로 들어가면 입구에 세관신고센터가 있으므로 신고할 물건이 있다면 이곳에서 신고하도록 하자. 특히 고가물품(고가의 카메라, 귀금속, 전자제품 등)을 휴대하여 여행지에서 사용한 후 다시 가져올 계획이라면 휴대물품반출신고서를 꼭 작성해둬야 입국 시 엉뚱한 세금문제가 발생하지 않는다.

🧳 보안검색

세관신고할 물품이 없거나 마쳤다면 보안검색을 받는다. 여권과 탑승권을 보안요원에게 보여 주고, 휴대한 물품을 X레이 검색대 위에 올려놓는다.(가방, 핸드백, 코트 등) 그 다음 소지품(휴대폰, 지갑, 열쇠, 동전 등)을 바구니에 넣고 검색대를 통과시킨다. 문형탐지기를 통과한 후 검색요원의 검색을 받으면 된다.

🧳 출국심사

출국심사대 앞 대기선에 차례를 기다렸다가 심사를 받으면 된다. 심사 시 모자나 선글라스는 벗은 채로 여권과 탑승권을 제시하면 되는데, 여권유효기간 등에 문제가 없다면 출국확인 스탬프를 찍어준다.

신속, 편리한 자동출입국심사 서비스

여권과 지문인식으로 무인출입국심사를 할 수 있는 자동출입국심사 서비스는 사전에 등록을 마친 경우에만 이용할 수 있다. 심사절차는 먼저 여권을 판독기에 교통카드처럼 벨이 울릴 때까지 살짝 대준 후 지문 등록한 손가락을 지문인식기에 올려놓는다. 심사완료 메시지가 나타나면 출구로 빠져나가면 된다.
자동출입국심사를 이용하려면 먼저 여객터미널 3층 F구역에 위치한 자동출입국심사 등록센터를 방문하여 지문등록과 사진촬영을 해야 한다. 한 번 등록해두면 당일부터 여권 유효기간 만료일까지 사용할 수 있어 이후 여행할 때 편리하다.

이용절차 사전등록 → 여권인식 → 지문인식 → 안면촬영 → 심사완료

항공기 대기시간 활용하기

출국심사까지 마쳤다면 이제 비행기를 탑승하는 일만 남는다. 보통 1시간 정도의 시간 여유가 있으므로 대기시간을 활용할 나름대로의 멋진 계획을 세워보자.

현명하게 면세점 쇼핑하기

출국예정자는 항공편이 확정되면 출국일 1달 전부터 출국 전날까지 국내 온라인과 오프라인면세점을 이용할 수 있다. 오프라인이나 온라인면세점 모두 구매일 환율이 적용되며, 본인 출국날짜에 교환권을 제시하고 면세품인도장에서 수령하면 된다. 공항면세점보다는 오프라인이나 온라인면세점을 이용하는 것이 더 저렴하며 온라인면세점에서 할인쿠폰을 이용하여 더욱 저렴하게 구입할 수 있다.

인천국제공항 면세품인도장 위치

① 여객터미널 인도장 : 대한항공, 아시아나, 진에어, 제주항공 등 국내항공을 이용하는 승객은 여객터미널 3층 26번 게이트와 3층 28번 게이트 부근에 위치한 면세품 인도장을 이용하면 된다.
② 탑승동 인도장 : 외국계항공사를 이용하는 승객은 탑승동 3층 121번 게이트 부근에 위치한 면세품 인도장을 이용하면 된다.

오프라인면세점 오프라인면세점은 처음 이용할 경우 안내데스크에서 멤버십카드를 발급받으면 추가로 5~10% 할인을 받을 수 있는데, 발급요건은 회사별로 차이가 있다. 또한 오프라인면세점에서는 멤버십카드나 이벤트 할인쿠폰 등을 잘 활용하면 보통 30~40%의 할인된 가격으로 면세품을 구입할 수 있다.

온라인면세점 직접 오프라인 매장을 찾아갈 시간이 없다면 온라인면세점을 이용하자. 회원가입만으로도 다양한 할인혜택을 받을 수 있으며, 다양한 이벤트로 쇼핑의 즐거움을 더해준다. 하지만 오프라인 매장에 비해 상품이 다양하지 않고 상품인도 후에는 교환, 환불이 힘들다는 단점이 있다. 온라인면세점 외에도 대한항공면세점은 대한항공 탑승객을 대상으로 기내면세점과 인터넷면세점을 운영한다.

공항면세점 직접 온라인이나 오프라인 매장을 방문하지 못했다면 마지막으로 출국 전에 면세품을 구입할 수 있는 곳이 공항면세점이다. 상품의 종류가 다양하지 않아 다소 아쉽지만 미처 준비하지 못한 상품을 구입하기에 제격이다. 인천공항 면세점 영업시간은 매장마다 조금씩 다르지만 보통 오전 7시부터 오후 9시 30분까지 운영되며 주류, 코스메틱과 담배 등을 판매하는 일부매장은 24시간 영업한다.

통관 시 유의사항

출국 시 내국인 면세점 구입한도는 1인당 US$3,000이며 입국 시에는 면세점 구입물품을 포함, 해외에서 구입하여 가져오는 물품 총액이 1인당 US$600이므로 초과하는 경우 세관에 신고 후 세금을 내야한다. 세금은 구입 총금액의 20%를 간이세금으로 부과한다.

항공사라운지(Airline Lounge) 이용하기

여객터미널 4층에는 대한항공과 아시아나항공 라운지가 마련되어 있으며 탑승동 4층에는 대한항공, 아시아나, 캐세이패시픽, 중국동방, 싱가포르항공사의 라운지가 위치해 있다. 대한항공의 KAL라운지는 퍼스트클래스, 프레스티지클래스, 외항사 라운지 세 곳을 직영하며, 아시아나는 퍼스트클래스과 비즈니스클래스 라운지를 운영하고 있다.

한국문화박물관(Museum of Korea Culture) 이용하기

인천국제공항과 국립중앙발물관이 우리문화의 우수성을 홍보하기 위해 탑승동 4층 중앙에 마련한 박물관이다. 궁중문화, 전통미술, 전통음악, 인쇄문화 관련 유물들을 전시하고 있다. 세계 최초의 목판인쇄본 '무구정광대다라니경'뿐만 아니라 직지심경, 용비어천가 등 국보급 문화재도 만날 수 있다.
운영시간 07:00~22:00/연중무휴 문의전화 032-741-3852

다양한 휴게 및 레저시설 이용하기

IT체험관 인천국제공항 면세구역 3층 14번 게이트 부근에 위치한 IT체험관에서는 최첨단 모바일 서비스, 영상통화, IPTV 등 유비쿼터스를 직접 체험해볼 수 있다.

인터넷카페 by 카페베네 여객터미널 3층 24, 41번 게이트 부근, 탑승동 3층 111, 124번 게이트부근에 위치한 카페로 무료인터넷과 서비스팩스, 프린트 서비스를 유료로 이용할 수 있다.

사우나 여객터미널 지하 1층 1B 게이트에 위치한 최고급 수준의 스파온에어(Spa on Air)는 사우나는 물론 마사지, 수면실, 미팅룸, 구두수선 등의 서비스도 이용할 수 있다. 24시간 운영하며 요금은 주간(06:00~20:00) 15,000원, 야간(20:00~06:00) 20,000원이다.

샤워실 면세구역에 마련된 시설로 환승객은 무료, 당일 탑승자라면 샤워키트 구매금액 천 원으로 이용할 수 있다. 여객터미널 4층 허브라운지 옆과 탑승동 4층 중앙에 위치해 있다. 수건, 비누, 헤어드라이기 등이 무료로 제공되며 07:00~22:00까지 운영하고 있다.

유아휴게실 24시간 운영하는 유아휴게실과 놀이방은 여객터미널 3층 10, 15, 41, 45번 게이트 옆과 탑승동 3층 119번 옆에 위치한다. 수유실은 만 3세 미만의 유아와 및 임산부를 위한 공간으로 수유쿠션, 기저귀교환대, 젖병 소독기, 체중계 등이 구비되어 있고 놀이방은 만 8세 미만의 어린이들이 뛰어놀 수 있다.

비행기 탑승하기

비행기탑승은 항공편 출발시간 30분 전부터 이뤄지는데 10분 전까지 탑승이 마감되므로 늦지 않도록 주의해야 한다. 비행기에 탑승하며 승무원 안내에 따라 좌석번호를 찾아 오버헤드빈Overhead Bin에 짐을 넣고 착석한다. 파손위험이 있는 물건이나 귀중품은 좌석 밑 공간에 두는 것이 좋다.
여객터미널의 1~50번 게이트는 출국심사 후 바로 이동할 수 있지만, 탑승동의 101~132번 게이트는 셔틀트레인을 이용해야 한다. 셔틀트레인은 5분 간격으로 운행되며, 탑승동까지 5분 소요되므로 외국항공사를 이용한다면 이동시간을 감안하여 움직여야 한다.

Section 04

홍콩국제공항 입국하기

4시간 정도 비행으로 도착할 수 있는 홍콩국제공항은 취항되는 항공사만 60여 개에 100여 개 도시에서 취항하고 있는 허브형 대형국제공항이다. 공항 내 표지판을 따라 이동하면 어렵지 않게 입국수속을 마칠 수 있으며 홍콩시내로 이동하는 대중교통시설도 잘 되어 있다.

한눈에 살펴보는 홍콩 입국과정

인천국제공항에서 직항으로 4시간 정도면 홍콩첵랍콕국제공항에 도착한다. 1998년 첵랍콕섬에 개항한 국제공항으로 매일 수십만에 달하는 사람들이 이용하고 있다. 입국수속에서 특별히 신경 써야 할 것은 없고, 표지판을 잘 따라만 가면 된다.

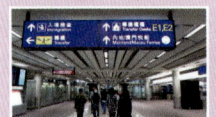

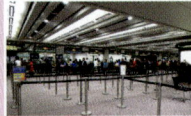

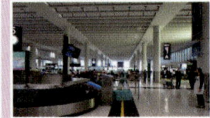

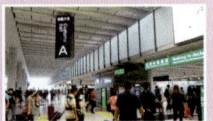

❶ Immigration 표지판 따라 이동

❷ 입국심사

❸ 수하물찾기

❹ 세관통과 후 표지판 따라 이동 후 홍콩 도착

홍콩 출입국카드 작성과 입국심사

이륙 후 기내식이 끝나면 승무원이 홍콩출입국카드를 나눠주는데 기내에서 미리 작성해 놓는 것이 좋다. 영문으로 작성해야 하며, 성별에는 남성 M, 여성 F를 기재하고, Home Address란에는 한국주소를 작성하면 되는데 Seoul, Korea만 기재해도 별 문제가 되지 않는다. Address in Hong Kong란에는 홍콩에서 머물 호텔이나 게스트하우스 등의 숙소를 영어로 기재하면 되고 서명란에는 여권 서명과 동일하게 서명하면 된다.

IMMIGRATION DEPARTMENT HONG KONG
香港入境事務處
ARRIVAL CARD 旅客抵港申報表
ID 93 (1/2006)
IMMIGRATION ORDINANCE (Cap. 115)
入境條例 [第 115 章]
Section 5(4) and (5)
第 5(4) 及 (5) 條
All travellers should complete this card except Hong Kong Identity Card holders
除香港身份證持有人外，所有旅客均須填寫此申報表

Family name (in capitals) 姓 (請用正楷填寫) 성	Sex 性別 성별
Given names (in capitals) 名 (請用正楷填寫) 이름	
Travel document No. 旅行證件號碼 여권번호	Place and date of issue 發出地點及日期 여권발급지 및 발급일
Nationality 國籍 국적	Date of birth 出生日期 day 日 / month 月 / year 年 생년월일
Place of birth 出生地點 출생지	Address in Hong Kong 香港地址 홍콩 내 체류숙소
Home address 住址 한국주소	
Flight No./Ship's name 班機編號／船名 비행기편명	From 來自 비행기출발지
Signature of traveller 旅客簽署 서명	

Please write clearly
請用端正字體填寫
Do not fold
切勿摺疊

XJ426242

홍콩국제공항에 도착하여 비행기에서 내리면 입국심사대로 향하는 'Immigration' 표지판을 따라 이동하면 되는데 공항 양쪽 끝에 도착하는 비행기라면 입국심사대까지 연결되는 공항 내 이동철도인 APM을 이용하여 이동한다. 입국심사대에 도착하면 'Visitors'라고 적힌 외국인심사대에서 입국심사관에게 여권과 홍콩출입국카드를 제시하고 통과되면 90일간 홍콩에

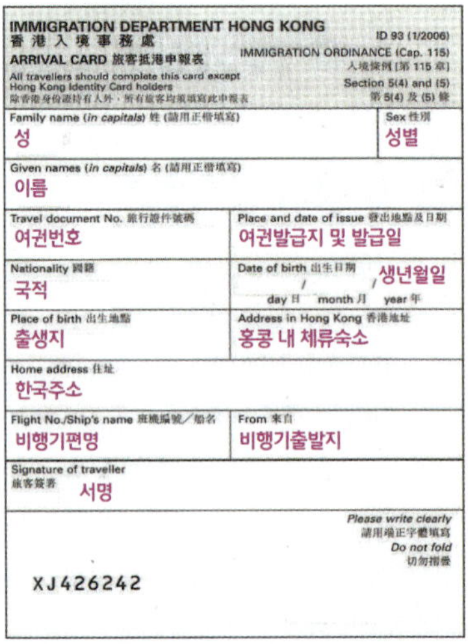

서 체류할 수 있다. 참고로 홍콩 입출국심사 시 여권에 도장을 찍어주지 않으며 돌려받은 홍콩출국카드는 잘 보관했다가 출국 시 제출해야한다.

홍콩공항에서 출입국심사를 더욱 빠르게 받으려면 이채널서비스(e-channel Services)를 이용하자!

항상 많은 사람들로 붐비는 홍콩국제공항은 출입국 시 길게 늘어선 줄 때문에 기다리는 시간이 많은 곳이다. 하지만 홍콩공항에도 우리나라의 자동출입국심사와 같은 이채널서비스를 운영하므로 홍콩을 자주 여행한다면 이용을 고려해볼 만하다. 이채널서비스를 이용하려면 다음 내용부터 체크해보자.

가입자격
- 만 17세 이상
- 홍콩특별행정구(HKSAR)에 부적합한 기록이 없어야 한다.
- 여권유효기간은 6개월 이상이어야 하고, 한국에서 자동출입국심사서비스(SES)에 가입되어 있어야 한다.

이채널서비스 홈페이지(www.immd.gov.hk/eng/services/echannel_visitors.html#kor)

이채널 서비스 이용방법
- 홍콩 입경사무처 자동심사서비스(e-Channel) 홈페이지를 방문하여 신청서를 작성한 후 출력한다.
- 이채널 가입자격에 문제가 없도록 출발 전 인천국제공항에 위치한 자동출입국심사등록센터를 방문하여 자동출입국심사서비스(SES)에 가입을 한다.
- 홍콩공항 도착 후 여권 및 신청확인서를 지참하고 홍콩첵랍콕국제공항 도착층 세관구역에 위치한 홍콩자동출입국등록센터(Enrolment Office)를 방문하여 등록한다.
- 직원이 신청정보를 재확인하며, 홍콩 방문목적과 체류지 등을 질문한 후 자동출입국심사 이용 대상여부를 결정한다.
- 최종 승인이 되면 바코드스티커를 여권 후면에 붙여주며 여권만료 전일까지 입국심사를 위해 줄을 설 필요 없이 홍콩공항 이채널서비스를 이용할 수 있다.

수하물찾기와 세관검사

입국심사를 마쳤으면 수하물을 찾아야 하는데, 항공편명을 확인하여 해당 번호로 가서 자신의 짐을 찾으면 된다. 만일 자신의 짐을 찾지 못한 경우 수하물조회데스크Baggage Enquiry Desk에 분실신고를 하여 공항직원들의 도움을 받는다. 신고를 했다면 당장 짐을 찾지 못하더라도 일정대로 움직이면, 이후 직원들이 짐을 찾아 신고할 때 작성한 숙소로 무료로 배달해준다. 수하물을 찾았으면 바로 이어서 세관검사를 받는데 간혹 세관원이 가방을 열어 위험물이나 반입금지 물품이 있는지 확인하는 경우가 있지만 대부분 별다른 제지 없이 통과할 수 있다. 참고로 홍콩은 주류와 담배가 과세대상으로 입국 시 반입 가능한 주류는 1인당 1리터, 담배는 1갑 미만인 19개비로 제한되어 있으며, 외화금액은 제한이 없다. A·B로 구분된 입국홀Arrival Hall로 나오기 전 홍콩관광안내소Tourism Board가 보이는데 이곳에서 홍콩여행에 도움이 되는 지도와 관광안내서 등을 챙겨두면 유용하게 이용할 수 있다. 'To City' 표지판을 따라 이동하면 홍콩시내로 향하는 AEL, 공항버스와 택시 등을 탈 수 있는 장소가 나온다.

수화물찾기 · 홍콩관광안내소

'To City' 표지판을 따라 이동

홍콩시내까지 최단시간 AEL

홍콩국제공항에서 페리 타고 바로 마카오로 이동하기

행선지가 홍콩이 아니라 마카오라면 홍콩국제공항에서 바로 페리를 타고 마카오로 이동할 수 있다. 입국심사대를 통과하지 말고 'Immigration' 표지판을 따라 이동하다 보면 'Macau Ferries'라고 적힌 표지판이 보인다. 공항 내 위치한 페리터미널인 스카이피어Sky Pier의 페리매표소에서 마카오행 페리티켓을 구입 시 위탁수화물이 있는 경우

탑승수속 때 보딩패스와 함께 받은 클레임태그를 건네주면 페리티켓과 함께 새로운 클레임태그를 준다. 페리탑승장인 페리보딩Ferry Boarding 구역으로 이동하여 여권과 티켓을 제시하고 승선하면 마카오로 직행하여 그곳에서 입국수속을 받게 된다.

❶ Macau Ferries 표지판을 따라 이동 ❷ 마카오행 페리티켓 구매 ❸ 페리보딩구역으로 이동 후 페리탑승 ❹ 마카오 도착

홍콩국제공항 → 마카오 터보젯/코타이워터젯 페리요금 및 시간

구분		요금(HK$)			출발시간	소요시간
페리종류	등급	성인	2~12세미만	2세 미만		
터보젯 Tubo Jet	이코노미	254	196	140	11:00 13:15 17:00 22:00	50여 분
	수퍼	407	303	203		
코타이워터젯 Cotai Water Jet	클래스	254	196	140	12:15 14:15 16:15 19:00 21:00	65여 분
	퍼스트	382	296	197		

데이터를 자유로이 사용할 수 있는 유심(USIM) 구입하기

스마트폰 이용률이 높아지면서 해외여행 시 데이터사용은 필수가 됐다. 여행출발 전 한국에서 미리 해당통신사에 데이터를 신청할 수도 있지만 비용을 생각하면 현지에서 유심을 구입하여 이용하는 편이 훨씬 저렴하다. 입국홀 A와 B 사이, 맥도날드 맞은편에 위치한 1010센터와 차이나모바

일 매장뿐만 아니라 공항 내 편의점과 환전소에서도 유심을 구입할 수 있으며, 통신사 매장에서는 직원이 직접 칩교환과 설정까지 도와준다.

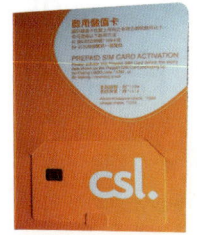

csl 유심칩

이용날짜뿐만 아니라 홍콩에서만 사용가능한 유심과 마카오에서도 사용가능한 유심 등이 있으니 본인 여행일정에 맞는 유심으로 구입하자. 설정이 완료되면 직원이 유심칩이 부착되었던 카드에 한국에서 사용하던 유심칩을 붙여주는데 뒷면에 표기된 8자리 번호가 홍콩 내에서 사용될 본인의 휴대폰번호이다. 1010센터의 csl 유심보다는 차이나모바일, 편의점 또는 공항 내 내일투어티켓부스에서 구입하는 것이 조금 더 저렴하다.

♥ 홍콩국제공항 1010센터의 유심정보

종류	제공내용	비고	가격(HK$)
csl Discover Hong Kong Tourist Sim Card 5Days	5일 동안 1.5GB데이터+홍콩내 유무선 음성통화 무제한	공항매장에서 5일심카드는 잘 판매하지 않는다.	88
csl Discover Hong Kong Tourist Sim Card 8Days	8일 동안 5GB데이터+홍콩내 유무선 음성통화 무제한	마카오 사용불가. (IDD Call 금액에 해당되는 HK$48에서 마카오 사용시 HK$40가 차감되며 1일 40MB 데이터용량 사용 가능	118
csl All-in-one Prepaid Sim Card	8일 동안 5GB데이터+1시간/1일/3일/7일/30일 단위로 데이터 충전가능+180일 동안 csl 와이파이 무료 이용가능		180
csl China-HK-Macau Travel Sim Card	8일 동안 5GB데이터+홍콩내 유무선 음성통화 무제한	데이터스피드 4G, 마카오에서 100MB 데이터용량 사용 가능	218

🧳 홍콩의 교통카드 옥토퍼스카드(Octopus Card) 공항에서 구입하기

홍콩국제공항에서 홍콩시내로 가기 위해 잊지 말고 구입해야할 것은 바로 홍콩의 교통카드 옥토퍼스카드이다. 옥토퍼스카드는 우리나라 교통카드인 티머니카드와 비슷한데 AEL, MTR, 공항버스, 일반버스, 페리, 트램, 피크트램 등 홍콩의 대중교통 이용 시 현금대신 사용할 수 있는 충전식 카드이다. MTR과 AEL 이용 시 요금 할인혜택이 주어진다.

교통비 결제뿐만 아니라 박물관, 편의점, 커피전문점, 패스트푸드, 슈퍼마켓 등 다양한 가맹점에서 현금 대신 사용할 수 있어 활용범위가 훨씬 더 넓다. 홍콩국제공항 입국홀을 나와 AEL에 위치한 고객서비스센터에서 구입하면 홍콩시내까지 이동하는 공항버스 또는 편도 AEL의 교통비를 따로 준비할 필요가 없어 편리하다. 자세한 내용은 홍콩 대중교통 편을 살펴보자.

홍콩의 충전식 교통카드 옥토퍼스카드

홍콩국제공항 고객서비스센터(Customer Service Centre)에서 옥토퍼스카드를 미리 구입할 수 있다.

Section 05
공항에서 홍콩시내로 이동하기

홍콩섬에서 약 34km 떨어진 란타우섬 북쪽에 위치하고 한 홍콩첵랍콕국제공항에서 홍콩시내로 이동하려면 대중교통을 이용해야 한다. 공항고속열차 AEL, 공항버스, 호텔리무진, 택시 등을 선택하여 이용할 수 있다.

🧳 가장 빠른 공항고속열차 AEL(Airport Express Line)

공항고속열차 AEL을 홍콩국제공항역에서 탑승하면 카오룽역까지 21분, 홍콩역까지 24분이면 도착할 수 있다. 공항버스에 비해 요금은 비싸지만 시설이 쾌적하고 도심까지 도착시간을 30여 분 가량 절약할 수 있다. 또한 AEL 승객에 한하여 홍콩섬 2개 노선과 카오룽반도 5개 노선에 위치한 홍콩 주요호텔을 이어주는 무료셔틀버스가 운행되어 편리하다. 편도와 당일왕복은 옥토퍼스카드 사용이 가능하며, 옥토퍼스카드로 탑승했다면 1시간 이내에 AEL에서 MTR로 갈아 탈 경우 MTR 요금은 무료이다.

❶ 공항 내 AEL 매표소 또는 티켓발매기에서 승차권 구입 ❷ AEL 플랫폼으로 이동 ❸ AEL 플랫폼에서 AEL 탑승 ❹ 목적지까지 이동

🛄 AEL 티켓구입 및 탑승

공항에 도착한 후 수하물을 찾은 후 바로 보이는 공항고속열차매표소 Train ticket to the city 또는 입국홀 A와 B에 위치한 고객서비스센터와 AEL 플랫폼입구 고객서비스센터 등에서 직원에게 행선지를 말하고 티켓을 구입하면 된다. 사람이 많을 경우 티켓발매기를 이용하여 구입해도 된다. AEL 편도 또는 당일리턴 이용과 더불어 홍콩에서 대중교통을 계속 이용하려면 티켓판매대에서 옥토퍼스카드를 구입하는 것이 좋다. 티켓을 구입한 후에는 'Trains to City' 표지판을 따라 이동하면 AEL 플랫폼이 나온다. 홍콩국제공항 AEL역에는 개찰구가 따로 없고, 도착하는 역에서 개찰하므로 티켓을 구입한 분은 잘 보관해야 한다. 침사추이, 야우마테이, 몽콕 등 카오룽반도에 숙소가 있다면 카오룽역에서 하차하고, 센트럴, 완차이, 코즈웨이베이 등 홍콩섬에 숙소가 있다면 홍콩역에서 하차하면 된다.

행선지	어른 요금(HK$)		어린이(3~11세) (편도/왕복)	AEL 그룹티켓 편도(HK$)			소요시간
	편도	왕복		2명	3명	4명	
칭이(Tsing Yi, 靑衣)	60	110	30	90	125	150	13분
카오룽(Kowloon, 九龍)	90	160	45	140	190	220	21분
홍콩(Hongkong, 香港)	100	180	50	160	210	250	24분

※ 요금은 옥토퍼스카드도 동일 가격 요금 적용, 왕복티켓은 한 달간 유효, 운행시간 05:54~24:48, 운행간격 12분

공항고객서비스센터

AEL 티켓발매기

AEL 왕복티켓

홍콩역과 카오룽역에서 AEL 무료셔틀버스 이용

AEL 홍콩역에는 홍콩섬에 위치한 주요 호텔을 운영하는 2개 노선, 카오룽역에는 카오룽반도에 위치한 주요호텔을 운영하는 5개 노선의 AEL 셔틀버스가 무료로 운행되고 있다. 홍콩역은 개찰구를 나오면 정면에 셔틀버스정류장이 위치해 있고 카오룽역은 개찰구를 나와 'Airport Express Shuttle Bus' 표지판을 따라 이동하면 위치한다. 경유하는 호텔노선이 다르므로 숙소를 확인하고 탑승해야하며 탑승 시 AEL 티켓 또는 옥토퍼스카드를 요구하는 경우가 있으므로 미리 챙겨두자.

♥ AEL 셔틀버스(Airport Express Shuttle Bus) 노선

	AEL 홍콩(香港·Hong Kong)역 출발(운행시간 06:12~23:12, 20분 간격)
H1	① 아일랜드샹글리라(Island Shangri La) → ② 콘래드홍콩(Conrad Hong Kong) → ③ 퍼시픽플레이스홍콩(Pacific Place Hong kong) → ④ JW 메리어트호텔홍콩(JW Marriott Hotel Hong Kong) → ⑤ 엠파이어호텔홍콩(Empire Hotel Hong Kong) → ⑥ 완니광둥호텔(The Wharney Guang Dong Hotel Hong Kong) → ⑦ 노보텔센트리홍콩(NovoPhone Century Hong Kong) → ⑧ 홀리데이인익스프레스홍콩소호(Holiday Inn Express Hong Kong Soho) → ⑨ 아이클럽성완호텔(iclub Sheung Wan Hotel) → ⑩ 이비스홍콩센트럴앤성완(ibis Hong Kong Central And Sheung Wan) → ⑪ 베스트웨스턴호텔하버뷰(Best Western Hotel Harbour View) → ⑫ 아일랜드퍼시픽호텔(Island Pacific Hotel)
H2	① 엠파이어호텔홍콩코즈웨이베이(Empire Hotel Hong Kong Causeway Bay) → ② 메트로파크호텔코즈웨이베이홍콩(Metropark Hotel Causeway Bay Hong Kong) → ③ 리갈홍콩호텔(Regal Hong Kong Hotel) → ④ 로즈데일온더파크(Rosedale on the Park) → ⑤ 파크레인홍콩(The Park Lane Hong Kong) → ⑥ 엑셀시어홍콩(The Excelsior Hong Kong) → ⑦ 하버그랜드홍콩(Harbour Grand Hong Kong) → ⑧ 시티가든호텔(City Garden Hotel) → ⑨ 홍콩컨벤션센터(HK Convention and Exhibition Centre) → ⑩ 르네상스하버뷰호텔(Renaissance Harbour View Hotel)
	AEL 카오룽(九龍·Kowloon)역 출발(운행시간 06:12~23:12, 12~20분 간격)
K1	① 조단역(Jodan Station, Austin Road) → ② 홍함역(Hung Hom Station) → ③ 하버플라자메트로폴리스(Harbour Plaza Metropolis) → ④ 웜포아가든(Whampoa Garden, Tak On Street) → ⑤ 하버그랜드카오룽(Harbour Grand Kowloon) → ⑥ 이튼홍콩(Eaton Hong Kong) → ⑦ 오스틴역(Austin Station)
K2	① 프린스(Prince) → ② 게이트웨이(Gateway) → ③ 마르코폴로홍콩호텔(Marco Polo Hongkong Hotel) → ④ 카오룽호텔/페닌슐라홍콩(The Kowloon Hotel/The Peninsula Hong Kong) → ⑤ 로얄퍼시픽&타워호텔/차이나페리터미널(The Royal Pacific Hotel/China Freey Terminal)
K3	① 홀리데이인골든마일홍콩(Holiday Inn Golden Mile Hong Kong) → ② 하얏트리젠시홍콩침사추이(Hyatt Regency Hong Kong, Tsim Sha Tsui) → ③ 리갈카오룽호텔(Regal Kowloon Hotel) → ④ 호텔아이콘(Hotel ICON) → ⑤ 뉴월드밀레니엄홍콩호텔(New World Millennium Hong Kong Hotel) → ⑥ 인터콘티넨탈그랜드스탠포드홍콩(Intercontinental Grand Stanford Hong Kong) → ⑦ 카오룽샹글리라호텔(Kowloon Shangri-La Hotel)
K4	① 쉐라톤홍콩호텔&타워/이스트침사추이역(Sheraton Hong Kong Hotel&Towers, East Tsim Sha Tsui Station) → ② 파크호텔(Park Hotel) → ③ 럭스매너(The Luxe Manor) → ④ 엠파이어호텔카오룽(Empire Hotel Kowloon) → ⑤ BP인터내셔널(BP International)
K5	① 시티뷰(The Cityview) → ② 메트로파크호텔카오룽(Metropark Hotel Kowloon) → ③ 로얄플라자호텔(Royal Plaza Hotel) → ④ 메트로파크호텔몽콕(Metropark Hotel Mongkok) → ⑤ 도르셋몽콕홍콩(Dorsett Mongkok Hong Kong)

저렴하게 홍콩시내로 갈 수 있는 버스(Bus)

24시간 운행하는 공항버스는 홍콩도착이 심야시간이라도 걱정 없을 뿐만 아니라 시내로 이동할 수 있는 가장 저렴한 대중교통수단이다. 시간이 좀 걸리는 단점도 있지만 홍콩국제공항에 시내로 들어가는 길에 아시아 금문교라 부르는 칭마대교靑馬大橋 등 홍콩시내의 다양한 모습을 차창 밖으로 감상할 수 있는 장점이 있다. 버스 앞의 A는 일반버스, N은 심야버스, E는 도심외곽을 돌아 시내로 들어가는 버스를 의미한다. A21번 버스는 24시 이후에는 N21번으로 바뀌고 노선도 살짝 변경되므로 반드시 탑승 전에 확인해야 한다. 한국 여행자들이 많이 이용하는 노선은 침사추이 방향의 A21번 버스와 센트럴 방향의 A11번 버스이다.

해당버스번호가 적혀있는 버스티켓

홍콩국제공항 입국홀에서 나와 'To City' 표지판을 따라가다 보이는 'Bus·巴士' 표지판 방향 내리막길을 따라 공항 외부로 빠져나오면 공항버스정류장이 있다. 정면에 노선별 정류장 위치가 표시된 전광판이 있고 뒤편에 매표소가 자리한다. 공항에서 옥토퍼스카드를 구입하지 않았다면 여기서 티켓을 구입해야 한다.

공항에서 홍콩시내로 이동하는 버스

요금 지불방법은 옥토퍼스카드라면 승차 시 단말기에 카드를 대면되고, 티켓소지자는 기사에게 건네주고 현금이라면 요금을 직접 요금함에 넣는다. 현금으로 지불할 경우 기사가 거스름돈을 내주지

버스 1층에 자리한 짐칸

않으므로 미리 잔돈을 챙겨야 한다. 버스에 승차한 후 1층의 짐칸에 짐을 놓고, 1층이나 2층 좌석에 앉으면 된다. 버스가 출발하면 전광판에 정류장이 표시되므로 내려야 할 정류장에서 벨을 누른 후 뒷문으로 하차하면 된다.

❶ Bus 표지판을 따라 간다.

❷ 매표소에서 티켓구입

❸ 해당 버스 대기줄에서 대기

❹ 해당 버스타고 시내로 이동

♥ 주요 공항에서 출발하는 버스 주요노선(공항출발 기준)

운행 지역	버스 번호	요금 (HK$)	운행시간	운행 간격	주요 노선
카오룽	A21	33	06:00~24:00	10~20분	Airport → Lantau Link Toll Plaza → Mong Kok Market, Argyle Street → Kimberley Road → Haiphong Road → Salisbury Road → Mody Road → Hong Kong Science Museum → Hung Hom Station 공항 → 몽콕 → 야우마테이 → 조단 → 침사추이 → 이스트침사추이 → 홍함
	N21	23	24:20~04:40	20분	Airport → Tung Chung Cable Car Terminal → Lantau Link Toll Plaza → Lai Chi Kok Station → Sham Shui Po Station → Nathan Road → Nathan Hotel → Kimberley Road → Cameron Road → Cameron Road → Tsim Sha Tsui Star Ferry
	N21A	23	05:00	1일 1대	공항 → 몽콕 → 야우마테이 → 조단 → 침사추이스타페리
홍콩섬	A11	40	06:10~24:30	20~25분	Airport → Lantau Link Toll Plaza → Western Harbour Crossing Toll Plaza → Macau Ferry(Central) → Jardine House → City Hall → Admiralty Station → Hennessy Road → Victoria Park → Electric Road → South China Hotel → North Point Ferry Pier 공항 → 카오룽 → 성완 → 센트럴 → 애드미럴티 → 완차이 → 코즈웨이베이 → 노스포인트
	N11	31	24:50~04:50	30분	Airport → Regal Airport Hotel → Tung Chung Cable Car Terminal → Jordan Road → Cross Harbour Tunnel Toll Plaza → Gloucester Road → Pacific Place → Bank of China Tower → Des Voeux Road Central → Connaught Road Central → Macau Ferry(Central) 공항 → 조단 → 홍함 → 코즈웨이베이 → 완차이 → 애드미럴티 → 센트럴 → 성완
	E11	21	05:20~07:20 13:10~24:00	12~20분	Airport → Tung Chung Cable Car Terminal → Lantau Link Toll Plaza → Western Harbour Crossing Toll Plaza → Macau Ferry(Central) → Jardine House → Admiralty Station → Hennessy Road → Victoria Park → Tin Hau Station 공항 → 카오룽 → 성완 → 센트럴 → 애드미럴티 → 완차이 → 코즈웨이베이

호텔리무진버스 개념의 호텔코치(Hotel Coach)

공항에서 출발하여 홍콩도심의 주요 호텔을 운행하는 호텔코치는 카오룽과 홍콩섬 노선으로 구분되어 있다. 홍콩도심의 호텔에 숙박하는 사람들에게는 가장 편리한 교통수단이지만 요금은 비싼 편이다. 에어포트호텔링크Airport Hotelink, 機場酒店通에서 운영하며 딱히 정해진 정류장 없이 승객이 원하는 목적지에 따라 노선이 변경되어 운행된다.

티켓은 입국홀 A와 B의 여행사(A01 또는 B01 카운터) 또는 호텔예약카운터에서 판매한다. 티켓을 구입할 때는 호텔명을 말하거나 호텔 바우처를 보여주면 되고, 버스 탑승 시에도 기사에게 호텔명을 정확히 말해야 목적지에 내려준다. 티켓을 구입하면 직원이 공항제

2터미널의 호텔코치 정류장까지 데려다 준다. 티켓 구입 시 받았던 호텔구분 스티커를 옷에 부착하면 직원이 좀 더 쉽게 탑승을 도와준다. 직원이 15~30분마다 호텔이나 승객 이름을 호명하는데, 직원을 따라 이동하면 된다. 호텔에서 다시 공항으로 오는 호텔코치는 호텔에서 미리 예약해두는 것이 편리하다. 2명 이상일 때는 택시를 이용하는 것이 요금이나 편리함에서 더 나을 수 있다.

지역(출발지 공항 기준)	운행시간(공항출발기준)	운행간격	요금(HK$)	
			편도	왕복
카오룽지역 호텔	06:15~24:15	45분	130	260
홍콩섬지역 호텔	06:30~24:30	30분	140~150	280

🧳 동행이 있다면 편리한 택시(Taxi)

2명 이상이라면 AEL이나 공항리무진보다 편하고 저렴하게 홍콩시내까지 이동할 수 있다. 입국홀 중앙 통로를 지나 왼쪽방향으로 내려가면 택시정류장이 나온다. 운행지역에 따라 3가지 색으로 구분되며, 택시정류장 또한 구분되어 있다. 홍콩 택시의 대부분인 빨간색 택시는 란타우섬을 제외한 카오룽반도와 홍콩섬을 오가고, 란타우섬을 운행하는 하늘색 택시와 신계지역을 오가는 초록색 택시가 있다.

거리요금 외에 택시 트렁크에 싣는 짐은 1개당 HK$5와 고속도로, 터널 등의 통행료가 별도로 추가된다. 택시를 타면 기사에게 목적지를 정확하게 알려줘야 하는데, 이때 영어가 통하지 않을 수 있으므로 목적지 주소를 한자로 적어 두면 편리하다. 공항에서 택시를 탈 때 탑승날짜, 택시번호 등이 적힌 카드를 승강장 직원이 나눠주는데 반드시 소지하자.

💜 홍콩국제공항에서의 택시요금

이동지역	요금(HK$)	이동지역	요금(HK$)	
센트럴	295	훙함	235	
코즈웨이베이	285	홍콩디즈니랜드	초록색 택시(New Territories)	115
완차이	290		빨간색 택시(Urban Taxi)	125
노스포인트	310		하늘색 택시(Lantau Taxi)	130
조단	225	애버딘	320	
침사추이/이스트침사추이	240	리펄스베이	325	
몽콕/야우마테이	240	스탠리	350	

Section 06

홍콩시내를 이동할 수 있는 홍콩의 대중교통

홍콩시내에서 가장 많이 이용하는 교통수단은 우리나라의 지하철과 비슷한 MTR이다. 또한 섬과 반도를 연결하는 스타페리도 자주 이용하게 된다. 그 밖에도 트램과 버스, 택시 등이 있으며 주요 명소와 연결이 잘 되어 있어 편리하게 이용할 수 있다.

홍콩여행의 필수품 옥토퍼스카드(Octopus Card, 八達通)

홍콩여행에서 잊지 말고 구입해야 할 것이 바로 홍콩 교통카드인 옥토퍼스카드이다. 우리나라 티머니카드와 비슷한 선불식 충전카드로 충전해서 사용할 수 있다. MTR, AEL, 버스, 트램, 스타페리, 페리 등 택시를 제외한 대중교통뿐만 아니라 편의점, 슈퍼마켓, 커피전문점, 패스트푸드점, 음식점, 푸드코트, 쇼핑매장 등 다양한 가맹점에서 현금대신 사용가능하며, 특히 MTR과 AEL 이용 시 요금 할인혜택이 주어진다.

옥토퍼스카드 구입하기

홍콩국제공항에서 옥토퍼스카드를 구입하지 못했다면 AEL 또는 MTR역 내 고객서비스센터 또는 일반 편의점에서 구입할 수 있다. 최초 구입 시 HK$50의 보증금과 HK$100이 충전 되어있으며 추가로 충전하여 사용할 수 있는 선불식 충전카드인 일반옥토퍼스 Standard Octopus와 세븐일레븐, 써클K에서 보증금이 없이 HK$39에 구입한 후 금액을 충전 후 30일 동안 사용가능한 충전카드인 여행자옥토퍼스 Sold Tourist Octopus로 나뉜다. 보증금이 포함되어 있는 일반옥토퍼스는 보증금을 제외한 충전금액 안에서 사용할 수 있다.

여행자를 위한 여행자교통카드(Tourist Tickets)

여행일자가 길면 선불식 충전카드가 좋고 1~3일 동안 MTR만 이용할 경우에는 여행자교통카드가 낫다. 사용가능한 기간동안 거리에 상관없이 무제한으로 MTR을 이용할 수 있다. 72시간동안 무제한으로 MTR을 이용할 수 있고 AEL 1회 또는 2회가 포함된 것과 MTR을 24시간동안 무제한으로 이용할 수 있는 것이 가장 많이 선호되는 여행자교통카드이다.

카드종류	내용	요금(HK$)
에어포트익스프레스 트래블패스라이더 (Airport Express Travel Pass Ride)	- AEL 1회 또는 2회 - MTR, 라이트레일과 MTR 버스 72시간 무제한 탑승 - 이스트레일의 일등석과 로우(Lo Wu)역과 록마차우(Lok Ma Chau)역은 제외 - 보증금 HK$50 포함	250/350
투어리스트데이패스 (Adult Tourist Day Pass)	- MTR과 라이트레일을 24시간 동안 무제한 이용 - 이스트레일의 일등석과 로우(Lo Wu)역과 록마차우(Lok Ma Chau)역은 제외	65

🧳 옥토퍼스카드 요금충전하기

요금충전은 AEL 또는 MTR 역내의 고객서비스센터와 자동충전기 또는 편의점을 포함한 대부분의 가맹점의 카운터에서 HK$50, 100단위로 최대 HK$1,000까지 충전할 수 있다. 역내에 설치된 카드잔액조회기(Octopus/Ticket enquiries)에 카드를 대면 최근 5회 이용내역과 잔액을 확인할 수 있다. 직원을 통해 충전할 경우 'Add Value, Please'라고 말하고 카드와 현금을 주면 충전해 준다. 자동충전기는 HK$50와 HK$100 지폐만 사용가능하며 사용방법은 다음을 참고하자.

❶ 자동충전기(Add Value Machine)를 찾는다.   ❷ 투입구에 카드삽입   ❸ 잔액을 확인한 후 충전 금액을 투입한다.   ❹ 충전완료 후 맨 아래 버튼을 눌러 카드를 뺀다.

🧳 옥토퍼스 보증금 및 잔액 환불받기

보증금이 포함된 옥토퍼스카드는 귀국 시 AEL 또는 MTR역 내 고객서비스센터에 카드를 반납하면 수수료 HK$9를 제외한 보증금을 포함한 남은 금액을 환불받을 수 있다. 옥토퍼스카드에 잔액이 HK$1이라도 남아있다면 보증금 HK$50 중에서 HK$35까지 1회 사용이 가능하며 카드잔액조회 시 마이너스로 표시된다. 한번 마이너스가 된 옥토퍼스카드는 충전을 해야 사용가능하다. 카드 잔액 환불시 보증금에서 사용된 금액을 제외한 남은 보증금과 재충전하여 남은 금액을 환불받는다. 마지막 충전일로부터 3년까지 사용가능하므로 3년 안에 홍콩여행을 계획하시는 분이라면 소지하고 있는 편이 낫다.

🧳 홍콩시민의 발 MTR(Mass Transit Railway)

MTR은 홍콩 전역을 연결하기 때문에 여행자들에게는 가장 편리한 교통수단이 된다. 현재 11개 노선이 운행 중이며 많이 이용되는 노선은 카오룽반도와 홍콩섬을 통과하는 빨간색라인의 췬완선과 홍콩섬의 주요 지역을 통과하는 파란색라인의 아일랜드선이다. 2017년 애드미러티, 완차이, 해피밸리, 오션파크, 애버딘 그리고 홍콩대학역까지 연결되는 사우스아일랜드라인이 개통될 예정이다. 이스트레일선과 웨스트레일선은 교외선으로 중국 심천을 가지 않는다면 이용할 일은 많지 않다. 여행자가 주로 이용하는 역은 침사추이역, 야우마테이역, 몽콕역, 셩완역, 센트럴역, 완차이역, 코즈웨이베이역 정도이다. 침사추이역과 이스트침사추이역 그리고 홍콩역과 센트럴역은 각각 서로 연결되어 있으며 구간이 상당히 넓으므로 중간중간 설치된 무빙워크를 이용하여 이동하면 된다.

MTR역 입구

대형역에 설치된 무빙워크

MTR 내부

운행시간 06:00~24:54(역마다 상이) 요금 HK$4.5~(옥토퍼스카드 이용 시 2~13% 할인적용) 홈페이지 www.mtr.com.hk

MTR 현지인처럼 이용하기

MTR 운행시간은 노선마다 약간의 차이가 있지만 대부분 오전 6시경에 첫차가 출발하고 새벽 1시정도까지 운행하며 역과 역 사이의 소요시간은 2~4분 정도이다. MTR 내에는 노선 및 진행방향을 표시하는 플랫폼이 있어 탑승에 도움이 되며 역내에는 출구별 안내표지판이 설치되어 있다. 또한 일부 MTR 지하도에는 각종 편의점, 베이커리, 브랜드 의류매장 등의 상가가 형성되어 있다. MTR은 안전을 위해 스크린도어가 설치되어 있으며, 객실에서는 음료와 음식을 먹어서는 안 된다.

MTR 개찰구

요금은 이동거리 비례제로 1회용 티켓인 싱글티켓 기준으로 HK$4.5~27.50이며 옥토퍼스카드 이용시 2~13% 할인된 요금이 적용된다. 옥토퍼스카드 소지자는 개찰구를 들어갈 때와 목적지

MTR 출구 안내표지판

에 도착했을 때 카드를 단말기에 대면 요금이 계산된다. 옥토퍼스카드가 없다면 역내 마련된 MTR 싱글티켓발매기 또는 고객서비스센터에서 직원에게 티켓을 구입하면 된다. 참고로 우리나라 못지않게 홍콩 MTR 출퇴근시간이 상당히 복잡하므로 이 시간대에는 이동을 피하는 것이 좋다.

MTR 자동티켓발매기에서 싱글티켓(Single Journey Ticket) 구입방법

❶ 역내의 자동티켓발매기의 터치스크린에서 MTR 노선을 확인한 후 목적지를 누르면 화면에 요금이 표시된다.

❷ 성인/할인(만 3~11세에 해당되는 어린이)/단체 중에서 선택하여 누른다.

❸ 왼쪽 상단의 요금투입구에 동전 또는 지폐를 넣는다. 사용가능한 동전은 50센트와 HK$1, 2, 5, 10이고, 지폐는 HK$10, 20, 50, 100이다. 하지만 총요금이 HK$30 이상일 경우에만 HK$50과 100지폐를 사용할 수 있으며, 몇몇 발매기는 동전만 사용가능한 것도 있는 티켓발매기 화면에서 사용가능한 동전과 지폐를 확인할 수 있다.

MTR 자동티켓발매기

❹ 발권기 하단에서 티켓과 거스름돈을 챙긴다.

MTR 싱글티켓

홍콩 MTR 노선도

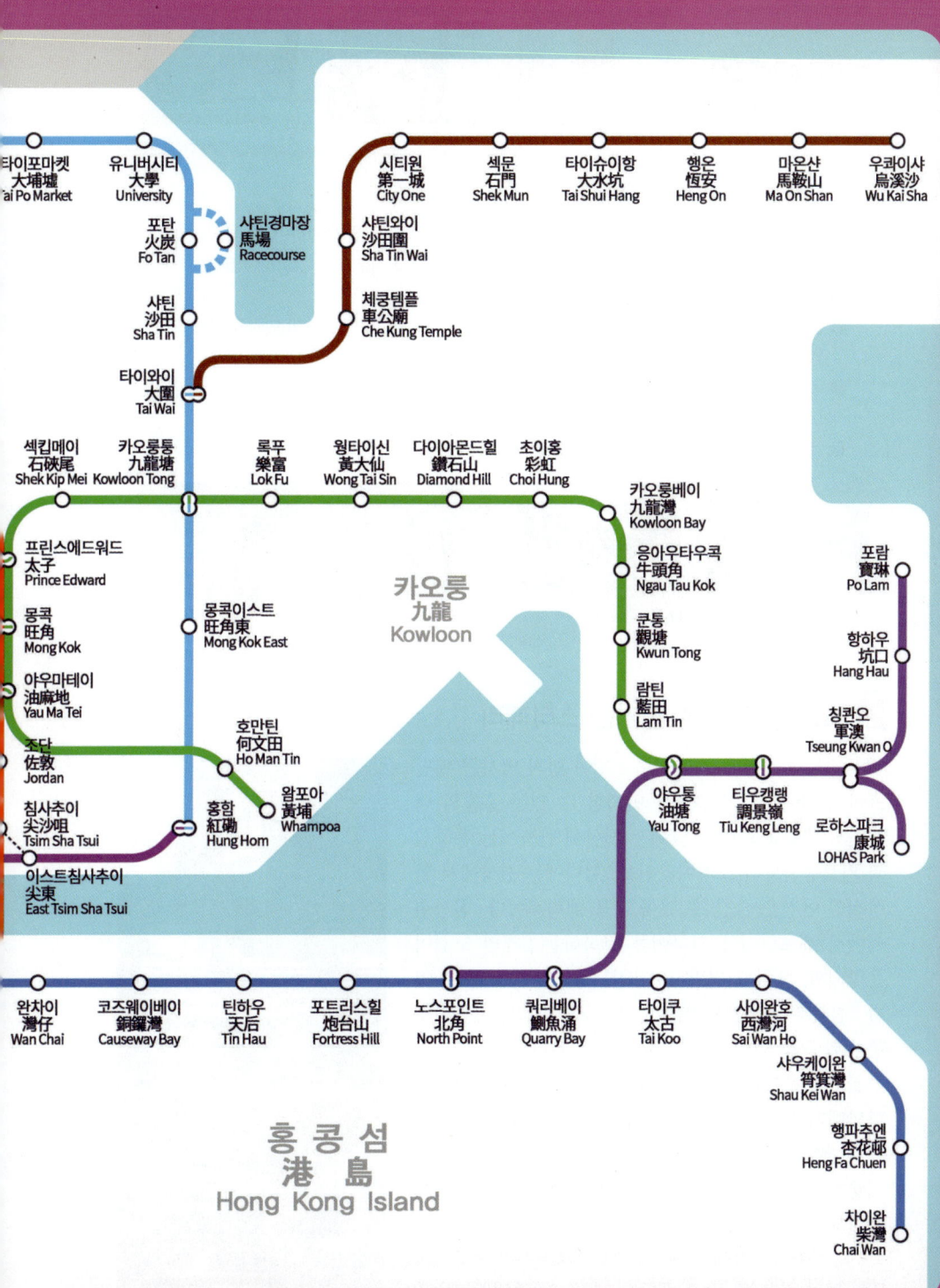

❶ 목적지 선택　❷ 성인/할인/단체 중에서 선택　❸ 동전 또는 지폐 투입　❹ 티켓과 거스름돈

한눈에 살펴보는 MTR 탑승방법

❶ 옥토퍼스카드는 개찰구 상단의 센서존에 카드를 댄 후 개찰구를 통과하면 된다. 싱글티켓은 개찰구 하단의 티켓투입구에 삽입하면 상단으로 티켓이 나와 회수한 후 통과하면 된다.
❷ 플랫폼에서 목적지 방향을 확인한 후 열차에 탑승한다.
❸ 출입문 상단에 노선도가 있어 정차할 역을 미리 알 수 있다. 또한 안내방송은 광둥어, 베이징어, 영어 순으로 방송된다.
❹ 목적지에 도착하면 출구를 뜻하는 'Exit·出' 표시를 따라 개찰구를 통과한다. 싱글티켓은 1회용이므로 다시 나오지 않는다.
❺ 목적지로 나가는 출구 번호를 먼저 확인한 후 이동한다.

❶ 카드를 센서존에 대고 개찰구 통과　❷ 플랫폼에서 해당역 확인 후 열차탑승　❸ 해당역으로 이동　❹ 해당 개찰구 통과/출구 번호 확인 후 이동

도심의 낭만을 즐기는 스타페리

1888년부터 운항을 시작하여 100여 년의 역사를 지닌 스타페리는 도심의 낭만을 만끽할 수 있는 홍콩의 대표적인 대중교통이다. 낮에는 햇살에 반짝이는 홍콩섬과 카오룽반도의 스카이라인을, 저녁에는 선상에서 환상적인 야경을 즐길 수 있어 더욱 매력적이다. 침사추이에서 센트럴이나 완차이를 왕복하는 2개의 노선이 운항되며, 요금도 저렴하고 10분 정도면 도착할 수 있다. 침사추이와 센트럴을 오가는 스타페리는 1층과 2층으로 구분되어 있으며 요금도 다르다. 스타페리의 개찰구는 옥토퍼스카드를 사용할 수 있는 개찰구와 토큰발매기에서 구입한 1회용 동전모양의 플라스틱 토큰을 사용할 수 있는 개찰구로 구분되어 있으며, 현금은 사용할 수 없다. 날씨가 좋지 않을 때는 페리 운항이 중단되거나 지연되기도 한다.

운항시간 06:00~23:30(침사추이↔센트럴), 07:20~23:00(침사추이↔완차이) 요금 HK$2~(옥토퍼스카드 사용가능, 동일요금적용) 홈페이지 www.starferry.com.hk/en

한눈에 살펴보는 스타페리 탑승방법

❶ 옥토퍼스 전용개찰구의 센서존에 옥토퍼스카드를 댄 후 개찰구를 통과한다. 만약 옥토퍼스카드가 없는 경우 개찰구 앞에 위치한 1회용 토큰발매기에서 토큰을 구입하여 토큰 전용 개찰구에 넣은 후 개찰구를 통과하면 된다. 이때 토큰은 다시 반환되지 않는다.
❷ 페리가 올 때까지 대기실에서 기다리다가 초록등이 켜지면서 해당입구가 열리면 차례로 승선하면 된다.
❸ 풍경을 감상하려면 스타페리 양쪽 끝에 자리하면 된다.
❹ 목적지의 페리선착장에 도착하면 직원이 문을 열어 주면 하선한 후 목적지를 향해 이동하면 된다.

❶ 옥토퍼스카드나 1회용 토큰을 이용하여 개찰구 통과　❷ 초록등이 켜질 때까지 대기　❸ 스타페리 승선　❹ 하선 후 목적지를 향해 이동

스타페리(Star Ferry) 운항정보

이동구간	운항시간		운항간격	소요시간	요금(HK$)			
	월~토요일	일요일&공휴일			구분	요일	성인	3~12세
침사추이 ↔ 센트럴	06:30~23:30		6~12분	6분	1층 (Lower Deck)	평일	2	1.4
						주말과 공휴일	2.8	2
					2층 (Upper Deck)	평일	2.5	1.5
						주말과 공휴일	3.4	2.1
침사추이 → 완차이	07:20~10:50	07:30~22:30	8~20분	8분	—	평일	2.5	1.5
완차이 → 침사추이	07:30~23:00	07:40~10:50				주말과 공휴일	3.4	2.1

1달 승차권(Monthly Ticket) HK$125 / 4일 무제한 페리티켓(Tourist Ticket 4days) HK$25

🧳 정크선을 타고 빅토리아하버를 감상하는 아쿠아루나(Aqua Luna)

1960년대 홍콩의 정크선을 개조한 범선으로 아쿠아레스토랑그룹에서 운영하는 홍콩 전통식 크루즈로 뱃머리에 우뚝 솟은 강렬한 빨간색 돛이 인상적이다. 1층은 테이블식, 2층은 침대식 의자와 탁 트인 갑판으로 구성되어 있으며, 침사추이에서 출발하여 센트럴에서 다시 승객을 태우기 때문에 좋은 좌석을 확보하려면 침사추이에서 승선하는 것이 좋다. 만약 심포니오브라이트투어를 신청했다면 2층 갑판의 왼쪽자리가 감상하기 좋은 자리이다.

야경을 즐길 수 있는 시간대에는 예약이 쉽지 않으므로 홈페이지나 전화로 승선하기 일주일 전쯤부터 예약을 마치고 승선 당일에는 승선 시간보다 30분 전에 도착하여 명단을 확인하고 줄을 서야 한다. 요금에는 간단한 음료가 포함되므로 맥주, 탄산음료, 주스, 와인 중에서 선택할 수 있으며, 부족한 경우 음료와 스낵을 별도로 추가할 수 있다.

문의 (852)2116-8821 탑승위치 침사추이 2번 페리공용선착장과 센트럴 9번 페리선착장
홈페이지 www.aqualuna.com.hk

아쿠아루나(Aqua Luna) 운항정보

투어종류		투어종류		요금(HK$)	
		침사추이	센트럴	성인	4~11세
하버 디스커버리 투어 Harbour Discovery Tours		12:00~16:00 (매시 정각 출발)	12:10~16:10 (매시 10분 출발)	130	90
이브닝크루즈 Evening Cruise	이브닝샐링(Evening Sailing) ※ 금~일요일 추가 운항	18:30/20:30/21:30 ※ 22:30	18:45/20:45/21:45 ※ 22:45	195	155
	선셋크루즈(Sunset Cruise)	17:30	17:45		
	심포니오브라이트(Symphony of Lights)	19:30	19:45	285	220
스탠리크루즈 Stanley Cruise		12:15	12:00	편도 / 왕복 280 / 400	편도 / 왕복 190 / 260

🧳 홍콩의 주요섬을 운항하는 일반페리(Ferry)

홍콩의 주요섬인 란타우, 람마, 청차우와 디스커버리베이 등을 오가는 일반페리는 센트럴하버에 위치한 센트럴페리선착장에서 출발한다. 센트럴페리선착장의 선착장은 총 10개로 행선지별로 구분되어 있는데, 디스커버리베이는 3번, 람마섬의 용수완과 소쿠완은 4번, 청차우섬은 5번, 란타우섬의 무이워는 6번 그리고 7번 선착장은 침사추이를 오가는 스타페리선착장이다. 행선지, 요일 그리고 일반페리와 쾌속페리에 따라 운항스케줄과 요금이 다르기 때문에 선착장에서 스케줄표를 확인하도록 하자. 요금은 옥토퍼스카드로 가능하며 티켓은 선착장에 위치한 고객서비스센터에서 구입하면 된다.

센트럴페리선착장

일반페리 주요 운항정보

행선지		출항부두	운항시간	운항간격	소요시간	페리/좌석		편도요금(HK$)			
								월~토요일		일요일과 공휴일	
								성인	3~12세	성인	3~12세
디스커버리베이 Discovery Bay		3번	06:30~05:00 (매일)	20~90분	25분	데이 (06:30~23:30)		40	20	40	20
						오버나이트 (24:00~06:00)		57	36.5	57	36.5
람마섬 Lamma Island	용수완 Yung Shue Wan	4번	06:30~24:30 (월~토요일)	20~60분	35분	일반		17.1	8.6	23.7	11.9
			07:30~24:30 (일요일과 공휴일)	30~60분							
	소쿠완 Sok Kwu Wan		07:20~23:30 (매일)	60~90분	50분	일반		21	10.5	29.8	14.9
청차우 Cheung Chau		5번	06:10~01:30 (월~일요일과 공휴일)	20~50분 (월~토요일)	55~60분	일반	일반	13.2	6.6	19.4	9.7
							디럭스	20.7	10.4	30.2	15.1
				30분(일요일과 공휴일)	35~40분	쾌속		25.8	12.9	37.2	18.6
란타우섬의 무이워 Mui Wo		6번	06:10~24:30 (월~토요일)	20~50분	50~55분	일반	일반	15.2	7.6	22.5	11.3
							디럭스	24	12.7	37.2	18.6
			07:00~24:30 (일요일과 공휴일)	30~80분	35~40분	쾌속		29.9	15	42.9	21.5

대표적인 대중교통 버스(Bus, 巴士)

버스는 MTR보다 노선이 복잡해서 이용하기 어려울 수 있으나 차창 밖 홍콩시내풍경을 감상하며 달리는 것도 좋은 여행코스 중의 하나이다. 특히 영국 식민시절부터 시작된 더블데커 Double Decker라 부르는 홍콩의 2층 버스는 여행자들이 가장 선호하는 버스로 2층 맨 앞자리에 앉는다면 홍콩시내의 멋진 풍경을 막힘없이 감상할 수 있다. 홍콩의 버스는 이층버스, 단층버스, 미니버스로 구분되며, 시티버스 Citybus와 뉴월드퍼스트버스 NWFB 그리고 KMB 등 회사마다 운행지역과 노선이 다르다. 홍콩의 모든 지역이 버스로 연결되지만 알아들을 수 없는 안내방송 또는 방송 없이 전광판만 표시되거나 이마저도 없는 버스도 많아 여행자들에게는 불편할 수밖에 없다. 그래서 MTR로 연결되지 않는 빅토리아피크, 리펄스베이, 스탠리 등을 이동할 때가 아니라면 이용할 일이 거의 없다.

노선, 운행시간, 요금 등의 정보가 표기되어 있는 버스정류장의 안내표지판

대부분의 버스는 앞문으로 타면서 요금을 지불하고 목적지 도착 전 벨을 누른 후 뒷문으로 하차한다. 옥토퍼스카드 사용자는 단말기에 갖다 대면 운임이 정산되고, 환승요금제 아니므로 내릴 때 단말기에 카드를 다시 찍지 않는다. 현금탑승 시에는 거스름돈을 주지 않으므로 미리 잔돈을 준비해야 한다. 정류장에 노선별 요금이 표시되어 있으므로 탑승 전 확인해

서 미리 준비하자. 일반버스에 비해 에어컨버스가 약간 비싸며, 종점에 가까워질수록 정류장별 요금이 할인되지만 몇 정거장 안 간다면 비싼 요금을 내야 될 경우도 있다. 전광판에 한자와 영문으로 정류장이 표시되지만 잘 모르겠다면 운전기사나 승객에게 도움을 청하자.
운행시간 06:00~24:00(버스마다 상이) 요금 HK$3~(옥토퍼스카드 사용가능, 동일요금적용) 홈페이지 시티버스&뉴월드퍼스트 www.nwstbus.com.hk, KMB www.kmb.hk

우리나라 마을버스와 비슷한 미니버스(Mini Bus, 小型巴士)

홍콩의 미니버스는 초록색지붕과 빨간색지붕 두 종류가 있으며 일반버스가 다니지 않는 지역을 운행하므로 현지인들이 주로 이용한다. 초록색지붕 미니버스는 정해진 노선을 따라 정류장에 정차하지만 빨간색지붕 미니버스는 최종 목적지만 있고, 정해진 정류장 없어 손을 흔들면 세워 주고, 출발시간도 일정치 않아 운전기사 판단에 따라야만 한다. 요금은 초록색지붕 미니버스는 탑승 시 현금이나 옥토퍼스카드로 지불하지만 빨간색지붕 미니버스는 하차 시 현금으로만 지불해야 한다. 크지 않은 잔돈은 반올림해서 주는 것이 예의이고, 기사가 거스름돈을 내주지 않으므로 큰돈을 지불하면 낭패를 볼 수 있다. 탑승하면 바로 운전기사에게 한자로 적힌 목적지를 보여주고 세워달라고 부탁하는 것이 좋다.

정해진 노선을 따라 운행하는 초록색미니버스

정해진 노선 없이 일정구간을 운행하는 빨간색미니버스

2층 버스로 둘러보는 홍콩, 빅버스투어와 릭샤사이트싱버스

이층투어버스 빅버스와 릭샤사이트싱은 짧은 시간 내에 홍콩의 유명관광지를 둘러볼 수 있다. 오픈형의 이층에 탑승하면 높은 시야에서 시내를 한눈에 구경할 수 있어 여행자들에게 인기가 많다. 정해진 정류장에 내려 구경하다 다시 정해진 정류장에서 탑승하면 되고, 시간에 제약을 받지 않고 원하는 지역에서 내리고 탈 수 있는 버스투어 상품이다.

빅버스투어(Big Bus Tours)

영국에 본사를 둔 빅버스는 런던을 비롯하여 파리, 라스베가스, 시카고, 뉴욕, 필라델피아, 로마, 상하이 등 유명도시에서 운영되고 있다. 2층이 오픈되어 있어 홍콩의 화려한 도심분위기를 제대로 느낄 수 있으며, 좌석마다 설치되어 있는 음성안내기(한국어 5번 채널)를 통해 유명명소에 대한 설명까지 들을 수 있다. 자유롭게 승하차할 수 있어 내리고 싶은 곳에 내려 주변관광을 하고 정해진 시간과 정류장에서 다시 탑승하여 이동할 수 있다. 현장구매보다는 아이팩투어처럼 투어상품대행사 홈페이지를 통해 구매하는 것이 저렴하다. 홍콩섬투어, 스탠리투어, 카오룽투어, 나이트투어 등 총 4개의 순환루트가 운영되며, 투어상품은 디럭스, 프리미엄, 나이트투어가 있다.

귀띔 한마디 한국 티켓대행사를 통해 구매했다면 바우처를 가지고 해당 빅버스안내소에서 티켓으로 교환하면 된다. 빅버스안내소에서 티켓도 판매한다. 운행시간/요금 다음 표 참조 문의 (852)3102-9021 탑승위치 센트럴 7번 페리선착장 앞과 침사추이이스트프로머네이드(TST)에서 출발한다. 홈페이지 www.bigbustours.com

빅버스투어 노선정보

노선	색상	운행시간 첫차	운행시간 막차	운행간격	출발장소	주요노선
홍콩섬투어 Hong kong Island Tour	적색	09:30	06:10	20분	센트럴 7번 페리선착장 앞	홍콩 컨벤션&엑시비션 센터 → 코즈웨이베이 → MTR 완차이 → 피키트램 → 미드레벨 에스컬레이터 → 만모사원 → 소호&란콰이퐁
카오룽투어 Kowloon Tour	청색	10:00	18:00	30분	TST	페닌슐라호텔 → 랑함플레이스쇼핑몰 → 레이디스마켓 → 템플스트리트
애버딘&스탠리투어 Aberdden&Stanley Tour	녹색	09:45	16:45	30분	센트럴 7번 페리선착장 앞	오션파크 → 리펄스베이 → 스탠리 → 애버딘
나이트투어 Night Tour	분홍	18:15(센트럴 출발) 19:00(침사추이출발)		야간 1대	센트럴 7번 페리선착장 앞/TST	네이던로드 → 레이디스마켓 → 템플스트리트

빅버스투어 상품정보

투어종류	투어내용	무료제공티켓	요금(HK$) 성인	요금(HK$) 어린이(5~15세)
디럭스투어 Deluxe Tour	48시간 안에 나이트노선을 제외한 홍콩섬노선, 카오룽노선, 스탠리노선 자유승하차가 가능하다.	• 침사추이/센트럴구간 스타페리 왕복승선권 • 피크트램스카이패스 또는 스카이100전망대입장권 중 선택	480	430
디럭스 + 나이트투어 Deluxe + Night Tour	48시간 안에 홍콩섬노선, 카오룽노선, 스탠리노선 그리고 나이트노선 모두 자유승하차가 가능하다.	• 홍콩해사박물관입장권 • 애버딘의 삼판선 승선권 • 스타페리주간하버투어승선권	550	500
프리미엄투어 Premium Tour	24시간 안에 나이트노선을 제외한 홍콩섬노선, 카오룽노선, 스탠리노선 모두 자유승하차가 가능하다.	• 침사추이/센트럴구간 스타페리 왕복승선권 • 피크트램스카이패스 또는 스카이100전망대입장권 중 선택	430	380
프리미엄 + 나이트투어 Premium + Night Tour	24시간 안에 홍콩섬노선, 카오룽노선, 스탠리노선 그리고 나이트노선 모두 자유승하차가 가능하다.	• 홍콩해사박물관입장권 • 애버딘의 삼판선 승선권	500	450
나이트투어 Night Tour	카오룽의 야경을 감상할 수 있다.	• 스카이100전망대입장권	250	

릭샤사이트싱버스(Rickshaw Sightseeing Bus)

뉴월드퍼스트버스에서 운행하는 이층 오픈투어버스로 홍콩의 전통적인 운행수단 락샤에서 따온 이름이다. 빅버스에 비해 요금이 저렴하지만 설명안내방송이 없고 노선이 단순하다. H헤리티지노선은 전구간을 운행하는 데이노선과 밤에 운행하는 나이트노선으로 나뉜다. 센트럴 8번 페리선착장 앞에서 출발하여 셩완, 센트럴, 란콰이퐁, 완차이, 몽콕&야우마테이, 침사추이, 코즈웨이베이, 해피밸리 등 데이패스를 구매하면 하루 동안 정해진 정류장에서 자유롭게 승하차할 수 있다. 요금은 현금이나 옥토퍼스카드로 가능하며 12세미만은 50%가 할인되며, 4세미만 어린이는 좌석을 차지하지 않으면 무료로 탑승할 수 있다.

운행시간 10:00~20:30 **요금** HK$200(성인), HK$100(어린이) **탑승위치** 센트럴 5&6번 페리선착장 앞과 침사추이프롬나드에서 출발한다. **홈페이지** www.rickshawbus.com

릭샤사이트싱버스 매표소 및 정류장 안내표지판

릭샤버스 H1헤리티지노선 정보

노선	운행시간	운행간격	출발장소	주요노선(출발기준 센트럴)	요금(HK$)		
데이노선 (Day Route)	10:00 ~16:30	30분	센트럴 5&6번 페리선착장 앞/침사추이프롬나드	웨스턴마켓 → 만모사원&할리우드로드 → 란콰이퐁 → 더델스트리트 → 황후상광장 → 골든보히니아광장 → 몽콕&야우마테이 → 하버시티&1881헤리티지 → K11 → 홍콩역사박관 → 코즈웨이베이 → 해피밸리경마장 → 피크트램역	데이패스(Day Pass)		
						성인	어린이
						200	100
나이트노선 (Night Route)	17:00 ~20:30			골든보히니아광장 → 몽콕&야우마테이 → 하버시티&1881헤리티지 → K11 → 홍콩역사박관 → 코즈웨이베이 → 해피밸리경마장 → 피크트램역 → 황후상광장	싱글트립(Single Trip)		
						성인	어린이
						33	16.5

홍콩을 상징하는 대중교통 트램(Tram, 電車)

1904년부터 홍콩섬 북쪽에서 동서로 운행을 시작하여 현재까지 스타페리와 함께 홍콩의 명물로 손꼽히는 대중교통이다. 홍콩섬 서부 케네디타운에서 동부의 샤우케이완까지 해안선을 따라 운행하는 노선과 해피밸리노선 등 총 6개의 노선이 운행되고 있다. 성완에서 코즈웨이베이를 지나 해피밸리까지 운행하는 트램은 홍콩섬 일대를 편하게 돌아볼 수 있어 좋다. 다른 교통수단보다 느리지만 여행자라면 반드시 타봐야 할 저렴한 교통수단이자 달리는 광고판이다.

트램은 트램 앞에 표시된 행선지를 확인하고 탑승해야 한다. 별도 노선안내판이나 안내방송이 없으므로 창밖을 보다 내려야 할 주요건물이 보이면 내릴 준비를 한다. 300~400m 간격의 정류장마다 무조건 세우므로 벨은 따로 누를 필요가 없다. 탑승은 뒤쪽, 하차는 앞쪽, 요금은 내릴 때 옥토퍼스카드나 잔돈을 미리 준비하여 현금으로 지불하면 된다. 딱히 정해진 목적지가 없어도 홍콩섬에 도착했다면 한 번쯤 트램에 탑승해보자. 특히 2층 좌석에 앉아 은은한 바람 맞으며 홍콩시내를 감상하는 것은 홍콩여행의 또 다른 즐거움이다.

귀띔 한마디 트램을 타고 도심 여행을 하고 싶다면 성완에서 노스포인트까지 운행하는 노선을 선택하자. **운행시간** 05:04~24:39(노선별 상이) **요금** HK$2.3(성인), HK$1.2(어린이)/편도 **홈페이지** www.hktramways.com

한눈에 살펴보는 트램 탑승요령

❶ 트램 뒤편으로 승차한다. ❷ 2층에 앉아 시내 감상 ❸ 하차 시 앞쪽에서 요금 계산

홍콩트램 루트와 운행시간

- 코즈웨이베이방면 : 코즈웨이베이(Causeway Bay), 노스포인트(North Point)행 트램을 이용한다.
- 센트럴, 성완방면 : 케네디타운(Kennedy Town), 웨스턴마켓(Western Market)행 트램을 이용한다.
- 해피밸리방면 : 해피밸리(Happy Valley)행 트램을 이용한다.

트램노선	주요정류장
웨스턴마켓(Western Market) ↔ 샤우케이완(Shau Kei Wan)	웨스턴마켓 → 센트럴(Central) → 애드미럴티(Admiralty) → 완차이(Wan Chai) → 코즈웨이베이(Causeway Bay) → 틴하우(Tin Hau) → 노스포인트(North Point) → 쿼리베이(Quarry Bay) → 사이완호(Sai Wan Ho) → 샤우케이완
해피밸리(Happy Valley) ↔ 샤우케이완(Shau Kei Wan)	해피밸리 → 코즈웨이베이(Causeway Bay) → 틴하우(Tin Hau) → 노스포인트(North Point) → 쿼리베이(Quarry Bay) → 사이완호(Sai Wan Ho) → 샤우케이완
섹통추이(Shek Tong Tsui) ↔ 노스포인트(North Point)	섹통추이 → 위트니스트리트(Whitty Street) → 웨스턴마켓(Western Market) → 센트럴(Central) → 애드미럴티(Admiralty) → 완차이(Wan Chai) → 코즈웨이베이(Causeway Bay) → 틴하우(Tin Hau) → 노스포인트(North Point)
섹통추이(Shek Tong Tsui) ↔ 코즈웨이베이(Causeway Bay)	섹통추이 → 위트니스트리트(Whitty Street) → 웨스턴마켓(Western Market) → 센트럴(Central) → 애드미럴티(Admiralty) → 완차이(Wan Chai) → 코즈웨이베이
케네디타운(Kennedy Town) ↔ 해피밸리(Happy Valley)	케네디타운 → 섹통추이(Shek Tong Tsui) → 위트니스트리트(Whitty Street) → 웨스턴마켓(Western Market) → 센트럴(Central) → 애드미럴티(Admiralty) → 완차이(Wan Chai) → 해피밸리(Happy Vally)
케네디타운(Kennedy Town) ↔ 샤우케이완(Shau Kei Wan)	케네디타운 → 섹통추이(Shek Tong Tsui) → 위트니스트리트(Whitty Street) → 웨스턴마켓(Western Market) → 센트럴(Central) → 애드미럴티(Admiralty) → 완차이(Wan Chai) → 코즈웨이베이(Causeway Bay) → 틴하우(Tin Hau) → 노스포인트(North Point) → 쿼리베이(Quarry Bay) → 사이완호(Sai Wan Ho) → 샤우케이완

비싸지만 빠르고 편리한 택시(Taxi, 的士)

택시는 편리한 교통수단이지만 요금이 비싸다. 지역별로 빨간색, 초록색, 하늘색 3가지 색의 택시가 운영되는데, 여행자들이 많은 홍콩섬과 카오룽반도는 빨간색 어반택시가 주로 운행된다. 홍콩시내교통은 상당히 혼잡하므로 막히는 시간이라면 이용하지 않는 것이 상책이다. 게다가 홍콩은 일방통행이 많아 가까운 거리도 돌아가는 경우가 있기 때문에 짧은 거리라면 걸어가는 것이 좋다.

택시는 승차장이나 호텔 앞에서 탈 수 있고, 거리에서는 빈차를 의미하는 'For Hire'라 표시된 택시를 타면 된다. 거리의 노란 선으로 표시된 지역은 택시 승하차가 금지된 곳이니 주의하자. 택시기사들 중에는 소통이 어려운 경우도 있으므로 한자로 목적지가 적힌 종이를 보여 주는 것이 좋다. 택시는 자동문으로 세우면 기사가 문을 열거나 닫아준다. 짐을 트렁크에 넣으면 1개당 HK$5, 전화예약을 해도 HK$5의 요금이 추가된다. 홍콩택시는 반드시 승객에게 영수증을 주는데, 택시에서 물건을 분실했거나 문제가 발생했다면 영수증을 근거로 해결할 수 있으니 반드시 챙기자.

홍콩택시 운행정보

종류	운행지역	요금(HK$)/200m 또는 1분당	
		기본요금(2Km까지)	2Km 이후
빨간색 택시(Urban Taxi)	홍콩섬/카오룽반도	22	1.6
초록색 택시(New Territories Taxi)	신계지역	18.5	1.4
하늘색 택시(Lantau Taxi)	란타우섬	17.5	1.4

귀띔 한마디 홍콩교통법상 택시기사에게 요금을 HK$500 이상의 고액권으로 지불할 경우 거슬러 줄 의무가 없으므로 HK$100 이하의 지폐를 준비하여 탑승하자.

Section 07
맛의 천국, 홍콩의 다양한 먹거리

세상의 모든 요리를 즐길 수 있는 홍콩. 그 중에서도 산해진미로 가득한 중국요리를 먹어야만 진정 홍콩여행을 다녀왔다 말할 수 있다. 입에 맞지 않는다고 눈으로만 살펴보고, 패스트푸드점만 이용했다면 홍콩여행을 반밖에 즐기지 못한 것이다. 느끼하고 입에 맞지 않는 음식도 많겠지만 우리 입맛에도 잘 맞는 요리가 많으므로 놓치지 말고 중국음식을 즐겨보자.

중국의 4대 요리를 맛보자

홍콩에는 중국의 4대 요리를 맛볼 수 있는 레스토랑이 많다. 중국 4대 요리라 함은 베이징, 쓰촨, 상하이, 광둥지역을 대표하는 요리를 일컫는다. 베이징요리는 기름을 많이 사용하는 육류와 밀가루요리가 많은데, 홍콩에서 먹는 베이징요리는 담백한 것이 특징이다. 쓰촨요리는 매운 요리를 좋아하는 우리에게 잘 맞는 요리로 고추, 마늘, 파, 산초 등의 향신재료를 이용한 요리 외에도 칠리소스 등을 이용한 매콤한 요리가 있다. 상하이요리는 간장과 설탕을 주로 사용하기 때문에 요리가 달콤하고 부드러워서 젊은이들에게 인기가 많다. 광둥요리는 다양한 음식재료와 조리법을 이용한 요리로 해산물요리와 딤섬이 유명하다. 중국 5대 요리로 확대하면 차오저우潮州요리가 포함되는데, 차오저우요리는 광둥요리의 일부로 재료의 맛을 그대로 살려 다양한 소스로 조리한 요리이다.

베이징 대표요리 페킹덕 | 마늘, 파, 고추 등의 재료를 이용한 쓰촨요리 | 상하이의 대표요리 민물털게요리 상하이다자셰 | 광둥의 대표요리 딤섬

홍콩의 레스토랑 이용하기

일반적으로 레스토랑에서의 테이블 매너는 복잡하지 않지만 몇 가지 주의할 사항이 있다. 홍콩에서 현지인처럼 레스토랑을 이용한다면 좀 더 편안하게 중국요리를 즐길 수 있다.

고급레스토랑이나 유명 레스토랑은 예약부터 하자

전망 좋은 좌석에 앉아 분위기 있는 식사를 원한다면 반드시 예약부터 하자. 유명한 레스토랑이라면 점심이나 저녁의 피크타임뿐만 아니라 늘 많은 사람들로 붐비기 때문에 전화나 하루 전날 방문하여 예약을 해두는 것이 좋다. 홍콩의 조망을 한눈에 볼 수 있는 창가 자리를 원한다면 아무리 일찍 와도 앉을 수 없는 경우가 많으므로 예약은 필수이다.

📛 입구에서 기다리자

레스토랑에 도착하면 무작정 빈자리를 찾아 앉지 말고, 입구에서 종업원의 안내가 있을 때까지 기다려야 한다. 입구에서 종업원이 예약 여부나 인원수 등을 먼저 체크한 후 대기표를 주는데, 기다리면 안내판에 해당번호가 표시되거나 직원이 호명한다. 직원이 테이블까지 안내해 주며, 예약 시 좌석까지 지정했다면 지정한 테이블에 앉을 수 있다.

입구에서 종업원이 안내할 때까지 기다리자.

📛 한국어 메뉴판이 있을 수 있다

홍콩의 대형레스토랑 대부분은 종업원이 중국어만 사용하기 때문에 중국어메뉴판을 가져다주는 경우가 많다. 유명레스토랑의 경우 중국어와 함께 영어메뉴판도 있지만 중국어로만 된 메뉴판을 줄 때도 많다. 이럴 때는 당황하지 말고, 영어 혹은 그림으로 된 메뉴판이 있는지 물어보면 된다. 한국 여행자들이 많이 찾는 레스토랑의 경우 한국어가 적힌 메뉴판이 구비된 경우도 있다.

그림으로 쉽게 알 수 있는 메뉴판

📛 차를 주문하자

중국은 음식과 더불어 차문화가 발달된 곳이라 주문 전 차부터 내온다. 물론 무료로 주는 로컬식당도 있지만 대부분의 음식점의 찻값은 별도이다. 차의 종류도 하나가 아니라 여러 가지가 준비된 경우도 있으므로 메뉴를 보고 주문하면 된다. 주전자로 제공되는 경우가 대부분인데 가격은 1인당이며, 2명이 차를 주문하면 주전자는 하나지만 찻값은 2인으로 계산된다. 대부분 직원이 미리 알아서 채워주지만

레스토랑을 방문했다면 차는 기본으로 주문하자.

차가 더 필요한 경우 주전자 뚜껑을 비스듬히 올려놓으면 된다. 이때 고마움의 표시로 검지로 가볍게 테이블을 톡톡 두드리면 된다.

📛 짜우임싸이라고 말하자

중국음식과 마카오음식을 먹을 때 향이 강해 도저히 먹지 못하겠다면, 요리에서 향채 또는 고수라고 불리는 샹차이를 빼달라고 요청하면 된다. 대체로 우리 입맛에는 맞지 않을 수 있으므로 음식을 주문할 때 '짜우임싸이(走芫茜)' 또는 'No, 샹차이'라고 손을 X표시하면서 말하면 고수를 뺀 요리를 가져다준다.

📛 음식계산은 앉은 자리에서 하자

음식값을 계산할 때는 종업원에게 계산서를 가져다달라고 '빌 플리즈(Bill, Please)', 또는 '마이딴(埋單)'이라고 하면 부과세가 포함된 계산서를 가져다준다. 계산서를 받으면 그 자리에서 현금이나 카드로 계산하면 된다. 현금으로 계산한 경우 거스름돈이 크지 않다면, 팁으로 줘도 되지만 굳이 팁문화가 있는 것은 아니다.

> **레스토랑 이용 시 주의사항**
> - 면 종류의 음식을 먹을 때는 후루룩 소리를 내지 않고 먹는 것이 예의이다.
> - 그릇 위에 먹던 젓가락을 올려놓는 것은 예의가 아니다.
> - 고급레스토랑을 이용할 경우 의상에도 신경을 쓰도록 하자. 남자는 되도록 슬리퍼와 반바지는 피하도록 한다.
> - 홍콩 레스토랑에는 대부분 냅킨이 없다. 있어도 무료가 아니므로 휴대용 티슈나 물티슈를 챙겨두면 유용하다.

홍콩을 대표하는 음식 딤섬

광둥어로 얌차飮茶라고 부르는 딤섬은 한자 뜻 그대로 '차를 즐기기 위한 음식' 또는 '마음에 점을 찍는 것처럼 간단하게 먹는 음식'이라는 뜻을 내포한다. 딤섬만 전문으로 하는 음식점도 있지만 대부분 아침부터 저녁식사 전까지만 딤섬을 제공한다. 외식문화가 발달한 홍콩은 아침식사부터 레스토랑을 찾기 때문에 현지인을 상대하는 레스토랑의 경우 오전 7시면 오픈하는 가게도 있다. 하지만 대부분의 음식점은 11:00~17:00까지만 딤섬을 제공하며 점심시간 전후에 가격이 할인되는 레스토랑도 있다. 딤섬의 종류는 보통 30~50가지로 소점, 중점, 대점, 특점으로 나뉜다.

대표 딤섬메뉴

대표적인 딤섬은 다음 이미지를 참고하자. 이 외에도 우리 입맛에 맞는 딤섬은 피망 안에 다진 고기를 가득 넣어 찐 진용챙지우煎釀靑椒, 파이콧과 비슷하지만 돼지고기 대신 닭발로 찐 만두 펑자우鳳爪, 속이 비치는 얇은 피 안에 배추, 부추 등의 채소를 넣고 찐 카이초이가우韭菜餃, 동글동글한 찹쌀 튀김에 달콤한 팥이 들어있고 깨가 붙어있는 디저트딤섬, 차와 함께 먹기 딱 좋은 진또이煎堆 등이 있다.

82

딤섬 주문하기

테이블에 앉으면 차 주문부터 받는다. 느끼한 딤섬에는 차가 빠질 수 없으므로 기본 차 외에도 원하는 차가 있다면 종업원에게 주문하면 된다. 일반적으로 무난한 차는 자스민차이다. 그림이 있는 메뉴판이라면 주문하기 편하지만 그렇지 않을 경우를 대비해 입맛에 맞는 딤섬이름을 외우거나 한자로 적어둔다면 주문할 때 편하다. 메뉴판에서 한자 '교(餃)'는 교자류, '포(飽)'는 고기류, '장(腸)'은 얇은 만두피로 만든 딤섬류를 의미하며, 달콤한 디저트류 딤섬도 있다. 딤섬은 담백한 것부터 시작해서 단맛이 나는 것은 나중에 먹는다. 주문할 때는 테이블에 놓인 전표에 직접 체크해서 종업원에게 건네면 테이블로 딤섬을 가져다준다. 간혹 수레에 딤섬을 싣고 직접 보여주는 곳도 있는데, 먹고 싶은 딤섬이라면 '이거 주세요.'란 의미로 '음꺼이네이얏거嘅該呢一嘢'라고 주문하면 된다.

다양한 딤섬

딤섬수레

홍콩 베스트 딤섬레스토랑

♥ 원하버로드(One Harbour Road) ▶P. 262 참조

1989년 그랜드하얏트호텔과 동시에 개점한 광둥요리레스토랑으로 호텔 7~8층에 위치해 있으며, 1930년대 상하이스타일의 인테리어와 테이블세팅으로 고풍스러움과 우아함을 느낄 수 있다. 개점부터 현재까지 주방을 담당하는 셰프 리슈팀Li Shu Tim이 새로운 메뉴를 계속 개발하여 선보이고 있다. 광둥지역의 정통가정식정찬을 맛볼 수 있으며, 계절재료를 사용하기 때문에 딤섬메뉴가 일주일 주기로 바뀐다. 특히 돼지고기와 새우딤섬 위에 게알을 얹은 샤오마이와 육즙 가득한 샤오롱바오가 원하버로드의 대표딤섬이다.

주소 7-8/F Grand Hyatt Hong Kong, 1 Harbour Road, Wanchai **베스트딤섬메뉴** 돼지고기와 새우로 만든 딤섬 위에 게알을 얹은 샤오마이(Steamed Pork and Shrimp Dumplings Crab Roe, HK$76), 육즙 가득한 샤오롱바오(Steamed Pork Dumplings 'Shanghai' Style, HK$66)/Service Charge 10% 별도 **영업시간** 점심 12:00~14:30(월~토요일), 11:30~14:30(일요일) 저녁 18:30~22:30(매일)/연중무휴 **문의** (852)2584-7722 **찾아가기** 완차이 스타페리선착장의 홍콩컨벤션&엑시비션센터 바로 뒤편 그랜드하얏트호텔 7층에 위치한다. **홈페이지** www.hongkong.grand.hyatt.com

♥ 더델스(Duddell's) ▶P. 216 참조

더델스트리트 상하이탕맨션에 위치하며, 스타일리시한 인테리어가 돋보이는 감각적인 광둥요리레스토랑이다. 2013년 오픈하고 바로 미슐랭가이드 원스타와 2015년에는 투스타를 받는 영광을 얻으며 그야말로 홍콩의 핫플레이스로 떠오른 갤러리레스토랑이다. 3층 레스토랑은 런치시간에 딤섬을 제공하며, 4층 살롱은 영업시간동안 데일리딤섬메뉴를 제공한다.

주소 3-4/F Shanghai Tang Mansion, 1 Duddell Street, Central **베스트딤섬메뉴** 송이버섯과 새우속 속을 채운 하가우(Shrimp Dumpling with Capsicum, HK$54), 전복딤섬(Abalone Puff with Chicken, 개당 HK$68)/Service Charge 10% 별도 **영업시간** 점심 12:00~15:00(월~토요일), 12:00~15:00(일요일) 저녁 18:00~23:00(월~토요일), 18:00~22:00(일요일)/연중무휴 **문의** (852)2525-9191 **찾아가기** 센트럴 더델스트리트(Duddell St.)의 상하이탕맨션(Sanghao Tang Mansion) 3~4층에 위치한다. **홈페이지** www.duddells.co

💜 원딤섬(One Dim Sum) **P. 164** 참조

저렴한 가격으로 맛있는 딤섬을 맛 볼 수 있어 현지인과 서양인들이 즐겨 찾는 딤섬전문식당이다. 트립어드바이저에서 1, 2위를 다투는 홍콩 유명딤섬가게로 미슐랭가이드 원스타를 받으면서 더 유명해져 영업시간 내내 손님들로 가득하다. 대표 딤섬메뉴는 돼지고기와 새우로 만든 딤섬 위에 게알을 얹은 사오마이, 게살과 버섯이 잘 어우러진 새우를 씹는 식감이 일품인 하가우와 향긋한 부추와 새우가 어우러진 초이미우가우이다.

주소 1&2 Kenwood Mansion, 15 Playing Field Road, Prince Edward **베스트딤섬메뉴** 돼지고기와 새우로 만든 딤섬 위에 게알을 얹은 사오마이(Siu Mai HK$24), 속이 비추는 얇은 피로 탱탱한 새우를 감싼 하가우(Har Cau, HK$26), 향긋한 부추와 새우의 환상적인 궁합이 일품인 초이미우가우(Choi Miu Gau, HK$20) **영업시간** 11:00~24:30(월~금요일), 10:00~24:30(주말과 공휴일)/연중무휴 **문의** (852)2789-2280 **찾아가기** MTR 프린스에드워드(太子, Prince Edward)역 A번 출구 부근의 텅초이스트리트(Tung Choi St.)에 위치한다.

💜 팀호완(Tim Ho Wan) **P. 212** 참조

미슐랭가이드에서 '세계에서 가장 싼 미슐랭스타레스토랑'으로 선정되면서 선풍적 인기를 얻고 있는 딤섬레스토랑이다. 싱가포르, 타이완 등에도 진출하였으며 우리나라 여행자들 사이에 반드시 가봐야 할 딤섬가게로 손꼽힌다. 찜, 튀김, 스팀라이스, 스팀라이스롤 등 30여 가지의 메뉴 중 대표딤섬메뉴는 부드러운 소보루빵에 BBQ소스로 양념한 돼지고기를 넣은 차슈바오와 통통한 새우가 들어간 하가우이다.

주소 Shop 12A, Hong Kong Station, Central **베스트딤섬메뉴** 차슈바오(Backed Bun with BBQ Pork, HK$21), 통통한 새우딤섬 하가우(Steamed Fresh Shrimp Dumplings, HK$30) **영업시간** 09:00~21:00/연중무휴 **문의** (852)2332-3078 **찾아가기** MTR 홍콩(香港, Hong Kong)역 F번 출구의 근처에 위치한다./ifc몰 G층에 위치한다. **홈페이지** www.timhowan.com

🧳 홍콩에서 즐기는 귀족놀이, 애프터눈티

3단트레이에 제공되는 정통애프터눈티세트

골라 먹을 수 있는 뷔페형 애프터눈티

아침과 점심 사이에 간단하게 요기하는 것이 딤섬이라면, 영국문화 애프터눈티는 오후에 출출할 때 먹는 간식과 차를 말한다. 18세기 중반 영국 귀족사회에서 시작된 문화로 오후 3~4시에 간단한 간식과 함께 홍차를 마시는 티타임에서 유래됐다. 세계 최대의 홍차소비국인 영국의 지배를 받아 홍콩에도 호텔라운지 뿐만 아니라 차찬탱(茶餐廳)이라 부르는 아담한 분식점에서도 홍콩스타일의 애프터눈티를 즐길 수 있다.

호텔의 애프터눈티는 여행 중에 즐기는 가장 호사스럽고 우아한 식사 중의 하나이다. 호텔마다 차이는 있지만 보통 14:00~17:00까지 주문할 수 있으며, 1인당 HK$250~400 이상으로 비싼 편이다. 고급호텔에서는 3단 트레이에 예쁜 간식을 담아 차와 함께 내오는 세트형과 다양한 간식 중에 골라먹을 수 있는 뷔페형 2종류의 애프터눈티가 있다.

고급호텔의 애프터눈티 세트

3단 트레이에 접시별로 스콘, 샌드위치, 케이크 등이 차와 함께 나오는 티세트이다. 요리로 본다면 1단은 따뜻한 에피타이저, 2단에는 양념이 가미된 간식류, 3단에는 달콤한 디저트가 놓인다. 보통 1단부터 2단, 3단순으로 먹지만 순서가 정해진 것은 아니다. 단지 1단의 스콘은 식으면 맛이 없으므로 제일 먼저 먹고, 2단은 보통 오이, 연어, 햄 등이 들어간 5~7종의 샌드위치가 나오고 3단은 케이크, 쿠키, 초콜릿 등 달콤한 디저트류로 마지막에 즐기기 좋다. 점심과 저녁 사이 간식으로 먹기에는 부담스러울 양이지만 점심을 먹지 않고 즐기거나 과감히 저녁을 포기한다면 큰 부담은 없다.

한눈에 살펴보는 애프터눈티 3단 트레이

1단 잼과 수제 클로티드크림(Coltted Cream)을 발라먹는 스콘 / 2단 양념이 가미된 타르트, 샌드위치 등 주메뉴 / 3단 달콤한 디저트류

애프터눈티와 함께 마시는 홍차

16세기 중반 중국에서 시작된 홍차는 녹차와 우롱차의 차이를 영어로 통역하는 과정에 처음 'Black Tea'라는 말을 썼다고 한다. 18세기 초 영국은 최대의 차 소비국으로, 차수입을 위해 아편전쟁(1840~1842)까지 일으켰다. 홍차를 선택할 때는 본인의 기호에 따라 선택하는 것이 좋다. 대중적인 홍차는 떫은맛이 없는 다즐링이고, 진한 맛이 느껴지는 홍차는 얼그레이, 이 외에도 부드럽고 달콤한 향이 나 밀크티로 주로 마시는 아삼과 고산지대에서 생산돼 쓴 맛이 강한 실론 등이 있다.

홍차 분류	설명	종류
스트레이트 티(Straight Tea)	단일 종류의 찻잎만을 사용한다.	다즐링, 아삼, 실론 등
블렌디드 티(Blended Tea)	두 종류 이상의 찻잎을 배합한다.	잉글리시 블랙퍼스트/애프터눈티 등
플레이버드 티(Flavoured Tea)	홍차에 딸기, 사과, 복숭아 등 과일이나 꽃잎을 첨가한다.	얼그레이, 애플, 망고 등

홍콩 베스트 애프터눈티레스토랑

♥ 리츠칼튼홍콩의 더라운지&바와 카페103(The Lounge&Bar and Cafe 103)   P.119 참조

리츠칼튼홍콩호텔 102층 더라운지&바에서는 3단 트레이로 제공되는 정통애프터눈티세트, 103층 카페103에서는 쇼콜라 애프터눈티를 맛볼 수 있다. 통유리로 탁 트인 홍콩전망을 바라보며 애프터눈티를 즐기고 싶다면 더라운지&바, 달콤함으로 가득한 애프터눈티를 즐기고 싶다면 카페103을 추천한다.

주소 102-103/F The Ritz-Carlton, Hong Kong, ICC, 1 Austin Rd, Tsim Sha Tsui **가격** 더라운지&바 1인 HK$388~408 카페103 1인 HK$378~398/Service Charge 10% 별도 **제공시간** 더라운지&바 15:00~18:00(월~목요일), 14:15~18:30(금~일요일과 공휴일) 카페103 15:30~17:30(월~일요일)/연중무휴 **문의** (852)3968-1106 **찾아가기** MTR과 AEL의 카오룽역 C1번 출구로 나와 The Ritz-Carlton 표지판을 따라 이동하면 ICC빌딩 102, 103층에 위치한다. **홈페이지** www.ritzcarlton.com/hongkong

♥ 페닌슐라홍콩의 더로비(The Lobby)   ▶ P. 121 참조

홍콩의 애프터눈티하면 제일 먼저 떠오르는 곳으로 1928년 오픈 이후 홍콩사교계의 중심지였으며, 영국 정통애프터눈티가 처음 시작된 곳이다. 티파니사의 접시와 티세트는 고풍스러운 로비분위기와도 잘 어울리며, 페닌슐라부티크에서 만든 모카트러플과 달콤한 티라미수가 인상적이다. 유럽풍 건물로 높은 천장에 탁 트인 로비에서 라이브 클래식음악을 감상하며, 은은한 홍차와 함께 달콤한 간식을 즐길 수 있다. 투숙객이 아닌 경우 예약이 안 되므로 직접 방문하여 기다려야 한다.

주소 G/F The Peninsula Hong Kong, Salisbury Road, Tsim Sha Tsui 가격 1인 HK$358, 2인 HK$628/Service Charge 10% 별도 제공시간 14:00~18:00/연중무휴 문의 (852)2696-6772 찾아가기 MTR 침사추이역 E번 출구 앞 페닌슐라홍콩 G층. 홈페이지 hongkong.peninsula.com/en

♥ 더어퍼하우스의 카페그레이디럭스(Café Gray Deluxe)   ▶ P. 217 참조

최고급 부티크호텔 어퍼하우스Upper House 49층에 위치한 파인다이닝레스토랑으로 카오룽반도의 시원스런 전경과 함께 즐기는 애프터눈티가 유명하다. 3단 트레이에는 스콘, 마들렌, 치즈케이크, 미니크로와상, 오픈샌드위치, 초콜릿, 망고푸딩, 마카롱 등 한입에 즐길 수 있는 핑거푸드가 층별로 나오며 스콘에 곁들여 먹으며 좋은 꿀, 클로티드크림 그리고 홈메이드 잼이 별도로 제공된다.

주소 49/F The Upper House, Pacific Place, 88 Queensway, Admiralty 가격 1인 HK$290, 2인 HK$530/Service Charge 10% 별도 제공시간 15:30~17:30/연중무휴 문의 (852)3968-1106 찾아가기 MTR 애드미럴티역 JW메리어트호텔 4층에서 엘리베이터를 타고 49층에 내린다. 홈페이지 www.cafegrayhk.com

♥ 만다린오리엔탈호텔의 클리퍼라운지(Clipper Lounge)   ▶ P. 214 참조

만다린오리엔탈호텔의 품격에 걸맞은 격조 있는 뷔페레스토랑으로 장국영을 비롯한 홍콩상류층이 자주 찾아 애프터눈티를 즐길 곳으로 유명하다. 눈으로 사로잡는 다른 호텔의 화려한 애프터눈티와 달리 정통에 가까운 애프터눈티를 제공하고 있으며, 특히 스콘과 함께 곁들여 먹으면 환상적인 수제장미잼과 클로티트크림으로 인기가 높다.

주소 M/F Mandarin Oriental, 5 Connaught Road, Central 가격 1인 HK$318, 2인 HK$558/Service Charge 10% 별도 제공시간 14:00~18:00(월~금요일), 14:00~18:00(토요일과 공휴일), 15:30~18:00(일요일)/연중무휴 문의 (852)2825-4007 찾아가기 MTR 센트럴역 F번 출구 앞 만다리오리엔탈호텔 M층에 위치한다. 홈페이지 www.mandarinoriental.com/hongkong

♥ 리펄스베이의 더베란다(The Verandah)   ▶ P. 291 참조

영화 〈색계〉의 촬영지로 유명한 더베란다는 페닌슐라호텔에서 운영하는 레스토랑으로 정통영국식 애프터눈티를 도심에서 벗어나 즐길 수 있는 곳이다. 1920년대의 고전적인 인테리어, 격조 높은 서비스 그리고 리펄스베이의 바다가 이곳의 매력을 더한다. 예전 리펄스베이호텔의 디자인을 본떠 제작한 잔과 접시에 제공되어 클래식한 느낌이 돋보이는 애프터눈티를 제공한다.

주소 G/F The Repulse Bay, 109 Repulse Road 가격 1인 HK$268(수~금요일), HK$288(주말과 공휴일)/Service Charge 10% 별도 제공시간 15:00~17:30(수~토요일), 15:30~17:30(일요일과 공휴일)/매주 월~화요일 휴무 문의 (852)2292-2822 찾아가기 리펄스베이 쇼핑아케이드 G층에 위치한다. 홈페이지 www.therepulsebay.com

홍콩스타일의 서양식당 빙셧과 차찬탱(冰室&茶餐廳)

영국식민시절부터 다양한 베이커리와 홍차를 접한 홍콩인들은 1950년대 저렴하면서도 홍콩요리법을 접목시킨 홍콩스타일의 서양식당을 오픈한다. 홍콩의 전통다방격인 빙셧에서는 파인애플번, 에그타르트, 치킨파이 등 간단한 디저트와 음료수를 위주로 판매하였다. 이후 빙셧메뉴에 밥, 면, 수프 등 간단하게 요기할 수 있는 다양한 메뉴까지 추가한 홍콩식 분식점 차찬탱이 등장한다. 대부분의 빙셧가게들이 문을 닫았지만 더델스트리트의 빙셧스타일의 콘셉트스타벅스가 선풍적인 인기를 끌면서 남아있던 기존 빙셧가게들도 주목을 받기 시작했다. 토스트, 볶음면, 홍콩식 버거, 마카로니수프 등 다양한 메뉴를 제공하는 차찬탱은 저렴한 가격과 푸짐한 양으로 주머니가 가벼운 직장인과 학생들의 사랑을 받고 있다.

빙셧콘셉트의 스타벅스

홍콩식 분식점 차찬탱

홍콩 베스트 빙셧&차찬탱가게

♥ 란퐁유엔(Lan Fong Yuen, 蘭芳園)   P.222 참조

차찬탱을 대표하는 집으로 영화배우 주윤발과 양조위 등 유명인들의 단골가게로도 알려져 있다. 60년 전통가게로 센트럴 미드레벨에스컬리에터에 위치한 곳이 본점으로 로컬분위기를 느낄 수 있다. 토스트, 볶음면, 홍콩식 버거, 딤섬, 밀크티 등 간단하게 요기할 수 있는 다양한 메뉴와 기다란 거름망을 이용해 홍차를 8번 걸러낸 부드럽고 진한 홍콩식 밀크티가 유명하다. 네이던로드의 청킹맨션 옆 건물에 분점이 자리한다.

홍콩식 프렌치토스트

주소 2 Gage Street, Central **베스트메뉴** 홍콩식 프렌치토스트(Traditional French Toast With Kaya, HK$24), 밀크티(Hong Kong 'Socks'Tea, Hot HK$18, Cold HK$20) **영업시간** 07:00~18:00(월~토요일)/매주 일요일&음력설연휴 3일 휴무 **문의** (852)2544-3895 **찾아가기** MTR 센트럴역 D2번 출구로 나오면 미드레벨에스컬레이터 중간지점에 위치한다.

♥ 추이와레스토랑(Tsui Wah Restaurant, 翠華餐廳)  P.128 참조

몽콕의 작은 차찬탱으로 시작하여 홍콩전역뿐만 아니라 마카오와 중국까지 진출한 대형체인점이다. 중국, 서양 그리고 퓨전요리 등 수십 가지의 요리를 제공하며, 센트럴에 위치한 분점은 24시간 연중무휴로 운영하고 가장 음식이 맛있다는 평을 받는 지점은 MTR 침사추이역 D2번에 근처에 위치한다. 푸짐한 양과 저렴한 가격에 맛도 있어 언제나 사람들로 북적거린다.

새우XO소스볶음면

주소 Cockloft, 2 Carnarvon Road, Tsim Sha Tsui **베스트메뉴** 새우XO소스볶음면(King Prawn in XO Sauce with Tossed Noodles, HK$56), 말레이시아스타일의 소고기양지머리커리(Malaysian Beef Brisket Curry with Rice, HK$67) **영업시간** 24시간(지점마다 상이)/연중무휴 **문의** (852)2525-6338 **찾아가기** 침사추이역 D2번 출구로 나와 오른쪽 카나본로드로 들어가면 왼편에 위치한다. 도보 1분 거리. **홈페이지** tsuiwah.com

💗 미도카페(Mido Cafe, 美都餐室) ▶ P. 166 참조

프렌치토스트

우리나라 TV에도 소개가 될 만큼 홍콩에서 유명한 차찬탱 가게이다. 전통을 이어가기 위해 건물부터 실내 그리고 식기류까지 모두 1950년 오픈 이래 단 한 번도 바꾸지 않아 홍콩의 옛카페 모습을 그대로 느낄 수 있다. 일반손님은 2층, 주인과 친분이 있는 단골손님은 1층으로 안내한다고 한다.

주소 63 Temle Street, Yau ma Tei **베스트메뉴** 프렌치토스트(French Toast, HK$22), 원앙차(Tea with Coffee, Hot HK$17, Cold HK$20) **영업시간** 08:30~21:30/연중무휴 **문의** (852)2384-6402 **찾아가기** MTR 야우마테이역 C번 출구로 나오면 틴하우사원 부근에 위치한다.

💗 깜와카페(Kam Wah Cafe, 金華冰廳) ▶ P. 165 참조

뽀로야우

현지인들에게 유명한 몽콕의 로컬카페로 파인애플번과 에그타르트 등 홍콩식 베이커리가 인기가 있다. 특히 소보로빵에 두툼한 버터조각을 끼워주는 파인애플번 뽀로야우菠蘿油는 일찍 가지 않으면 매진되는 경우가 많다. 이외에도 볶음면, 볶음밥, 덮밥, 원앙차, 똥랭차 등 다양한 메뉴와 음료를 제공한다.

주소 47 Bute Street, Mongkok **베스트메뉴** 파인애플번 뽀로야우 HK$10, 에그타르트 딴탓 HK$6 **영업시간** 06:30~24:00/연중무휴 **문의** (852)2392-6830 **찾아가기** MTR 프린스에드워드역 B2번 출구로 나오면 뷰티스트리트에 위치한다.

💗 깜풍카페(Kam Fung Cafe, 金鳳茶餐廳) ▶ P. 267 참조

에그타르트

1956년 완차이 타이윤시장 근처에 오픈한 홍콩식 에그타르트, 파인애플번, 치킨파이 등으로 유명한 로컬카페이다. 특히 홍콩 3대 에그타르트로 손꼽히는 이 집의 에그타르트는 갓 구워짐과 동시에 포장이 된다. 유명세에 비해 실내가 협소하여 대기와 합석이 기본이기 때문에 면, 샌드위치, 오믈렛 등 식사를 하지 않을 거라면 포장만 주문하는 것이 낫다.

주소 41 Spring Garden Lane, Wan Chai **베스트메뉴** 에그타르트 HK$6, 파인애플번 HK$6, 치킨파이 HK$6 **영업시간** 07:00~19:00/연중무휴 **문의** (852)2529-6313 **찾아가기** MTR 완차이역 A3번 출구로 나오면 타이윤스트리트시장 부근에 위치한다.

🧳 홍콩의 대표 면요리 완탕면(Wonton Noodle Soup, 雲呑麵)

홍콩의 국민메뉴 중 하나인 완탕면은 담백한 국물에 얇은 피로 만든 완탕과 면이 함께 나오는 광동지역 면요리이다. 홍콩여행을 한다면 딤섬과 함께 꼭 맛봐야할 홍콩대표음식 중의 하나로 완탕면 전문식당은 길거리에 넘쳐난다. 계란을 넣어 반죽한 계란면, 밀가루로만 반죽한 일반면, 쌀가루로 반죽한 쌀면이 있는데 일반적으로 꼬들꼬들한 식감으로 수세미면이라고 불리는 계란면을 선호한다. 완탕에는 일반적으로 새우, 어묵, 소고기가 들어가는데, 우리에게는 새우완탕이 입에 잘 맞는다.

🧳 홍콩 베스트 완탕면가게

💟 웡치케이(Wong Chi Kei, 黃枝記)   P.219 참조

완탕면의 명가라고 불리는 마카오 웡치케이의 홍콩점으로 본점에서 국물과 면을 직접 가져오기 때문에 본점 맛 그대로를 즐길 수 있다. 대나무를 이용하여 반죽하는 면으로 유명하며, 계란면, 일반면, 쌀면 중에서 선택할 수 있다. 완탕면 외에도 볶음면, 볶음밥, 콘지, 마카오식 버거 등 다양한 로컬음식도 함께 판매한다.

주소 LG/F Malahon Centre, 10-12 Stanley Street, Central **베스트메뉴** 새우완탕면 HK$40 **영업시간** 09:00~23:30/설연휴 휴무 **문의** (852)2869-1331 **찾아가기** MTR 센트럴역 D2번 출구로 나오면 스탠리스트리트(Stanley St.)에 위치한다.

💟 침차이키누들(Tsim Chai Kee Noodle, 沾仔記)   P.220 참조

노점으로 시작하여 3대째 운영하고 있는 70년 전통의 식당으로 2009년부터 9년 연속 미슐랭에 선정된 바 있다. 완탕면만을 전문으로 하는 곳이라 메뉴는 새우, 어묵, 소고기완탕 중에서 선택해야 한다. 대표메뉴는 탱글탱글한 새우완자와 함께 나오는 왕새우완탕면이다.

주소 98 Wellington Street, Central **베스트메뉴** 왕새우완탕면 HK$28 **영업시간** 09:00~22:00/연중무휴 **문의** (852)2581-3369 **찾아가기** MTR 센트럴역 D2번 출구로 나오면 웰링턴스트리트(Wellington St.)에 위치한다.

💟 막스누들(Mak's Noodle, 麥奀雲吞麵世家)   P.221 참조

2009~2010년 미슐랭가이드 선정뿐만 아니라 각국 매스컴에 소개된 유명 완탕면 전문점이다. 독자적으로 고안한 면과 육수의 비법을 대를 이어 110년째 이어오고 있으며, 다른 가게보다 얇고 훨씬 꼬들꼬들한 면의 식감 때문에 인기가 높다. 센트럴본점 외에도 침사추이, 코즈웨이베이, 빅토리아피크 등에 분점이 있다.

주소 77 Wellington Street, Central **베스트메뉴** 완탕면 HK$42 **영업시간** 11:00~21:00/연중무휴 **문의** (852)2854-3810 **찾아가기** 센트럴역 D2번 출구로 나오면 웰링턴스트리트(Wellington St.)에 위치한다.

🧳 홍콩의 대표 길거리음식(Street Foods, 街食)

홍콩은 야시장을 비롯하여 길거리에서 저렴하게 즐길 수 있는 길거리음식들이 다양하다. 우리나라처럼 포장마차식의 노점이 아니라 소규모 점포로 운영하고 있으며, 유명한 곳은 늘 인산인해를 이룬다. 달걀빵, 꼬치, 카트누들, 카레묵 등 대표 길거리음식을 한 자리에서 팔고 있는 곳이 많다. 대부분 현지인을 대상으로 운영하기 때문에 영어메뉴판은커녕 영어도 통하지 않기 때문에 기본으로 주문할 메뉴의 한자와 발음 정도는 알아두도록 하자.

🧳 홍콩 베스트 길거리음식

💗 달걀빵(Egg Waffle, 雞蛋仔, 까이단자이)

홍콩의 달걀빵 까이단자이는 50년대 처음 선보인 후 지금은 국민간식으로 자리매김하였다. 미국의 대표 인터넷뉴스 허핑턴포스트에서 꼭 맛봐야 할 세계길거리음식 20에 선정되었으며, 원모양이 벌집처럼 된 팬에 묽은 계란반죽을 부어 구워내는데, 굽자마자 먹어야 맛을 제대로 느낄 수 있다. 겉은 바삭하고 속은 쫄깃하며 가게마다 초콜릿, 팥, 녹차, 딸기 토핑을 넣는데, 가장 맛있는 것은 토핑을 넣지 않은 오리지널이다.

💗 커리어묵(Curry Fish Ball, 咖喱魚蛋, 까레이위단)

일명 홍콩식 떡볶이라 불리는 까레이위단은 커리를 넣고 끓인 육수에 어묵을 넣고 푹 끓여 어묵 속까지 카레향이 배어 있는 길거리 음식이다. 담백하고 쫄깃한 어묵과 매콤하면서도 진한 커리소스의 조화가 잘 어우러져 있다. 5~6개의 어묵을 꼬치에 끼워주거나 종이컵에 담아준다.

💗 카트누들(Cart Noodle, 車仔麵, 차자이면)

1950년대 수레를 끌고 다니며 팔아서 일명 카트누들라고도 부르는 차자이면은 각종 고명을 올린 홍콩식 국수를 파는 가게이다. 진한 육수에 국수와 더불어 오징어, 어묵, 고기, 내장, 소시지, 조개, 야채, 두부 등 다양한 토핑과 소스를 선택하여 본인 취향에 맞춰 국수를 먹을 수 있다.

💗 오징어꼬치구이(Grilled Squid legs Skewers, 串燒魷魚鬚, 쥔시우샤오우위속)

오징어다리를 꼬치에 꿰어 소스를 발라 숯불에 구워주는 오징어꼬치구이는 문어꼬치와 더불어 맥주안주로 그만인 길거리 간식이다. 본연의 맛이 강한 문어꼬치와 달리 향긋한 숯불향과 짭조름한 데리야키소스의 맛이 일품이며, 몸통보다는 조금 딱딱하지만 오징어다리 특유의 씹는 맛이 고소하다.

💗 문어꼬치(Octopus Skewers, 大墨魚, 따이막유)

꼬치는 현지인들이 밤늦은 시각까지 줄을 서서 먹는 인기 간식으로 오징어, 문어, 돼지곱창, 대창, 닭연골, 소시지, 채소 등 다양한 재료의 꼬치를 팔고 있다. 가장 인기 있는 문어꼬치 따이막유는 삶은 문어를 차갑게 식힌 후 꼬치에 꿰어 짭조름한 소스와 매콤한 소스를 뿌려먹는데, 쫄깃한 식감과 씹을수록 고소한 맛이 나기 때문에 맥주안주로 그만이다. 문어꼬치와 더불어 즐겨먹는 돼지곱창꼬치 따이창大生腸도 우리 입맛에 잘 맞는다.

Section 08

홍콩의 뷰티&드럭스토어에서 꼭 사야하는 쇼핑리스트

홍콩의 주요거리에는 수많은 뷰티&드럭스토어가 있다. 다양한 글로벌&로컬브랜드 코스메틱뿐만 아니라 의약품, 생필품, 식료품까지 판매하고 있다. 홍콩은 면세지역이라 화장품이 저렴할 거라 생각하지만 백화점과 쇼핑몰에 입점한 코스메틱은 결코 싸지 않으며 오히려 우리나라보다 비싼 경우가 많다. 그러므로 우리나라에서 쉽게 구할 수 없는 제품 위주로 구입하는 것이 쇼핑의 팁이다.

홍콩의 대표적인 뷰티&드럭스토어

홍콩의 대표적인 뷰티&드럭스토어는 가장 많은 매장을 운영하는 샤샤, 매장 수는 적지만 가는 곳마다 꼭 보이는 봉주르, 후발주자이지만 현재 가장 인기를 끌고 있는 컬러믹스, 우리나라에도 진출한 왓슨스 그리고 약품류가 가장 많은 매닝스 등이다. 취급하는 품목이 뷰티&드럭스토어마다 천차만별이며 동일제품이라도 가격이 다르다. 물론 동일 뷰티&드럭스토어라면 취급품목은 조금씩 달라도 동일 제품이라면 가격은 같다. 원하는 제품이 있다고 하더라도 반드시 한국에서의 가격과 비교해보고 구입하도록 하자.

면세점보다 저렴한 화장품체인점 샤샤(SaSa, 莎莎)

홍콩 최초의 코스메틱 유통체인업체로 홍콩을 방문하는 여성이라면 반드시 들르는 쇼핑매장 중의 하나이다. 홍콩은 물론 마카오, 싱가포르, 말레이시아 등 아시아 전역에 약 300개의 매장을 운영하고 있는 아시아 최대의 뷰티스토어이다. 명품브랜드에서 중저가브랜드까지 다양한 화장품들을 보통 15~40%까지 할인하는데, 가끔 면세점보다 저렴한 화장품을 찾을 수도 있다. 제조일자가 오래된 제품을 판매하는 경우도 있으므로 구입 전에 유통일자를 꼼꼼히 확인해야 한다. 기초화장품은 많은 편이지만 명품브랜드 색조화장품은 적은 편이다.

추천아이템 명품브랜드화장품, 미니어처향수 등을 저렴하게 구입할 수 있다. 홈페이지 www.sasa.com

제일 저렴한 가격으로 제품을 구입할 수 있는 봉주르(Bongjour, 卓悅)

샤샤와 어깨를 나란히 하는 봉주르는 글로벌브랜드에서 로컬브랜드까지 다양한 화장품브랜드를 갖춘 코스메틱 유통체인업체이다. 샤샤보다 로컬분위기가 강하며 이니스프리, 에뛰드하우스, 라네즈 등 한국

브랜드제품과 시세이도, 씨라클, 하다라보 등 일본브랜드제품도 쉽게 볼 수 있다. 제품의 종류가 많은 편은 아니지만 다른 대형 뷰티스토어에서 판매하지 않는 제품도 갖추고 있으며 여행용, 샘플링으로 사용하면 좋은 작은 용기의 화장품종류가 많다. 세일품목이 많은 편이며 샤샤보다 대부분 가격이 저렴한 편이다.

추천아이템 미니어처향수, 고가의 화장품샘플 등을 저렴하게 구입할 수 있다. 홈페이지 www.bonjourhk.com

홍콩 젊은이들이 선호하는 컬러믹스(Colourmix, 卡萊美)

후발주자이지만 샤샤 못지않은 인지도를 넓혀 가고 있는 뷰티매장체인점이다. 스위스, 프랑스, 이탈리아, 일본, 한국 등의 코스메틱브랜드를 취급하고 있다. 특히 한국 코스메틱브랜드가 많아서 홍콩 젊은이들에게 인기가 높으며, 선물용으로 제격인 제품들이 많은 편이다.

추천아이템 향수를 좋아하는 분이라면 향수제품을 눈여겨 살펴보자. 홈페이지 www.colourmix-cosmetics.com

글로벌 대형드럭스토어 왓슨스(Watsons, 屈臣氏)

홍콩에 본사를 둔 드럭스토어체인점 왓슨스는 한국뿐만 아니라 마카오, 타이완, 싱가포르, 태국, 말레이시아, 터키 등 전 세계 1만 여개의 점포를 운영하고 있다. 로컬부터 글로벌브랜드까지 다양한 제품을 구입할 수 있으며, 코스메틱뿐만 아니라 뷰티, 헬스케어, 스낵제품까지 판매하고 있다. 특히 호랑이연고로 알려진 타이거밤과 타이완 브랜드 치약인 달리치약을 쉽게 구입할 수 있다.

추천아이템 로컬브랜드의 샴푸, 제모크림과 데톨 등 전반적으로 한국보다 저렴하다. 홈페이지 www.watsons.com.hk

중국본토인이 선호하는 매닝스(Mannings, 萬寧)

왓슨스와 비슷한 드럭스토어로 코스메틱제품보다는 이너뷰티제품, 약품, 생활용품, 식료품 등이 많으며, 특히 건강기능식품이 잘 구비되어 있다. 일반매장과 플러스매장으로 구분되어 있는데 플러스매장은 약국화장품인 더마코스메틱제품과 건강기능식품이 좀 더 많은 편이다. 거리에 위치한 매닝스매장에서는 중국본토 여행객들이 손에 잡히는 대로 트렁크를 채우는 진풍경도 볼 수 있다.

추천아이템 근육이완제 오일 백화유(白花油), 상비약 보제환(保濟丸), 타이거밤과 파스 등 의약품을 쉽게 구입할 수 있다. 홈페이지 www.mannings.com.hk

70折이면 700을 세일하는 걸까?

홍콩에서는 세일을 나타낼 때 비율단위로 %와 折을 주로 사용한다. 한 가지 주의할 것은 '70折'이라고 적혀있으면 70% 세일이 아닌 30% 세일을 의미하는 것이다.

뷰티&드럭스토어에서 꼭 구입해야하는 쇼핑리스트

홍콩 뷰티&드럭스토어에서는 기초화장품부터 색조화장품은 물론 약품, 생활용품까지 판매하고 있다. 특히 뷰티스토어인 샤샤, 봉주르, 컬러믹스에서는 홍콩국제공항면세점과 쇼핑센터의 화장품매장보다 저렴하게 구입할 수 있으므로 국내 미유통되는 제품 위주로 구매하면 된다.

💜 크랩트리앤에블린 핸드크림
(Crabtree&Evelyn Hand Cream)

전 세계 65개국 이상에 매장을 운영하는 영국브랜드이다. 전통 수공기법으로 제품이 생산되며 영국왕실 조달허가증인 로얄워런트(Royal Warrant)까지 받았다. 특히 우리나라에서는 '고소영 핸드크림'으로 알려졌으며, 향수만큼 향이 오래 지속되고, 보습효과 또한 탁월하다. 화려한 틴박스에 베스트 핸드크림으로 구성된 25g, 12종 'Pain Tin-Box' 에디션이 선물용으로 좋다.

💜 바세린 립테라피(Vaseline Lip Therapy)

미국 스킨케어브랜드로 바디로션, 핸드크림, 입술보호제 등을 판매하고 있다. 무색, 무향의 오리지널을 비롯하여 알로에, 로즈, 코코아버터향 등이 있는데 특히 로즈립스는 바르면 입술에 분홍색이 착색되어 립글로즈 대용으로도 사용할 수 있어 인기이다. 우리나라의 올리브영에서도 판매하고 있지만 홍콩에서 훨씬 저렴한 가격에 구입할 수 있다.

💜 엘리자베스아덴 그린티허니드롭보디크림
(Elizabeth Arden Green Tea Honey Drops Body Cream)

천연벌꿀 성분이 들어간 강력보습 보디크림으로 수분인자인 벌꿀알갱이와 그린티가 건조하고 트는 피부에 진정효과를 준다. 대용량 400ml를 우리나라보다 절반 정도의 가격에 구입할 수 있어 우리나라 여행자들이 선호하는 제품이다.

💜 바이오더마 H2O클렌징워터
(Bioderma H2O Cleansing Water)

메이크업을 지운 후 세안할 필요가 없어 클렌징의 신세계를 보여주며 선풍적 인기를 얻은 제품이다. 프랑스의 바이오더마제품으로 물처럼 끈적임이 없고 포인트메이크업까지 지워주는 세정력 또한 탁월하다. 수분공급 강화용 하이드라비오, 민감성피부용 센시비오, 피지관리용 세비움, 붉은 피부완화용 센시비오에이알 등이 있으며 특히 민감성 아토피피부에 좋은 센시비오가 인기가 있다.

💜 올레이 토탈이펙트크림
(Olay Total Effects Cream)

홍콩브랜드 올레이 제품으로 우리나라에서는 '하지원 크림'으로 알려져 있다. 주름, 잡티, 보습 등 7가지 안티에이징 효과로 피부노화에 탁월한 효능이 있다고 한다. 흡수가 빠르고 유분이 적은 제품으로 아침에 기초화장용으로 사용하면 좋은 제품이다.

💜 펠리에르 허니베스앤샤워크림
(Perlier Body Honey Bath&Shower Cream)

이탈리아의 자연친화적 유기농으로 재배한 식물과 꽃, 꿀 등 자연에서 추출한 성분으로 만들어 인기가 높다. 특히 바디워시 허니베스앤샤워크림은 피부의 노폐물과 각질을 자극 없이 부드럽게 클렌징해주고 샤워 후 피부를 촉촉하게 마무리해준다.

키스미히로인 볼륨앤컬마스카라
(Kiss Me Heroine Volume Curl Mascara)

일본 코스메틱브랜드 키스미의 제품으로 드라마틱한 볼륨업과 컬링을 장시간 유지해 주며 물, 눈물, 땀 등에 강한 워터프루프 마스카라가 우리나라 여성들에게도 잘 맞아 인기가 있다.

마이뷰티다이어리 흑진주마스크
(My Beauty Diary Black Pearl Mask)

타이완제품임에도 한국여성여행자들 사이에서는 홍콩쇼핑 필수 아이템으로 자리한 제품이다. 진주가루가 살짝 가미되어 있어 피부영양과 화이트닝에 도움을 주며 타이완보다 저렴한 가격에 구입할 수 있어 선풍적인 인기를 끌고 있다.

달리치약 (Darlie Toothpaste)

흑인치약이라 불리는 미백치약으로 일반시중의 치약보다 미백효과가 뛰어나고 향이 강하며 개운함이 좋다. 우리나라에서도 판매하지만 홍콩이 저렴하여 필수 쇼핑아이템으로 자리했다. 샤샤와 봉주르보다는 드럭스토어 왓슨스와 매닝스가 더 저렴하게 판매하고 있으며 웰컴, 파크앤숍 등 24시간 슈퍼마켓에서도 구입할 수 있다.

멘소래담 비염스틱 (Mentholatum Nasal Relief)

미국의 멘소래담 아시아본부가 홍콩에 자리하고 있어 저렴하게 구입할 수 있다. 특히 비염이나 감기로 인한 코막힘에 효과적인 비염스틱은 국내 미출시된 제품으로 코에 대고 살짝 숨을 들이키면 코가 뚫린다.

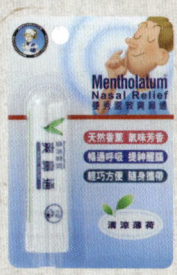

인후통완화제 스트랩실 (Strepsil)

멘소래담 비염스틱이 코감기에 효과가 있다면 스트립실은 목감기로 인한 인후통완화에 효과적인 약이다. 국내에서도 12정 한 세트로 판매되지만 홍콩에서는 보다 저렴한 가격에 24정 1세트를 구입할 수 있어 필수 쇼핑아이템으로 자리하였다.

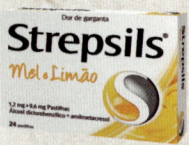

백화유 (白花油, White Flower Oil)

홍콩에서 만병통치 상비약으로 알려진 근육이완 제품으로 유칼리투스, 윈터그린오일 등 천연성분오일로 만들었다. 두통, 감기, 가려움, 벌레물림, 근육통 등에 효과가 있으며, 드럭스토어뿐만 아니라 편의점에서도 저렴하게 구입할 수 있다. 특히 화흥(和興)브랜드를 선호한다.

타이거밤 연고&파스 (Tiger Balm&Plaster)

타이거밤 연고와 파스는 싱가포르 후바오제약사에서 출시한 피부소염제로 상처치료, 혈액순환, 진통, 소염, 스트레스완화뿐만 아니라 타박상, 근육통, 두통, 벌레물림 등에 좋은 만병통치약 중의 하나이다. 연고에는 유칼립투스 오일이 많이 함유되어 있어 호흡기질환과 심신안정에 탁월한 효능이 있지만 소염과 진통성분이 강해 상처부위에 직접 바르면 안 된다. 근육통에 좀 더 효과가 좋은 파스는 HOT과 COOL 두 종류가 있다.

보제환 (保濟丸, Po Chai Pills)

보제환은 널리 중생을 구제하기 위한 비법대로 만들어진 환약으로 복통, 설사, 구토, 두통, 발열, 장염 등에 효과가 있어 홍콩가정 상비약이다. 특히 소화제로 많이 복용하는데, 처음 보제환을 만들었다는 이조기 가문의 이중승당(李衆勝堂) 보제환이 가장 인기 있는 제품이다.

Special 01
영화와 드라마 속에 그려진 홍콩·마카오

1980~90년대는 홍콩영화 전성시대로 1997년 홍콩의 중국반환과 함께 홍콩영화는 그 명성을 잃어가고 있다. 1980년대 홍콩 느와르영화의 시발점이었던 〈영웅본색〉을 시작으로 90년대 홍콩영화는 새로운 영상기법과 감성을 자극하며, 멜로중심의 영화들이 우리나라에까지 인기를 끌면서 영화 속 촬영지를 궁금하게 하였다. 이후 우리나라 드라마, 영화, 예능 등에서도 해외현지촬영지로 홍콩과 마카오가 자주 등장하면서 드라마와 영화를 따라 여행하는 코스가 인기를 끌고 있다.

첨밀밀 (甜蜜蜜, Almost A Love Story 1996)

여명과 장만옥 주연의 영화 첨밀밀은 아름다운 영상과 타이완국민가수 등려군의 대표곡인 월양대표아적심(月亮代表我的心)과 첨밀밀(甜蜜蜜) O.S.T로 유명한 홍콩의 대표 멜로영화 중의 하나이다. 코즈웨이베이역에 위치한 **빅토리아공원**에서 장만옥이 신년에 등려군의 테이프를 팔던 장면이 촬영되었으며 영화에서 가장 유명한 장면 중 하나로 손꼽히는 두 주인공이 자전거를 타고 등려군의 노래를 부르며 내달리던 거리는 **캔톤로드**이다.

▶ P. 272 빅토리아공원　▶ P. 154 캔톤로드

중경삼림 (重慶森林, Chungking Express 1994)

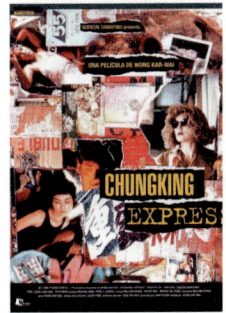

홍콩을 대표하는 영화감독 왕가위(王家卫)의 대표영화로 감독 특유의 영상미와 감각적인 연출로 한국에서도 큰 흥행을 하였다. 여주인공 왕페이가 국수그릇을 들고 허리를 숙이며 짝사랑하는 양조위의 집을 올려다보던 장면이 촬영된 곳은 센트럴에 위치한 **미드레벨에스컬레이터**이며, 지금은 사라졌지만 왕페이가 일하던 샌드위치가게 '미드나잇 익스프레스(Midnight Express)'와 양조위가 왕페이를 밤새 기다리던 '바 캘리포니아(Bar Califonia)'는 **란콰이퐁**에 자리했었다. 노란색 가발을 쓴 임청하가 총을 들고 인도인을 찾아 헤매던 **청킹맨션**은 네이던로드에 위치한 음침한 빌딩이었지만 현재는 현대식 외관으로 리모델링하였다. 청킹맨션은 〈중경삼림〉 속편격인 왕가위감독의 〈타락천사〉 촬영지로 다시 등장한다.

▶ P. 206 미드레벨에스컬레이터
▶ P. 230 란콰이퐁　▶ P. 111 청킹맨션

금지옥엽(金枝玉葉, He's A Woman, She's A Man 1994)

장국영과 원영 주연의 영화로 우리나라 드라마 '커피프린스 1호점'과 비슷한 줄거리를 가지고 있다. 두 남녀주인공이 처음 만났던 **카페데코**는 빅토리아피크에 위치했었고, 장국영이 노래를 부르며 내려오던 곳은 가스등이 설치된 **더델스트리트의 화강암계단**이다. 이 외에도 오디션장면과 장국영이 옥상에서 노래하던 장면을 촬영했던 **프린지클럽** 등 센트럴에 위치한 주요 명소를 영화 속에서 감상할 수 있다.

▶ P. 204 더델스트리트의 화강암계단과 가스등
▶ P. 204 프린지클럽

성월동화(星月童話, Moonlight Express 1999)

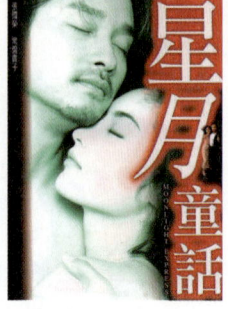

장국영과 일본 여배우 토키와타카코의 슬픈 러브스토리로 홍콩 느와르 액션과 올드팝이 곁들여진 영화이다. 두 남녀주인공의 사랑이 시작된 장소와 재회의 장소는 홍콩의 야경이 멋지게 펼쳐지는 **빅토리아피크**이다. 그리고 아름답게 그려진 두 주인공의 결혼파티 장면을 촬영한 곳은 **리펄스베이**이다.

▶ P. 245 빅토리아피크   ▶ P. 288 리펄스베이

색계(色戒, Lust, Caution 2007)

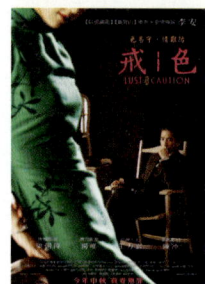

타이완출신의 세계적 영화감독인 이안(李安)의 대표작으로 파격적인 노출신으로 우리나라에서도 큰 파장을 불러일으켰다. 리펄스베이에 위치한 정통영국식 애프터눈티를 즐길 수 있는 **더베란다**는 두 주인공 양조위와 탕웨이가 첫 데이트를 즐기던 촬영지로 유명해졌다.

▶ P. 291 더베란다

무간도(無間道, Infernal Affairs 2002)

홍콩 느와르영화의 끝판왕이라고 불리는 영화로 4편까지 나온 시리즈영화이다. 무간도시리즈의 경찰서장면이 촬영된 사이버포트(Cyberport)는 텔레그래피베이(Telegraph Bay)에 위치해 있다. 1편의 첫장면인 삼합회 조직원의 결의를 다지던 곳은 샤틴의 **만불사**이며, **포린사원&옹핑빌리지**의 청동불상은 무간도의 대표 촬영지로 불린다.

▶ P. 181 만불사   ▶ P. 312 포린사원&옹핑빌리지

도둑들(The Thieves 2012)

홍콩과 마카오를 주무대로 촬영된 영화 도둑들은 그야말로 영화를 보면서 홍콩과 마카오를 여행하는 기분을 만끽할 수 있다. 애버딘 바다 한가운데에 위치한 **점보수상레스토랑**은 마카오박(김윤석) 소개로 한국팀과 홍콩팀이 한자리에 모인 장면을 촬영한 장소로 홍콩의 유명레스토랑 중의 한 곳이다. 마지막 장면 예니콜(전지현)이 머물던 **하버그랜드카오룽호텔**은 벽면이 통유리로 된 루프탑수영장이 화제가 되었다. 영화포스터를 촬영한 **펠리시다데거리**에는 한국팀이 머물던 산바호스텔이 있고, 마카오박(김윤석)과 뽀빠이(이정재)가 주의를 끌려고 싸움을 벌인 카지노와 예니콜이 줄을 타고 내려온 장면, 금고를 터는 장면 등 <도둑들>의 주요장면이 촬영된 곳은 타이파섬에 위치한 **시티오브드림즈**이다. 마카오의 작은 마을 콜로안빌리지는 위조화폐 '태양의 눈물'을 펩시(김혜수)와 예니콜이 각각 건네받은 응아팀카페와 바로 앞에 위치한 **성프란시스코사비에르성당**에서 펩시가 마카오박에게 위조 다이아몬드를 건네며 진지한 대화를 나누던 장면이 각각 촬영되었다.

▶ P. 298 점보수상레스토랑   ▶ P. 432 하버그랜드카오룽호텔   ▶ P. 366 펠리시다데거리   ▶ P. 388 시티오브드림즈
▶ P. 414 성프란시스코사비에르성당

궁 (A Palace 2006)

인기드라마 궁에서 두 주인공 윤은혜와 주지훈이 다시 재회하여 결혼식을 올리던 마지막회는 마카오의 작은 어촌 콜로안빌리지에서 촬영되었다. 에그타르트로 유명한 **로드스토우베이커리**, 해안산책로, 콜로안도서관 그리고 결혼식을 올렸던 **성프란시스코사비에르성당** 등 작은 콜로안빌리지의 구석구석이 모두 담겨있다. **콜로안빌리지**에서 좀 떨어진 곳에 위치한 학사비치의 웨스틴리조트마카오는 주지훈과 황후 김혜자가 머물던 리조트이다.

- P. 412 로드스토우베이커리
- P. 411 콜로안빌리지
- P. 414 성프란시스코사비에르성당

꽃보다 남자 (Boys Over Flowers 2009)

타이완 대표드라마 <꽃보다 남자> 한국판으로 마카오 촬영 중 가장 많이 등장하는 **베네치안마카오리조트**는 외관부터 내부 구석구석까지 보여줘 방영 후 여행자들 관심이 급상승하였다. 소매치기 당하던 금잔디(구혜선)를 F3가 구해주던 곳은 타이파빌리지의 **쿤하거리**이고, 하재경(이민정)이 금잔디를 데리고 육포를 사러 갔던 곳은 세인트폴대성당으로 가는 길목의 **육포거리**이다. 그밖에도 금잔디와 윤지후(김현중)가 세나도광장, **세인트폴대성당유적**, 몬테요새, 펜하성당 등 마카오 구석구석을 다니며 데이트하던 장면이 촬영되어 마카오가 더욱 매력적으로 보인다.

- P. 462 베네치안마카오리조트
- P. 407 쿤하거리
- P. 361 세인트폴대성당
- P. 383 육포거리

도망자 플랜비 (The Fugitive Plan.B 2010)

드라마 <궁>과 <꽃보다남자> 이후 다시 또 마카오를 배경으로 한 드라마 <플랜.비>가 선보였다. 특히 **시티오브드림즈**의 여러 호텔과 곳곳에서 많은 촬영이 이뤄졌다. 형사 도수(이정재)의 촬영은 하드록호텔리셉션에서 이루어졌고 지우(비)가 진이(이나영)를 찾아다니다 도수와 마주치던 장면은 **그랜드하얏트마카오** 로비에서 촬영되었다. 그리고 지우와 도수의 멋진 격투장면은 하드록호텔 야외수영장에서 카이(다니엘헤니)가 진이를 위해 둘만의 공연을 보면서 키스를 하던 로맨틱한 장소는 시티오브드림즈에서 야심차게 준비한 공연인 **하우스오브댄싱워터**이다. 영웅본색 시리즈로 우리에게 낯익은 배우 적룡(狄龍)이 도망자에서는 마카오카지노 대부 제너럴위로 출연하였는데 지우를 함정에 빠지게 하려고 제너럴위가 지우를 기다리던 곳은 **기아요새**이고 지우가 제너럴위를 만나기 위해 찾아간 곳은 **아마사원**이다.

- P. 388 시티오브드림즈
- P. 463 그랜드하얏트마카오
- P. 389 하우스오브댄싱워터
- P. 375 기아요새
- P. 370 아마사원

히트 (The Heat 2007)

연쇄 살인범을 추적하는 형사들의 이야기를 담은 드라마로 두 주인공 하정우와 고현정이 빅토리아하버의 야경을 배경으로 대화를 나누던 장면이 촬영된 장소는 **침사추이해변산책로**이다. 장형사와 후배형사가 조직폭력배를 피해 은밀히 만나던 장소와 연기 지망생이 납치된 장소와 도주장소로는 **타이오**가 등장한다.

- P. 108 침사추이해변산책로
- P. 312 포린사원
- P. 313 타이오

에덴의 동쪽 (East of Eden 2008)

같은 날 동시에 태어난 두 남자의 엇갈린 운명을 다른 드라마로 마카오 카지노대부의 아들이자 레스토랑 주인인 데니스오와 종업원 송승헌이 마주하던 장면은 **점보수상레스토랑**에서 촬영되었다. 송승헌의 어린 시절을 연기한 김범이 불법 체류자로 머물던 마카오에서는 세나도광장과 세인트폴대성당유적 등 마카오의 주요명소가 등장한다.

- P. 298 점보수상레스토랑

Part 02

카오룽반도

Chapter01 색다른 거리가 계속 이어지는 침사추이

Section01 침사추이에서 반드시 둘러봐야 할 명소
Section02 침사추이에서 먹어봐야 할 것들
Special02 침사추이의 작은 유럽거리, 넛츠포드테라스
Section03 침사추이에서 놓치면 후회하는 쇼핑거리
Special03 침사추이 최고의 명품쇼핑거리, 캔톤로드

Chapter02 야시장을 비롯한 현지인의 삶을 엿볼 수 있는 야우마테이&몽콕

Section04 야우마테이&몽콕에서 반드시 둘러봐야 할 명소
Section05 야우마테이&몽콕에서 먹어봐야 할 것들
Section06 야우마테이&몽콕에서 들러봐야 할 쇼핑거리
Special04 신선한 해산물을 맛볼 수 있는 도심속의 어촌, 레이유문

Chapter03 위성도시로 재개발된 샤틴

Section07 샤틴에서 반드시 둘러봐야 할 명소
Section08 샤틴에서 놓치면 후회하는 먹거리&쇼핑거리

Chapter 01

색다른 거리가 계속 이어지는 침사추이

尖沙咀, Tsim Sha Tsui

중국어로 모래입구를 의미하는 침사추이는 홍콩 최대 번화가 중의 하나로 영국 식민지시절부터 교통, 관광, 무역 등 3차 산업이 주를 이룬 지역이다. 네이던로드를 중심으로 각종 상점, 쇼핑몰과 레스토랑이 즐비하고 해변산책로 주변에는 특급호텔, 문화센터, 박물관 등이 자리하며 매일 밤 빅토리아항를 사이에 둔 홍콩섬 야경과 심포니오브라이트를 감상할 수 있어 항상 사람들로 붐빈다. 홍콩만의 분위기와 야경을 제대로 느끼고 싶다면 단연 침사추이를 추천한다.

침사추이를 이어주는 교통편

- **MTR** 췬완선(荃灣綫, Tsuen Wan Line)의 침사추이(尖沙咀, Tsim Sha Tsui)역에서 하차한다. 이스트침사추이(尖東, East Tsim Sha Tsui)역과 연결된 지하도는 출구가 30여 개나 되므로 역내 안내판에서 목적지 위치부터 정확히 파악하고 움직여야 한다.
- **페리** 센트럴 7번 페리선착장과 완차이 스타페리선착장에서 스타페리를 이용하자.

침사추이에서 이것만은 꼭 해보자

1. 매일 밤 8시 시작되는 레이저쇼 '심포니오브라이트' 감상하기!
2. 매주 수요일은 박물관 입장이 무료이니 놓치지 말자!
3. 침사추이의 란콰이펑, 넛츠포드테라스에서 간단하게 한 잔 하기!
4. 여유롭게 해변산책로를 거닐어 보자!

사진으로 미리 살펴보는 침사추이 베스트코스

침사추이 스타페리선착장을 중심으로 볼거리가 구성되어 있어 이동하기 편리하다. 명품매장 거리인 캔톤로드와 침사추이의 중심 네이던로드를 따라 이동하면 되고, 해변산책로 주변에 홍콩문화센터, 홍콩예술관과 홍콩우주박물관 그리고 스타의 정원이 모여 있으며, 특히 네이던로드를 따라 이동하면 조단, 아우마테이, 몽콕과 프린스에드워드역과 연결되어 있어 이동이 편리하다. 쇼핑을 즐기고 싶다면 홍콩 최대쇼핑몰 하버시티와 네이던로드를 중심으로 다양한 쇼핑몰이 즐비하여 쇼핑만으로 하루를 보낼 수 있다. 저녁 8시면 해변산책로에서 홍콩섬과 카오룽반도에서 펼쳐지는 홍콩야경의 하이라이트인 심포니오브라이트를 감상하고 넛츠포드테라스에서 나이트라이프를 즐길 수 있다.

베스트코스(예상 소요시간 10시간 이상)

- 네이던로드 15분 코스 — 3분
- 캔톤로드 30분 코스 — 1분
- 하버시티 2시간 코스 — 1분
- 1881헤리티지 30분 코스 — 3분
- 페닌슐라홍콩 더로비 대표메뉴 애프터눈티 — 7분
- 홍콩역사박물관 1시간 코스 — 5분
- 스타의 정원 20분 코스 — 1분
- 해변산책로 30분 코스 — 동일장소
- 심포니오브라이트 15분 코스 — 1분
- 크리스탈제이드 라미엔샤오롱바오 대표메뉴 샤오롱바오 — 5분
- 넛츠포드테라스 1시간 코스

Section 01

침사추이에서 반드시 둘러봐야 할 명소

홍콩섬의 멋진 스카이라인과 야경을 바라볼 수 있는 침사추이는 스타페리터미널을 중심으로 스타의 정원, 해변산책로, 카오룽공원, 네이던로드, 청킹맨션 등과 다양한 박물관들이 모여 있어 볼거리가 즐비하다. 영화 〈첨밀밀〉에서 주인공들이 자전거를 타고 달리던 캔톤로드와 〈중경삼림〉 촬영지로도 유명한 청킹맨션 등 침사추이 곳곳은 우리 눈에도 친숙한 여행지이다.

 침사추이를 만나는 통로 ★★★★★
스타페리선착장 尖沙咀天星碼頭 Star Ferry Pier

120년이 넘는 역사를 가진 홍콩의 대표적인 교통수단 스타페리를 타고 센트럴 또는 완차이 구간을 오간다면 반드시 거치게 되는 곳이다. 페리터미널 1층에는 관광안내소, 2층에는 빅버스 안내소가 자리해 있으며 주변에는 하버시티, 해변산책로, 홍콩문화센터 등이 위치한다. 침사추이 인근을 관광하다보면 하루에 한 번 이상은 꼭 지나치게 되는 곳으로 스타페리터미널 앞에는 버스정류장도 있어 늘 많은 사람들로 북적인다.

투어 종류	계절	출발 지역			요금(HK$)	
		침사추이	센트럴	완차이	성인	어린이
데이라운드트립 (Day Round Trip)	여름	11:55~17:55(1시간 간격)	12:15~17:15(1시간 간격)	12:30~15:30 (1시간 간격)	95	86
	겨울	11:55~16:55(1시간 간격)	12:15~16:15(1시간 간격)			
나이트라운드트립 (Night Round Trip)	여름	18:55/20:55	20:15	–	175	158
	겨울	17:55/18:55/20:55	18:15/20:15			
심포니오브라이트 (A Symphony of Lights)	여름	19:55	19:15		200	180
	겨울					

※ 계절분류 **여름** 2월 1일~9월 30일 **겨울** 10월 1일~1월 31일/출발 10분 전 티켓 판매 중지
※ 문의 (852)2118-6201 홈페이지 www.starferry.com.hk/harbourtour

귀띔 한마디 옥토퍼스카드가 없다면 토큰을 구입해야하며 요금은 동일하다. **운항시간** 06:30~23:30(센트럴행), 07:20~22:50(완차이행)/연중무휴 **승선료 센트럴↔침사추이** 1층 HK$2, 2층 HK$2.5(월~금요일), 1층 HK$2.8, 2층 HK$3.4(주말과 공휴일), **완차이↔침사추이** HK$2.5(월~금요일), HK$3.4(주말과 공휴일) **찾아가기** MTR 침사추이(尖沙咀, Tsim Sha Tsui)역 J4번 출구로 나와 직진하면 왼편에 위치한다. 도보 3분 거리 **홈페이지** www.starferry.com.hk

Chapter 01 침사추이

 약속장소로 인기 있는 침사추이의 상징 ★★★★★
시계탑 時計塔 Clock Tower

스타페리선착장 바로 옆 시계탑이 자리한 이곳은 원래 중국과 시베리아를 오가던 증기기관차의 출발역인 카오룽역이었다. 하지만 홍함으로 역이 이전한 후 현재는 동서남북 사면에 모두 시계가 설치된 유럽풍의 시계탑만 남아 있다. 시계탑은 높이 44m로 적벽돌과 하얀색 화강암이 조화를 이루고 있다. 시계탑 자체로는 별 볼거리가 아니지만 바로 옆 해변 산책로가 이어지고 있어 연인들의 약소장소로 사랑받는 곳이다.

강력추천 낮에 보는 것과 저녁에 보는 것이 사뭇 다르다. **귀띔 한마디** 드라마 〈유혹〉에서 최지우와 권상우가 샌드위치를 먹던 장면이 촬영된 곳이다. **찾아가기** 스타페리터미널 바로 옆에 위치한다.

 홍콩 연인의 거리 ★★★★★
침사추이 해변산책로 尖沙咀海濱園 Tsim Sha Tsui Waterfront Promenade

하버시티 정문에서 침사추이 이스트선착장까지 이어지는 1.6km의 산책로로 분위기가 좋은 만큼 세계 각국의 여행자로 아침부터 붐비는 곳이다. 낮에는 홍콩섬 고층빌딩들의 스카이라인, 밤에는 환상적인 홍콩 야경을 감상하기에 좋으며, 특히 매일 밤 8시에 펼쳐지는 환상적인 레이저쇼 심포니오브라이트를 감상하기 최고의 장소이다. 카오룽반도와 홍콩섬 사이의 바다를 오가는 페리뿐만 아니라 다양한 선박들이 바다에서 운항하는 모습을 볼 수 있다.

강력추천 시계탑 앞 2층 마린데크에서는 시원스럽게 펼쳐지는 홍콩섬 전경을 볼 수 있다. **귀띔 한마디** 15여 분간 진행되는 심포니오브라이트가 가장 잘 보이는 자리는 1시간 전쯤부터 자리를 잡아야 한다. **찾아가기** 시계탑 바로 뒤편에 위치한다.

심포니오브라이트 幻彩詠香江 Symphony of Lights
기네스북에도 오른 메가톤급 레이저쇼 ★★★★★

매일 밤 8시부터 빅토리아 항구를 중심으로 홍콩섬과 카오룽반도를 대표하는 고층빌딩에서 음악에 맞춰 레이저쇼가 펼쳐진다. 홍콩관광청이 기획하고, 60억을 투자하여 오스트레일리아의 레이저비전사Laservision가 제작한 대규모 레이저쇼이다. 교향악, 장식조명, 레이저 디스플레이 등을 약 15분간 보여주며 매주 월, 수, 금요일에는 영어, 화, 목, 토요일에는 광둥어 그리고 일요일에는 베이징어로 내레이션을 한다.

크리스마스와 설날 등에는 불꽃놀이와 함께 레이저쇼가 펼쳐져 더욱 환상적인 모습을 연출한다. 야경을 즐기기 위한 최고의 명당은 시계탑 앞에 있는 2층 마린데크이다. 조용히 감상하고 싶다면 하버시티에 위치한 마르코폴로호텔의 쿠치나, 홍콩에서 제일 높은 곳에서 볼 수 있는 리츠칼튼홍콩의 오존, 해변산책로에 위치한 인터콘티넨탈호텔의 로비라운지와 스푼바이알랭뒤카스 그리고 쉐라톤호텔의 스카이라운지 등을 추천한다.

귀띔 한마디 당일 오후 3시에 홍콩기상대에서 태풍이나 폭우경보가 발표되면 공연은 자동 연기되며, 경보가 취소되더라도 공연은 열리지 않는다. **공연시간** 20:00~20:15/연중무휴 **문의** (852)2508-1234 **찾아가기** 침사추이해변산책로, 마린테크 또는 침사추이이스트워터프론트포디움가든(Tsim Sha Tsui East Waterfront Podium Garden)의 육교에서 감상하면 좋다.

홍콩문화센터 香港文化中心 Hong Kong Cultural Centre
홍콩의 예술의 전당 ★★★★

스타페리선착장의 시계탑과 멋진 조화를 이루는 U자 모양의 홍콩문화센터는 매년 1~2월에 개최되는 홍콩아트페스티벌의 주무대이다. 1989년 영국 황태자부부가 공식적으로 개관을 선언하였으며, 공연센터와 전시장 등의 시설을 갖추고 있다. 하지만 건립 당시에는 창문이 하나도 설치되지 않아 도시 미관을 해친다고 반대했었다.

실내에는 아시아 최대 파이프오르간과 대규모 콘서트홀, 그랜드극장, 스튜디오 그리고 아트라이브러리가 있다. 극장에서는 영화시사회부터 세계적인 콘서트, 연주회, 오페라, 경극, 뮤지컬 등 크고 작은 공연이 일 년 내내 이어지며, 결혼식 야외촬영지로도 인기가 높다.

주소 10 Salisbury Road, Tsim Sha Tsui 귀띔 한마디 홍콩의 축제기간에 펼쳐지는 홍콩펄스3D라이트쇼(Hong Kong Pulse 3D Light Show)의 스크린이 바로 문화센터 외벽이다. 입장료 공연에 따라 상이 운영시간 09:00~23:00/연중무휴 문의 (852)2734-2009 찾아가기 MTR 침사추이(尖沙咀, Tsim Sha Tsui)역 F번 출구와 연결된 지하도 L6번 출구에서 홍콩문화센터방면 에스컬레이터를 타고 나오면 바로 앞이다. 홈페이지 www.hkculturalcentre.gov.hk

홍콩펄스 3D라이트쇼

신비로운 분위기의 돔형 박물관 ★★★★★
홍콩우주박물관 香港太空官 Hong Kong Space Museum

거대한 하얀색 돔이 인상적인 홍콩 유일의 우주박물관으로 1층에는 우주의 역사, 과학 관련 자료, 다양한 체험실로 구성되어 있고, 2층은 우주관련영상을 상영하는 스탠리호우주극장이다. 내부시설이 낙후되어 2016년 일부 리노베이션을 시작하여 재개장을 준비하고 있다. 마치 달 표면을 걷는 듯한 1층의 문워크 Moon Walk 체험실이 인기가 높은데, 체중제한(40kg 이하, 80kg 이상은 불가)이 있으며, 지구자전운동을 실험하는 자이로스코프 Gyroscope와 우주왕복선조종실 등을 직접 체험해볼 수 있다. 2층에는 원형의 23m 대형스크린을 통해 우주와 관련된 영화를 상영하는 옴니맥스쇼 Omnimax Show가 있는데, 해마다 다양한 작품들을 선보인다.

주소 10 Salisbury Road, Tsim Sha Tsui 귀띔 한마디 뒤쪽에 있던 홍콩예술관은 보수공사로 2019년까지 폐관된다. 입장료 HK$10(수요일 무료), 스탠리호우주극장의 옴니맥스쇼와 스카이쇼(일반석 HK$24, 프런트석 HK$32) 개관시간 13:00~21:00(월~금요일), 10:00~21:00(주말과 공휴일)/매주 화요일과 설연휴 휴관 문의 (852)2721-0226 찾아가기 MTR 침사추이역 F번 출구와 연결된 J2번 출구로 나와 직진하면 왼편에 위치한다. 도보 1분 거리. 홈페이지 hk.space.museum

📷 스타의 정원 星光花園 Garden of Stars
임시 조성된 스타의 거리 ★★★★★

2015년까지만 해도 침사추이해변산책로를 따라 걷다보면 자연스럽게 홍콩영화관련 다양한 조형물을 만날 수 있는 스타의 거리와 이어졌었다. 하지만 스타의 거리는 해안개발계획으로 2018년 말까지 잠정폐쇄되었으며 현재 보수공사 중이다. 핸드프린팅 동판과 동상 등 몇몇 조형물을 침사추이스트 워터프론트 포디움가든으로 옮겨와 임시로 스타의 정원을 조성하였다.

스타의 거리 상징이었던 이소룡동상과 필림여신동상뿐만 아니라 홍콩의 딸이라 불리는 매염방동상을 볼 수 있으며, 바닥에 조성됐던 핸드프린팅은 전시대를 설치하여 진열해 놓았다. 또한 침사추이역 J1번 출구와 연결된 지하도에는 스타리갤러리Starry Gallery를 개장하였는데, 스타의 거리와 홍콩영화 관련 이미지, 미래조감도 등을 볼 수 있다.

귀띔 한마디 홍콩섬을 한눈에 바라볼 수 있는 전망대는 벤치에 앉아 한적하게 멋진 홍콩야경을 감상하기 좋은 곳이다. **찾아가기** MTR 침사추이역 J1번 출구로 나와 안내표지판을 따라 이동 후 육교로 올라가면 정원이 나온다./MTR 이스트침사추이역 P1번 출구의 엘리베이터를 타고 나오면 바로 정원과 이어지는 계단이 나온다. 도보 3분 거리. **홈페이지** www.avenueofstars.com.hk

이름	영문과 한자표기	이름	영문과 한자표기	이름	영문과 한자표기
장국영	Leslie Cheung, 張國榮	이소룡	Bruce Lee, 李小龍	매염방	Anita Mui, 梅艷芳
성룡	Jackie Chan, 成龙	이연걸	Jet Li, 李连杰	장만옥	Maggie Cheung, 張曼玉
여명	Lai Ming, Leon, 黎明	곽부성	Kwok Fu Shing, Aaron, 郭富城	임청하	Lin Ching Hsia, 林青霞
주성치	Chow Sing Chi, 周星馳	양조위	Tony Leung Chiu Wai, 梁朝偉	유덕화	Andy Lau, 劉德華
주윤발	Chow Yun Fat, 周潤發	장백지	Cecilia Pak Chi, Cecilia, 張柏芝	왕가위	Wong Karwai, 王家卫
장학우	Jacky Cheung, 張學友	홍금보	Hung Kam Po, 洪金寶	오우삼	John Woo, 吳宇森

📷 홍콩3D박물관 香港3D奇幻世界 HK 3D Museum
트릭아트를 만날 수 있는 ★★★★★

2014년 홍콩 최초의 3D박물관으로 넓은 공간에 시각예술을 가미한 생동감 넘치는 3D 트릭아트 70여 점을 전시하고 있다. 모던홍콩, 중국문화, 낭만여행, 판타지세계, 3D체험테마, 3D특별전시장 등으로 구성되어 있다. 특별전시장에서는

일본대표만화 〈원피스〉와 〈산리오캐릭터〉 등의 기획전이 열린다. 창의적이고 상상력이 풍부한 공간을 제공함으로 아트갤러리를 쉽게 접할 수 있는 색다른 시각적 경험을 선사하고 있지만 입장료에 비해 볼거리가 풍성하지는 않다.

주소 1/F Hilton Tower, 96 Granville Road, Tsim Sha Tsui East **입장료** 성인 HK$149~(기획전에 따라 입장료 상이) **개관시간** 10:00~2200(마지막 입장 21:00)/연중무휴 **문의** (852)2721-9720 **찾아가기** MTR 이스트침사추이역 P2번 출구로 나와 정면으로 직진하다 리갈카오룽호텔(Regal Kowloon Hotel)을 지나자마자 왼쪽 골목을 따라 직진하면 왼편의 힐튼타워스 1층에 위치한다. 도보 7분 거리. **홈페이지** www.hk3dm.com.hk

재미난 홍콩의 역사를 살펴보는 ★★★★★
홍콩역사박물관 香港歷史博物館 Hong Kong Museum of History

선사시대부터 영국과 일본의 식민시대를 거쳐 현재에 이르기까지 홍콩의 역사를 한눈에 살펴볼 수 있는 박물관이다. 1962년 홍콩시청 내부에 시티박물관과 홍콩예술박물관으로 개관하였으며, 1998년 현재 위치로 옮기면서 바로 옆 홍콩과학박물관과 함께 둘러보기 편해졌다.

G층에는 경극무대, 수상가옥, 홍콩축제 등 시대별 유물이나 사진 등이 전시되어 있고, 1~2층 8개 전시실에는 홍콩의 자연환경을 전시한 자연역사, 홍콩의 선사시대, 진나라에서 청나라까지의 왕조시대, 홍콩의 민속문화, 아편전쟁과 홍콩양도, 영국 식민시절 도시의 탄생과 발전, 일본식민시절, 현대도시와 중국반환 등 관련자료 4,000여 점이 전시되어 있다. M층에는 100년 전 홍콩의 생활모습을 재현해놓은 것이 시선을 끈다.

주소 100 Chatham Road, South, Tsim Sha Tsui **귀띔 한마디** 홍콩이 중국으로 반환되던 순간을 영상에 담은 'Sino-Hong Kong Relations from 1841 to 1997' 상영은 놓치지 말고 관람하자. **입장료** 무료(특별전시관 제외) **개관시간** 10:00~18:00(월요일과 수~금요일), 10:00~19:00(주말과 공휴일)/매주 화요일, 설연휴 휴관 **문의** (852)2367-1124 **찾아가기** MTR 침사추이역 B2번 출구로 나와 정면으로 걸어 파크호텔(Park Hotel)에서 왼쪽의 육교와 연결된다. 도보 15분 거리 **홈페이지** hk.history.museum

중국의 과학기술을 엿볼 수 있는 ★★★★★
홍콩과학박물관 香港科學官 Hong Kong Science Museum

1991년 개장하였으며, 500여 점 이상의 다양한 과학전시물을 보유하고 있다. 홍콩역사박물관과 마주보고 있으며 직접 참여할 수 있는 다양한 프로그램도 운영된다. 전시물 중 70% 정도를 체험해볼 수 있어 관람에 그치는 것이 아니라 참여하면서 과학의 원리와 논리를 스스로 정리할 수 있다는 것이 장점이다. 박물관에 들어서면 22m 높이의 에너지머신부터 만나며, 2층 교통기관 전시실에서는 1942년 제작한 캐세이패시픽항공의 최초 항공기이자 실제 운용되었던 DC-3 항공기가 천장에 매달려 있고, 최초로 세계일주를 시도한 중국의 보물선 모형이 전시되어 있다.

 주소 2 Science Museum Road, Tsim Sha Tsui **귀띔 한마디** 수요일 무료입장은 1시부터 가능하다. 관람 소요시간 1시간 정도이다. **입장료** HK$20(학생 무료입장, 특별체험관 별도) **개관시간** 10:00~19:00(월~수요일과 금요일), 10:00~21:00(주말과 공휴일)/매주 목요일, 설연휴 휴관 **문의** (852)2732-3232 **찾아가기** MTR 침사추이역 B2번 출구로 나와 정면으로 걸어서 파크호텔(Park Hotel)에서 왼쪽의 육교와 연결된다. 도보 15분 거리 **홈페이지** hk.science.museum

북적이는 홍콩거리를 대표하는 ★★★★
네이던로드 彌敦道 Nathan Rord

페닌슐라와 쉐라톤호텔 사이의 솔즈베리로드Salisbury Rd.를 시작으로 조단, 야우마테이 그리고 몽콕을 지나 신계지역 접경도로인 바운더리로드Boundary Rd.까지 남북으로 약 4km의 거리가 네이던로드이다. 홍콩 13대 총독 매튜네이던Matthew Nathan 때 도로가 건설되어 그의 이름을 따서 부르고 있다. 왕복 6차선 도로 양쪽에는 고층빌딩들이 늘어서 있고, 대로변을 따라 수없이 많은 상점과 관광객, 여행자뿐만 아니라 현지인까지 몰려들어 북적거리는 홍콩의 거리 느낌을 제대로 느낄 수 있는 곳이다. 현대적인 외관의 상점과 호텔, 그 사이로 쓰러질 듯한 고층빌딩 그리고 언제 가더라도 늘 공사 중인 건물이 묘한 조화를 이루며 홍콩 특유의 풍경을 자아낸다. 특히 도로까지 나와 있는 대형간판들이 '이곳이 바로 홍콩'임을 느끼게 한다.

강력추천 네온사인이 반짝이는 밤이 바로 네이던로드의 하이라이트이다. 2번 버스 2층 앞좌석에 타고 네이던로드를 달려 카오룽반도의 야경을 감상해보자! **귀띔 한마디** 면세(Tax Free)라고 간판을 내건 전자제품상점이 있지만 면세점이 아니라 일반 소매점이다. 또한 침사추이역 주변에는 한국말로 가짜시계나 가방을 판다며 아랍인들이 물건을 안에서 보여준다고 따라 오라고 하는데 절대 따라 가지 말아야 한다. **찾아가기** MTR 침사추이역 A1, C1, C2, D1, E번 출구 앞의 도로.

홍콩영화 속 주요무대로 등장한 ★★★★★
청킹맨션 重慶大廈 Chung king Mansion

1961년 완공된 17층 5개 동의 건물로 낡고 음침한 분위기가 도는 곳이다. 마지막 남은 마굴이었지만 리노베이션을 통해 외관은 깔끔해졌다. 처음 건립 당시에는 홍콩의 부유층과 유명스타들이 살던 고급아파트였지만 현재는 가난한 인도인과 아랍인, 동남아인 등 다양한 국적의 사람들로 북적거리는 홍콩 속의 작은 지구촌이다. 왕가위감독의 영화 〈중경삼림〉과 〈타락천사〉의 촬영지로 유명하며, 값싼 게스트하우스가 밀집해 있다. 식료품점, 게스트하우스, 양복가게, 마사지숍 등 다양한 상점들이 4층까지 모여 있고, 그 위층부터는 대부분 숙소이다. 이곳을 지날 때면 여행자들에게 가짜시계와 가방을 파는 호객꾼들이 나타난다.

청킹맨션 1층 환전소

예전 청킹맨션

리노베이션으로 외관을 정리한 청킹맨션

주소 36-44 Nathan Road, Tsim Sha Tsui **귀띔 한마디** 1층 환전소는 이 일대에서 환율이 가장 좋기로 유명하다. 단 소매치기들 또한 여행자를 노리고 있다는 것을 염두에 두자. **영업시간** 상점마다 상이하다. **찾아가기** MTR 침사추이역 E번 출구로 나오면 바로 건너편에 위치한다.

카오룽공원 九龍公園 Kowloon Park

푸르른 도심 속 오아시스 ★★★★

과거 영국군 주둔지였던 터를 1970년 공원으로 조성한 이후 1989년 현재의 모습으로 재조성하였다. 공원의 규모도 크지만 공원 안에는 열대조류를 만날 수 있는 홍콩 최대의 조류관Aviary, 홍학들이 노니는 모습을 엿볼 수 있는 버드레이크, 100년 전 영국군의 유물 대포 3문이 전시된 디스커버리 플레이그라운드가 있으며, 1910년 지어진 영국군병영을 개조한 홍콩헤리티지디스커버리센터 등 다양한 볼거리가 있다. 카오룽모스크 부근의 계단과 연결된 카오룽공원에는 1960년대 일본과 미국에 이은 세계에서 세 번째로 큰 만화수출국 홍콩의 유명만화와 애니메이션 캐릭터를 주제로 조성된 홍콩애비뉴코믹스타를 만날 수 있다.

홍콩헤리티지디스커버리센터
(HK Heritage Discovery Centre)

버드레이크(Bird Lake)

홍콩애비뉴코믹스타
(Hong Kong Avenue of Comic Stars)

운영시간 공원 05:00~24:00 버드레이크(Bird Lake) 3~10월 06:30~18:45, 11~2월 06:30~17:45 디스커버리플레이그라운드(Discovery Playground) 06:30~21:00/연중무휴 홍콩헤리티지디스커버리센터(HK Heritage Discovery Centre) 10:00~18:00(월~토요일), 10:00~19:00(일요일&공휴일)/매주 화요일과 설연휴 휴관 **문의** (852)2724-3344 **찾아가기** MTR 침사추이역 A1번 출구로 나와 출구를 등지고 왼쪽으로 가면 공원 입구가 위치한다. 도보 1분 거리. **홈페이지** www.lcsd.gov.hk/parks/kp/en

 카오룽모스크 九龍淸眞寺 Kowloon Mosque

100년의 역사를 간직한 대형 모스크 ★★★★★

카오룽공원 남동쪽 입구에 위치한 하얀색 돔건물로 홍콩에서 가장 큰 이슬람사원이다. 1896년에 영국군 병사 중 이슬람교도들에 의해 건립되었으며, 1984년에 돔형 지붕, 아치형 창문과 첨탑들을 하얀색 대리석과 타일을 사용하여 전통이슬람양식으로 복원하였다. 홍콩 회교도인들의 예배장소로 이용되고 있어 평소에는 이슬람교도가 아니면 출입이 금지되지만 예배가 있는 시간에는 일반인이나 여행자도 출입이 가능하다. 예배당을 들어갈 때는 노출이 심한 옷이나 지나치게 캐주얼한 옷은 피하는 것이 좋다.

주소 105 Nathan Road, Tsim Sha Tsui **귀띔 한마디** 1, 2층은 남성, 3층은 여성 전용예배당으로 예배가 있는 날에는 일반인들의 출입이 허용된다. **운영시간** 09:00~23:00/연중무휴 **문의** (852)2724-0095 **찾아가기** MTR 침사추이역 A1번 출구에서 나오면 바로 왼편에 자리한다.

Chapter 01 침사추이

 홍콩에서 가장 높은 빌딩, 홍콩국제상업센터 전망대 ★★★★
스카이100 天際100 SKY100

2011년 웨스트카오룽에서 완공한 국제상업센터International Commerce Center는 높이 484m, 118층짜리로 홍콩에서 가장 높은 빌딩이다. 스카이100은 ICC빌딩 100층에 자리한 홍콩 내에서는 유일한 실내전망대이다. ICC는 MTR 퉁충선과 AEL선이 연결되는 카오룽역과 대형쇼핑몰 엘리먼츠와 연결되어 있으며, 홍콩 최고의 전망을 자랑하는 리츠칼튼홍콩이 ICC빌딩 102~118층에 자리하고 있다.

매일 저녁 7시 45분과 9시에는 ICC에서 기획한 ICC 라이트 앤뮤직쇼ICC Light and Music Show가 펼쳐지는데, 침사추이해변산책로의 마린데크에서 가장 잘 보인다. 스카이100은 홍콩일대를 360° 파노라마로 감상할 수 있지만, 입장료가 만만치 않으므로 해질 무렵인 오후 5~6시에 찾아가 낮과 밤의 전망을 모두 보는 것이 좋다.

주소 100/F International Commerce Centre, 1 Austin Road, West Kowloon **귀띔 한마디** 홈페이지 또는 티켓구매대행사를 통해 구입하는 것이 저렴하며, 빅버스투어 티켓구매자에게는 스카이100무료입장권이 선택적으로 제공된다. **영업시간** 10:00~21:00(일~목요일, 마지막 입장 20:30까지), 10:00~22:00(금요일, 마지막 입장 21:30까지), 10:00~23:30(토요일, 마지막 입장 23:00까지)/연중무휴 **입장료** HK$168(성인), HK$118(3~11세 어린이) **찾아가기** MTR 카오룽역에서 C1번 출구로 나와 ICC 안내표지판을 따라 이동하면 입장권판매소와 100층까지 빠르게 운행하는 엘리베이터가 위치한다. **문의** (852)2613-3888 **홈페이지** http://www.sky100.com.hk

침사추이에서 반드시 먹어봐야 할 것들

Section 02

홍콩여행이 시작되는 침사추이에는 다양한 음식점이 밀집되어 있다. 이곳에 위치한 쇼핑몰과 호텔에 자리한 다국적 레스토랑에서는 야경을 바라보며 우아한 식사를 즐기거나 애프터눈티 혹은 딤섬을 먹을 수 있다. 거리에는 그야말로 음식점으로 넘쳐나기 때문에 어디서 무엇을 먹을지 행복한 고민이 시작된다.

 심포니오브라이트를 가까이에서 감상할 수 있는 이탈리안레스토랑 ★★★★★
쿠치나 Cucina

정통이탈리안요리를 선보이는 쿠치나는 하버시티 마르코폴로홍콩호텔의 부속 레스토랑이다. 이탈리아북부 피에몬테출신의 안드레아로레스티델잔노 Andrea Oreste Delzanno 셰프가 주방을 총괄하며, 오픈키친으로 요리과정을 직접 볼 수 있다. 이탈리아에서 공수한 포르치니버섯, 토마토, 신선한 허브, 송로버섯, 해산물, 햄 등의 재료를 사용한 요리를 선보이고 있다.

점심에는 랍스터, 대게, 굴, 새우 등 신선한 해산물과 디저트 런치세트가 유명하며, 저녁에는 로맨틱한 홍콩야경과 함께 식사나 칵테일을 즐길 수 있다. 다른 하버뷰 레스토랑보다 좀 더 가깝게 심포니오브라이트를 감상할 수 있어, 창가테이블은 일주일 전에는 예약해야 한다.

❶ Andrea Oreste Delzanno ❷ 와규비프(Slow Cooked Wagyu Beef Cheek on Pumpkin Purée, Porcini Mushrooms and Barolo Red Wine Sauce) ❸ 링귀네(Linguine with Sicilian Red Prawns) ❹ 파르마햄(Creamy Burrata Cheese with Fresh Tomatoes, Basil Salad and 24-month Parma Ham) ❺ 나폴레옹(Napoleon with Wild Berries Vanilla Sauce and Raspberry) ❻ 바실리카(Basilica)

주소 6/F Marco Polo Hong Kong Hotel, Harbour City, 3 Canton Road, Tsim Sha Tsui **귀띔 한마디** 야경을 감상할 수 있는 창가테이블은 요리를 주문해야만 착석이 가능하다. **베스트메뉴** 포르치니버섯, 호박퓨레와 함께 나오는 와규비프(Slow Cooked Wagyu Beef Cheek on Pumpkin Purée, Porcini Mushrooms and Barolo Red Wine Sauce, HK$338), 시칠리아산 레드새우가 곁들여 나오는 링귀네(Linguine with Sicilian Red Prawns, HK$338), 해산물과 디저트뷔페가 포함된 세트런치(Set Lunch, 평일 1인 HK$188, 주말 1인 HK$398) **추천메뉴** 토마토, 부라타치즈, 바질샐러드와 함께 제공되는 이탈리아 파르마햄(Creamy Burrata Cheese with Fresh Tomatoes, Basil Salad and 24-month Parma Ham, HK$238), 얇은 페스트리에 겹겹이 쌓은 바닐라크림 위에 산딸기와 라즈베리로 장식한 디저트 나폴레옹(Napoleon with Wildberries Vanilla Sauce and Raspberry, HK$98) **가격** 파스타&피자 HK$298~, 스테이크 HK$388~, 칵테일 HK$120~/Service Charge 10% 별도 **영업시간 점심** 12:00~14:30(월~일요일) **애프터눈티** 15:00~17:30(월~일요일) **저녁** 18:00~22:30(월~일요일) **바앤테라스** 12:00~01:00(월~일요일)/연중무휴 **문의** (852)2113-0088 **찾아가기** 하버시티에 위치한 마르코폴로홍콩호텔 6층에 위치한다. **홈페이지** www.marcopolohotels.com

리츠칼튼호텔 102층에 위치한 광동요리레스토랑 ★★★★★
틴렁힌 天龍軒 Tin Lung Heen

리츠칼튼호텔 102층에 위치한 광동요리레스토랑으로 2012년 미슐랭가이드에서 원스타, 이후 2017년까지 투스타를 연속으로 받았다. 페닌슐라홍콩호텔의 중식레스토랑 스프링문Spring Moon 출신인 총괄셰프 파울라우Paul Lau와 24명의 주방장이 맛을 책임지고 있다. 레스토랑디자인으로 유명한 일본의 스핀디자인스튜디오Spin Design Studio와 원더월Wonderwall이 리츠칼튼호텔의 6개 레스토랑 총인테리어를 담당하였으며, 중식레스토랑답게 금색으로 화려함과 고급스러움을 더했다.

점심에만 제공되는 딤섬메뉴와 미슐랭스타를 받은 요리들로 구성된 런치코스, 저녁에는 102층에서 멋진 야경과 함께 즐길 수 있어 2~3주 전에 예약해야 한다. 대부분의 요리는 정통광동요리의 색다름을 추구하면서도 기본에 충실하며, 대부분의 요리는 와인 또는 샴페인과 잘 어울린다.

❶ Paul Lau Executive Chef ❷ 바베큐아베리안포크(Barbecued Iberian Pork with Honey) ❸ 집게발 찜(Steamed Crab Claw with Egg white in Hua Diao Wine) ❹ 치킨수프(Double boiled Chicken Soup with Fish Maw in Baby Coconut)

주소 102/F The Ritz-Carlton Hong Kong, International Commerce Centre, 1 Austin Road West, Tsim Sha Tsui **귀띔 한마디** 평일과 주말 점심에 제공되는 딤섬메뉴가 다르다. **베스트메뉴** 스페인산 흑돼지 이베리코를 달콤한 허니소스로 양념한 바비큐아베리안포크(Barbecued Iberian Pork with Honey, HK$316), 계란 흰자로 만든 소스와 쌀와인 후아디아오에 절인 집게살찜(Steamed Crab Claw with Egg white in Hua Diao Wine, HK$495), 화덕에 구워 바삭한 오리껍질과 부드러운 살이 일품인 틴렁힌페킹덕(Tin Lung Heen Peking Duck, 반 마리 HK$448, 한 마리 HK$828) **추천메뉴** 새우딤섬 하가우(Steamed Golden Shrimp Dumpling with Bamboo Shoot, 5개 HK$90), 생선부레와 치킨수프를 코코넛에 담은 치킨수프(Double Boiled Chicken Soup with Fish Maw in Baby Coconut, HK$399) **가격** HK$500~/Service Charge 10% 별도 **영업시간** 점심 12:00~14:30(월~금요일), 11:30~15:00(주말과 공휴일) 저녁 18:00~22:30(월~일요일)/연중무휴 **문의** (852)2263-2270 **찾아가기** MTR 통충선과 AEL의 카오룽역 C1번 출구로 나와서 The Ritz-Carlton 표지판을 따라 이동하면 ICC빌딩 102층에 위치한다. **홈페이지** www.ritzcarlton.com/hongkong

 리츠칼튼호텔의 또 다른 미슐랭레스토랑 ★★★★★
토스카 Tosca

리츠칼튼호텔 102층에 위치한 최고급 이탈리안 레스토랑이다. 이탈리아 유명작곡가 푸치니Giacomo Puccini의 오페라 중 하나인 토스카에서 레스토랑이름을 가져왔다. 미슐랭스타에 빛나는 스타셰프 피노라바라Pino Lavarra의 손끝에서 탄생되는 세련되고 고급스러운 남부 이탈리아요리는 2014~2017년 연속 미슐랭가이드 원스타를 획득했다.

Pino Lavarra Chef

통유리를 통해 보이는 멋진 전경, 높은 천장, 크리스탈 샹들리에, 퍼플과 화이트톤 인테리어가 인상적이며, 오픈키친이라 요리과정을 지켜보는 재미도 선사한다. 점심에는 전채, 파스타, 메인요리, 디저트가 나오는 코스요리, 저녁에는 전채, 파스타, 메인요리 순으로 제공되는 코스요리가 있는데, 시즌별로 메뉴는 바뀐다. 가격이 부담스럽다면 전체코스가 아닌 2코스 또는 3코스로 원하는 메뉴를 주문할 수도 있다.

주소 102/F The Ritz-Carlton Hong Kong, International Commerce Centre, 1 Austin Road West, Tsim Sha Tsui **귀띔 한마디** 일요일 점심에는 무제한 제공되는 샴페인과 함께 이탈리안요리를 즐기는 선데이브런치가 있다. **가격** 점심코스 1인당 HK$408~, 저녁코스 1인당 HK$600~/Service Charge 10% 별도 **영업시간 점심** 12:00~14:30(월~토요일) **브런치** 11:00~15:00(일요일) **저녁** 18:00~22:30(월~일요일)/연중무휴 **문의** (852)2263-2270 **찾아가기** MTR 통충선과 AEL의 카오룽역 C1번 출구로 나와서 The Ritz-Carlton 표지판을 따라 이동하면 ICC빌딩 102층에 위치한다. **홈페이지** www.ritzcarlton.com/hongkong

 아이콘호텔의 광둥요리레스토랑 ★★★★
어보브앤비욘드 天外天 Above&Beyond

아이콘호텔의 클럽룸이나 스위트룸 전용 클럽라운지에 위치한 모던차이니즈레스토랑이다. 2014년 오픈하고 얼마 후 미슐랭가이드 추천레스토랑으로 선정되었다. 28층 통유리 너머로 보이는 빅토리아항을 바라보며 식사를 즐길 수 있는데 디자인호텔답게 레스토랑에도 다양한 작품이 장식되어 있으며, 우리나라 김성호작가의 작품도 찾아볼 수 있다.
명품 광둥요리로 유명한 만다린오리엔탈홍콩의 만와^Man Wah레스토랑 출신 조셉체^Joseph Tse셰프가 주방을 총괄하며 전체적으로 담백한 요리를 선보인다. 단품요리도 있지만 점심에는 코스로 나오는 딤섬세트 그리고 저녁에는 정통방식으로 구워지는 페킹덕코스 등이 유명하다.

Joseph Tse Chef

주소 28/F Icon Hotel, 17 Science Museum Road, Tsim Sha Tsui East **베스트메뉴 평일점심** 6가지 딤섬플래터, 탕, 계절야채요리, 메인요리와 디저트가 제공되는 비즈니스세트런치(Business Est Lunch, 1인당 HK$198) **주말점심** 전채, 4가지 딤섬플래터, 메인요리, 계절야채요리, 볶음밥과 디저트가 제공되는 딤섬세트런치(Dim Sum Set Lunch, 1인당 HK$258) **주말과 공휴일**(15:15~17:30) 딤섬 등 중국식 디저트로 구성된 애프터눈티세트(Afternoon Tea, 2인 HK$438) **추천메뉴** 전채요리와 메인요리 페킹덕 등 6가지 코스요리가 제공되는 페킹덕세트디너(Peking Duck Set Dinner, 1인당 HK$568), 대표요리로 구성된 어보브앤비욘드 5코스세트디너(Above&Beyond Five-course Set Dinner, 1인당 HK$588) **가격** HK$220~/Service Charge 10% 별도 **영업시간 점심** 11:00~14:30(월~일요일) **저녁** 18:00~22:30(월~일요일)/연중무휴 **문의** (852)33400-1318 **찾아가기** MTR 이스트침사추이역 P2번 출구로 나와 직진 후 모디로드(Mody Rd.)가 끝나는 삼거리에서 길 건너 왼쪽방향으로 가면 오른편의 아이콘호텔 28층에 위치한다. **홈페이지** www.hotel-icon.com

세련된 광둥요리레스토랑 ★★★★★
퀴진퀴진 國金軒 Cuisine Cuisine

더미라호텔 3층에 위치한 고급 광둥요리레스토랑으로 신선한 재료를 이용하여 현대적으로 재해석한 광둥요리를 전문으로 하고 있다. 세계적 권위의 와인평론지〈와인스펙테이터〉에서 2015년 베스트엑셀런스와 2011년 미슐랭가이드 투스타, 2012~2013년 원스타, 2014~2016년 추천레스토랑로 선정된 유명 레스토랑이다. 모던하면서도 스타일리시한 호텔레스토랑답게 가격은 비싸지만 차분한 분위기에서 섬세한 서비스를 받으며 수준 높은 음식을 즐길 수 있다. 요리가 부담스럽다면 딤섬도 고급요리임을 보여주는 이곳만의 딤섬을 맛보도록 하자.

❶ 디럭스딤섬플래터(Deluxe Dim Sum Platter) ❷ 전복요리(Braised Whole Abalone with Straw Mushrooms and Vegetable) ❸ 오리엔탈브런치(Oriental Brunch) ❹ 북경오리(Roasted Peking Duck Served Two Ways)

주소 3/F The Mira Hong Kong, 118 Nathan Road, Tsim Sha Tsui **귀띔 한마디** 센트럴 IFC몰 3층에도 퀴진퀴진레스토랑이 있다. **베스트메뉴** 5가지 대표딤섬이 제공되는 디럭스딤섬플래터(Deluxe Dim Sum Platter, HK$198), 2가지 요리가 제공되는 북경오리(Roasted Peking Duck Served Two Ways, HK$768), 버섯과 야채 위에 삶은 전복을 올린 전복요리(Braised Whole Abalone with Straw Mushrooms and Vegetable, 1인당 HK$298) **추천메뉴** 금장식 새우딤섬 하가우(Steamed Shrimp Dumplings Topped with Gold Leaf, 4개 HK$66), 코스요리와 함께 하우스와인을 제공하는 런치세트(Set Lunch, 1인 HK$398), 미식대상수상요리로 구성된 퀴진퀴진 어워드위닝세트디너(Cuisine Cuisine Award Winning Set Dinner, 1인 HK$998), 토요일 브런치로만 제공되는 오리엔탈브런치(Oriental Brunch, 1인 HK$498) **가격** 요리 1인 HK$350~, 딤섬 HK$46~/Service Charge 10% 별도 **영업시간** 점심 11:30~14:30(월~토요일), 10:30~15:00(일요일과 공휴일) 저녁 18:00~22:30(월~일요일)/연중무휴 **문의** (852)2315-5222 **찾아가기** MTR 침사추이역 B1번 출구로 나와 오른쪽으로 직진하면 보이는 미라마쇼핑센터(Miramar Shopping Centre) 맞은편 더미라호텔(The Mira) 3층에 위치한다. 도보 3분 거리. **홈페이지** www.themirahotel.com/dining

홍콩 최고의 스테이크하우스&고급레스토랑 ★★★★★
하얏트리젠시 휴고스 Hugo's

하얏트리젠시침사추이 내 클래식한 분위기의 유로피언레스토랑으로 홍콩의 유명인사와 스타들의 사랑을 꾸준히 받는 곳이다. 육중한 대문을 들어서면 갑옷과 방패를 착용한 소설 속 인물 휴고를 볼 수 있다. 또한 화려한 장식의 거울, 촛대, 꽃병, 칼과 사냥총, 대형벽난로 그리고 천장의 샹들리에가 마치 중세유럽의 고성에라도 찾아온 듯한 분위기를 연출한다.

오픈키친을 통해 셰프의 요리과정을 볼 수 있으며, 랍스터비스크, 스테이크타르타르, 카페디아

Lobster bisqu

Roasted US Rib of Beef

Chocolate Souffle

블로 Cafe Diablo 등의 요리를 주문하면 담당셰프가 웨건 Wagon을 직접 테이블까지 끌고 와 바로 옆에서 요리를 해준다. 스테이크를 주문하면 종업원이 직접 스테이크를 잘라 접시에 올려주는 휴고스의 오랜 전통서비스도 받을 수 있다.

주소 L/F Hyatt Regency Hong Kong, 18 Hanoi Road, Tsim Sha Tsui **베스트메뉴** 기타리스트의 라이브연주와 노래를 들을 수 있으며 마지막타임에는 신청곡도 받는다. **베스트메뉴** 스테이크마니아를 위한 US립스테이크(Roasted US Rib of Beef, HK$545), 고소하고 부드러운 수프 랍스터비스크(Lobster Bisque, HK$228) **추천메뉴** 바다향 가득한 굴(Oyster, 개당 HK$72), 오븐에 구운 디저트 초콜릿수플레(Hugo's Chocolate Soufflé, 1인 HK$155, 2인 HK$258), 겉은 바삭하고 안쪽은 부드러운 크렘브릴레(Créme Brûlée, HK$155) **영업시간 점심** 12:00~14:30(월~토요일), 11:30~15:00(일요일) **저녁** 18:30~23:00(월~일요일), **선데이브런치** 12:00~15:00(일요일)/연중무휴 **가격** HK$400~/Service Charge 10% 별도 **문의** (852)3271-7733 **찾아가기** MTR 침사추이역 N2번 출구로 나오자마자 왼쪽 길 건너 하얏트리젠시 L층에 위치한다. **홈페이지** www.hongKong.tsimshatsui.hyatt.com

최고의 서비스와 분위기 있는 인터콘티넨탈호텔 레스토랑 ★★★★★
스푼바이알랭뒤카스 Spoon by Alain Ducasse

Alain Ducasse Chef

세계에서 가장 많은 미슐랭 3스타를 받은 프랑스셰프 알랭뒤카스 Alain Ducasse가 인터콘티넨탈홍콩 2층 로비 옆에 오픈한 프렌치레스토랑으로 미슐랭가이드 2011~2016년 원스타와 투스타를 획득하였다. 저녁시간에만 영업하며 빅토리아항과 홍콩섬야경 그리고 심포니오브라이트를 감상하며 식사를 즐길 수 있는 분위기 좋은 곳이다. 레스토랑 이름처럼 천장에는 이탈리아 무라노 Murano 지역의 특산품 유리를 사용해 만든 550개의 스푼이 장식되어 있다.

알랭뒤카스셰프가 직접 요리하는 것은 아니지만 스푼에서는 그의 독창적인 요리스타일이 반영된 메뉴를 맛볼 수 있는 곳이다. 메뉴는 계절에 맞게 다양하게 바뀌며, 선데이런치는 전채요리, 메인요리, 디저트, 음료 등이 제공되는 코스요리가 있다.

주소 G/F Intercontinental Hong Kong, 18 Salisbury Road, Tsim Sha Tsui **귀띔 한마디** 창가테이블에서 심포니오브라이트를 감상하면서 식사하려면 일주일 전부터 예약해야 한다. **가격** 계절마다 메뉴구성이 변경되는 저녁코스요리(Set Dinner Menu, 1인당 HK$1,688~), 선데이런치(Sunday Lunch, 1인당 HK$888)/Service Charge 10% 별도 **영업시간** 18:00~23:00(화~일요일), 선데이런치 12:00~14:30(일요일), Spoon Bar 18:00~23:30(화요일~일요일)/매주 월요일 휴무 **문의** (852)2313-2323 **찾아가기** MTR 침사추이역 J2번 출구로 나와 출구를 등지고 오른편에 위치한 인터콘티넨탈호텔 G층에 위치한다. **홈페이지** www.hongkong-ic.intercontinental.com

홍콩의 전경을 내려다보며 즐기는 식사 ★★★☆☆
아쿠아 Aqua

원페킹빌딩 29~30층에 위치하여 시원스럽게 펼쳐진 빅토리아항의 야경을 바라보며 식사를 즐길 수 있는 바&레스토랑이다. 벽면 전체에 경사를 주고, 3면에 통유리를 설치해서 굳이 창가테이블이 아니더라도 전망을 볼 수 있어 인기가 높다. 29층에는 이탈리아요리전문 아쿠아로마와 일본 요리전문 아쿠아도쿄가 자리하고 있고, 30층은 몽환적인 분위기를 내는 바형태의 아쿠아스피릿이 자리한다. 바에서는 다양한 와인, 칵테일, 샴페인 등을 마실 수 있고, 주말 점심에는 아쿠아요리로 구성된 코스요리, 샴페인과 칵테일을 무한으로 즐길 수 있는 비코즈브런치가 인기이다.

❶ 비코즈브런치(Because Brunch) ❷ 은대구구이(Saikyo Miso marinated Grilled Black Cod) ❸ 왕새우찜(Steamed King Prawns with Green Chilli Yuzu Sauce) ❹ 아쿠아퀸(Aqua Queen)

주소 29&30F One Peking, One Peking Road, Tsim Sha Tsui **베스트메뉴** 유자소스로 쪄낸 왕새우찜(Steamed King Prawns with Green Chilli Yuzu Sauce, HK$248), 은대구에 사이쿄미소를 바르며 구운 은대구 구이(Saikyo Miso marinated Grilled Black Cod, HK$368), 12가지 다양한 초밥이 제공되는 아쿠아도쿄 스시플래터(Aqua Tokyo Sushi Platter, HK$728) **추천메뉴** 점심에는 이탈리안런치에서 2, 3코스를 선택할 수 있는 이탈리안런치(Italian Lunch 2코스 HK$248, 3코스 HK$298), 아쿠아디럭스 벤토박스(Aqua Deluxe Bento Box, HK$428)와 씨푸드 벤토박스(Seafood Bento Box, HK$298)가 있다. 주말에는 무한제공 샴페인과 칵테일 그리고 코스별 요리가 제공되는 비코즈브런치(Because Brunch, 1인 HK$598)가 있다. **가격** HK$400~, 칵테일 HK$138~/Service Charge 10% 별도 **영업시간** 점심 12:00~14:30(월~토요일) 저녁 18:00~22:00(월~일요일) 아쿠아스피릿 17:00~02:00(월~일요일) 브런치 12:00~15:00(토 ~일요일)/연중무휴 **문의** (852)3427-2288 **찾아가기** MTR 침사추이역 E번 출구로 나와 출구를 등지고 첫 번째 골목을 따라 직진하다 에스프리(Esprit) 건물 맞은편 지하도와 연결된 원페킹(One Peking)빌딩 29층에 위치한다. 도보 5분 거리. **홈페이지** www.aqua.com.hk

 홍콩 최상층에서 즐기는 애프터눈티 ★★★★★
라운지앤바 The Lounge&Bar

홍콩 최고층빌딩 ICC의 리치칼튼호텔 102층에 위치한 라운지앤바는 천장까지 통유리로 되어 있어 홍콩에서 가장 높은 곳에서 홍콩섬과 카오룽반도 전경을 내려다보며 애프터눈티를 즐길 수 있는 곳이다. 아침식사부터 애프터눈티, 커피, 디저트, 와인, 칵테일과 샴페인 등을 즐길 수 있다. 애프터눈티 메뉴는 2달에 한 번씩 교체되며 기본적으로 3단 트레이에 스콘, 미니샌드위치, 타르트, 마카롱, 케이크 등과 함께 차가 제공되며, 특히 제과업계의 피카소라 불리는 피에르에르메Pierre Hermé의 마카롱이 제공된다. 점심에는 오가닉샐러드바에서 100% 유기농재료로 만든 다양한 샐러드를 선보

이며, 저녁에는 라운지 중앙자리 바에서 와인, 샴페인, 칵테일 등을 즐길 수 있다.

주소 102/F The Rtiz-Carlton, Hong Kong, International Commerce Centre, 1 Austin Road West, Tsim Sha Tsui **귀띔 한마디** 창가테이블은 한 달 전부터 예약해야 한다. **가격** 애프터눈티세트(Afternoon Tea, 월~목요일 1인 HK$388, 2인 HK$628, 금~일요일과 공휴일 1인 HK$408, 2인 HK$668), 오가닉샐러드바(Organic Salad Bar, 1인 HK$248)/Service Charge 10% 별도 **영업시간** 애프터눈티 15:00~18:00(월~목요일), 14:15~16:15&16:30~18:30(금요일), 12:00~14:00&14:15~16:15&16:30~18:30(주말과 공휴일) 오가닉샐러드바 12:00~14:00(월~목요일) 저녁 18:00~23:00(월~일요일)/연중무휴 **문의** (852)2263-2270 **찾아가기** MTR 통충선과 AEL의 카오룽역 C1번 출구로 나와서 The Rtiz-Carlton 표지판을 따라 이동하면 ICC빌딩 102층에 위치한다. **홈페이지** www.ritzcarlton.com/hongkong

 쇼콜라애프터눈티가 유명한 ★★★★

카페103 Café 103

리치칼튼호텔의 103층에 위치한 카페103은 라운지앤바처럼 창가테이블이 마련되어 있지는 않지만 점심과 저녁뷔페, 쇼콜라애프터눈티를 즐길 수 있는 곳이다. 쇼콜라애프터눈티는 엔틱한 목재트레이에 마카롱, 타르트, 베린느Verrine, 무스케이크 등 카카오 함량이 높은 디저트와 샌드위치를 먹음직스럽게 내준다. 점심에는 오가닉샐러드바와 해산물을 즐길 수 있는 뷔페를 운영하고, 저녁에는 다양한 요리와 신선한 해산물이 제공되는 뷔페를 만날 수 있다.

주소 103/F The Rtiz-Carlton Hong Kong, International Commerce Centre, 1 Austin Road West, Tsim Sha Tsui **귀띔 한마디** 남은 디저트는 포장가능하다. **베스트메뉴** 초콜릿마니아를 위한 쇼콜라애프터눈티(Chocolate Afternoon Tea) **추천메뉴** 전채요리에서 디저트까지 다양한 요리와 해산물, 와인이 제공되는 씨푸드뷔페(Seafood Buffet) **가격** 점심뷔페 1인 HK$390(월~금요일), 1인 HK$590(주말과 공휴일) 저녁뷔페 1인 HK$788(월~금요일), 1인 HK$828(주말과 공휴일) 쇼콜라애프터눈티 1인 HK$398(월~일요일)/Service Charge 10% 별도 **영업시간** 쇼콜라애프터눈티 15:30~17:30(월~일요일) 점심뷔페 12:00~14:00(월~금요일), 12:00~14:30(주말과 공휴일) 저녁뷔페 18:30~22:00(월~일요일)/연중무휴 **문의** (852)2263-2270 **찾아가기** MTR 통충선과 AEL의 카오룽(九龍, Kowloon)역 C1번 출구로 나와서 The Rtiz-Carlton 표지판을 따라 이동하면 ICC빌딩 103층에 위치한다. **홈페이지** www.ritzcarlton.com/hongkong

정통 고급 애프터눈티를 맛볼 수 있는 ★★★★★
페닌슐라 더로비 The Lobby

1928년 지어진 페닌슐라홍콩에 위치한 더로비는 홍콩에서 애프터눈티로는 세 손가락 안에 드는 유명한 곳이다. 하지만 호텔투숙객이 아니면 예약을 받지 않기 때문에 애프터눈티를 즐기려면 줄을 서서 기다려야 한다. 콜로니얼풍의 고풍스럽고 우아한 분위기 속에서 절제된 서비스가 곁들여진 정통영국식 애프터눈티를 즐길 수 있다. 개점 때부터 사용해왔다는 순은제품의 모든 식기류는 매년 영국에서 직접 수리하여 사용할 정도로 정성을 들이고 있다. 특히 노란색 테두리가 인상적인 접시는 티파니명품을 사용하여 애프터눈티의 격을 한 층 높였다. 영국에서 직수입한 클로티드크림 Clotted Cream 은 스콘과 함께 먹으면 제격이다. 양이 푸짐한 애프터눈티는 여성 둘이라면 1인 세트와 음료로 차 하나를 선택하면 충분하며, 남은 음식은 포장해갈 수도 있다.

주소 G/F The Peninsula Hong Kong, Salisbury Road, Tsim Sha Tsui **귀띔 한마디** 얼그레이는 계속해서 우려내 마시면 된다. 처음 우려낸 차는 약간 옅고, 두 번째 잔이 가장 맛있으며, 3번째 잔은 색이 진한데 여기에 설탕과 우유를 넣어 밀크티로 마셔도 좋다. **가격** 애프터눈티 1인 HK$358, 2인 HK$628/Service Charge 10% 별도 **영업시간** 점심 11:30~14:30 애프터눈티 14:00~18:00 저녁 18:30~22:30(일~목요일), 18:30~23:30(금~토요일)/연중무휴 **문의** (852)2696-6772 **찾아가기** MTR 침사추이역 E번 출구로 나와 도보 3분거리 또는 J6번 출구로 나와 뒤돌아 왼쪽의 페닌슐라홍콩 G층에 위치한다. **홈페이지** hongkong.peninsula.com/en

햇살 좋은 날 즐기는 애프터눈티 ★★★★☆
로비라운지 Lobby Lounge

침사추이에 위치한 레스토랑 중에서 가장 가까이 빅토리아항과 홍콩섬의 스카이라인을 감상하며 편안한 애프터눈티를 즐길 수 있는 곳이다. 차 또는 커피와 함께 즐기는 일반적 애프터눈티, 소설가 오스카와일드가 즐겨 마셨다는 샴페인 페리에주에그랜드브뤼 Perrier Jouët Grand Brut 와 프랑스 대표홍차 마리아쥬프레르 Mariage Frères 또는 커피 중 하나를 선택하는 샴페인티세트 그리고 붉은 색 3단 상자에 페이스트리와 달콤한 빵 등 중국식 간식을 전통차와 함께 마실 수 있는 레드박스차이니스티세트 등이 있다. 밤에는 맥주, 마티니, 와인, 칵테일 등 취향에 맞는 술을 골라 간단한 안주와 함께 심포니오브라이트와 야경을 감상할 수 있는 것도 이곳의 매력 중의 하나이다.

❶ The Red Box Our Contemporary Chinese Tea Set
❷ Afternoon Tea Set

주소 G/F Intercontinental, 18 Salisbury Road, Tsim Sha Tsui **가격** 애프터눈티세트(Afternoon Tea Set, 월~금요일 2인 HK$608, 주말과 공휴일 2인 HK$628), 레드박스차이니스티세트(The Red Box Our Contemporary Chinese Tea Set, 월~금요일 2인 HK$608, 주말과 공휴일 HK$628), 샴페인티세트(Champagne Tea Set, 월~금요일 2인 HK$948, 주말과 공휴일 HK$968)/Service Charge 10% 별도 **영업시간** 07:00~03:30(매일), 애프터눈티 14:30~18:00(월~금요일), 14:00~18:00(토~일요일과 공휴일)/연중무휴(예약필수) **문의** (852)2721-1211 **찾아가기** MTR 침사추이역 J2번 출구로 나와 출구를 등지고 오른편에 위치한 인터콘티넨탈호텔 G층에 위치한다. 도보 3분 거리. **홈페이지** www.hongkong-ic.intercontinental.com

 페리에주에그랜드브뤼(Perrier Jouët Grand Brut)

디저트가 유명한 ★★★★★
달로와요리카페 DALLOYAU Le Café

300년이 넘는 역사를 지닌 프랑스의 유명제과점 달로와요의 홍콩지점이다. 차와 디저트를 즐기는 카페공간, 카페와 간단한 식사를 즐길 수 있는 레스토랑공간으로 나뉜다. 모든 식기류는 명품브랜드제품이며, 먹기에도 아까운 초콜릿, 마카롱, 케이크 등의 디저트는 수제로 만들어진다. 특히 너무 달아서 차 또는 에스프레소와 함께 먹어야하는 프랑스의 대표 케이크이자 원조인 오페라케이크가 유명하다. 고급 부티크 인테리어로 유명한 미국 디자인업체 야부푸셀버그Yabu Pushelberg가 설계한 럭셔리한 인테리어로 꾸며진 실내와 빅토리아항을 바라보며 야외공간에서 즐기는 애프터눈티가 유명하다.

❶ 쇼콜라애프터눈티(Chocolat Afternoon Tea)
❷ 오페라케이크(Opera Cake)

주소 Shop.403, 4F Ocean Centre, Harbour City, Tsim Sha Tsui **가격** 오페라케이크, 타르트, 샌드위치, 마카롱, 스콘 등이 나오는 쇼콜라애프터눈티(Chocolat Afternoon Tea, 2인 HK$536)/Service Charge 10% 별도 **영업시간** 12:00~22:00(월~일요일)/연중무휴 **문의** (852)3185-8338 **찾아가기** MTR 침사추이역 A1번 출구로 나와 오른쪽의 하이퐁로드(Haipong Rd.)를 따라 끝까지 걸으면 정면의 하버시티 오션센터 4층 403호에 위치한다. **홈페이지** www.dalloyau.hk

반 마리 베이징덕을 주문할 수 있는 ★★★★★
엠파이어시티 로스티드덕 大都烤鸭 Empire City Roasted Duck

쇼핑몰 K11에 위치한 정통북경요리전문점으로 오픈과 동시 각종 매스컴에 소개되면서 유명레스토랑으로 등극하였다. 〈大都〉는 중국 베이징을 의미하며 현대적 감각의 인테리어와는 달리 전통적인 조리법으로 다양한 궁중요리를 선보인다. 상호에서 알 수 있듯 대표메뉴는 로스트

페킹덕으로 한 마리는 물론 반 마리도 시킬 수 있어 부담스럽지 않게 즐길 수 있다. 화덕에 구운 오리는 껍질은 바삭하고 고기는 부드러우며 밀전병에 수제소스, 야채 등과 함께 싸먹으면 담백하다. 요리 외형에도 굉장히 신경을 써서 맛뿐 아니라 눈이 즐거운 요리들을 선보인다.

▲ 로스트페킹덕(Roasted Peking Duck)

주소 Shop.221, 2/F K11 Mall, 18 Hanoi Road, Tsim Sha Tsui **귀띔 한마디** 테이블 착석과 함께 제공되는 미니과일과 차는 무료이다. **베스트메뉴** 로스트페킹덕(Roasted Peking Duck, 반 마리 HK$253, 한 마리 HK$438), 매콤하고 신맛의 소스로 쪄낸 자이언트새우요리(Stewed Giant Prawn with Spicy&Sour Sauce, HK$148), 샤오롱바오(Pork Dumpling, HK$45) **추천메뉴** 라이스케이크와 함께 나오는 매콤한 볶음게요리(Stir Fried Crab with Rice Cake in Spicy Sauce, HK$318) **가격** HK$300~/Service Charge 10% 별도 **영업시간** 11:00~23:00(월~일요일)/연중무휴 **문의** (852)2628-0662 **찾아가기** MTR 이스트침사추이역 N3, N4번 출구 B2층과 연결된 K11 2층에 위치한다./MTR 침사추이역 D2번 출구로 나와 정면으로 걸으면 K11 2층에 위치한다. 도보 1분 거리.

유명 상하이요리전문점 ★★★★★
크리스탈제이드 라미엔 샤오롱바오 翡翠拉面小笼包 Crystal Jade La Mian Xiao Long Bao

미슐랭가이드에서 '합리적인 가격으로 훌륭한 음식을 제공하는 식당'으로 빕구르망BIB Gourmand에 선정된 상하이요리레스토랑이다. 싱가포르에 본점이 있고, 센트럴의 IFC몰 2층 지점이 분위기는 더 낫다. 돼지고기를 얇은 만두피에 싸서 작은 대나무찜통(샤오롱)에 쪄낸 상하이식 돼지고기 만두 샤오롱바오는 꼭 먹어봐야 할 메뉴로 뜨거운 육즙이 일품이다. 3명이라면 담백한 샤오롱바오와 매콤하면서 고소한 쓰촨탄탄면 그리고 새우볶음밥을 주문하면 한 끼 식사로 모두가 든든하다. 점심시간이나 퇴근시간에는 현지인들로 붐비므로 이 시간대는 피하거나 조금 일찍 서둘러 대기표를 받고 느긋하게 기다려야 한다.

주소 Shop.3328, 3/F Harbour City, Gateway Arcade, Tim Sha Tsui **귀띔 한마디** 샤오롱바오는 주문과 동시에 빚어 쪄내기 때문에 10여 분을 기다려야 한다. **베스트메뉴** 상하이식 샤오롱바오(Steamed Pork Dumping 'Shanghai' Style, 4개 HK$38), 고소함과 매콤한 맛이 일품인 쓰촨탄탄면(Sichan "Dan Dan" La Mian Noodle, HK$58) **추천메뉴** 새우볶음밥(Fried Rice with Shrimp&Preserved Vegetables, HK$88), 기름진 음식과 곁들여 먹으면 좋은 오이절임(Sweet&Sour Cucumber Rolls, HK$48) **가격** 차 1인당 HK$8, 요리 HK$100~/Service Charge 10% 별도 **영업시간** 10:00~23:00(월~일요일)/설 연휴 휴무 **문의** (852)2622-2699 **찾아가기** 하버시티의 게이트웨이 아케이드 3층에 위치한다. **홈페이지** www.crystaljade.com

❶ 샤오롱바오(Steamed Pork Dumping 'Shanghai' Style)
❷ 새우볶음밥(Fried Rice with Shrimp&Preserved Vegetables) ❸ 쓰촨탄탄면(Sichan "Dan Dan" La Mian Noodle) ❹ 오이절임(Sweet&Sour Cucumber Rolls)

전통베이징오리전문점 ★★★★★
페킹가든 北京樓 Peking Garden

전통북경오리구이로 유명한 레스토랑으로 홍콩매거진 태틀러Tatler에서 '홍콩의 베스트레스토랑'에 연속적으로 선정된 곳이다. 대규모 외식업체 맥심에서 1978년에 개점하였으며, 홍콩전역에 체인점을 두고 있다. 특히 침사추이점은 500석 규모로 분위기와 음식 맛이 훌륭하기 때문에 현지인뿐만 아니라 여행자들에게도 좋은 평가를 받고 있다.

예약을 하려면 하루 전이나 당일 오전까지는 해야 편안하게 식사를 즐길 수 있다. 간판메뉴인 북경오리구이는 생후 2개월 된 오리를 4~5일간 화덕에서 구워내기 때문에 오리고기의 깊은 맛을 느낄 수 있다. 한 마리를 주문하면 3~4명이 먹기에 적당한데 직원이 껍질과 살을 먹기 좋게 발라준다.

주소 3/F Star House, 3 Salisbury Road, Tsim Sha Tsui **귀띔 한마디** 매일 오후 8시부터는 30분간 수타면 제작과정을 볼 수 있다. **베스트메뉴** 북경오리구이(Barbecued Peking Duck, HK$450) **가격** HK$450~/Service Charge 10% 별도 **영업시간** 점심 11:30~15:00(월~토요일), 11:00~15:00(일요일과 공휴일) 저녁 17:30~23:30(토~일요일)/설연휴 이틀 휴무 **문의** (852)2735-8211 **찾아가기** 스타페리 바로 앞에 스타하우스(Star House) 3층에 위치한다.

일본캐릭터로 만든 딤섬전문점 ★★★★★
딤섬아이콘 点心代表 Dim Sum Icon

'게으른 계란'이란 의미의 구데마타, '못생긴 캐릭터' 또는 '이상한 캐릭터'로 유명한 코비토즈칸과 쌍둥이캐릭터 리틀트윈스타 등 일본 산리오스튜디오의 캐릭터와 일본 애니메이션캐릭터를 주제로 한 딤섬전문레스토랑이다. 세계에서 첫 번째로 구데타마를 테마로 한 딤섬전문점으로 오픈과 동시에 젊은이들에게 선풍적 인기를 끌었다.

이후 몇 개월 단위로 일본 유명캐릭터를 주제로 한 새로운 메뉴를 선보이고 있다. 단순히 캐릭터 모양의 딤섬이 아니라 젓가락으로 찌르고 손으로 누르면 입과 엉덩이에서 엽기적인 재미를 선사하

Chapter 01 침사추이

는 에그요크번과 초콜릿커스타드번이 인기가 높다. 딤섬, 볶음밥, 버거와 디저트뿐만 아니라 일반적인 딤섬과 간단한 요리, 디저트 등 다양한 메뉴가 있다.

주소 Shop.L308, 3/F The ONE, 100 Nathan Road, Tsim Sha Tsui **귀띔 한마디** 1인당 미니멈차지 HK$500l 있다. **베스트메뉴** 커스타드소스가 들어있는 에그요크번(Gudetama Egg Yolk Buns, 3개 HK$49), 초콜릿소스가 들어있는 초콜릿커스타드번(Chocolate Custard Buns, 2개 HK$49), 새우딤섬 하가우(Gudetama Prawn Dumplings, 3개 HK$49) **추천메뉴** 돼지고기바비큐가 들어있는 차슈바오(Gudetama Baked Bun with Barbecued Pork, 3개 HK$49), 치즈커스타드타르트(Gudetama Cheese Custard Tarts, 2개 HK$39), 밀크푸딩(Gudetama Milk Pudding, HK$39) **영업시간** 11:00~23:00(월~일요일)/연중무휴 **가격** HK$ 39~/Service Charge 10% 별도 **문의** (852)2885-1345 **찾아가기** MTR 침사추이역 B1번 출구로 나와 오른쪽 대로변을 따라 직진하면 오른쪽 더원쇼핑몰 3층에 위치한다. 도보 3분 거리.

❶ 에그요크번(Gudetama Egg Yolk Buns) ❷ 초콜릿커스타드번(Chocolate Custard Buns) ❸ 차슈바오(Gudetama Baked Bun with Barbecued Pork) ❹ 하가우(Gudetama Prawn Dumplings) ❺ 치즈커스타드타르트(Gudetama Cheese Custard Tarts) ❻ 밀크푸딩(Gudetama Milk Pudding)

캐주얼한 카페분위기의 상하이퓨전레스토랑 ★★★★★
더다이닝룸 南小館 The Dining Room

캐주얼한 상하이요리를 선보이는 레스토랑으로 상하이에 본점을 두고 있다. 엘리먼츠, 랭함플레이스와 하이산플레이스 등 홍콩 유명쇼핑몰뿐만 아니라 마카오 5성급 호텔 알티라에도 입점되어 있다. 모던하면서 빈티지로 꾸며진 현대적 감각의 인테리어와 깔끔하게 플레이팅된 상하이퓨전요리로 홍콩젊은이들의 감각과 입맛을 사로잡았다. 정통상하이요리가 아닌 가볍게 먹을 수 있는 면, 볶음밥, 튀김, 딤섬과 디저트 등의 메뉴가 있으며, 단품보다는 세트메뉴로 선택하는 것이 저렴하면서도 푸짐하게 먹을 수 있다.

주소 Shop.L501, 5/F The ONE, 100 Nathan Road, Tsim Sha Tsui **귀띔 한마디** 딤섬으로 구성된 애프터눈티세트(Afternoon Tea Set, 2인 HK$98)는 14:30~17:00에 제공된다. **베스트메뉴** 상하이식 철판군만두 팬프라이드 크리스티포크번(Signature Pan Fried Crispy Pork Soup Bun, 4개 HK$38), 샤오롱바오(Stemed Pork&Soup Dumplings, 5개 HK$38) **추천메뉴** 탄탄면과 닭고기튀김세트(Dan Dan Noodles in Soup with Chicken Fillets, HK$48), 중국식 푸딩 2개와 상하이식 디저트 중 2개를 선택할 수 있는 더다이닝룸스위트플래터(The Dining Room Sweet Platter, HK$58) **가격** HK$60~/Service Charge 10% 별도 **영업시간** 11:00~22:00(월요일~일요일)/연중무휴 **문의** (852)2884-2299 **찾아가기** MTR 침사추이역 B1번 출구로 나와 오른쪽 대로변을 따라 직진하면 오른편의 더원쇼핑몰 5층에 위치한다. 도보 3분 거리.

❶ 팬프라이드크리스티포크번(Signature Pan Fried Crispy Pork Soup Bun) ❷ 샤오롱바오(Stemed Pork&Soup Dumplings) ❸ 닭고기튀김세트(Dan Dan Noodles in Soup with Chicken Fillets) ❹ 더다이닝룸스위트플래터(The Dining Room Sweet Platter)

세레나데차이니스레스토랑 映月樓 Serenade Chinese Restaurant

동물모양 딤섬을 맛볼 수 있는 광동요리레스토랑 ★★★★★

수레에 실린 다양한 딤섬과 요리 중에 원하는 것을 바로 골라 먹을 수 있는 얌차레스토랑으로 2009년 매거진 홍콩태틀러에서 '베스트 레스토랑'으로 선정된 바 있다. 주윤발, 성룡, 장만옥, 여명 등 홍콩의 유명스타들이 즐겨 찾는 곳으로, 특히 동물모양의 귀여운 딤섬을 즐길 수 있어 가족단위 손님들에게 인기가 높다. 홍콩문화센터에 위치하여 통유리를 통해 빅토리아항과 홍콩섬의 스카이라인을 감상할 수 있다. 메뉴를 주문할 때는 한자와 영어가 적힌 전표에 원하는 메뉴를 체크표시해서 종업원에게 건네거나 끌고 다니는 수레에서 먹고 싶은 것을 골라 먹으면 된다. 홍콩섬의 스카이라인을 감상하며 느긋하게 딤섬을 즐기고 싶다면 미리 창가석을 예약하자.

❶ 금붕어딤섬(Golden Fish)
❷ 고슴도치딤섬(Echidna)
❸ 딤섬인더케이지(Dimsum in the Cage)

주소 1/F Hong Kong Culture Centre, Restaurant Block, Tsim Sha Tsui **귀띔 한마디** 모닝티타임(09:00~11:30, 월~금요일)에는 독특한 모양의 딤섬을 제외한 소/중/대점 딤섬을 할인해준다. **베스트메뉴** 새우가 들어간 금붕어딤섬(Golden Fish : Steamed Shrimp Bamboo pith Dumplings, 3개 HK$38), 2단 트레이에 전복딤섬, 하가우, 에그타르트 등이 제공되는 딤섬인더케이지(Dimsum in the Cage, HK$228) **추천메뉴** 달콤한 크림이 들어간 고슴도치딤섬(Echidna:Deep-fried Creamy Yolk Bun, 3개 HK$36), 마시멜로의 달콤함이 느껴지는 토끼딤섬(Jumpy Banny Marshmallow, 3개 HK$28), 통통한 새우와 얇은 피 하가우(Steamed Shrimp Dumplings with Bamboo Shoot, HK$36) **가격** 딤섬 소점 HK$20, 중점 HK$28, 대점 HK$32, 차 1인당 HK$12/Service Charge 10% 별도 **영업시간** 점심 09:00~16:30 저녁 17:30~23:30(월~일요일)/연중무휴 **문의** (852)2722-0932 **찾아가기** MTR 침사추이역 L6번 출구에서 홍콩문화센터방향 에스컬레이터를 타고 나오면 홍콩문화센터건물 1층에 위치한다./스타페리터미널을 등지고 오른쪽으로 도보 1분 거리.

나트랑 Nha Trang

홍콩에서 즐기는 베트남쌀국수 ★★★★★

2013년 오픈라이스에서 대상수상과 함께 미슐랭가이드에도 소개된 베트남레스토랑으로 센트럴의 소호본점이 하버시티로 옮겨졌다. 몽콕, 코즈웨이베이의 타임스퀘어, 샤틴의 뉴타운플라자에도 지점이 있으며, 점심과 저녁시간대로 나눠 운영하는데 오픈 전부터 길게 줄을 서서 대기하는 진풍경이 펼쳐지는 유명레스토랑이다. 한국의 베트남체인의 쌀국수와는 차원이 다른 진한 육수 쌀국수는 고명으로 오른 소고기의 종류와 익힘 정도에 따라 포타이, 포친, 포남과 포타이친 등으로 나뉜다. 쌀국수뿐만 아니라 대부분의 음식 모두 가격대비 맛이 훌륭한 편이다.

주소 Shop.G51, G/F Ocean Terminal, Harbour City, 17 Canton Road, Tsim Sha Tsui **귀띔 한마디** 대부분의 음식에 고수가 들어가므로 원치 않으면 주문할 때 빼달라고 하자. **베스트메뉴** 미디엄레어로 익힌 소고기고명을 올린 쌀국수 포타이(Pho Tai, HK$60), 딱지가 연한 게를 바삭하게 튀겨 야채와 함께 라이스페이퍼에 말은 소프트셸크랩롤(Soft Shell Crab Roll, HK$78) **추천메뉴** 새우구이를 올린 베트남비빔쌀국수 분텃느엉(Bun Tom Nuong, HK$68), 베트남맥주 사이공스페셜(Saigon Special, HK$38) **가격** HK$60~/Service Charge 10% 별도 **영업시간** 점심 12:00~16:45 **저녁** 18:15~23:00(월요일~일요일)/연중무휴 **문의** (852)2199-7779 **찾아가기** 하버시티의 오션터미널 G층에 위치한다. **홈페이지** www.nhatrang.com.hk

❶ 포타이(Pho Tai) ❷ 소프트셸크랩롤(Soft Shell Crab Roll)
❸ 분텃느엉(Bun Tom Nuong) ❹ 사이공스페셜(Saigon Special)

홍콩명물 운남쌀국수 ★★★★★

싱럼쿠이 星林居 Sing Lum Khui Rice Noodle House

중국 운남雲南의 소수민족 중 다이족傣族의 전통음식인 운남쌀국수는 다른 중국음식과 달리 자극적이지 않으면서 부드럽고 얼큰하여 우리입맛에도 잘 맞는다. 면발은 일반 면에 비해 둥글고 굵은 편이라 식감은 쫄깃하고 탱탱하다. 탕의 매운 정도를 선택하고 함께 넣을 야채, 버섯, 고기, 어묵 등을 기호에 맞게 선택하여 넣어 먹을 수 있는 것이 특징이다.

테이블에 놓인 주문표에 원하는 재료를 체크표시하면 되는데, 제일 먼저 〈H1〉은 육수가 있는 쌀국수, 〈H2〉는 육수가 없는 비빔쌀국수 중에 선택한다. HK$6~12의 추가금액이 붙는 A1~A37의 각종 토핑 중에서 원하는 재료를 선택 표시한다. 〈C〉는 매운 정도로 C1~C9까지 있는데 숫자가 높을수록 매워진다. 〈D〉는 신맛의 정도로 D1은 조금 덜 신맛, D4는 신맛을 뺀 것이다. 마지막으로 〈E〉는 기본으로 들어가는 재료 중 원하지 않는 재료를 더하거나 뺄 수 있다. Less는 조금 빼기, No는 완전히 빼기, More는 더 추가해달라는 표시가 된다. 우리나라 사람들이 먹기 힘든 고수는 E11번인데 여기에 No Coriander를 체크하면 고수를 빼고 요리해준다.

주소 Shop.A23, Lock Road, Tsim Sha Tsui **귀띔 한마디** 알아두면 유용한 표기법 : 김(Laver), A5 부죽(Bean Curd), A8 청경채(Taiwan Vegetable), A13 상추(Lettuce), A24 유부(Bean Skin), E1~3 숙주나물(Bean Sprouts), E4~6 파(Leek), E11 고수(Coriander) **가격** HK$24~ **영업시간** 11:00~24:00(월~토요일), 11:00~22:00(일요일)/설연휴 3일 휴무 **문의** (852)2416-2424 **찾아가기** MTR 침사추이역 A1번 출구로 나와 오른쪽 하이퐁로드(Haiphong Rd.)의 오른쪽 첫 번째 골목 락로드(Lock Rd.)로 들어가면 오른편에 위치한다. 도보 2분 거리.

서민적 매캐니즈레스토랑 ★★★★★
마카오레스토랑 澳門茶餐廳 Macau Restaurant

오래된 흰색 간판이 눈에 띄는 이곳은 저렴한 가격과 푸짐한 양의 마카오음식뿐만 아니라 파인애플번, 치킨파이 등 홍콩 차찬탱 메뉴도 갖추고 있어 많은 사람들이 좋아하는 곳이다. 요리 하나당 두 명이 먹기에 넉넉할 정도로 양이 많으므로 주문할 때 염두에 두어야 한다. 음식의 맛은 전체적으로 짭짤한 편이라 짠 음식을 싫어한다면 입에 맞지 않을 수도 있다. 식사를 마친 후에는 디저트로 포르투갈식 에그타르트와 커피알갱이와 얼음이 동동 떠있는 진한 마카오커피를 즐겨보자.

❶ 에그타르트(Portuguese Egg Tart) ❷ 포크찹덮밥(Macanese Baked Pork Chop with Fried Rice)
❸ 새우볶음밥(Portuguese Fried Rice with Shrimp)
❹ 치킨라이스(Portuguese Chicken Rice)

주소 25-27 Long Wah Building, Lock Road, Tim Sha Tsui **베스트메뉴** 계란을 풀어 지은 볶음밥과 포크찹에 토마토스튜를 얹은 포크찹덮밥(Macanese Baked Pork Chop with Fried Rice, HK$70), 카레의 주재료인 심황을 사용한 치킨라이스(Portuguese Chicken Rice, HK$70) **추천메뉴** 새우볶음밥(Portuguese Fried Rice with Shrimp, HK$70), 포르투갈식 에그타르트(Portuguese Egg Tart, 1개 HK$10), 마카오커피(Macanese Blended Coffee, HK$22) **가격** HK$60~ **영업시간** 06:30~02:00(월~일요일)/연중무휴 **문의** (852)2366-8148 **찾아가기** MTR 침사추이역 A1번 출구로 나와 오른쪽 하이퐁로드(Haiphong Rd.)의 오른쪽 첫 번째 골목 락로드(Lock Rd.)로 들어가면 오른편에 위치한다. 도보 2분 거리.

대형 홍콩식 분식점 ★★★★★
추이와레스토랑 翠華餐廳 Tsui Wah Restaurant

1967년 몽콕에서 작은 차찬탱으로 시작하여 홍콩뿐만 아니라 마카오와 중국에까지 진출한 대형 홍콩식 분식점이다. 초창기에는 커피, 차, 프렌치토스트, 베이커리 등 간단한 메뉴만 판매하였지만 1990년대 점차 중국요리, 서양요리 그리고 퓨전요리 등 수십여 가지의 다양한 요리도 판매하는 대형분식점으로 탈바꿈하였다.

침사추이분점은 다른 분점에 비해 음식이 더 맛있다는 평이 있고, 센트럴 웰링턴스트리트분점은 24시간 연중무휴이다. 이 집의 10대 추천메뉴를 사진과 함께 확인할 수 있어 메뉴선택이 용이하며, 이 중 바삭하게 튀긴 가는 면 위에 매콤달콤 칠리소스

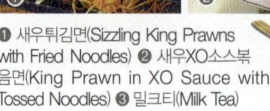

❶ 새우튀김면(Sizzling King Prawns with Fried Noodles) ❷ 새우XO소스볶음면(King Prawn in XO Sauce with Tossed Noodles) ❸ 밀크티(Milk Tea)

왕새우를 올린 새우튀김면과 깜찍한 찻잔에 나오는 밀크티가 특히 유명하다.

❹ 돼지고기인스턴트비빔면(Kagoshima Style Pork Cartilage with Tossed Instant Noodles) ❺ 씨푸드커리(Seafood Curry with Rice)
❻ 크리스피번(Crispy Bun served with Sweet Condensed Milk)

주소 Cockloft, 2 Carnarvon Road, Tsim Sha Tsui **귀띔 한마디** 저렴한 세트 메뉴를 판매하며, 옥토퍼스카드도 결제 가능하다. **베스트메뉴** 철판에 튀긴면과 새우, 야채 등에 칠리소스를 뿌려 내오는 새우튀김면(Sizzling King Prawns with Fried Noodles, HK$87, 매콤한 XO소스를 뿌려 먹는 새우XO소스볶음면(King Prawn in XO Sauce with Tossed Noodles, HK$56), 삶은 인스턴트 면 위에 삶은 돼지연골을 올린 돼지고기인스턴트비빔면(Kagoshima Style Pork Cartilage with Tossed Instant Noodles, HK$51, 말레이시아스타일의 소고기양지머리커리(Malaysian Beef Brisket Curry with Rice, HK$67) **추천메뉴** 홍합, 오징어, 새우 등 해산물과 함께 나오는 씨푸드커리(Seafood Curry with Rice, HK$87), 달콤한 연유가 뿌려 내오는 크리스피번(Crispy Bun served with Sweet Condensed Milk, HK$9), 밀크티(Milk Tea, HK$20) **가격** HK$50~ **영업시간** 24시간/연중무휴 **문의** (852)2525-6338 **찾아가기** MTR 침사추이역 D2번 출구로 나와 오른쪽 카나본로드(Carnarvon Rd.)로 들어가면 왼편에 위치한다. 도보 1분 거리. **홈페이지** www.tsuiwah.com

저렴한 가격에 신선한 스시를 즐길 수 있는 ★★★★★
스시원 一寿司 Sushi One

홍콩은 해산물이 풍부하고 신선하기 때문에 다양한 초밥전문점이 많다. 그 중에서도 홍콩을 대표하는 초밥전문점으로 손꼽히는 스시원은 저렴한 가격으로 맛있는 초밥을 즐길 수 있어 현지인뿐만 아니라 여행자들에게도 인기 있다. 초밥, 구운 초밥, 롤, 군칸마끼, 마끼, 회, 샐러드 등 다양한 메뉴를 제공하고 있으며, 회전판에 없는 메뉴는 종업원에게 주문하면 된다. 이곳이 매력적인 이유는 모든 매장이 저녁 10시 이후에는 초밥, 회, 음료 등을 50% 할인해 주어 더욱 저렴하게 즐길 수 있다.

주소 48 Cameron Road, Tsim Sha Tsui **귀띔 한마디** 침사추이뿐만 아니라 몽콕, 툰먼, 청관오 등 4개의 지점을 운영하고 있다. **베스트메뉴** 장어초밥(Eel Sushi, 2개 HK$32), 연어초밥(Salmon Sushi, 2개 HK$16), 연어회에 랍스터샐러드를 올린 랍스터샐러드앤연어(Lobster Salad and Salmon, 2개 HK$42), 성게날치알 군칸마끼(Sea Urchin and Flying Fish Roe, 2개 HK$32) **추천메뉴** 문어초밥(Octopus, 2개 HK$22), 새콤매콤한 플럼소스가 뿌려진 폴라스조개살초밥(Piddock with Plum Sauce, 2개 HK$25), 날치알샐러드(Flying Fish Roe Salad, HK$35) **가격** HK$35~/Service Charge 10% 별도 **영업시간** 12:00~24:30(월~일요일)/연중무휴 **문의** (852)3575-9898 **찾아가기** MTR 침사추이역 B2번 출구로 나와 직진하면 오른편에 위치한다. 도보 5분 거리. **홈페이지** sushione.com.hk

❶ 장어초밥(Eel Sushi) ❷ 연어초밥(Salmon Sushi) ❸ 문어초밥&폴라스조개살초밥(Octopus&Piddock with Plum Sauce) ❹ 날치알샐러드(Flying Fish Roe Salad) ❺ 랍스터샐러드연어회&성게날치알군칸마끼(Lobster Salad and Salmon&Sea Urchin and Flying Fish Roe)

줄을 서야 맛볼 수 있는 홍콩식 디저트가게 ★★★★★
스위트투스 甜牙牙 Sweet Tooth

요즈음 홍콩에서 가장 핫한 디저트전문점으로 몽콕, 콰이퐁, 쑨문에도 분점을 운영하고 있다. 아이스크림과 함께 나오는 색다른 와플과 팬케이크가 주메뉴이며, 이밖에도 빙수, 케이크, 세라두나, 브륄레Brûlée, 수플레 등 아이스크림과 과일을 함께 즐길 수 있는 다양한 디저트를 선보인다. 푸짐하게 맛볼 수 있어 홍콩의 젊은이들에게 꾸준한 사랑을 받고 있다. 일본 교토의 고급 말차가루를 이용한 말차판나코타Matcha Panna Cotta, 아이스크림과 티라미수, 프랑스의 명품초콜릿 발로나 초콜릿을 사용한 무스, 브라우니 등이 있다.

❶ 말차세라두나(Matcha Serradura) ❷ 망고팬케이크(Mango Pancake) ❸ 클래식웜초콜릿케이크(Classic Warm Chocolate Cake) ❹ 말차티라미수(Matcha Tiramisu)

주소 46 Carnarvon Road, Tsim Sha Tsui **귀뜸 한마디** 어마어마한 크기의 와플슈퍼빅맥(Waffle Supper Bic Mac, HK$228)은 45분 안에 다 먹으면 공짜! **베스트메뉴** D2번_녹차아이스크림을 올린 말차세라두나(Matcha Serradura, HK$42), M6번_망고팬케이크(Mango Pancake, HK$47), D1번_발로나초콜릿과 초콜릿쿠키가루를 층층이 쌓은 발로나초콜릿세라두라(Valrhona Chocolate Serradura, HK$42) **추천메뉴** F1번_초콜릿아이스크림과 함께 나오는 클래식웜초콜릿케이크(Classic Warm Chocolate Cake, HK$60), Z1번_말차티라미수(Matcha Tiramisu, HK$72) **영업시간** 12:00~24:00(일~목요일), 12:00~24:30(금~토요일&공휴일 전날)/연중무휴 **가격** HK$40~/Service Charge 10% 별도 **문의** (852)2721-1121 **찾아가기** MTR 침사추이역 B2번 출구로 나와 직진하다가 사거리에서 왼쪽 언덕길로 올라가다 보면 왼편에 위치한다. 도보 5분 거리.

 망고빙수가 유명한 ★★★★★
럭키디저트 發記甜品 Lucky Dessert

코즈웨이베이, 몽콕에도 지점을 두고 있으며 늦은 저녁부터 새벽까지 길게 줄을 서서 기다려야 하는 유명디저트전문점이다. 허니문디저트를 위협하는 홍콩디저트계의 신흥강자로 홍콩디저트 대회에서 수차례의 수상경력을 가지고 있으며, 우리나라 맛집프로그램에 소개된 후 한국 여행자들에게 인기 급상승 중이다. 스위트투스가 서양과 동양이 접목된 프렌치디저트라면 럭키디저트는 신선한 열대과일로 만드는 전통적인 디저트를 선보이고 있다. 특히 망고와 두리안으로 만

든 디저트 종류가 많으며 아직까지는 현지인들이 많이 찾는 곳으로 한국인들에게는 망고로 만든 디저트메뉴가 인기이다.

주소 Shop.8, G/F BCC Building, 31 Carnarvon Road, Tsim Sha Tsui **귀띔 한마디** 지점마다 인테리어와 디저트세팅이 다르다. **베스트메뉴** 망고를 갈아 얼린 얼음을 곱게 갈아 만든 눈꽃망고빙수(Mango Snowflake Ice HK$59), 망고알갱이와 생크림이 가득 차있는 망고팬케이크(Mango Pancake, HK$32) **추천메뉴** 찹쌀로 만든 롤 안에 망고가 가득 들어간 망고찹쌀롤(Mango in Sticky Rice Roll, HK$45) **영업시간** 12:30~03:00(월~일요일) **가격** HK$38~ **문의** (852)2396-6928 **찾아가기** MTR 이스트침사추이역 N2번 출구로 나와 바로 앞 삼거리에서 오른쪽으로 가다 첫 번째 사거리에서 오른쪽방향 골목으로 진입하면 바로 오른편에 위치한다. 도보 1분 거리.

① 망고팬케이크(Mango Pancake)
② 눈꽃망고빙수(Mango Snowflake Ice)
③ 망고찹쌀롤(Mango in Sticky Rice Roll)

타이완의 유명 디저트전문점 ★★★★★
다즐링카페 Dazzling Cafe

2014년 더원쇼핑몰 3층에 오픈한 타이완의 허니토스트전문카페로 소녀감성 인테리어와 달콤한 디저트로 유명하다. 디저트와 다양한 과일음료가 주를 이루며, 간판메뉴는 각종 과일, 아이스크림, 커스타드크림, 마카롱 등으로 화려하게 장식한 다양한 허니토스트이다. 사각형태의 허니토스트는 손님들에게 포토타임을 제공한 후 토스트 한쪽 면을 커팅해 주는데 안은 버터로 구워 바삭하고 달콤한 조각토스트가 가득 채워져 있다. 허니토스트 외에도 와플, 샌드위치, 파스타, 샐러드, 수프, 커피, 차 등의 메뉴도 있으며 특히 눈꽃모양의 와플도 눈이 즐거워지는 메뉴이다.

주소 Shop,L322, L3/F The ONE, 100 Narthan Road, Tsim Sha Tsui **귀띔 한마디** 식사를 하고 방문한다면 2명에서 하나만 주문하는 것이 좋다. **베스트메뉴** 말차허니토스트(Matcha Red Beans Honey Toast, HK$95), 스트로베리러버허니토스트(Strawberry Lover Honey Toast, HK$98) **추천메뉴** 헤이즐럿초콜릿허니토스트(Hazelnut Chocolate Honey Toast, HK$98), 바닐라아이스크림와플(Vanlla Ice Cream Waffle, HK$85) **가격** HK$95~/Service Charge 10% 별도 **영업시간** 12:00~22:00(월~일요일)/연중무휴 **문의** (852)2312-6099 **찾아가기** MTR 침사추이역 B1번 출구로 나와 오른쪽 대로변을 따라 직진하면 오른편의 더원쇼핑몰 L3층에 위치한다. 도보 3분 거리.

① 말차허니토스트(Matcha with Azuki Beans Honey Toast)
② 스트로베리러버허니토스트(Strawberry Lover Honey Toast)
③ 헤이즐럿초콜릿허니토스트(Hazelnut Chocolate Honey Toast)
④ 바닐라아이스크림와플(Vanlla Ice Cream Waffle)

현지인들이 즐겨 찾는 디저트전문점 ★★★★★
첨밀밀/해피투게더 甜蜜蜜 Happy Together

'매우 달콤하다'라는 뜻의 첨밀밀은 허름한 상점 외관과는 달리 여성스러운 데코레이션이 돋보이는 디저트전문점이다. 좁은 공간에 10여 개의 테이블이 붙어 있어 어수선하지만, 5성급호텔 출신의 주인장 손끝에서 서양식이 혼합된 새로운 홍콩스타일의 디저트가 탄생한다. 디저트전문점이 많지 않았던 1998년 오픈 이후 몇 년간은 젊은이들의 발길이 끊이질 않았을 정도로 인기였다. 메뉴마다 주문 후 기다릴 시간이 표시되어 있어 주문 시 참고할 수 있다. 인기메뉴는 늦게 가면 준비한 재료가 떨어져 더 이상 맛볼 수 없다.

❶ 비스킷치즈푸딩(Biscuit Cheeze Pudding) ❷ 초콜릿라바케이크(Chocolate Lava Cake) ❸ 망고스프링롤(Deep Fried Mango Sring Roll with Mango Sabayon) ❹ 구운두부푸딩(Baked Tofu Pudding with Chocolate Sauceinin Puff Pastry)

주소 Shop 2, G/F 5-6 Hau Fook Street, Tsim Sha Tsui **귀띔 한마디** 노란색 한자간판이 눈에 띄므로 한자로 찾는 것이 편하며 현금결제만 가능하다. **베스트메뉴** 튀긴 망고스프링롤에 사바이옹소스를 뿌린 망고스프링롤(Deep Fried Mango Sring Roll with Mango Sabayon, HK$50), 구운 초콜릿케이크와 바닐라아이스크림이 함께 나오는 초콜릿라바케이크(Chocolate Lava Cake, HK$52) **추천메뉴** 차가운 치즈를 안에 넣고 계란 흰자를 생크림처럼 만들어 구운 비스킷치즈푸딩(Biscuit Cheeze Pudding, HK$50), 뜨거운 두부푸딩파이 위에 초콜릿소스를 뿌린 구운두부푸딩(Baked Tofu Pudding with Chocolate Sauceini in Puff Pastry, HK$46) **가격** HK$50~ **영업시간** 15:00~24:00(월~금요일), 14:00~24:00(주말과 공휴일)/설연휴 이틀 휴무 **문의** (852)2311-6078 **찾아가기** MTR 침사추이역 B2번 출구로 나와 직진하다가 사거리에서 왼쪽 언덕길로 올라가다 오른쪽에 위치한 허유산 사이골목으로 들어가면 오른편에 위치한다. 도보 5분 거리.

홍콩과일디저트계의 지존 ★★★★★
허유산 許留山 Hui Lau Shan

망고를 이용한 주스와 디저트가 유명한 홍콩 최고의 과일디저트전문점이다. 디저트를 즐기는 많은 사람들은 '허유산 때문에 홍콩에 간다.'라고 말할 정도로 여행자들에게도 인기가 많다. 실내공간이 좁아 대부분 테이크어웨이를 하지만 여유롭게 디저트를 즐길 수 있도록 테이블을 갖춘 매장도 있다.

메뉴판에 번호가 있어 주문하기 편하다. 망고류 디저트와 음료가 인기 있으며, 수십 가지의 열

❶ 망고젤리(Mango&Mango Jelly in Mango Juice) ❷ 망고빙수(Mango Chewy Ball) ❸ 망고플래터(Mango Platter) ❹ 망고모찌(Mango Mochi)

Chapter 01 침사추이

대과일디저트와 건강음료 등을 저렴하게 즐길 수 있다. 디저트 외에 간단한 식사도 할 수 있고 매해 새로운 메뉴를 출시하므로 홍콩을 즐겨 찾는다면 새로운 메뉴에 도전해보자.

주소 G/F Star House, 3 Salisbury, Tim Sha Tsui 귀띔 한마디 옥토퍼스카드로도 계산이 가능하며, 지점마다 가격이 상이하다. 베스트메뉴 노젤리로 유명한 A1번 망고젤리쥬스(Mango&Mango Jelly in Mango Juice, HK$39), 망고퓨레소스, 망고, 경단 그리고 망고아이스크림을 올린 허유산스타일의 망고빙수(Mango Chewy Ball, HK$46) 추천메뉴 3종류의 망고디저트가 나오는 망고로맨스(Mango Romance, HK$49), 망고찹쌀떡에 코코넛가루를 뿌린 망고모찌(Mango Mochi, 3개 HK$22) 가격 HK$39~ 영업시간 11:30~24:30(월~일요일)/연중무휴 문의 (852)2377-9766 찾아가기 MTR 침사추이역 L6번에서 1881헤리티지 방향으로 나와 스타페리선착장방향으로 걸으면 오른편에 위치한다. 도보 2분 거리. 홈페이지 www.hkhls.com

 눈과 입이 즐거워지는 프로즌요거트 ★★★★☆
스마일요거트앤디저트바 Smile Yogurt&Dessert Bar

하버시티와 K11 쇼핑몰에 위치한 요거트, 케이크, 디저트를 전문으로 하는 집이다. 화려한 토핑 장식의 프로즌요거트가 유명한데, A~J까지의 10가지 요거트 중 하나를 선택하면 된다. 본인 스타일대로 요거트를 즐기고 싶다면 K를 선택한 후 다양한 토핑 중에서 선택하면 된다. 모든 요거트에는 기본으로 프로즌요거트와 홈메이드크림이 포함되며, 플레이커, 소스, 크림과 쿠키, 젤리, 모찌와 마시멜로, 초콜릿, 과일, 푸딩과 셔벗 등 다양한 종류의 토핑 중에서 선택할 수 있다.

주소 Shop.G49, G/F Ocean Terminal, Harbour City, 17 Canton Road, Tsim Sha Tsui 베스트메뉴 망고푸딩, 망고와 패션후르츠, 망고샤베트 등으로 구성된 G번 망고피버(Mango Ferver, HK$70), 라즈베리크랜베리푸딩, 망고, 레몬셔벗, 생딸기와 말린파인애플에 망고소스를 뿌린 J번 골든스마일(Golden Smile, HK$70) 추천메뉴 오레오, 크런치볼, 브라우니, 모찌볼 등으로 구성된 T번 초콜릿러버(Chocolate Lover, HK$63), K번 Your Own Creation은 기본에 1가지 토핑을 선택하면 HK$42이고, HK$6~20을 추가하면 원하는 다른 토핑을 추가할 수 있다. 영업시간 12:30~22:00(월~일요일)/연중무휴 가격 HK$42~ 문의 (852)2736-0268 찾아가기 하버시티의 오션터미널 G층에 위치한다. 홈페이지 smile-yogurt.com

❶ 골든스마일(Golden Smile) ❷ 초콜릿러버(Chocolate Lover) ❸ 망망고피버(Mango Frver)

 중독성 강한 쿠키 ★★★★★
제니베이커리쿠키 珍妮曲奇 Jenny Bakery Cookies

우리나라 여행자들 사이에 홍콩여행에서 반드시 사야 될 마약쿠키로 소문난 홍콩의 유명한 쿠키전문점이다. 제니아줌마가 집에서 구운 버터쿠키가 지인들에게 반응이 좋아 2005년 가게를 오픈하였으며, 한번 먹어본 사람은 반드시 다시 찾는다 하여 마약쿠키로 불린다. 일반버터에 비해 부드러우면서 진

133

한 풍미를 느낄 수 있는 호주산 골든천버터를 사용하는 것이 특징이다. 침사추이와 성완에 2개의 지점이 있으며 오픈과 동시에 번호표를 나눠주며 번호표가 있는 사람만 구매가 가능하다. 보유한 쿠키가 다 팔리면 영업을 종료하며 현금결제만 가능하다.

주소 Shop,24, G/F Mirador Mansion, 54-64B Nathan Road, Tsim Sha Tsui **귀띔 한마디** 네이던로드에서 풋말을 들고 제니쿠키를 판매하는 곳은 모두 가짜이니 조심하자! **베스트메뉴** 4가지 버터쿠키(4 Mix Butter Cookies, 小 HK$70, 大 HK$130) **추천메뉴** 8가지 믹스넛쿠키(8 Mix Nuts Cookies, 小 HK$120, 大 HK$190) **영업시간** 09:00~19:00(월~일요일)/연중무휴 **문의** (852)2730-8390 **찾아가기** MTR 침사추이역 N5번 출구로 나오면 길게 늘어선 대기줄이 바로 제니베이커리쿠키를 구입하기 위한 줄이다. **홈페이지** www.jennybakery.com

치즈덕후들의 치즈번으로 유명한 ★★★★★
구슐바우어 麥上日光 Guschlbauer

1919년 오스트리아에서 시작된 유럽식 웰빙빵과 조각케이크 등을 판매하는 베이커리로 오픈과 동시에 현지인들의 입맛을 사로잡은 핫플레이스이다. '악마의 치즈번'이라 불리는 오스트리안 치즈번과 치즈와 밤알이 가득 들어 있는 오스트리안 치즈앤체스넛번을 판매하는 것으로 유명한데, 각각 판매량이 하루 800개와 300개로 한정되어 있다. 특히 12시부터 판매하는 치즈번은 보드라운 빵에 겹겹이 크림치즈로 채워져 있어 이 집에서 가장 인기 있는 메뉴로 1인 판매 개수도 6개로 제한하고 있다.

❶ 오스트리안치즈번(Signature Austrian Cheese Bun) ❷ 오스트리안치즈앤체스넛번(Austrian Cheese&Chestnut Bun)

주소 Fook Kiu Mansion, 34-36 Cameron Road, Tsim Sha Tsui **베스트메뉴** 오스트리안치즈번(Signature Austrian Cheese Bun, 1개 HK$25, 4개 HK$90), 오스트리안치즈앤체스넛번(Austrian Cheese& Chestnut Bun, 1개 HK$28, 4개 HK$100) **가격** HK$25~ **영업시간** 10:00~21:00(월~일요일)/연중무휴 **문의** (852)6591-0811 **찾아가기** MTR 침사추이역 B1 또는 B2번 출구로 나와 오른쪽의 카메론로드(Cameron Rd.)을 따라 직진하면 오른편에 위치한다. 도보 3분 거리.

홍콩의 대표 육포전문점 ★★★★
비첸향 美珍香 Bee Cheng Hiang

싱가포르에 본점을 두고 있는 비첸향은 예전에는 홍콩에서 반드시 사야 될 품목 중 하나였던 아시아 최고의 육포전문점이다. 소, 돼지, 양, 닭고기 등을 숯불에서 구워낸 육포로 양념에 따라 맛이 달라지며,

쫀득쫀득하고 야들야들 부드럽게 씹히는 맛이 특징이다. 여러 번의 수작업을 거친 바비큐 육포 박과Bakkwa와 죽이나 밥과 함께 먹으면 좋은 플로스Floss 등이 있다. 시식해보고 구입할 수 있으며, 그램 단위로 판매하기 때문에 먹을 만큼만 잘라달라고 하면 된다.

주소 35-37 Haiphong Street, Tim Sha Tsui **귀띔 한마디** 원하는 양을 진공포장으로 구입할 수 있지만, 국내반입이 허용되지 않으므로 유의하자. **베스트메뉴** 소고기육포(Sliced Beef, 500g HK$223) **추천메뉴** 돼지육포(Sliced Pork, 500g HK$213), 매콤달콤한 칠리포크육포(Chilli Pork, 500g HK$209) **가격** HK$209~ **영업시간** 09:00~24:00/연중무휴 **문의** (852)2730-8390 **찾아가기** MTR 침사추이역 A1번 출구로 나와 오른쪽의 하이퐁로드(Haipong Rd.)를 따라 걸으면 왼편에 위치한다. 도보 3분 거리./카오룽공원 입구 맞은편에 위치한다. **홈페이지** www.bch.hk

 세계에서 가장 높은 곳에 위치한 바 ★★★★★
오존 OZONE

리치칼튼호텔 최고층인 118층에 위치한 오존은 세련된 인테리어와 초현실적인 분위기로 공간마다 콘셉트를 다르게 연출하고 있는 바&레스토랑이다. 획기적인 칵테일과 이국적인 아시안스타일의 다양한 메뉴를 선보이며, 야외 테라스에서는 빅토리아항과 홍콩의 멋진 야경을 한눈에 내려다 볼 수 있다. 다른 호텔바와 달리 캐주얼한 의상도 입장이 가능하지만 저녁 9시 이후에는 남성은 비치샌들, 민소매셔츠 차림은 입장이 불가능하다. 현지인보다는 외국인에게 인기 있는 곳으로 평일에도 이른 시간부터 사람들이 붐비며, 특히 금요일과 주말은 예약이 필수이다.

❶ 블랙베리모히토(Blackberry Mojito) ❷ 바질릭(Basilic)
❸ 탱고(Tango) ❹ 바닐라스카이(Vanilla Sky)

주소 118/F The Ritz-Carlton Hong Kong, International Commerce Centre, 1 Austin Road West, Tsim Sha Tsui **귀띔 한마디** 같은 건물 ICC 전망대 Sky100의 입장료와 비슷한 가격으로 더 높은 곳에서 야경을 즐길 수 있다. **베스트메뉴** 럼을 기본으로 블랙베리, 라임, 민트, 소다 등으로 만든 칵테일 블랙베리모히토(Blackberry Mojito, HK$ 180), 진을 기본으로 바질, 그린애플, 레몬글라스, 유자 등으로 만든 바질릭(Basilic, HK$180) **추천메뉴** 진을 기본으로 압생트, 사과, 레몬주스로 만든 탱고(Tango, HK$180), 부르봉위스키에 탈리스커, 바닐라, 배 등으로 만든 바닐라스카이(Vanilla Sky, HK$$180) **가격** 칵테일 HK$180~/Service Charge 10% 별도 **영업시간** 17:00~01:00(월~수요일), 17:00~02:00(목요일), 17:00~03:00(금요일), 15:00~03:00(토요일), 12:00~24:00(일요일)/연중무휴 **문의** (852)2263-2270 **찾아가기** MTR 통충선과 AEL의 카우룽(九龍, Kowloon)역 C1번 출구로 나와서 The Ritz-Carlton 표지판을 따라 이동하면 ICC빌딩 118층에 위치한다. **홈페이지** www.ritzcarlton.com/hongkong

멋진 야경과 함께 신선한 굴과 와인을 즐기는 ★★★★★
오이스터앤와인바 Oyster&Wine Bar

쉐라톤호텔 18층에 위치한 레스토랑으로 로맨틱한 빅토리아항의 멋진 야경을 바라보며 신선한 굴과 해산물 그리고 500여 종의 와인을 즐길 수 있다. 굴 전문가이자 스타셰프인 오스카초우Oscar Chow가 매일 미국, 프랑스, 호주, 일본 등 세계 각국에서 엄선한 25~30가지의 굴을 선보이며, 시즌별로 굴콜렉션이 바뀐다. 향긋하고 달콤한 굴을 원하면 미국산, 짭조름한 굴을 원한다면 프랑스산을 추천하며, 부드럽고 크리미한 굴을 먼저 먹고 짭조름한 굴을 나중에 먹는 것이 좋다. 비싸지 않은 가격에 좋은 와인을 즐길 수 있으며, 특히 셀프로 이용할 수 있는 와인디스펜서가 마련되어 있어 서비스요금 없이 다양한 종류의 와인을 마셔볼 수 있다.

주소 18/F Sheraton Hong Kong&Tower, 20 Nathan Road, Tsim Sha Tsui **귀띔 한마디** 매일 저녁 15:00~18:30은 해피아워타임이다. **베스트 메뉴** 매일 세계각국에서 공수한 굴(Oyster, HK$40~), 감자요리에 스코틀랜드산 연어구이, 사우어크림, 세르부가철갑상어의 캐비아를 올린 스코틀랜드연어필렛(Napoleon of Royal Smoked Scottish Salmon Fillet, HK$325) **가격** HK$350~/Service Charge 10% 별도 **영업시간** 18:30~23:00(일~목요일), 18:00~23:00(금~토요일) 선데이브런치 12:00~15:00(일요일)/연중무휴 **문의** (852)2369-1111#3145 **찾아가기** MTR 침사추이역 J5번 출구와 연결되어 있는 쉐라톤호텔 18층에 위치한다. **홈페이지** www.sheratonhongkonghotel.com

❶ 굴(Oyster) ❷ 스코틀랜드연어필레(Napoleon of Royal smoked Scottish Salmon Fillet) ❸ 굴전문셰프 오스카초우(Oscar Chow)

와인과 함께 즐기는 심포니오브라이트 ★★★★★
쉐라톤호텔 스카이라운지 Sky Lounge

오이스터앤와인바와 같은 층에 위치한 스카이라운지는 로맨틱한 분위기로 조용하게 홍콩섬 야경을 즐길 수 있는 바이다. 4개의 파티션으로 나눠진 실내는 조용히 흐르는 음악, 분위기 있는 조명 등이 어우러져 연인들이 사랑을 속삭이기에 그만이다. 아이패드를 통해 선택한 와인에 관한 상세 정보를 알 수 있으며, 와인자판기인 와인디스펜서가 마련되어 취향에 맞는 와인을 직접 골라 마실 수 있다. 칵테일을 주문하면 칵테일종류에 따라 테이블 옆에서 직접 만들어주는 퍼포먼스도 즐길 수 있다. 칵테일, 와인뿐만 아니라 샴페인, 맥주, 위스키 등 취향에 맞게 간단하게 한잔 즐기기에 좋다.

주소 18/F Sheraton Hong Kong Hotel&Tower, 20 Nathan Road, Tsim Sha Tsui **귀띔 한마디** 매일 밤 8시 이후에는 호텔투숙객 외에는 미니멈차지 HK$158이 있다. **베스트메뉴** 보드카를 기본으로 레몬주스, 라임주스, 딸기시럽이 들어간 스트로베리러스킨(Strawberry Ruskin, HK$120) **추천메뉴** 애프터눈티세트(Afternoon Tea Set, 월~금요일 HK$218, 주말과 공휴일 HK$238) **가격** 칵테일 HK$120/Service Charge 10% 별도 **영업시간** 15:00~24:30(일~목요일), 14:00~01:30(금~토요일과 공휴일), **애프터눈티** 15:00~18:00(월~금요일), 14:00~18:00(주말과 공휴일)/연중무휴 **문의** (852)2369-1111#4 **찾아가기** MTR 침사추이역 J5번 출구와 연결되어 있는 쉐라톤호텔 18층에 위치한다. **홈페이지** www.sheratonhongkonghotel.com

❶ 다양한 칵테일 ❷ 스트로베리러스킨(Strawberry Ruskin) ❸ 애프터눈티세트(Afternoon Tea Set) ❹ 와인디스펜서(Wine Dispenser)

 독특한 디자인으로 유명한 바 ★★★★★
펠릭스 Felix

유머러스한 독특함과 고급스러운 디자인으로 세계적 명성을 얻고 있는 디자이너 필립스탁 Philippe Patrick Starck이 디자인하여 더욱 유명해진 럭셔리바이다. 페닌슐라홍콩 최상층에 위치하며 와인바, 발코니, 아메리칸바, 크레이지박스 등 4가지의 독특한 인테리어와 디자인이 인상적이다.

펠릭스는 페닌슐라홍콩에서 오랜 기간 근무한 총지배인 '펠릭스비거Felix Bieger' 이름에서 따왔으며 페닌슐라홍콩의 직원사진을 의자에 프린트하였다. 레스토랑과 바로 나뉘며 메뉴판이 아이패드로 제공되므로 메뉴를 클릭하면 메뉴에 대한 자세한 정보도 볼 수 있다. 요시하루카지Yoshiharu Kaji 총괄셰프는 유럽, 미국, 아시아태평양 등에서 공수해 온 신선한 재료로 모던유러피안스타일의 요리를 선보이고 있다.

주소 28/F The Peninsula, Salisbury Road, Tsim Sha Tsui **귀띔 한마디** 필립스탁의 감각적 디자인이 살아있는 곳은 남자화장실로 통유리를 통해 바라보는 야경이 환상적이다. **베스트메뉴** 펠릭스의 대표메뉴로 최고등급의 일본산 안심으로 구운 안심스테이크바비큐(BBQ, HK$1,080), 무스와 함께 구운 거위간, 감자크림수프, 감사시리얼과 양파잼으로 구성되어 간단한 아침식사처럼 보이는 거위간요리 블랙퍼스트(Breakfast, HK$290) **추천메뉴** 펠릭스의 런던 넘버원진, 자스민시럽, 레몬주스와 샴페인으로 만든 펠릭스75(Felix75, HK$220) **가격** HK$220~/Service Charge 10% 별도 **영업시간** 저녁 18:00~22:30 **스낵** 18:00~24:00 **음료** 17:30~01:30(월~일요일)/연중무휴 **문의** (852)2696-6778 **찾아가기** MTR 침사추이역 E번 출구로 나와 정면으로 걸으면 보이는 페닌슐라쇼핑아케이드에서 펠릭스 전용 엘리베이터를 타면 28층에 위치한다. **홈페이지** hongkong.peninsula.com/en

❶ Yoshiharu Kaji Chef ❷ 바비큐(BBQ) ❸ 펠릭스75(Felix75) ❹ 블랙퍼스트(Breakfast)

Special 02

침사추이의 작은 유럽거리
넛츠포드테라스 (Knutsford Terrace)

센트럴에 소호와 란콰이퐁이 있다면 침사추이에는 넛츠포드테라스가 있다. 킴벌리로드에 위치한 100m 남짓 골목길에 유럽의 거리를 옮겨놓은 듯한 이곳은 도시개발로 빌딩이 들어서면서 테라스처럼 남아버린 공간을 현재처럼 조성한 곳이다. 다양한 나라의 음식을 맛볼 수 있는 레스토랑과 바가 다닥다닥 붙어 있고, 규모는 작지만 유명한 라이브클럽들이 위치한다.

금요일 저녁이면 좁은 골목 안은 야외테이블에서 식사나 맥주를 마시는 사람들과 호객행위를 하는 점원, 어디로 갈지 몰라 고민하는 사람들까지 발 디딜 틈 없이 장사진을 이룬다. 대부분은 야외테이블이 있어 분위기 있는 식사를 즐기기는 좋지만 가격이 비싸고 맛도 대체로 만족스럽지 않기 때문에 야외테이블에 앉아 맥주나 칵테일을 가볍게 즐기는 편이 좋다.

귀띔 한마디 레스토랑입구에 메뉴판이 있어 가격을 확인할 수 있다. 맥주 가격도 다른 곳보다 2~3배가량 비싸며 간단한 안주가 함께 나오는 곳이 있는데, 무료가 아니므로 주의해야 한다. **찾아가기** MTR 침사추이(尖沙咀, Tsim Sha Tsui)역 B1번 출구로 나와 오른쪽 네이던로드(Nathan Rd.)를 따라 직진하다 호텔미라마와 미라마쇼핑센터 사이의 킴벌리로드(Kimberley Rd.)를 따라 가다 왼쪽에 랩메이드아이스크림(Lab Made Liquid Nitrogen Ice Cream Laboratory)가게 안쪽의 계단과 에스컬레이터를 타고 올라가면 위치한다.

파파라치 (Paparazzi)

고급스러운 인테리어가 돋보이는 이탈리안레스토랑으로 홍콩 최고의 피자집으로 선정된 바 있다. 잘 차려입은 직원들과 중후한 분위기로 캐주얼차림이라면 들어서기 약간 망설여지지만 당당하게 들어서도 된다. 야외테이블은 어수선할 수 있으므로 식사는 실내에서 하고 맥주를 즐길 경우 야외테이블을 이용하자.

영업시간 12:00~02:00(월~목요일), 12:00~03:00(금~토요일), 12:00~01:00(일요일)/연중무휴 **가격** HK$200~/Service Charge 10% **문의** (852)2312-6668

와일드파이어 (WildFire)

피자, 케밥과 와규버거 등이 유명한 이탈리안 체인레스토랑이다. 가격이 비교적 저렴하고 맛도 훌륭한 편이라 저녁시간에는 늘 사람들로 북적인다. 주문과 동시에 피자를 화덕에서 구워내며, 피자도우가 얇고 바삭한 것이 특징이다. 식사주문은 밤 10시까지 가능하고 그 이후에는 주류를 즐길 수 있는 바로 운영된다.

영업시간 12:00~02:00(일~목요일과 공휴일), 12:00~03:00(금~토요일과 공휴일 전날)/연중무휴 **가격** HK$200~/Service Charge 10% 별도 **문의** (852)3690-1598

뚜또베네 (Tutto Bene)

이탈리아어로 '잘 될 거야'라는 뜻을 지닌 이탈리안레스토랑으로 넛츠포드테라스에서 가장 인기 있는 곳이다. 파스타, 리소토, 스테이크 등의 메뉴가 있고, 매일 밤 10시 30분부터 테이블을 돌며 통기타로 음악을 들려주는데 신청곡도 받는다. 식사를 하기에는 맛도 그렇고 비싼 편이라 맥주 한 병과 함께 재즈라이브공연을 즐기는 편이 좋다.

영업시간 12:00~02:00(월~목요일), 12:00~03:00(금~토요일), 12:00~01:00(일요일)/연중무휴 **가격** HK$200~/Service Charge 10% 별도 **문의** (852)2316-2116

메르하바 (Merhaba)

터키어로 '안녕하세요.'라는 뜻을 지닌 터키시레스토랑이다. 터키의 전통의상과 전통모자 페즈(fez)를 갖춘 종업원들이 분주히 서빙을 하고, 물담배 시샤도 자연스럽게 피울 수 있는 곳이다. 터키의 대표음식 케밥이 유명한 곳으로 터키와 그리스 등의 지중해음식과 맥주를 판매한다. 늦은 저녁에는 무희들이 현란한 벨리댄스를 추며 레스토랑 전체를 뛰어다닌다.

영업시간 16:00~02:00(월~수요일), 16:00~03:00(목~토요일, 공휴일 전날), 16:00~01:00(일요일과 공휴일)/연중무휴 **가격** HK$250~/Service Charge 10% 별도 **문의** (852)2367-2263

엘시드 (El cid)

스페인의 영웅 엘시드의 이름에서 딴 스페니시레스토랑으로 저렴하게 점심식사를 할 수 있어 인기이다. 식사 전 술과 곁들이는 전채요리 타파스(Tapas)를 비롯하여 다양한 스페인정통요리를 선보인다. 메인요리보다는 세라노햄샐러드(Serrano Ham with Apple Salad, HK$90), 돼지목심스테이크(Grilled Iberico Pork with Sea Salt, HK$120), 스페니시오믈렛(Spanish Omelette, HK$50), 오징어튀김(Deep Fried Squid, HK$90) 등 타파스와 함께 스페인 전통칵테일 상그리아를 즐기기 좋다.

영업시간 12:00~24:30(일~목요일), 12:00~01:00(금~토요일과 공휴일 전날)/연중무휴 **가격** HK$250~/Service Charge 10% 별도 **문의** (852)2312-1898

Section 03
침사추이에서 놓치면 후회하는 쇼핑거리

홍콩에서 단 한번에 쇼핑을 끝내고 싶다면 가장 추천해 주고 싶은 곳이 하버시티이다. 침사추이 하버시티에는 명품브랜드부터 중저가브랜드까지 다양한 쇼핑을 할 수 있을 뿐 아니라 아이쇼핑만으로도 행복해지며 하버시티 바로 옆의 캔톤로드 주변으로 많은 쇼핑몰이 밀집해 있다.

홍콩 최대의 메머드급 쇼핑몰, 하버시티 ★★★★★
하버시티 海港城 Harbour City

홍콩 최대의 쇼핑몰로 스타페리터미널 바로 옆과 캔톤로드에 위치해 있어 교통이 편리하다. 오션터미널, 오션센터, 게이트웨이아케이드, 마르코폴로홍콩호텔아케이드와 스타아넥스 등 5개 섹션에 8개 쇼핑구역으로 구성되어 있다. 3개의 백화점과 500여 개의 매장, 50여 개의 레스토랑과 커피숍, 대형슈퍼마켓, 극장과 호텔 등이 입점해 있어 순전히 돌아보는 것만으로도 3일은 족히 걸린다. 입구의 인포메이션데스크에서 안내책자부터 교부받아 원하는 매장위치를 파악한 후 쇼핑을 해야 시간을 절약할 수 있다.
곳곳에 매장과 레스토랑 등에 관한 정보를 영상으로 검색할 수 있는 컨시어지키오스크 i-Concierge Kiosk 서비스 등 최첨단 고객서비스를 갖추고 있다. 이밖에도 수유실과 유모차대여, 구급의료, 홍콩시내 팩스서비스, 무료인터넷, 핸드폰 무료충전, 우산대여 및 마스크제공 등 각종 편의시설을 제공하는 쇼핑케어센터와 짐을 무료로 맡길 수 있는 무료라커서비스도 운영하고 있다.

주소 Harbour City, 3-27 Canton Road, Tsim Sha Tsui **귀띔 한마디** 쇼핑을 좋아하지 않아도 하버시티는 한 번쯤 구경해 볼 만한 장소이다. **영업시간** 10:00~22:00(매장마다 상이)/연중무휴 **문의** (852)2118-8666 **찾아가기** MTR 침사추이역 A1번 출구로 나와 오른쪽의 하이퐁로드(Haipong Rd.)를 따라 끝까지 걸으면 정면에 위치한다./스타페리터미널 옆, 캔톤로드 등 곳곳에 입구가 있다. **홈페이지** www.harbourcity.com.hk

Chapter 01 침사추이

오션터미널(Ocean Terminal 海運大廈 OT)

3개 층으로 구성된 오션터미널에는 레이크로포드와 엘쎄엑스 2곳의 대형백화점과 아동전문구역 키덱스(KidX) 그리고 스포츠전문구역 스포츠엑스(SportX)로 구분된다. L층에는 아시아에서 가장 큰 장난감매장 토이저러스를 비롯하여 알마니주니어, 버버리키즈, 베이비디올, 구찌키즈 등 40여 개의 매장이 입점한 키덱스가 위치한다. L2층에는 돌체앤가바나뷰티, 디올뷰티, 클라란스, 클로에 등 코스메틱매장이 위치한 레인크로포드가 있다.

레인크로포드(Lane Crawford)

동구리리퍼블릭(Donguri Republic)

토이저러스(Toys Я us)

기가스포츠(GigaSports)

맞은편 토니모리, 안나수이, 키코밀라노, 질스튜이트 등의 중저가 코스메틱매장과 식스티에이트, 아메리칸이글, 잭윌스, 슈가맨, 스타일난다, 릴리브라운 등 10~20대가 좋아하는 패션매장, 일본 애니메이션 감독 미야자키 하야오의 '이웃집 토토로' 캐릭터로 꾸며진 동구리리퍼블릭, 하마를 닮은 핀란드 캐릭터를 주제로 한 무민카페 등이 위치한 엘씨엑스가 자리한다. 홍콩 최대의 스포츠웨어매장 기가스포츠를 포함한 아디다스, 나이키, 리복 등 우리에게도 친숙한 스포츠브랜드매장이 위치한 스포츠엑스가 같은 층에 위치한다.

BLT스테이크(BLT Steak)

아메리칸 스테이크하우스로 USDA프라임, 블랙앵거스, 아메리칸와규, 일본 코베소고기 등 최상급 고기만을 사용하는 다양한 스테이크를 선보인다. 스테이크 외에도 버거, 샌드위치, 스낵, 디저트 등의 메뉴가 있으며, 대표 스테이크는 USDA뉴욕스테이크(USDA New York Strip 16 oz, HK$390)이다. 매일 12:00~15:00에는 저렴한 가격에 샐러드, 애피타이저와 디저트 등으로 구성된 뷔페(Buffet, 1인당 HK$138)를 즐길 수 있다.

BLT버거(BLT Burger)

뉴욕 본점과 라스베이거스에 이어 홍콩에 두 번째 지점을 오픈하였다. 10여 가지의 수제버거와 밀크셰이크가 유명하며, 주문 시 고기의 굽기 정도를 요청할 수 있는데 별도요구를 하지 않으면 미디엄으로 구워준다. 블랙앵거스 소고기를 사용한 두툼한 패티, 바짝 구운 베이컨, 양상추, 토마토 그리고 수제소스가 기본으로 들어 있으며 본인의 취향에 따라 추가금액을 내고 치즈와 토핑을 추가할 수 있다. 버거세트에는 소다와 감자튀김이 포함되어 있으며, 감자튀김은 3종류 중에서 선택할 수 있다.

매장번호 OT G층 G62호 **영업시간** 12:00~23:00(월~일요일)/연중무휴 **문의** (852)2730-3508

매장번호 OT 3층 301호 **영업시간** 11:00~23:00(월~일요일)/연중무휴 **문의** (852)2730-2338

레이디엠뉴욕 (Lady M New York)

미국 뉴욕에 본점을 두고 있는 일본스타일의 디저트전문카페로 가벼운 패스추리크림을 20겹의 얇은 크레페에 쌓아올려 만든 밀크레이프(Mille Crêpes)를 전문으로 한다. 바닐라, 녹차, 얼그레이 등으로 만든 밀크레이프가 있으며, 이외에도 케이크, 밀푀유, 애플갈레트 등이 있다. 조각으로도 판매하며, 테이크어웨이를 하거나 매장에서 먹을 수 있고 인기 있는 메뉴는 바닐라로 만든 시그니처밀크레이프(Signature Mille Crêpes, 1조각 HK$68)이다.

매장번호 OT 2층 215K호 **영업시간** 10:00∼21:00(일∼목요일), 10:00∼22:00(금∼토요일)/연중무휴 **문의** (852)2873-2356

비비안웨스트우드카페 (Vivienne Westwood café)

영국 유명패션브랜드 비비안웨스트우드에서 운영하는 카페로 영국 스코틀랜드의 전통적인 격자무늬 타탄체크(Tartan Check)의 틴케이스 진열과 식기류가 인상적이다. 수제조각케이크, 스콘, 아이스크림, 차, 음료 등의 디저트메뉴가 있으며, 특히 비비안웨스트우드의 감성이 실린 케이크는 먹기에도 아까울 정도로 깜찍하다. 조각케이크는 HK$55부터이며 수제조각케이크, 초콜릿, 세이버리, 스콘, 아이스크림, 커피 또는 차가 나오는 애프터눈티세트(Afternoon Tea Set, 2인 HK$468)도 있다.

매장번호 OT 3층 305A호 **영업시간** 11:00∼22:00(월∼일요일)/연중무휴 **문의** (852)3188-2646

무민카페 (Moomin café)

핀란드 여성작가의 동화에서 출발하여 일본 후지TV에서 애니메이션을 제작한 이후 계속 시리즈가 나오면서 큰 사랑을 받는 무민가족 캐릭터로 꾸며진 카페이다. 오션터미널 엘씨엑스(LCX) 내에 위치하며, 팬케이크, 케이크, 푸딩, 버거, 파스타, 샌드위치, 샐러드 등 다양한 메뉴가 있다. 무민하우스팬케이크(Moomin House Pancake with Mixed Berries, HK$138)를 주문하면 장식으로 나오는 무민캐릭터 도자기인형은 가져갈 수 있다. 또한 무민라테(Moomin Latte, HK$50)를 주문하면 라떼아트로 무민캐릭터를 그려주는데 주문 시 무민을 말하지 않으면 다른 캐릭터로 그려준다.

매장번호 OT LCX 32호 **영업시간** 11:00∼23:00(월∼일요일)/연중무휴 **문의** (852)2730-0963

 오션센터 (Ocean centre 洋中心 OC)

4개 층으로 구성된 오션센터는 L1층에는 캔톤로드 대로변을 따라 에르메스, 샤넬, 루이비통 등의 대형매장이 자리한다. L2층에는 막스마라, 블루마린, 비비안웨스트우드 등 명품캐주얼브랜드매장과 발리, 미우미우, 에트로, 펜디 등 명품매장이 입점해있고, 영국 홍차브랜드 웨지우드티바와 초콜릿전문점인 장폴에뱅이 위치해 있다. L3층에는 백화점형식으로 입점한 막스앤스펜서 그리고 가전제품 전문매장인 브로드웨이, 포트리스와 독일 고급카메라 라이카스토어 등이 입점해 있으며, L4층에는 빅토리아하버가 파노라마처럼 펼쳐지는 야외테라스가 있다. 일본 라이프스타일브랜드 무지, 이탈리안레스토랑 라로칸다와 영국 유명셰프 제이미올리버가 오픈한 제이미스이탈리안 등이 자리한다.

Chapter 01 침사추이

에르메스(HERMÈS)

비비안웨스트우드(Vivienne Westwood)

브로드웨이(Broadway)

장폴에벵(Jean-Paul Hevin)

프랑스산 우수한 코코아만을 사용하며 본국에서 개최되는 거의 모든 초콜릿대회에서 수상을 한 고급 초콜릿전문점이다. 초콜릿 이외에도 마카롱, 견과류 쿠키인 크로캉 등이 있다. 특히 초콜릿은 매일 아침에 만들어 3일 이내로 판매하며, 고유의 빛을 띠는 색과 맛으로 유명하다.

매장번호 OC 2층 212호 영업시간 10:00~22:00(월~일요일)/연중무휴 문의 (852)2735-3268

웨지우드티바(Wedgwood Tea Bar)

영250년의 역사를 가진 영국의 대표 도자기회사로 크리스탈, 은제품, 주얼리, 티사업 등을 하고 있는 홍차브랜드 웨지우드의 티카페이다. 우아한 디저트를 즐기기에 안성맞춤으로 웨지우드제품의 티웨어를 사용하며 아까울 정도로 고급스러운 미니케이크뿐만 아니라 마카롱, 초콜릿 그리고 웨지우드홍차 등이 있다.

매장번호 OC 2층 K5호 영업시간 10:00~22:00(월~일요일)/연중무휴 문의 (852)2466-7998

제이미스이탈리안(Jamie's Italian)

영국스타요리사 제이미올리버(Jamie Oliver)의 캐주얼 이탈리안레스토랑으로 코즈웨이베이에 이어 오픈한 2호점이다. 비교적 저렴하게 이탈리안요리를 즐길 수 있어 젊은 현지인과 여행자들에게 인기가 높다. 애피타이저, 피자, 파스타, 메인요리, 사이드, 디저트 등이 있으며, 특히 세 가지 치즈로 속을 채워 바삭하게 튀긴 라비올리에 파르마산치즈가 함께 나오는 이탈리안나초(Italian Nachos, HK$78), 마늘과 고추와 함께 튀긴 오징어튀김(Crispy Squid), 목초만 먹여 키운 소를 이용한 안심스테이크(Tenderloin Steak, HK$348) 등이 유명하다.

매장번호 OC 4층 412호 영업시간 08:00~23:00(월~금요일), 11:00~23:00(토~일요일)/연중무휴 문의 (852)3758-3333

라로칸다(LA LOCANDA by Giancarlo Perbellini)

BLT스테이크와 BLT버거로 유명한 다이닝콘셉트에서 운영하는 이탈리안레스토랑이다. 투스타 미슐랭 셰프 지안까를로페르벨리니(Giancarlo Perbellini)가 총괄하고 있다. 애피타이저, 파스타, 피자, 메인요리, 디저트 등의 고전적인 이탈리아요리를 선보이며, 평일 점심에는 뷔페, 주말과 공휴일에는 브런치를 제공하고 있다. 염장과 숙성의 과정을 거쳐 만드는 파르마햄, 모차렐라와 파르마산치즈 등을 올린 프리마베라(Primavera, HK$198)피자가 유명하다.

매장번호 OC 4층 402호 영업시간 점심 12:00~15:00 저녁 18:00~23:00(월~일요일)/연중무휴 문의 (852)2785-9600

게이트웨이아케이드(Gateway Arcade) 港成商場 GW

하버시티에서 가장 많은 명품매장이 모인 곳으로 L1층 캔톤로드 대로변을 따라 구찌, 마크제이콥스, 프라다, 펜디, 코치, 돌체앤가바나, 폴앤샥, 엠프리오아르마니 등의 대형매장과 셀린느, 휴고보스, 끌로에, 스튜어트와이츠먼 등 럭셔리명품매장이 위치한다. 2층에는 닥스, 막스앤코, 마크제이콥스, 겐조, 알렉산더왕 등의 명품매장과 자라, 45알, 22옥토브르, 보스오렌지, 캘빈클라인 진, 테드베이커, 쉐비뇽, 에비수 등 수많은 중가브랜드매장이 모여 있다. 3층에는 대형 유니클로매장, 자라홈, 일본계 서점 페이지원, 싱가포르 고급차브랜드 WG 그리고 고소영주얼리로 유명한 덴마크 주얼리브랜드 판도라매장과 대형슈퍼마켓 시티슈퍼와 푸드코트 쿠델리 등이 같은 층에 위치해 있다.

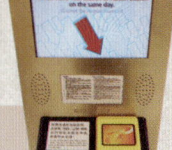

옥토퍼스카드를 찍고 당일 MTR 침사추이역과 오스틴역에서 승차하면 HK$2를 할인받을 수 있는 MTR Fare Saver기계가 3층 로고온매장 옆에 위치한다.

구찌(Guccui)   셀린느(Celine)   자라홈(ZARA Home)

피에르에르메(Pierre Hermé)

제과업계의 피카소라 불리는 프랑스 파티시에 피에르에르메의 디저트상점으로 형형색색의 마카롱이 단연 최고 인기이다. 피에르에르메의 독창적인 마카롱필링과 제조법으로 쫀득하면서 깊은 풍미의 달콤함이 느껴진다. 로즈, 파스타치오, 초콜릿, 커피, 소금캐러멜과 레몬 등 20여 가지의 마카롱이 있으며 낱개 구매는 불가하고 7개(HK$220), 12개(HK$350), 20개(HK$670) 그리고 24개(HK$790)가 들어간 박스 중에 선택할 수 있다.

매장번호 GW 2층 2410호 **영업시간** 10:00~22:00(월~일요일)/연중무휴 **문의** (852)2155-3866

아네스비카페 L.P.G.(agnès b. CAFÉ L.P.G.)

프랑스의 유명 디자이너 아네스비가 오픈한 프렌치감성이 돋보이는 카페이다. 샌드위치, 샐러드, 케이크, 키슈, 초콜릿 등 프랑스 스낵과 커피, 차, 과일주스 등 음료를 판매하며, 특히 은은한 장미향이 입 안 가득 퍼지는 로즈카페오레(Rose flavoured cafe au lait, HK$42)는 꼭 마셔봐야 할 커피이다. 홍콩 곳곳에 지점을 운영하고 있는데 센트럴의 소호점은 플라워숍과 함께 운영하고 있어 프랑스의 작은 정원을 연상케 하는 매장이다.

매장번호 GW 2층 2402K호 **영업시간** 08:30~21:00(월~일요일)/연중무휴 **문의** (852)2956-1258

포숑(Fauchon)

1886년 A.포숑이 파리 마들렌광장에 와인, 푸아그라 등 고급식료품점으로 창업하여 다른 상점에서는 취급하지 않는 고급홍차를 판매하였다. 스리랑카산 홍차로 만든 애플티(La Pomme)가 가장 인기 있으며, 홍차 못지않게 마카롱도 유명하다. 라즈베리, 레몬, 바닐라, 커피 등의 클래식마카롱과 로즈, 스트로베리, 레드푸르츠초콜릿 등 과일마카롱도 있으며, 낱개로도 구입이 가능하다.

매장번호 GW GW 3층 3233호 **영업시간** 11:00~20:30(월~일요일)/연중무휴 **문의** (852)2657-7908

라뒤레(Ladurée)

1862년 프랑스 파리에 오픈하여 현재 모양의 마카롱을 개발한 150년 전통의 유명디저트전문점이다. 대표 마카롱은 로즈마카롱이며, 피스타치오, 레몬, 초콜릿, 라즈베리 등 20여 가지의 마카롱이 있다. 시즌별로 판매되는 마카롱도 있으며, 낱개(HK$26)로도 구입이 가능하다. 마카롱 외에도 프랑스에서 직수입한 홍차, 초콜릿, 잼, 향수, 아로마향초 등도 함께 판매하고 있다.

매장번호 GW 3층 3224호 **영업시간** 10:00~22:00(월~일요일)/연중무휴 **문의** (852)2175-5028

르카페드조엘로부숑(Le café de Joël Robuchon)

프랑스인 미슐랭 3스타셰프 조엘로부숑이 오픈한 프랑스풍 디저트카페로 샌드위치, 베이커리, 크레이프, 와플, 케이크, 젤라토, 커피와 차 등을 판매한다. 디저트 외에도 버거, 바닷가재요리, 애프터눈티 등의 메뉴도 갖추고 있다. 케이크와 마카롱, 샌드위치, 스콘이 나오는 애프터눈티세트(Afternoon Tea Set, 1인 HK$280, 2인 HK$528)도 인기이다.

매장번호 GW 2층 2608-10호 **영업시간** 09:00~22:00(월~일요일), 15:00~18:00(애프터눈티)/연중무휴 **문의** (852)2327-5711

게이트웨이에 위치한 쿡드델리바이시티슈퍼(cookedDeli by city'super)

하버시티 게이트웨이에 위치한 푸드코트로 저렴하면서 양도 푸짐하게 나온다. 태국요리를 파는 칠리앤스파이스(Chili N Spice), 일본식 우동을 파는 토미쿠보(Tomikubo), 전 세계 체인점을 운영하는 일본라멘집 하치반맨야(Hachiban Menya), 아시아 대표누들을 파는 아시안누들(Asian Noodle), 홍콩 디저트전문점 허니문디저트(Honeymoon Dessert) 그리고 우지마차아이스크림과 홋카이도밀크아이스크림으로 유명한 일본식 아이스크림전문점 차차(Cha Cha) 등이 있다. 이 중 가장 인기 있는 코너는 저렴하면서 맛있는 한국음식점 한국의 밥상(Lee Fa Yuen)으로 현지인들에게도 인기가 높다. 각 코너에서 원하는 음식을 주문한 후 계산대에서 현금이나 옥토퍼스카드로 계산한 후 주문한 코너에서 대기번호를 기다리면 된다.

❶ 차차 우지마차아이스크림(Uji Matcha Waffle Cone A1, HK$32) ❷ 한국의 밥상 김치찌개세트(Spicy Kimchi Pot Soup, HK$72)

매장번호 GW 3층 3001호 **영업시간** 10:00~22:00(일~목요일과 공휴일), 10:00~22:30(금~토요일)/연중무휴 **문의** (852)2375-8222

과거와 현재가 공존하는 초호화 복합쇼핑몰 ★★★★★
1881헤리티지 百年經典名店殿堂 1881 Heritage

1881~1996년까지 홍콩해경본부로 사용되던 빅토리아풍의 독특한 건물을 홍콩최대기업인 청쿵그룹이 재건축하여 오픈한 복합쇼핑몰이다. 홍콩의 대표유적지로 해양경찰본부, 시계타워, 카오룽소방서 등 원래건물 5개는 그대로 살린 채 위쪽으로 새롭게 건물을 세웠다. 홍콩 신혼부부들의 웨딩촬영은 모두 여기서 찍는다고 할 만큼 멋진 장소들이 많아 항상 많은 사람들로 북적인다.

몽블랑, 까르띠에, 티파니, 피아제, 롤렉스, IWC, 엠퍼러주얼리 등 세계적으로 유명한 최고급 주얼리매장과 시계 그리고 유명디자이너들의 패션숍이 입점해 있다. 3층 옥상정원에는 빅토리아하버를 오가던 선박들에게 13:00 정각을 알리던 거대한 금속공이 인상적인 시계타워가 있다. 뒤편의 흘렛하우스호텔에는 예전 마구간을 개조한 이탈리아레스토랑 스테이블스그릴, 당시 감옥을 살린 매리너스레스트, 애프터눈티와 주말 브런치를 즐길 수 있는 더팔러 그리고 아치형 천장이 아름다운 프렌치레스토랑 세인트조지, 광둥요리레스토랑 룽토위엔까지 5개의 레스토랑이 위치하고 있다.

▲ 룽토위엔(Loong Toh Yuen)

주소 24A Canton Road, Tsim Sha Tsui **영업시간** 10:00~22:00(매장마다 상이)/연중무휴 **문의** (852)2926-8000 **찾아가기** MTR 침사추이역 F번 출구와 연결된 지하도 L6번에서 '1881 Heritage' 표지판 방향으로 나오면 된다. 도보 1분 거리. **홈페이지** www.1881heritage.com

편집숍 위주의 쇼핑센터 ★★★★
선아케이드 新太陽廣場 The Sun Arcade

❶ 초콜릿(CHOCOOLATE) ❷ 콜렉션포인트(Collect Point)

캔톤로드에 위치한 쇼핑몰로 감각이 돋보이는 영디자이너의 의상과 소품 등을 판매하는 즈템즈, 명품브랜드를 한자리에 모아놓은 멀티아울렛 트위스트, 캐주얼멀티숍 디뭅, 일본계 편집숍 콜렉트포인트, 홍콩브랜드 b+ab, 프렌치스타일의 홍콩브랜드 브레드앤버터, 매시즌 다양한 브랜드와 컬래버레이션을 하는 디자인의류 초콜릿, 아네스베, 스포츠베 등의 편집숍과 홍콩브랜드 위주의 매장, 면세쇼핑몰 티갤러리아홍콩이 함께 있어 시간이 부족한 여행자가 쇼핑하기에 좋다.

주소 28 Canton Road, Tsim Sha Tsui **영업시간** 10:00~23:00(매장마다 상이)/연중무휴 **문의** (852)2735-9208 **찾아가기** 하버시티와 1881헤리티지 사이의 캔톤로드(Canton Rd.)를 따라 걸으면 오른편에 위치한다. 도보 2분 거리. **홈페이지** www.thesunarcade.com.hk

세계적 면세체인점 ★★★★★
티갤러리홍콩 T Galleria HONGKONG

글로벌 면세업체인 미국 DFS그룹의 면세쇼핑몰로 100% 정품만을 취급하기 때문에 안심하고 쇼핑할 수 있다. 홍콩국제공항을 비롯하여 캔톤로드, 모드로드, 코즈웨이베이 등 4개의 지점이 있다. G층에는 신생브랜드와 고가의 화장품과 향수매장이 위치해 있으며, 1층에는 버버리, 발리, 지방시, 던힐, 구찌, 펜디, 코치와 셀린느 등 명품패션매장이 자리한다. 2층에는 피아제, 몽블랑, 스와로브스키, 오메가, 까르띠에, 티파니, IWC 등 명품시계와 주얼리 매장이 위치해 있다. 현재 중국 단체관광객을 위한 쇼핑몰로 변모했으며 타백화점과 쇼핑몰에 비해 면세가격이라는 매력이 거의 없다. 하지만 한국인 직원이 상주하고 있어 쇼핑이 편리하며, 구입한 제품은 영수증과 함께 한국고객서비스센터로 가져가면 교환, 수리 및 반품도 가능하다.

주소 Lippo Sun Plaza, 28 Canton Road, Tsim Sha Tsui **영업시간** 10:00~23:00(매장마다 상이)/연중무휴 **문의** (852)2302-6888 **찾아가기** 하버시티와 1881헤리티지 사이의 캔톤로드를 따라 걸으면 오른편에 위치한다. 도보 2분 거리. **홈페이지** www.dfs.com

편집숍 중심의 쇼핑몰 ★★★★★
실버코드 Slivercord

명품편집숍 중 중저가 패션브랜드를 짧은 동선으로 쇼핑할 수 있는 쇼핑몰이다. B층에는 푸드코트 푸드리퍼블릭이 있으며, B~LG층에 걸쳐 초콜릿, I.T, 츠모리치사토 등이 자리하고, LG층에는 izzue, 5cm 매장과 명품편집숍 ISA가 위치한다. G층에는 홍콩주얼리브랜드 저우다푸周大福, 저우상상周生生과 시계매장이 있으며, 1층에는 b+ab, 롱샤, 샤샤, 컬러믹스매장과 H&M, 버버리 등의 매장이 G~1층에 걸쳐 위치한다. 2층에는 10~20대를 겨냥한 에이프바이베이프아페, 티티카카와 i.t매장 그리고 3층에는 i.t아울렛매장과 딘타이펑, 루비튜즈데이즈와 홋카이도데일리팜 등의 레스토랑이 있다.

주소 30 Canton Road, Tsim Sha Tsui **영업시간** 10:00~23:00(매장마다 상이)/연중무휴 **문의** (852)2735-9208 **찾아가기** MTR 침사추이역 A1번 출구로 나와 오른쪽의 하이퐁로드(Haipong Rd.)를 따라 걷다 아르마니익스체인지(Armani Exchange) 매장에서 왼쪽을 따라 걸으면 왼편에 입구가 위치한다. 도보 5분 거리. **홈페이지** www.silvercord.hk

❶ 푸드리퍼블릭(food republic) ❷ b+ab
❸ 티티카카(TITICACA) ❹ it

홍콩 젊은이들이 선호하는 복합쇼핑몰 ★★★★★
아이스퀘어 ISQUARE

2009년 네이턴로드 한복판에 오픈한 복합쇼핑몰로 쇼핑매장보다는 중저가레스토랑부터 전망 좋은 고급레스토랑이 많은 곳이다. 망고, 슈가맨, 마드모아젤, 테스탄틴, 코치넬리, 뉴밸런스, 필라 등 패션매장은 많지 않지만 마켓플레이스, 베이비저러스, 막스앤스펜서, HMV, 로그온과 프랑프랑 등 가볼만한 매장이 있다. 3~7층에 몬스터스시, 포하이안, 홋카이도라멘산토카, 티우드 등 다양한 중저가레스토랑이 위치하며, 23~31층에는 명가코리안, 엘리트다이닝, 챔프키친, 아얏하버뷰레스토랑, 난하이넘버원 등 파인다이닝레스토랑이 있다.

❶ 막스앤스펜서(Marks&Spencer) ❷ 망고(Mango) ❸ 베이비저러스(BabiesЯus)

주소 63 Nathan Road, Tsim Sha Tsui **영업시간** 09:30~23:30(매장마다 상이)/연중무휴 **문의** (852)3665-3333 **찾아가기** MTR 침사추이역 H와 R번 출구가 지하와 연결된다. **홈페이지** www.isquare.hk

아이스퀘어의 유명레스토랑

난하이넘버원(Nanhai no.1)

홍콩 외식그룹 엘리트콘셉트에서 운영하는 중식레스토랑이다. 홍콩섬을 한눈에 볼 수 있는 30층에 위치하며, 미슐랭가이드 원스타레스토랑이다. 점심에는 비교적 저렴하게 딤섬을 맛볼 수 있으며, 저녁에는 정통광둥해산물요리를 선보인다.

매장 30층 **영업시간** 점심 11:30~15:00 저녁 18:00~23:00 (월~일요일)/연중무휴 **문의** (852)2487-3688

몬스터스시(Monster Sushi)

코즈웨이베이, 몽콕 랭함플레이스에도 위치한 유명체인점으로 저렴하게 초밥을 즐길 수 있다. 회전테이블보다는 메뉴판에서 선택하는 것이 나으며 연어, 장어, 새우, 게살 등 50여 가지의 초밥과 회, 롤, 디저트 등이 있다. 초밥 HK$16~45, 회 HK$39~328, 롤 HK$22~42선이다.

티우드(Teawood Taiwanese café&Restaurant)

타이완스타일의 서민요리와 디저트전문점이다. 타이완의 대표 면요리 뉴러우몐, 갈은 돼지고기를 간장에 조려 밥 위에 얹어 먹는 루러우판, 타이완 돈가스라 불리는 파이구 등 타이완요리에 퓨전을 가미했다. 허니토스트, 펑리수, 과일음료, 파스타, 샐러드 등 다양한 메뉴가 있다.

매장 3층 302호 **영업시간** 12:00~24:00 **문의** (852)2111-1116   **매장** 6층 603호 **영업시간** 11:30~23:00 **문의** (852)2668-5011

Chapter 01 침사추이

🛍 더원 The ONE
홍콩로컬과 일본브랜드위주의 중저가쇼핑몰 ★★★★

중저가의 홍콩로컬브랜드매장이 많고, 전망 좋은 레스토랑과 캐주얼레스토랑들이 모여 있어 10~20대들에게 인기 높은 쇼핑몰이다. 2%, b+ab, 5cm, izzue, 샐러드, 초콜릿 등 홍콩의 최신 패션트렌드를 알 수 있는 홍콩로컬브랜드매장과 저널스탠다드, 어나더에디션, 페이지보이, 티티앤코, 스파이럴걸과 일본의 대표적인 편집숍 빔스 등 일본 최신 유명브랜드매장이 모여 있다. L8층에는 독특한 아이디어의 라이프스타일 콘셉트스토어 홈리스와 로스트앤파운드 매장이 있고, L6~10층에는 대형극장 브로드웨이시네마가 자리한다. L17~21층에는 하버뷰 전망을 갖춘 대형 스카이다이닝레스토랑들이 위치해 있다.

❶ 2% ❷ 저널스탠다드(Journal Standard) ❸ 티티앤코(titty&Co.) ❹ 스파이럴걸(Spiral Girl)

주소 100 Narthan Road, Tsim Sha Tsui **영업시간** 10:00~22:00(매장마다 상이)/연중무휴 **문의** (852)3106-3640 **찾아가기** MTR 침사추이역 B1번 출구로 나와 오른쪽 대로변을 따라 직진하면 오른편에 위치한다. 도보 3분 거리. **홈페이지** www.the-one.hk

🍴 더원의 유명레스토랑

울루물루프라임 (wooloomooloo Prime)

제대로 숙성된 스테이크를 선보이는 스테이크전문점이다. 21층에 위치하여 홍콩섬 전경을 바라보며 식사를 즐길 수 있다. 특히 심포니오브라이트를 감상하기 좋아 데이트장소로 유명하다. 스테이크는 최상급 소고기를 2~3주 습식숙성하여 부드럽고 깊은 감칠맛을 내며, 오스트레일리안비프셀렉션((Australian Beef Selection, HK$410~)와 USDA프라임(USDA Prime Beef Selection, HK$550~) 이 인기메뉴이다.

매장번호 L21층 **영업시간** 점심 11:45~14:30 저녁 18:00~24:00(월~일요일)/연중무휴 **문의** (852)2870-0087

할란스 (Harlan's)

뉴욕출신 스타셰프 할란지(Harlan G)가 운영하는 레스토랑으로 전면 통유리를 통해 홍콩전경을 바라보며 식사나 칵테일, 샴페인 등을 즐길 수 있다. 랍스터, 파스타, 리소토, 스테이크, 폭찹, 디저트 등의 메뉴가 있다. 점심시간에는 메인요리를 주문하면 샐러드바를 이용할 수 있고, 저녁에는 6~8코스가 제공되는 코스메뉴가 있다.

매장번호 L19층 **영업시간** 점심 12:00~14:30(월~토요일) 저녁 18:00~22:30(일~목요일), 18:00~23:00(금~토요일&공휴일전날)/연중무휴 **문의** (852)2972-2222

미라몰 美麗華商場 Miramar Mall

홍콩 젊은 여성들의 인기브랜드 총집합 ★★★★★

규모는 크지 않지만 네이던로드 한복판에 위치하여 접근성이 좋은 쇼핑몰로 기존 미라마쇼핑센터와 공중회랑으로 연결되어 있다. 5cm, 식시티에이트, 아네스베, 더블파크, 유니클로, 비비안웨스트우드, 코코모조, 마우지, i.t, 콜렉트포인트, 디몹셀렉트스토어 등 대부분 홍콩로컬과 일본브랜드의 캐주얼매장과 편집숍이 입점돼 20대 여성들이 주고객층이다. 특히 미라몰의 콜렉트포인트매장은 일본의 인기패션브랜드를 한곳에 모은 편집숍으로 B층 대부분을 차지하며, 미라마쇼핑센터 4층에는 딘타이펑, 광둥식 해산물요리전문 푸호레스토랑과 한식당 서라벌이 위치해 있다. 미라마쇼핑센터와 연결되는 3층에는 미라호텔의 유명 부속레스토랑 퀴진퀴진도 위치해 있다.

주소 132 Nathan Road, Tsim Sha Tsui, **귀띔 한마디** 1층 스타벅스를 통해 넛츠포드테라스를 갈 수 있으며, 홍콩옵틱(The Hong Kong Optic, Shop. 1027A)에서는 아큐브, 바슈+롬 등 1회용 렌즈를 30% 정도 저렴하게 구입할 수 있다. **영업시간** 11:00~23:00(매장마다 상이)/연중무휴 **문의** (852) 2730-5300 **찾아가기** MTR 침사추이역 B1번 출구로 나와 오른쪽 네이던로드(Nathan Rd.)를 따라 걸으면 오른편에 위치한다./도보 2분 거리. **홈페이지** www.mira-mall.com

❶ 더블파크(doule-park) ❷ i.t ❸ 딘타이펑(Din Tai Fung) ❹ 홍콩옵틱(The Hong Kong Optic)

파크레인쇼퍼스블루바드 栢麗購物大道 Park Lane Shopper's Boulevard

네이던로드를 따라 50개의 매장이 있는 쇼핑거리 ★★★★★

카오룽모스크 옆 네이던로드를 따라 50여 개의 매장이 300m 정도 이어진 쇼핑아케이드로 캐주얼브랜드와 홍콩로컬 중저가브랜드가 주를 이룬다. 특히 구두 및 신발매장과 스포츠매장에서는 우리나라에서는 판매되지 않는 제품도 만날 수 있다. 길 한편에는 가로수를 따라 벤치가 곳곳에 마련되어 있어 잠시 쉬어갈 수 있으며, 밤에는 은은한 조명까지 비춰 산책하기에도 좋다. 몽콕과 야우마테이로 가는 버스정류장도 근처에 있어 여행 동선을 짜기에도 편리하다.

주소 111-181 Nathan Road, Tsim Sha Tsui **귀띔 한마디** 사원 바로 옆이라 익숙하지 않은 냄새가 날 때도 있으므로 밤에 거니는 것이 더 좋다. **영업시간** 10:30~22:00(상점마다 상이)/연중무휴 **찾아가기** MTR 침사추이역 A1번 출구와 나오면 왼쪽의 카오룽모스크를 지나면 바로 위치한다. 도보 1분 거리.

Chapter 01 침사추이

침사추이에서 만나는 아트갤러리몰 ★★★★★
케이일레븐 K-11

세계 최초의 아트몰로 홍콩 갑부 애드리언청Adrian Cheung이 자연, 사람 그리고 디자인을 테마로 설립한 복합문화공간의 쇼핑몰이다. 지하 2층, 지상 4층 총 6개 층에 100여 개의 매장과 홍콩의 젊은 아티스트들의 다양한 작품을 전시해 놓았다. 이곳을 대표하는 예술작품은 스테인리스 강으로 만든 8.5m 높이의 나무 〈The Root〉이다.

프랑스, 미국, 타이완, 일본 등 10여 개국 디자이너의 제품이 있는 K11디자인스토어, 패션디자이너 요지야마모토와 아디다스가 합작한 Y-3, 유럽모델들에게 인기 있는 데님 캐주얼브랜드 미스식스티, 아베스베의 콘셉트스토어 아네스베뤼드마르세유, 홍콩컨버스브랜드 이진, 리바이스 뒤를 잇는 청바지전문 세븐포올맨카인드, 일본 여성브랜드 미라오웬 등 개성강한 브랜드가 많다. 특히 트랜드, 리듬, 예술의 영문 앞자 브랜드인 믹스트라MIXTRA는 예술, 패션, 스포츠 3개 구역으로 나누어져 있으며, 한국에서 구하기 힘든 해외축구팀 유니폼도 구매할 수 있다.

주소 18 Hanoi Road, Tsim Sha Tsui 귀띔 한마디 홈페이지를 통해 케이일레븐에서 활동하는 예술가들을 미리 만나 볼 수 있다. 영업시간 10:00~22:00(매장마다 상이)/연중무휴 문의 (852)3118-8070 찾아가기 MTR 이스트침사추이역 N3, N4번 출구의 B2층과 바로 연결된다./MTR 침사추이역 D2번 출구로 나와 걸으면 오른편에 위치한다. 홈페이지 www.k11concepts.com

❶ 대니리친파이(Danny Lee Chin Fai)의 〈The Root〉 ❷ K11 디자인스토어(K11 Design Store) ❸ 이진(iiJin) ❹ Y-3 ❺ 미라오웬(Mila Owen)

쉐라톤호텔에 위치한 일본계열 백화점 ★★★★★
소고 崇光百貨 SOGO

쉐라톤호텔에 소규모로 입점한 일본계 백화점으로 B1층과 LG층에는 코스메틱, 헬스케어, 여성패션&액세서리 매장과 프레시마켓이 위치한다. G층에는 아디다스, 콜롬비아, 리복 등 스포츠매장과 케이트스페이드, 훌라, 데상트, 롱샴 등 패션매장과 에네스베델리가 자리한다. 1층에는 쿠치넬리, 락포트, 폴리폴리, 레스포색, 키플링, 하트만, 빅토리아녹스, 쌤소나이트, 토마스 사보, 알도, 비비안웨스트우드 등 신발, 액세서리, 가방과 시계 브랜드 매장이 입점해 있다.

주소 20 Nathan Road, Tsim Sha Tsui 영업시간 10:00~23:00(매장마다 상이)/연중무휴 문의 (852)2833-8338 찾아가기 MTR 침사추이역 E번 출구로 나와 뒤쪽의 페킹로드(Pecking Rd.)를 따라 걷다 지하도를 건너면 위치한다. 도보 3분 거리. 홈페이지 www.sogo.com.hk

홍콩의 3대 명품 쇼핑타운 ★★★★★
더페닌슐라 쇼핑아케이드 半島酒店 The Peninsula Shopping Arcade

페닌슐라홍콩의 쇼핑아케이드로 규모는 크지 않지만 최고급 럭셔리브랜드 80여 개가 플래그십스토어를 형성한 홍콩의 대표적인 명품쇼핑몰이다. 펄스&캐시미어, 몬테캐시미어 등 최고급 캐시미어매장과 탕스, 라펠라 등의 고급브랜드매장이 위치해 있다.

G층에는 스위스 고급시계 브랜드 피아제를 비롯하여 까르띠에, 티파티, 반클리프아펠 등의 최고급 주얼리매장과 루이비통, 프라다, 에르메스, 샤넬, 랄프로렌, 고야드, 불가리 등 웬만한 럭셔리브랜드들은 모두 입점해 있다. B층에 자리한 페닌슐라부티크는 트러플초콜릿을 포함한 호텔브랜드상품을 판매하는 곳으로 특히 초콜릿이나 차 등을 구입하면 페닌슐라로고가 새겨진 고급케이스에 담아주기 때문에 특별한 선물을 하고 싶을 때 적당하다.

카푸치노트러플초콜릿(Cappuccino Truffle)

주소 19-21 Salisbury Road, Tsim Sha Tsui **귀띔 한마디** 페닌슐라호텔 명물 트러플초콜릿은 낱개로도 구입 가능하니 꼭 맛을 보자. **영업시간** 09:30~19:00(매장마다 상이)/연중무휴(휴무일이 매장마다 상이) **문의** (852)2315-3262 **찾아가기** MTR 침사추이역 E번 출구로 나와 정면으로 걸으면 오른편에 위치한다./J6번 출구로 나와 뒤돌아서 걸으면 왼쪽에 위치한다.

중국인이 좋아하는 오행설에 맞춘 쇼핑몰 ★★★★★
엘리먼츠 圓方 ELEMENTS

통충선과 AEL이 만나는 MTR 카오룽역과 바로 연결되는 대형쇼핑몰로 G층을 포함하여 총 4개 층에 쇼핑, 레저, 식사, 엔터테인먼트, 문화시설 등을 갖추고 있다. 동양철학 오행설에 맞게 금, 나무, 물, 불, 흙 5개 권역으로 구분하여 수많은 매장과 레스토랑이 입점되어 있다.

메탈*존에는 발리, 보스, 버버리 등 세계적인 명품매장, 우드*존에는 자라맨, 티에스이 등 중저가브랜드매장과 코스메틱매장이 자리한다. 워터*존에는 H&M, 자라우먼, 파이어*존에는 아이스크림과 그랜드시네마가 있다. 어스*존에는 폴액숍, 디젤 등 영캐주얼매장이 위치한다.

주소 1 Austin Road West, Tsim Sha Tsui **귀띔 한마디** G층에는 AEL 카오룽역 얼리체크인 카운터와 중국행 버스터미널이 위치하고, 맨 위층 R층 야외에는 레스토랑과 정원이 깔끔하게 조성된 시빅스퀘어(Civic Square)가 위치한다. **영업시간** 10:00~22:00(매장마다 상이)/연중무휴 **문의** (852)2735-5234 **찾아가기** AEL과 연결된 MTR 카오룽역 C1번 출구와 연결되어 있다./Airport Express 셔틀버스 K1, K2, K3, K4, K5를 타고 MTR 카오룽역에서 하차 후 C1번 출구로 나오면 연결된다. **홈페이지** www.elementshk.com

엘리먼츠의 유명레스토랑

레이가든(Lei Garden, 利苑)

2015~2016년 미슐랭가이드 원스타를 획득한 광동요리콘셉트의 프렌차이즈 레스토랑이다. 센트럴 ifc몰, 완차이, 코즈웨이베이 타임스퀘어 등 홍콩뿐만 아니라 중국, 마카오, 싱가포르에도 분점이 있다. 한국여행자들에게는 요리보다는 딤섬이 더 알려져 있으며, 예약제로 운영되기 때문에 미리 홈페이지를 통해 예약한 후 방문하는 것이 좋다.

매장번호 워터존 2068-70호 **영업시간** 점심 11:30~15:00(월~토요일), 11:00~15:00(일요일) 저녁 18:00~23:30(월~일요일)/연중무휴 **문의** (852)2196-8133

정두(Tasty congee&Noodle Shop, 正斗)

홍콩국제공항, 해피밸리, 센트럴 ifc몰, 샤틴 등에서도 만날 수 있는 광동요리레스토랑이다. 우리에게는 배우 하유미 남편이자 영화제작자 클라렌스입(Clarence Ip)이 운영하는 레스토랑으로 알려졌다. 고급스러운 인테리어에 비해 상대적으로 저렴하며, 완탕면과 콘지 등 미슐랭가이드에서 '합리적인 가격으로 훌륭한 음식을 제공하는 식당', 빕구르망에 9년 연속 선정되었다.

매장번호 우드존 1080-82호 **영업시간** 11:30~23:00(월~일요일)/연중무휴 **문의** (852)2327-2628

팀스키친(Tim's Kitchen, 桃花源小廚)

성완에 본점이 있으며, 마카오와 중국에도 분점을 둔 광동요리레스토랑이다. 2009~2014년까지 미슐랭레스토랑이라는 타이틀을 고수하는 맛집이다. 정통광동요리에 셰프만의 독창성을 가미한 요리를 선보이며, 새우살을 특별레시피로 담백하게 조리한 크리스탈킹프론(Crystal King Prawn, HK$170)과 담백한 딤섬메뉴가 인기이다.

매장번호 워터존 1028B호 **영업시간** 점심 11:00~15:00(월~금요일), 10:00~15:00(토~일요일) 저녁 17:30~23:00(월~일요일)/연중무휴 **문의** (852)2178-2998

더나이트마켓(The Night Market)

타이완야시장을 모티브로 정통타이완요리를 선보이는 레스토랑이다. 알렉시로빈슨(Alexi Robinson)이 감각적으로 디자인한 실내인테리어와 마이클영이 디자인했다는 테이블과 의자가 인상적이다. 다양한 타이완음식, 디저트, 차 등을 부담 없는 가격에 즐길 수 있으며, 화학첨가물을 전혀 사용하지 않은 건강한 요리를 맛 볼 수 있다.

매장번호 워터존 1028A호 **영업시간** 11:00~23:00(월~일요일)/연중무휴 **문의** (852)2807-2292

트리플오(Triple-O's)

캐나다에서 온 슬로우푸드버거전문점으로 80여 년의 역사를 지녔으며, 유기농수제버거로 미국, 태국, 한국 등 전 세계에 체인점을 운영하고 있다. 기존 패스트푸드에서 탈피하여 100% 호주산 청정우의 어깨살로만 다져만든 패티, 전통의 특제 소스 그리고 신선한 유기농채소 등으로 정크푸드에서 웰빙푸드로 탈바꿈하였다.

매장번호 파이어존 G004호 **영업시간** 08:00~22:00(월~일요일)/연중무휴 **문의** (852)2889-1000

침사추이 최고의 명품쇼핑거리
캔톤로드 (Canton Road, 廣東道)

우리나라의 청담동과 비슷한 이미지를 풍기는 캔톤로드는 전 세계적으로 유명한 명품브랜드매장들이 모여 있는 침사추이 최고의 쇼핑거리이다. 침사추이에서 유일하게 거리를 활보하며 명품매장들을 만날 수 있는데, 중간중간에 하버시티로 들어가는 입구와 연결되고, 매장이 큰 만큼 상품도 다양하고 제품회전율도 빠르다. 쇼핑을 좋아하는 사람이라면 한국에서는 품절됐거나 아직 출시되지 않은 귀한 상품도 찾아내는 행운을 잡을 수 있다. 굳이 쇼핑이 목적이 아니더라도 고급브랜드매장을 둘러보는 재미 또한 홍콩에서 빼놓을 수 없는 즐길거리이다. 영화 〈첨밀밀〉에서 여명과 장만옥이 자전거를 타고 주제가를 부르던 거리가 바로 이 거리이다.

에르메스 (HERMÈS)

전통적인 기술로 제품의 완성도를 높인 고가의 제품들이 유명하다. 특히 주문제작으로 판매되는 켈리백(kelly bag)과 버킨백(Birkin bag)뿐만 아니라 스카프, 향수, 시계 등의 제품도 갖추고 있다.

매장번호 OC G001호 **문의** (852)2866-3118 **영업시간** 10:00~21:00

살바토레페라가모 (Salvatore Ferragamo)

발레리나 플랫슈즈로 유명한 이탈리아 명품브랜드로 320단계의 세부적인 작업공정을 거치는 트라메짜(Tramezza)라는 살바토레페라가모만의 전통 신발제작기법으로 제작된 신발이 단연 인기이다.

매장번호 OC G002호 **문의** (852)2110-0668 **영업시간** 10:00~22:00

샤넬 (CHANEL)

홍콩의 샤넬 플래그십 스토어로 늘 많은 사람들이 늘어서 있다. 샤넬2.55 시리즈뿐만 아니라 가장 핫한 신상품을 만나 볼 수 있는 매장이다.

매장번호 OC G003호 **문의** (852)2735-3220 **영업시간** 10:00~22:00

구찌 (GUCCI)

홍콩 최대 규모의 매장으로 지하는 남성복, 지상은 여성복으로 의류, 가방, 구두 등 다른 매장에서 볼 수 없었던 디자인을 만날 수 있다.

매장번호 GW G124-25A호 **문의** (852)2199-7728 **영업시간** 11:00~21:00(월~금요일), 12:00~22:00(토~일요일)

루이비통 (LOUIS VUITTON)

아시아 최대 규모의 매장으로 루이비통의 전체 상품을 판매하고 있다. 카탈로그를 보고 원하는 상품을 보여 달라고 하면 되고, 만일 이곳에 원하는 제품이 없다면 홍콩 다른 매장에서도 구할 수 없다고 보면 된다.

매장번호 OC G005호 **문의** (852)8100-1182 **영업시간** 10:00~22:00

프라다 (PRADA)

카오룽반도 최대 규모의 매장으로 지상은 여성용, 지하는 남성용매장으로 의류뿐만 가방, 지갑, 구두 등 다양한 액세서리를 판매하며, 신상품이 가장 빨리 입고된다는 특징이 있다.

매장번호 GW G303호 **문의** (852)2368-9662 **영업시간** 10:30 ~22:00

코치 (coach)

뉴욕의 작은 가죽공방에서 시작하여 전세계적인 명품브랜드로 자리한 코치는 핸드백, 의류, 신발, 선글라스, 벨트 등을 판매한다. 다른 명품브랜드에서 비해 상대적으로 저렴한 가격에 구입할 수 있다.

매장번호 GW G109-10호 **문의** (852)2113-0023 **영업시간** 10:00~22:00

엠포리오아르마니 (Emporio Armani)

아르마니의 젊은 층을 위한 의류와 액세서리를 판매하는 명품브랜드로 의류, 안경, 향수, 신발, 액세서리, 시계, 화장품 등의 심플한 디자인에 열광하는 마니아층을 형성하고 있다.

매장번호 GW G103A호 **문의** (852)2730-7922 **영업시간** 10:30~20:30(월~목요일), 10:30~21:00(금~일요일)

펜디 (FENDI)

로마에서 작은 모피와 가죽가게로 시작하여 세계적인 명품브랜드가 된 펜디는 가죽과 모피제품뿐만 아니라 신발, 지갑, 기성복 등을 판매하며 가방, 선글라스, 시계 등이 주력상품이다.

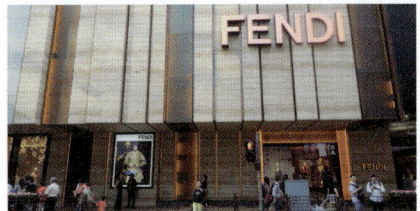

매장번호 GW G113호 **문의** (852)2737-2306 **영업시간** 10:00~22:00

돌체앤가바나 (DOLCE&GABBANA)

이탈리아 밀라노 명품 브랜드 돌체앤가바나의 홍콩 2호점으로 지하 1층은 남성제품, G층은 여성제품으로 꾸며져 있다.

매장번호 GW G108호 **문의** (852)2956-0833 **영업시간** 10:30~22:00

조르지오아르마니 (Giorgio Armani)

의학도였던 조르지오 아르마니가 1975년 설립한 이탈리아 명품브랜드로 슈트의 대명사로 불린다. 의류, 액세서리, 시계, 안경, 향수, 화장품뿐만 아니라 라이프스타일제품과 전자제품 등 다양한 제품 카테고리가 있다.

매장번호 GW G101호 **문의** (852)2956-2123 **영업시간** 10:30~22:00

귀띔 한마디 명품매장들 중에는 운동화에 배낭차림으로는 입장이 불가능한 곳도 있으며, 일정 고객수만 입장시키기도 한다. **찾아가기** MTR 침사추이(尖沙咀, Tsim Sha Tsui)역 A1번 출구로 나와 오른쪽 뒤 하이퐁로드(Haiphong Rd.)를 따라 직진하다 만나는 캔톤로드(Canton Rd.) 양쪽에 위치한다./스타페리터미널에서는 도보 2분 거리.

Chapter 02

야시장을 비롯한 현지인의 삶을 엿볼 수 있는 야우마테이&몽콕

油麻地, Yau Ma Tei & 旺角, Mongkok

★★★★☆
★★★☆☆
★★☆☆☆
★★★☆☆

조단역, 야우마테이역, 몽콕역과 프린스에 드워드역이 나란히 이어지는 야우마테이와 몽콕지역은 허름한 고층건물과 재래시장, 유흥가 등이 밀집되어 있어 언제나 사람들로 북적인다. 몽콕은 홍콩에서 인구밀도가 가장 높은 곳으로 예전 중국에서 넘어 온 난민들이 정착한 빈민지역이기도 하다. 우리나라 동대문이나 남대문시장과도 비슷한 몽콕은 지역 곳곳에 크고 작은 재래시장이 많아 홍콩서민들의 삶을 엿볼 수 있다. 늦은 저녁 야시장은 저렴한 가격에 쇼핑을 즐길 수 있는 필수 쇼핑관광코스이다. 유동인구가 많은 지역이므로 시장에서 쇼핑할 때는 소매치기를 조심해야 한다.

야우마테이와 몽콕의 교통편

야우마테이
- **MTR** 췬완선(荃灣綫, Tsuen Wan Line)의 조단(佐敦, Jordan)역 또는 야우마테이(油麻地, Yau Ma Tei)역에서 하차한다.
- **버스** 침사추이 스타페리선착장 앞 버스터미널에서 네이던로드(Nathan Road)의 주요 정류장을 지나는 2번 버스를 타고 난징스트리트(Nanking Street) 또는 만밍레인(Man Ming Lane)에서 하차한다. 이동시간 10분 요금 HK$4.9
- **도보** MTR 침사추이역 A1번 출구에 위치한 카오룽모스크에서 네이던로드(Nathan Road) 북쪽으로 도보 15분 정도의 거리이다.

몽콕
- **MTR** 췬완선(荃灣綫, Tsuen Wan Line)의 몽콕(旺角, Mongkok)역 또는 프린스에드워드(太子, Prince Edward)역에서 하차한다.
- **버스** 침사추이 스타페리선착장 앞 버스터미널에서 2번 버스를 타고 넬슨스트리트(Nelson St.) 또는 뷰트스트리트(Bute St.)에서 하차한다. 이동시간 15분 요금 HK$4.7
- **도보** MTR 침사추이역 A1번 출구에 위치한 카오룽모스크에서 네이던로드(Nathan Road) 북쪽으로 도보 30분 정도의 거리이다.

야우마테이와 몽콕에서 이것만은 꼭 해보자

1. 홍콩서민들의 삶을 템플스트리트 야시장이나 여인가에서 느껴보자!
2. 주방용품에 관심이 있다면 상하이거리를 둘러보자!
3. 곳곳에 있는 다양한 재래시장을 둘러보자!

사진으로 미리 살펴보는 야우마테이와 몽콕 베스트코스

홍콩서민들의 삶을 엿볼 수 있는 지역으로 주방용품거리, 금붕어시장, 꽃시장, 스포츠거리, 옥시장, 재래시장골목, 템플스트리트와 여인가 등 특색 있는 골목이 몰려있다. 조단, 야우마테이, 몽콕 그리고 프린스에드워드역과 연결되어 있는 MTR 초록라인 쿤통(觀塘, Kwun Tong)선은 홍콩 최대 도교사원 윙타이신사원, 도심속 정원 난리안가든과 치린수도원 그리고 신선한 해산물을 저렴하게 구입하여 즉석에서 바로 먹을 수 있는 레이유문까지 연결되어 있어 이동하기 편리하다.

베스트코스(예상 소요시간 5시간 이상)

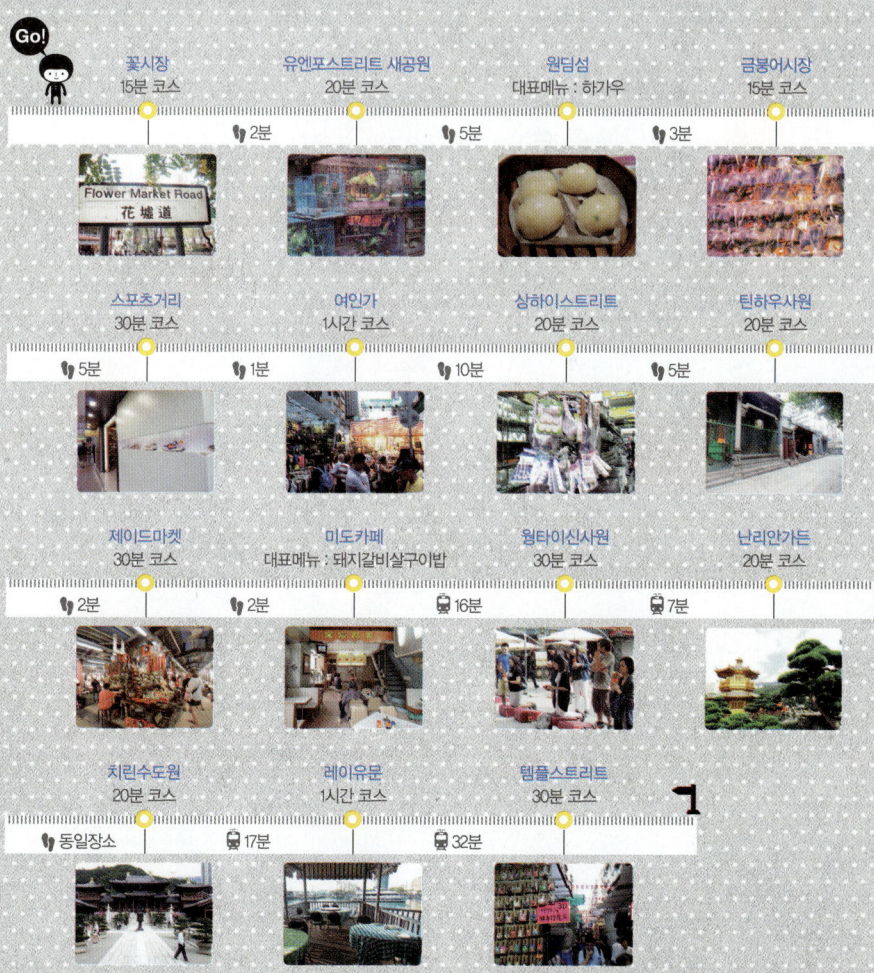

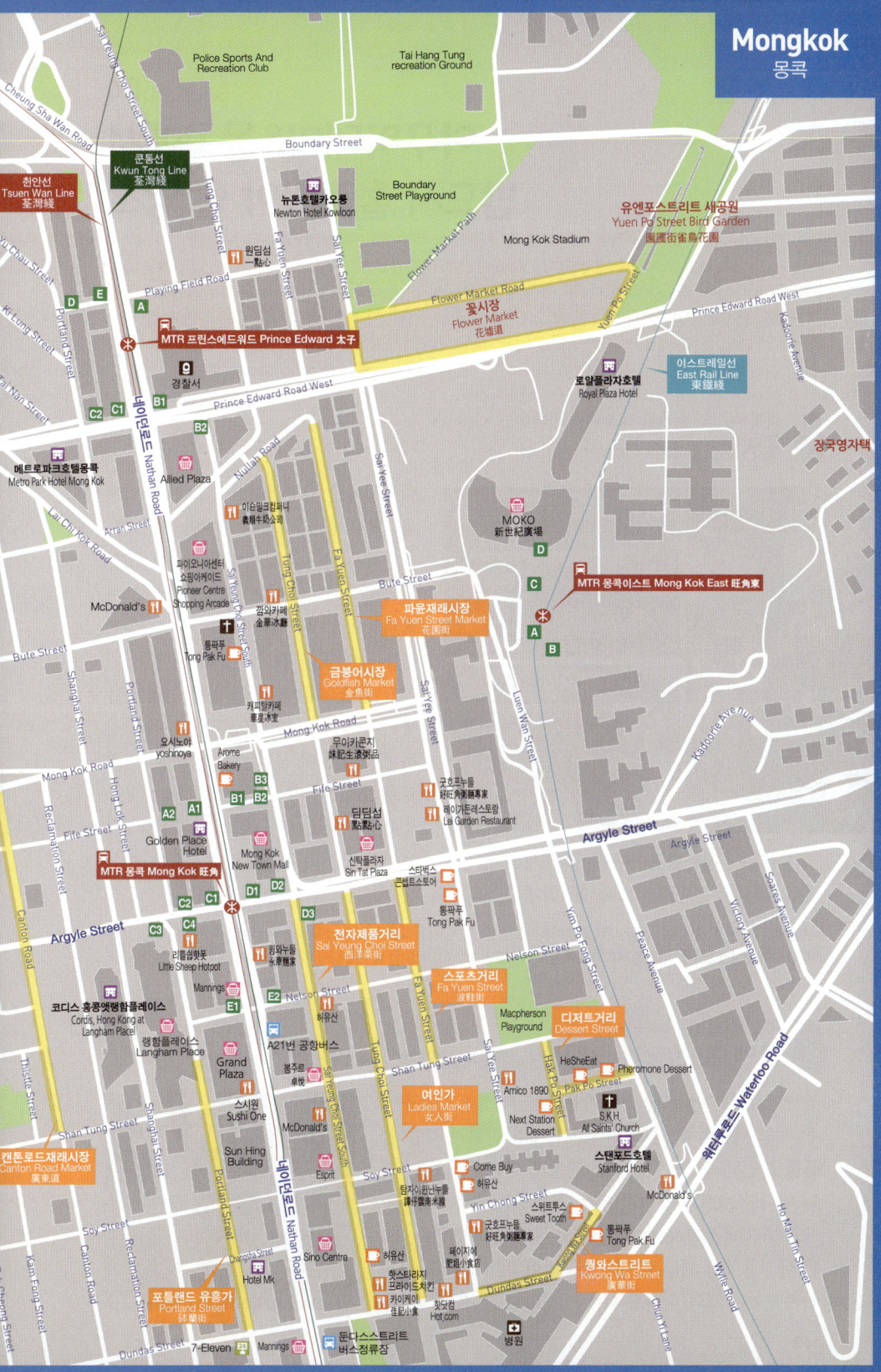

Section 04
야우마테이&몽콕에서 반드시 둘러봐야 할 명소

야우마테이와 몽콕은 재래시장과 야시장 등 골목골목이 특색 있는 거리로 이루어진 지역이다. 특별하게 눈에 띄는 볼거리가 있는 것은 아니지만 홍콩서민들의 삶을 느껴보고 싶은 분이라면 추천할 만한 지역이다.

세계 각지의 꽃들을 도소매로 판매하는 ★★★★★
꽃시장 花墟道 Flower Market

새공원에서 금붕어시장으로 가는 길에 둘러보기 좋은 곳으로 근처만 지나가도 꽃향기가 은은하게 번지기 때문에 기분부터 좋아지는 곳이다. 홍콩 최대 도소매 꽃시장으로 우리나라에서는 볼 수 없는 꽃도 많아 꽃을 좋아한다면 충분한 볼거리가 된다. 이곳의 꽃은 홍콩 전역에 유통되기 때문에 꽃의 종류와 물량이 상당하며, 상인들이 몰리는 오전보다는 한가로운 오후시간이 구경하기에 좋다. 꽃을 좋아하는 홍콩사람들은 집안에 꽃장식을 하면 행운이 깃든다고 믿는다. 그래서 매년 음력설을 앞두고 홍콩 곳곳에는 꽃시장이 선다. 특히 금귤나무는 전통적으로 가정의 풍요와 행복을 가져다 준다하여 인기가 높다.

귀띔 한마디 새공원, 꽃시장, 금붕어시장, 레이디스마켓은 한번에 같이 둘러볼 수 있다. **소요시간** 약 15분 **가격** HK$10~ **영업시간** 07:00~19:00(상점마다 상이)/연중무휴 **찾아가기** MTR 프린스에드워드역 B1번 출구로 나와 왼쪽으로 직진하다. 도보 2분 거리.

새소리 정겨운 ★★★★★
유엔포스트리트 새공원 園圃街雀鳥花園 Yuen Po St. Bird Garden

공원이라 하기에는 규모가 작은 중국식 정원으로 꾸며진 새공원은 각종 희귀한 새들과 새와 관련된 각종 물품들을 만날 수 있는 곳이다. 단순히 새만 팔고 사는 것이 아니라 예쁘게 꾸며진 새장, 살아있는 곤충, 새모이, 새모양 기념품까지 새에 관한 모든 것을 판매한다. 또한 애견숍처럼 새를 일시적으로 맡아주기도 한다. 공원 한쪽에서는 새와 대화를 나누는 사람도 볼 수 있고, 40

여 곳이나 되는 가게에서 울려 퍼지는 새 소리가 마치 동화 속 나라로 빠져든 듯한 착각을 일으킨다.

소요시간 약 10분 이상 **입장료** 무료 **운영시간** 07:00~20:00/연중무휴 **찾아가기** MTR 프린스에드워드역 B1번 출구로 나와 좌회전한 후 사거리에서 다시 좌회전하여 직진으로 다섯 번째 골목이 유엔포스트리트이다. 새공원은 꽃시장을 지나면 바로 보인다.

다양한 관상어를 판매하는 ★★★★★
금붕어시장 金魚街 Goldfish Market

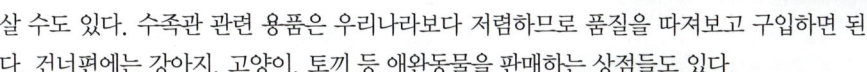

금붕어, 열대어, 거북이, 산호, 어항 등 관상어 관련 물품을 취급한다. 금붕어시장에서는 금붕어를 비롯하여 각종 관상어를 비닐봉지에 넣어 판매하는데 대롱대롱 매달린 수많은 비닐봉지도 볼거리이다. 이름과 가격이 적혀 있어 일일이 물어보지 않아도 된다. 중국사람들이 유달리 숫자 8을 좋아해서겠지만 HK$88에 판매되는 금붕어가 인기가 높다. 비닐봉지에 들은 관상어 외에도 수조에서 마음에 드는 것으로 직접 골라 살 수도 있다. 수족관 관련 용품은 우리나라보다 저렴하므로 품질을 따져보고 구입하면 된다. 건너편에는 강아지, 고양이, 토끼 등 애완동물을 판매하는 상점들도 있다.

귀띔 한마디 금붕어거리 바로 옆에 파윤스트리트재래시장(花園街, Fa Yuen Street Market)이 위치한다. **소요시간** 약 15분 이상 **가격** HK$10~ **영업시간** 10:30~22:00(월~일요일)/연중무휴 **찾아가기** MTR 프린스에드워드역 B3번 출구와 연결된 육교에서 오른쪽으로 20m 앞에 있는 육교계단을 내려와 텅초이스트리트(Tung Choi St.) 방향으로 가면 입구가 보인다.

바다의 여신 틴하우(Tin Hau)를 만나는 ★★★★★
 ### 틴하우사원 天后廟 Tin Hau Temple

틴하우사원은 어부들이 바다로 나가기 전 무사 귀환을 바라며 제를 올리던 곳으로 홍콩이 어촌 마을이던 시절, 곳곳에 틴하우사원이 있었다. 오늘날에도 바다를 끼고 사는 홍콩 전역에는 70여 곳의 틴하우사원이 있다. 이곳 틴하우사원은 크진 않지만 입구가 5개나 있고, 사원 안에 들어서면 소원을 빌며 태운 향연기와 냄새가 가득하다. 신전에는 어민들을 지켜주는 틴하우신과 땅과 도시를 지킨다는 신상이 모셔져 있다. 천장에는

나선형으로 말린 대형 향이 위태롭게 매달려 타들어 가고, 건강과 행복을 기원했을 붉은색 부적이 인상적으로 보인다. 사원 앞은 공원처럼 꾸며져 있는데 낮에는 커다란 '나무그늘 벤치에 노인과 노숙자들이 자리를 잡고, 밤에는 사원을 둘러싸고 노점상이 세워진다.

귀띔 한마디 사원 앞 공터에는 새나 거북이로 점을 치는 점쟁이들이 있다. **입장료** 무료 **운영시간** 08:00~17:00(월~일요일)/연중무휴 **찾아가기** MTR 야우마테이역 C번 출구로 나와 오른쪽 대로변을 따라 걸으면 퍼블릭스퀘어스트리트(Public Square St.) 초입에 위치한다. 도보 5분 거리.

신카오룽에 위치한 홍콩 최대의 도교사원 ★★★★★
윙타이신사원 黃大仙廟 Wong Tai Sin Temple

홍콩 최대의 도교사원으로 소원을 빌면 반드시 이루어진다 하여 향연기가 멈출 날이 없는 곳이다. 홍콩사람들은 향이 오래 타면 그만큼 복도 오래 간다고 믿기 때문에 향을 다발로 한꺼번에 피우기도 한다. 붉은색 본당건물 앞은 신에게 올린 음식과 향을 피워 소원을 비는 수많은 참례객으로 늘 정신이 없다.

본당에 모셔진 윙타이는 춘추전국시기 진晋나라의 황추핑黃初平으로 양을 치던 목동이었다. 15살 때 도인을 따라 40년 동안 진화산金華山 석실에서 수도하여 도인이 되었다. 동생의 행방을 찾던 형은 40년 만에 진화산에서 그를 만나 '양들은 어찌됐냐?' 물으니, 황량한 산 돌멩이들을 가리키며 '저기 있다.' 말하자 돌멩이들이 수만 마리의 양이 되었다. 이에 형도 동생을 따라 도술을 익혀 신선이 되었다는 이야기가 윙타이신사원에 전해진다. 사원에는 자선단체가 운영하는 식식엔嗇色園이 있어 무료로 한방진료를 해준다.

귀띔 한마디 사원 입구 오른편에는 선향과 각종 기념품을 파는 상점들이 있다. **소요시간** 1시간 정도 **입장료** 무료지만 보통 입구에서 HK$1~2의 기부금을 낸다. **운영시간** 07:00~17:30/연중무휴 **문의** (852)2320-2883 **찾아가기** MTR 쿤통(觀塘, Kwun Tong)선의 윙타이신역 B2, B3번 출구, 윙타이신사원으로 가는 표지판이 있어 어렵지 않게 찾을 수 있다.

재미로 해보는 산통점

홍콩사원에 가면 대나무막대기가 담긴 통을 열심히 흔들며 중얼대는 사람들을 흔히 볼 수 있다. 이는 산통점으로 1년 운세를 보는 것으로 숫자 8이 나오면 운이 좋고, 여러 개의 막대기가 떨어지면 운이 나쁘다고 한다. 우리가 흔히 쓰는 말 '산통 깨졌다.'라는 말이 여기서 유래되었다. 산통점을 보려면 숫자가 적힌 대나무막대기가 든 죽통을 가지고 본당 앞에 무릎을 꿇고 앉아 소원하는 것을 생각하며 죽통을 비스듬히 기울여 통에서 막대기가 하나 떨어질 때까지 흔든다. 100가지 숫자가 적힌 막대기 중 하나가 떨어지면 막대기를 들고 죽통을 반납하면 종이에 숫자를 적어주는데 이에 대한 점괘는 사원 옆 여러 점집 중 한 곳을 택해 복채(흥정가능. HK$40 정도)를 내고 설명을 들으면 된다. 영어나 일어로 점괘를 봐주는 사람이 있지만 한국어를 하는 사람은 만나기가 힘들다. 점괘는 상상(上上), 상길(上吉), 중길(中吉), 중평(中平), 중하(中下), 하하(下下) 6등급으로 나뉜다.

주의 죽통은 무료이며, 사용 후 반납해야 한다. 본당 내는 사진촬영이 금지되어 있다.

고요함으로 가득한 도심속 중국풍 정원 ★★★★★
난리안가든 南蓮園池 Nan Lian Garden

중국 역사상 조경과 정원설계의 황금기였던 당나라 시기 전통양식으로 세워진 인공정원이다. 공원에는 목조건축물과 연꽃연못, 수석과 분재 등이 조화롭게 어우러져 있다. 중국 산시성의 유명한 지앙슈주정원의 청사진을 기반으로 고전적인 우아함을 재현하여 홍콩의 공원 가운데 가장 아름답다는 평을 얻고 있다. 정원 내에는 5개의 주요 목조건물이 있는데 그 중 연꽃연못에 붉은색다리로 연결된 황금색 팔각정은 이곳의 상징이다. 정부로부터 연간 HK$1의 비용만 받고 치린수도원이 정원의 운영과 관리를 하고 있다. 치린수도원에서 운영하는 사찰레스토랑 치린베지테리언과 채식위주의 간단한 스낵을 파는 카페테리아가 있어 건강한 채식을 즐길 수 있다.

주소 60 Fung Tak Road, Ha Yuen Leng, Diamond Hill **귀띔 한마디** 난리안가든을 먼저 방문하고 연결된 통로를 따라 치린수도원으로 이동하는 것이 편리하다. **입장료** 무료 **운영시간** 07:00~21:00/연중무휴 **문의** (852)3658-9366 **찾아가기** MTR 쿤통(觀塘, Kwun Tong)선의 다이아몬드힐역 C2번 출구로 나와 이정표를 따라 걸으면 된다. 도보 3분 거리. **홈페이지** www.nanliangarden.org

도심속의 고즈넉한 산사 ★★★★★
치린수도원 志蓮淨苑 Chi Lin Nunnery

1934년 비구니들의 수양을 위해 난리안가든 북쪽에 세워졌으며, 1996년 당나라시대 전통건축방식대로 나무못과 목재까지밭 등 목재만을 사용하여 고쳐지었다. 장국영과 알람탐 등 홍콩의 유명연예인들의 기부로 불교학교와 양로원 등을 설립하여 함께 운영하고 있다. 출입문을 통과하면 넓게 조성된 불국정원과 동서양쪽으로 관세음보살을 모신 관음전, 질병과 재화를 막는 약사여래를 모신 약사전, 누워있는 부처를 모신 와불전 등의 전각이 자리한다. 미륵보살을 모신 천왕전으로 들어서면 석가모니불을 봉안한 대웅전 등이 자리한다.

주소 5 Chi Lin Drive, Diamond Hill **귀띔 한마디** 몽콕에 거주하던 고장국영이 자주 방문했던 수도원이다. **입장료** 무료 **운영시간** 07:00~21:00/연중무휴 **문의** (852)2354-1888 **찾아가기** MTR 쿤통(觀塘,, Kwun Tong)선의 다이아몬드힐역 C2번 출구로 나와 이정표를 따라 걸으면 된다. 도보 5분 거리./ 난리안가든 북쪽의 돌다리를 건너면 위치한다. **홈페이지** www.chilin.org

Part 02 카오룽반도

Section 05
야우마테이&몽콕에서 반드시 먹어봐야 할 것들

야시장이 형성되어 있는 야우마테이와 몽콕지역은 홍콩현지사람들에게 인기 있는 다양한 현지음식점들이 많다. 야시장을 둘러보면서 길거리에서 음식을 찾아먹는 재미를 느끼기에 아주 좋은 지역이다.

착한 가격의 얼큰한 윈난국수 ★★★★★
탐자이윈난누들 譚仔雲南米線 Tam Chai Yunnan Noodles

❶ 베이직육수완누들 ❷ 사워육수원난누들 ❸ 닭날개튀김(Chicken Wing)

미슐랭가이드에 소개된 부담 없이 저렴하게 즐길 수 있는 홍콩의 대표적인 국수맛집이다. 조단, 삼수이포, 샤틴, 완차이 등에도 체인점이 있으며, 부드러운 면과 매콤한 육수가 특징으로 다양한 토핑을 선택할 수 있다. 육수는 뽀얀 색의 매콤한 맛이 나는 베이직Basic과 약간 신맛이 나는 얼큰한 사워Sour 중에 선택하고, 야채와 두부면 등이 들어있는 기본 국수에 토핑 한 가지를 추가할 경우 HK$5를 더 지불하면 된다. 토핑은 버섯, 숙주, 양상추, 소고기, 돼지고기, 햄, 미트볼, 피쉬볼, 오징어볼, 문어완자, 두부면 등이 있다. 그리고 매운 강도를 선택할 수 있는데 기본 1단계는 맵지 않은 것이고, 9단계까지 순차적으로 매워지며 매콤함을 추가할 경우 HK$1을 더 지불해야 한다.

주소 101 Sai Yeung Choi Street South, Mong Kok **귀띔 한마디** 국물은 사워(Sour), 시원한 맛을 원할 경우 숙주를 추가하면 되고 매운 정도는 3~4단계가 우리입맛에 잘 맞는다. **베스트메뉴** 1가지 토핑을 추가할 수 있는 기본국수(Bowl of Noodle with One Topping, 米線十一餸, HK$29), 모든 토핑이 들어간 슈프림콤보(Supreme Combo, 過橋米線套餐, HK$49) **추천메뉴** 사이드메뉴 닭날개튀김(Chicken Wing, 湖南土匪雞翼, 3개 HK$20, 5개 HK$30), 국수와 잘 어울리는 아이스티(Ice Tea, 冰檸檬茶, HK$6) **가격** HK$29~ **영업시간** 11:00~23:00/연중무휴 **문의** (852)2332-6808 **찾아가기** MTR 몽콕역 B3번 출구와 연결된 육교를 따라 올라간 후 왼쪽 건너편으로 내려와 뒤돌아서 첫 번째 골목 안 왼편에 위치한다. 도보 1분 거리.

팀호완만큼 유명한 딤섬레스토랑 ★★★★★
원딤섬 一點心 One Dim Sum

저렴한 가격에 다양한 딤섬을 맛볼 수 있는 딤섬전문점이다. 미슐랭가이드에서 원스타 획득과 트립어드바이저에서 홍콩맛집 1, 2위를 다투는 곳으로 현지인뿐만 아니라 외국인에게도 유명하다. 사진이 첨부된 메뉴판에는 영어, 프랑스어, 이탈리아어, 일본어, 러시아어뿐만 아니라 한국어로도 메뉴명을 기재해 놓아서 어떤 재료로 만든 딤섬인지 파악할 수 있다. 크리스피딤섬, 번, 스팀딤섬, 일반딤섬, 스팀라이스누들과 콘지 등 다양한 종류의 메뉴가 있다.

❶ 하가우(Har Gau) ❷ 샤오마이(Siu Mai)
❸ 하우청(Har Cheung) ❹ 야우초이(Yau Choi)

주소 1&2 Kenwood Mansion, 15 Playing Field Road, Prince Edward 귀띔 한마디 기본으로 제공되는 차는 1인 HK$3이다. 베스트메뉴 얇은 피에 탱글탱글한 새우가 들어간 하가우(Prawn Dumplings, 4개 HK$26), 같은 새우와 돼지고기가 들어간 샤오마이(Steamed Pork and Shrimp Dumplings, 4개 HK$24), 달콤하게 조미된 구운 돼지고기가 들어간 차슈바오(Barbecued Pork Bun, 2개 HK$14) 추천메뉴 쫄깃쫄깃한 라이스롤에 새우를 넣은 하우청(Steamed Rice Rolls with Shrimp, HK$26), 부추와 새우가 들어간 초이미우까오(Vegetable and Shrimp Dumpings, 3개 HK$20), 느끼함을 잡는 계절야채요리 야우초이(Steamed Seasinak Vegetables, HK$15) 가격 HK$14~ 영업시간 11:00~24:30(월~금요일), 10:00~24:30(주말과 공휴일)/연중무휴 문의 (852)2789-2280 찾아가기 MTR 프린스에드워드역 A번 출구로 나와 오른쪽 플라잉필드로드(Playing Field Rd.)로 직진하다 오른쪽 두 번째 골목 텅초이스트리트(Tung Choi St.)로 들어서면 바로 왼편에 위치한다. 도보 2분 거리.

홍콩식 소보로빵 파인애플번으로 유명한 ★★★★★
깜와카페 金華冰廳 Kam Wah Cafe

1973년 몽콕의 골목에 오픈한 유명 로컬카페로 인기간식 뽀로야우菠蘿油라 불리는 파인애플번과 에그타르트가 유명한 집이다. 중국 동네분식점 분위기로 이른 아침부터 늦은 밤까지 운영하지만 항상 많은 사람들로 붐빈다. 직접 구운 따뜻한 소보로빵에 두툼한 버터 조각을 끼워 넣은 뽀로야우는 일찍 찾아가지 않으면 매진되는 경우가 많다. 뽀로야우가 매진되었다면 홍콩식 프렌치토스트 위에 버터조각을 올린 파이토시法蘭西多士나 에그타르트 딴탓蛋撻을 주문해보자. 이외에도 볶음면, 볶음밥, 덮밥, 원앙차 등 홍콩식 간식과 여러 가지 음료가 있는데, 홍차에 레몬조각과 얼음을 듬뿍 넣은 아이스레몬티 똥랭차凍檸茶를 추천한다.

❶ 뽀로야우(得菠蘿油)
❷ 딴탓(蛋撻) ❸ 파이토시(法蘭西多士) ❹ 아이스레몬티 똥랭차(凍檸茶)

주소 47 Bute Street, Mongkok 귀띔 한마디 워낙 많은 사람들이 찾기 때문에 자리를 오래 차지하는 것이 실례처럼 여겨진다. 베스트메뉴 직접 구운 수제 파인애플번에 두툼한 버터조각을 끼운 뽀로야우(得菠蘿油, HK$10), 수제 에그타르트 딴탓(蛋撻, HK$6) 추천메뉴 홍콩식 프렌치토스트에 버터조각을 올리고 시럽을 뿌린 파이토시(法蘭西多士, HK$20), 홍콩식 아이스레몬티 똥랭차(凍檸茶, HK$19) 가격 HK$6~ 영업시간 06:30~24:00/연중무휴 문의 (852)2392-6830 찾아가기 MTR 프린스에드워드역 B2번 출구로 나와 직진하다 교회가 보이는 사거리에서 왼쪽 부티스트리트(Bute St.)를 따라 걸으면 왼편에 위치한다. 도보 5분 거리.

미슐랭추천 광둥식 면요리점 ★★★★
굿호프누들 好旺角粥麵專家 Good Hope Noodle

1971년 오픈하여 2011~2017년 미슐랭가이드 빕구르망으로 연속 선정된 광둥식 면요리전문점이다. 30여 가지의 메뉴가 모두 면요리로 크게 국물이 여부에 따라 탕면과 볶음면으로 나뉜다. 이곳의 면은 전통기법대로 대나무장대로 반죽하는 죽승면竹昇麵이라 더 탄력이 있다. 신선한 새우로 만든 새우완자, 탄력 있는 면과 시원한 국물이 일품인 새우완탕면이 대표음식이며, 짭조름한 양지머리를 올린 양지머리볶음면과 매콤달콤한 특제소스와 함께 비벼먹는 교토자장볶음면도 인기이다.

❶ 새우완탕면(鮮蝦雲吞麵) ❷ 양지머리볶음면(柱候牛腩撈麵)

주소 123 Sai Yee Street, Mong Kok **귀띔 한마디** 메뉴판의 엄지표시가 추천메뉴이다. **베스트메뉴** 새우완탕면(Noodle with Cantonese Wonton in Soup, HK$32), 양지머리볶음면(Braised Noodle with Stewed Beef Brisket, HK$46) **추천메뉴** 교토자장볶음면(Braised Noodle with Shredded Pork&Special Sause, 小 HK$32, 大 HK$45) **가격** HK$32~ **영업시간** 10:00~01:00/연중무휴 **문의** (852)2393-9036 **찾아가기** MTR 몽콕역 B2번 출구로 직진하다 길 끝에서 오른쪽 골목으로 들어가면 보인다. 도보 5분 거리.

50년대 홍콩식 디저트카페 ★★★★
미도카페 美都餐室 Mido Cafe

❶ 돼지갈비살구이밥(猪排骨飯) ❷ 프렌치토스트(西多士) ❸ 원앙차(鴛鴦茶)

카페와 분식을 합쳐놓아 간단한 식사를 겸해 차도 마실 수 있는 홍콩식분식점 차찬탱으로 우리나라 TV에도 소개될 만큼 홍콩 내에서 유명한 집이다. 오랜 전통을 말해주듯 건물뿐만 아니라 이 빠진 그릇, 어지럽게 쌓인 음료와 벽에 붙은 낡은 포스터에서 홍콩의 암흑가를 다룬 느와르영화가 떠오른다. 영문메뉴판이 있어 주문은 어렵지 않게 할 수 있으며, 매콤달콤한 소스로 만든 돼지갈비살구이밥, 홍차와 커피를 섞은 원앙차를 추천할 만하다. 간단한 토스트나 샌드위치 등도 있어 출출한 배를 달래기에도 좋은데, 특히 바삭하게 기름에 튀긴 식빵에 버터와 시럽을 듬뿍 넣은 달달한 맛 프렌치토스트가 인기 있다.

주소 63 Temple Street, Yau Ma Tei **귀띔 한마디** 템플스트리트를 내려다볼 수 있는 2층 창가테이블을 추천한다. **베스트메뉴** 홍차와 커피를 6:4로 혼합한 원앙차(鴛鴦茶, Tea with Coffee, Hot HK$17, Cool HK$20), 돼지갈비살구이밥(猪排骨飯, Baked Pork Chop with Tomato Sauce, HK$68) **추천메뉴** 프렌치토스트(西多士, French Toast, HK$22) **가격** 차 HK$17~, 볶음밥 HK$50~, 토스트 HK$22~ **영업시간** 08:30~21:30/연중무휴 **문의** (852)2384-6402 **찾아가기** MTR 야우마테이역 C번 출구로 나와 오른쪽 대로로 직진하다 틴하우사원 퍼블릭스퀘어스트리트(Public Square St.)로 들어가 직진하면 오른편에 위치한다. 도보 5분 거리.

Chapter 02 야우마테이&몽콕

매콤한 해산물요리전문 ★★★★
죽가장 竹家莊 Bamboo Village

과거 홍콩원주민들이 먹던 달고, 짜고, 매운 해산물요리를 판매하는 레스토랑이다. 매운 해산물요리는 우리입맛에도 맞아 한글메뉴판이 있을 정도로 여행자들에게 인기가 높지만 호불호는 갈리는 편이다. 이 집은 맵기로 소문났기 때문에 매운 것을 잘 못 먹는다면 쭝락中辛이나 씨우락低辛으로 주문하고, 한 번 매운 맛을 제대로 보고 싶다면 따이락高辛으로 주문하면 된다. 게, 홍합, 새우 등 신선한 해산물에 소금, 간장, 칠리 등의 소스로 맛을 낸다. 게와 새우요리가 특히 인기가 있고, 진한 육수에 말아주는 구운 오리다리국수도 먹을 만하다. 요리에 어울리는 우리나라 소주를 비롯하여 매실주, 막걸리, 산사춘, 복분자 등도 판매한다.

❶ 대합볶음(Fried Mussels with Black Sauce) ❷ 스파이시마늘참새우(Spicy Garlic Prawn) ❸ 마늘참새우찜(Steamed Prawn with Garlic)
❹ 구운오리다리국수(Roast Duck White Noodle in Soup)

주소 265-267 Jordan Road Temple Street, Jordan **귀띔 한마디** 볶음밥을 주문하여 메인요리 소스에 비벼 먹는 맛도 일품이다. **베스트메뉴** 매콤한 걸 원한다면 스파이시마늘참새우(Spicy Garlic Prawn), 맵지 않은 걸 원한다면 마늘참새우찜(Steamed Prawn with Garlic)을 주문하자. 주문은 최소 6마리 이상, 가격은 시가이다. **추천메뉴** 간장과 칠리소스를 곁들인 대합볶음(Fried Mussels with and Black sauce, HK$90), 구운오리다리국수(Roast Duck White Noodle in Soup, HK$40) **영업시간** 18:00~04:30/연중무휴 **가격** HK$40~ **문의** (852)2730-5484 **찾아가기** MTR 조단(佐敦, Jordan)역 C2번 출구로 나와 보오링 스트리트(Bowring St.)를 따라 걷다가 템플스트리트(Temple St.)에서 왼쪽으로 들어가면 오른편에 위치한다. 도보 5분 거리.

키티모양의 딤섬을 만날 수 있는 ★★★★★
헬로우키티차이니즈퀴진 中菜軒 Hello Kitty Chinese Cuisine

2015년 오픈한 헬로우키티를 테마로 한 최초의 중국레스토랑으로 딤섬을 중심으로 수프, 볶음밥, 면, 해산물, 디저트 등 다양한 중식요리를 선보인다. 붉은색 격자무늬 창 등 중국스타일의 인테리어와 테이블, 각종 식기 등을 비롯한 소품 곳곳에 헬로우키티를 장식하였으며, 중국 4대 미녀를 헬로우키티처럼 그린 벽화가 조화를 이루고 있다. 40여 년의 경험을 쌓은 셰프들이 쌀가루, 옥수수, 오징어먹물 등 천연색소만을 사용하여 헬로우키

167

티모양의 요리를 하고 있다. 가격은 비싼 편이고 맛 또한 호불호가 심하지만 젊은 여성과 아이가 있는 가족단위에서 재미삼아 많이 방문한다.

❶ 커스터드번(Hello Kitty Custard Bun) ❷ 하가우(Hello Kitty Shrimp Dumpling)

주소 Shop A-C, Lee Loy Mansion, 332-338 Canton Road, Yau Ma Tei **베스트메뉴** 달콤한 크림이 들어 있는 커스터드번(Hello Kitty Custard Bun, 3개 HK$62), 헬로우키티모양의 하가우(Hello Kitty Shrimp Dumpling, 4개 HK$68) **영업시간** 11:00~23:00/연중무휴 **가격** HK$42~/Service Charge 10% 별도 **문의** (852)8202-8203 **찾아가기** MTR 조단(佐敦, Jordan)역 C2번 출구로 나와 보오링스트리트(Bowring St.)를 따라 계속 직진하다 코너를 돌면 왼편에 위치한다. 도보 5분 거리. **홈페이지** www.hellokittychinesecuisine.com.hk

 현지인들이 선호하는 유명한 디저트가게 ★★★★★
통팍푸 糖百府 Tong Pak Fu

홍콩의 각종 매거진과 유명블로거들이 소개하면서 유명세를 탔으며, 홍콩미식 전문사이트에서 최고의 디저트로 선정된 가게이다. 서민적인 분위기로 4개 지점 중 몽콕에만 3곳을 운영하며, 홍콩 젊은이들 사이에 인기가 높다. 타이완스타일의 빙수류와 케이크, 아이스크림, 와플, 파르페, 스위트수프, 사고수프 등 다양한 디저트메뉴를 선보인다. 특히 빙수에 가까운 밀크스노우아이스Milk Snow Ice는 우유를 얼린 얼음을 사용한 눈꽃빙수로 망고, 파인애플, 수박, 딸기 등의 과일과 함께 제공된다.

주소 99 Hak Po Street, Mong Kok **귀띔 한마디** 합석은 기본이며 지점마다 메뉴가 조금씩 다르다. **베스트메뉴** 얼린 우유를 갈아 찹쌀떡, 알로에베라, 딸기 등과 함께 나오는 스트로베리밀크스노우아이스(Glutinous Rice Ball with Aloe Vera, Strawberry and Milk Snow Ice, HK$35) **추천메뉴** 망고과즙에 중국자몽으로 불리는 포멜로와 사고야자열매의 전분, 망고, 아이스크림이 들어간 차가운 망고수프(Neige with Chilled Mango Sago Cream with Pomelo, HK$52) **가격** HK$28~ **영업시간** 15:00~01:00/연중무휴 **문의** (852)2264-8212 **찾아가기** MTR 몽콕역 D3번 출구로 나와 반대쪽 대로를 바라보고 오른쪽으로 직진하다 네 번째 골목 학포스트리트(Hak Po St.)로 들어가면 오른편에 위치한다. 도보 4분 거리.

스트로베리밀크스노우아이스&망고수프

Chapter 02 야우마테이&몽콕

Section 06
야우마테이&몽콕에서 들러봐야 할 쇼핑거리

침사추이와 달리 이 지역은 백화점 같은 쇼핑몰이 많지 않다. 주로 서민들이 살아가는데 필요한 생필품 위주의 재래시장이다 보니 실제 쇼핑을 즐기기보다는 골목골목에서 홍콩시민들의 삶을 느껴볼 수 있다.

  별별 상품을 다 파는 야시장 ★★★★★
템플스트리트야시장 廟街夜市 Temple St. Night Market

홍콩 2대 야시장 중 하나로 조단역 템플스트리트를 따라 야우마테이역 만밍레인까지 이어진다. 오후 5시부터 하나둘씩 노점들이 문을 열기 시작해 밤 9시를 넘으면 야시장이 절정에 달한다. 과거 남성용품을 주로 팔아서 남인가男人街라고도 부르며, 몽콕의 여인가女人街와 종종 비교됐지만 현재는 여성용품도 팔고 있어 큰 의미가 없다. 하지만 틴하우사원 근처 골목에서는 여전히 성인용품을 판매한다. 가격표는 붙어 있지만 노점마다 가격이 다르므로 흥정을 통해 비교하며 구입해야 한다. 야시장답게 물건만 팔고 사는 것이 아니라 복점을 보거나 때때로 거리공연이나 경극공연도 열리므로 색다른 재미가 있다. 또한 곳곳에 다양한 먹거리가 있어 출출한 배를 달랠 수도 있다.

귀띔 한마디 북쪽으로 올라갈수록 규모가 작아지고 가격도 싸다. **영업시간** 17:00~24:00/연중무휴(태풍이 올 경우 열지 않는다.)
찾아가기 MTR 조단역 A번 출구로 나와 오른쪽으로 걸어 세 번째 골목 템플스트리트(Temple St)에서 오른쪽으로 돌면 보인다./ MTR 야우마테이역 C번 출구로 나와 왼쪽 만밍레인(Man Ming Ln.)을 따라 걷다 왼쪽 두 번째 골목으로 진입하면 위치한다.

템플스트리트의 유명스파이시크랩 음식점

템플스트리트(Temple St)와 난킹스트리트(NanKing St)가 교차하는 사거리 골목에는 매운 게튀김 스파이시크랩(Spicy Crab, 香辣蟹)을 판매하는 유명노점이 비슷한 이름의 간판을 달고 모여 스파이시크랩 골목을 형성하고 있다. 파, 마늘과 고추 등 강한 향신재료와 함께 바삭하게 기름에서 튀겨 낸 게요리는 맥주안주로 좋아 밤이 되면 이곳은 인산인해를 이룬다. 가격은 시가로 측정되는데, 비싼 편이고 어디든 비슷한 가격과 맛을 낸다. 그 중 유명한 가게는 강렬한 노란색 간판의 템플스트리트스파이시크랩스(Temple Street Spicy Crabs, 廟街辣蟹)와 맞은편에 위치한 템플스파이시크랩스(Temple Spicy Crabs, 廟街香辣蟹)이다. 가격이 만만치 않아 시간적 여유가 있다면 레이유문에 가서 저렴하고 푸짐한 해산물요리를 먹는 편이 낫다.

주의 MTR 조단역 A번 출구로 나와 오른쪽으로 걸어 세 번째 골목 템플스트리트(Temple St)에서 오른쪽으로 직진하면 난킹스트리트(NanKing St) 교차지점에 위치한다.

❶ 템플스트리트스파이시크랩스(Temple Street Spicy Crabs, 廟街辣蟹) ❷ 템플스파이시크랩스(Temple Spicy Crabs, 廟街香辣蟹) ❸ 스파이시크랩(Spicy Crab)
❹ 갯가재튀김(Fried Spicy Squillas)

여성들을 위한 상품이 많은 재래시장 ★★★★★
여인가 女人街 Ladies Market

원래 거리이름은 텅초이까이通菜街지만 처음 재래시장이 형성될 때 주로 여성용품만 취급하면서 레이디스마켓 또는 레이디스스트리트라고 불린다. 템플스트리트야시장과 더불어 홍콩 2대 야시장이지만 이곳은 낮에도 문을 연 곳이 많다. 좁은 골목길 양쪽으로 좌판이 펼쳐져 있는데, 호객꾼이 지나가는 한국여행객에게 명품가방과 시계 카탈로그를 들고 '짝퉁가방, 시계 있어요.'라고 외친다. 여인가는 여성상품 외에도 다양한 상품을 저렴하게 판매하지만 여전히 여성상품이 주를 이룬다. 관광객이 많아지면서 바가지를 씌우려고 하므로 반드시 흥정부터 해야 한다. 보통 부른 가격에 2/3 정도를 제시하면 적당하다.

귀띔 한마디 사람이 많기 때문에 소매치기에 주의하자. **영업시간** 12:00~23:30/연중무휴(단 비 오면 문을 닫는 노점이 많다.) **찾아가기** MTR 몽콕역 D3번 출구로 나와 뒤로 보이는 사거리에서 오른쪽으로 걷다 첫 번째 골목으로 들어서 오른쪽 두 번째 골목 텅초이스트리트(Tung Choi St.)에서 오른쪽으로 진입하면 보인다. 도보 2분 거리.

저렴하게 운동화를 구입할 수 있는 ★★★★★
스포츠거리 花園街 Sports St.

여인가 옆 파윤스트리트에 자리한 일명 운동화거리로 나이키, 아디다스, 컨버스, 리복 등 운동화와 각종 스포츠용품 할인매장이 주를 이룬다. 가짜를 팔면 큰 벌금을 내기 때문에 믿고 구입해도 되지만 그래도 의심이 간다면 브랜드정식매장에서 구입하면 된다. 우리나라보다 평균 40~50% 정도 저렴하고, 매장마다 세일품목과 가격이 다르므로 발품을 판만큼 훨씬 더 저렴하게 구입할 수 있다.

강력추천 우리나라 상품보다 훨씬 더 다양한 상품을 만날 수 있다. **귀띔 한마디** 구정 전날부터 약 한달 동안은 빅세일 기간이다. **소요시간** 약 30분 이상 **영업시간** 11:00~23:00(상점마다 상이) **찾아가기** MTR 몽콕역 D2번 출구로 나와 직진한 후 오른쪽의 파워엔스트리트(Fa Yuen St.)에서 우회전하면 보인다. 또는 E2번 출구로 나와 직진하여 세 번째 골목이 파워엔스트리트이다.

주요 국가 신발사이즈 조견표

한국(mm)		210	220	230	250	250	260	270	280	290
미국	남	–	–	5	6.5	7.5	9	10	11	12
	여	4	5	6	7.5	8.5	10	11	12	13
유럽	남	–	–	36.5	38	39	41	43	45	46
	여	34	35.5	36	37.5	38.5	40	42	43	44
영국	남	–	–	4.5	6	7	8.5	9.5	10.5	11.5
	여	2	3	4	5.5	6.5	8	9	9.5	10
일본		21	22	23	24	25	26	27	28	29

여인가 둔다스스트리트에 위치한 유명노점

페이지에 (Fei Jie Snack Shop, 肥姐小食店)

홍콩 유명맛집사이트 오픈라이스에서 수차례 올해의 맛집으로 선정된 유명노점이다. 문어와 돼지곱창꼬치가 대표메뉴이며, 이밖에도 다양한 꼬치를 팔고 있다. 쫄깃한 식감에 매콤한 소스와 잘 어우러진 문어꼬치 따이막유(大墨魚)는 맥주안주로도 그만이며, 거의 세트처럼 함께 먹는 돼지곱창꼬치 따이창(大生腸)은 가공되지 않아 본연의 맛을 살려 우리입맛에 잘 맞는다.

주소 Shop 4A, 55 Dundas Street, Mong Kok **귀띔 한마디** 손님이 많아 재료가 떨어지면 일찍 문을 닫는다. **베스트메뉴** 문어꼬치(大墨魚, 1개 HK$11), 곱창꼬치(大生腸, 1개 HK$11) **추천메뉴** 문어+창자+닭콩팥 꼬치세트(大墨魚+細生腸+火雞腎, HK$23), 문어+곱창+닭콩팥 꼬치세트(大墨魚+大生腸+火雞腎, HK$28) **가격** 1개 HK$6~ **영업시간** 14:00~23:30/연중무휴 **문의** (852)9191-7683 **찾아가기** MTR 야우마테이역 A2번 출구로 나와 왼쪽 첫 번째 골목을 따라 직진하다 둔다스스트리트(Dundas St.)에서 오른쪽으로 꺾으면 왼편에 위치한다. 도보 4분 거리.

카이케이 (Kai Kei Snack, 佳記小食)

취두부, 돼지곱창꼬치, 피시볼, 다양한 튀김 등 홍콩의 길거리음식 대부분을 한곳에서 맛 볼 수 있는 유명노점이다. 두부를 소금에 절여 오랫동안 삭힌 홍콩스타일 취두부(臭豆腐)와 고소한 곱창을 기름에 튀겨 더욱 쫄깃하고 고소한 돼지곱창(炸大腸)이 가장 유명하다.

주소 Hung Fai Building, 41 Dundas Street, Mong Kok **귀띔 한마디** 바로 옆에는 타이완 스린야시장 명물 닭튀김 지파이(鷄排)로 유명한 하오다다지파이(豪大大鷄排)가 있다. **베스트메뉴** 취두부(臭豆腐, HK$12), 돼지곱창(炸大腸, 1개 HK$13) **추천메뉴** 오징어다리꼬치(串燒魷魚鬚, 1개 HK$18), 여러 부위 소내장을 향신료를 넣고 푹 삶은 오향우집(五香牛什, 소 HK$25, 대 HK$45) **가격** HK$12~ **영업시간** 12:00~24:00/연중무휴 **찾아가기** MTR 야우마테이역 A2번 출구로 나와 왼쪽 첫 번째 골목으로 직진하다 둔다스스트리트(Dundas St.)에서 오른쪽으로 꺾으면 왼편에 위치한다. 도보 4분 거리.

핫닷컴 (Hot.com)

여인가에서 현지인에게 가장 핫한 노점으로 다양한 피자콘, 감자튀김, 타코야끼, 미니피자 등을 프로즌요거트, 과일음료 등과 함께 맛볼 수 있다. 가장 인기 있는 감자튀김은 10가지 소스 중 1~2가지를 선택할 수 있으며, 소스는 체다치즈(Cheddar Cheese)와 허니머스타드소스(Honey Mustard Sauce)가 인기이다. 이 밖에도 치즈스틱, 치킨스틱, 오징어볼, 새우볼, 등 각종 튀김도 있어 입에 맞는 것으로 골라먹는 재미가 있다.

주소 Hung Fai Building, 43 Dundas Street, Mong Kok **베스트메뉴** 감자튀김(French Fries, HK$26), 망고, 포도, 오레오, 마차, 모카, 블로베리 등 각양한 토핑 중 1개 또는 2개를 선택할 수 있는 프로즌요거트(Frozen Yogurt, HK$ 26~34) **가격** HK$24~ **영업시간** 11:00~24:00/연중무휴 **문의** (852)2405-2110 **찾아가기** MTR 야우마테이 A2번 출구로 나와 왼쪽 첫 번째 골목을 따라 직진하여 둔다스스트리트(Dundas St.)에서 오른쪽으로 꺾으면 왼편에 위치한다. 도보 4분 거리.

홍콩 젊은이들이 모여드는 곳 ★★★★★
전자제품거리 西洋菜街 Sai Yeung Choi St.

사이융초이스트리트는 일명 전자제품거리라 불리며, 디지털카메라, 휴대폰 등 최신의 전자제품매장들이 모여 있어 용산전자상가와 비슷하지만 홍콩거리만의 특색이 느껴진다. 거리가 다소 정신없어 보이지만 매장 안으로 들어서면 깔끔하고 넓어 둘러보기에 불편함이 없다. 대로변 양쪽으로 각종 전자제품매장이 자리하고, 주변에는 학원이 많아 홍콩의 젊은이들이 자연스럽게 몰린다. 젊은이의 거리라는 별칭답게 10~20대들을 겨냥한 화장품이나 의류점들도 즐비하며, 특히 주중과 토요일에는 16:00~23:00, 일요일과 공휴일에는 12:00~23:00까지 보행자를 위해 차량을 통제한다. 거리 자체가 사람들로 북적이는 곳이므로 항상 소매치기를 조심해야 한다.

귀띔 한마디 에스프리아웃렛(Esprit Outlet) 대형매장이 있다. 소요시간 약 20분 이상 영업시간 11:30~23:00(상점마다 상이)/연중무휴 찾아가기 MTR 몽콕역 D3번 출구 바로 앞이 사이융초이스트리트사우스(Sai Yeung Choi St. South) 지역이다.

프라모델 총을 만날 수 있는 ★★★★★
건샵거리 廣華街 Kwong Wa St.

진짜처럼 보이는 모형총과 총기류를 파는 상점이 모여 있는 거리이다. 얀온 Yan on 빌딩과 파라다이스스퀘어 Paradise Square G층에 위치해 있다. 서바이벌게임에 사용되는 에어건, 가스건, 전동건, 핸드건뿐만 아니라 다양한 상품을 취급하며, 전문적인 RC카 매장도 따로 있다. 이게 정말 모형인가 싶을 정도로 정교하게 만들어진 총은 대략 HK$1,000선 안팎으로 일본보다 저렴하다. 전체적으로 상품의 가격은 20~50%까지 저렴하지만 안타깝게 대부분의 물품이 기내반입이 금지되므로 반입 가능 상품으로 구매해야 한다.

귀띔 한마디 현지인에게 물어볼 때는 건샵이라고 묻기보다는 '워게임샵(War Game Shop)'이라고 물어보는 것이 좋다. 소요시간 약 30분 이상 가격 HK$100~ 영업시간 12:00~21:00(상점마다 상이)/연중무휴 찾아가기 MTR 야우마테이역 A2번 출구로 직진하다 대로변에서 왼쪽 병원을 따라 직진한 후 왼쪽 둔다스스트리트(Dundas St.)로 들어가 오른쪽 첫 번째 쾽와스트리트(Kwong Wa St.)가 시작되는 입구의 건물에 위치한다. 도보 7분 거리.

Chapter 02 야우마테이&몽콕

몽콕의 대표 쇼핑몰 ★★★★★
랭함플레이스쇼핑몰 朗豪坊商場 Langham Place Shopping Mall

프랑스 건축가 존저드Jon Jerde가 설계한 모던인테리어와 독특한 에스컬레이터가 인상적인 대형쇼핑몰로 과거 타임지에 아시아 최고 볼거리로 랭함플레이스호텔이 선정되기도 했다. B1~B2층에는 신발과 가방매장 등이 위치하고, L1층에는 대형 H&M과 몽키, L2층에는 메이크업포에버, 아베다, 라네즈, 더바디숍, 판클 등의 코스메틱매장이 자리한다. L3~L10층에는 폴리폴리, i.t, 스포츠베, izzue, 샐러드, 라운지핑크 등 10~20대 중심의 중저가 의류브랜드가 입점해 있으며, 푸드코트가 위치한 L4층에는 홀리브라운, 스타벅스, 티우드, 18그램스, 모스버거, 허니문디저트 등의 카페와 패스트푸드점 등이 있다. 또한 L8층은 시네마시티영화관, L9~L12층에는 뷰티크숍과 대형레스토랑, L13층에는 전망 좋은 토닉과 스카이바, 레스토랑이 위치해 있다.

주소 8 Argyle St., Mongkok **영업시간** 11:00~23:00(상점마다 상이)/연중무휴 **문의** (852)3520-2888 **찾아가기** MTR 몽콕역 E1번 출구로 나오면 정면에 위치한다./몽콕역 C3번 출구가 랭함플레이스 지하 2층과 연결된다. **홈페이지** www.langhamplace.com.hk

랭함플레이스의 유명레스토랑

푸드코트 (Food court)

랭함플레이스쇼핑몰 L4층에 위치한 푸드코트로 커리전문점 코코이찌방야(Curry House Coco Ichibanya), 한식전문점 코리아하우스(Korea House), 캐주얼 철판구이점 페퍼런치(Pepper Lunch), 동남아시아음식전문점 파파야폭폭(Papaya Pok! Pok!), 오코노미야끼전문점 히데요시(秀吉) 등 아시아요리를 한곳에서 즐길 수 있다. 푸드코드 외에도 더다이닝룸(The Dining Room), 겡끼스시(Genki Sushi), 잇푸도(Ippudo), 허니문디저트(Honeymoon Dessert), 패션바이 제라르두부아(Passion by Gérard Dubois) 등의 매장이 L4층에 자리한다. **매장번호** L4층 **영업시간** 11:00~21:00(매장마다 상이)/연중무휴 **문의** (852)3520-2888

치케이 (CHEE KEI, 池記)

새우완탕(Shrimp Wonton Soup, HK$42)과 미슐랭가이드에서 추천한 크랩콘지(Crab Congee, HK$75)가 유명한 체인음식점이다. 메인요리와 음료, 딤섬/야채요리/디저트 중 선택할 수 있는 세트가 있으며 면을 좋아한다면 새우완탕면(Shrimp Wonton Noodles, HK$41), 튀김류가 먹고 싶다면 완자튀김(Fried Wontons, HK$40)을 주문한다. **매장번호** L4층 10호 **영업시간** 12:00~22:00/연중무휴 **문의** (852)3514-4000

홍콩서민들의 재래시장 ★★★★★
리클리메이션스트리트마켓 新塡地街 Reclamation Street Market

이른 아침부터 찬거리를 사러 나온 현지인과 상점마다 가격을 흥정하는 모습에서 홍콩인들의 소박한 삶을 느낄 수 있는 곳이다. 예전에는 지네, 원숭이, 들쥐, 도마뱀 등 다소 혐오스러운 것도 거래하던 시장이었는데, 2003년 사스발생 후 해산물, 야채, 과일, 고기, 건어물 등을 저렴하게 판매하는 평범한 재래시장으로 탈바꿈하였다. 최근에는 관광객들이 늘어나면서 의류, 액세서리 등을 판매하는 상점도 많이 생겼다. 싱싱한 현지 과일이 먹고 싶다면 현지인처럼 구입해보자.

영업시간 08:00~21:00(상점마다 상이)/태풍이 오면 대부분 휴점. **찾아가기** MTR 조단역 A번 출구로 나와 오른쪽 대로변을 따라 직진하다 네 번째 골목 상하이스트리트(Shanghai St.)로 들어가 왼쪽 첫 번째 골목 난킹스트리트(Nanking St.)에서 바로 오른쪽 리클리메이션스트리트(Reclamation St.)를 따라 들어가면 위치한다. 도보 3분 거리.

주방용품과 다양한 생활용품이 있는 ★★★★★
상하이스트리트마켓 上海街 Shaghai St. Market

야우마테이와 몽콕을 연결하는 백여 미터 남짓의 중심거리로 주방용품과 불교용품, 인도 상품 등을 파는 상점이 모여 있다. 이곳의 주방용품은 홍콩의 호텔이나 식당가에서도 일부러 구입하러 올 정도라고 하니 주방용품에 관심 있다면 세심히 둘러보자. 전통적인 주방용품보다는 현대적 주방용품이 대부분을 차지하고 있으며, 매장마다 규모의 차이만 있을 뿐 상품은 거의 비슷하다. 냄비, 수저, 국자, 대나무 딤섬찜통, 케이크틀, 쿠키틀, 월병틀 등 각종 주방용품과 베이킹도구를 저렴하게 구입할 수 있다.

귀띔 한마디 베이킹에 관심 있는 분이라면 꼭 들러봐야 할 곳이다. **소요시간** 약 10분 이상 **가격** 상점마다 차이가 있으니 잘 알아보자. **영업시간** 09:00~19:00(상점마다 상이) **찾아가기** MTR 야우마테이역 C번 출구로 나와 왼쪽 만밍레인(Man mong Ln.)을 따라 직진하다 왼쪽 세 번째 골목 상하이스트리트(Shaghai St.)로 진입하면 위치한다. 도보 3분 거리.

가짜부터 진짜 고가의 옥까지 판매하는 ★★★★☆
제이드마켓 玉器市場 Jade Market

야우마테이 칸수스트리트에 위치한 동남아 최대 옥시장으로 중국인들이 비취라 부르는 옥을 파는 곳이다. 동쪽과 남쪽 허름한 2개의 건물에 4백여 개의 상점이 빼곡히 들어섰다. 건물 안은 낮에도 조명을 밝힐 정도로 어두운 단층건물이라 습하고 쾌쾌한 냄새가 많이 난다. 주로 옥으로 만든 완제품을 판매하는데 사슴은 재물, 호랑이는 행운, 용은 힘을 상징한다 하여 인기가 많다. 팔찌, 반지, 목걸이, 핸드폰고리 등 옥을 이용해 만든 다양한 상품들이 있으며, 옥의 색과 품질에 따라 가격은 천차만별이다. 말이 안통해도 흥정은 가능하며,

이곳에서는 기념품이나 선물용 찻잔 정도만 구입하는 것이 좋다. 만일 진짜 옥제품을 사고 싶다면 이곳보다는 홍콩관광진흥청에서 인증하는 QTS 마크가 붙은 상점을 이용하면 된다.

귀띔 한마디 상점마다 진품 옥이라고 유혹하지만 일반인은 구별이 힘들므로 주의해야 한다. 구입할 때 흥정은 필수이다. **소요시간** 약 20분 이상 **가격** HK$10~1,000 이상 **영업시간** 09:00~18:00/연중무휴 **찾아가기** MTR 야우마테이역 C번 출구로 나와 오른쪽으로 직진하여 틴하우를 지나 칸수스트리트(Kansu St)에서 우회전하여 약 200m 걸어가면 된다.

홍콩관광진흥청 인증마크 QTS

관광질 인증제도인 QTS(Quality Tourism Service)는 관광객들에게 믿을 수 있는 서비스를 제공하기 위해 홍콩관광진흥청이 공인한 품질제도이다. 상점마다 매년 환경상태, 종업원친절도, 상품질, 운영상태 등을 엄격히 평가하여 일정심사기준을 통과한 상점이나 레스토랑을 대상을 QTS마크를 부여한다. 홍콩관광진흥청 홈페이지를 가면 QTS마크를 받은 상점과 레스토랑을 확인할 수 있다.

 세일품목이 다양한 ★★★★☆
플라자할리우드 荷里活廣場 Plaza Hollywood

다이아몬드힐역과 연결된 쇼핑몰로 나이키, 아디다스, 뉴발란스, 캔버스, 리복 등 유명 스포츠브랜드와 편집숍이 자리하며, 운동화거리로 유명한 몽콕 파윤스트리트보다 저렴하게 구입할 수 있다. 막스앤스펜서, H&M, 보니시, G2000, 지오다노, 유니클로 등 중저가브랜드 대형매장도 입점해 있다. 특히 2층에는 홍콩보세매장과 홍콩로컬브랜드, 대형슈퍼마켓 파크앤숍이 있고, 3층에는 각종 아시아음식을 만날 수 있는 푸드리퍼블릭과 대형슈퍼마켓, 영화관 브로드웨이가 위치해 있어 현지 젊은이들이 많이 찾는다.

주소 3 Lung Poon Street, Diamond Hill **귀띔 한마디** 주변에 난리안가든과 치린수도원이 위치해 있다. **영업시간** 11:00~22:00(상점마다 상이)/연중무휴 **문의** (852)22118-8811 **찾아가기** MTR 쿤통(觀塘, Kwun Tong)선 다이아몬드힐(鑽石山, Diamond Hill)역 C2번 출구와 연결된다. **홈페이지** www.plazahollywood.com.hk

Special 04

신선한 해산물을 맛볼 수 있는 도심속의 어촌
레이유문(Lei Yue Mun, 鯉魚門)

카오룽반도 쿤통 남동부에 위치한 4개의 작은 어촌인 레이유문은 1960년대부터 갓 잡은 싱싱한 해산물을 직접 골라오면 요리를 해주는 해산물레스토랑을 경영하기 시작했다. 1992년 지역 홍보와 발전을 위해 레이유문 씨푸드페스티벌을 개최하면서 유명해졌는데 이 축제는 현재까지 매해 진행되고 있다. 항구를 따라 걷다보면 250m의 좁은 골목에 형성된 수산시장과 해산물레스토랑을 만나게 된다.

찾아가기 MTR 쿤통선(觀塘綫, Kwun Tong Line)의 야우통(油塘, Yau Tong)역 A2번 출구로 나와 왼쪽 대로변을 따라 약 15분 정도 직진으로 걸으면 항구가 보인다.

Lei Yue Mun
레이유문

레이유문수산시장 (Lei Yue Mun Seafood Bazzar)

우리나라의 노량진수산시장과 흡사한 느낌의 레이유문수산시장에는 250m의 좁은 골목을 따라 해산물을 파는 상점과 레스토랑이 모여 있다. 대형수족관이 설치된 해산물가게에서 코끼리조개를 비롯하여 생선, 새우, 게, 조개, 랍스터, 킹크랩, 가재 등을 저렴한 가격으로 구매한 후 구입한 해산물을 가지고 마음에 드는 레스토랑에 가서 요리비용만 지불하면 맛있게 조리해 준다. 요리비용은 테이블이 아닌 일인당으로 계산되며 맥주와 야채요리 등은 별도의 비용을 지불해야 한다. 조리방법은 별도의 요청이 없다면 구입한 해산물에 따라 보통 찜, 칠리&마늘 튀김, 구이, 회, 조림, 볶음 등으로 요리해준다.

영업시간 17:00~24:00(상점마다 상이)/보통 저녁 5시 이후부터 활기를 띤다.

남따이문 (Gatewa cuisine, 南大門)

레이유문수산시장 골목 끝에 위치한 전망 좋은 레스토랑으로 대형 통유리와 2층의 야외테라스에서 바다경치를 감상하며 식사를 즐길 수 있다. 홍콩관광진흥청 인증마크 QTS를 10년 동안 수상한 레스토랑으로 분위기와 서비스를 인정받은 곳이다. 일대의 다른 레스토랑과 마찬가지로 해산물을 구입해오면 해산물을 요리해주는데 보통 일반 레스토랑은 일인당 요리비용이 HK$80~120 정도인데 비해 이곳은 인당 HK$150~200 정도로 비싼 편이다. 한 재료 당 1~3가지 조리법을 선택할 수 있지만 일반적으로 요리사가 알아서 요리해주며 창가좌석은 예약이 필수이다.

주소 58A, Hoi Pong Road Central, Lei Yue Mun **영업시간** 11:00~23:00/연중무휴 **문의** (852)2727-4628

레이유문마을 (Lei Yue Mun village, 鯉魚門)

레이유문은 팡옥(棚屋)이라 불리는 수상가옥들을 볼 수 있는 4개의 작은 어촌으로 이루어져 있다. 어촌은 해변산책로, 수산시장과 레스토랑이 위치한 삼카촨(三家村), 전망대, 등대, 공원 등이 있는 마완촌(馬環村), 윌슨트레일 3번 섹션이 위치한 체팅촌(峯頂村) 그리고 레이유문의 끝에 자리한 마푸이촨(馬背村)이다. 시간적 여유가 있다면 호이퐁로드이스트(Hoi Pong Road East)를 따라 걸어보자.

Chapter 03
위성도시로 재개발된 샤틴

沙田, Sha Tin

침사추이에서 북동쪽 신계지역에 위치한 샤틴은 우리나라로 치면 일산과 분당 같은 신도시 개념의 지역이다. 싱문강(Shing Mun River)과 샤틴해(Sha Tin Hoi) 그리고 톨로하버(Tolo Harbour)가 만나는 지역에 위치해 있으며 영화 〈무간도〉의 촬영지로 유명한 만불사, 홍콩의 역사를 엿볼 수 있는 홍콩헤리티지박물관, 여름시즌 주말경기가 열리는 샤틴경마장과 홍콩의 3대 명문 대학 중 하나인 홍콩중문대학교 등 다양한 볼거리가 있다.

샤틴을 이어주는 교통편

- MTR 이스트레일선(東鐵綫, Esat Rail Line)의 샤틴(沙田, Sha Tin)역에서 하차한다.

샤틴에서 이것만은 꼭 해보자

1. 샤틴역에 내려서 만불사, 샤틴공원, 홍콩헤리티지, 창타이욱, 체쿵사원 등의 코스로 돌아보자.
2. 한적한 대학캠퍼스를 보고 싶다면 홍콩중문대학교를 방문해보자.

사진으로 미리 살펴보는 샤틴 베스트코스

과거 농촌과 어촌에 지나지 않았던 샤틴지역은 1970년대 홍콩정부가 적극적으로 신도시건설을 추진해 싱문강 주변으로 고층빌딩이 세워졌다. 하지만 싱문강, 톨로하버, 마온산(馬鞍山) 등 자연친화적인 지역으로 공기가 좋고 모든 정부기관이 모여 있어 지역 중심의 역할을 하고 있다. MTR 샤틴(沙田, Sha Tin)역 주변으로 볼거리가 몰려 있으나 가까운 거리에 위치하지 않아 시간적 여유를 가지고 걸어서 이동해야 한다. 이정표가 잘되어 있어 어렵지 않게 찾을 수 있으며, 색다른 홍콩을 만날 수 있는 여유가 느껴지는 지역이다.

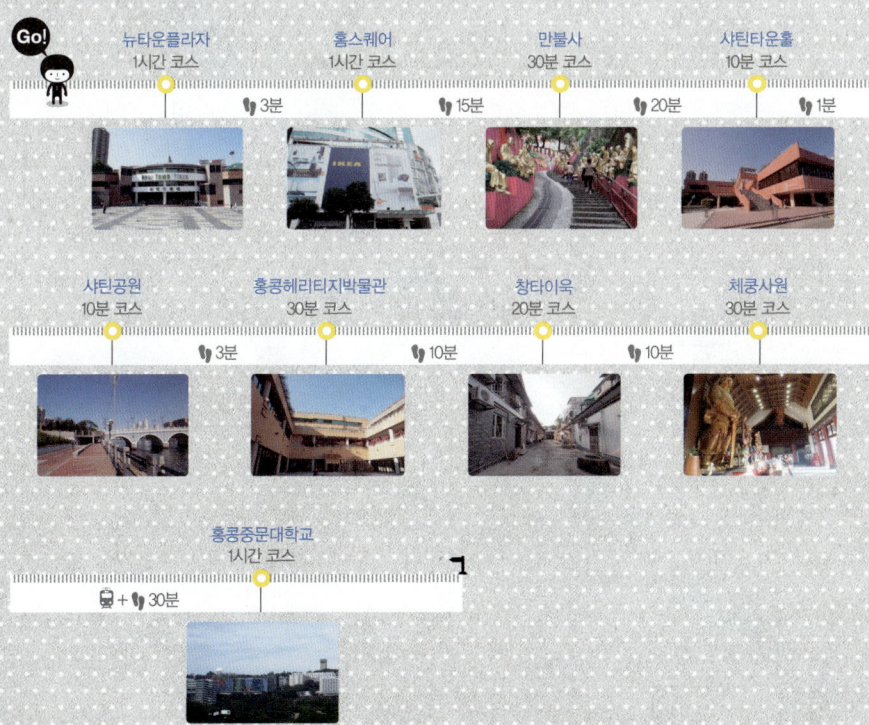

베스트코스(예상 소요시간 5시간 이상)

Chapter 03 샤틴

Section 07
샤틴에서 반드시 둘러봐야 할 명소

홍콩 도심과 달리 한적하게 둘러볼 수 있는 명소들이 있어 여유로움을 만끽할 수 있다. 샤틴역에 내리면 걸어서 이동할 수 있는 곳이 대부분이며, 홍콩의 대학교를 보고 싶다면 홍콩중문대학교를 방문하여 캠퍼스를 거닐어 보는 것도 좋은 추억이 될 것이다.

만 가지 표정의 금불상을 만날 수 있는 ★★★★★
만불사 萬佛寺 Ten Thousand Buddhas Monastery

장국영위패가 있는 보복산寶福山 입구 바로 옆 좁은 골목을 따라가면 만불사본당으로 향하는 가파른 431개 계단이 있다. 계단 양옆으로 다양한 자세와 표정의 금불상이 있고, 본당 만불전에도 조악하지만 1만 3천여 개의 작은 불상들이 모셔져 있다. 1957년 세워진 불교사원으로 우리에게는 유덕화, 양조위 주연의 영화 〈무간도〉 1편의 첫 장면이 촬영된 곳이라 친숙한 느낌이다. 만불사 상징인 붉은색 만불탑과 관음전, 만불사를 창건한 스님을 모신 사당 등을 함께 둘러볼 수 있다. 사찰 뒷길을 따라 내려가면 납골당 9층 석탑과 사람을 두려워하지 않는 수많은 야생원숭이를 볼 수 있다.

주소 Tai Po Road, Sha Tin 귀띔 한마디 경내에서 샤틴 시내 전경을 한눈에 내려다 볼 수 있다. 계단 아래 불상들은 일반승려에 가깝고 점점 올라 갈수록 화려해지고 디테일한 의상을 입은 신의 모습에 가깝다. 입장료 무료 운영시간 09:00~17:00/연중무휴 문의 (852)2691-1267 찾아가기 MTR 샤틴역 B번 출구로 나와 홈스퀘어건물을 바라보고 왼쪽으로 걷다 오른쪽으로 보이는 보복산(寶福山) 입구 오른쪽 좁은 골목을 따라 가면 왼편으로 계단이 보인다. 도보 15분 거리.

아시아 최초의 스누피테마파크 ★★★★★
스누피월드 史諾比開心世界 Snoopy's World

미국의 유명만화 〈피너츠〉를 주제로 한 작은 테마공원이 뉴타운플라자 L3층 야외광장에 위치한다. 찰리브라운과 그의 친구들인 스누피, 우드스톡, 라이너스, 루시 등 개성 넘치는 캐릭터를 한자리에서 볼 수 있어 2000년 오픈 이래 꾸준하게 아이들에게 사랑을 받고 있

181

다. 지구상에서 가장 유명한 강아지 스누피가 지붕에 누워 하늘을 바라보는 입구를 지나면 6개의 작은 테마공원으로 나뉜 스누피월드에 입장하게 된다. 특별한 볼거리가 있는 것은 아니지만 스누피친구들의 일상을 야외에서 만나 볼 수 있는 곳이다.

주소 L3/F New Town Plaza, 18 Sha Tin Centre Street, Sha Tin **귀띔 한마디** 뉴타운플라자쇼핑몰에서 당일 HK$100 이상 구매한 영수증을 제시하면 무료로 카누를 탈 수 있다. **입장료** 무료 **운영시간** 11:00~17:00/연중무휴 **찾아가기** MTR 샤틴역 A2번 출구로 나오면 뉴타운플라자 I (New Town Plaza I) L3층과 바로 연결되는데 곧장 가로지르면 나오는 야외광장에 위치한다.

예술광장과 공공도서관이 함께 위치한 ★★★★★
샤틴타운홀 沙田大會堂 Sha Tin Town Hall

1987년 뉴타운플라자와 샤틴공원 사이에 세워져 시민들에게 문화예술과 휴식처를 제공하고 있는 공연&예술센터 중의 하나이다. 1,372석의 강당, 300석 규모의 문화활동홀, 전시갤러리, 뮤직스튜디오, 댄스스튜디오, 컨퍼런스룸, 강연실, 피아노연습실 등을 갖추고 춤, 연주회, 드라마, 전시회 등 다양한 공연과 전시를 수시로 진행한다. 야외광장인 시티아트스퀘어City Art Square에는 19개국의 해외아티스트와 지역예술가들의 독창적인 작품이 설치되어 있으며, 야외무대에서는 아티스트들의 다양한 공연이 펼쳐진다.

주소 1 Yuen Wo Road, Sha Tin **귀띔 한마디** 자세한 공연내용은 홈페이지를 참고하자. 맞은편에는 샤틴공공도서관이 위치해 있다. **입장료** 공연프로그램에 따라 상이 **운영시간** 09:00~23:00/연중무휴 **문의** (852)2694-2509 **찾아가기** MTR 샤틴역 A2번 출구로 나와 뉴타운플라자를 통과하면 시티아트스퀘어(City Art Square)와 연결되며 바로 뒤편에 샤틴타운홀이 위치한다. 도보 3분 거리. **홈페이지** www.lcsd.gov.hk/stth

강변 따라 산책을 즐기는 ★★★★
샤틴공원 沙田公園 Sha Tin Park

싱문강Shing Mun River을 따라 조성된 정원으로 서양철쭉정원, 베란다, 향기로운 정원, 중국풍 북원, 서양식 남원, 놀이터, 수영장, 분수, 메인플라자, 원형극장, 조류보호구역 등이 있는 대형공원이다. 매주 주말과 공휴일에는 아티스트코너에서 아티스트들이 직접 만든 제품을 판매하는 플리마켓이 열린다. 타이포해안공원Tai Po Waterfront Park에서 톨로하버Tolo Harbour까지 이어지는 자전거

전용도로와 조깅코스가 잘 정비되어 있어 시민들에게 인기 있으며, 공원 내에는 자전거를 대여할 수 있는 키오스크도 마련되어 있다.

주소 2 Yuen Wo Road, Sha Tin **귀띔 한마디** 자전거대여(Bike Kiosk)는 보증금 HK$100에 시간당 HK$20을 지불하면 된다.(대여시간 09:00~21:00) **입장료** 무료 **운영시간** 06:30~23:00/연중무휴 **문의** (852)2180-8188 **찾아가기** 샤틴타운홀 뒤편에 위치한다./홍콩헤리티지박물관(Hong Kong Heritage Museum) 맞은편에 위치한다.

홍콩의 다양한 역사를 볼 수 있는 ★★★★★
홍콩헤리티지박물관 香港文化博物館 Hong Kong Heritage Museum

2001년 개관한 홍콩 최대 규모의 문화박물관으로 홍콩의 전통유산과 문화를 살펴볼 수 있다. 상설전시관과 특별전시관 총 12개의 전시관으로 나뉘며 홍콩과 중국남부의 국보급 문화재와 예술품 등을 전시하고 있다. 전반적으로 홍콩의 역사, 예술과 문화를 소개하며 광둥오페라인 유에주(粤劇)에 관련된 전시와 공연도 관람할 수 있다. 또한 중국의 불교사를 한눈에 살펴볼 수 있는 시대별 불교계보와 만다라, 옛 건물과 생활상을 보여주는 건축물 등 홍콩역사에 관심이 있다면 한번쯤 찾아갈 만하다.

주소 1 Man Lam Road, Sha Tin **강력추천** 2013년 이소룡 사망 40주기를 맞이하여 5년간 그에 관련된 특별전시를 진행하고 있다. **귀띔 한마디** 전시실 내부는 대부분 사진촬영이 금지되어 있다. **입장료** 무료(특별전시 요금별도) **개관시간** 10:00~18:00(월요일과 수~금요일), 10:00~19:00(주말과 공휴일), 10:00~17:00(크리스마스이브&설 전날)/매주 화요일과 설연휴 2일 휴관 **문의** (852)2180-8188 **찾아가기** MTR 샤틴역 A2번 출구로 나와 뉴타운플라자를 통과하여 샤틴공원 강변을 바라보고 오른쪽으로 걷다 지하도를 건너면 위치한다./MTR 체궁사원(車公廟, Che Kung Temple)역 A번 출구로 나와 박물관이정표를 따라 걸으면 된다. 도보 7분 거리. **홈페이지** www.heritagemuseum.gov.hk

벽으로 둘러싸인 담장마을 ★★★★★
창타이욱 曾大屋 Tsang Tai Uk

중국 황하북부에 거주했지만 정치적인 이유로 중국남방으로 쫓겨난 한족일파인 하카(客家)족이 세운 마을이다. 이들은 외부침입에 대비하며 집단생활을 하고자 담장을 치고 공동주택을 지어 20~50여 가구가 모여 살았다. 창타이욱은 한자 뜻 그대로 '창씨의 대가족'을 의미한다.
이 지역에 정착하여 큰 성공을 거둔 석공기술자이자 석재상인 창쿤만이 창씨일가를 위해 20년에 걸쳐 1867년 완

공한 마을 형태의 가옥으로 홍콩에서 보존상태가 가장 양호한 개인소유의 집이다. 현재까지 창씨일가 50여 가구가 살고 있으며, 정부가 역사적인 건물로 인정하여 유지보수 비용을 보조해주면서 2009년부터 방문객의 방문이 허용되었다. 직사각형의 마을 북쪽 벽에는 세 개의 아치형입구가 있고, 마을 중앙에는 창씨일가의 초상화와 사진, 그들을 기리는 충서당忠恕堂이라는 사당이 있다. 모든 가구는 작은 안뜰이 통로와 서로 연결되어 있다.

 주소 Tai Po Road, Sha Tin 귀띔 한마디 사람이 살고 있으므로 집안으로 들어가거나 들여다보는 행위는 삼가자. 입장료 무료 운영시간 시간은 정해지지 않았지만 너무 이른 시간과 늦은 시간은 피하자. 찾아가기 MTR 체쿵사원(車公廟, Che Kung Temple)역 D번 출구로 나와 지하도를 건너 창타이욱(曾大屋, Tsang Tai Uk)이정표를 따라 걸으면 위치한다. 도보 7분 거리.

소원을 이뤄주는 황금바람개비 ★★★★★
체쿵사원 車公廟 Che Kung Temple

남송시대 명장으로 몽골에 대항하여 홍콩까지 와서 싸웠으며, 샤틴지역을 홍수와 재난으로부터 지켜낸 체쿵장군을 모신 사원이다. 대부분의 홍콩사원은 규모가 작지만 북쪽으로 갈수록 규모가 커지는데, 체쿵사원 역시 대규모로 넓은 주차장까지 갖추고 있다. 정확하게 설립연도는 알 수 없지만 대략 100여 년이라고 추정하고 있으며, 수차례 보수를 거쳐 현재의 모습이 되었다. 사원 내에는 거대한 황금체쿵동상이 우뚝 서있고, 바람개비를 돌리고 북을 치면 소원이 이루어진다는 황금바람개비가 동상 옆에 위치한다.

 주소 Che Kung Temple, Tai Wai, Sha Tin 귀띔 한마디 사원입구 안쪽 왼편에는 점집들이 몰려있다. 입장료 무료 운영시간 07:00~18:00/연중무휴 문의 (852)2697-2660 찾아가기 MTR 체쿵사원(車公廟, Che Kung Temple)역 B번 출구로 나와 오른쪽 횡단보도를 건넌 후 지하도를 건넌 후 왼쪽 체쿵미우로드(Che Kung Miu Rd.)를 따라 직진하면 왼편에 위치한다. 도보 5분 거리. 홈페이지 www.ctc.org.hk

여름시즌 주말에만 열리는 ★★★★★
샤틴경마장 沙田馬場 Sha Tin Racecourse

홍콩정부는 경마, 풋볼, 복권 등의 도박산업을 홍콩자키클럽Hong Kong Jockey Club을 통해 운영하고 있다. 해피밸리와 샤틴에 있는 2개의 경마장을 운영하는데, 해피밸리에서는 평일 야

간경기, 샤틴경마장에서는 여름시즌 주말경기가 열린다. 1978년 펜폴드공원Penfold Park 내 세계적인 시설을 갖춰 개장하였으며, 엘리자베스여왕배 등 국제경마경기가 열리는 날이면 3만 관객이 홍콩국기를 들고 응원하는 진풍경이 펼쳐진다.

20~40대 젊은 고객들을 유입하기 위해 경마장 내 레스토랑존을 운영하며, 특히 세련된 인테리어의 헤이마켓Hay Market 은 칵테일, 맥주, 음료 등을 마시며 파티처럼 경마를 즐길 수 있어 인기이다. 홍콩인들에게 경마는 도박이 아닌 레저 스포츠로 인식되며, 경마로 잃은 돈은 사회기부활동에 참여했다고 여긴다.

주소 Sha Tin Racecourse, Sha Tin **귀띔 한마디** 최소 배팅금액은 HK$100이다. **입장료** HK$10 **운영시간** 매해 7~9월 주말에만 오픈하며, 경기는 대체로 오전 11시부터 시작된다. **문의** (852)2695-6223 **찾아가기** 경기가 열릴 날에만 정차하는 MTR 이스트레일(東鐵, Esat Rail)선의 레이스코스(馬場, Racecourse)역에서 하차하면 바로 경마장이다. **홈페이지** www.ctc.org.hk

홍콩 3대 명문대학 중의 하나 ★★★★★
홍콩중문대학교 香港中文大學 The Chinese University of HK

1963년 설립된 홍콩중문대학교는 홍콩대학, 홍콩과기대학과 함께 홍콩의 3대 명문대학교로 손꼽히며, 뛰어난 교수진과 연구실적으로 세계적 명성을 지니고 있다. 특히 컴퓨터과학의 노벨상이라고 불리는 튜링상Turing Award, 수학분야 노벨상이라 불리는 필즈상Fields Medal 등 홍콩에서 유일하게 노벨상수상자를 배출한 바 있다. 여러 개의 대학이 모여 완성된 연합대학으로 300여 개의 학부를 비롯하여 대학원 등을 갖추고 있다. 산 전체가 캠퍼스라 대부분의 건물이 산비탈에 세워져 있어 이동은 불편하지만 캠퍼스 내 무료셔틀버스를 운영하고 있다. 캠퍼스정상에 오르면 바다를 마주하는 파빌리온오브하모니Pavilion of Harmony라는 멋진 전망대를 만날 수 있다.

주소 The Chinese University of Hong Kong, Sha Tin **귀띔 한마디** 대학셔틀버스는 6가지이며, 평일에는 메인캠퍼스를 운행하는 1A번(07:40~18:40, 매시 20, 40분에 출발)과 1B번(08:00~18:00, 매시 정각 출발), 유니티드대학(United College)과 뉴아시아대학(New Asia College)을 운행하는 2번(07:45~18:45, 매시 정각, 15, 30, 45분에 출발), 라쇼대학(Shaw College)을 운행하는 3번(09:00~18:40, 매시 정각, 20, 40분에 출발), 캠퍼스 내를 도는 순환노선 4번(07:30~18:50, 매시 10, 30, 50분 출발), 야간순환버스 N번(19:00~23:30, 매시 정각, 15, 30, 45분 출발) 버스, 주말과 공휴일에 운행하는 순환버스 H번(08:20~23:20, 매시 정각, 20, 40분)이 있다. **문의** (852)3943-7000 **찾아가기** MTR 유니버시티(大學, University)역에서 A번 출구로 나오면 대학셔틀버스정류장이 위치한다. **홈페이지** www.cuhk.edu.hk

Section 08
샤틴에서 놓치면 후회하는 먹거리&쇼핑거리

샤틴지역에서는 쇼핑몰의 레스토랑과 호텔레스토랑을 이용하는 것이 편하다. 특히 먹거리는 홍콩중문대학교 근방의 하얏트샤틴호텔에는 유명레스토랑들이 많다. 또한 쇼핑을 즐길 수 있는 곳이 많지는 않지만 뉴타운플라자와 인테리어전문 쇼핑몰에서 홈스퀘어 위주로 쇼핑하면 된다.

오감이 즐거워지는 레스토랑 ★★★★★
하얏트리젠시 샤틴18 沙田18 Sha Tin 18

광둥성 동관시東莞市의 가정식요리를 선보이는 정통레스토랑이다. 중국인이 좋아하는 숫자 18과 호텔지번이 동일하여 샤틴18이란 상호를 붙였다. 통유리 너머 주변풍광을 감상하며 식사를 즐길 수 있고, 안쪽에는 넓은 야외테라스도 있어 조용하게 야외식사를 즐길 수 있다. 오픈주방이라 수타면과 딤섬코너, 바비큐코너, 볶음요리를 하는 웍코너, 티바와 디저트코너 등 4가지 섹션에서 요리하는 과정을 지켜볼 수 있다. 유기농재료만을 사용하여 몸에도 좋고, 맛도 최고라 자부하며, 특히 정통페킹덕을 즐길 수 있는 레스토랑으로 유명하다. 점심메뉴로 간단하게 수제딤섬을 즐기기 좋은 곳이다.

❶ 페킹덕(Traditional Peking Duck) ❷ 대구딤섬(Steamed Cod Fish, Black Truffle Dumpling) ❸ 동관쌀국수볶음(Dongguan Wok-fried Rice Vermicelli, Prawns, Shredded Pork) ❹ 새우볶음(Stir-fried Prawns, Coconut Milk, Crispy Shallots, Preserved Shrimp Paste) ❺ 초콜릿아이스크림(Chinese Wine Chocolate Ice Cream)

주소 4/F 18 Chak Cheung Street, Sha Tin **베스트메뉴** 정통방식으로 구워낸 페킹덕(1마리 HK$570, 반마리 HK$360), 대구와 송로버섯이 들어간 대구딤섬(4개 HK$128), 통새우, 다진 돼지고기, 숙주 등을 함께 볶은 동관쌀국수볶음(HK$218) **추천메뉴** 볶은 새우와 튀긴 샬롯에 밀크코코넛과 새우젓 양념으로 만든 새우볶음(HK$348), 겨자잎과 건조어린새우로 만든 칠드머스타드그린(Chilled Mustard Greens, Dried Baby Shrimp, HK$128), 중국와인으로 만든 초콜릿아이스크림(HK$42) **가격** 딤섬 HK$56~, 요리 HK$300~ /Service Charge 10% 별도 **영업시간** 점심 11:30~15:00(월~금요일), 10:30~15:00(주말과 공휴일) 저녁 17:30~22:30(월~금요일), 17:30~19:30&19:45~22:30(주말과 공휴일)/연중무휴 **문의** (852)3723-1234 **찾아가기** MTR 유니버시티역 B번 출구로 나와 정면에 위치한 하얏트리젠시샤틴 4층에 위치한다. 도보 3분 거리. **홈페이지** www.hongKong.shatin.hyatt.com

베이징요리구이 제대로 즐기는 방법

❶ 밀전병을 펴고 고기 한 점을 올린다. ❷ 고기 위에 대파와 오이를 올린다. ❸ 플럼소스를 뿌린다. ❹ 마늘소스를 뿌려 먹기 좋게 만든다. * 껍질부위는 설탕만 뿌려 먹으면 훨씬 맛있다.

올데이 다이닝레스토랑 ★★★★★
 하얏트리젠시 카페샤틴 咖啡廳 Cafe Sha Tin

하얏트리젠시샤틴 L층에 위치하며 이른 아침부터 늦은 저녁까지 뷔페를 즐길 수 있다. 주말과 공휴일에는 애프터눈 티뷔페를 제공하며, 레스토랑의 메인과 다이닝룸, 라운지와 테라스 등에서도 식사를 즐길 수 있다. 1960~70년대 수많은 홍콩영화의 배경촬영지로 유명했던 '유카드락'Yucca de Lac' 레스토랑의 실내디자인을 가져왔으며, 진열된 가구도 세계적 디자이너 스티브렁Steve Leung이 제작하였다. 통유리 너머 풀장과 숲이 보이고, 월넛블라인드와 아늑한 조명이 포근함을 더한다. 찜과 튀김이 있는 차이니스키친, 스시와 해산물 등의 요리가 있는 콜드키친, 그릴구이와 화덕에 구운 피자, 파스타 등이 있는 웨스턴키친, 계절과일, 아이스크림, 빵, 쿠키 등이 있는 디저트키친 등 4개의 오픈키친에서 다양한 요리를 선보인다. 특히 유명한 샤틴애플파이를 뷔페로 제공하고 있어 인기가 높다. 단품요리도 있지만 뷔페가 유명하므로 여유롭게 즐겨보자.

주소 L/F 18 Chak Cheung Street, Sha Tin **가격** **점심뷔페** 1인 HK$348(월~금요일), 1인 HK$418(주말과 공휴일) **애프터눈티세트** 1인 HK$208, 2인 HK$358(월~금요일) **저녁뷔페** 1인 HK$538(월~금요일), 1인 HK$598(주말과 공휴일)/Service Charge 10% 별도 **영업시간** **점심뷔페** 11:30~14:30(월~일요일) **애프터눈티세트** 14:30~17:00(월~금요일) **저녁뷔페** 18:00~22:00/연중무휴 **문의** (852)3723-1234 **찾아가기** MTR 유니버시티역 B번 출구로 나와 정면 언덕에 위치한 하얏트리젠시샤틴 L층에 위치해 있다. 도보 3분 거리. **홈페이지** www.hongKong.shatin.hyatt.com

파티시에가 있는 유명제과점 ★★★★★
 하얏트리젠시 파티세리 饼店 Patisserie

하얏트리젠시샤틴 L층에 위치하며 홈메이드 패스트리, 쿠키, 초콜릿, 케이크 그리고 고급와인 등을 제공한다. 그린과 레드사과 모두를 자연산꿀과 혼합하여 사과 고유의 맛을 증가시킨 독특한 애플파이가 인기이다. 또한 잼과 아몬드를 채워 만든 영국파이 베이크웰타르트Bakewell Tart의 중국식 타르트인 데이트타르트Date Tart는 설탕에 조린 자두와 생강을 이용하여 만들었다. 프랑스 최고급 발로나초콜릿Valrhona Chocolate과 부드러운 초콜릿무스를 70% 이상 사용하여 부드러우면서 달콤한 초콜릿크런치케이크Chocolate Crunch Cake도 인기가 좋다.

주소 L/F 18 Chak Cheung Street, Sha Tin **베스트메뉴** 샤틴의 명물 애플파이(Apple Pie, 1조각 HK$37), 블루베리타르트(Blueberry Tart, 1조각 HK$190) **가격** HK$15~/Service Charge 10% 별도 **영업시간** 07:00~21:00/연중무휴 **문의** (852)3723-1234 **찾아가기** MTR 유니버시티역 B번 출구로 나오면 하얏트리젠시샤틴 L층에 위치한다. 도보 3분 거리. **홈페이지** www.hongKong.shatin.hyatt.com

호텔의 전통바 분위기 ★★★★★
틴틴바 天天吧 Tin Tin Bar

하얏트리젠시샤틴 4층에 위치한 호텔바로 칵테일, 위스키, 보드카, 샴페인, 와인 등을 제공한다. 다른 호텔바에 비해 전체적으로 올드하면서도 차분한 분위기에서 비교적 저렴한 가격으로 칵테일을 즐길 수 있다. 화요일부터 일요일에는 피아노연주에 맞춰 발라드와 스윙재즈 여가수의 라이브공연이 펼쳐지는데 신청곡도 받는다. 호치민, 톈진, 보라카이 등 동남아의 주요도시명을 붙인 아시안칵테일과 보드카를 베이스로 한 마티니칵테일 종류가 인기 있으며, 매일 오후 5시부터 8시까지 해피아워타임에는 한 잔을 주문하면 한 잔을 무료로 제공하고 있다.

❶ 호치민쿨러(Ho Chi Minh Cooler) ❷ 브리즈마닐라(Breezy Manila) ❸ 톈진로즈(Tianjin Rose)

주소 4/F 18 Chak Cheung Street, Sha Tin 추천메뉴 호치민쿨러(Ho Chi Minh Cooler, HK$88), 브리즈마닐라(Breezy Manila, HK$88), 톈진로즈(Tianjin Rose, HK$88) 가격 칵테일 HK$88~, 무알코올칵테일 HK$70~, 글라스와인 HK$95~/Service Charge 10% 별도 영업시간 17:00~24:00(일~목요일과 공휴일), 17:00~01:00(금~토요일과 공휴일 전날)/연중무휴 문의 (852)3723-1234 찾아가기 MTR 유니버시티역 B번 출구로 나와 정면 언덕에 하얏트리젠시샤틴 4층에 위치해 있다. 도보 3분 거리. 홈페이지 www.hongKong.shatin.hyatt.com

홈인테리어 전문쇼핑몰 ★★★★★
홈스퀘어 HomeSquare

만불사로 가는 길에 위치한 홈스퀘어는 5층 규모에 세계적으로 유명한 80여 개의 가구와 인테리어브랜드매장이 입점된 홈인테리어 쇼핑몰이다. L1층에는 카르텔, 홈리스, 프랑프랑 등의 매장이 있고, L2층에는 인디고, 쿠카홈, 홈아이디어 등의 매장이 있다. L3층에는 마크제임스, 까사, 어반리빙 등의 매장과 전망 좋은 스타벅스가 있으며, L5~6층에는 홍콩에서 2번째로 큰 이케아가 자리한다. 가구, 침실, 주방, 욕실, 조명, 건축자재 등 다양한 홈인테리어관련 상품을 한자리에서 구경할 수 있다.

주소 138 Sha Tin Rural Committee Road, Sha Tin 귀띔 한마디 이케아를 다 돌고 나오면 와인, 향신료, 과자 등 스웨덴식품을 판매하는 스웨디시마켓(Swedish Market)이 위치하고 있다. 영업시간 09:00~23:00(상점마다 상이)/연중무휴 문의 (852)2634-0003 찾아가기 MTR 샤틴역 B번 출구로 나와 왼쪽으로 가면 정면에 위치해 있다. 도보 5분 거리. 홈페이지 www.homesquare.com.hk

Chapter 03 샤틴

샤틴의 하버시티 ★★★★★
뉴타운플라자 新城市廣場 New Town Plaza

뉴타운플라자 I과 III으로 이뤄진 대형쇼핑센터로 350여 개의 중고가 브랜드와 50여 개의 레스토랑이 입점되어 있다. L2층에는 유니클로와 갭 등이 자리하고, L3층에는 자라, 막스앤코, 폴스미스, 샐러드, Y-3, 버버리, MCM 등이 있다. L4층에는 i.t, H&M, 나인웨스트, 빅토리아시크릿 등의 매장이 있으며, L5층에는 izzue, 5cm, 아디다스, 나이키, 팀버랜드 등의 상점이 위치해 있다. L1층에는 크리스탈제이드, 딘타이펑, 페이퍼런치, 스쿨푸드, 피자익스프레스, 베네이탈리안 등과 L7층에는 나트랑, 홋카이도라멘 산토카, 토이웡디저트앤카페, 허니문디저트 등의 음식점이 몰려있다. L7층에는 식당가 외에도 야외옥상 음악분수가 있어 잠시 쉬어 갈 수 있다.

주소 18 Sha Tin Centre Street, Sha Tin 귀띔 한마디 출입구로 나와 시티아트스퀘어를 지나면 왼쪽에는 샤틴타운홀, 오른쪽에는 샤틴도서관이 위치하며 싱문강을 따라 조성된 샤틴공원을 함께 둘러보기 좋다. 영업시간 11:00~23:00(상점마다 상이)/연중무휴 문의 (852)2148-2160 찾아가기 MTR 샤틴역 A2번 출구와 연결되어 있다. 홈페이지 newtownplaza.com.hk

뉴타운플라자의 유명레스토랑

뉴타운플라자에는 레이가든(Lei Garden), 딘타이펑(Din Tai Fung), 제이드가든(Jade Garden), 정두(正斗), 크리스탈제이드 라미엔샤오롱바오(Crystal Jade La Mian Xiao Long Bao), 부타오(豚王), 포숑파리르카페(Fauchon Paris Le Café), 방콕타이레스토랑(Bangkok Thai Restaurant) 등 약 60개의 다양한 음식점이 자리한다. 특히 뉴타운플라자 I L7층과 III L1층에 식당가가 형성되어 있다.

나트랑(Nha Trang)

하버시티의 오션터미널과 몽콕에도 위치한 베트남레스토랑으로 샤틴점은 다른 매장보다 크고 한가하며 아늑한 분위기이다. 쌀국수, 라이스버미첼리, 스프링롤, 볶음밥, 분보, 분자, 해산물요리, 샐러드 등을 판매하며 진한 육수의 쌀국수와 소프트쉘크랩롤(Soft Shell Crab Roll)은 꼭 맛보아야할 대표요리이다.

매장번호 Phase I L7층 703호 영업시간 점심 12:00~16:45 저녁 18:15~22:30/연중무휴 문의 (852)2605-8887

파티세리 토니웡디저트&카페(Patisserie Tony Wong Dessert&cafe)

홍콩의 스타파티시에 토니웡이 오픈한 고급베이커리 디저트카페이다. 먹기에 아까울 정도로 정교한 모양의 다양한 장미꽃케이크와 타르트가 유명하며, 망고와 딸기 등으로 만든 케이크와 나폴레옹(Napoleon)도 인기이다. 샤틴지점은 실내에서 차와 함께 즐길 수 있는 디저트카페로 미니쁘티케이크, 디저트와 음료수가 제공되는 릴레싱티세트(Relaxing Tea Set, 1인 HK$128, 2인 HK$228)를 판매하고 있다. 카오룽성 본점과 완차이에 또 다른 분점이 있다.

매장번호 Phase I L7층 707호 영업시간 12:00~22:00(월~목요일, 일요일), 12:00~22:30(금~토요일)/연중무휴 문의 (852)2382-6218

홍콩섬

Chapter01 홍콩의 상업중심지구 센트럴&성완

- Section01 센트럴&성완에서 반드시 둘러봐야 할 명소
- Section02 센트럴&성완에서 반드시 먹어봐야 할 것들
- Special05 미드레벨에스컬레이터에서 만나는 작은 유럽, 소호
- Special06 센트럴의 밤을 아름답게 하는 란콰이퐁
- Section03 센트럴&성완에서 반드시 둘러봐야 할 쇼핑거리

Chapter02 백만 불짜리 야경을 즐기는 빅토리아피크

- Section04 빅토리아피크에서 반드시 둘러봐야 할 명소
- Section05 빅토리아피크에서 반드시 먹어봐야 할 것들

Chapter03 번잡한 국제상업지구 완차이

- Section06 완차이에서 반드시 둘러봐야 할 명소
- Section07 완차이에서 반드시 먹어봐야 할 것들

Chapter04 홍콩 젊은이들의 거리, 코즈웨이베이

- Section08 코즈웨이베이에서 반드시 둘러봐야 할 명소
- Section09 코즈웨이베이에서 반드시 먹어봐야 할 것들
- Section10 코즈웨이베이에서 반드시 둘러봐야 할 쇼핑거리
- Special07 여유롭게 해변산책을 즐길 수 있는 리펄스베이
- Special08 홍콩 속 작은 유럽 스탠리
- Special09 드라마와 영화의 단골 촬영지 애버딘
- Special10 홍콩 최대의 테마파크 오션파크

Chapter 01
홍콩의 상업중심지구, 센트럴&성완

中環&上環,
Central&Sheung Wan

★★★★
★★★★
★★★★
★★★★

홍콩을 거점으로 하는 다국적 금융기관이 몰려 있는 홍콩의 중심상업지구이다. 영국 지배 초기부터 무역과 금융중심지였으며 홍콩반환 후에도 행정중심지 역할을 하고 있다. 최고급 쇼핑몰과 특급호텔 등이 위치해 있으며, 익스체인지스퀘어와 홍콩상 행빌딩 등 초고층빌딩들이 모여 있는 곳이다. 센트럴은 보고, 즐기고, 쇼핑할 것이 넘쳐나는 곳이다. 홍콩하면 떠오르는 야경, 고층빌딩의 멋진 스카이라인, 홍콩 속의 유럽을 만날 수 있는 소호, 란콰이퐁과 포호 그리고 수많은 홍콩영화 속 촬영지들을 직접 만나보자.

센트럴&성완을 이어주는 교통편

- **MTR** 췬완선(荃灣綫, Tsuen Wan Line) 또는 아일랜드선(港島綫, Island Line)의 센트럴(中環, Central)역에서 하차한다. AEL 또는 퉁충선(東通綫, Tung Chung Line)의 홍콩(香港, Hong Kong)역에서 하차한다. 홍콩공원 등 몇몇 관광지는 애드미럴티(金鐘, Admiralty)역에서 하차해야 하면 가깝다.

- **스타페리** 침사추이스타페리터미널→센트럴스타페리선착장 요금 HK$2(월~금요일), HK$2.8(주말과 공휴일) 소요시간 10분 정도.

센트럴&성완에서 이것만은 꼭 해보자

1. 홍콩섬 스카이라인을 그리는 유명빌딩들을 꼭 구경하자!
2. 홍콩 속 작은 유럽, 소호와 란콰이퐁거리를 거닐어 보자!
3. 홍콩섬의 넓은 공원에서 여행 중의 한가로움을 만끽해보자!
4. 고층빌딩에 육교처럼 연결된 공중회랑(空中回廊)을 이용해보자!

사진으로 미리 살펴보는 센트럴&성완 베스트코스

센트럴은 볼거리가 모여 있으나 몇 곳은 완전히 동떨어져 있어 많이 걸어야 하는 지역이다. 체력소모가 많이 될 수 있으므로 조금 떨어져 있는 거리라면 택시를 이용하는 것도 좋은 방법이다. 센트럴의 쇼핑건물은 대부분 연결되어 있기 때문에 건물을 이동하면서 쇼핑을 즐기는 것이 좋다.

베스트코스(예상 소요시간 7시간 이상)

Part 03 홍콩섬

Section 01
센트럴&셩완에서 반드시 둘러봐야 할 명소

홍콩금융과 비즈니스의 중심지 센트럴은 고층건물들이 저마다 독특한 모양으로 솟아올라 빌딩숲을 이루고, 홍콩섬과 카오룽반도를 무료로 조망할 수 있는 전망대도 있다. 또한 도심 속 대형공원도 2곳이나 조성되어 있어, 숨 막힐 듯한 빌딩들 사이에서 잠시나마 여유를 즐길 수 있다.

센트럴 교통의 중심 ★★★★★
센트럴스타페리선착장 中環天星碼頭 Central Star Ferry Pier

침사추이 스타페리선착장을 오가는 스타페리는 7번 선착장으로 공중회랑을 통해 센트럴의 중심지로 이동할 수 있다. 1~9번 선착장은 주변 섬을 연결하는 페리선착장으로 주말에는 디스커버리베이, 람마섬, 청차우섬과 란타우섬 등을 오가는 관광객과 현지인들로 북적인다. 5번 선착장 앞에는 빅토리아피크까지 운행하는 15번 버스정류장, 6번 선착장에는 오션파크까지 운행하는 629번 버스정류장, 8번 선착장 앞에는 피크트램역이 위치한 빌딩까지 운행하는 15C번과 빅버스정류장이 위치해 있다.

소요시간 10분 정도 **승선료** 1층 HK$2, 2층 HK$2.5(월~금요일), 1층 HK$2.8, 2층 HK$3.4(주말과 공휴일) **운행시간** 06:30~23:30/연중무휴 **홈페이지** www.starferry.com.hk

홍콩해사박물관 (Hong Kong Maritime Museum, 香港海事博物館)

2013년 2월 센트럴 8번 페리선착장 1층에 재개관한 홍콩해사박물관으로 다양한 선박모형과 선박으로 실어 나르던 각종 무역품을 전시하여 홍콩과 중국의 해양역사를 한눈에 살펴볼 수 있다. 우리나라 선박회사 대우조선에서 기증했다는 LNG, 정유, 원유운반선 등도 전시되어 있으니 둘러보면서 한 번 찾아보자.

개관시간 09:30~17:30(월~금요일), 10:00~17:00(주말과 공휴일)/연중무휴 **입장료** HK$30(성인), HK$15(어린이)/빅버스투어 티켓을 구입하면 무료입장권을 제공한다. **문의** (082)3717-2500 **홈페이지** www.hkmaritimemuseum.org

센트럴공중회랑 (Central Elevated Walkway, 空中回廊)

센트럴스타페리선착장에서부터 센트럴 지역을 북동서로 광범위하게 연결해주는 공중회랑으로 복잡한 센트럴에서 길을 잃지 않고 목적지에 도착할 수 있게 도와준다. 중간중간 유명쇼핑몰과 연결되어 있으며, 마카오행 페리가 운항되는 슌탁센터와 미드레벨에스컬레이터까지도 연결되어 있다.

Chapter 01 센트럴&성완

 센트럴의 새로운 랜드마크 ★★★★★
홍콩대관람차 香港摩天輪 The Hong Kong Observation Wheel

2014년 말 센트럴 9번 페리선착장 앞에 새로운 랜드마크가 탄생했다. 스위스 AEX사에서 디자인 및 공사를 진행한 높이 60m의 대관람차로 빅토리아항을 막힘없이 바라볼 수 있다. 42개의 럭셔리한 곤돌라는 총 세 바퀴를 돌며, 탑승시간은 15~20분 정도이다. 10호 태풍도 견딜 만큼 엄격한 기준을 적용했지만 3호 태풍 발생 시부터 안전을 고려해 운행이 중단된다. 주변으로 카페 및 레스토랑, 놀이시설을 갖춘 놀이공원이 조성되고 있다. 영국 런던아이나 싱가포르 플라이어를 모방한 점과 빅토리아항 경관을 해칠 수 있다는 일각의 우려도 있다.

강력추천 밤에는 어느 레스토랑 못지않은 멋진 야경을 감상할 수 있다. **귀띔 한마디** 주말과 공휴일에는 1시간 이상 기다려야 한다. **소요시간** 20분 정도 **입장료** HK$100(성인), HK$70(어린이, 3세 미만은 무료) **영업시간** 10:00~23:00(22:45까지 티켓판매)/연중무휴 **문의** (852)2295-3308 **찾아가기** 센트럴 9번 페리선착장 앞에 위치한다. 도보 2분 거리. **홈페이지** www.hkow.hk

 홍콩섬의 랜드마크 ★★★★★
IFC 國際金融中心商場 International Finance Centre

210m 높이의 38층 오피스빌딩 One IFC, 415m 높이의 88층 건물 Two IFC, 206m 높이의 55층 포시즌스호텔과 쇼핑몰 ifc몰로 구성된 국제금융센터이다. 세계적 건축가 세자르펠리Cesar Pelli가 설계한 것으로 미래지향적이고 남성미를 강조한 것이 특징이다. 건설당시 홍콩에서 가장 높은 빌딩이었지만 484m 높이의 118층 국제상업센터 ICC가 생기면서 1위의 자리를 내주었다. 홍콩금융관리국 등 세계금융 기관 사무실이 위치해 있고, 지하에는 공항고속열차 AEL과 MTR의 홍콩역이 있어 교통이 편리하다. 우리에게는 영화 <툼레이더 2>에서 여주인공 안젤리나졸리가 뛰어내린 빌딩, 혹은 영화 <다크나이트>에서 배트맨이 검은 망토 펄럭이며 뛰어내리던 빌딩으로 기억된다.

주소 8 Finace Street, Central **귀띔 한마디** Two IFC 55층 전망대에서 센트럴지역과 침사추이 일대를 한눈에 내려 볼 수 있다.(여권지참필수) **소요시간** 30분 이상 **운영시간** 전망대 10:00~18:00(월~금요일), 10:00~13:00(토요일)/매주 일요일 휴무 **문의** (852)2295-3308 **찾아가기** 센트럴 7번 페리선착장으로 나와 공중회랑으로 올라가면 오른쪽에 IFC 입구가 보인다. 도보 3분 거리./AEL과 MTR 홍콩(香港, Hong Kong)역에서 하차하면 연결된다. **홈페이지** www.ifc.com.hk

Part 03 홍콩섬

자딘하우스 怡和大廈 Jardine House
1,748개의 원형 창문에서 나오는 멋진 불빛 ★★★★★

1,748개나 되는 원형창문이 인상적인 52층 빌딩으로 1973년 완공 당시 아시아에서 최고층 빌딩이자 홍콩에서 현대적 디자인이 가미된 첫 번째 마천루였다. 현재는 홍콩에 많은 초고층빌딩이 건설되면서 빌딩높이는 기억 속에서 지워진 지 오래지만 아직까지도 밤이 되면 자딘하우스 원형창문으로 뿜어져 나오는 불빛이 센트럴 야경을 더욱 아름답게 만든다.

주소 1 Connaught Place, Central **찾아가기** 센트럴 7번 페리선착장과 연결된 공중회랑을 따라 걸으면 왼편에 위치한다.

마천루(Skyscrape, 摩天樓)
하늘에 닿는 집이란 의미로 초고층 건물을 의미하며, 사전적 정의는 없지만 통상 50층 이상, 높이 200m 이상의 건물을 이른다. 센트럴 빅토리아항에 부근에 자리한 빌딩들이 대부분 여기에 속한다.

익스체인지스퀘어 交易廈場 Exchange Square
홍콩금융의 중심지 ★★★★★

52층 원익스체인지, 51층 투익스체인지, 33층 쓰리익스체인지, 6층짜리 더포럼까지 4개의 원통형 빌딩이 모여 하나의 익스체인지스퀘어를 형성한 복합빌딩이다. 스위스건축가 레모리바 Remo Riva가 설계하였으며, 빌딩 전체가 은색 반사유리로 덮여 있다. 오늘날 홍콩경제를 보여주는 홍콩금융의 중심지로 홍콩증권거래소, 은행, 보험사, 증권사 등의 금융관련기관들이 모여 있다. 중앙광장에는 미국 시카고증권시장의 상징인 황소상이 있으며, 분수대를 중심으로 세계적인 조각가 헨리무어 Henry Moore와 엘리자베스프링크 Elisabeth Frink의 조각작품들이 주변풍경과 어우러져 있다. 뒤쪽에는 야외테라스가 있어 테이블에 앉아 잠시 쉬었다 갈 수 있다. 지하층처럼 느껴지는 1층에는 리펄스베이, 스탠리, 애버딘 등으로 이동할 수 있는 익스체인지스퀘어 버스터미널이 있으며 ifc몰과도 연결되어 있다.

주소 8 Connaught Place, Central **귀띔 한마디** 점심시간에는 중앙광장에서 야외공연이 무료로 펼쳐지기도 한다. **찾아가기** MTR 센트럴역 A번 출구로 나와 오른쪽 에스컬레이터를 타고 공중회랑으로 올라가서 왼쪽으로 걸어서 위치한다. 도보 5분 거리./센트럴 7번 페리선착장과 연결된 공중회랑을 따라 걸으면 오른편에 위치한다.

Chapter 01 센트럴&성완

유서 깊은 광장 ★★★★★
황후상광장 皇后像廣場 Statue Square

19세기 말 조성 당시에는 대영제국 통치자 빅토리아여왕과 그녀의 아들 에드워드 7세 그리고 HSBC 초대은행장 토마스잭슨경의 동상이 있어 황후상광장이라 불렀다. 그러나 2차 세계대전 당시 일본군에게 동상을 약탈당했다가 종전 후 에드워드 7세 동상을 제외하고 돌려받으면서 광장에 많은 변화가 생겼다. 현재는 광장이름에 걸맞지 않게 토마스잭슨경 동상만 남아 있고, 빅토리아여왕동상은 코즈웨이베이의 빅토리아공원 입구에 자리한다. 황후상광장은 차터로드를 중심으로 북쪽과 남쪽광장으로 나뉘며, 북쪽광장에는 1, 2차 세계대전 당시 전몰장병을 위한 평화기념비가 세워졌고, 남쪽광장은 차터가든을 중심으로 입법부빌딩, 시청사, 대법원, 은행 등의 빌딩이 광장을 에워싸고 있다.

강력추천 일요일과 공휴일에는 광장주변으로 차량통행이 금지되어 도보하기 좋다. **귀띔 한마디** 일요일과 공휴일이면 홍콩에 거주하는 동남아 가사도우미들이 이 일대로 도시락을 싸가지고 나와 하루 종일 수다를 떠는 모임장소 역할도 하고 있다. **소요시간** 5분 이상 **운영시간** 24시간 개방/연중무휴 **찾아가기** MTR 센트럴역 K번 출구로 나오면 바로 왼편에 위치한다.

빅토리아 후기 신고전주의양식 건물 ★★★★★
입법부빌딩 立法會大樓 Legislative Council Building

1912년 홍콩식민정부 때 완공된 건물로 처음에는 대법원으로 사용되다 1985년 홍콩의회가 들어오면서 현재까지 입법부로 사용되고 있다. 신고전주의 양식으로 지어진 돔지붕과 일렬로 늘어선 기둥이 아름다운 화강암 2층 건물로 중국의 전통양식과도 조화를 이룬 식민시대 대표적 건축물이다. 건물지붕에는 두 눈을 가린 채 검과 저울을 들고 있는 정의의 여신 테미스(Themis)상이 있어 예전 법원건물이었음을 말해주고 있다. 입법부건물 앞에는 아담한 차터가든이 있어 산책을 즐기거나 간혹 태극권을 수련하는 현지인을 볼 수 있다.

주소 8 Jackson Road, Central **귀띔 한마디** 입법부건물 내부는 일반인 출입이 금지된 곳이므로 밖에서만 감상해야 한다. **찾아가기** MTR 센트럴역 K번 출구로 나와 왼편에 위치한다. 도보 1분 거리.

부를 가져다주는 사자상이 있는 ★★★★★
홍콩상하이은행 香港上海匯豊銀行 HSBC

영국건축가 노만포스터Noman Foster의 설계로 지어진 47층 높이의 종합금융센터이자 홍콩 3대 발권은행 중 한 곳이다. 홍콩상하이은행은 1865년 홍콩 내 스코틀랜드상인을 중심으로 설립됐으며, 현재의 빌딩은 HSBC가 같은 자리에 네 번째로 지은 빌딩이다. 바닷게를 본떠 세운 이 빌딩은 건립당시 세상에서 가장 비싼 빌딩으로 홍콩반환기 영국인들이 싣고 갈 거라는 허무맹랑한 소문도 있었다. 풍수지리를 바탕으로 지어져 특이하게 1층에 로비가 없이 통로를 도로처럼 시민들에게 개방하고 있다. 일요일에는 홍콩에서 가정부로 일하는 동남아인들이 이곳으로 몰려드는데, 이 또한 씁쓸한 진풍경이다.

HSBC의 발권 지폐에도 등장하는 빌딩 앞 2개의 청동사자상은 영국조각가 와그스태프W.W.Wagstaff의 작품으로 조각 당시 홍콩지점장 스테픈A.G.Stephen과 상하이지점장 스티트Stitt의 이름으로 명명했으며 부를 가져다준다고 한다. 2차 세계대전 당시 총에 맞은 총알자국이 곳곳에 남아 있다.

귀띔 한마디 은행이 있는 3층과 5층은 일반인들에게 개방된다. **영업시간** 09:00~16:30(월~목요일), 09:00~17:00(금요일), 09:00~13:00(토요일)/매주 일요일과 공휴일 휴무 **문의** (852)2822-1111 **찾아가기** MTR 센트럴역 K번 출구로 나와 대로변을 건너면 위치한다. 도보 1분 거리. **홈페이지** www.hsbc.com.hk

홍콩의 필리핀 및 동남아시아 가사도우미

홍콩은 집값이 무척 비싸 주거공간이 대부분 좁다. 그래서 주말과 휴일에 가족들이 모이면 집안일을 도와주던 필리핀 가사도우미가 있을 자리가 없어진다. 황후상광장 주변은 공휴일에는 차량통행이 금지되기 때문에 갈 곳 없는 이들에게는 안성맞춤인 곳이다. 휴일에는 광장뿐 아니라 공중회랑과 1층 로비가 뚫려 있는 HSBC, 익스체인지스퀘어 중앙광장, 인근 공원 등 사람이 모일 수 있는 곳이라면 대부분 이들이 차지하고 수다를 떨거나 카드놀이 등을 하며 시간을 보낸다.

홍콩 최초의 복합문화센터 ★★★★
시티홀 大會堂 City Hall

3층의 로우블록Low Block, 12층의 하이블록High Block 그리고 두 빌딩을 연결하는 메모리얼가든Memorial Garden이 결합된 홍콩 최초의 복합문화센터이다. 로우블록에는 박스오피스, 콘서트홀, 극장, 전시장, 레스토랑 등이 있는데, 특히 2층의 시티홀맥심즈팰리스는 미국 빌클린턴대통령이 다녀간 곳으로 유명한 레스토랑이다. 하이블록에는 리사이틀홀, 도서관, 결혼등기소, 세미나실 등의 시설이 있다. 결혼등기소는 혼인신고를 마친 신랑신부들이 야외촬영

을 즐기는 모습을 흔히 볼 수 있다. 메모리얼가든은 2차 세계대전 중 전사한 이들을 기리기 위한 기념공원으로 12각 위령탑이 세워져 있다.

주소 5 Edinburgh Place, Central **영업시간** 09:00~23:00, 10:00~21:30(박스오피스)/연중무휴 **찾아가기** MTR 센트럴역 K번 출구로 나와 뒤돌아 횡단보도를 건넌 후 지하도를 통해 이동한다. 도보 5분 거리. **홈페이지** www.cityhall.gov.hk

코알라빌딩이라고도 불리는 쌍둥이빌딩 ★★★★★
리포센터 九寶中心 Lippo Centre

1988년 건축가 폴마빈루돌프 Paul Marvin Rudolph에 의해 미래지향적으로 설계된 팔각형 쌍둥이빌딩이다. 중국인이 행운의 숫자라 믿는 8의 형태를 반영한 팔각형모양으로 빌딩외관이 코알라가 나무에 매달린 형상처럼 보인다 하여 일명 코알라나무라고도 한다. 하지만 역학자들은 이 빌딩이 손목에 수갑을 찬 형상이라 매우 안 좋다고 말하기도 한다. 두 개의 빌딩 디자인은 얼핏 같아 보이지만 센터원Centre One은 높이 186m에 46층이고 센터투Centre Two는 높이 172m의 42층으로 규모가 다르다. 센터원로비에는 홍콩 최고의 예술가 제라드핸더슨Gerard Da Henderson의 작품 두 점이 아름답게 벽면을 장식하고 있다.

주소 89 Queensway, Central **귀띔 한마디** SBS드라마 〈홍콩 익스프레스〉에서 조재현이 차를 타고 지나가던 장면이 그려지던 빌딩이다. **찾아가기** MTR 애드미럴티역 B번 출구로 나오면 바로 왼쪽 뒤편에 위치한다. **홈페이지** www.lippocentre.com.hk

일명 스파이더맨이 맨손으로 오른 ★★★★★
청콩센터 長江集團中心 Cheung Kong Centre

현대적 감각이 살아 있는 69층 초고층빌딩으로 퀸즈로드센트럴의 홍콩상하이은행빌딩과 중국은행빌딩 사이에 위치한다. 원래 힐튼호텔 부지를 홍콩 최대 재벌인 청콩그룹에서 매입하여 9년간의 공사 끝에 완공한 사옥이다. 세계적 건축가 레오A달리Leo A Daly와 시저펠리Cesar Pelli에 의해 설계되었으며, 꼭대기 층에는 아시아 최고의 갑부로 알려진 리카싱李嘉誠 회장의 집무실이 있다.

지구온난화를 경고하기 위해 맨손으로 고층빌딩들을 올라 스파이더맨이라는 별명을 가진 빌딩등반가 알랭로베르Alain Robert가 2005년 283m나 되는 청콩센터도 정복하면서 화제가 된 적이 있다. 빌딩 옆에는 청콩공원으로 가는 에스컬레이터가 있고 공원에는 작지만 시원한 계단폭포와 산책로가 있어 도심 속 휴식처가 된다.

주소 2 Queen's Road Central, Central **귀띔 한마디** 건물 내 초고속엘리베이터는 1초에 9미터를 올라간다. **문의** (852)2297-2297 **찾아가기** MTR 센트럴역 K번 출구로 나와 도로를 건넌 후 왼쪽으로 걸으면 정면에 위치한다. 도보 6분 거리. **홈페이지** www.cheungkongcenter.com

홍콩 현대건축의 정수 ★★★★★
중국은행타워 中國銀行大廈 Bank of China Tower

베이징에 본부를 둔 홍콩 제2의 국영상업은행으로 정식명칭은 중국은행유한공사中國銀行有限公司이다. 홍콩을 대표하는 빌딩으로 프랑스 루브르박물관의 유리피라미드를 설계한 중국계 미국건축가 아이오 밍페이Ieoh Ming Pei의 작품이다. 대나무를 형상화한 비대칭삼각형의 독특한 외관에 높이 70층짜리 빌딩으로 첨탑까지 포함하면 367.4m에 달한다. 홍콩 현대건축의 정수라 불리며, 각기 다른 높이의 삼각형빌딩 4개가 합쳐진 모양이라 보는 각도에 따라 외형이 달라진다. 일반인에게 공개된 43층 무료전망대에서는 홍콩의 북서쪽을 바라볼 수 있어 센트럴일대와 빅토리아항 그리고 침사추이까지 폭넓게 감상할 수 있다.

주소 1 Garden Road, Central 귀띔 한마디 전망대로 오르려면 여권제시 후 방문증을 받아 43층으로 가면 된다. 전망대에서는 중국은행빌딩 미니어처도 볼 수 있다. 운영시간 43층 전망대 09:00~17:00(월~금요일), 9:00~12:30(토요일)/매주 일요일과 공휴일 휴무 찾아가기 MTR 센트럴역 K번 출구로 나와 도로를 건넌 후 왼쪽으로 직진하면 청콩센터 건너편에 위치한다. 도보 7분 거리. 홈페이지 www.bochk.com

동아시아 최고의 역사를 지닌 성공회성당 ★★★★★
성요한성당 聖約翰座堂 St. John's Cathedral

1849년 홍콩 최초의 주교 조지스미스George Smith가 홍콩주둔 영국군을 위해 설립한 동아시아에서 가장 오래된 성공회성당이다. 2차 세계대전 당시 홍콩총통이 대일본 항복선언을 했던 홍콩에게는 가슴 아픈 곳이기도 하다. 2차 세계대전 당시 일본군 사교클럽으로 잠시 사용되면서 많은 부분이 훼손돼 1949년 재건하여 오늘의 모습을 갖추었다. 성당입구 바닥장식인 황금독수리 모자이크와 제단 옆 독수리무늬 성서대 그리고 스테인드글라스는 이곳의 상징이다. 매주 영어, 만다린중국어, 타갈로그어로 예배가 진행되며 일반인들에게 내부까지 개방되어 있어 사진촬영도 가능하다.

주소 4-8 Garden Road, Central 귀띔 한마디 매주 일요일 오전 9시 성가대합창을 들을 수 있다. 운영시간 07:00~18:00(월~화요일, 목~금요일), 07:30~18:30(수요일), 07:00~19:30(토~일요일)/연중무휴 문의 (852)2523-4157 찾아가기 MTR 센트럴역 K번 출구로 나와 도로를 건넌 후 왼쪽으로 걷다 청콩공원을 따라 올라가면 오른편에 위치한다. 도보 8분 거리. 홈페이지 www.stjohnscathedral.org.hk

Chapter 01 센트럴&성완

삭막한 도심 속 오아시스 ★★★★★
홍콩공원 香港公園 Hong Kong Park

여의도 면적 1/3 크기의 대형공원으로 침사추이의 카오룽공원과 비견되는 도심 속 휴식공간이다. 공원 내에는 대형온실, 조류공원, 스포츠센터, 타이치가든, 레스토랑, 홍콩시각예술센터, 인공폭포, 야외결혼식장 등이 있어 홍콩시민뿐만 아니라 관광객의 발길이 끊이지 않는다. 600여 종의 열대조류를 사육하는 에드워드유드조류관 Edward Youde Aviary과 각종 희귀식물이 자라는 대형온실, 식민시대 건축양식으로 지어진 플래그스태프하우스 다기박물관은 방문해볼 만하다. 홍콩을 대표하는 유명고층빌딩들이 공원을 에워싸고 있어 기념사진을 찍기에도 좋으며 각종 방송매체의 인기촬영장소라 운이 좋으면 연예인도 볼 수 있다.

주소 19 Cotton Tree Drive, Central **귀띔 한마디** 공원을 돌고 반대편 입구로 나오면 맞은편이 빅토리아피크트램을 타는 곳이다. **입장료** 무료 **운영시간** 06:00~23:00(공원), 09:00~17:00(온실, 조류공원)/연중무휴 **문의** (852)2521-5041 **찾아가기** MTR 애드미럴티역 C1번 출구로 나와 에스컬레이터를 탄 후 뒤쪽 육교를 건너 퍼시픽플레이스 3층과 연결된 에스컬레이터를 타면 공원입구가 보인다. **홈페이지** www.lcsd.gov.hk/parks/hkp

---

플래그스태프하우스 다기문물관(Flagstaff House Museum of Tea Ware, 茶具文物館)

홍콩공원 내에 위치한 박물관으로 1846년 그리스 건축양식으로 지어진 식민지풍의 건물이다. 일본점령기를 제외하고 1978년까지 영국군 사령관 관저로 사용되면서 플래그스태프하우스라 불렸으며, 홍콩반환 후 대대적 보수를 통해 본래모습이던 19세기 건축양식으로 재탄생하였다. 1984년 로코이청(羅桂祥)박사의 기증품과 기금을 토대로 중국 전국시대부터 명청시대를 거쳐 현재에 이르기까지 중국전통차와 다기관련 유물들을 전시하고 있는 다기문물관으로 새롭게 태어났다.

입장료 무료 **운영시간** 10:00~18:00(수~월요일)/매주 화요일, 크리스마스날과 다음날, 설연휴 3일 휴관 **문의** (852)2869-0690 **찾아가기** 홍콩공원 내 북쪽에 위치한다. **홈페이지** hk.art.museum

---

식민지시대 영국식공원 ★★★★★
홍콩동식물공원 香港動植物公園 Hong Kong Zoological&Botanical Gardens

홍콩 유일의 동식물공원으로 홍콩총독의 임시관저였던 병두화원(兵頭花園)을 1871년 식물원으로 탈바꿈하여 시민들에게 개장하였다. 식물이 주였던 공원에 1876년 포유류 및 조류 동물도 사육을 시작한 후 파충류, 새 그리고 포유류 등이 계속 늘어나자 1975년 명칭 자체를 지금의 홍콩동식물공원이라 부르기 시

작했다. 역사가 말해주듯 150여 종의 다양한 화초류와 수목들을 볼 수 있으며, 온실을 비롯하여 영국식 정원, 분수대, 조류사육장 등이 위치한 동쪽 올드가든과 침팬지, 오랑우탄 등의 포유류와 다양한 파충류를 만날 수 있는 서쪽 동물원 뉴가든으로 구분되어 있다.

주소 Albany Road, Central **소요시간** 30분 이상 **입장료** 무료 **운영시간** 05:00~22:00(테라스가든), 09:00~16:30(온실), 06:00~19:00(동물원)/연중무휴 **문의** (852)2530-0154 **찾아가기** MTR 센트럴역 K번 출구로 나와 도로를 건넌 후 왼쪽으로 걷다 청콩센터 뒤편에 위치한 성요한성당 앞 가든로드(Garden Road)에서 이정표를 따라 걸으면 위치한다. 도보 20분 거리.

홍콩문화와 예술공간 ★★★★
프린지클럽 香港穗藝會 Fringe Club

유럽풍건물로 1913년 처음 냉동저장창고로 사용되던 것을 유제품회사 데일리팜Dairy Farm이 인수하여 저장창고로 사용하다 1983년 홍콩프린지클럽에 넘기면서 아트센터로 완전 탈바꿈하였다. 별도의 대관료를 책정하지 않아 전시를 원하는 예술인들에게 기회를 열어 주고 있어, 현재는 각종 공연, 라이브뮤직과 전시 등을 감상할 수 있다.
G층은 지하극장, 1층은 공익 전시를 주로 진행하는 이코노미스트갤러리, 라이브공연 및 주류판매도 가능한 갤러리형태의 프린지갤러리와 도자기공방 등이 자리한다. 2층은 리허설룸, 스튜디오, 포토갤러리 그리고 옥상에는 장국영 주연의 영화 '금지옥엽' 촬영지로 유명한 아담한 정원 루프가든이 있다.

주소 2 Lower Albert Road, Central **귀띔 한마디** 매달 마지막 주 토요일은 인디밴드를 만날 수 있는 토요일밤재즈오케스트라(Saturday Night Jazz Orchestra)가 열린다. **입장료** 공연에 따라 상이 **영업시간** 10:00~22:00(월~토요일)/매주 일요일과 공휴일 휴무 **문의** (852)2521-7251 **찾아가기** MTR 센트럴역 D2번 출구로 나와 왼쪽으로 걷다 다시 왼쪽으로, 퀸즈로드센트럴(Queen's Rd. Central)을 건넌 후 디아길라스트리트(D'Aguilar St.)를 따라 걸으면 정면에 위치한다. 도보 7분 거리. **홈페이지** www.hkfringeclub.com

희미한 가스등이 밤을 밝히는 ★★★★★
더델스트리트와 가스등 都爹利街&煤氣路燈 Duddell Street&Gas Lamp

일반 여느 골목과 크게 달라 보이지 않는 센트럴 더델스트리트에는 특별한 2가지가 있다. 바로 화강암계단과 가스등인데 이곳이 특별해진 이유는 근대기의 역사성과 홍콩 유명영화 촬영지였기 때문이다. 이곳이 1900년 초 동아시아 최초로 가스가로등이 설치됐던 곳이다. 2차 세계대전 이후 홍콩전역의 가로등이 전기로 바뀌었지만, 역사적 의미를 높이 사 홍콩역사박물관에 전시되어 있던 4개의 가스등을 1984년 더델스트리트 계단에 복원설치하였다.

평범해 보이는 화강암계단 또한 1800년대 후반에 설치된 것으로 100년이 넘는 역사를 간직하고 있다. 그래서 현지인에게 이곳은 웨딩촬영지이자 출사지로 사랑받고 있다. 또한 영화〈천장지구〉의 유덕화가 피를 흘리며 걷던 마지막 장면,〈금지옥엽〉에서 장국영이 노래를 부르며 내려오던 계단이 바로 이곳이다.

주소 Duddell Street, Central **귀띔 한마디** 가스등 점등시간 18:00~06:00 **소요시간** 10분 이상 **찾아가기** MTR 센트럴역 D1번 출구에서 오른쪽으로 걷다 대로변 퀸즈로드센트럴(Queen's Rd. Central)를 건넌 후 왼쪽으로 직진하다 두 번째 골목 더델스트리트(Duddell St.) 안쪽에 위치한다. 도보 5분 거리.

하늘에서 보면 별이 되는 빌딩 ★★★★★
더센터 中環中心 The Centre

철탑을 포함한 높이 346m, 73층 빌딩으로 하늘에서 수직으로 내려다보면 커다란 별모양으로 지어진 건물이다. 빌딩전체가 반사유리라 낮에는 햇빛에 반짝이고, 밤에는 화려한 네온조명이 멋진 야경을 만들어낸다. 또한 크리스마스시즌에는 크리스마스트리모양으로 변신하기도 한다. 이 빌딩은 한자로 중환중심, 즉 중심센터라는 뜻이지만 결코 센트럴지구의 중심에 있지는 않다. 지어질 당시 근처에 있던 여러 빌딩들이 헐렸는데, 특히 윙온스트리트에 있던 전통 옷골목은 웨스턴마켓으로 일부 옮겨지며 추억 속 장소들이 이전되거나 사라졌다.

주소 99 Queen's Road Central, Central **찾아가기** MTR 센트럴역 C번 출구로 나와 왼쪽 데부로드센트럴(Des Voeux Rd. Central)을 따라 걷다 주빌리스트리트(Jubilee St.)로 들어가면 왼편에 위치한다. 도보 7분 거리./MTR 홍콩역 E2번 출구로 나와 직진하면 보인다.

매력적인 돌계단골목 ★★★★★
포팅거스트리트 砵典乍街 Pottinger Street

영국육군이 건설한 최초의 도로 퀸즈로드센트럴에 위치한 작은 계단골목으로 홍콩의 초대총독인 헨리포팅거(Henry Pottinger)의 이름에서 유래됐다. 영국식민시기 건설된 홍콩 최초의 포장도로로 중국인 노동자를 동원해 하나하나 화강암을 깎아 조성하여 돌석판거리(石板街)라고도 불린다. 가파른 경사면에 위치해 있으며 아래쪽은 돌계단, 위쪽은 미끄럼 방지를 위해 불규칙하게 포장하였다. 건설당시 영국신사들이 양복을 입고 오르내리던 신문물의 상징거리였지만, 지금은 계단 양쪽으로 각종 생활용품과 기념품을 파는 노점거리로 탈바꿈하였다.

찾아가기 MTR 센트럴역 C번 출구로 나와 왼쪽의 데부로드센트럴(Des Voeux Rd. Central)을 따라 걷다가 왼쪽의 퀸빅토리아스트리트(Queen Victoria St.)와 교차되는 지점에 위치한다. 도보 6분 거리.

세상에서 가장 긴 옥외에스컬레이터 ★★★★★
 미드레벨에스컬레이터 行人電東樓梯 Mid-Levels Escalator

힐사이드에스컬레이터Hillside Escalator라고도 불리는 총길이 800m 세계 최장의 옥외에스컬레이터이다. 1993년 고지대에 위치한 부촌 미드레벨지역의 교통문제를 해결하기 위해 센트럴지역과 미드레벨지역을 연결하는 옥외에스컬레이터를 설치하였다. 약 3,000억 원 이상을 투자하여 콘아웃트로드에서 콘듀이트로드까지 총 20대의 에스컬레이터가 이어진다. 유지관리와 보행상의 안전을 위해 800m 길이가 쭉 하나로 이어진 것이 아니라 중간중간 에스컬레이터를 옮겨 타야 한다. 꼭대기까지 올라가는데 약 20여 분정도가 소요되며, 유동인구가 많은 시간을 고려하여 오전에는 하행, 오후에는 상행으로 운행된다. 1994년 왕가위감독의 대표영화 〈중경삼림〉에서 왕페이가 양조위 집을 몰래 훔쳐보던 장면이 이곳에서 촬영되어 더욱 유명하다.

기계에 옥토퍼스카드를 찍고 당일 센트럴, 성완, 홍콩역에서 MTR을 승차하면 HK$2를 할인받을 수 있는 MTR Fare Saver ♪

강력추천 미드레벨에스컬레이터를 타고 가면 홍콩에서 가장 트렌디한 소호를 만날 수 있다. **귀띔 한마디** 중간중간 출구가 있어 원하는 곳에 내릴 수 있다. **소요시간** 20분 이상 **운영시간** 06:00~22:00(하행), 10:30~24:00(상행)/연중무휴 **찾아가기** MTR 센트럴역 C번 출구로 나와 왼쪽의 데부로드센트럴(Des Voeux Rd. Central)을 따라 걷다가 왼쪽의 퀸빅토리아스트리트(Queen Victoria St.)와 교차되는 지점에 위치한다. 도보 8분 거리.

홍콩의 인사동쌈지길 ★★★★★
피엠큐 元創方 PMQ

1889년 최초의 서양식 공립학교 센트럴스쿨中央書院로 건립되어 2차 세계대전 때 심하게 파손된 것을 1951년 재건하여 기혼경찰사택으로 사용하다 2000년부터 방치되었다. 10여 년간 방치된 이 건물을 2010년 홍콩정부가 예술지원센터로 활용계획을 세우고, 홍콩문화재단과 디자인 교육전문학교 등과 손잡고 디자인중심 복합공간으로 탈바꿈을 시도하였다. 예술에 대한 자신의 포부와 계획을 작성하여 지원하면 까다로운 심사를 거쳐 저렴하게 임대해주므로 예술가들에게는 꿈의 공간이 되고 있다.

구름다리로 연결된 7층짜리 2개 건물은 복도를 따라 130여 개의 작업실 겸 사업장이 반개방형 구조로 되어 있어 지나가며 살펴볼 수 있다. 작업장 외에도 갤러리, 레스토랑, 카페 등이 입주되어 있으며, 15곳의 팝업전시공간에서는 신흥예술가들의 설치작품을 감상할 수 있다.

Chapter 01 센트럴&성완

주소 35 Aberdeen Street, Central **귀띔 한마디** 5층 S508/S509호 헤리티지피엠큐에서는 건물의 역사를 살펴볼 수 있다. **소요시간** 30분 이상 **입장료** 무료 **영업시간** 07:00~23:00(매장마다 상이)/연중무휴 **문의** (852)2870-2335 **찾아가기** MTR 센트럴역 D2번 출구로 나와 오른쪽의 대로변을 건넌 후 디아길라스트리트(D'Aguilar St.)로 직진하다 오른쪽 두 번째 골목 웰링턴스트리트(Wellington St.)를 따라 걷다가 왼쪽 애버딘스트리트(Aberdeen St.)를 따라 직진하면 오른편에 위치한다. 도보 12분 거리. **홈페이지** www.pmq.org.hk

중국 건국의 아버지 쑨원을 기리는 ★★★★★
순얏센기념관 孫中山紀念館 Dr. Sun Yat-Sen Museum

중국의 혁명과 근대화의 선구자로 중국국민당을 창시한 쑨원 孫文을 기리기 위해 2006년 설립된 기념관이다. 홍콩의 부호 로버트호퉁Robert Hotung의 동생이 1914년에 지은 무어양식의 저택으로 출입문부터 독특하며, 창문이나 발코니가 인상적이다. 쑨원이 청년시절 한 때를 보냈던 곳으로 현재는 쑨원 관련자료를 전시하는 기념관으로 사용되며, 순얏센은 쑨원의 호인 얏센中山에서 따온 것이다. 1층 입구에는 쑨원동상이 있고, 기념관 내부에는 혁명과 관련된 문헌이나 사진, 문서 등과 쑨원이 생전에 사용했던 등나무의자와 가구 등이 전시되어 있다.

주소 7 Castle Road, Mid-Levels, Central **귀띔 한마디** 매주 토요일 15:30분에는 영어로 진행되는 박물관투어가 있다. **소요시간** 20분 이상 **입장료** 무료 **개관시간** 10:00~18:00(월~수요일과 금요일), 10:00~19:00(주말과 공휴일), 10:00~17:00(크리스마스이브와 설날 전날)/매주 목요일(공휴일 제외), 설연휴 이틀, 식목일(3/12)과 쑨원탄신일(11/12) 휴관 **문의** (852)2367-6373 **찾아가기** 미드레벨에스컬레이터를 타고 오르다 만나는 케인로드(Caine Rd.)에서 오른쪽 언덕길로 올라가다 보면 맞은편에 위치한다. 도보 5분 거리. **홈페이지** hk.drsunyatsen.museum

쑨원(孫文, 쑨문)은 누구인가?

마오쩌둥(毛澤東)과 장제스(蔣介石)의 정신적 스승이자 중국과 타이완에서 추앙받는 쑨원은 1866년 중국 광둥성(廣東省)의 평범한 농부의 아들로 태어났다. 홍콩에서 서양인이 운영하는 의과대학을 다니며 의사면허를 취득했지만 청왕실의 무능과 부패를 보고 반청운동에 가담하면서 정치에 관심을 가지게 된다. 청일전쟁 당시 중국 최초의 근대적 비밀결사조직인 흥중회(興中會)를 결성하였지만 실패하고, 서구로 돌아다니며 세력을 다시 모았다. 혁명에 뜻을 품은 망명자들과 연합해 민족, 민권, 민생 삼민주의를 바탕으로 하는 중국혁명동맹회를 조직했다. 1911년 10월10일 중국 민주주의혁명인 신해혁명(辛亥革命)을 일으켜 청나라를 멸망시킨 후 초대 임시총통이 되었으며, 중화민국의 성립을 공포하였다. 청나라조정의 실권을 잡고 있던 위안스카이(袁世凱)에게 공화제를 조건으로 대총통 자리를 내주었지만 그의 배신으로 신해혁명은 막을 내렸고, 쑨원은 일본으로 피신하였다. 새로운 황제를 꿈꾸던 위안스카이가 1916년에 사망한 후 쑨원은 중국으로 돌아와 국민당정부를 수립하였다. 하지만 군벌에 의해 쫓겨나고 서구의 지원과 경제적 원조에 계속 실패를 하게 된 쑨원은 소련의 원조제의를 받아 들여 중국공산당원들에게도 국민당 입당을 허락하였다. 소련의 도움으로 자체 군사학교를 세웠으며 교장으로 장제스를 임명하였다. 강력한 군대, 정당 그리고 동맹국을 갖게 된 그는 중국의 통일을 눈앞에 두고 간암으로 1925년 사망하였다.

홍콩의학박물관 香港醫學博物館 Hong Kong Museum of Medical Sciences
홍콩의학역사를 한눈에 살펴볼 수 있는 ★★★★★

1906년 영국정부에 의해 세균학연구소로 지어진 에드워드양식의 건축물이다. 홍콩에서 최초로 세균학을 비롯하여 병리학연구가 이뤄진 곳으로 홍콩정부에서 역사유산으로 지정하여 1996년에 홍콩의학박물관으로 재탄생하였다. 지하 1층, 지상 2층 규모의 건물내부에는 예전 연구실과 병실 그리고 진료실 등을 리모델링하여 15개의 전시실로 꾸며놓았다. 1900년대부터 홍콩의 의학발전을 한눈에 살펴볼 수 있으며, 전시관과 자료관에는 다양한 서양의료기구와 중국약재를 전시해 놓아 동서양의학에 관심 있다면 둘러볼 만하다.

페스트균을 발견한 알렉상드르예르생(Alexandre Yersin) 두상 ↗

주소 2 Caine Lane, Mid-Levels, Sheung Wan **소요시간** 20분 이상 **입장료** HK$20(성인), HK$10(학생) **개관시간** 10:00~17:00(화~토요일), 13:00~17:00(일요일과 공휴일), 크리스마스이브, 설 전날은 15:00까지 운영/매주 월요일, 크리스마스, 새해, 설날연휴 3일 휴관 **문의** (852)2549-5123 **찾아가기** 할리우드로드(Hollywood Rd.)에 자리한 만모사원(Man Mo Temple)을 바라보고 오른쪽 두 번째 골목 쿠이인퐁(Kui In Fong)을 따라 올라가다 보면 케인레인가든(Caine Lane Garden) 내에 위치한다. **홈페이지** hkmms.org.hk

윙리스트리트 永利街 Wing Lee Street
홍콩의 달동네 ★★★★★

만모사원을 바라보고 오른쪽 계단을 올라가면 왼편으로 500m 길이의 작은 골목이 보인다. 2010년 베를린영화제 수정곰상을 수상한 영화 〈세월신투〉의 촬영지로 유명한 곳이다. 홍콩의 구가구 밀집지역으로 2003년 재개발계획이 있었지만 영화 〈망부성룡〉, 〈세월신투〉의 영향과 거주민들의 노력으로 구제를 받았다. 홍콩으로 이주한 중국노동자들이 처음 정착했던 곳으로 골목전체가 1950~60년대 건물이 그대로 남아 있는 홍콩의 옛거리 중 하나로 역사적인 의미가 있다.

찾아가기 할리우드로드(Hollywood Rd.)에 자리한 만모사원(Man Mo Temple)을 바라보고 오른쪽 골목의 계단을 따라 올라가다 왼쪽 하늘색 길을 따라 걸으면 위치한다.

Chapter 01 센트럴&성완

홍콩의 신사동가로수길 ★★★★★
포호 POHO

할리우드로드를 기준으로 남쪽을 소호SOHO, 북쪽을 노호 NOHO 그리고 언덕 위에 위치한 포호로 나뉘는데, 현재 홍콩트렌드는 소호에서 노호 그리고 홍콩의 가로수길 포호로 이동하였다. 만모사원 옆 언덕 일대 특히, 포힝퐁 일대는 땅값이 비교적 저렴해 홍콩주재원들의 거주지로 형성되면서 유럽과 홍콩 분위기가 어우러져 독특한 분위기를 연출한다. 계단과 언덕길을 중심으로 옛 물건을 파는 골동품상점과 독특하고 유니크한 트렌디숍, 갤러리 등 현대식 상점이 조화를 이루고 있다. 포힝퐁스트리트는 과거 인쇄소가 모여 있던 거리로 지금은 몇몇 공장만이 남아 있을 뿐 멀티숍, 갤러리, 부티크, 팝업스토어 등 디자인 관련 상점과 레스토랑, 카페 등이 모여 있다.

찾아가기 할리우드로드(Hollywood Rd.)에 자리한 만모사원(Man Mo Temple)을 바라보고 오른쪽 두 번째 골목 쿠이인퐁(Kui In Fong)을 따라 올라가다 오른쪽 타이핑산스트리트(Tai ping Shan St.)와 포힝퐁스트리트(Po Hing Fong St.)로 진입하면 위치한다.

홍콩에서 제일 오래된 도교사원 ★★★☆☆
만모사원 文式廟 Man Mo Temple

1847년에 세워진 홍콩에서 가장 오래된 도교사원으로 문무성인들의 학문발전에 지대한 영향을 끼친 중국 학문의 신 문창제군文昌帝君과 삼국지연의의 핵심인물이자 무예와 재물의 신 관우를 모신 사원이다. 사원 안 신전에는 붉은 옷을 입은 문창제군상과 초록 옷을 입은 관우상이 모셔져 있으며, 학문을 통해 뜻을 펴려면 붓, 재물을 얻고 싶다면 청룡언월도를 쓰다듬으면서 소원을 빌면 이뤄진다고 한다. 천장에는 나선형의 선향線香이 빼곡히 매달려 있고 가운데 붉은 종이에는 저마다의 기원이 적혀 있다. 선향이 타들어가는 동안 소원이 이루어지는데 보통 다 타려면 3~4일 정도의 시간이 걸린다고 한다. 사원입구 왼쪽에 금박을 입힌 두 개의 가마가 보이는데 이는 도교와 관련된 주요행사가 있을 때마다 문창제군과 관우신상을 모시는 가마이다.

주소 126 Hollywood Road, Sheung Wan **소요시간** 15분 이상 **운영시간** 08:00~18:00/연중무휴 **문의** (852)2540-0350 **찾아가기** MTR 성완(上環, Sheung Wan)역 A2번 출구로 나와 오른쪽의 세븐일레븐과 써클K 사이골목 힐러스트리트(Hiller St.)를 따라 걸으면 할리우드로드(Hollywood Rd.) 중간쯤에 위치한다. 도보 10분 거리.

고가의 골동품을 취급하는 거리 ★★★★★
할리우드로드 荷李活道 Hollywood Road

성완 포제션로드Possession Rd.에서 센트럴 미드레벨에스컬레이터까지 이어지는 거리로 골동품상점들이 많이 모여 있다. 미국 할리우드와는 전혀 관계없는 이름으로 길가에 영어로 할리Holly라 부르는 호랑가시나무가 많아 영국인들이 할리우드로드라고 부른데서 유래되었다. 현재는 호랑가시나무도 찾아볼 수 없고, 거리 양쪽으로 골동품매장들만 즐비하다.

이곳은 간척사업 전에는 항구와 가까웠던 곳으로 외국상인들이 각국에서 사들인 물건을 여기서 사고팔았다고 전해지는 전통시장거리였다. 현재는 주로 도자기, 그림, 불상, 전통가구 등 고풍스러운 가구와 골동품, 기념품 등을 판매하는데 대부분 고가로 거래되고, 상당수는 짝퉁이므로 아이쇼핑만으로 만족하는 것이 좋다.

귀띔 한마디 이른 시간에는 대부분의 상점이 문을 열지 않는다. **소요시간** 10분 이상 **영업시간** 10:00~18:00(상점마다 상이)/연중무휴 **찾아가기** MTR 성완(上環, Sheung Wan)역 A2번 출구로 나와 오른쪽의 세븐일레븐과 써클K 사이골목 힐러스트리트(Hiller St.)를 따라 걸으면 위치한다. 도보 10분 거리.

골동품과 기념품거리 ★★★★★
캣스트리트 摩羅上街 Cat Street

어퍼래스커로우Upper Lascar Row라는 정식명칭이 있지만 캣스트리트로 알려져 있고, 홍콩 현지인들은 도둑거리라고도 부른다. 옛부터 도둑을 쥐라 부르고 장물아비를 고양이라 불렀는데, 장물아비들이 모여드는 곳이다 하여 이곳을 캣스트리트라 불렀다고도 한다. 조잡한 골동품들이 어지럽게 쌓여 있는 150m 남짓 좁은 골목길은 예스러움과 아기자기한 재미를 원하는 분이라면 한 번쯤 권해보고 싶은 거리이다.

골목에는 싸구려 옥, 보석, 다기, 동전, 우표, 불상, 카메라, 타자기 등 시대를 거스른 물건들과 마오쩌둥 얼굴이 새겨진 가방, 티셔츠, 배지, 시계 등 중국풍의 조잡스러운 물건들이 꽤나 많이 진열되어 있다. 하지만 잘만 고르면 횡재하듯 좋은 골동품이나 괜찮은 기념품을 저렴하게 구입할 수도 있다. 템플야시장, 레이디스마켓과는 다른 벼룩시장 느낌이 나는 곳으로 종종 가짜를 팔기도 하고, 관광객에게 바가지를 씌우기도 하니 조심해야 한다.

소요시간 10분 이상 **영업시간** 10:00~20:00(상점마다 상이)/연중무휴 **찾아가기** MTR 성완역 A2번 출구로 나와 오른쪽의 세븐일레븐과 써클K 사이 골목 힐러스트리트(Hiller St.)를 끝의 오른쪽 골목 안쪽에 위치한다. 도보 10분 거리.

홍콩 최초의 서양식 시장 ★★★★★
웨스턴마켓 西港城 Western Market

영국정취를 느낄 수 있는 홍콩 최초의 서양식 시장으로 적색과 흰색벽돌로 지어진 빅토리아양식의 건축물이다. 1858년 식료품 전문시장으로 개장하여 1906년 남북으로 2동의 건물이었으나 1980년 남쪽 건물을 철거하여 현재는 북쪽만 남은 상태이다. 1990년 문화재로 지정되면서 대대적 보수를 끝내고 수공예품과 직물제품, 레스토랑과 베

이커리매장 등이 들어서 있다. 건물내부의 상점들은 별로 볼 것이 없고 외관이 옛 정취를 느낄 수 있는 역사적 건물이라 성완의 랜드마크가 되고 있다. 주변풍경과도 잘 어우러지므로 기념사진을 촬영하기에도 좋다. 트램이 건물 앞에서 코너를 돌기 때문에 홍콩에서 건물과 트램의 조화가 멋진 장소 중에 한 곳이다.

주소 323 Des Voeux Road, Sheung Wan **소요시간** 10분 이상 **영업시간** 10:00~24:00/연중무휴 **문의** (852)2586-8111 **찾아가기** MTR 성완역 B번 출구로 나와 오른쪽으로 걷다 모리스스트리트(Morrison St.)와 데보로드센트럴(Des Voeux Rd. Central)이 교차하는 지점에 위치한다. 도보 4분 거리.

센트럴&성완에서 반드시 먹어봐야 할 것들

Section 02

다국적 음식들을 맛볼 수 있는 센트럴은 골목골목에 유명한 로컬식당들이 많다. 뿐만 아니라 소호와 란콰이퐁에도 독특하고 개성 넘치는 레스토랑과 바들이 많아 다양하고 맛있는 세계의 요리들을 골라 먹는 행복한 고민에 빠질 수 있다.

미슐랭이 인정한 저렴한 딤섬레스토랑 ★★★★★
팀호완 딤섬전문점 添好運點心專門店 Tim Ho Wan Dim Sum Restaurant

미슐랭가이드에서 '세상에서 가장 싼 미슐랭스타 레스토랑'에 선정된 바 있는 서민적 딤섬레스토랑으로 ifc몰에도 위치한 분점이다. 팀호완은 딤섬시간이 정해진 일반레스토랑과는 달리 오픈부터 폐점까지 저렴하게 딤섬을 즐길 수 있다. 예약이 불가능하고, 현장에서 대기표를 받고 보통 30분에서 1시간 정도 기다려야 맛볼 수 있다.

테이블안내를 받으면 영어와 중국어로 된 주문표에 먹고 싶은 딤섬을 체크해서 종업원에게 건네면 주문이 들어간다. 메뉴는 30여 가지로 크게 찜, 튀김, 볶음 그리고 디저트로 나뉜다. 다양하게 주문해도 가격이 저렴해서 부담이 적다는 것이 이 레스토랑만의 장점이다. 팀호완의 대표메뉴는 통통한 새우가 들어간 하가우와 부드러운 소보루빵 안에 BBQ소스로 양념된 돼지고기가 들어간 차슈바오이다.

❶ 하가우(Steamed Fresh Shrimp Dumplings) ❷ 차슈바오(Backed Bun with BBQ Pork) ❸ 사오마이(Steamed Pork Dumpling with Shrimp) ❹ 치우차우판안고어(Steamed Beancurd Skin Roll Filled with Meat&Vegetable) ❺ 찐모빠꼬우(Pan-Fried Turnip Cake) ❻ 하청(Steamed Rice Rolls Stuffed with Shrimps and Chives)

주소 Shop.12A, Hong Kong Station, Central **귀띔 한마디** 항상 사람이 많으므로 기다려야 하며, 마지막 주문은 21:30분까지이다. **베스트메뉴** 차슈바오(Backed Bun with BBQ Pork, 3개 HK$21), 하가우(Steamed Fresh Shrimp Dumplings, 4개 HK$32), 사오마이(Steamed Pork Dumpling with Shrimp, 4개 HK$32) **추천메뉴** 얇은 만두피 속에 각종 채소와 땅콩이 들어간 치우차우판안고어(Steamed Beancurd Skin Roll Filled with Meat&Vegetable, 3개 HK$28), 새우가 들어간 라이스롤하청(Steamed Rice Rolls Stuffed with Shrimps and Chives, HK$32), 같은 무를 팬케이크처럼 구운 찐모빠꼬우(Pan-Fried Turnip Cake, 3개 HK$18) **가격** HK$13~, 차 1인당 HK$3 **영업시간** 09:00~22:00/연중무휴 **문의** (852)2332-3078 **찾아가기** MTR 홍콩역 F번 출구 근처에 위치한다./ifc몰 G층에 위치한다.

Chapter 01 센트럴&성완

🍴 맛과 비주얼로 현지인들을 사로잡은 ★★★★★
소셜플레이스 唐宮小聚 Social Place

장미, 버섯, 돼지, 토끼, 장기알 등의 캐릭터딤섬과 흰비둘기구이 등으로 유명한 광둥레스토랑이다. 오픈라이스에서 2016년 베스트 광둥레스토랑 대상을 수상하면서 현지인들 사이에 폭발적 인기를 얻고 있으며, 우리나라 케이블방송〈동갑내기 여행하기 in 홍콩〉과〈원나잇푸드트립〉에 소개되면서 눈길을 끌고 있다. 오픈키친과 감각적인 플레이트 그리고 화학조미료를 사용하지 않은 요리를 선보이며, 유기농사료로 키운 흰비둘기에 20가지 허브를 넣은 비둘기구이가 대표요리이다. 전체적으로 깔끔한 맛을 자랑하는 다양한 광둥요리를 즐길 수 있다.

주소 2/F The L.Place, 139 Queen's Road Central, Central **귀띔 한마디** 주말 예약자에 한해 딤섬쿠킹클래스를 진행한다. **베스트메뉴** 고기와 버섯으로 속을 채운 표고버섯모양 딤섬 트러플시타케번(Truffle Shiitake Bun, 3개 HK$49), 20가지 허브를 넣고 구운 흰비둘기구이(Signature Roasted White King Pigeon, HK$139) **추천메뉴** 단팥으로 속을 채운 장미향 가득한 로즈플로렛번(Steamed Rose Floret Bun, 1개 HK$29), 달콤한 커스터드크림이 들어간 장기알모양 딤섬 차이니즈체스 커스터드번(Chinese 'Chess' Custard Bun, 3개 HK$39) **가격** HK$29~/Service Charge 10% 별도 **영업시간** 점심 11:30~15:00 저녁 18:00~22:00 /연중무휴 **문의** (852)3568-9666 **찾아가기** MTR 센트럴역 C번 출구로 나와 왼쪽의 데부로드센트럴(Des Voeux Rd. Central)을 따라 걷다가 왼쪽의 L.Place 빌딩 2층에 위치한다. 도보 7분 거리./MTR 홍콩역 E2번 출구로 나와 직진하면 위치한다. **홈페이지** socialplace.hk

❶ 트러플시타케번(Truffle Shiitake Bun)
❷ 흰비둘기구이(Signature Roasted White King Pigeon)
❸ 로즈플로렛번(Steamed Rose Floret Bun)
❹ 차이니즈체스커스터드번(Chinese 'Chess' Custard Bun)

🍴 대형 딤섬레스토랑 ★★★★☆
시티홀 맥심즈팰리스 大會堂美心皇宮 City Hall Maxim's Palace

홍콩시티홀 2층에는 화려한 샹들리에와 빅토리아항이 한눈에 들어오는 하버뷰가 유명한 맥심 체인의 딤섬레스토랑이 있다. 현지인들뿐만 아니라 외국인도 즐겨 찾는 곳으로 빌클린턴 전대통령이 다녀가면서 더욱 인기가 높아진 곳이다. 전통적인 주문방식을 고수하므로 종업원이 딤섬카트를 밀고 다니며 딤섬이나 디저트를 보여준 후 주문을 받는데, 직접 원하는 딤섬메뉴를 주문해도 된다. 영문과 사진으로 된 메뉴판은 따로 요청해야 하며, 메뉴판으

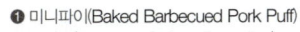

❶ 미니파이(Baked Barbecued Pork Puff)
❷ 하가우(Steamed Shrimp Dumpling)
❸ 샤오마이(Steamed Pork Dumping with Crab Rose)

213

로 주문을 하면 요리시간이 오래 걸리므로 딤섬카트가 지나갈 때 직접 고르는 것도 괜찮다. 손님이 많은 곳이라 친절을 기대하기 어렵고, 개점시간 전부터 줄을 서는 경우도 많으므로 점심시간은 가급적 피하는 것이 좋다.

주소 2/F Lower Block, City Hall, Central **귀띔 한마디** 딤섬은 점심시간만 제공하고 저녁에는 광동요리가 제공된다. **베스트메뉴** 새우가 씹히는 하가우(Steamed Shrimp Dumpling, HK$53), 다진 돼지고기 위에 게알을 얹은 사오마이(Steamed Pork Dumping with Crab Rose, HK$45), 채소를 넣어 담백한 까이초이가우(Steamed Dumpling with Assortes Vegetables, HK$40) **추천메뉴** 훈제돼지고기를 빵에 넣은 차슈바오(Barbecued Pork Bun, HK$40), 돼지갈비를 검은 콩에 찐 파이꽛(Steamed Rib with Black Bean Sauce, HK$45), 디저트딤섬으로 훈제돼지고기를 넣은 미니파이(Baked Barbecued Pork Puff, HK$40) **가격** 차 1인당 HK$18 **점심** 1인당 HK$150~ 저녁 1인당 HK$300~/Service Charge 10% 별도 **영업시간** 점심 11:00~15:00 저녁 17:30~23:30(월~토요일), 점심 09:00~15:00 저녁 17:30~23:30(일요일과 공휴일)/설날 휴무 **문의** (852)2521-1303 **찾아가기** MTR 센트럴역 K번 출구로 나와 뒤돌아 횡단보도를 건넌 후 지하도를 통해 가면 시티홀로우블록(Lower Block) 2층에 위치한다. 도보 5분 거리./센트럴 스타페리선착장을 나와 공중회랑에서 시티홀방면으로 걸으면 위치한다. **홈페이지** maxims.com.hk

 호텔에서 즐기는 격조높은 애프터눈티 ★★★★★
클리퍼라운지 Clipper Lounge

규모는 작지만 품격 있는 레스토랑으로 다이애나황태자비를 비롯한 홍콩상류층이 주로 찾는 곳으로 특히 고장국영이 이곳에서 애프터눈티를 즐겨 먹었다고 한다. 다른 호텔의 애프터눈티보다 화려하지는 않지만 이곳의 인기비결은 바로 장미잼Rose Petal Jam과 초콜릿으로 향긋하면서 달콤하고 약간은 시큼한 맛이 매력적으로 별도판매도 하고 있다.

3단 트레이에 핑거샌드위치, 쁘띠케이크, 초콜릿 등이 나오며, 스콘은 애프터눈티를 주문하면 갓 구워서 별도로 세팅해주는데 장미잼, 클로티드크림과 곁들여 먹으면 된다. 치즈나 초콜릿케이크는 꼭 먹어봐야할 만큼 유명하며, 음료는 차, 커피 그리고 허브차 중에 선택할 수 있다. 양이 많다고 생각되면 1인 세트만 주문하고 추가로 차 종류를 주문해도 된다.

주소 M/F Mandarin Oriental, 5 Connaught Road, Central **귀띔 한마디** 예약은 필수이며 전화, 직접방문 또는 이메일(mohkg-clipperlounge@mohg.com)을 통해서 가능하다. **가격 애프터눈티** 1인 HK$318, 2인 HK$558 **디너뷔페** 1인 HK$588(월~목요일), HK$628(금~일요일과 공휴일 전날 그리고 공휴일) **선데이샴페인브런치** 1인 HK$688~748(일요일)/Service Charge 10% 별도 **영업시간 애프터눈티** 14:30~18:00(월~금요일), 14:00~16:00&16:15~18:00(토요일과 공휴일), 15:30~18:00(일요일) **디너뷔페** 18:30~22:30(월~목요일과 일요일 그리고 공휴일), 18:30~22:00(금~토요일) **선데이샴페인브런치** 11:30~15:00(일요일)/연중무휴 **문의** (852)2825-4007 **찾아가기** MTR 센트럴역 F번 출구 나와 정면의 만다린오리엔탈호텔 M층에 위치한다. 도보 3분 거리. **홈페이지** www.mandarinoriental.com/hongkong

미슐랭도 인정한 프렌치레스토랑 ★★★★★
라틀리에드조엘로브숑 L'atelier de Joël Robuchon

프랑스 스타셰프 조엘로브숑의 프렌치레스토랑으로 미슐랭가이드 2009년부터 연속 2~3스타를 획득하였다. 오픈키친과 스퀘어바로 이루어진 라틀리에 L'atelier, 루프톱가든을 포함한 테이블석이 있는 정통파 인프렌치다이닝 자댕 La Jardin과 프렌치티살롱 르살롱드떼 Le Salon de Thé 등 3개의 섹션으로 구성되어 있다. 단품요리도 판매하지만 가장 인기 있는 메뉴는 애피타이저, 수프, 메인메뉴, 디저트 등 3~5코스로 제공되는 런치세트이다. 저녁에는 캐비아, 푸아그라, 골든펄, A3등급 와규 등 진기한 재료로 만든 10코스 요리가 제공되는 데쿠베르토가 있다. 3층에 위치한 프랑스풍 카페 르살롱드떼에서는 샌드위치, 크레이프, 와플, 베이커리뿐만 아니라 애프터눈티세트를 제공한다.

주소 Shop.401 Landmark Atrium, Central **귀띔 한마디** 라틀리에와 자댕에서 제공되는 요리가 다르다. **베스트메뉴** 3~5코스가 제공되는 아틀리에 런치세트 1인 HK$478~688, 자댕 런치세트 1인 HK$598~858 **추천메뉴** 3층 살롱드더(Le Salon de Thé)의 프랑스풍 애프터눈티세트(Afternoon Tea Set, 1인 HK$280, 2인 HK$528), 6 또는 10코스가 제공되는 라틀리에디너 데코베로토(Découverte, 1인 6코스 HK$1,080) **가격** HK$478~/Service Charge 10% 별도 **영업시간** 점심 12:00~14:30 저녁 18:00~22:30/연중무휴 **문의** (852)2166-9000 **찾아가기** MTR 센트럴역 G번 출구와 연결된 랜드마크 아트리움 4층에 위치한다. **홈페이지** www.robuchon.hk

아르마니와 아쿠와의 만남 ★★★★★
아르마니아쿠아 Armani/Aqua

아쿠아레스토랑그룹과 아르마니가 합작하여 오픈한 일본&이탈리안요리 전문레스토랑이다. 검은색과 붉은색이 고급 클럽을 연상케 하며, 어둡지만 화려하고 세련된 인테리어가 인상적이다. 2016년 홍콩태틀러에서 베스트레스토랑에 선정되었으며, 일본인 셰프가 주방을 총괄하다보니 이탈리안요리보다는 일식이 더 좋은 평을 받는다. 가격은 저렴지 않지만 분위기, 서비스, 맛 등을 고려하면 가격대비 훌륭한 편이며, 특히 식전빵이 맛있다는 평도 있다. 점심과 저녁 메뉴가 다르며, 주말과 공휴일 점심은 메인요리를 주문하면 일식과 이탈리안 애피타이저로 구성된 뷔페를 이용할 수 있다.

❶ 3층 아르마니프리베(Armani/Prive) 야외테라스 ❷ 치디럭스사시미(Deluxe Sashimi with Fatty Tuna) ❸ 소고기 안심구이(Grilled Beef Tenderloin) ❹ 모리아와세(Mori Awas)

주소 2F Landmark Chater, 8 Connaught Road, Central **귀띔 한마디** 3층에 위치한 아르마니프리베(Armani/Prive)에서는 칵테일, 샴페인, 와인 등을 즐길 수 있다. **베스트메뉴** 점심시간에는 2~3코스로 제공되는 이탈리안런치세트(HK$298~358)가 있다. **추천메뉴** 소고기 안심구이(Grilled Beef Tenderloin with Yama Momo myrtle Red Wine Sauce and Celeric Apple Puree, HK$298), 와규, 방어, 표고버섯 등 12가지 스시가 제공되는 모리아와세(Mori Awase, HK$728) **가격** HK$400~/Service Charge 10% 별도 **영업시간** 점심 11:30~15:00 저녁 18:00~23:30(월~일요일) **아르마니프리베** 15:00~02:00/연중무휴 **문의** (852)3583-2828 **찾아가기** MTR 센트럴역 E번 출구로 나오면 바로 왼편에 위치한 채터하우스 2층에 위치한다. **홈페이지** armani-aqua.com

가장 핫한 광둥요리레스토랑 ★★★★★
더델스 Duddell's

화강암계단과 가스등이 있는 더델스트리트의 상하이 탕맨션 3~4층에 위치하며 스타일리시한 인테리어가 돋보이는 광둥요리레스토랑이다. 2013년 오픈하고, 바로 2014년 미슐랭가이드 원스타, 2015~2017년에는 2스타를 받으며 그야말로 홍콩의 핫플레이스로 떠올랐다. 홍콩의 유명미식사업가 옌웡Yenn Wong, 파울로퐁Paulo Pong과 홍콩앰버서드오브디자인 수장 앨런로Alan Lo가 합작하여 만든 갤러리레스토랑으로 홍콩요리대회에서 수차례 대상을 수상한 랭함호텔 탕코트T'ang Court의 수석셰프 시우힌치Siu Hin Chi를 영입해 더델스를 완성했다. 3층은 딤섬과 다양한 광둥요리를 제공하는 레스토랑이며, 4층은 딤섬과 스낵, 칵테일을 비롯한 주류 그리고 주말브런치를 제공하는 살롱으로 운영한다.

❶ 3층 레스토랑 ❷ 4층 살롱 ❸ 4층 가든테라스
❹ 게살딤섬(Crab Meat Dumpling with Caviar)
❺ 새우딤섬(Shrimp Dumpling with Bird's Nest and Yunnan Ham)
❻ 가리비딤섬(Scallop Dumpling with Caviar and Salted Egg Yolk)

주소 3-4/F Shanghai Tang Mansion, 1 Duddell Street, Central **귀띔 한마디** 3층 레스토랑은 런치시간, 4층 살롱은 영업시간동안 딤섬메뉴가 제공된다. **베스트메뉴** 캐비아를 올린 게살딤섬(Crab Meat Dumpling with Caviar, HK$78), 제비집과 윈난햄으로 만든 새우딤섬(Shrimp Dumpling with Bird's Nest and Yunnan Ham, HK$84), 캐비아와 달걀노른자로 만든 가리비딤섬(Scallop Dumpling with Caviar and Salted Egg Yolk, HK$78) **추천메뉴** 딤섬세트, 수프, 애프타이저, 메인요리, 디저트 등이 포함된 런치세트(Executive Lunch, 1인 HK$360) **가격** HK$150~/Service Charge 10% 별도 **영업시간** 3층 레스토랑 점심 12:00~15:00(월~토요일), 12:00~15:00(일요일) 저녁 18:00~23:00(월~토요일), 18:00~22:00(일요일) 4층 살롱&가든테라스 12:00~24:00(월~목요일), 12:00~01:00(금~토요일), 12:00~23:00(일요일) 브런치 12:00~15:00(주말과 공휴일)/연중무휴 **문의** (852)2525-9191 **찾아가기** MTR 센트럴역 D1번 출구에서 오른쪽으로 걷다 퀸즈로드센트럴(Queen's Rd. Central)을 건넌 후 왼쪽으로 직진하다 두 번째 골목 더델스트리트(Duddell St.) 안쪽 상하이탕이 있는 상하이탕맨션 3~4층에 위치한다. 도보 5분 거리. **홈페이지** duddells.co

문화를 파는 스타벅스 ★★★★★
스타벅스 콘셉스토어 星巴克咖啡室 Starbucks Concept Store

더델스트리트의 화강암계단 중간쯤에 위치한 홍콩 옛카페 빙섯*冰室스타일의 인테리어로 인기가 높은 스타벅스이다. 홍콩스러운 디자인으로 유명한 인테리어숍 G.O.D의 사장 더글라스영Douglas Young이 직접 인테리어를 했다. 오래된 영화포스터와 한자메뉴로 가득한 벽면, 낡은 유리창에 어울리는 타일바닥과 앤티크한 목재테이블 그리고 오래된 전화기, 간판,

라디오, 장난감, 철제선풍기, TV 등이 진열되어 있고, 천장에는 무료하게 팬이 돌아가고 있다. 과거 빙셧의 대표메뉴였던 커피에그타르트와 파인애플번, 단팥푸딩 등은 전 세계 스타벅스 중 오로지 홍콩의 콘셉트스토어에서만 맛 볼 수 있다.

주소 M2/F 13 Duddell Street, Central **귀띔 한마디** 몽콕의 사이스트리트(Sai Yee St.)에도 조금 다른 스타벅스 콘셉트스토어가 위치한다. **베스트메뉴** 커피에그타르트(Coffee Egg Tart, HK$13), 파인애플번(Rustic Bun with Thick Cut Butter, HK$16), 롤케이크(Hazelnut&Coffee Roll, HK$13), 단팥푸딩(Red Bean Clay Pot Pudding, HK$13) **추천메뉴** 블루베리치즈케이크(Blueberry Cheesecake, HK$33), 홍콩 스타벅스에만 있는 과일음료 수박주스(Watermelon Juice, HK$26) **가격** HK$20~ **영업시간** 07:00~21:00(월~목요일), 07:00~22:00(금요일), 08:00~22:00(토요일), 09:00~22:00(일요일 및 공휴일)/연중무휴 **문의** (852)2523-5685 **찾아가기** MTR 센트럴역 D1번 출구에서 오른쪽으로 걷다 퀸스로드센트럴(Queen's Rd. Central)를 건넌 후 왼쪽으로 직진하다 두 번째 골목 더델스트리트 안쪽에 위치한다. 도보 5분 거리. **홈페이지** www.starbucks.com.hk

❶ 커피에그타르트, 롤케이크과 단팥푸딩

❷ 파이애플번 ❸ 수박주스

센트럴 최고의 전망을 자랑하는 ★★★★☆
카페그레이디럭스 星巴克咖啡室 Café Gray Deluxe

퍼시픽플레이스에 위치한 더어퍼하우스 49층에 위치한 파인다이닝레스토랑으로 2011년 미슐랭가이드 원스타를 획득하였다. 유럽과 미국 등에서 활동하면서 1990년대 퓨전요리 붐을 선도한 유명셰프 그레이쿤츠의 모던 유로피언요리를 즐길 수 있다. 홍콩의 많은 트렌드세터와 유명인사들이 극찬하는 곳이며, 빅토리아항의 멋진 야경을 감상할 수 있는 곳으로도 유명하다. 레스토랑과 바 공간으로 나뉘며 메뉴는 시즌별로 변경된다.

점심에는 2~3코스로 제공되는 코스메뉴를 비교적 저렴하게 맛볼 수 있으며, 특히 3단 트레이에 스콘, 마들렌, 치즈케이크, 미니크로와상, 미니샌드위치, 마카롱 등이 나오는 애프터눈티세트가 인기이다. 가격이 부담스럽다면 상대적으로 저렴한 얼리서퍼(오후 6시) 시간대를 이용하거나 간단하게 칵테일을 마시며 야경을 감상해도 좋다.

❶ 그레이쿤츠(Gray Kunz)셰프 ❷ 카페그레이티(Café Gray Tea)

주소 49/F The Upper House, Pacific Place, 88 Queensway, Admiralty **귀띔 한마디** 통유리를 통해 센트럴 빌딩숲이 훤히 내려다 보이는 화장실도 이곳의 자랑거리 중 하나이다. **베스트메뉴** 런치코스(2코스 HK$375, 3코스 HK$425), 애프터눈티세트 카페그레이티(Café Gray Tea, 1인 HK$290, 2인 HK$530) **추천메뉴** 시그니처 칵테일 홍콩하이볼(Hong Kong Highball, HK$125), 얼그레이마티니(Earl Gray Martini, HK$125) **가격** HK$300~/Service Charge 10% 별도 **영업시간 점심** 12:00~14:30(월~금요일) **브런치** 12:00~14:30(토~일요일) **애프터눈티** 15:30~17:30 **얼리서퍼(Early Supper)** 18:00 **저녁** 18:00~22:30/연중무휴 **문의** (852)3968-1106 **찾아가기** MTR 애드미럴티역 지하 1층 JW메리어트호텔과 연결된 통로를 통해 4층 로비에서 엘리베이터를 타고 49층에 내린다. **홈페이지** www.cafegrayhk.com

고급 광둥요리 전문레스토랑 ★★★★★
만호차이니즈레스토랑 萬豪中菜廳 Man Ho Chinese Restaurant

JW메리어트호텔 L3층에 위치한 광둥요리레스토랑으로 요리보다는 딤섬으로 유명한 곳이다. 2009~2011년 연속 미슐랭가이드 추천레스토랑으로 실내는 고급 중식당분위기이다.

딤섬은 점심에만 제공되는데 딤섬샘플러를 포함하여 평일 7가지, 주말 20여 가지를 선보인다. 예약 시 미리 딤섬을 주문하면 저녁시간에도 딤섬을 제공한다. 퀴진퀴진, 틴룽힌과 난하이넘버원에서 근무한 제이슨탕Jayson Tang 총괄셰프가 제비집, 삭스핀, 전복 등 귀한 재료를 가지고 전통기법 그대로 요리한 고급광둥요리를 선보인다.

❶ 딤섬샘플러(Dim Sum Sampler) ❷ 새우완탕면(Shrimp Dumpling with Noodle) ❸ 이나니와우동(Inaniwa Udon)

주소 L3/F JW Marriott Hotel Hong Kong, Pacific Place, 88 Queensway, Admiralty **귀띔 한마디** 클럽매리어트 멤버십카드 소지자는 전 2인 식사 시 50% 할인된다. **베스트메뉴** 통새우와 죽순으로 만든 새우딤섬(Steamed Shrimp Dumpling, 4개 HK$80), 새우완탕면(Shrimp Dumpling with Noodle, HK$130) **추천메뉴** 2가지 고급딤섬이 1개씩 나오는 딤섬샘플러(Dim Sum Sampler, HK$80), 생선육수에 일본 우동을 접목한 이나니와우동(Inaniwa Udon with Angled Luffa and Tomato in Fish Stock, HK$130) **가격** 차 1인 HK$20 요리 HK$200~/Service Charge 10% 별도 **영업시간** 점심 11:00~15:00 저녁 18:00~23:00(월~일요일)/연중무휴 **문의** (852)2810-8366 **찾아가기** MTR 애드미럴티역 F번 출구로 나와 호텔과 연결되는 엘리베이터를 타고 L3층에서 내린다. **홈페이지** www.jwmarriotthongkong.com/dining

홍콩공원에 위치한 19세기풍 전통찻집 ★★★★★
록차티하우스 樂茶軒 Lock Cha Tea House

1991년 샤틴의 조그마한 티숍으로 시작하여 2007년 홍콩공원 내 티하우스를 오픈한 유명 전통찻집이다. 이곳에서는 재배지역과 발효법에 따라 구분되는 100여 종의 중국차를 다도 설명과 함께 골라 마실 수 있다. 홍콩 유명사찰에서 육류와 인공조미료를 사용하지 않고 만든 딤섬도 판매하는데 깔끔하고 담백한 맛이 일품이다. 40~60년 된 오래된 고가의 차도 맛볼 수 있고, 저렴한 가격대부터 고가의 다도세트와 찻잎까지 즉석에서 구입할 수 있다. 매주 토요일 저녁에는 캔토니즈뮤직티콘서트, 일요일 낮에는 차이니즈뮤직티콘서트가 열린다.

❶ 프라이드케이크(Fried Tump Cake) ❷ 야채딤섬(The Cold Organic Vegetable Shoot with Wasabi)

주소 G/F The K.S. Lo Gallery, Hong Kong Park, Admiralty **귀띔 한마디** 매주 월, 수, 금요일(16:00~17:00)에는 홍콩관광청에서 주관하는 무료티클래스가 진행된다. **베스트메뉴** 프리미엄피닉스우롱(Premium Phoenix Oolong, HK$88), 타이완산 둥딩우롱차(Dongding Oolong, HK$78) **추천메뉴** 차와 함께 즐길 수 있는 프라이드케이크(Fried Tump Cake, HK$25), 야채딤섬(The Cold Organic Vegetable Shoot with Wasabi, HK$40) **가격** HK$3~/Service Charge 10% 별도 **영업시간** 10:00~20:00(일~금요일), 10:00~21:00(토요일)/매월 둘째 주 화요일, 새해, 설연휴 휴무 **문의** (852)2801-7177 **찾아가기** MTR 애드미럴티역 C1번 출구로 나와 왼쪽의 에스컬레이터를 탄 후 뒤쪽 육교를 건너 퍼시픽플레이스 3층과 연결된 에스컬레이터를 타면 홍콩공원 내 위치한다. **홈페이지** www.lockcha.com

Chapter 01 센트럴&성완

마카오의 유명 완탕면 홍콩분점 ★★★☆☆
윙치케이 黃枝記 Wong Chi Kei

마카오에 본점을 둔 70년 전통의 윙치케이 홍콩분점으로 마카오에서 국물과 면을 직접 가져오기 때문에 본점 맛 그대로 즐길 수 있다. 완탕면을 처음 먹는다면 독특한 향 때문에 입에 맞지 않을 수도 있는데, 이 집은 오리알을 넣고 대나무로 반죽하여 뽑은 수타면에 첨가제를 넣지 않으므로 특유의 향이 나지 않으며 고소하고 꼬들꼬들하다. 면은 일반국수와 쌀국수 중 선택할 수 있는데, 일반국수는 쫄깃하쌀국수는 담백하다. 완탕면 외에도 다양한 로컬음식들을 판매하는데 콘지, 볶음면과 볶음밥 등이 인기메뉴이다.

❶ 새우완탕세트메뉴(Set Lunch)
❷ 크랩콘지(Fresh Crab Congee)

주소 LG/F 10-12 Stanley Street, Central **귀띔 한마디** 11:00~17:00 야채와 함께 면을 선택할 수 있는 세트런치(Set Lunch, HK$50~), 14:15~17:45 간단하게 요기할 수 있는 로컬음식과 음료수를 제공하는 티세트(Tea Set, HK$40~) **베스트메뉴** 새우완자와 시원한 국물이 끝내주는 새우완탕면(Shrimp dumpling Noodles in Soup, HK$40), 데친 야채를 굴소스로 양념한 계절야채와 완탕면이 함께 나오는 새우완탕세트(Set Lunch, HK$52) **추천메뉴** 새우완자가 들어가지 않은 완탕면(Wonton in Soup, HK$45), 통게가 들어간 크랩콘지(Fresh Crab Congee, HK$95) **가격** HK$38~/Service Charge 10% 별도 **영업시간** 09:00~23:30(월~일요일)/설연휴 휴무 **문의** (852)2869-1331 **찾아가기** MTR 센트럴역 D2번 출구로 나와 오른쪽의 삼거리에서 왼쪽으로 걷다 사거리 횡단보도를 건너 직진 후 오른쪽 첫 번째 골목 스탠리스트리트(Stanley St.)로 들어가면 왼편에 위치한다. 도보 3분 거리. **홈페이지** www.wongchikei.com.hk

홍콩 최고의 거위구이를 맛볼 수 있는 ★★★★☆
융키레스토랑 鏞記酒家 Yung Kee Restaurant

1942년 포장마차로 출발해 현재는 5층짜리 대형레스토랑으로 발전한 이곳은 베이징오리구이보다 훨씬 담백하면서 부드러운 거위구이로 유명하다. 포춘지 '세계 최고의 레스토랑 15곳'에 선정되었으며, 2009년부터 3년 연속 미슐랭가이드에서 원스타를 획득하는 등 세계 유명 요리콘테스트에서 50여 차례나 입상한 홍콩의 대표음식점이다. 하루 평균 300마리가 판매되는 거위구이는 10여 가지 향신료와 벌꿀로 만든 특제소스로 재워 기름기를 쫙 빼고 노릇노릇하게 구웠으며 뼈가 있는 것과 없는 것 중에서 선택할 수 있다. 점심시간에는 딤섬메뉴도 제공되므로 거위구이로 부족하다면 간단한 딤섬을 추가할 수 있다.

❶ 거위구이(Signature Charcoal Roasted Goose) ❷ 애저구이(Roasted Suckling Pig) ❸ 새우볶음밥(Fried Rice)
❹ 송화단(Preserved Egg and Pickled Ginger)

주소 32-40 Wellington Street, Central **베스트메뉴** 거위구이(Signature Charcoal Roasted Goose, 레귤러 HK$200, 반 마리 HK$300, 한 마리 HK$600), 바삭한 돼지껍질과 부드러운 육질의 애저구이(Roasted Suckling Pig, HK$270), 거위고기덮밥(Rice with Roasted Goose, 한 공기 HK$70, 한 접시 HK$85) **추천메뉴** 양저우식 새우볶음밥(Fried Rice Yangzhou Style, 한 공기 HK$120, 한 접시 HK$200), 애피타이저로 생강절임과 함께 나오는 삭힌 거위알 송화단(Preserved Egg and Pickled Ginger, 3개 HK$33) **가격** 차 1인 HK$15 요리 HK$200~/Service Charge 10% 별도 **영업시간** 11:00~23:30(월~일요일) **딤섬** 14:00~17:30(월~토요일), 11:00~17:30(일요일과 공휴일)/설연휴 3일 휴무 **문의** (852)2522-1624 **찾아가기** MTR 센트럴역 D2번 출구로 나와 오른쪽 삼거리에서 왼쪽으로 걷다 사거리 횡단보도를 건너 직진한 후 오른쪽 두 번째 골목 웰링턴스트리트(Wellington St.)로 들어가면 바로 왼쪽에 위치한다. 도보 5분 거리. **홈페이지** www.yungkee.com.hk

저렴하게 맛있는 거위요리를 즐길 수 있는 ★★★★★
얏록레스토랑 一樂燒鵝 Yat Lok Restaurant

❶ BBQ Pork&Roaster Goose with Lo Mei Noodl
❷ BBQ Pork& Goose with Rice

미슐랭가이드에서 2011년부터 연속 빕구르망(BIB Gourmand)으로 선정되다 2015~2017년 미슐랭 원스타를 획득하면서 현지인과 관광객들의 발길이 끊이지 않는 거위요리전문 로컬식당이다. 쌀과 타피오카로 만들어 탱글탱글하지만 뚝뚝 끊어지는 면발 로메이와 담백하고 시원한 국물에 구운 거위, 닭, 돼지, 바비큐 등을 올린 로메이누들과 덮밥이 유명하다. 3명 이상이라면 융키에 비해 훨씬 저렴하게 맛볼 수 있는 거위, 돼지 바비큐, 닭구이와 간장으로 졸인 닭 중 1~2가지를 선택하면 푸짐하게 한 접시가 나오는 로스트를 주문하자.

주소 28 Stanley Street, Central 베스트메뉴 로스트거위, 로스트포크, 바비큐포크, 소야소스치킨, 치킨 중 1~2가지를 선택할 수 있는 로메이누들(Lo Mei Noodle, HK$65), 2가지 로스트구이를 올린 덮밥(with Rice, HK$50) 추천메뉴 로스트거위, 로스트포크, 바비큐포크, 소야소스치킨, 치킨 중 1~2가지를 선택할 수 있는 로스트플레이트(One Plate of Roasted, HK$145) 가격 HK$48~ 영업시간 10:00~21:00(월~토요일), 10:00~17:30(일요일과 공휴일)/연중무휴 문의 (852)2524-3882 찾아가기 MTR 센트럴역 D2번 출구로 나와 오른쪽의 삼거리에서 왼쪽으로 걷다 사거리 횡단보도를 건너 직진한 후 오른쪽 첫 번째 골목 스탠리스트리트(Stanley St.)로 진입하면 왼편에 위치한다. 도보 3분 거리.

9년 연속 미슐랭가이드가 인정한 ★★★★★
침차이키누들 沾仔記 Tsim Chai Kee Noodle

❶ 왕새우완탕면(King Prawn Wonton Noodle) ❷ 계절야채(Vegetable with Oyster Sauce) ❸ 두유(Soybean Milk)

메뉴는 단출하게 3가지뿐이지만 미슐랭가이드에 2009~2017년 연속 미슐랭가이드 빕구르망에 소개된 70년 전통의 유명국수전문점이다. 미슐랭가이드 외에도 다양한 매체에 수차례 소개되면서 홍콩의 완탕면을 대표하고 있어 늘 사람이 많아 합석은 기본이다. 담백한 국물에 새우, 어묵, 소고기 중 한 가지가 들어간 국수와 2~3가지 재료가 들어간 국수가 있으며, 대표메뉴는 탱글탱글한 새우가 꽉 찬 왕새우완탕이다. 주문 시 계란면(Yellow Noodle), 납작면(Flat White Noodle) 그리고 쌀로 만든 가는 면(Vermicelli) 중에 선택하는데, 꼬들꼬들한 식감의 계란면이 우리입맛에 잘 맞는다. 테이블에 마련된 중국의 고추기름장 라조장을 넣으면 얼큰한 맛이 난다.

주소 98 Wellington Street, Central 베스트메뉴 왕새우완탕면(King Prawn Wonton Noodle, HK$28), 입가심으로 마시기 좋은 고소한 두유(Soybean Milk, HK$9) 추천메뉴 새우완탕, 어묵, 소고기 중 2가지를 선택할 수 있는 투투핑누들(Two Toppings Noodle, HK$38), 계절야채(Vegetable with Oyster Sauce, HK$15) 가격 HK$28~ 영업시간 09:00~22:00/연중무휴 문의 (852)2581-3369 찾아가기 MTR 센트럴역 D2번 출구로 나와 오른쪽의 삼거리에서 왼쪽으로 걷다 사거리 횡단보도를 건너 직진한 후 오른쪽 두 번째 골목 웰링턴스트리트(Wellington St.)를 따라 계속 직진하다 미드레벨에스컬레이터 바로 아래 오른편에 위치한다. 도보 6분 거리.

홍콩곳곳에 위치한 완탕전문점 ★★★★★
막스누들 麥奀雲吞麵世家 Mak's Noodle

1960년대에 센트럴본점을 오픈한 이후 홍콩과 싱가포르 곳곳에 분점을 두고 있으며, 미슐랭가이드 2009~2011년 연속 추천맛집으로 소개된 완탕면전문점이다. 가게 안쪽 오픈주방에서 완탕을 빚고 국수 마는 과정을 지켜볼 수 있으며 완탕, 어묵, 소고기 등을 올린 홍콩식 국수를 맛 볼 수 있다. 특히 새우완탕면의 면은 다른 완탕면전문점보다 훨씬 꼬들꼬들하고 육수의 간이 조금 짠 편이라 여행자에게는 호불호가 갈리는 편이다.

❶ 완탕면(Wonton with Noodles)
❷ 처트니포크누들(Chutney Pork Noodles)

주소 77 Wellington Street, Central **베스트메뉴** 완탕면(Wonton Noodles in Soup, HK$42) **추천메뉴** 홍콩스타일의 자장면 처트니포크누들(Tossed Noodles with Chutney Pork, HK$59) **가격** HK$42~ **영업시간** 11:00~21:00/연중무휴 **문의** (852)2854-3810 **찾아가기** MTR 센트럴역 D2번 출구로 나와 오른쪽 삼거리에서 왼쪽으로 걷다 사거리 횡단보도를 건너 직진한 후 오른쪽 두 번째 골목 웰링턴스트리트(Wellington St.)를 따라 계속 직진하면 미드레벨에스컬레이터 바로 아래 왼편에 위치한다. 도보 6분 거리.

중국식 로스트요리 전문점 ★★★★★
와펑 華豐 Wah Fung

미드레벨에스컬레이터 초입에 위치한 70여 년 전통의 중국식 구이전문점으로 현지인에게 유명한 맛집이다. 오리, 거위, 닭, 돼지 등을 이용한 구이와 100여 가지가 넘는 다양한 요리를 저렴하게 맛볼 수 있다. 오랜 세월이 무색할 정도로 외관과 내부가 깔끔해서 고급레스토랑 못지않은 분위기이다. 거위와 오리구이는 저녁시간 전에 판매가 종료되는 경우가 있을 정도로 인기메뉴이다. 요리가 부담된다면 홍콩식 파인애플번, 토스트, 샌드위치, 햄버거 등 간단하게 요기할 수 있는 스낵류를 주문해도 되는데, 특히 파인애플번은 이 집의 대표메뉴 중 하나이다.

❶ 거위구이(Roasted Goose) ❷ 탕수육(Sweet and Sour Pork) ❸ 씨푸드크리스피누들(Sizzling Crispy Noodle with Shrimp and Seasonal Vegetable) ❹ 소고기볶음밥(Minced Angus Beef Fried Rice)

주소 112-114 Wellington Street, Central **귀띔 한마디** 메뉴판에 시계표시는 주문 후 15~20분 정도 기다려야하는 메뉴이다. **베스트메뉴** 거위구이(Roasted Goose, HK$120), 새콤달콤한 탕수육(Sweet and Sour Pork, HK$80), 파인애플번(Pineapple Bun with Butter, HK$18) **추천메뉴** 씨푸드크리스피누들(Sizzling Crispy Noodle with Shrimp and Seasonal Vegetable, HK$128), 소고기볶음밥(Minced Angus Beef Fried Rice, HK$115) **가격** HK$80~/Service Charge 10% 별도 **영업시간** 07:00~22:00(월~토요일), 08:00~21:00(일요일), 08:00~22:00(공휴일)/설연휴 휴무 **문의** (852)2544-3466 **찾아가기** MTR 센트럴역 D2번 출구로 나와 오른쪽 삼거리에서 왼쪽으로 걷다 사거리 횡단보도를 건너 직진한 후 오른쪽 두 번째 골목 웰링턴스트리트(Wellington St.)를 따라 계속 직진하여 미드레벨에스컬레이터를 지나면 바로 왼편에 위치한다. 도보 7분 거리.

홍콩 차찬탱을 대표하는 ★★★★★
란퐁유엔 蘭芳園 Lan Fong Yuen

가볍게 음식과 차를 즐길 수 있는 홍콩식 분식점 차찬탱을 대표하는 집으로 영화배우 주윤발과 양조위 등 홍콩유명인들의 단골가게로도 유명하다. 1952년에 문을 연 이후 60년 전통을 이어 홍콩 곳곳에 지점을 두고 있으며, 미드레벨에스컬레이터 중간에 위치한 이곳이 본점이다. 벽면타일에는 오래된 홍콩사진들이 걸려 있어 로컬분위기를 제대로 느낄 수 있다. 토스트, 볶음면, 홍콩식 버거, 딤섬, 밀크티 등 간단하게 요기할 수 있는 다양한 메뉴가 있다. 특히 기다란 거름망으로 홍차를 8번 걸러낸 부드럽고 진한 홍콩식 밀크티가 유명한데, 여러 번 차를 거르다보니 거름망 색이 스타킹색과 비슷하고 맛은 부드러운 실크같다하여 실크스타킹밀크티로 불리기 시작했다.

❶ 홍콩식프렌치토스트(Traditional French Toast with Kaya)
❷ 밀크티(Hong Kong 'Socks' Tea)
❸ 치킨인스턴트누들(Green Onion with Chicken Thigh Instant Noodles)

주소 2 Gage Street, Central **강력추천** 1인당 미니엄차지 HK$25가 있으며 아침 07:30~11:00과 점심 14:30~18:00에는 음료가 함께 나오는 저렴한 세트메뉴도 있다. **귀띔 한마디** 침사추이 네이던로드 청킹맨션 바로 옆건물 지하에도 분점이 있다. **베스트메뉴** 식빵에 카야잼을 바르고 달걀을 입혀 튀겨낸 후 버터 한 조각을 올린 홍콩식프렌치토스트(Traditional French Toast with Kaya, HK$24), 홍콩의 오랜 전통인 비단천을 이용해 홍차를 내려 만든 밀크티(Hong Kong 'Socks' Tea, Hot HK$18, Cold HK$20) **추천메뉴** 특제소스로 조린 닭고기와 야채가 곁들어진 치킨인스턴트누들(Green Onion with Chicken Thigh Instant Noodles, HK$49), 바삭한 빵에 버터와 연유를 바른 하드롤(Hong Kong Crispy Bun, HK$16) **가격** HK$25~ **영업시간** 07:00~18:00(월~토요일)/매주 일요일과 설연휴 3일 휴무 **문의** (852)2544-3895 **찾아가기** MTR 센트럴역 D2번 출구로 나와 오른쪽 삼거리에서 왼쪽으로 걷다 사거리 횡단보도를 건너 직진한 후 오른쪽 두 번째 골목 웰링턴스트리트(Wellington St.)를 따라 직진하다 오거리가 나오면 10시 방향의 린드허스트테라스(Lyndhurst Terrace)를 따라 걷다가 오른쪽 내리막길 바로 왼편에 위치한다. 도보 7분 거리.

 홍콩 에그타르트의 대명사 ★★★★★
타이청베이커리 泰昌餠家 Tai Cheung Bakery

1954년 오픈한 이래 현재까지도 큰 인기를 끌고 있는 가게로 간판메뉴는 수제에그타르트이다. 센트럴본점뿐만 아니라 완차이와 침사추이에도 분점이 생길만큼 유명하다. 홍콩의 마지막 총독 크리스패튼Chris Patten이 '세계 최고의 에그타르트'라고 극찬하면서 현지인은 물론 관광객도 빼놓지 않고 들리는 곳이 되었다. 가게 한쪽 벽면에는 이곳 에그타르트를 잊지 못해 영국에서까지 국제주문을 한 크리스패튼 총리의 친필편지와 방문당시 함께 찍은 기념사진이 걸려있다. 에그타르트 외에도 카스테라, 파이, 월병 등을 구입할 수 있으며, 샤용이라 부르는 홍콩도넛도 추천할 만하다.

주소 35 Lyndhurst Terrace, Central **귀띔 한마디** 4개 이상 구입하면 박스포장이 가능하다. **베스트메뉴** 에그타르트(Egg Tart, HK$8) **추천메뉴** 돼지바비큐가 들어 있는 파이(BBQ Pork Pie, HK$10) **가격** HK$7~ **영업시간** 07:30~21:00(월~토요일), 08:30~21:00(일요일, 공휴일)/설연휴 휴무 **문의** (852)2544-3475 **찾아가기** MTR 센트럴역 D2번 출구로 나와 오른쪽 삼거리에서 왼쪽으로 걷다 사거리 횡단보도를 건너 직진한 후 오른쪽 두 번째 골목 웰링턴스트리트(Wellington St.)를 따라 직진하다 오거리가 나오면 10시 방향의 린드허스트테라스(Lyndhurst Terrace)를 따라 걷다가 왼쪽 오르막길 오른편에 위치한다. 도보 7분 거리.

 가정식 쓰촨요리를 선보이는 ★★★★★
다핑후오 大平伙 Da Ping Huo

서빙을 하는 주인은 화가, 주방에서 요리하는 부인은 가수, 부부가 운영하며 매콤한 맛을 자랑하는 가정식 쓰촨요리를 전문으로 하는 집이다. 한때 간판도 없이 가정집에서 요리를 파는 '프라이빗 키친' 문화가 유행했었는데 현재까지 홍콩에 남아 있는 몇 안 되는 곳 중 하나이다. 요리사가 당일 판단하여 요리하는 코스요리와 쓰촨요리를 대표하는 다양한 단품요리를 제공하고 있다. 점심시간에는 몇 가지 반찬으로 간단하게 차리는 가정식, 저녁시간에는 쓰촨요리전문점답게 매운 요리로 구성된 코스요리를 선보인다.

주소 LG/F 49 Hollywood Road, Central **가격 점심** 1인 HK$200 **저녁** 1인 HK$430 **차** 1인 HK$10 **요리** HK$ 120~/Service Charge 10% 별도 **영업시간 점심** 12:30~14:30 **저녁** 18:30~23:30/연중무휴 **문의** (852)2559-1317 **찾아가기** MTR 센트럴역 D2번 출구로 나와 오른쪽의 삼거리에서 왼쪽으로 걷다 사거리 횡단보도를 건너 직진한 후 오른쪽 두 번째 골목 웰링턴스트리트(Wellington St.)를 따라 직진하다 오거리가 나오면 10시 방향의 린드허스트테라스(Lyndhurst Terrace)를 따라 계속 직진하다 G.O.D매장을 바라보고 오른쪽 첫 번째 골목 그레이엄스트리트(Graham St.)로 들어가면 바로 왼편에 위치한다. 도보 8분 거리.

홍콩의 대표 올데이레스토랑 ★★★★★
울라 Oolaa

대형외식업체 카스텔루콘셉트가 2010년 포호로 향하는 한적한 골목에 오픈한 분위기 좋은 올데이 다이닝 레스토랑이다. 인테리어와 분위기 때문에 현지인보다는 외국인들이 많이 찾는 곳으로 다이닝공간과 테라스공간으로 구분되어 있다. 이른 아침부터 오픈하여 시간대별로 제공되는 메뉴가 조금씩 다르다. 아침에는 머핀, 토스티, 샌드위치 등과 함께 바리스타가 내려주는 커피를 제공하며, 아침부터 오후 3시까지는 브런치메뉴, 평일 점심에는 2~3코스로 나오는 런치세트, 지중해풍, 해산물, 버거 등의 플래터요리를 제공하는 애프터눈플래터 그리고 저녁에는 세트메뉴와 피자, 파스타, 스테이크 등 시그니처메뉴를 선보인다.

❶ 에그베네딕트(Eggs Benedict)
❷ 올라세트런치3코스 with 와인(Oolaa Set Lunch Choose 3 Course with Glass Wine)

주소 15 Bridges Street, Soho, Central **강력추천** 매일 15:00~19:00에는 칵테일 해피아워가 있으며, 매주 토요일 16:00~19:00에는 라이브연주를 감상할 수 있다. **베스트메뉴** 구운 잉글리시머핀 위에 햄, 시금치, 연어구이, 버섯, 베이컨과 아보카도 중 선택한 2가지 재료 위에 수란을 올리고 홀란다이즈소스를 뿌린 에그베네딕트(Eggs Benedict, HK$115~125) **추천메뉴** 수프, 애프타이저 또는 1회 이용 가능한 샐러드바 중 택일, 5가지 메인메뉴 중 택일 그리고 디저트메뉴 중 택일할 수 있는 올라세트런치(Oolaa Set Lunch, 2코스 HK$138, 3코스 HK$158, 무제한 샐러드바만 이용 HK$158/평일 11:30~15:30), 여기에 HK$15를 추가하면 차, 커피, 음료 중에 선택할 수 있으며, HK$40을 추가하면 맥주, 와인, 프로세코 중 선택할 수 있다. **영업시간** 07:00~늦은 저녁/연중무휴 **문의** (852)2803-2083 **찾아가기** MTR 센트럴역 D2번 출구로 나와 오른쪽 삼거리에서 왼쪽으로 걷다 사거리 횡단보도를 건너 직진한 후 오른쪽 두 번째 골목 웰링턴스트리트(Wellington St.)를 따라 직진하다 오거리가 나오면 10시 방향의 린드허스트테라스(Lyndhurst Terrace)를 따라 계속 직진하다 G.O.D매장을 바라보고 오른쪽 첫 번째 골목 그레이엄스트리트(Graham St.)로 들어가면 바로 왼편에 위치한다. 도보 8분 거리.

 ## 정성이 만들어 낸 건강한 죽전문점 ★★★★★
라우푸키누들숍 羅富記粥麵專家 Law Fu Kee Noodle Shop

현지인들이 아침식사를 하기 위해 많이 찾는 전형적인 홍콩의 죽면전가(粥麵專家)로 센트럴 소호지역과 퀸즈로드센트럴 대로변에 위치한다. 죽은 새벽 3시부터 준비하는데 안남미, 생선뼈, 달걀 등을 넣고 장시간 끓여 고소하며, 중국식 만두 완탕을 오전부터 직접 빚어내어 믿고 먹을 수 있다. 20년 전통의 광둥식

국수전문점이지만 우리입맛에는 국수보다는 죽과 튀김이 더 잘 맞는다. 특히 수제어묵으로 만든 짭조름한 어묵죽에 중국식 도넛 요우티아오를 넣어 먹으면 든든하게 한 끼를 해결할 수 있다.

주소 144 Queen's Road Central, Central **귀띔 한마디** 타이청베이 커리 맞은편에 분점이 위치한다. **베스트메뉴** 수제어묵완자를 넣은 어묵죽(Congee with Fish Ball, HK$32), 탱글탱글한 새우완탕과 담백한 국물 그리고 쫄깃한 면이 일품인 완탕면(Noodle with Wanton, HK$27) **추천메뉴** 조개젓갈에 찍어 먹는 바삭한 어묵완탕튀김(Deep Fried Fish Ball with Clam Sauce, 大 HK$38, 小 HK$19), 완탕튀김(Deep Fried Wanton, HK$38) **가격** HK$32~ **영업시간** 07:00~23:00/연중무휴 **문의** (852)2850-6756 **찾아가기** MTR 센트럴역 D2번 출구로 나와 오른쪽의 삼거리의 대로변 맞은편으로 건너 오른쪽으로 직진하면 왼편에 위치한다. 도보 7분 거리.

❶ 어묵죽(Congee with Fish Ball)
❷ 어묵완탕튀김(Deep Fried Fish Ball with Clam Sauce)

 현지인뿐만 아니라 외국인도 반한 콘지전문점 ★★★★★

상키콘지숍 生記粥品專家 Sang Kee Congee Shop

3대째 내려오는 비법으로 담백한 죽을 만들어 파는 죽전문점으로 로컬분위기를 제대로 느낄 수 있다. 홍콩인은 아침대용으로 죽을 많이 먹기 때문에 죽과 면을 전문으로 하는 죽면전가 식당이 곳곳에 많이 있다. 성완지역 힐리어스트리트(Hiller St.)에는 소고기육수를 사용한 다양한 면요리와 죽을 파는 분점이 있고, 바로 안쪽 부르드스트리트에 본점이 위치해 있다. 30여 가지의 다양한 죽은 미니와 레귤러 단품콘지, 2가지 재료의 콤보 그리고 3가지 재료가 들어간 디럭스콤보 콘지로 나뉜다. 닭육수로 끓여 낸 죽은 기본 간이 되어 있어 짭조름하기 때문에 파와 생강을 넣은 간장은 맛을 보고 넣는 것이 좋다.

주소 7-9 Burd Street, Sheung Wan **귀띔 한마디** 분점은 에어컨이 가동되어 쾌적하지만 로컬스러운 분위기를 원한다면 본점을 이용하자. **베스트메뉴** 생선콘지(Fresh Sliced Fish Congee, HK$29), 소고기콘지(Fresh Sliced Beef Congee, HK$29) **추천메뉴** 콘지에 넣어먹으면 맛있는 중국식 도넛 요우티아오(Deep Fried Chinese Fritter, HK$7), 계절야채(Seasonal Vegetable with Oyster Sauce, HK$17), 07:00~17:45까지만 주문 가능한 중국식 미니부침개(Fried Fish Meat Pancake, HK$14) **가격** HK$29~ **영업시간** 06:30~21:00(월~토요일)/매주 일요일 휴무 **문의** (852)2541-1099 **찾아가기** MTR 성완역 A2번 출구로 나와 오른쪽 세븐일레븐과 써클K 사이 골목 힐러스트리트(Hiller St.)를 따라 직진하다 왼편 분점〈生記清湯牛腩麵〉의 골목 안쪽에 위치한다. 도보 3분 거리.

❶ 생선콘지(Fresh Sliced Fish Congee)
❷ 요우티아오(Deep Fried Chinese Fritter)
❸ 계절야채(Seasonal Vegetable with Oyster Sauce)

카우케이레스토랑 九記牛腩 Kau Kee Restaurant
양조위가 자주 찾던 현지식당 ★★★★★

일부러 찾아가지 않으면 여행자들의 동선과는 겹치지 않는 성완의 외진골목에 자리한 오래된 현지식당이다. 80년 전통의 소문난 음식점으로 홍콩의 행정장관 도널드창Donald Tsang과 영화배우 양조위가 즐겨 찾던 곳이다. 현지음식을 좋아하거나 진한 육수가 일품인 국수를 먹고 싶다면 일부러라도 찾아갈 만한 곳이다. 우리나라사람도 많이 찾는 곳이라 한국어메뉴판까지 준비되어 있어 주문에 어려움은 없다. 이 식당 메인메뉴 소고기안심국수는 15가지의 한약재와 소고기안심을 오랜 시간 우려내기 때문에 진하고 깔끔한 국물과 쫄깃한 면발이 일품이다.

❶ 소고기안심 튀김국수 (上湯牛腩伊麵)
❷ 커리소고기안심 및 도가니 튀김국수 (咖喱牛筋腩伊麵)
❸ 아이스밀크티 (凍奶茶)

주소 21 Gough Street, Sheung Wan **귀띔 한마디** 소고기육수(淨上湯, HK$10)만 따로 주문할 수 있으며, 미니멈차지 1인당 HK$45가 있다. **베스트메뉴** 소고기안심 납작쌀국수(上湯牛腩河麵, HK$45), 진한 육수가 일품인 소고기안심 튀김국수(上湯牛腩伊麵, HK$48) **추천메뉴** 커리소고기안심 및 도가니 튀김국수(咖喱牛筋腩伊麵, HK$48), 아이스밀크티(凍奶茶, HK$21) **가격** HK$46~ **영업시간** 12:30~22:30(월~토요일)/매주 일요일과 공휴일 그리고 설연휴 휴무 **문의** (852)2815-0123 **찾아가기** MTR 성완역 A2번 출구로 나와 오른쪽으로 걸으면 보이는 써클K와 세븐일레븐 사이골목으로 직진하다 오거리에서 왼쪽의 본햄스탠드스트리트(Bonham Strand St.)을 따라 걷다가 갈림길에서 오른쪽 웰링턴스트리트(Wellington St.)로 직진하다 왼쪽 세븐일레븐이 있는 언덕길을 따라 올라가다 오른쪽 두 번째 골목 고프스트리트(Gough St)로 진입하면 오른편에 위치한다. 도보 5분 거리.

싱흥유엔 勝香園 Sing Heung Yuen
홍콩영화에서 보던 현지인의 노천식당 ★★★★★

1990년대 홍콩영화에 자주 등장하던 포장마차스타일의 노천식당 다이파이동大牌檔은 현재 홍콩시내 20여 곳 정도가 남아 있으며, 그 중 하나이다. 이곳이 유명한 이유는 계란, 계란프라이, 햄, 소시지, 스팸, 소고기, 닭날개, 야채 등 다양한 토핑과 인스턴트누들, 쌀국수, 마카로니 중에 면을 선택할 수 있는 토마토라면 때문이다. 상하이와 이탈리아에서 공수해온 토마토를 하루 종일 끓여 만든 특제 토마토육수가 이 집의 비법으로 새콤달콤한 맛의 시원하고 개운한 육수와 토핑의 절묘한 궁합이 환상적이다. 토마토라면 외에도 토스트, 크리스피번, 샌드위치 등의 스낵메뉴가 인기 있으며, 일명 소금사이다라 불리는 스프라이트는 소금에 절인 레몬과 얼음이 담겨진 컵에 따라 마시면 독특한 음료맛을 경험할 수 있다.

❶ 소시지&계란토핑 토마토라면(Tamato, Sausage&Egg Noodle) ❷ 크리스피번(Condensed Milk&Butter on Crispy Bun) ❸ 카야토스트(Toast with Kaya) ❹ 아이스밀크티(Iced Milk Tea) ❺ 소금사이다(Iced Sprite with Salted Lemon) ❻ 아이스레몬티(Iced Honey&Lemon)

주소 2 Mee Lun Street, Central **귀띔 한마디** 영어메뉴판이 별도로 마련되어 있으나 주문이 어렵다면 현지인의 도움을 받자. 계란과 소시지토핑을 올린 토마토라면(Tamato, Sausage&Egg Noodle, HK$26)이 무난하다. **베스트메뉴** 각종 토마토라면(Tomato Noodle, HK$23~), 바삭하게 구운 롤빵에 연유와 버터를 바른 크리스피번(Condensed Milk&Butter on Crispy Bun, HK$13), 아이스밀크티 동라이차(Iced Milk Tea, HK$16) **추천메뉴** 토스트빵에 버터와 카야잼을 바른 카야토스트(Toast with Kaya, HK$13), 바삭하게 구운 빵에 레몬시럽과 꿀을 바른 레몬크리스티번(Butter&Honey with Lemon on Crispy Bun, HK$13), 진하게 우린 소고기 육수에 돼지갈비살을 올린 돼지갈비라면(Pock Chop Noodle, HK$20), 소금사이다(Iced Sprite with Salted Lemon, HK$16), 아이스레몬티(Iced Honey&Lemon, HK$15) **가격** HK$17~ **영업시간** 08:00~17:30(월~토요일)/매주 일요일과 공휴일 휴무 **문의** (852)2544-8368 **찾아가기** 카우키레스토랑 바로 맞은편에 위치한다.

 꼭 한 번은 들러볼 만한 디저트전문점 ★★★★
허니문디저트 滿記甜品 Honeymoon Dessert

1955년 조용한 어촌마을 사이쿵西貢에 오픈한 디저트 전문점으로 허유산과 더불어 젊은 사람부터 나이 지긋한 어른들까지 좋아하는 곳이다. 현재는 홍콩 전역에 40여 개가 넘는 체인점을 두고 있으며, 상하이, 베이징, 싱가포르, 인도네시아 등에도 체인점이 있을 정도로 인기가 높다. 망고, 코코넛, 용과, 두리안 등 열대과일과 두부, 팥, 참깨 등의 천연재료를 사용한 다양한 디저트가 있다. 허유산과 달리 고급스럽고 깔끔한 인테리어지만 가격은 높지 않아 여행에 지친 피로를 달콤함으로 달랠 수 있다. 하버시티, 타임스퀘어, IFC몰, 랭함플라자 등 푸드코트 내에 주로 위치해 있어 쇼핑 중에 먹기 적당하다.

❶ 망고팬케이크(Mango Pancake) ❷ 블랙펄앤그린티아이스크림(Black Pearl and Green Tea Ice-cream in Vanilla Sauce) ❸ 흑찹쌀망고바닐라소스(Thai Black Glutinous Rice with Mango in Vanilla Sauce) ❹ 망고찹쌀경단(Mango Glutinous Dumpling) ❺ 망고스위트수프(Mango Pomelo&Sago Sweet Soup) ❻ 두리안팬케이크(Durian Pancake)

주소 G/F 323 Des Voeux Road, Sheung Wan **귀띔 한마디** 트램이 지나가는 창가 테이블이 좋다. **베스트메뉴** 달콤한 망고와 부드러운 생크림으로 만든 망고팬케이크(Mango Pancake, 2개 HK$35), 바닐라퓨레에 블랙사고알갱이와 녹차 아이스크림이 들어간 블랙펄앤그린티아이스크림(Black Pearl and Green Tea Ice-cream in Vanilla Sauce, HK$39), 바닐라퓨레에 태국 흑찹쌀과 망고가 올려진 흑찹쌀과 망고바닐라소스(Thai Black Glutinous Rice with Mango in Vanilla Sauce, HK$44) **추천메뉴** 달콤한 망고로 만든 경단 망고찹쌀경단(Mango Glutinous Dumpling, 3개 HK$26), 망고퓨레에 망고, 타피오카, 사고 알갱이 등을 넣은 망고스위트수프(Mango Pomelo&Sago Sweet Soup, HK$38), 두리안팬케이크(Durian Pancake, 2개 HK$36) **가격** HK$28~ **영업시간** 12:00~23:00(월~목요일), 12:00~23:30(금요일), 13:00~23:30(토요일), 13:00~23:00(일요일)/설날 휴무 **문의** (852)2851-2606 **찾아가기** MTR 성완역 B번 출구로 나와 오른쪽 대로변을 따라 걸으면 보이는 웨스턴마켓 G층에 위치한다. 도보 2분 거리. **홈페이지** www.honeymoon-dessert.com

Special 05

미드레벨에스컬레이터에서 만나는 작은 유럽
소호(Soho, 蘇豪)

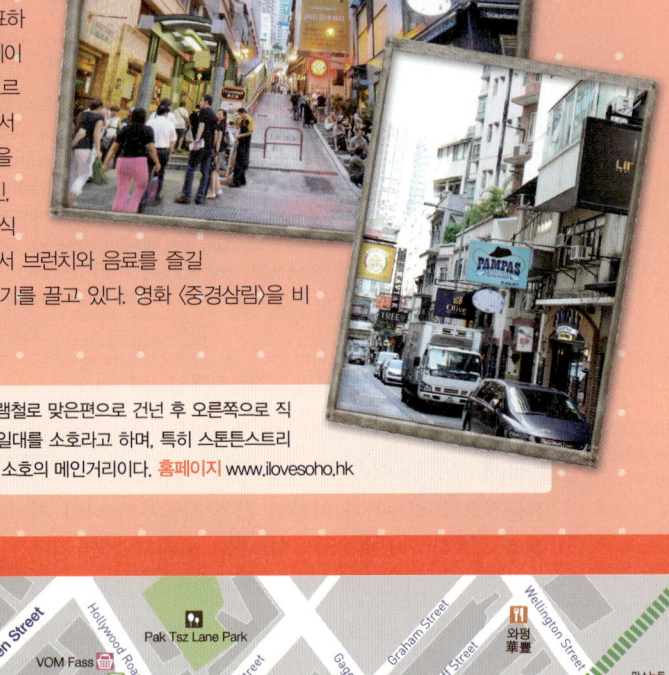

할리우드로드 남쪽(South of Hollywood Road)의 줄임말인 소호는 홍콩을 대표하는 트렌디한 곳이다. 미드레벨에스컬레이터를 타고 가다 중간지점에서 빠지면 오르락내리락 이어지는 골목들 사이사이에서 이국적인 레스토랑, 바 그리고 카페 등을 만날 수 있다. 이탈리아, 베트남, 스페인, 멕시코, 그리스, 네팔 등 다양한 세계음식을 즐길 수 있으며, 아기자기한 거리에서 브런치와 음료를 즐길 수 있는 카페도 많아 여성들에게 큰 인기를 끌고 있다. 영화 〈중경삼림〉을 비롯한 홍콩영화의 촬영지로도 유명하다.

찾아가기 MTR 홍콩역 C번 출구로 나와 트램철로 맞은편으로 건넌 후 오른쪽으로 직진하면 미드레벨에스컬레이터의 주변 골목일대를 소호라고 하며, 특히 스톤튼스트리트(Staunton St)와 엘진스트리트(Elgin St)가 소호의 메인거리이다. **홈페이지** www.ilovesoho.hk

Soho 소호

스탠튼스와인바+카페(Staunton's Wine Bar+cafe)

소호거리의 시작을 알리는 곳으로 파란색 건물이 인상적인 오픈 바&카페이다. 저녁시간에는 맥주나 칵테일잔을 들고 계단에 모여 있는 외국인들이 이색적인 풍경을 만들기도 한다. 피자, 파스타, 버거 그리고 샌드위치 등이 주메뉴이며 점심에는 저렴하게 즐길 수 있는 세트런치가 있다. 타이완배우 금성무가 출연한 영화 <심동>의 촬영지로도 유명하다.

주소 10-12 Staunton Street, Soho, Central **영업시간** 10:00~미정(월~금요일), 09:00~미정(주말과 공휴일)/연중무휴 **가격** HK$100~/Service Charge 10% 별도 **문의** (852)2973-6611

네팔(Nepal Nepalese Restaurant)

네팔요리를 전문으로 소호에서만 20년을 이어온 레스토랑이다. 네팔 향신료로 양념한 닭, 오리, 양고기 등을 화덕에 구워낸 네팔식 바비큐 세꾸와요리(Sekuwa), 네팔식 만두 모모차(Momocha), 감자요리 알루(Aloo), 커리(Curry), 볶음밥 플라우(Pulao), 탄두르에서 구워낸 난(Naan) 등 정통네팔요리를 만날 수 있다. 점심과 저녁에는 코스로 구성된 세트요리를 제공한다.

주소 14 Staunton Street, Soho, Central **영업시간** 점심 12:00~14:30 저녁 18:00~23:00/연중무휴 **가격** HK$150~/Service Charge 10% 별도 **문의** (852)2521-9108

올리브(Olive)

지중해 그리스를 연상케 하는 아담한 흰색외관과 실내인테리어는 차분한 중동분위기이다. 그리스식 그라탕 사시타욱(Moussaka)과 그리스식 꼬치요리 수블라키(Souvlaki) 등 그리스요리뿐만 아니라 팔레스타인의 무사칸(Musakhan), 레바논의 치킨케밥(Shish Tawouk) 등 중동요리를 맛볼 수 있다. 점심시간에는 2코스로 제공되는 세트런치(Set Lunch, HK$118~158)가 있다.

주소 32 Elgin Street, Soho, Central **영업시간** 점심 12:00~15:00 저녁 18:00~23:00/연중무휴 **가격** HK$150~/Service Charge 10% 별도 **문의** (852)2521-1608

자스파스(Jaspa's)

소호 외에도 해피밸리, 사이쿵 등 홍콩 곳곳에 서로 다른 분위기의 분점이 있다. 소호점은 캐주얼분위기의 바&레스토랑으로 총천연색 간판 느낌과 달리 실내는 차분한 분위기이다. 샐러드, 애피타이저, 스테이크, 피자, 파스타, 면, 해산물 등 다양한 요리를 선보이며, 공휴일을 제외한 평일 12:00~15:00에는 3코스로 제공되는 세트런치(Set Lunch, HK$138)이 있다.

주소 28-30 Staunton Street, Soho, Central **영업시간** 10:00~미정/연중무휴 **가격** HK$150~/Service Charge 10% 별도 **문의** (852)2869-0733

소호스파이스(SOHO SPICE)

태국과 베트남요리를 맛볼 수 있는 레스토랑으로 맛과 분위기가 훌륭해 소호의 인기레스토랑 중 한 곳이다. 소호에 위치한 다른 레스토랑에 비해 저렴한 편이며, 특히 코스로 제공되는 점심세트는 1인 HK$88~118에 즐길 수 있다. 코코넛커리, 라임소스, 타이고추, 타이바질, 망고살사 등의 향신료를 사용하여 본토의 맛을 그대로 살리고 있다.

주소 47 Elgin Street, Soho, Central **영업시간** 점심 12:00~15:00 저녁 18:00~23:00/연중무휴 **가격** HK$100~/Service Charge 10% 별도 **문의** (852)2521-1600

안티파스토(Antipasto)

안티파스토는 메인요리를 먹기 전 식욕을 돋우기 위해 간단히 먹는 모듬전채요리를 말한다. 전채요리를 비롯하여 파스타, 피자, 스테이크, 리소토 등 이탈리안요리를 전문으로 하는 레스토랑으로 저렴하게 즐길 수 있다. 전채요리, 메인메뉴, 디저트와 음료수로 구성된 세트런치(Set Lunch, HK$108)는 주변 직장인들에게 인기이다.

주소 36 Elgin Street, Soho, Central **영업시간** 점심 12:00~15:00 저녁 18:00~23:00/연중무휴 **가격** HK$120~/Service Charge 10% 별도 **문의** (852)2525-2125

Special 06

센트럴의 밤을 아름답게 하는
란콰이퐁(Lan Kwai Fong, 蘭桂坊)

80년대 오리지널 캘리포니아레스토랑을 시작으로 형성되었으며, 침사추이 밤문화가 넛츠포드테라스라면 센트럴에는 란콰이퐁이 있다. 서양인들로 가득한 바와 레스토랑이 즐비하여 홍대나 이태원 같은 분위기를 느낄 수 있다. 클럽, 와인바, 보드카바, 데킬라바, 재즈바와 아메리칸스타일바 등 다양한 바들이 골목골목에 숨어 있다. 평일과 낮 시간대는 그나마 한산하지만 주말 밤에는 바는 물론이고, 거리도 사람들로 넘쳐난다. 오픈 바나 야외테이블이 설치된 곳들이 많으며, 해피아워에는 파격적인 가격으로 즐길 수 있으니 그 시간을 노려보는 것도 좋다. 매년 페스티발, 할로윈, 크리스마스와 새해에는 거리 전체를 화려하게 장식해서 색다른 재미를 주고 있다.

찾아가기 MTR 센트럴역 D2번 출구로 나와 오른쪽으로 가다 만나는 퀸즈로드센트럴(Queen's Road Central) 맞은편 골목 디아길라스트리트(D'Aguilar Street)를 따라 올라가는 거리가 란콰이퐁이다. **홈페이지** www.lankwaifong.com

Lan Kwai Fong
란콰이퐁

인썸니아 (Insomnia)

24시간 영업하는 인썸니아는 저녁이면 실력파 뮤지션의 라이브연주와 노래를 들으며 흥겹게 춤을 출 수 있어 매일 밤 외국인을 불러 모으는 란콰이펑의 대표펍이다.

각기 다른 9개 그룹의 라이브음악이 매일 밤 10시부터 란콰이펑을 광란의 밤으로 만든다. 매일 20:00～21:00까지 해피아워에는 맥주를 30% 할인된 가격에 즐길 수 있다.

주소 30-32 D'Aguilar Street, Lan Kwai Fong, Central **영업시간** 24시간/연중무휴 **문의** (852)2525-0957

차이나바 (The China Bar)

이름과 달리 중국스러운 것은 그 어디에서도 찾아볼 수 없는 웨스턴펍스타일의 바이다. 란콰이펑거리를 구경하고 싶다면 야외테이블에 앉으면 되고, 실내에는 댄스무대가 마련되어 있어 자유롭게 춤을 출 수도 있다. 와인, 맥주 등의 주류를 저렴하게 마실 수 있는 해피아워(16:00～21:00)가 있으며 할로윈, 발렌타인, 크리스마스, 새해 등에는 신나는 파티가 열려 란콰이펑의 밤을 더욱 뜨겁게 만든다.

주소 44 D'aguilar Street, Lan Kwai Fong, Central **영업시간** 16:00～06:00/연중무휴 **문의** (852)2526-5992

드래곤아이 (Dragon-I)

데이비드베컴과 주드로 등이 방문하면서 더 유명해진 레스토랑&클럽이다. 월~토요일 점심시간에는 30여 가지의 딤섬을 무제한으로 맛볼 수 있는 올유캔잇딤섬(All you can eat Dim Sum, 1인 HK$228)이 인기메뉴이다. 점심과 저녁시간에는 중국, 일식 등 다양한 퓨전 요리를 제공하고, 저녁 11시 30분부터는 이곳이 레스토랑이었는지 의심스러울 정도로 화려한 클럽으로 변신한다.

주소 UG/F 60 Wyndham Street, Central **영업시간** 점심 12:00～15:30(월~금요일), 12:00～16:00(토~일요일) 저녁 18:00～23:00(월~일요일) 클럽 23:30~미정/연중무휴 **가격** HK$150~/Service Charge 10% 별도 **문의** (852)3110-1222

치아오차우 (Ciao Chow)

란콰이펑 초입에 최근 오픈한 캐주얼한 이탈리안 레스토랑&바로 오픈형의 넓은 실내공간을 갖추고 있다. 시끌벅적한 란콰이펑의 다른 곳에 비해 조용한 분위기에서 음식과 주류를 즐길 수 있어 현지인이 많이 찾는 곳이다. 전채요리, 피자와 파스타 등을 전문으로 하고 있으며, 특히 화덕에서 구워 내오는 피자와 성게알을 얹은 성게알파스타가 인기이다.

주소 30-32 D'Aguilar Street, Lan Kwai Fong, Central **영업시간** 11:00～02:00(일~목요일), 11:00～04:00(금~토요일)/연중무휴 **가격** HK$150~/Service Charge 10% 별도 **문의** (852)2344-0005

스토미스 (Stormies)

2007년 란콰이펑의 언덕 위에 지어진 레스토랑&바로 카페데코그룹(Cafe Deco Group)에서 운영하며, 하늘색 건물과 선박물들로 장식한 실내 인테리어가 지중해를 연상케 한다. 주말 저녁에는 길목까지 차지하고 프리스타일로 즐기는 외국인과 현지인들로 가득하며, 실내가 복잡해지는 저녁에는 마치 클럽에 온 듯한 착각을 준다.

주소 46 D'Aguilar Street, Lan Kwai Fong, Central **영업시간** 12:00～02:00(월~토요일), 15:00～24:00(일요일)/연중무휴 **문의** (852)2845-5533

하드록카페 (Hard Rock Cafe)

로큰롤을 테마로 하는 레스토랑&바 그리고 기념품 코너가 있는 글로벌체인 팝뮤직복합공간으로 락밴드의 라이브연주로 항상 생동감이 넘친다. 스낵부터 샐러드, 샌드위치, 버거, 디저트뿐만 아니라 다양한 주류도 갖추고 있으며, 특히 매일 저녁 첨단음향시설을 갖춘 무대에서 펼쳐지는 흥겨운 라이브연주를 들으며 한잔하기 좋은 곳이다.

주소 55 D'Aguilar Street, Lan Kwai Fong, Central **영업시간** 11:00～02:00(일~목요일), 11:00～03:00(금~토요일과 공휴일 전날)/연중무휴 **문의** (852)2111-3777

Section 03
센트럴&성완에서 반드시 둘러봐야 할 쇼핑

홍콩에서 명품쇼핑을 즐기기에는 센트럴이 제격이다. 쇼핑몰마다 공중회랑으로 연결되어 있어 이동하기 편하고, 대형매장들도 많아 우리나라에서 볼 수 없는 독특하고 다양한 제품들을 만날 수 있기 때문이다. 명품을 좋아하는 사람이라면 아이쇼핑만으로도 즐거운 센트럴을 놓치지 말자.

스타페리선착장에서 바로 보이는 쇼핑몰 ★★★★
 ifc몰 ifc Mall

국제금융센터 IFC 내에 위치한 대형쇼핑몰로 자연채광방식 빌딩이라 밝고 쾌적한 환경에서 쇼핑을 즐길 수 있다. 센트럴 7번 페리 선착장의 공중회랑과도 연결되고 지하에는 AEL과 MTR 홍콩역이 연결되어 있어 접근성이 매우 좋다. 특히 도심공항터미널이 위치해 있어 얼리 체크인으로 짐부터 공항에 보내고 홀가분하게 쇼핑을 즐길 수 있다.

L1층에는 자라, 라코스테, 나인웨스트, 디젤, 홀라 등과 같은 영캐주얼매장과 코스메틱매장 그리고 기화병가와 시티슈퍼가 위치해 있다. L2층에는 에트로, 발렌티노, 구찌, 휴고보스, 지미추, 미우미우, 키린, 발리, 에이글과 셀린 등 명품브랜드매장과 헬스케어스토어 매닝스플러스 등이 위치해 있다. L3층에는 영국계 명품백화점 레인크로포드와 앨리스플러스올리비아, 아메리칸빈티지, 45R 등 영패션매장, 남녀의류와 꽃집, 카페 그리고 초콜릿부티크 등 아네스베브랜드가 한자리에 모인 아네스베라로지아비아가 위치하며 퀴진퀴진, 레이가든, 정두와 고교 등 레스토랑도 자리한다. 침사추이와 센트럴을 한눈에 바라볼 수 있는 L4층의 루프가든은 저녁마다 색색으로 변하는 유리조형물이 있어 센트럴야경을 더욱 빛나게 한다.

주소 8 Finance Street, Central **귀띔 한마디** L4층의 루프가든(Roof Garden)에는 트렌디한 레스토랑과 바가 있으며 벤치에 앉아 센트럴, 미드레벨 그리고 카오룽반도의 야경을 감상할 수 있다. **영업시간** 10:00~22:00/연중무휴(매장마다 상이) **문의** (852)2295-3308 **찾아가기** MTR 홍콩역 A1, A2, B1, B2, E1번 출구가 ifc몰과 바로 연결된다. **홈페이지** www.ifc.com.hk

ifc몰의 유명레스토랑

프레타망제 (Pret A Manger)

영국의 유명샌드위치전문 체인점으로 당일 만든 50여 종의 샌드위치뿐만 아니라 크레페, 샐러드, 요거트, 빵, 스낵, 디저트 등을 판매하고 있다. 화학첨가물과 방부제 등을 사용하지 않은 천연재료의 신선한 음식과 음료를 제공하며, 샌드위치와 함께 과일주스 또는 요거트는 반드시 맛 봐야 한다.

매장번호 L1층 1015호 **영업시간** 06:30~21:00(월~금요일), 07:30~21:00(토요일), 08:00~20:30(일요일과 공휴일)/연중무휴 **문의** (852)2295-3811

크리스탈제이드 라미엔샤오롱바오 (Crystal Jade La Mian Xiao Long Bao)

하버시티에도 있는 상하이요리레스토랑으로 미슐랭가이드에 소개된 이후 홍콩여행 중 반드시 가봐야 할 레스토랑으로 손꼽힌다. 대표메뉴는 상하이식 돼지고기만두 샤오롱바오(Steamed Pork Dumping 'Shanghai' Style, 4개 HK$38)와 매콤하고 고소한 면요리 쓰촨탄탄면(Sichan "Dan Dan" La Mian Noodle, HK$54)이다.

매장번호 L2층 2018-2020호 **영업시간** 11:00~23:00/연중무휴 **문의** (852)2369-1177

정두 (Tasty Congee&Noodle Wantun Shop)

여배우 하유미의 남편 클라렌스입이 운영하는 레스토랑으로 알려진 광동요리레스토랑으로 2009년부터 미슐랭가이드 9년 연속 빕구르망으로 선정된 곳이다. 기본으로 주문해야하는 완탕면(Wonton Noodle in Soup, 小 HK$40, 大 HK$55)은 꼬들꼬들한 면발과 진하면서 깔끔한 육수가 특징이다. 이밖에도 딤섬, 볶음면, 콘지 등도 유명하다.

매장번호 L3층 3016-3018호 **영업시간** 11:00~23:00/연중무휴 **문의** (852)2295-0101

르살롱드떼 조엘로부숑 (LE SALON DE THÉ de JOËL ROBUCH)

오픈형 카페로 프랑스풍의 우아한 분위기가 느껴지는 곳으로 프랑스 스타셰프 조엘로부숑이 오픈한 프랑스 티살롱이다. 샌드위치, 케이크, 베이커리, 페이스트리, 마카롱 등의 디저트와 커피, 차 그리고 애프터눈티세트(Afternoon Tea Set, 1인 HK$280, 2인 HK$528)를 즐길 수 있다.

매장번호 L2층 2045A호 **영업시간** 08:00~22:00/연중무휴 **문의** (852)2234-7422

 아르마니를 사랑하는 사람들의 전용쇼핑몰 ★★★★★
채터하우스 遮打大廈 Charter House

이탈리아 출신의 세계적인 패션디자이너 조르지오아르마니의 모든 브랜드를 한자리에 만날 수 있는 아르마니 종합쇼핑몰이다. 엠프리오아르마니, 조르지오아르마니, 조르지오아르마니뷰티, 아르마니주니어뿐만 아니라 국내에 소개되지 않은 플라워숍 아르마니피오리 등 아르마니에 관련된 전체 브랜드를 독립매장형태로 운영한다. 2층은 아쿠아와 아르마니가 합작하여 운영하는 이탈리안&일식레스토랑 아르마니아쿠아가 있고, 루프톱테라스에서 센트럴 도심야경을 바라보며 칵테일을 즐길 수 있는 아르마니프리베가 위치해 있다.

주소 11 Charter Road, Central **귀띔 한마디** 홍콩에서 가장 큰 매장인 G층의 조르지오아르마니와 1층 엠포리오아르마니는 둘러보자. **영업시간** 10:00~20:00(매장마다 상이)/연중무휴 **문의** (852)2532-7777 **찾아가기** MTR 센트럴역 E번 출구로 나오면 바로 왼편에 위치한다.

 소규모 명품쇼핑몰 ★★★★★
알렉산드라하우스 歷山大廈 Alexandra House

버버리, 돌체앤가바나, 프라다, 생로랑 등 명품브랜드매장과 폰티와인셀러, 고디바, 북경오리전문 레스토랑 페킹가든, 미슐랭가이드 3스타를 획득한 이탈리안레스토랑 8½오토에메조봄바나와 스타벅스가 전부인 작은 쇼핑몰이다. 프라다와 돌체앤가바나는 매장규모가 크고, 플래그십스토어로 운영하는 프랑스 패션브랜드 생로랑매장이 볼만하다. 1층은 채터하우스, 프린스빌딩, 랜드마크아트리움과 만다린오리엔탈호텔과 모두 연결되어 있다.

주소 7-15 Des Voeux Road Central **영업시간** 10:00~20:00(매장마다 상이)/연중무휴 **문의** (852)2500-0555 **찾아가기** MTR 센트럴역 H번 출구와 바로 연결된다.

프린스빌딩 太子大廈 Prince's Building
명품은 물론 다양한 아이템을 만날 수 있는 ★★★★★

센트럴 황후상광장 근처에 위치한 쇼핑센터로 G층과 M층 그리고 1~3층에 고급매장만을 엄선해서 입점시킨 쇼핑몰이다. 인테리어나 주방용품 같은 독특한 매장도 있다는 것이 이곳의 특징이다. 랄프로렌, 버버리, 샤넬, 던힐, 끌로에, 처치스, 키린, 쇼파드, 까르띠에, IWC 등 명품브랜드매장과 인디고리빙, i.d., 알레시, 아르젠토, 바카라, 크리스토플, 인사이드 등 식기, 인테리어 소품매장이 입점되어 있다. 파티용품 전문매장 파티타임, 아동완구 전문매장 몬스터키드, 프랑스 유명디저트전문점 에끌레어드제니와 초콜릿업계의 에르메스라 불리는 라메종뒤쇼콜라, 커피와 와인 등을 저렴하게 구입할 수 있는 수입식료품점 올리버스가 있다.

주소 10 Charter Road, Central **귀띔 한마디** G층의 대규모 샤넬매장에서는 샤넬의 모든 제품을 판매하므로 샤넬마니아라면 꼭 들러봐야 할 곳이다. **영업시간** 10:00~20:00(매장마다 상이)/연중무휴 **문의** (852)2504-0704 **찾아가기** MTR 센트럴역 K번 출구로 나오면 바로 오른쪽에 위치한다.

랜드마크아트리움 置地廣場 Landmark ATRIUM
명품브랜드가 한자리에 모인 럭셔리쇼핑몰 ★★★★★

MTR 센트럴역과 바로 연결되며, 세계적으로 인기 있는 유럽과 미국의 명품브랜드들이 대부분 입점해 있다. 아트리움의 사전적 정의처럼 건물내부 중앙은 3층 높이까지 'ㅁ'자 모양의 안뜰을 형성하고 있다. 알렉산드라맥퀸, 셀린느, 디오르, 펜디, 구찌, 지미추, 로에베, 루이비통, 마크제이콥스, 미우미우, 토즈, 비비안탐 그리고 I.T 등 세계적인 일류브랜드가 한곳에 모여 있어 명품을 찾는 분이라면 한번에 쇼핑하기 좋다. 2층에는 프린스빌딩, 알렉산드라하우스, 센트럴빌딩을 연결하는 아케이드가 있고 만다린오리엔탈호텔과 연결되는 엘리베이터가 있어 이동이 편리하다.

주소 12-16 Des Voeux Road, Central **영업시간** 10:00~20:00(매장마다 상이)/연중무휴 **문의** (852)2500-0555 **찾아가기** MTR 센트럴역 G번 출구와 바로 이어진다. **홈페이지** www.landmark.hk

소규모 쇼핑아케이드 ★★★★★
센트럴빌딩 Central Building

1층의 HMV을 제외한 스와로브스키, 므아젤, 나인웨스트, 폴리폴리, 라코스테, 스타카토 등 10여 개의 매장이 G층에 입점되어 있는 작은 쇼핑아케이드이다. 레코드숍 HMV에는 희귀음반부터 구하기 힘든 홍콩영화, 애니메이션, 한국드라마, 예술영화 등 다양한 장르의 DVD를 구할 수 있다. 뿐만 아니라 홍콩에서 최신 유행하는 음악도 들을 수 있으며, 재고 정리 코너에서는 정품 DVD를 HK$100 안쪽으로 구입할 수 있다. 2층은 클라란스, MTM, 메이크업포에버 등 코스메틱매장이 입점되어 있다.

주소 1-3 Pedder Street, Central **영업시간** 10:00~22:00(매장마다 상이)/연중무휴 **문의** (852)2739-0268 **찾아가기** MTR 센트럴역 G번 출구로 나와 왼쪽으로 걸으면 왼편에 위치한다. 도보 1분 거리.

홍콩에서 가장 비싼 임대료를 지불하는 매장 ★★★★★
아베크롬비&피치 Abercrombie&Fitch

예전 상하이탕 자리에 매출이 아닌 인지도와 광고를 위해 2012년 아베크롬비가 단독 매장을 오픈하였다. 페더빌딩은 한 달 임대료가 약 10억 정도로 홍콩에서 가장 비싼 건물 중 하나로 오픈 시부터 뜨거운 감자였다. 건물 근처부터 아베크롬비 향수의 향기가 진하게 풍기며, 전 세계 다른 매장처럼 어두운 분위기로 지하 1~3층을 사용하고 있다. 유럽저택을 연상케 하는 화려한 샹들리에, 벽화, 동상 그리고 클럽음악이 묘한 조화를 이루며, 전체적으로 고급 인테리어에 신경을 많이 쓴 매장으로 매장구경만으로도 들러볼 만한 곳이다.

주소 12 Pedder Street, Central **영업시간** 11:00~21:00/연중무휴 **문의** (852)800-962-7613 **찾아가기** MTR 센트럴역 D1번 출구와 나와 오른쪽으로 직진하면 바로 오른편에 위치한다. 도보 1분 거리.

원스톱쇼핑이 가능한 ★★★★★
막스앤스펜서 MARKS&SPENCER

영국계 대형스토어로 의류, 언더웨어, 액세서리, 화장품부터 홈인테리어, 식료품까지 다양한 라이프스타일의 아이템을 자체상품으로 구성하여 판매하고 있다. 조금 올드하지만 실용성을 강조한 디자인의류는 가격이 저렴해 젊은층보다는 30~40대에게 인기가 있다. 지하 1층에는 최고품질의 와인을 비롯한 각종 식료품을 판매하는 슈퍼마켓, G층에는 여성의류, 1층에는 언더웨어, 화장품, 액세서리 등의 매장이 자리하고 있다. 특히 G층의 언더웨어매장은 다양한 디자인과 사이즈 그리고 각종 기능성 언더웨어를 판매하고 있다.

주소 28 Queens Road Central, Central **영업시간** 10:00~21:30(월~토요일), 10:30~21:00(일요일과 공휴일)/연중무휴 **문의** (852)2921-8233 **찾아가기** MTR 센트럴역 D1번 출구로 나와 오른쪽으로 걷다 대로변을 건너면 오른편에 위치한다. 도보 1분 거리.

앤티크와 실용주의가 만난 토탈패션매장 ★★★★★
상하이탕 上海灘 Shanghai Tang

중국전통디자인을 기반으로 의류 및 소품을 판매하는 세계적인 토탈패션 명품브랜드매장이다. 1930년대 상하이 전통의상을 응용하여 20세기 앤티크풍과 서양 실용주의를 가미한 현대적 디자인의 퓨전스타일 의상을 선보인다. 홍콩 유명연예인들이 각종 영화제나 시상식에서 상하이탕의 의상을 자주 입고 나타날 뿐만 아니라 해외 유명배우, 왕족과 정치인도 이곳을 많이 이용한다. 중국전통의상인 치파오旗袍를 응용한 여성의류부터 남성, 아동, 인테리어소품, 액세서리, 문구 등 다양한 상품을 만날 수 있다. 임페리얼 맞춤고객서비스 코너에서는 전통의상 치파오를 맞춤으로 주문할 수도 있으며, 특히 중국만의 색채가 강한 기념품을 구입하기에 안성맞춤이다.

주소 1 Duddell Street, Central **영업시간** 10:30~20:00(월~일요일)/설연휴 휴무 **문의** (852)2525-7333 **찾아가기** MTR 센트럴역 D1번 출구로 나와 오른쪽으로 걷다 대로를 건너 왼쪽으로 직진하다 두 번째 골목 더델스트리트(Duddell St.)의 오른편에 위치한다. 도보 4분 거리. **홈페이지** www.shanghaitang.com

홍콩섬을 대표하는 대형쇼핑몰 ★★★★★
퍼시픽플레이스 太古廣場 Pacific Place

침사추이에 하버시티가 있다면 센트럴에는 애드미럴티역과 바로 연결되는 대형쇼핑몰 퍼시픽플레이스가 있다. 중저가브랜드부터 명품브랜드까지 다양한 매장들이 입점해 있어 세대를 가리지 않고 모두에게 인기 있는 쇼핑몰이다. 다른 쇼핑몰과 달리 L1층에 영캐주얼, L2층에 명품브랜드, L3층에 고급브랜드가 층별로 확실하게 구분지어 있어 쇼핑하기도 수월하다.

총 6개의 층으로 L1층은 아르마니익스체인지, 아네스베, 나인웨스트, 케이트스페이드, 자라 등 젊은 층이 선호하는 브랜드와 스포츠웨어전문 기가스포츠가 자리하고 있다. L2층은 발리, 버버리, 샤넬, 닥스, 엠프리오아르마니, I.T, 조이스, MX&Co., 발렌티노 등의 명품매장과 세계적 명품헤어숍 알렉산드르드파리가 위치한다. L3층에는 던힐, 블라리, 셀린느, 디올, 펜디, 구찌, 에르메스, 지미추, 미우미우 등 고급 패션잡화와 주얼리매장이 있다. 특히 L1층과 L2층에는 영국계 백화점 하비니콜스가 입점해 있으며, L3층과 L4층에는 홍콩공원, JW메리어트, 아일랜드샹그릴라와 콘래드호텔과 연결되어 있다.

주소 88 Queensway, Admiralty **영업시간** 10:30~23:00/연중무휴(매장마다 상이) **문의** (852)2844-8900 **찾아가기** MTR 애드미럴티역 F번 출구와 바로 연결된다. **홈페이지** www.pacificplace.com.hk

홍콩 최대 자라매장 ★★★★
자라플래그십스토어 Zara Flagship Store

H&M 대형매장이 있던 자리에 2014년 홍콩 최대규모의 자라플래그십스토어가 오픈했다. 기획, 디자인, 제조, 유통, 판매 등을 모두 한 회사가 담당하여 중간마진을 줄여 양질의 제품을 상대적으로 저렴하게 구매할 수 있는 SPA패션브랜드이다. 빠른 상품회전을 위해 200여 명의 디자이너가 2주에 한 번 다양한 신상품을 내놓는 패스트패션Fast Fashion으로도 유명하다. 국내 런칭되는 아이템과 그렇지 않은 비율은 거의

반반이며, 가격은 한국보다 저렴한 편이고 세일기간에는 세일폭이 큰 편이다.

주소 70 Queen's Road Central, Central **영업시간** 10:00~22:00/연중무휴 **문의** (852)2903-9500 **찾아가기** MTR 센트럴역 D2번 출구로 나와 오른쪽 삼거리 대로를 건너 오른쪽으로 직진하면 왼편에 위치한다. 도보 3분 거리.

영국의 국민브랜드 ★★★★★
톱숍 Topshop

영국의 국민브랜드라 불리는 중저가 하이스트리트 패션브랜드로 독특한 디자인이 관심을 끈다. 한국에도 입점예정이지만 아직까지 패션피플에게는 해외구매대행이나 해외여행 시 필수로 구매해야 하는 인기 SPA브랜드이다. 의류, 신발, 액세서리, 메이크업 등 패션을 구성하는 모든 카테고리의 상품을 판매하고 있을 뿐 아니라 자라보다 더 빠르게 매주 300가지 이상의 신상품을 공급하여 제품회전율이 빠르다.

주소 59 Queen's Road Central, Central **귀띔 한마디** 학생증을 제시하면 10% 할인된다. **영업시간** 10:00~22:00/연중무휴 **문의** (852)2118-5353 **찾아가기** MTR 센트럴역 D2번 출구로 나와 오른쪽 삼거리 대로를 건너 오른쪽으로 직진하면 오른편에 위치한다. 도보 3분 거리.

명품 못지않은 소재와 디자인을 갖춘 ★★★★★
코스 COS

'컬렉션 오브 스타일 Collection of Style'의 약자로 스웨덴 SPA브랜드 H&M의 프리미엄브랜드이다. 우리나라에도 청담동 명품거리에 단독 건물로 들어섰으며 홍콩은 2012년 첫 선을 보였다. H&M보다 2배 이상 높은 가격이지만 베이식하며, 심플한 디자인과 뛰어난 소재로 쇼퍼들의 필수코스가 되었다. 남녀의류, 아동복, 액세서리 등을 갖추었으며, 특히 니트, 면티, 맨투맨과 같은 기본아이템과 액세서리가 가장 인기 있다. 코즈웨이베이의 패션워크와 하버시티에 지점이 있지만 여성의류 품목이 가장 다양한 곳은 센트럴점이다.

주소 74 Queen's Road, Central **영업시간** 11:00~22:00/연중무휴 **문의** (852)3580-7938 **찾아가기** MTR 센트럴역 D2번 출구로 나와 오른쪽 삼거리 대로를 건너 오른쪽으로 직진하면 왼편에 위치한다. 도보 3분 거리.

눈과 입이 즐거워지는
미스터심스올드스위트숍 Mr Simms Olde Sweet Shoppe ★★★★★

동화 「헨젤과 그레텔」에 나오는 과자집 또는 「해리포터」에나 나올 법한 분위기로 유럽의 옛 사탕가게처럼 꾸민 영국의 스위트전문 체인점이다. 고풍스러운 느낌의 진한갈색 진열장에는 영국풍 색색의 캔디, 초콜릿, 마시멜로우, 젤리, 캐러멜, 팝콘 등 그야말로 달콤한 모든 것이 빼곡하게 진열되어 있다. 매장은 작은 편이지만 다양한 디저트들을 구경하는 것만으로도 시간가는 줄 모른다.

주소 37 Lyndhurst Terrace, Central **영업시간** 10:00~20:00(월~일요일)/설연휴 휴무 **문의** (852)8192-6138 **찾아가기** MTR 센트럴역 D2번 출구로 나와 오른쪽 삼거리에서 왼쪽으로 걷다 사거리 횡단보도를 건너 직진한 후 오른쪽 두 번째 골목 웰링턴스트리트(Wellington St.)를 따라 걷다 오거리에서 10시 방향 린드허스트테라스(Lyndhurst Terrace)를 따라 걸으면 왼쪽 오르막길에 위치한다. 도보 7분 거리./타이청베이커리 바로 옆이다. **홈페이지** www.mrsimms.hk

홍콩의 로컬브랜드 디자인리빙샵
지.오.디 住好啲 Goods Of Desire ★★★★

홍콩출신의 인테리어디자이너 더글라스영Douglas Young이 1996년에 개장한 모던하고 고급스러운 인테리어소품 전문점이다. 스웨덴 다국적기업 이케아만큼은 아니지만 센트럴, 스탠리, 피크 등 홍콩에만 총 7개의 지점이 있으며, 싱가포르까지 진출하였다. 홍콩풍 인테리어, 가구, 주방용품, 문구, 패션소품과 동서양을 접목시킨 다양한 디자인의 생활용품을 판매하고 있으며, 독특한 상품들로 사람들의 이목을 끌고 있다. 총 2개 층으로 1층에는 액세서리, 의류 등 볼거리가 많지 않지만 2층에 올라가면 다양한 인테리어소품, 가구, 생활용품, 주방용품 등이 진열되어 있다. 아이디어 상품들이 많으며, 코믹한 티셔츠, 액자, 문구, 아로마용품, 캐릭터상품, 액세서리 등 다양한 상품이 많아 기념품으로 구입하기 좋다.

Chapter 01 센트럴&성완

주소 48 Hollywood Road, Central **귀띔 한마디** 한 번 구입한 제품은 환불이 불가하다. **영업시간** 11:00~21:00(월~일요일), 11:00~20:00(공휴일)/연중무휴 **문의** (852)2805-1876 **찾아가기** MTR 센트럴역 D2번 출구로 나와 오른쪽 삼거리에서 왼쪽으로 걷다 사거리 횡단보도를 건너 직진한 후 오른쪽 두 번째 골목 웰링턴스트리트(Wellington St.)로 걸어 오거리가 나오면 10시 방향의 린드허스트테라스(Lyndhurst Terrace)의 끝자락 맞은편에 위치한다. 도보 10분 거리. **홈페이지** www.god.com.hk

 인테리어 디자인 소품숍 ★★★★★
홈리스 Homeless

슬로건 'Anything you want about design!'을 내건 라이프스타일의 콘셉트스토어이다. 자체 제작한 디자인제품뿐만 아니라 영국, 일본, 독일 등 글로벌브랜드의 디자인소품과 가구, 조명, 주방용품, 인테리어소품과 액세서리, 의류, 엽서 등 세계적인 디자이너들의 아이디어 상품 등을 판매한다. 고프스트리트에는 리빙제품과 소품제품 그리고 플로그십스토어 콘셉트로 나뉜 3개의 매장이 각각 다른 숍분위기를 풍긴다. 이외에도 코즈웨이베이, 침사추이, 샤틴 그리고 스탠리에도 매장을 운영하고 있다. 아기자기하고 재미난 아이디어 소품부터 빈티지하고 럭셔리한 인테리어소품이 많아 구경하는 재미가 있다.

주소 28-29 Gough Street, Central **영업시간** 11:30~21:30(월~토요일, 공휴일 전날), 11:30~18:30(일요일과 공휴일)/연중무휴 **문의** (852)2581-1880 **찾아가기** MTR 성완역 A2번 출구로 나와 오른쪽 세븐일레븐과 써클K 사이의 골목으로 진입한 후 첫 번째 사거리에서 왼쪽골목으로 직진하다 갈림길에서 오른쪽 웰링턴스트리트(Wellington St.)를 따라 걸어 세븐일레븐이 있는 언덕 오른쪽 두 번째 골목 고프스트리트(Gough St)로 진입하면 오른편에 위치한다. 도보 5분 거리. **홈페이지** www.homeless.hk

Chapter 02
백만 불짜리 야경을 즐기는 빅토리아피크

太平山頂, Victoria Peak

★★★★★
★★★☆☆
★★★☆☆
★☆☆☆☆

홍콩야경 중 '백만 불짜리 야경'을 보려면 꼭 가봐야 하는 홍콩 최고의 명소이다. 빅토리아피크는 홍콩에서 가장 높은 해발 554m의 타이핑산(太平山) 정상에 위치해 있어 낮에는 스카이뷰를 즐기고, 밤에는 홍콩 최고의 야경을 감상할 수 있다. 〈유리의 성〉, 〈성월동화〉, 〈금지옥엽〉, 〈영웅본색〉 등 홍콩영화의 주요촬영지였으며, 빅토리아피크 주변은 홍콩부호들이 모여 사는 부촌이다. 밀랍인형박물관인 마담투소가 있는 피크타워와 야경을 보며 식사를 즐길 수 있는 레스토랑 등 다양한 재미도 함께 할 수 있어 더욱 즐거운 관광명소이다.

빅토리아피크를 이어주는 교통편

- **MTR** 센트럴(中環, Central)역 K번 출구로 나와 피크트램역까지 걸어서 약 10분 거리이다./MTR 애드미럴티(金鐘, Admiralty)역 C1번 출구로 나와 피크트램(Peak Tram)역까지 도보로 약 20분 거리이다.
- **버스** 센트럴 5번 페리선착장 앞에서 15번 버스(편도 HK$9.8), 8번 페리선착장 앞에서 15C번 버스(편도 HK$4.2) 또는 시티홀 앞 버스정류장에서 1번 미니버스(편도 HK$10.2)를 이용한다. 15번과 미니버스 1번은 빅토리아피크 맞은편 피크갤러리아가 종점이고 15C번 버스는 피크트램역이 종점이다.

15C번 운행시간 10:15~23:55(센트럴스타페리 8번 선착장 앞 버스정류장) 운행간격 15~20분(월~금요일), 10~15분(주말과 공휴일) 요금 편도 HK$4.2

빅토리아피크에서 이것만은 꼭 해보자

1. 피크트램은 올라갈 때만이라도 꼭 타보자.
2. 시원한 야경이 내려다보이는 레스토랑에서 저녁이나 차 한 잔을 마셔보자.

Victoria Peak
빅토리아피크

빅토리아피크까지 올라가는 2가지 방법

골라 타는 재미와 함께 멋진 홍콩섬의 풍광을 감상할 수 있어 산정상으로 오르는 길도 즐겁다. 여행자들이 가장 많이 이용하게 되는 것은 피크트램이고, 2층 셔틀버스나 미니버스도 일정과 상황에 맞춰 이용해볼 만하다.

15번 2층 버스

빅토리아피크 정상까지 운행하는 15번 버스는 구불구불한 산길을 오르기 때문에 40여 분 정도의 시간이 소요된다. 창밖 전경을 감상하며 천천히 오르는 것도 좋지만 시간을 절약하려면 올라갈 때는 피크트램, 내려올 때는 버스를 이용하는 것이 좋다. 버스를 탈 때는 올라갈 때는 2층 오른쪽 첫 번째 좌석, 내려올 때는 2층 왼쪽 첫 번째 좌석에 앉는다면 좀 더 멋진 센트럴 도심풍경을 감상할 수 있다. 버스를 탈 수 있는 주요 정류장은 센트럴 5번 페리선착장과 익스체인지스퀘어, 시티홀, 애드미럴티 역 C1번 출구와 호프웰센터정류장이다. 스타페리선착장에서 첫 출발이 오전 10시이므로 그 전에 오르려면 다른 정류장을 이용해야 하며, 15번 버스가 도착하는 곳은 피크타워 맞은편의 피크갤러리아 G층 버스터미널이다.

운행시간 10:00~24:15(센트럴 5번 페리선착장 앞 버스정류장) 운행간격 10~15분 요금 편도 HK$9.8

1번 미니버스

딱히 이용할 일이 많지는 않지만 ifc몰 미니버스터미널과 MTR 센트럴역 J3번 출구 근처의 시티홀 앞 정류장에서 출발할 일이 생긴다면 요긴하다. 초록색지붕 1번 미니버스가 빅토리아피크의 피크갤러리아까지 운행하는데, 버스전광판에 '山頂'이라고 쓰여 있으며, 30~40분 정도 시간이 걸린다. 미니버스라 좌석도 불편하고 요금도 비싼 편이며 2층 버스처럼 시야가 트이지 않아 풍경을 제대로 감상할 수 없어 아쉽다.

운행시간 07:00~22:00 운행간격 10~15분 요금 편도 HK$10.2

Section 04
빅토리아피크에서 반드시 둘러봐야 할 명소

홍콩야경을 실제로 감상할 수 있는 곳으로 야경뿐만 아니라 낮에는 홍콩일대의 환상적인 풍경을 누릴 수 있다. 또 다른 매력은 피크트램을 타고 빅토리아피크까지 오르는 길의 스릴을 만끽하는 것이다.

120년이 넘는 역사를 자랑하는 ★★★★★
피크트램 山頂纜車 Peak Tram

빅토리아피크까지 45°가 넘는 급경사를 단 7분 만에 오르는 홍콩의 명물이다. 산 정상에 위치해 있던 호텔 소유주 제안으로 빅토리아 계곡을 운행하는 아시아 최초의 피크트램을 건설하였다. 당시 목재로 만든 트램은 1926년 증기에서 전력구동으로 교체한 이후 1959년 금속의 전자동차량으로 교체하였으며, 1989년부터는 현재의 차량으로 운행되고 있다. 1888년 완공 이후 단 한 차례의 사고도 없었으며 연간 400만 명 이상이 이용하고 있다. 창밖으로 펼쳐지는 풍경과 산악트램의 스릴을 즐기려면 진행방향 오른쪽 창가자리에 앉아야 한다. 도착은 피크타워 P1로 하지만 내려올 때는 한 층 위 G층에서 타야 한다는 사실을 기억해두자. 주말에는 엄청난 인파가 몰려 피크트램을 타려면 1~2시간은 기본이므로 택시 또는 버스를 타고 빅토리아피크로 이동하는 편이 낫다.

귀띔 한마디 피크트램 이용승객은 무료입장할 수 있는 피크트램역사갤러리는 세계 각지의 피크트램 관련 전시를 살펴볼 수 있다. **운행시간** 07:00~24:00(매일 10~15분 간격, 90회 운행/연중무휴 **요금** 편도 HK$32, 왕복 HK$45(옥토퍼스카드 사용가능) **문의** (852)2522-0922 **홈페이지** www.thepeak.com.hk

피크트램을 탑승하려면 표부터 구입하자

피크트램역에 도착하면 2개의 매표소가 있는데 빨간색 부스에서는 콤보패키지(Combo Package), 안쪽 매표소에서는 피크트램티켓을 판매한다. 마담투소홍콩의 홈페이지를 이용하면 할인된 금액으로 티켓을 구매할 수 있다. 요즘은 여행 전 인터넷티켓대행사를 통해 미리 티켓을 많이 구입하는데, 아이팩투어를 통하면 일반 줄보다 빠르게 피크트램을 탑승할 수 있다.

콤보패키지 종류	내용	가격(HK$)			
		티켓부스(성인/어린이)		인터넷(성인/어린이)	
3-in-1 combo	마담투소홍콩+피크트램(왕복)+스카이테라스 428	325	225	305	150
2-in-1 combo	마담투소홍콩+대관람차	345	245	245	150
피크트램 종류	내용	성인(HK$)		어린이(HK$)	
피크트램 스카이패스	피크트램(왕복)+스카이테라스428	88		42	
	피크트램(편도)+스카이테라스428	75		34	
피크트램	피크트램(왕복/편도)	45/32		20/12	
스카이테라스 428	스카이테라스 428 전망대	48		24	

백만 불짜리 야경을 선사하는 ★★★★★
피크타워 山頂霞閣 Peak Tower

홍콩에서 가장 높은 해발 396m에 위치한 중국식 프라이팬 웍wok을 본떠 만든 반달 모양의 건물이다. 해발 428m 높이에 위치한 옥상전망대 스카이테라스 428은 청차우섬, 람마섬, 란타우섬을 포함하여 홍콩 전역을 조망할 수 있을 뿐만 아니라 맑은 날에는 중국본토까지 볼 수 있어 관광객들이 끊이지 않는 홍콩의 대표명소이다. 스카이테라스428에서 제대로 된 야경을 보고 싶다면 매일 저녁 8시에 시작하는 심포니오브라이트 시간에 맞춰 도착하는 것이 좋다. 6개 층에는 피크트램역, 레스토랑, 쇼핑, 마담투소홍콩, 기념품점, 전망대 등의 다양한 시설을 갖추고 있다.

주소 1 Lugard Rord, The Peak **운영시간** 피크타워 10:00~23:00(월~금요일), 08:00~23:00(주말과 공휴일) 스카이테라스428 10:00~23:00(월~금요일), 08:00~23:00(주말과 공휴일)/연중무휴 **문의** (852)2849-7654 **찾아가기** 15C번 버스를 타고 피크트램 종점에서 하차하여 피크트램을 타고 이동하거나 15번 버스 또는 1번 미니버스를 타고 피크갤러리아 지하버스터미널에서 하차하면 된다. **홈페이지** www.thepeak.com.hk

세계적인 스타를 한 자리에서 만나는 ★★★★★
마담투소홍콩
香港杜沙夫人蠟像館 Madame Tussauds Hong Kong

런던에 본사를 둔 마담투소의 첫 아시아지점으로 세계적인 배우, 유명인사, 운동선수 등의 모습을 밀랍인형으로 전시하고 있다. 실물보다 더 진짜 같은 스타들의 밀랍인형과 마음껏 사진촬영이 가능하며, 유명스타의 의상을 입고 기념촬영할 수 있는 코너도 곳곳에 마련되어 있다.

안젤리나졸리&브래드피트 부부, 니콜키드만, 마이클잭슨, 레이디가가 등 할리우드스타 외에도 성룡, 여명, 유덕화, 장국영 등 홍콩유명배우 그리고 다이애나 왕세자비를 비롯한 영국로얄패밀리, 오바마대통령, 시진핑주석 등 유명인을 한자리에서 만날 수 있다. 그리고 한류열풍을 반영하듯 배용준, 닉쿤, 최시원, 이종석, 김수현 등 한국 유명연예인의 밀랍인형도 만날 수 있는 케이웨이브존이 별도 운영된다.

주소 2/F Peak Tower, 128 Peak Rord, The Peak **귀띔 한마디** 지하 3층까지 내려가기 때문에 1층만 보고 나오면 안 된다. **입장료** 현장구매 HK$255(성인), HK$185(3~11세) **인터넷구매** HK$150(성인), HK$110(3~11세) **개관시간** 10:00~22:00(입장마감 21:45)/연중무휴 **문의** (852)2849-6966 **찾아가기** 피크타워 P1층에 입구가 위치하고 있다. **홈페이지** www.madametussauds.com/hongkong

무료전망대와 버스정류장이 있는 쇼핑몰 ★★★★★
피크갤러리아 山頂廣場 The Peak Galleria

피크타워 맞은편 쇼핑몰로 의류, 기념품, 액세서리 등과 카페, 레스토랑 등의 매장이 있어 쇼핑과 휴식을 취할 수 있다. L1~L2층에는 신발, 의류, 기념품 등을 판매하는 30여 개의 매장이 있고 델리프랑스, 스타벅스, 막스누들, 추이와, 포야미, 스위트다이너스티 등 다양한 스타일의 레스토랑이 자리한다. 항상 사람들로 북적이는 스카이테라스428과 달리 여유롭게 홍콩의 경치를 감상할 수 있는 그린테라스 무료전망대와 트릭아이박물관이 L3층에 위치한다. 남쪽전망대 폭풀람존에서는 홍콩섬 남부바다를 조망할 수 있고, 북쪽전망대 빅토리아하버존에서는 빅토리아피크의 서쪽을 감상할 수 있다.

주소 118 Peak Road, Victoria Peak 귀띔 한마디 G층에는 15번 버스와 1번 미니버스의 정류장이 있다. 영업시간 10:00 ~ 22:00(매장마다 상이)/연중무휴 문의 (852)2849-4113 찾아가기 피크타워 바로 맞은편에 위치한다. 홈페이지 www.thepeakgalleria.com

즐거운 눈속임의 천국 ★★★★★
트릭아이미술관 香港特麗愛3D美術館 Trick Eye Museum Hong Kong

트릭아이는 3D 착시 미술전시관으로 프랑스어 트롱프뢰유Trompe-l'oeil의 영어식 표현이다. 평면그림을 입체적으로 보이도록 착시를 일으키는 전통미술기법을 의미한다. 한국에서 처음 선보인 트릭아이미술관은 2010년 서울 홍대본점에 이어 부산, 제주도 나아가 홍콩, 싱가포르, 중국 등 해외에도 개관을 하였다. 피크갤러리아 L3층에 위치한 홍콩트릭아이미술관은 비밀정원, 세계명작, 대모험, 네버랜드와 홍콩디스커버리 등 총 5가지 테마관에 70여 개의 모든 3D작품은 홍콩트릭아이만을 위해 디자인 된 순수 창작물이다. 자유롭게 만지고 사진을 찍을 수 있는 참여형 미술관으로 모든 연령대의 관람객들이 재미있게 즐기기 좋은 곳이다.

주소 L3/F The Peak Galleria, The Peak 소요시간 1시간 이상 입장료 HK$ 150(성인), HK$100(3~11세)/인터넷 구매 시 10% 할인 개관시간 10:00~21:00/연중무휴 문의 (852)2813-1686 찾아가기 피크타워 바로 맞은편 피크갤러리아 L3층에 위치한다. 홈페이지 trickeye.com/hongkong

Chapter 02 빅토리아피크

홍콩 최고의 경치를 감상할 수 있는 ★★★★★
라이온스파빌리온 太平山獅亭 Lions Pavilion

피크타워 샛길에 세계 최대의 봉사단체 라이온스클럽에서 1976년에 건립한 중국풍 정자전망대이다. 피크타워가 생기기 전에는 최고의 전망대로 사랑받았으며, 현재까지도 사람들의 발길이 끊이지 않는다. 스카이테라스48에서 바라보는 야경만큼 훌륭하진 않지만 공짜로 홍콩섬과 카오룽반도 일대의 전경과 야경을 즐길 수 있어 단체관광객의 경우 이곳을 선호한다. 정자 앞에는 유명건물들의 위치와 이름을 설명해놓은 안내판이 설치되어 있어 높이와 방향을 가늠해볼 수 있다. 라이온스파빌리온으로 가는 길 중간쯤에는 피크트램이 오르내리는 광경을 촬영하기에 좋은 언덕길도 있다.

귀띔 한마디 정자 난간에 사자상이 있다. **운영시간** 24시간/연중무휴 **찾아가기** 피크타워를 등지고 왼쪽 샛길로 걸으면 왼편에 위치한다.

숨겨진 홍콩의 야경을 찾아볼 수 있는 ★★★★★
뤼가드로드전망대 吉道 Lugard Road

뤼가드로드에서 할렉로드Harlech Rd.에 이르는 녹음이 울창한 3.4km의 숲길은 홍콩 제일의 전망을 감상할 수 있는 산책로인데, 주로 빅토리아피크 부근에 살고 있는 부호들이 애완견과 함께 산책을 즐기는 곳이다. 산책하는 기분으로 우거진 숲길을 한 20분쯤 걷다보면 탁 트인 넓은 공간이 나오는데 이곳부터 200m 정도의 구간이 전망포인트이다. 발아래로 홍콩의 고층빌딩들이 내리 깔리는 전경은 낮에도 밤에도 모두 멋진 사진을 담을 수 있는 곳이기도 하다. 생각보다는 걷는 거리가 좀 되므로 낮 시간에 쇼핑을 했거나 일정을 무리하게 소화했다면 굳이 권하고 싶지는 않다.

귀띔 한마디 밤에는 가로등이 켜져 있지만 인적이 드문 곳이므로 혼자서는 오르지 말자. **소요시간** 30분 이상 **찾아가기** 피크타워입구를 등지고 세 갈래길 중 'Hong Kong Trail' 표지판이 있는 오른쪽 길을 따라 20분 이상 걸어 오르면 만날 수 있다.

Section 05

빅토리아피크에서 반드시 먹어봐야 할 것들

빅토리아피크는 어느 레스토랑이나 멋진 전경을 감상할 수 있어 음식비용이 만만치 않다. 피크갤러리아에 있는 음식점이 그나마 저렴한 편이지만 가급적 빅토리아피크 내 퍼시픽컴퍼니에서 간단한 음료 값으로 전경을 감상하는 것이 현명하다.

피크타워의 캐주얼 이탈리안레스토랑 ★★★★
와일드파이어 Wildfire Pizza Bar&Grilled

이탈리아에서 공수해온 전통화덕에 구워 얇고 바삭한 수제피자로 유명한 캐주얼 이탈리안레스토랑이다. 넛츠포드테라스, 코즈웨이베이의 패션워크와 소호이스트 등에 지점이 있지만 분위기와 전망은 피크타워점이 최고이다. 통유리를 통해 바라보는 전경과 야경이 빼어나 늘 사람들로 북적이기 때문에 창가자리를 원한다면 예약부터 하고 방문해야 한다. 피자, 파스타, 스테이크, 디저트 등은 본연의 맛을 제대로 살렸으며, 다양한 세계맥주와 함께 하면 더욱 좋다.

❶ 버팔로모차렐라치즈피자(Buffalo Mozzarella Cheese)
❷ 와일드파이어슈프림피자(Wildfire Supreme)
❸ 블랙앵거스립스테이크(Grilled U.S. Black Angus Beef Rib Eye Steak)
❹ 소시지플래터(Sausage Platter)

주소 Shop.102 L1/F The Peak Tower, The Peak **베스트메뉴** 버팔로모차렐라치즈피자(Buffalo Mozzarella Cheese, HK$138), 와일드파이어슈프림피자(Wildfire Supreme, 12인치 HK$168, 24인치 HK$480), 과일향이 은은하게 퍼지는 프랑스 밀맥주 크로넨버그1664블랑(Kronenbourg 1664 Blanc, HK$72) **추천메뉴** 블랙앵거스립스테이크(Grilled U.S. Black Angus Beef Rib Eye Steak, HK$228), 소시지플래터(Sausage Platter, HK$228) **가격** HK$200~/Service Charge 10% 별도 **영업시간** 12:00~23:00(월~금요일), 11:00~23:00(주말과 공휴일)/연중무휴 **문의** (852)2849-5123 **찾아가기** 피크타워 L1층에 위치한다. **홈페이지** www.wildfire.com.hk

영화 〈포레스트검프〉가 떠오르는 레스토랑 ★★★★
버바검프슈림프 Bubba Gump Shrimp

영화 〈포레스트검프〉에서 주인공 포레스트가 전우였던 버바를 위해 새우잡이회사를 세운 것을 모티브로 만든 새우요리전문 레스토랑으로 전망 좋은 피크타워 L3층에 자리한다. 미국의 패밀리레스토랑&펍으로 실내는 전형적인 아메리칸 캐주얼스타일과 영화 〈포레스트검프〉 테마로 꾸며져 있다. 식탁에는 영화의 대표 명대사인 'Run Forrest Run'이라 적힌 파란색 팻말과 'Stop Forrest Stop'이라고 적힌 빨간색 팻말이 있는데, 식사 중일 때는 빨간색, 주문이나 도움이 필요할 때는 파란색이 보이도록 하면 된다. 대체로 음식맛보다는 아이디어와 인테리어가 돋보이는 레스토랑으로 빅토리아피크의 멋진 야경과 함께 식사를 할 수 있는 곳이다.

❶ 쉬림프스헤븐(Shrimper's Heaven)
❷ 피쉬맨콤보바스켓(Fishermans' Combo Bucket)

주소 Shop.304-305 L3/F The Peak Tower, The Peak **베스트메뉴** 코코넛새우, 칠리새우, 새우튀김과 덴푸라새우 4가지 의 새우요리에 다양한 소스가 함께 나오는 쉬림프스헤븐(Shrimper's Heaven, HK$218), 새우튀김, 케이준소스 생선튀김과 대게튀김이 나오는 피쉬맨콤보바스켓(Fisherman's Combo Bucket, HK$228) **추천메뉴** 수제 바베큐소스로 구워낸 베이비백립(Dixie Style Baby Back Ribs, HK$228) **영업시간** 11:00~23:00(월~금요일), 11:00~24:00(주말과 공휴일 전날)/연중무휴 **가격** HK$200~/Service Charge 10% 별도 **문의** (852)2849-2867 **찾아가기** 피크타워 L3층에 위치한다. **홈페이지** www.bubbagump.com

커피 한 잔으로 즐기는 멋진 전경 ★★★★★
퍼시픽커피컴퍼니 太平洋咖啡 Pacific Coffee Company

값비싼 레스토랑보다 더 멋진 야경을 감상할 수 있는 커피전문점으로 피크타워 G층에 위치한다. 커피 한 잔 값이면 눈앞에 홍콩야경이 펼쳐지므로 창가자리는 서둘러도 쉽게 앉을 수가 없다. 낮에 바라보는 전망도 야경 못지않게 좋고, 야외에는 테라스까지 마련되어 있으며, 간단한 식사나 커피를 즐길 수 있어 피크타워를 찾는 사람들에게 인기가 높다. 또한 20분간 무료로 와이파이를 사용할 수 있는데, 카운터에서 받은 영수증에 와이파이 활성화코드 Activation Code가 적혀있는데, 코드 하나당 기계 1대 밖에 사용하지 못하므로 추가로 사용하고 싶으면 계산할 때 미리 요청해야 한다.

❶ 오레오치즈케이크(Oreo Cheese Cake)

주소 Shop.G08-10, G/F Peak Tower, The Peak **영업시간** 07:30~22:00(일~목요일), 07:30~23:00(금~토요일)/연중무휴 **가격** HK$32~ **문의** (852)2849-6608 **찾아가기** 피크타워 G층에 위치한다. **홈페이지** www.pacificcoffee.com

 정원이 아름다운 퓨전레스토랑 ★★★★★
더피크룩아웃 太平山餐廳 The Peak Lookout

110여 년 전 빅토리아피크의 휴게소였던 곳으로 1947년 다양한 퓨전요리를 선보이는 유럽풍 레스토랑으로 탈바꿈하였으며, 2001년 현재의 모습으로 리노베이션하였다. 스위스 알프스산장 같은 분위기로 홍콩스타들이 즐겨 찾는 레스토랑이다.

목조로 장식된 120석의 실내와 테이블이 있는 200석의 야외가든으로 구분되며, 결혼피로연장으로 많이 이용되고 있다. 빅토리아항의 멋진 야경을 감상할 수는 없지만 애버딘항구의 조용한 야경을 바라보며 여유롭게 식사를 즐길 수 있다. 탄두리, 커리, 팟타이, 나시고렝, 스프링롤 등의 아시아요리와 스테이크, 버거, 씨푸드, 파스타, 피자와 다양한 디저트메뉴를 갖추고 있으며, 저녁에는 14가지 사이드메뉴 중 하나를 선택하여 야외에서 직접 바비큐로 구워 먹을 수 있다.

주소 121 Peak Road, The Peak **귀띔 한마디** 19:30부터 라이브밴드의 음악을 들으며 식사를 즐길 수 있다. **베스트메뉴** 월남쌈, 오징어튀김, 훈제연어, 난, 찐 새우 등의 요리가 2단 접시에 나오는 콤보플래터(Combo Platter, HK$548), 탄두리치킨(Tandoori Chicken, HK$218) **추천메뉴** 태국 볶음 쌀국수 팟타이(Pad Thai, HK$148), 인도네시아 볶음밥 나시고렝(Nasi Goreng, HK$148) **가격** HK$200~(1인당)/Service Charge 10% 별도 **영업시간** 10:30~23:30(일~목요일), 10:30~01:00(금~토요일과 공휴일 전날)/연중무휴 **문의** (852)2849-1000 **찾아가기** 피크타워를 등지고 오른편에 위치한다. **홈페이지** www.peaklookout.com.hk

❶ 콤보플래터(Combo Platter)
❷ 탄두리치킨(Tandoori Chicken)

베트남 길거리음식을 맛볼 수 있는 ★★★★★
포야미 越滋味 Pho Yummee

카페데코그룹에서 운영하는 베트남레스토랑으로 베트남 길거리에서 흔히 먹을 수 있는 간편한 음식을 선보인다. 노란색 인테리어로 캐주얼한 분위기를 살린 실내와 피크타워와 남중국해를 바라보며 편안한 식사를 즐길 수 있는 야외테라스를 갖추고 있다.

메뉴로는 베트남 대표요리인 쌀국수 퍼Pho, 단면이 둥글고 가는 면 쌀국수 분Bun, 월남쌈 고이꾸온Goi Cuon, 베트남 샌드위치 반미Banh Mi, 베트남스타일의 샐러드 고이Goi, 볶음밥 껌찌엔Com Chien과 볶음면 미Mi 등 다양한 베트남요리를 제공하고 있다. 날씨가 좋은 날이면 저렴한 가격에 빅토리아피크 전경을 바라보며 꽤 괜찮은 베트남음식을 맛볼 수 있다는 장점이 있다.

❶ 분리우쿠아(Bun Rieu Cua) ❷ 분보후에(Bun Bo Hue) ❸ 톰가꾸온(Tom Ga Cuon)

주소 Shop.19-21 L1/F The Peak Galleria, 118 Peak Road, The Peak **귀띔 한마디** 고수가 싫다면 주문할 때 고수를 빼달라고 꼭 말해야 한다. **베스트메뉴** 민물게살을 갈아서 시원하고 얼큰한 육수가 일품인 민물게쌀 분리우쿠아(Bun Rieu Cua, HK$84), 베트남 중부 후에 지역의 매콤한 쌀국수 분보후에(Bun Bo Hue, HK$84) **추천메뉴** 새우&닭고기월남쌈 톰가꾸온(Tom Ga Cuon, HK$68), 소고기쌀국수 퍼보(Pho Bo, HK$78) **가격** HK$68~/Service Charge 10% 별도 **영업시간** 11:30~21:30(월~금요일), 11:00~21:30(주말과 공휴일)/연중무휴 **문의** (852)2849-2121 **찾아가기** 피크갤러리아 L1층에 위치한다.

 200여 가지의 엄청난 메뉴가 있는 ★★★★★
스위트다이너스티 糖朝 The Sweet Dynasty

1991년 해피밸리에 홍콩스타일의 디저트전문점으로 시작하여 홍콩디저트업계를 휩쓸었으며 현재는 다양한 광둥요리까지 선보이는 대형레스토랑의 분점이다. 침사추이로 옮긴 본점은 영화 <첨밀밀>의 촬영지로 유명했으며, 한때 한국여행자들의 필수 맛집이었다. 딤섬, 죽, 면, 볶음밥 등 간단히 한 끼를 해결할 수 있는 식사메뉴부터 그림메뉴판이지만 종류가 200가지가 넘으므로 추천표시가 된 메뉴 중에 선택한다면 실패확률이 적다. 홍콩디저트계를 평정한 이 집의 대표디저트는 하트모양의 망고푸딩이며, 죽으로 아침식사가 유명한 곳으로 더욱 인기가 높아졌다.

❶ 망고푸딩(Mango Pudding) ❷ 프리미엄콘지(The Sweet Dynasty Premium Congee) ❸ 새우완탕면(Shrimp Wonton Seasoned Noodle) ❹ 하가우(Sweet Dynasty Prawn Dumpling Sauced)

주소 Shop.1B G/F The Peak Galleria, 118 Peak Road, The Peak **귀띔 한마디** 침사추이 한커우로드(Hankow Rd.)의 퍼시픽센터(Pacific Centre) 지하 1층에 본점이 위치한다. **베스트메뉴** 망고푸딩(Mango Pudding HK$32), 프리미엄콘지(The Sweet Dynasty Premium Congee, HK$58) **추천메뉴** 새우완탕면(Shrimp Wonton Seasoned Noodle, HK$52), 과일&망고두부푸딩(Fruits&Mango Tofu Pudding, HK$46), 하가우(Sweet Dynasty Prawn Dumpling Sauced, HK$48) **가격** 차 1인당 HK$12 요리&디저트 HK$100~/Service Charge 10% 별도 **영업시간** 11:00~21:00(일~목요일), 11:30~22:00(금~토요일과 공휴일전날)/연중무휴 **문의** (852)2890-2005 **찾아가기** 피크갤러리아 G층에 위치한다.

Chapter 03
번잡한 국제상업지구 완차이

灣仔, Wan Chai

★★★★★
★★★★★
★★★★★
★★★★★

홍콩섬 북쪽에 위치한 완차이는 오래전부터 선원들과 군인들이 드나들던 관문으로 일찍부터 상업지구로 발달한 곳이다. 1920년부터 영국해군이 주둔하면서 형성된 마을에는 저렴한 레스토랑과 재래시장이 자연스럽게 생겨났다. 카오룽반도에서 페리를 타고 완차이 스타페리선착장에 도착하면 바로 보이는 홍콩컨벤션&엑시비션센터에서는 1년 내내 각종 콘서트, 박람회, 국제회의 등이 열리고, 홍콩에서 가장 오래된 우체국과 70년대 흔적이 고스란히 남아있는 홍콩의 주택가 모습 등을 살펴볼 수 있다.

완차이를 이어주는 교통편

- MTR 아일랜드선(港島綫, Island Line) 완차이(灣仔, Wan Chai)역에서 하차. 홍콩컨벤션&엑시비션센터(Hong Kong Convention&Exhibition Centre)은 A1번 출구, 타이윤시장(Tai Yuen Street Market)은 A3번 출구로 나오면 된다.
- 페리 침사추이에서 스타페리를 이용할 경우 요금은 HK$2.5(월~금요일), HK$3.4(주말과 공휴일)이다.
- 트램 센트럴, 성완, 코즈웨이베이 등에서 완차이로 이동할 때는 트램(HK$2.3)을 타고 서던플레이그라운드(修頓球場, Southern Playground)정거장에서 하차하면 된다.

완차이에서 이것만은 꼭 해보자

1. 센트럴플라자 46층의 스카이로비(Sky Lobby)에서 홍콩전경 감상하기!
2. 타이윤시장에서 서민의 정서를 느껴보자!
3. 완차이역 C1번 출구에서 이어지는 홍콩의 대표 유흥가 록하트로드(Lockhart Road)를 가보자.

사진으로 미리 살펴보는 완차이 베스트코스

스타페리를 타고 완차이페리선착장까지 이동하거나 센트럴에서 트램을 이용하는 것이 좋다. 빅토리아하버 주변으로 홍콩야경을 멋지게 수놓는 홍콩컨벤션&엑시비션센터, 센트럴플라자 등 홍콩을 대표하는 건물이 자리하고 있다. 안쪽 골목으로 들어서면 완차이만의 독특한 매력을 느낄 수 있는 색다른 풍경이 펼쳐진다. 밤이면 네온사인으로 화려해지는 윤락가, 소박한 재래시장, 홍콩시민의 삶을 엿볼 수 있는 주택가 등이 또 다른 재미를 선사한다. 홍콩정부가 완차이골목을 대대적으로 재개발할 계획이라고 하니 언제 사라질지 모르는 완차이골목을 누비고 다니는 것도 좋은 추억이 될 것이다.

베스트코스(예상 소요시간 5시간 이상)

Section 06
완차이에서 반드시 둘러봐야 할 명소

홍콩에서 가장 번잡한 상업지구로 고층빌딩이 자리한 해안가를 지나면 소박한 서민들의 삶을 엿볼 수 있다. 완차이 대표건물인 홍콩컨벤션&엑시비션센터, 홍콩의 예술을 체험할 수 있는 홍콩아트센터, 완차이 일대를 감상할 수 있는 센트럴플라자 외에도 홍콩 최대의 재래시장 중 하나인 타이윤시장 등을 만나볼 수 있다.

아시아 최대의 회의장&박람회장 ★★★★★
홍콩컨벤션&엑시비션센터 香港會議展覽中心
Hong Kong Convention&Exhibition Centre

홍콩반환식이 열렸던 곳으로 매년 45차례 이상의 전시회가 열리며, 10억 달러 이상의 부가가치를 올리는 곳이다. 아시아월드엑스포Asia World Expo와 함께 홍콩의 2대 전시장 중 하나이며, 아시아에서 도쿄빅사이트 다음으로 큰 박람회장이다. 1988년 완공된 본관, 바다를 메운 인공섬에 지은 신관 그리고 이 둘을 잇는 중앙홀로 구성되어 있다.

새의 펼쳐진 날개를 형상화한 신관의 곡선지붕은 멀리서도 시선을 끌며, 로비에는 통유리창이 있어 어디서나 빅토리아 항의 아름다운 전경을 감상할 수 있다. 본관에는 대규모 전시홀, 컨벤션홀, 회의실, 극장, 레스토랑과 호텔 등의 시설이 있으며 본관과 신관은 알루미늄통로로 이어져 있다. 일 년 내내 다양한 국제회의, 박람회, 콘서트 등이 열리기 때문에 항상 많은 사람들로 북적이며 매년 3월에는 아시아 최대 미술전 아트바젤홍콩이 개최되며, 홍콩아시안팝뮤직페스티벌HKAMF과 엠넷뮤직어워즈MAMA가 이곳에서 열렸었다.

주소 1 Expo Drive, Wan Chai 귀띔 한마디 성룡의 〈뉴 폴리스 스토리〉의 배경촬영지이다. **소요시간** 30분 이상 **입장료** 무료(전시회에 따라 유료일 수도 있음) **운영시간** 09:00~17:00(월~금요일), 09:00~13:00(토요일), 전시회 일정에 따라 상이/매주 일요일 휴관 **문의** (852)2582-8888 **찾아가기** 완차이 스타페리선착장에서 내려 오른쪽으로 걸으면 위치한다. 도보 5분 거리./MTR 완차이역 A5번 출구로 나와 공중회랑을 따라 직진하면 위치한다. **홈페이지** www.hkcec.com.hk

홍콩반환을 기념하여 조성된 광장 ★★★★
골든보히니아광장 金紫荊廣場 Golden Bauhinia Square

홍콩반환 후 홍콩특별행정자치구 수립을 기념하여 조성한 광장으로 반환식에는 장쩌민江澤民 전 주석과 영국 찰스왕자가 참석했다. 광장에는 국기계양대와 순금으로 제작한 6m 높이의 홍콩국화 박태기나무꽃을 형상화한 보히니아紫荊花, Bauhinia기념비가 서있다.

광장에서 시작하여 홍콩컨벤션센터를 둘러싼 200m 정도의 해변산책로 엑스포프롬나드 끝자락에는 홍콩반환 당시 중국 최고 권력자 장쩌민 주석의 친필을 새긴 조국기념비가 세워져 있다. 홍콩이 영국에 할양된 1842년부터 중국으로 완전 통합될 2047년까지를 상징하는 206개의 석판을 하나씩 쌓아 기념비로 만든 것이다. 중간중간 밝은 색 석판 6개는 홍콩역사에서 중요한 해를 상징하는데, 홍콩섬이 영국에 양도되던 1842년, 베이징조약이 체결되던 1860년, 2차 베이징조약으로 영국에 홍콩을 조차한 1898년, 등소평이 홍콩의 중국영토완정을 주장한 1982년, 홍콩반환협정을 체결한 1984년 그리고 양도 이후 홍콩기본법을 제정한 1990년을 상징한다. 매년 12월 1일에는 34m 높이의 대형 크리스마스트리가 장식되어 또 하나의 볼거리를 선사한다.

귀띔 한마디 MTR보다는 스타페리를 타고 가는 것이 편리하다. **소요시간** 10분 **개방시간** 24시간 개방/연중무휴 **찾아가기** 완차이 스타페리터미널에서 오른쪽으로 있는 홍콩컨벤션&엑시비션센터 바로 앞에 위치한다. 도보로 5분 거리이다.

시간마다 첨탑의 색이 변하는 빌딩 ★★★★★
센트럴플라자 中環廣場 Central Plaza

높이 374m, 78층으로 완공 당시 아시아에서 가장 높은 빌딩이었지만 현재는 홍콩에서 세 번째로 높다. 뉴욕 엠파이어스테이트빌딩과 비슷한 모양으로 빌딩 꼭대기 부분이 거의 60m 이상 올라와 있어 시각적으로 웅장함을 더한다. 피뢰침 첨탑은 4개의 칸으로 나뉘는데 각 한 칸이 15분을 의미하며, 맨 위부터 한 칸씩 시간을 나타내는 색으로 바뀐다. 18:00~06:00까지 매시간 마다 빨간색, 흰색, 보라색, 노란색, 분홍색, 초록색 그리고 다시 빨간색 순으로 바뀌며 홍콩의 밤을 아름답게 만든다.

센트럴플라자를 반드시 둘러봐야 하는 이유는 첨탑이 아니라 46층에 위치한 스카이로비 때문이다. 일반인에게 무료개방되며 360도로 홍콩섬과 카오룽반도의 멋진 전경을 바라 볼 수 있다. 스카이로비까지 올라가는 엘리베이터를 타려면 센트럴플라자 2층 오피스메인로비에서 '46-75F'라고 표시된 엘리베이터를 타야 한다.

첨탑에 분홍색 2칸, 노란색 2칸이 표시되면 22시 30분을 의미한다.

주소 18 Harbour Road, Wan Chai **강력추천** 46층 스카이로비에서 바라보는 홍콩전경 **입장료** 무료 **운영시간** 스카이로비 07:00~20:00(월~금요일)/매주 주말과 공휴일 휴무 **문의** (852)2586-8111 **찾아가기** 완차이선착장 바로 앞 육교를 건넌 후, 걷다보면 센트럴플라자로 가는 공중회랑으로 연결된다./MTR 완차이역 A1번 출구로 나와 바로 왼편 육교를 올라 맞은편으로 직진하면 위치한다. 도보 3분 거리. **홈페이지** www.centralplaza.com.hk

수준 높은 공연과 전시를 볼 수 있는 ★★★★☆
홍콩아트센터 香港藝術中心 Hong Kong Arts Centre

홍콩예술의 모든 것을 모아 놓은 다목적 건물로 갤러리에서는 각종 전시회나 연극, 무용 등의 공연이 열린다. 365일 매일 전시와 이벤트, 미술, 사진, 영화 등 장르를 가리지 않고 다양하게 진행된다. 홍콩아트센터 입구에는 홍콩에서 공연되는 거의 모든 프로그램의 자료를 구비하고 있으며, 1~3층은 2,200명을 수용할 수 있는 슈손극장, 4~5층은 각종 미술작품과 사진전이 열리는 파오갤러리와 영화관 아네스베시네마 그리고 소규모의 공연이 열리는 맥커레이스튜디오가 자리한다.

주소 2 Harbour Road, Wan Chai **귀띔 한마디** 2011년 가을 'Korea Film Festival'에서 〈식객〉, 〈복면달호〉, 〈인어공주〉 등 6편의 한국 영화가 상영되기도 했다. **입장료** 전시, 공연에 따라 상이 **운영시간** 08:00~23:00(월~일요일)/설연휴 3일 휴관 **문의** (852)2582-0200 **찾아가기** 완차이 스타페리선착장에서 하버로드(Harbour Rd.) 방향으로 걷다가 아트센터가 보이면 오른편에 입구가 위치한다. **홈페이지** www.hkac.org.hk

홍콩 만화와 애니메이션을 위한 센터 ★★★★☆
코믹스홈베이스 動漫基地 Comix Home Base

2급 역사유적으로 지정된 1910년대 주택을 홍콩정부와 홍콩아트센터 그리고 도시재생기구 URA가 합작으로 리모델링하여 2013년 홍콩의 만화와 애니메이션센터로 개관하였다. 홍콩만화는 1990년대 초반 해외로 진출하여 일본과 미국에 이어 세계에서 세 번째로 큰 만화시장을 형성하였다. 완차이는 홍콩만화의 요람이라 해도 과언이 아닌데 홍콩만화계의 양대산맥으로 꼽히는 유명만화가 토니웡黃玉郞과 승건시 우보上官小寶가 1960~70년대에 이곳에서 성장하였다. 코믹스홈베이스는 이름 그대로 만화가, 애니메이터의 재능을 양성하고 소통과 교류를 위한 플랫폼 역할을 하고 있다. 1층은 오픈공간으로 애니메이션 관련상품을 파는 상점이 위치해 있으며, 2~4층은 코믹살롱으로 예술가를 위한 작업실뿐만 아니라 이벤트 및 전시공간이 마련되어 있다. 그리고 오리엔탈 188쇼핑센터에는 수많은 만화와 애니메이션 상점이 있고 인근에는 만화를 주제로 한 북카페거리가 형성되어 있다.

주소 7 Mallory Street, Wan Chai **개관시간** 10:00~20:00(화~일요일)/매주 월요일과 설연휴 3일 휴관 **문의** (852)2824-5303 **찾아가기** MTR 완차이역 A3번 출구로 나와 정면의 횡단보도를 건넌 후 트램철로를 따라 직진하다 임페리얼그룹센터(Emperor Group Centre)가 있는 멜로리스트리트(Mallory St.)로 진입하면 바로 오른편에 위치한다. 도보 7분 거리. **홈페이지** comixhomebase.com.hk

타이윤시장 太原街 Tai Yuen St. Market
홍콩섬 최대의 재래시장 ★★★★

MTR 완차이역에서 호프웰센터까지 늘어서 있는 서민적인 시장이다. 주로 장난감이나 옷, 생활용품, 액세서리 등 별볼 것 없는 상품들이지만 늘 사람들로 북적이는 활기찬 홍콩 최대의 재래시장이다. 차량통행이 금지된 곳이라 걸어 다니며 쇼핑을 즐기기 좋고, 관광객보다는 현지인을 상대하는 곳이라 야우마테이 템플스트리트 야시장이나 몽콕 여인가에 비해 가격도 저렴하다. 특히 일본보다 5~20%까지 저렴한 일본의 장난감, 캐릭터인형, 프라모델 등은 짝퉁이 많으므로 잘 살펴보고 구입해야 한다.

소요시간 15분 이상 **영업시간** 10:00~20:00(상점마다 상이)/연중무휴 **찾아가기** MTR 완차이역 A3번 출구로 나와 정면 횡단보도를 건너 오른쪽 첫 번째 골목길로 들어서면 보인다. 도보 1분 거리.

구완차이우체국 舊灣仔郵政局 Old Wan Chai Post Office
바로크양식의 흰색건물 ★★★★★

1912~1913년에 건립되었으며, 홍콩 내 우체국건물 중 가장 오래된 곳이다. 길가에 위치해 있고 바로크양식이 혼합된 흰색 단층건물이라 우체국처럼 보이지 않는 것이 매력적이다. 실제 1992년까지 우체국업무를 수행해왔던 곳이지만 현재는 환경보호 홍보관 및 자료센터로 활용되고 있어 환경에 관한 자료와 함께 우체국 당시에 사용하던 빨간색 사서함과 우표발매기 등이 전시되어 있다. 건물 뒤로 오래된 느티나무가 건물을 보호하듯 둘러서있고, 옆으로는 1.5km의 완차이산책로가 시작된다.

주소 221 Queen's Road East, Wan Chai **소요시간** 10분 이상 **운영시간** 10:00~17:00(수~월요일)/매주 화요일, 공휴일 휴무 **찾아가기** MTR 완차이역 A3번 출구로 나와 정면 횡단보도를 건넌 후 오른쪽 첫 번째 골목 타이윤시장이 끝나는 지점 대로변 맞은편에 위치한다. 도보 7분 거리.

블루하우스 藍屋 Blue House
홍콩에서 가장 오래된 주거건축물 ★★★★★

1870년대 지어진 완차이지역 최초의 한의원건물로 병원폐쇄 후 중국명의로 추앙받는 화타(華佗)를 모시는 사원으로 변모하였다. 하지만 낡은 건물을 철거하고 1922년 발코니가 있는 4층짜리 다세대주택 통라우(唐樓)를 건설했는데 외관보수 당시 온통 파란색으로 칠해 블루하우스로 불렸다. 동서양의 건축양식이 혼합된 이 건물은 마지막 남은 통라우이자 가장 오래된 주거건축물로 역사적으로 의미가 있다.

1950~60년대 황비홍 제자 임세영의 조카가 이곳에 쿵푸도장을 운영했으며 그의 아들이 병원을 개원하였고 이후 완차이 유일의 영어학원을 비롯하여 다양한 업종이 거쳐 간 상가역사도 지니고 있다. 현재까지도 2~4층에는 현대적 편의시설 없이 살아가는 8가구가 있다. 블루하우스를 중심으로 1920년대 지어진 주변 9개 건물은 홍콩정부에서 옐로우하우스, 오렌지하우스, 그린하우스로 재건축하였으며, 블루하우스도 재개발의 위기에 놓였다. 하지만 입주민과 시민단체의 강력한 반발로 계획은 중단되고, 1급 역사유적으로 지정되었다. 1층에 당시의 주민들의 생활상을 엿볼 수 있는 홍콩고사관이 자리하고 있다.

주소 74 Stone Nullah Lane, Wan Chai **홍콩고사관 개관시간** 11:00~18:00(목~화요일)/매주 수요일, 공휴일 휴관 **문의** (852)2835-4372 **찾아가기** MTR 완차이역 A3번 출구로 나와 정면 횡단보도를 건넌 후 오른쪽 첫 번째 골목 타이윤시장이 끝나는 지점에서 대로 맞은편으로 건넌 후 왼쪽으로 걷다 초록색건물이 있는 골목으로 들어가면 정면에 위치한다. 도보 8분 거리. **홈페이지** houseofstories.sjs.org.hk

호프웰센터 合和中心 Hopewell Centre
완차이 일대를 한눈에 내려다보는 ★★★★★

1980년 자연과학과 풍수지리가 가미된 설계로 지어진 원통형 68층 건물로 준공 당시 홍콩에서 가장 높은 빌딩이었다. 원통형으로 설계된 이유는 초고층화에 따른 바람의 영향을 줄이기 위한 과학이고, 화재가 빈번할 터에 지은 것이라 옥상에 커다란 수조를 만든 것은 풍수지리학의 영향이다. 코쿤포키즈, 왓슨스, 테이스트 등의 쇼핑매장과 스타벅스, 맥도날드 같은 패스트푸드점도 입점되어 있다. 건물 맨 꼭대기 62층에는 홍콩 유일의 360도 회전식 전망레스토랑 뷰62가 있으며, 특히 17~56층까지 연결하는 전망엘리베이터는 1분 만에 올라가기 때문에 간담이 서늘할 정도로 짜릿한 풍경을 볼 수 있어 유명하다.

주소 183 Queen's Road East, Wan Chai **귀띔 한마디** 전망엘리베이터는 빌딩 뒤쪽 케네디로드(Kenedy Rd.) 방향으로 들어오면 바로 17층과 연결되며, 무료이다.
영업시간 09:00~22:00(매장마다 상이), 전망엘리베이터 11:00~02:00(월요일), 09:00~02:00(화~일요일)/연중무휴 **찾아가기** MTR 완차이역 A3번 출구로 나와 정면 횡단보도를 건넌 후 오른쪽 첫 번째 골목 타이윤시장이 끝나는 지점에서 대로 맞은편으로 건넌 후 오른쪽으로 직진하면 위치한다. 도보 8분 거리. **홈페이지** www.hopewellcentre.com

훙싱사원 洪聖古聖 Hung Shing Temple
도로 한복판에 남은 작은 사원 ★★★★★

바다와 어부들의 신 홍싱예(洪聖爺)를 모셔 뱃사람들의 안전과 풍어를 기원하던 사원이다. 정확한 건립연대는 알 수 없지만 원래 바닷가에 세워졌던 것이 대규모 간척사업으로 인해 현재는 도로 한복판에 남아 있다. 홍싱예는 당나라시절 실존인물로 천문학과 지리에 능했던 지방관리였다. 그는 직접 천문대를 세워 하늘을 관측했으며, 날씨를 예측하여 어부와 상인들에게 큰 도움을 주었다고 한다. 그가 죽은 후 황제는 그의 업적을 기려 광리홍성대왕이라는 칭호를 하사했고, 백성들이 중국전역에 홍싱예를 모시는 사원을 세웠다고 전해진다. 재앙을 물리치기 위해 향을 피우는 소재단과 소원을 비는 태세보전, 그리고 사원 오른쪽에는 망해관음이라는 사당이 보인다.

운영시간 08:00~17:30/연중무휴 **찾아가기** MTR 완차이역 A3번 출구로 나와 면의 횡단보도를 건넌 후 오른쪽 첫 번째 골목 타이윤시장이 끝나는 지점의 대로변 맞은편으로 건넌 후 오른쪽으로 걸으면 위치한다. 도보 10분 거리.

육교 위 예술공간 ★★★★★
완차이타이팻하우풋브리지 灣仔大佛口天橋 Wan Chai Tai Fat Hau Footbridge

구완차이우체국, 호프웰센터, 홍싱사원 등이 위치한 퀸즈로드이스트와 헤니시로드가 교차하는 곳에 위치한 육교에는 특별한 볼거리가 있다. 2001년 육교를 지탱하는 50개의 기둥에 완차이를 대표하는 오십 가지 풍경을 작품으로 담았는데, 이를 스티커사진으로 담아 내 기네스북에 까지 등재되었다. 하지만 세월과 비바람에 그림이 많이 훼손된 것을 2006년 유명예술가들에 의해 보수되어 현재의 모습으로 완성되었다.

찾아가기 MTR 완차이역 A3번 출구로 나와 정면 횡단보도를 건넌 후 오른쪽 첫 번째 골목 타이윤시장이 끝나는 지점에서 대로 맞은편으로 건넌 후 오른쪽으로 계속 직진하다 보이는 육교 위에 위치한다. 도보 8분 거리.

완차이를 돋보이게 하는 옛건물 ★★★★★
우청전당포 和昌大押 Woo Cheong Pawnshop

1888년에 건축되어 120년이 넘는 옛 상가건물로 당시 66호실에 유명한 우청전당포가 자리했다 하여 현재 건물명으로 불리고 있다. 연미색 4층 건물로 위층으로 갈수록 층의 높이가 낮아지는 독특한 형태의 건축물로 프랑스 스타일의 창문을 갖춘 복도식 발코니가 설치된 것이 특징이다. 당시 일반적으로 유행했던 통라우 唐樓 건물로 꼭대기 층은 주거, 나머지 층에는 여씨종친회를 비롯한 옷가게, 미용실, 전당포 등의 상점이 있던 주상복합 건물이었다. 2007년 내부만 리노베이션하여 미슐랭 투스타셰프 톰에이컨스가 운영하는 레스토랑 〈더폰〉과 라이프스타일 콘셉트숍 〈탕탕탕탕〉 등이 입점되었고, 건물 앞으로 트램이 지나다니고 있어 옛 홍콩의 모습을 자연스럽게 연출한다.

주소 60 Johnston Road, Wan Chai **찾아가기** MTR 완차이역 A3번 출구로 나와 정면 횡단보도를 건넌 후 오른쪽으로 걸으면 왼편에 위치한다. 도보 3분 거리.

Section 07
완차이에서 반드시 먹어봐야 할 것들

완차이에는 그랜드하얏트호텔의 고급레스토랑뿐만 아니라 서민적인 현지식당과 다양한 패스트푸드점 등이 곳곳에 산재해 있다. 밤이면 유흥가나 전망 좋은 바에서 간단하게 맥주나 칵테일을 즐길 수도 있다.

럭셔리 5단 트레이의 애프터눈티 ★★★★★
티핀 Tiffin

그랜드하얏트호텔에 위치하며, 통유리를 통해 도심의 스카이라인이 파노라마처럼 펼쳐지는 전망 좋은 곳이다. 티핀의 애프터눈티세트는 스콘, 훈제연어, 오이, 랍스터샌드위치, 그린티, 딸기 타르트 등이 럭셔리한 5단 트레이로 제공되며, 20여 종의 아이스크림과 셔벗을 무한으로 즐길 수 있다. 100여 종의 다양한 디저트를 골라 먹을 수 있는 디저트셀렉션이 인기인데 설탕대신 꿀을 사용하여 젊은 여성들이 선호한다. 점심과 저녁뷔페 그리고 가격이 만만치 않은 선데이브런치에는 최상급 해산물, 고기요리 그리고 무한으로 제공되는 로즈샴페인이 있어 매력적이다. 홍콩스타와 유명인사들이 즐겨 찾는 일급호텔인 만큼 옷차림에도 신경 써야 한다.

주소 M/F Grand Hyatt Hong Kong, 1 Harbour Road, Wan Chai **귀띔 한마디** 매일 12:00~23:30에는 요일과 시간별로 피아노, 클래식트리오, 재즈4중주, 재즈쿼텟 등 연주공연이 펼쳐진다. **가격** 점심뷔페 1인당 HK$468(월~토요일) 애프터눈티세트 1인 HK$298, 2인 HK$596(월~금요일), 1인 HK$328, 2인 HK$656(주말과 공휴일) 저녁뷔페 1인당 HK$698(월~금요일) 디저트셀렉션 1인당 HK$318 선데이브런치 1인당 HK$758(일요일)/Service Charge 10% 별도 **영업시간** 점심뷔페 12:00~14:30(월~토요일) 애프터눈티 15:30~17:30(월~일요일) 저녁뷔페&디저트셀렉션 18:30~22:00(월~일요일) 선데이브런치 12:00~15:00(일요일)/연중무휴 **문의** (852)2584-7722 **찾아가기** 완차이 스타페리선착장의 홍콩컨벤션&엑시비션센터 바로 뒤편 그랜드하얏트호텔 M층에 위치한다. 도보 5분 거리. **홈페이지** www.hongkong.grand.hyatt.com

광둥요리전문 호텔레스토랑 ★★★★★
원하버로드 One Harbour Road

1989년 그랜드하얏트호텔과 동시에 문을 연 정통광둥요리레스토랑으로 원하버로드라는 이름은 호텔주소에서 따온 것이다. 1930년대 상하이스타일 인테리어와 테이블세팅으로 고

풍스럽고 우아한 분위기이다. 통유리 너머 빅토리아항이 시원스럽게 펼쳐지고, 낮에는 카오룽반도의 스카이라인, 밤에는 황홀한 야경이 일품이다. 이곳에서는 광둥지역의 정통가정식정찬을 맛볼 수 있는데, 오픈한 이래 현재까지 리슈팀Li Shu Tim셰프가 계속해서 새로운 메뉴를 선보이고 있다. 계절재료를 사용하여 일주일 주기로 딤섬메뉴가 바뀌므로 특별한 딤섬을 맛 볼 수 있다.

주소 7~8/F Grand Hyatt Hong Kong, 1 Harbour Road, Wan Chai **귀띔 한 마디** 메뉴선택이 어렵다면 셰프추천메뉴(Chef's Recommendations)를 선택하자. **베스트메뉴** 새우살과 게살소스를 걸쭉하게 볶아낸 웍프라이드프론(Wok-Fried Prawns Spicy Crab Roe Sauce, HK$448), 청어알을 올린 청어알새우딤섬(Steamed Shrimp and Herring Roe Dumplings, HK$66), 2인 딤섬플래터 원하버로드가든(One Harbour Road Garden, HK$228) **추천메뉴** 찻잎과 함께 훈제한 룽콩치킨(Crispy "Loong Kong" Chicken, 반 마리 HK$248, 한 마리 HK$488), 육즙 가득한 샤오룽바오(Steamed Pork Dumplings 'Shanghai' Style, HK$66), 돼지고기와 새우로 만든 딤섬에 게알을 얹은 사오마이(Steamed Pork and Shrimp Dumplings with Crab Roe, HK$76) **가격** HK$220~/Service Charge 10% 별도 **영업시간** **점심** 12:00~14:30(월~토요일), 10:30~14:30(일요일) **저녁** 18:30~22:30/연중무휴 **문의** (852)2584-7722 **찾아가기** 완차이 스타페리선착장의 홍콩컨벤션&엑시비션센터 바로 뒤편 그랜드하얏트호텔 7층에 위치한다. 도보 5분 거리. **홈페이지** www.hongkong.grand.hyattrestaurants.com/harbourroad

❶ 프라이드프론(Wok-Fried Prawns Spicy Crab Roe Sauce) ❷ 청어알새우딤섬(Steamed Shrimp and Herring Roe Dumplings) ❸ 원하버로드가든(One Harbour Road Garden) ❹ 룽콩치킨(Crispy "Loong Kong" Chicken)

영국식 빈티지 매력이 넘치는 레스토랑 ★★★★★
더폰 和昌大押 The Pawn

중국과 서양의 건축양식이 혼합된 건축물 통라우唐樓에 2008년 내부를 개조하여 오픈한 영국요리레스토랑&바이다. 영국의 최연소 미슐랭스타인 톰애킨스Tom Aikens가 현대적이란 의미의 컨템포러리Contemporary 영국요리를 선보이고 있다. 실내인테리어는 홍콩의 유명디자이너 스탠리웡Stanley Wong이 담당하였으며, 이름에 걸맞게 예전 전당포 느낌의 주방과 앤티크가구, 현대적 조명이 어우러져 빈티지분위기를 살렸다. 좁은 계단을 오르면 음료와 칵테일, 간단한 스낵을 즐길 수 있는 보태미컬스가 1층에 자리하고, 2층은 영국식 퓨전요리를 선보이는 다이닝공간, 3층의 야외옥상 팜에는 칵테일에 사용되는 허브를 직접 재배하고 있다. 2층 키친은 트램이 지나가는 완차이의 구시가지를 바라보며 음식을 즐길 수 있는 발코니 자리가 인기이다.

주소 62 Johnston Street, Wan Chai **귀띔 한마디** 센트럴 예전 인쇄소건물에는 톰앨킨스의 프렌치레스토랑 더프레스룸(The Press Room)이 있다. **베스트메뉴** 평일에는 전채요리와 메인요리가 제공되는 런치메뉴(1인당 HK$195), 주말과 공휴일에는 전채요리, 메인요리, 음료가 제공되는 세트브런치(1인당 세트1 HK$498, 세트2 HK$598) **추천메뉴** 검은소 허릿살을 구운 블랙앵거스필릿스테이크(Black Angus Fillet Steak, HK$398) **가격** HK$250~/Service Charge 10% 별도 **영업시간** **점심** 12:00~14:30(월~금요일) **저녁** 18:30~22:00(월~목요일), 18:30~22:30(금~토요일) **브런치** 12:00~14:00(토요일과 공휴일), 11:00~13:00&13:30~14:30(일요일)/연중무휴 **문의** (852)2866-3344 **찾아가기** MTR 완차이역 A3번 출구로 나와 정면 횡단보도를 건넌 후 오른쪽으로 걸으면 우청전당포 건물 2층에 위치한다. 도보 3분 거리. **홈페이지** www.thepawn.com.hk

빅토리아항 전경과 함께 즐기는 광둥요리 ★★★★★
골든보히니아 金紫荊粵菜廳 Golden Bauhinia

홍콩컨벤션&엑시비션센터 신관 G층에 위치한 광둥요리레스토랑으로 홍콩요리대회에서 수차례 수상과 미슐랭가이드에서 투스타를 획득하였다. 잔잔하게 흐르는 중국전통음악과 넓은 창 너머 펼쳐지는 빅토리아항을 바라보며 식사를 즐길 수 있으며, 특히 설날 불꽃놀이를 보려면 1년 전부터 예약해야 할 정도로 인기가 높고, 박람회기간에는 자리가 없을 정도로 인기가 높다. 홍콩미식대상을 수상한 메뉴로 주문한다면 실패할 확률은 거의 없다.

주소 G/F Hong Kong Convention&Exhibition Centre, Wan Chai **귀띔 한마디** 딤섬은 점심에만 제공된다. **베스트메뉴** 홍콩미식대상 수상 3대 딤섬 ① 새우딤섬 하가우(Steamed Shrimp Dumpling, 4개 HK$52) ② 돼지고기찐빵 차슈바오(Steamed Barbecued Pork Bun, 3개 HK$39) ③ 에그타르트(Oven Baked Egg Tartes, 3개 HK$32) **추천메뉴** 튀김부분 최우수금상을 수상한 망고소스로 달콤한 맛을 낸 오징어새우튀김(Deep-fired Prawn Coated with Mashed Squid and Shredded Pastry, 6개 HK$298), 탕수부분 최우수금상을 수상한 가리비튀김(Sweet and Sour Crispy Rice Accompanied by a Scallop Ring, 6개 HK$238) **가격** 점심 HK$150~ / 저녁 HK$300~ / Service Charge 10% 별도 **영업시간** 점심 12:00~15:00(월~토요일), 11:00~15:00(일요일과 공휴일) 저녁 18:30~22:30/연중무휴 **문의** (852)2582-7728 **찾아가기** 홍콩컨벤션&엑시비션센터 신관 G층에 위치한다. **홈페이지** www.hkcec.com

❶ 하가우(Steamed Shrimp Dumpling) ❷ 차슈바오(Steamed Barbecued Pork Bun) ❸ 에그타르트(Oven Baked Egg Tartes) ❹ 오징어새우튀김(Deep-fired Prawn Coated with Mashed Squid and Shredded Pastry) ❺ 가리비튀김(Sweet and Sour Crispy Rice Accompanied by a Scallop Ring)

홍콩아트센터에 위치한 이탈리안레스토랑 ★★★★★
아싸지오트라토리아 이탈리아나 Assaggio Trattoria Italiana

미라계열사 미라다이닝에서 운영하는 이탈리안레스토랑으로 분위기 대비 가격이 합리적이다. 아트센터에서 공연관람 후 바다야경을 바라보며 로맨틱한 식사를 즐길 수 있어 연인들 데이트장소로도 유명하며, 낮에는 통유리를 통해 카오룽반도 일대의 경치를 감상할 수 있다. 2013 홍콩태틀러에서 홍콩베스트레스토랑에 선정되었으며, 2013년 미슐랭가이드에 소개된 후 더욱 유명해졌다.

신선한 재료에 이탈리아산 밀가루, 올리브오일, 치즈 등을 사용한 요리를 선보이며, 특히 파스타

는 직접 손으로 뽑은 파스타면을 사용한다. 에피타이저, 샐러드, 파스타, 리소토, 피자, 디저트, 해산물요리, 스테이크 등 이탈리아정통메뉴가 있으며, 런치메뉴는 샐러드바를 이용할 수 있다.

주소 6/F Hong Kong Arts Centre, 2 Harbour Road, Wan Chai **귀띔 한마디** 점심시간에는 피자, 파스타, 리소토, 고기요리, 생선요리 중 메인요리를 선택하면 이탈리아 전채요리 안티파스티(Antipasti), 다양한 치즈, 수프, 음료 그리고 샐러드바를 이용할 수 있는 익스프레스런치가 있다.(1인당 HK$148~) **베스트메뉴** 파르메산치즈, 버팔로모짤렐라치즈, 토마토소스, 로켓샐러드 등과 파르마햄으로 만든 프로슈토크루도피자(Prosciutto Crudo, HK$188), 발사믹 비네거와 함께 나오는 비프스테이크(Grilled Beef Steak&Aged Balsamic Vineger, HK$388) **추천메뉴** 파베키 모양의 짧은 파스타면에 블랙송로와 로켓샐러드페스토로 만든 세레체파스타(Homemade Casarecce Pasta with Black Truffle&Rocket Leave Pesto, HK$138), 오징어와 함께 나오는 사프란리소토(Lemon Scented Saffron Risotto with Squid, HK$168) **가격** HK$250~/Service Charge 10% 별도 **영업시간** 12:00~15:00, 17:30~23:00(월~금요일), 12:00~23:00(주말과 공휴일)/연중무휴 **문의** (852)2877-3999 **찾아가기** 완차이 스타페리선착장에서 하버로드(Harbour Rd.) 방향으로 걷다 보이는 홍콩아트센터 6층에 위치한다. **홈페이지** www.miradining.com/assaggio-Wan Chai

❶ 세레체파스타(Homemade Casarecce Pasta with Black Truffle &Rocket Leave Pesto)

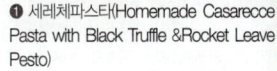

❷ 프로슈토크루도피자(Prosciutto Crudo)

66년 전통의 완탕면 ★★★☆☆
윙와누들숍 永華麵家 Wing Wah Noodle Shop

1950년에 개업하여 3대째 이어온 완탕면 전문점으로 미슐랭가이드에 매해 소개되며 더욱 유명해졌다. 보통 완탕면은 가는 에그누들인데 반해 이곳의 면은 오리알과 캐나다산 최고급 밀가루를 직접 반죽한 후 대나무 봉으로 미는 옛 방식의 수타면을 고수하고 있다. 그리고 동일비율의 새우와 돼지고기로 채워진 완탕과 관절에 좋다고 알려진 상어가시를 우려낸 육수를 사용하여 나이 지긋한 현지인들이 많이 찾는다. 이곳 완탕면은 호불호가 갈리는데 이유는 완탕에서 나는 특유한 향 때문이다.

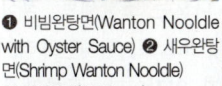

❶ 비빔완탕면(Wanton Nooldle with Oyster Sauce) ❷ 새우완탕면(Shrimp Wanton Nooldle) ❸ 계절야채(Cabbage)

주소 89 Hennessy Road, Wan Chai **귀띔 한마디** 매콤새콤한 무절임과 차는 무료로 제공된다. **베스트메뉴** 쫄깃한 면과 담백한 국물이 어우러진 새우완탕면(Shrimp Wanton Nooldle, HK$42), 육수없이 굴소스에 비벼먹는 비빔완탕면(Wanton Nooldle with Oyster Sauce, HK$75), 완탕면과 함께 먹으면 좋은 계절야채(Cabbage, HK$30) **추천메뉴** 삶은 소고기 힘줄부위와 가슴살이 함께 나오는 소고기국수(Braised Beef Tendon&Bridket Noodle, HK$75), 얇게 썬 바비큐와 함께 굴소스에 비벼먹는 바비큐폭비빔면(BBQ Pork Noodle with Oyster Sauce, HK$75) **가격** HK$40~ **영업시간** 12:00~03:00(월~토요일), 12:00~24:00(일요일)/연중무휴 **문의** (852)2527-7476 **찾아가기** MTR 완차이역 A2번 출구로 나와 오른쪽의 대로변을 따라 직진하다 써클K를 지나면 바로 위치한다. 도보 1분 거리.

탕웨이 주연영화 주요 촬영지 ★★★★★
호놀룰루커피숍 檀島咖啡餅店 Honolulu Coffee Shop

1940년대 개업한 차찬탱으로 장학우와 탕웨이 주연의 영화〈크로싱 헤네시〉촬영지로 유명해졌다. 하와이산 호놀룰루 코나원두커피가 맛있기로 유명한데, 하와이에서 상점명을 호놀룰루로 해달라고 요청해 지금의 상호명이 정해졌다고 한다. 현대화된 로컬분위기로 192겹 페이스트리 에그타르트, 두툼한 버터조각이 들어간 파인애플번, 영국 차브랜드 립톤홍차, 커피를 섞어 특이하면서도 깊은 맛이 나는 밀크티가 인기이다. 이밖에도 홍콩식 스파게티, 마카로니수프, 샌드위치, 볶음밥, 국수 등 다양한 메뉴가 있어 저렴하게 한 끼를 해결할 수 있다.

❶ 장학우와 탕웨이가 앉았던 테이블에는 영화포스터가 붙어 있다.
❷ 파인애플번(Pineapple Bun with Slice of Butter)
❸ 에그타르트(Egg Tartes) ❹ 밀크티(Mixed Coffee&Tea)

주소 176–178 Hennessy Road, Wan Chai **귀띔 한마디** 센트럴 소호와 홍함에도 분점이 있다. **베스트메뉴** 단맛이 강한 에그타르트(Egg Tart, 1개 HK$9), 버터조각이 들어간 부드러운 파인애플번(Pineapple Bun with Slice of Butter, 1개 HK$12), 밀크티(Mixed Coffee&Tea, Hot HK$20, Ice HK$22) **가격** HK$9~ **영업시간** 06:00~24:00/연중무휴 **문의** (852)2575-1823 **찾아가기** MTR 완차이역 A4번 출구로 나와 오른쪽 대로변을 따라 직진하면 오른편에 위치한다. 도보 1분 거리. **홈페이지** www.honolulu.com.hk

90년대 빙셧스타일 ★★★★
캐피탈카페 華星冰室 Capital Cafe

완차이와 코즈웨이베이 중간에 위치한 캐피탈카페는 홍콩의 90년대 빙셧*冰室스타일 카페로 다른 차찬탱과 달리 젊은 현지인들에게 인기이다. 매염방, 로만탐, 알란탐, 장국영 등 유명연예인이 소속된 대형연예기획사 캐피탈 아티스트에서 일했던 직원이 오픈한 곳으로 연예인들의 방문도 많다. 음료수, 토스트, 마카로니수프 등 단품도 주문할 수 있지만 아침시간에는 햄, 토스트, 계란프라이와 밀크티가 나오는 조찬세트, 점심시간 이후부터는 바비큐스파게티, 토스트, 햄계란프라이와 밀크티가 제공되는 상찬세트가 인기이다. 홍콩맛집사이트 '오픈라이스' 2012년 베스트어워드에서 티레스토랑부분 우승레스토랑이기도 하며 몽콕과 샤우케이완에 분점이 위치해 있다.

❶ 상찬세트(Regular Set)
❷ 프렌치토스트(French Toast with Kaya Jam)

주소 6 Heard Street, Wan Chai **귀띔 한마디** 밀크티를 비롯한 음식에 홋카이도 특선3.6우유를 사용하여 고소하고 부드럽다. **베스트메뉴** 매일 07:00~12:00까지 햄, 토스트, 계란프라이와 밀크티가 제공되는 조찬세트(Breakfast, 早餐, HK$36), 매일 12:00 이후부터 바비큐 마카로니스파게티, 계란프라이 햄토스트와 밀크티가 제공되는 상찬세트(Regular Set, 常餐, HK$40) **추천메뉴** 카야잼이 들어간 프렌치토스트(French Toast with Kaya Jam, HK$26), 홍콩스타일의 진하면서도 부드러운 밀크티(Hong Kong Style Milk Tea, Hot HK$19, Cold HK$21) **가격** HK$20~ **영업시간** 07:00~23:00/연중무휴 **문의** (852)2666-7366 **찾아가기** MTR 완차이역 A3번 출구로 나와 정면 횡단보도를 건넌 후 왼쪽의 트램철로를 따라 걸어 세븐일레븐이 있는 골목으로 들어가면 바로 왼편에 위치한다. 도보 7분 거리.

에그타르트가 유명한 ★★★★★
깜풍카페 金鳳茶餐廳 Kam Fung Cafe

1956년에 개업한 차찬탱으로 홍콩의 3대 에그타르트 가게로 손꼽히는 곳이다. 에그타르트뿐만 아니라 아이스밀크티, 치킨파이, 파인애플번 등도 유명하여 현지인들이 많이 찾는다. 이밖에도 인스턴트면요리, 홍콩스타일스파게티, 토스트, 오믈렛, 마카로니수프, 샌드위치, 디저트 등 간단한 요깃거리 메뉴가 많아 저렴하게 한 끼를 해결할 수 있다. 테이블에 착석하면 미니엄차로 1인당 음료를 주문해야 하며, 만약 음료를 주문하지 않았다면 HK$10가 추가된다.

❶ 에그타르트(Egg Tart) ❷ 치킨파이(Chicken Pie)
❸ 사테비프인스턴트누들(Satay Beef Instant Noodle) ❹ 아이스밀크티(Cold Milk Tea)

주소 41 Spring Garden Lane, Wan Chai **베스트메뉴** 에그타르트(Egg Tart, HK$6), 치킨파이(Chicken Pie, HK$6), 파인애플번(Pineapple Bun, HK$6) **추천메뉴** 아이스밀크티(Cold Milk Tea, HK$20), 소고기사테를 올린 사테비프인스턴트누들(Satay Beef Instant Noodle, HK$30) **가격** HK$6~ **영업시간** 07:00~19:00/연중무휴 **문의** (852)2572-0526 **찾아가기** MTR 완차이역 A3번 출구로 나와 정면 횡단보도를 건넌 후 오른쪽으로 걷다 분홍색건물이 있는 안톤스트리트(Anton St.)로 들어가면 오른편에 위치한다. 도보 2분 거리.

팀호완을 능가하는 딤섬맛집 ★★★★★
딤딤섬 點點心 Dim Dim Sum

야우마테이, 몽콕, 샤틴뿐만 아니라 상하이와 타이완에도 지점을 두고 있는 트립어드바이저와 각종 매스컴에서 인정한 저렴한 딤섬맛집이다. 젊은 여행객들 사이에서 팀호완보다 맛과 가격면에서 우수하다는 입소문을 타고 인기이다. 찜, 찹쌀롤, 튀김&구운 딤섬 메뉴 외에 면, 라이스, 죽과 디저트 메뉴를 갖추고 있다. 주문표의 [★]는 꼭 먹어봐야할 딤섬, [V]는 채식요리를 의미한다. 일반딤섬뿐만 아니라 돼지머리, 당근, 표고버섯 등의 깜찍한 딤섬과 가지, 고추 등을 이용한 독특한 딤섬도 선보이고 있다.

주소 7 Tin Lok Lane, Wan Chai **귀띔 한마디** 사진이 있는 메뉴판은 별도로 요청하면 가져다 준다. **베스트메뉴** 하가우(Steamed Shrimp Dumplings, 4개 HK$29), 사오마이(Shrimp and Pork Dumpling with Crab Roe, 4개 HK$26) **추천메뉴** 다신해산물을 가지에 넣고 데리야키 소스로 맛을 낸 가지딤섬(Seafood Stuffed Eggplant with Teriyaki Sauce, 3개 HK$21), 고추에 다진 해산물을 넣고 기름에 구워낸 고추전딤섬(Pan Fried Seafood Stuffed Peppers, 4개 HK$21) **가격** 차 1인당 HK$3 **딤섬** HK$19~/현금과 옥토퍼스카드 결제만 가능 **영업시간** 10:00~24:00(월~일요일)/연중무휴 **문의** (852)2891-7677 **찾아가기** MTR 완차이(灣仔, Wan Chai)역 A4번 출구로 나와 오른족 대로변을 따라 직진하다 틴록레인(Tin Lok Lane)으로 들어가면 왼편에 위치한다. 도보 9분 거리. **홈페이지** www.dimdimsum.hk

❶ 하가우(Steamed Shrimp Dumplings)
❷ 사오마이(Shrimp and Pork Dumpling with Crab Roe)
❸ 가지딤섬(Seafood Stuffed Eggplant with Teriyaki Sauce) ❹ 사오마이(Shrimp and Pork Dumpling with Crab Roe)

Chapter 04
홍콩 젊은이들의 거리 코즈웨이베이

銅羅灣, Causeway Bay

홍콩의 명동이라 부르는 코즈웨이베이는 쇼핑을 즐기려는 홍콩의 젊은이들로 넘쳐나는 지역이다. 과거 아편밀무역을 하던 자딘매드슨상회의 본거지였고, 이후에는 바다를 메워 개발한 지역이다. 이 지역 랜드마크인 하이산플레이스, 타임스스퀘어와 패션워크 등은 저녁시간이면 더욱 많은 사람들로 북적인다. 그래서 코즈웨이베이는 뉴욕 5번가에 이어 세계에서 가장 비싼 땅값과 상가임대료로 소문난 곳이다.

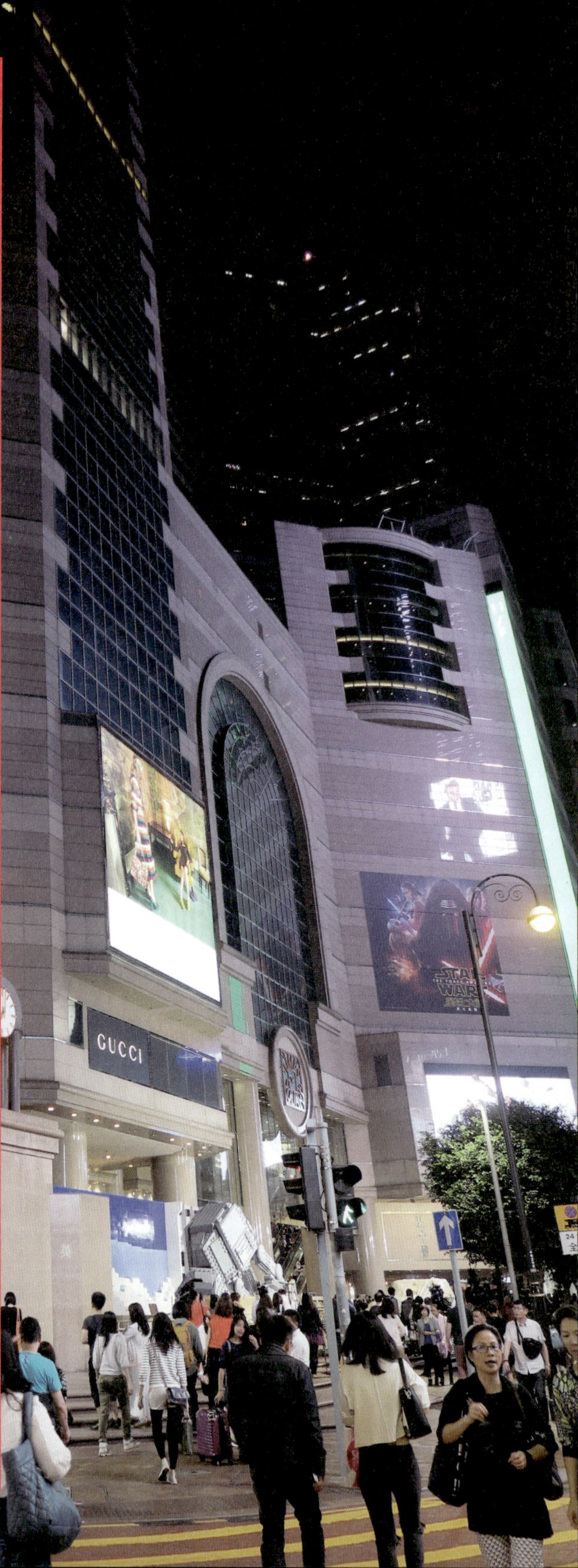

코즈웨이베이를 이어주는 교통편

- **MTR** 아일랜드선(港島綫, Island Line) 코즈웨이베이(銅鑼灣, Causeway Bay)역에서 하차한다. 출구가 많으므로 이동경로를 생각해서 나가야 될 출구부터 확인하자.
- **트램** 대부분의 트램이 코즈웨이베이를 경유한다. 소고백화점(SOGO Department Store)이 보이는 위오스트리트(怡和街, Yee Wo Street)에서 하차하면 된다. 소요시간은 10여 분 정도이다./센트럴, 셩완과 완차이 등에서 코즈웨이베이로 갈 때는 트램을 이용하는 것이 편리하다.

코즈웨이베이에서 이것만은 꼭 해보자

1. 코즈웨이베이 랜드마크쇼핑몰 하이산플레이스, 타임스퀘어와 패션워크는 꼭 들러보도록 하자!
2. 한적한 빅토리아공원에서 도심 속 휴식을 만끽해보자!
3. 트램을 타고 해피밸리까지 이동해보자!

사진으로 미리 살펴보는 코즈웨이베이 베스트코스

젊은이의 거리답게 평일저녁과 주말이면 홍콩의 젊은이들과 여행자들로 가득한 코즈웨이베이는 특히 하이산플레이스, 타임스퀘어, 소고백화점, 리가든스와 패션워크 등은 센트럴과는 다른 분위기의 쇼핑구역을 형성하고 있어 홍콩패션트랜드를 엿볼 수 있다. 홍콩 최대 공원인 빅토리아공원과 이국적인 풍경이 펼쳐지는 해피밸리까지 트램을 타고 가보는 것도 추천한다.

Chapter 04 코즈웨이베이

Section 08
코즈웨이베이에서 반드시 둘러봐야 할 명소

패션과 젊음이 넘치는 코즈웨이베이에서 쇼핑위주로 둘러볼 계획이 아니라면 딱히 추천할 만한 곳이 많지 않다. 오후 12시 예포를 발사하는 눈데이건과 타이푼셸터 그리고 자연 속에서 휴식을 즐길 수 있는 빅토리아공원 정도가 둘러보기에 적합하다.

매일 정오를 알리는 한 발의 포성 ★★★★★
눈데이건 午砲 Noon Day Gun

코즈웨이베이 타이푼셸터 부근에는 식민시절 사용되던 몇 문의 포와 예포를 울리기 위한 포가 설치되어 있다. 예포는 매일 정오 정각에 울린다 하여 한자로는 '午砲', 영어로는 'Noon Day Gun'이라 부른다. 아편전쟁을 계기로 홍콩에 진출하게 된 영국의 자딘메세슨그룹의 무역선이 코즈웨이베이에 입항할 때 축하의 의미로 쏘던 예포가 현재까지 이어진다. 한때 일본군에 의해 포가 철거되기도 했지만 1945년 벤저민호치키스 영국해군이 고안한 3파운드무반동포를 제공하여 현재까지 사용하고 있다. 매일 정오가 되면 어김없이 제복을 입은 포수가 대포 옆의 종을 흔들어 예포가 울림을 환기시킨 후 한 발의 공포를 발사한다. 바로 옆에서 들으면 귀가 멍멍할 정도로 소리가 무척 크므로 사진 찍는데 열중하다간 놀랄 수 있으니 주의해야 한다.

귀띔 한마디 정오에 예포를 쏜 후 20분간 포대를 개방하므로 가까이에서 기념사진도 찍을 수 있다. 소요시간 10분 정도 운영시간 07:00~24:00, 포대개방 12:00~12:20/연중무휴 찾아가기 MTR 코즈웨이베이역 D1번 출구로 나와 월드트레이드센터(World Trade Centre)와 엑셀시어호텔(Excelsior Hotel)쪽으로 이동한 후 윌슨파킹(Wilson Parking) 지하주차장으로 내려간다. 여기서부터는 벽면에 붙어 있는 안내표지판을 확인하며 이동하면 된다. 도보 10분 거리.

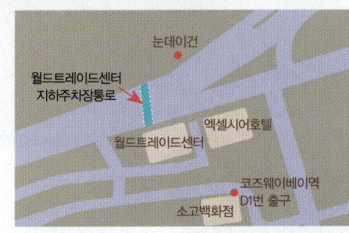

선박들의 태풍대피소 ★★★★★
코즈웨이베이 타이푼셸터 避風塘 Causeway Bay Typhoon Shelter

처음 빅토리아공원 쪽에 위치했던 타이푼셸터를 1960년 대 대규모 간척사업을 진행하면서 현재의 위치로 확장 이전하였다. 태풍이나 폭우 시 선박 7,000여 척을 임시적으로 피항시킬 수 있는 선박대피소이다. 빅토리아항을 따라 길게 늘어선 방파제 서쪽에는 로열홍콩요트클럽의 호화로운 고급요트들이 정박해 있고, 동쪽으로는 허름한 선상가옥과 삼판선들이 대비하듯 마주보고 섰다. 산책로로 조성된 방파제길은 바다 건너 침사추이의 스카이라인을 감상하기 좋으며, 한가로이 줄낚시를 즐기는 현지인들의 모습을 볼 수 있다.

소요시간 10분 이상 **운영시간** 24시간/연중무휴 **찾아가기** 눈데이건에서 바다를 바라보고 바로 오른쪽에 위치한다.

바다를 메워 만든 공원 ★★★★★
빅토리아공원 維多利亞公園 Victoria Park

원래는 타이푼셸터가 위치했던 곳으로 대규모 간척사업 이후 조성된 홍콩 최대의 공원이다. 영국의 홍콩지배를 상징하는 빅토리아여왕 동상은 본래 센트럴 황후상광장에 있었으나 2차 세계대전 때 군수물자로 일본군에 의해 사라질 뻔한 것을 되찾아 이곳에 옮겨 온 것이다. 대규모 공원답게 공원 안에는 수목뿐만 아니라 축구장, 농구장, 테니스코트, 조깅트랙 등의 다양한 부대시설을 갖추고 있어 이른 아침부터 운동으로 하루를 시작하는 현지인을 만날 수 있다. 주말과 공휴일에는 센트럴 황후상광장처럼 갈 곳 없는 동남아의 가사도우미와 외국인노동자들이 공원을 가득 메운다. 설날 전후에는 꽃시장이 열리며, 영화 〈첨밀밀〉에서 장만옥과 여명이 등려군의 테이프를 팔던 공원이 바로 이곳이다.

주소 1 Hing Fat Street, Causeway Bay **귀띔 한마디** 빅토리아여왕동상은 중앙도서관 입구 쪽에 위치한다. **입장료** 무료 **개방시간** 24시간 개방/연중무휴 **문의** (852)2890-5824 **찾아가기** MTR 코즈웨이베이역 E번 출구로 나와서 그레이트조지스트리트(Great George St.) 왼쪽으로 걸어서 5분거리이다. 타이푼셸터에서 바다를 바라보고 오른쪽 육교를 건너면 공원으로 이어진다.

클래식한 외관에 현대적 시설을 갖춘 ★★★★★
 홍콩중앙도서관 香港中央圖書館 Hong Kong Central Library

빅토리아공원 맞은편에 위치한 홍콩 최대의 도서관으로 홍콩정부에서 첵랍콕국제공항 다음으로 가장 많은 민간자원을 투자한 곳이다. 신고전주의와 포스트모더니즘 양식이 어우러진 건물로 실내 중앙부분이 뻥 뚫려있어 실내임에도 답답하지 않다. 200만 권 이상의 장서와 다양한 장르의 CD, DVD, VCD를 현지인은 물론 외국인도 자유로이 열람할 수 있다. 또한 안내데스크에 예약을 하면 1회 2시간 무료로 인터넷을 사용할 수 있을 뿐만 아니라 DVD 등의 영화관람도 가능하다. 5층에는 소파를 창가 쪽으로 설치한 테라스가 있어 빅토리아공원과 침사추이의 전경을 감상하며 잠시 쉬어갈 수 있다.

주소 66 Causeway Road, Causeway Bay **운영시간** 10:00~21:00(목~화요일), 13:00~21:00(수요일), 10:00~19:00(공휴일)/연중무휴 **문의** (852)3150-1234 **찾아가기** MTR 코즈웨이베이역 E번 출구로 나와 왼쪽으로 직진 후 대로변(Gloucester Road)에서 오른편으로 가면 도서관으로 가는 육교가 있다.

관음보살을 모신 불교사원 ★★★★
 린파쿵 蓮花宮 Lin Fa Kung

오랜 전통을 이어가는 코즈웨이베이 근처 타이항大坑은 다양한 국적의 레스토랑과 디저트카페, 현지음식점들이 대거 자리하고 있어 요즘 새롭게 뜨고 있는 지역이다. 골목 안쪽에 위치한 불교사원 린파쿵은 연화석 위에 관음보살이 나타난 것을 기념하여 1846년 증씨가문에서 세운 사원이다. 매해 중추절에 열리는 타이항화룡춤축제는 67m 길이의 화룡을 가져와 이곳 사원에서 용의 눈을 그려 넣으면 비로소 축제가 시작된다.

주소 Lin Fa Kung Street West, Tai Hang, Causeway Bay **귀띔 한마디** 천장에는 황금색 용벽화가 그려져 있다. **운영시간** 07:00~17:00/연중무휴 **찾아가기** MTR 틴하우(天后, Tin Hau)역 A1번 출구로 나와 횡단보도를 건넌 후 오른쪽 통로완로드(Tung Lo Wan Rd.)를 따라 직진하면 오른편 블루레몬(Blue Lemon)카페 왼쪽골목 안에 위치한다. 도보 10분 거리./홍콩중앙도서관 뒤편에 자리하고 있다.

무형문화재로 등재된 타이항화룡춤축제(大坑舞火龍, Tai Hang Fire Dragon Dance Festival)

우리의 추석에 해당하는 중추절에는 빅토리아공원에서 개최되는 등불축제와 더불어 타이항에서 100여 년 전통의 화룡춤축제가 개최된다. 19세기 말 타이항지역에 태풍과 질병 등 재앙이 한꺼번에 터지자 용왕의 저주로 생각한 지역민들은 예지몽대로 수만 개의 향을 꽂은 67m의 거대한 용을 들고 중추절 연휴 동안 밤낮으로 북을 치며 춤을 춰서 모든 재앙을 퇴치했다고 한다. 매해 중추절에는 타이항주민 3000여 명이 중심이 된 군무단의 춤을 보려고 많은 홍콩시민과 관광객들이 몰려든다.

틴하우사원 天后廟 Tin Hau Temple

홍콩명칭의 유래가 된 ★★★★

타이항에 내려오는 전설에 의하면 이곳 살던 지역민이 코즈웨이베이 해안가 바위로 떠내려 온 붉은 색 향로와 틴하우조각상을 발견하고 이를 하늘의 계시라 여겨 해안가에 작은 도교사원을 세우고 향을 피워 제사를 지냈다고 한다. 여기서 연유하여 향로가 흘러들어 온 항이라는 의미의 홍콩香港이라는 명칭이 유래되었다고 한다. 그러나 대규모 간척사업이 진행되면서 현재의 위치로 사원을 이전하였다. 바다의 여신 틴하우를 비롯하여 관음보살, 포증과 재물신 등을 모시고 있으며 정문 앞 중앙에는 붉은 향로가 양쪽으로는 돌사자상이 놓여 있다.

주소 10 Tin Hau Temple Road, Causeway Bay **운영시간** 07:00~17:00/연중무휴 **찾아가기** MTR 틴하우(天后, Tin Hau)역 A1번 출구로 나와 횡단보도를 건넌 후 오른쪽으로 걷다 틴하우템플로드(Tin hau Temple Rd.)를 따라 직진하면 오른편에 위치한다. 도보 7분 거리.

해피밸리경마장 跑馬地馬場 Happy Valley Racecourse

홍콩섬 최대의 경마장 ★★★★

온갖 벌레가 서식하던 저지대 습지지역이자 영국군 주둔지였던 해피밸리는 1840년 초 말라리아로 사망자가 속출하자 주둔지폐쇄 후 대형공동묘지가 되었다. 이후 경마를 즐기려는 영국인들은 홍콩섬 유일의 평지지역이었던 해피밸리에 경마장건설을 추진하여 1846년 첫 경마경기를 개최하였다. 홍콩은 경마종주국 영국의 영향으로 국제적으로 그 지위를 인정받으며, 아시아 경마선진국답게 전체 세금의 18%를 차지할 정도로 홍콩경제에도 막대한 영향을 미친다. 홍콩정부는 경마수익금 대부분을 사회로 환원하며, 경마를 국민스포츠로 키워나가고 있다. 7~8월 우기를 제외한 평일 저녁에 주로 경기가 열리며 마권을 구입하지 않더라도 대형스크린을 통해 경기중계를 관람하는 것만으로도 재미가 있다. 경마에 관심이 있다면 HK$10~20정도 재미삼아 참여해보는 것도 좋은 추억이 된다.

주소 Nai Chung Road, Happy Valley **귀띔 한마디** 해피밸리경마장 2층에는 홍콩경마의 역사를 한눈에 살펴볼 수 있는 홍콩경마박물관이 있다. **입장료** HK$10(옥토퍼스카드 결제가능) **운영시간** 경기일정과 시간은 홈페이지 참고/7~8월 임시폐장 **문의** (852)2723-1808 **찾아가기** 해피밸리(跑馬地, Happy Valley)행 트램을 타고 종점에서 하차하여 오른쪽으로 걸으면 위치한다. **홈페이지** www.hkjc.com

Chapter 04 코즈웨이베이

Section 09
코즈웨이베이에서 반드시 먹어봐야 할 것들

코즈웨이베이에는 예만방, 레드페퍼와 시위엔지우지아 등 홍콩영화배우와 관련된 레스토랑이 많다. 홍콩 젊은이들이 모여드는 하이산플레이스와 타임스스퀘어에 유명레스토랑들이 몰려 있는데, 패션처럼 트렌디한 곳도 있지만 오랫동안 사랑받는 음식점을 따라 갈 수는 없다.

문어육수로 만든 문어국수전문점 ★★★★★
만파이 文輝墨魚丸大王 Man Pai Chiu Chow Noodle

광둥성 차오저우潮州지역 요리전문 음식점으로 문어쌀국수가 유명하다. 문어로 우려낸 육수와 쫀득한 쌀면은 우리나라 칼국수와 비슷한 깔끔하고 담백하면서 시원한 맛이 나기 때문에 우리입맛에도 제격이다. 문어육수로 맛을 낸 면과 탕요리가 대부분이며 그밖에도 생선을 이용한 튀김요리와 숙회요리가 인기이다. 오픈시간부터 늦은 새벽까지 현지인과 여행자들로 항상 붐비기 때문에 합석은 기본이다. 쇼핑 후나 술을 마신 후 해장하기 좋으며, 센트럴 웰링턴스트리트에도 분점이 위치해 있다.

주소 22~24 Jardine's Bazaar, Causeway **귀띔 한마디** 테이블에 놓인 고추기름을 반 스푼 정도 넣어 먹으면 더욱 맛있다. **베스트메뉴** 문어육수에 쌀국수와 4가지 어묵에 김을 뿌린 어묵쌀국수(紫菜四寶粉, HK$40), 생선살로 만든 사오마이(魚蓉燒賣, HK$16) **추천메뉴** 삶은 오징어에 특제 굴소스양념을 비벼먹는 오징어숙회(小爹墨魚頭, HK$42), 주꾸미숙회(白灼太子墨, HK$42) **가격** HK$35~ **영업시간** 08:00~02:00/ 설연휴 **문의** (852)2890-1278 **찾아가기** MTR 코즈웨이베이역 F1번 출구로 나와 왼쪽의 갈림길에서 오른쪽으로 걸으면 왼편에 위치한다. 도보 1분 거리.

❶ 어묵쌀국수(紫菜四寶粉)
❷ 사오마이(魚蓉燒賣)
❸ 오징어숙회(小爹墨魚頭)

오랜 전통을 이어온 죽면전가 ★★★☆☆
호흥키 何洪記 Ho Hung Kee Congee&Noodle Wantun

1946년 코즈웨이베이 외진 골목에서 자그마한 죽면전가로 시작하여 2013년 하이산플레이스 12층에 예전과 달리 현대적 고급인테리어로 새롭게 오픈하였다. 미슐랭가이드에서 완탕면 하나로 누들부분 원스타를 지속적으로 획득하며, 외국인 관광객 사이에도 유명해졌다. 이 집의 대표메뉴 완탕면은 완탕이 4개 들어간 소자, 완탕이 6개 들어간 대자 중 양에 맞춰 주문하면 되고 콘지, 딤섬, 볶음면,

275

커리 등 다양한 메뉴를 선보인다. 예전 서민음식점 분위기를 기억하던 사람들에게 깔끔해진 현재의 호흥키는 호불호가 분명히 갈리고 있다.

❶ 완탕면(House Specialty Wantun Noodles in Soup) ❷ 소고기볶음면(Stir-Fried Rice Noodle with Beef) ❸ 하가우(Shrimp Dumpilngs)

주소 Shop.1204-1205, 12/F Hysan Place, 500 Hennessy Road, Causeway Bay **베스트메뉴** 진한 국물에 두툼한 새우가 들어 있는 완탕면(House Specialty Wantun Noodles in Soup, 小 HK$39, 大 HK$56), 넉넉한 양과 고소한 맛의 소고기볶음면(Stir-Fried Rice Noodle with Beef, HK$105), 계절야채(Seasonal Vegetables with Oyster Sauce, HK$48) **추천메뉴** 하가우(Shrimp Dumpilngs, HK$45), 모듬고기콘지(Assorted Meat Confee, HK$58) **가격** 차 1인당 HK$3, HK$40~/Service Charge 10% 별도 **영업시간** 11:30~24:00/연중무휴 **문의** (852)2577-6028 **찾아가기** MTR 코즈웨이베이역 F2번과 연결된 하이산플레이스 12층에 위치한다.

 150년 전통의 경양식 레스토랑 ★★★★
타이핑쿤 太平館餐廳 Tai Ping Koon Restaurant

중국 광저우에 본점을 둔 중국스타일의 서양레스토랑으로 CNN과 각종 미디어에 소개된 유명한 곳이다. 청나라 때 광저우 서양무역회사에서 요리사로 일했던 창립자가 1860년 광저우와 서양요리를 접목한 역사 깊은 레스토랑이다. 1937년 완차이를 시작으로 코즈웨이베이 등 창립자의 3대손이 홍콩지점을 운영하고 있다. 이 집의 수제소스인 스위스소스는 최고급 간장에 닭뼈, 당근, 양파, 고추 등을 넣고 하루 5시간 이상 조려 매혹적인 맛을 선사한다. 초창기 한 외국인이 달콤하게 양념된 치킨윙을 먹고 'Sweet! Sweet! Good!'이라 외치자 영어를 못하는 종업원이 총괄셰프에게 Sweet를 Swiss라고 알려줘 소스이름이 현재까지 스위스소스라 부르고 있다. 센트럴, 침사추이와 야우마테이에도 지점을 운영하고 있다.

❶ 스위스소스치킨윙(TPK Swiss Sauce Chicken wings) ❷ 비둘기구이(TPK Roasted Young Pigeon)
❸ 소고기쌀국수볶음(TPK Dry Fried Rice Noodle with Beef) ❹ 수플레(TPK Baked Souffle)

주소 6 Pak Sha Road, Causeway Bay **귀띔 한마디** 둘이라면 4가지 요리와 음료, 디저트가 제공되는 2인세트(Signature set for 2, HK$438)가 적당하다. 점심에는 저렴하게 즐길 수 있는 런치세트가 있다. **베스트메뉴** 스위스소스로 구워낸 스위스소스치킨윙(TPK Swiss Sauce Chicken wings, HK$176), 우리에게는 생소한 비둘기구이(TPK Roasted Young Pigeon, HK$147), 스위스소스로 맛을 더한 소고기쌀국수볶음(TPK Dry Fried Rice Noodle with Beef, HK$120) **추천메뉴** 게살오븐구이(Baked Crab Meat in Shell, HK$220), 돼지족발구이(Roasted Leg of Pork, HK$118), 엄청난 크기의 수플레(TPK Baked Souffle, HK$140) **가격** HK$200~/Service Charge 10% 별도 **영업시간** 11:00~24:00/연중무휴 **문의** (852)2576-9161 **찾아가기** MTR 코즈웨이베이역 F1번 출구로 나와 오른쪽으로 직진하다 리가든스로드(Lee Garden Rd.)에서 왼쪽으로 걸으면 왼쪽 첫 번째 골목 안 오른편에 위치한다. 도보 2분 거리. **홈페이지** www.taipingkoon.com

쓰촨요리 전문레스토랑 ★★★★★

레드페퍼레스토랑 南北樓 The Red Pepper Restaurant

이소룡의 마지막 영화 <사망유희> 촬영지로 고풍스러운 중국풍 외관과 실내는 당시 모습을 그대로 간직하고 있는 60년 전통의 쓰촨요리전문레스토랑이다. 중국내륙에 위치한 쓰촨지역은 산과 들에서 나는 풍성한 재료로 기름지지 않고, 매운 요리가 특징인데, 쓰촨요리의 기본과 전통을 잘 유지해온 곳이다. 대표메뉴인 칠리소스새우볶음은 마늘이 듬뿍 들어간 칠리소스가 일품이라 공기밥을 함께 주문하여 비벼 먹어도 좋다. 또한 약간 매콤달콤한 쓰촨탄탄면은 2명이 먹을 정도로 양이 많고 홍콩에서 느끼한 음식에 질렸다면 한 번쯤 들러볼 만하다.

주소 7 Lan Fong Road, Causeway Bay **귀띔 한마디** 메뉴판은 한글은 물론 영어, 한문, 일어로 표시되어 있다. **베스트메뉴** 간판메뉴 칠리새우볶음(Fried Prawns with Chilli Sauce, 小 HK$350, 中 HK$510), 매콤하면서 고소한 쓰촨탄탄면(Sichuan Hot Noodles, HK$60) **추천메뉴** 새콤달콤 우리입맛에 잘 맞는 탕수육(Sweet and Sour Pork, 小 HK$150, 中 HK$210), 공기밥(Steamed Rice, HK$16) **가격** 차 1인당 HK$10 **기본반찬** 1인당 HK$15 **요리** HK$150~/Service Charge 10% 별도 **영업시간** 11:30~23:30(월~일요일)/설연휴 휴무 **문의** (852)2869-3811 **찾아가기** MTR 코즈웨이베이역 F1번 출구로 나와 오른쪽으로 직진하다 만나는 리가든스로드(Lee Garden Rd.)에서 왼쪽으로 걸으면 왼쪽 두 번째 골목 안 왼편에 위치한다. 도보 2분 거리. **홈페이지** www.redpepper.com.hk

❶ 칠리새우볶음(Fried Prawns with Chilli Sauce) ❷ 쓰촨탄탄면(Sichuan Hot Noodles)

성룡의 단골 레스토랑 ★★★★★

시위엔지우지아 西苑酒家 West Villa Restaurant

1980년대 오픈한 광둥요리레스토랑으로 천연재료만을 사용하여 본연의 맛을 제대로 살린 요리를 제공하는 슬로우푸드 전문레스토랑이다. 성룡의 단골집으로도 유명하며, 성룡이 즐겨먹던 요리에는 그의 별명을 붙이기도 했다. 한국여행자에게는 잘 알려지지 않았지만 현지에서는 맛있기로 소문난 대형레스토랑이다. 점심시간에는 다양한 메뉴로 얌차를 즐길 수 있고 딤섬종류가 많아 저녁식사보다는 오후에 딤섬을 즐기기 좋은 곳이다.

주소 5/F Lee Garden One, 33 Hysan Avenue, Causeway Bay **귀띔 한마디** 딤섬메뉴는 별도의 메뉴종이가 있으니 직원에게 요청하고 기본반찬은 유료이므로 원치 않으면 치워달라고 하자. **베스트메뉴** 간장, 대파, 생강, 꿀 등으로 양념한 돼지 바비큐로 성룡이 좋아해 성룡의 별칭 '형님'이라는 의미의 따거(大哥)를 붙인 따거차슈(Hony Glazed BBQ Pork, HK$108), 딤섬(點心, 소점 HK$30, 중점 HK$34, 대점 HK$38, 정점 HK$42) **추천메뉴** 새우딤섬 하가우(West Villa Shrimps Dumplings, HK$62), 게살과 함께 고소한 콘으로 만든 게살콘수프(Crab Meat with Sweet Corn Thick Soup, HK$98) **가격** HK$150~/Service Charge 10% 별도 **영업시간** 11:00~23:30(월~금요일), 10:00~22:30(일요일)/연중무휴 **문의** (852)2882-2110 **찾아가기** MTR 코즈웨이베이역 F1번 출구로 나와 오른쪽으로 직진하다 왼쪽의 윤핑로드(Yun Ping Rd.)를 따라 걸으면 리가든원 5층에 위치한다. 도보 2분 거리.

❶ 따거차슈(Hony Glazed BBQ Pork) ❷ 사오마이(Steamed Pork Dumplings with Crab Roe) ❸ 하가우(West Villa Shrimps Dumplings) ❹ 게살콘수프(Crab Meat with Sweet Corn Thick Soup)

시즌스바이올리비에엘저 Seasons by Olivier Elzer

시즌별로 메뉴가 변경되는 최상급 프렌치레스토랑 ★★★★

프랑스 스타셰프 조엘로부숑과 피에르가니에르가 각각 운영하는 레스토랑의 총 주방장출신 올리비에엘저가 2014년 오픈한 프렌치레스토랑이다. 고급호텔 레스토랑에 비해 비교적 저렴한 가격에 최상급 프렌치요리를 즐길 수 있으며, 2015~2016년 원스타를 획득했다. 실내는 친환경 목재와 대리석을 사용해 편안한 느낌을 선사한다. 시즌스라는 이름에 걸맞게 제철에 맞는 신선한 재료로 요리한 계절요리를 선보이며, 오픈주방을 통해 요리과정도 살펴볼 수 있다. 단품요리 외에도 런치세트, 애프터눈티와 디너세트가 눈과 입을 즐겁게 하며, 여러 가지 프랑스와인도 구비되어 있다. 특히 나무상자에 아기자기하게 담긴 애프터눈티는 직접 만든 스콘, 클로티드크림과 잼이 함께 제공되어 풍미를 더한다.

❶ 올리비에엘저(Olivier Elzer) ❷ 애프터눈티세트(Seasons Afternoon Tea)

주소 Shop.308, 3/F Lee Gardens Two, 28 Yun Ping Road, Causeway Bay **베스트메뉴** 애프터눈티세트(Seasons Afternoon Tea, 1인 HK$248, 2인 HK$468), 4~8코스로 나오는 디너세트 **추천메뉴** 모든 메뉴는 시즌별로 변경된다. 3~5코스로 나오는 런치세트(Lunch Set, 1인당 HK$318~), 디너세트(Dinner Set, 1인당 HK$628~) **가격** 요리 HK$400~/Service Charge 10% 별도 **영업시간** 점심 12:00~14:30 애프터눈티 15:00~17:30(월~금요일), 15:30~18:00(주말과 공휴일) 저녁 18:00~22:00/연중무휴 **문의** (852)2505-6228 **찾아가기** MTR 코즈웨이베이역 F1번 출구로 나와 오른쪽으로 직진하여 윤핑로드(Yun Ping Rd.)를 따라 걸으면 벤츠매장이 있는 건물 3층에 위치한다. 도보 2분 거리. **홈페이지** www.seasonsbyolivier.com

부타오라멘 豚王 Butao Ramen

홍콩식 라멘 최강자 ★★★★

음식평론가 및 홍콩블로거뿐만 아니라 CNN에도 소개된 홍콩에서 일본식 라멘을 제일 잘한다고 소문난 가게이다. 본점은 센트럴이며 침사추이, 샤틴에도 지점을 두고 있다. 매일 신선한 돼지뼈로 장시간 우려낸 육수와 일본에서 공수해오는 밀가루로 만든 면을 사용하고 있다. 진한 육수에 부드럽게 삶은 면과 돼지편육 차슈叉燒, 야채절임 등을 얹은 일본 큐슈의 하카타博多스타일의 라멘으로 하루 400그릇 한정으로 판매하고 있다. 노랑, 빨강, 검정, 초록의 육수색으로 구분되는 4가지 대표라멘 중에 선택가능하고 개인취향에 따라 육수의 농도, 토핑,

Chapter 04 코즈웨이베이

면종류 등을 선택할 수 있다. 돼지뼈를 우려낸 뽀얀 육수에 돼지편육 차슈를 올린 부타오라멘이 이 집 대표메뉴이다.

주소 40 Tang Lung Street, Causeway Bay **귀띔 한마디** 부타오라멘에 가는 면을 선택하면 진한 육수가 제대로 밴 면을 즐길 수 있다. **베스트메뉴** 부타오라멘(Butao Ramen, HK$88) **추천메뉴** 매콤한 맛 레드킹라멘(Red King Ramen, HK$95) **가격** HK$88~/현금결제만 가능 **영업시간** 11:00~23:00(마지막 주문 22:30)/연중무휴 **문의** (852)2893-3190 **찾아가기** MTR 코즈웨이베이역 A번 출구로 나와 타임스스퀘어의 시계탑을 등지면 보이는 엠퍼러(EMPEROR) 매장 옆 골목으로 들어가면 오른편에 위치한다. 도보 1분 거리. **홈페이지** www.butaoramen.com

  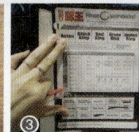

❶ 부타오라멘(Butao Ramen) ❷ 레드킹라멘(Red King Ramen) ❸ 라멘 주문표

 60~70년대의 홍콩을 만나는 ★★★★☆
매치박스 喜喜冰室 Match Box

1960~70년대풍 아기자기한 인테리어로 꾸민 홍콩 빙셧스타일 분식점으로 오픈라이스, U Magazine, HK 등 다양한 매체에서 좋은 평을 받은 곳이다. 빙셧에 걸맞게 홍콩식 토스트, 스파게티, 베이커리, 음료 등을 비롯하여 아침부터 저녁까지 다양한 세트메뉴를 판매하고 있다. 특히 이 집 주인이 호주에서 즐겨먹었다는 핫도그 맛을 재현하려고 핫도그기계까지 호주에서 수입해 와 만든 호주식 핫도그가 대표메뉴 중 하나이다. 영어메뉴판은 없지만 번호와 사진으로 구성되어 있어 주문이 어렵지는 않다.

주소 8 Cleveland Street, Causeway Bay **귀띔 한마디** 이른 아침부터 문을 열기 때문에 아침식사를 하기 좋다. **베스트메뉴** 완두콩수프에 바삭한 치킨파이를 얹은 까이파이파우차이, 미니팬케이크에 바나나와 호두를 얹은 후 캐러멜시럽을 뿌린 바나나팬케이크, 음료가 함께 나오는 세트 탁챤(特殊, HK$55), 홍콩식 스파게티, 오믈렛과 함께 나오는 토스트, 음료수가 제공되는 세트메뉴 와이까우차챤(懷舊茶殊, HK$46) **추천메뉴** 겉은 바삭하고 속은 부드러운 치킨파이(傳統雞批, 개당 HK$12), 스테인리스 컵에 담겨 나오는 핫도그(喜喜特色热狗, HK$24), 홍콩식 밀크티 동냉차(西冷紅茶, Hot HK$19, Ice HK$22) **가격** HK$12~ **영업시간** 07:00~02:00/연중무휴 **문의** (852)2868-0363 **찾아가기** MTR 코즈웨이베이역 E번 출구로 나와 왼쪽으로 걷다 패터슨스트리트(Paterson St.)를 만나면 직진하여 삼거리에서 오른쪽 골목으로 가다 왼쪽 두 번째 골목으로 들어가면 위치한다. 도보 3분 거리.

❶ 세트메뉴 탁챤(特殊) ❷ 와이까우차챤(懷舊茶殊)

 마카오의 유명 밀크푸딩전문점 ★★★☆☆
이순밀크컴퍼니 義順牛奶公司 Yee Shun Milk Company

70여 년 동안 4대째 이어온 밀크푸딩 전문점으로 마카오에 본점이 있으며, 홍콩에만 5개의 체인점을 운영하고 있다. 마카오본점에서 재료를 2~3일마다 가져오기 때문에 가격은 조금 비싸지만

279

본점과 똑같은 맛을 제공한다. 대표메뉴인 밀크푸딩은 강낭콩, 커피, 계란, 아몬드 등의 재료와 함께 만든 다양한 종류의 밀크푸딩이 있다. 열대과일과 강낭콩 등으로 만든 차가운 음료를 비롯하여 샌드위치, 면요리, 마카로니수프 등 간단하게 요기할 수 있는 메뉴도 갖추고 있다.

주소 506 Lockhart Road, Causeway Bay **귀띔 한마디** 밀크푸딩은 차가운 것과 뜨거운 것이 있는데, 우리입맛에는 차가운 밀크푸딩이 맞는다. **베스트메뉴** 밀크푸딩(Steamed Milk, HK$32), 에그밀크푸딩(Steamed Egg, HK$24) **추천메뉴** 강낭콩으로 만든 레드빈밀크푸딩(Red Bean Steamed Milk, HK$36), 망고밀크쉐이크(Mango Milk Shake, HK$35) **영업시간** 12:00~24:00/연중무휴 **가격** HK$32~ **문의** (852)2591-18371 **찾아가기** MTR 코즈웨이베이역 D1번 출구로 나와 왼쪽으로 직진하면 왼편에 위치한다. 도보 1분 거리.

❶ 밀크푸딩(Steamed Milk) ❷ 에그밀크푸딩(Steamed Egg) ❸ 레드빈밀크푸딩(Red Bean Steamed Milk)

 장국영이 사랑한 60년 전통의 딤섬전문점 ★★★★★
예만방 譽滿坊 Wimunpeong

해피밸리행 트램종점 골목 안쪽에 위치한 딤섬전문점으로 장국영이 가족들과 즐겨 찾던 단골집으로 알려진 곳이다. 미슐랭가이드에도 소개된 곳으로 늦은 저녁까지 딤섬을 즐길 수 있으며, 샥스핀, 전복, 제비집 등 진귀한 재료로 만든 값비싼 딤섬을 비롯하여 다양한 딤섬을 맛볼 수 있다. 오픈 전부터 사람들이 대기하고 있어 기본 30분에서 1시간은 기다려야 하므로 평일 점심과 저녁시간을 피해 방문하는 것이 좋다. 한국인도 많이 찾는 곳이라 사진과 함께 한글로 적힌 메뉴판이 있으므로 메뉴판을 보고 주문표에 번호를 체크하여 주문하면 된다.

❶ 새우샥스핀딤섬(Yu Chee Gao) ❷ 하가우(Har Gao) ❸ 대나무찜통요리(Pai Guat Choi Farn) ❹ 바닷가재샥스핀수프(Leoong Har Tong) ❺ 시오마이(Siu Mai) ❻ 다진새우죽순튀김(Zar Jer Har) ❼ 망고찹살떡(Law Mai Chee)

주소 63 Sing Woo Road, Happy Valley **귀띔 한마디** 장국영 친필사인은 벽에 걸지 않고 따로 보관하므로 직원에게 부탁하면 방명록을 볼 수 있다. **베스트메뉴** 샥스핀과 금박으로 장식한 새우샥스핀딤섬(Yu Chee Gao, 2개 HK$118), 게살, 대나무 버섯과 통새우로 만든 하가우(Har Gao, 2개 HK$55), 다진 돼지고기와 새우 딤섬에 게알로 장식한 사오마이(Siu Mai, 2개 HK$55), 바다가재와 샥스핀의 깊은 맛이 우러난 바닷가재샥스핀수프(Leoong Har Tong, HK$118) **추천메뉴** 찹쌀가루를 묻혀 얇게 튀긴 돼지고기와 대나무통에 찐 야채밥이 함께 나오는 대나무찜통요리(Pai Guat Choi Farn, HK$100), 작은 핫도그처럼 생긴 새우죽순튀김요리 다진새우죽순튀김(Zar Jer Har, 3개 HK$68), 달콤 쫄깃한 망고찹살떡(Law Mai Chee, 4개 HK$35) **가격** 차 1인당 HK$10, HK$100~/Service Charge 10% 별도 **영업시간 점심** 11:00~17:00 **저녁** 18:00~22:00(월~일요일)/설연휴 휴무 **문의** (852)2834-8893 **찾아가기** 해피밸리행 트램을 타고 종점에서 하차한 후 트램진행 반대방향으로 걷다 첫 번째 골목 싱우로드(Sing Woo Rd.)를 따라 직진하면 왼편에 위치한다. 도보 3분 거리.

Chapter 04 코즈웨이베이

Section **10**
코즈웨이베이에서 반드시 둘러봐야 할 쇼핑거리

홍콩 젊은이들의 거리인 만큼 트렌디한 쇼핑과 젊은이들의 옷차림에서 현재 유행하는 패션을 읽을 수 있는 곳이다. 하이산플레이스, 패션워크, 소호백화점, 타임스스퀘어, 리가든스원투만 구경하기에도 시간이 많이 부족할 것이다.

새로운 랜드마크쇼핑몰 ★★★★★
하이산플레이스 希慎廣場 HYSAN Place

11개 빌딩을 소유한 (주)하이산개발의 리가든스그룹이 코즈웨이베이 중심지에 개장한 대형 복합문화공간쇼핑몰이다. 17개 층 전체에 100여 개의 매장과 40여 개의 레스토랑&카페가 입점되면서 홍콩의 새로운 랜드마크로 떠오르고 있다. 다른 쇼핑몰에 비해 매장 디스플레이가 감각적이어서 젊은 층에게 인기가 높다. 데일리돌리, 식스티에이트, 더블파크, 아네스베과 비비안탐 외에도 홍콩의 편집숍 I.T가 진행하는 브랜드초콜릿 등이 있다.

60년대 빈티지캐주얼스타일을 추구하는 일본브랜드 핀트, 영국을 대표하는 하이스트리트브랜드 프렌치커넥션, 영국의 빈티지스트리트브랜드 슈퍼드라이와 홀리스터 등 다른 쇼핑몰과 차별화된 브랜드도 만날 수 있다. 특히 7층에는 C.P.U, 닥터마틴, 베닐라슈, 스타카토, 밀리스 등 신발매장이 모여 있으며, B1~G층에는 홍콩 최대규모의 뷰티편집매장 T갤러리아가 입점되어 있다. 3층에 걸쳐 통유리매장이 돋보이는 애플스토어, 타이완의 대형서점 에슬라이트와 식료품, 와인과 키친웨어 등을 판매하는 프리미엄 슈퍼마켓 제인슨푸드앤리빙 등도 만날 수 있다.

주소 500 Hennessy Road, Causeway Bay **귀띔 한마디** 4층에는 작은 정원과 분수로 꾸며놓은 공중정원(Sky Garden)이 있어 쇼핑 중 휴식을 취할 수 있다. **영업시간** 10:00~22:00(일~목요일), 10:00~23:00(금~토요일과 공휴일 전날)/연중무휴 **문의** (852)2886-7222 **찾아가기** MTR 코즈웨이베이역 F2번 출구와 바로 연결된다. **홈페이지** leegardens.com.hk

하이산플레이스의 유명레스토랑

키친11 (Kitchen Eleven)

11층에 위치한 푸드코트로 다국적 요리를 저렴하게 먹을 수 있다. 태국&베트남요리 칠리앤스파이스(Chilli N Spice), 커리전문점 코코이찌방야(Curry House Coco Ichibanya), 일본라멘체인 하찌방라멘(Hachiban Ramen), 일본스타일의 캐주얼철판구이 페퍼런치(Pepper Lunch), 한식체인 킴스구르메(Kim's Gourmet) 홍콩스타일의 차찬탱 홋카이도데일리팜레스토랑(Hokkaido Dairy Farm Restaurant), 수제버거전문 트리플오(Triple O's), 홍콩디저트전문 허니문디저트(Honeymoon Dessert) 등 10여 매장이 입점되어 있다. **매장번호** 11층 **영업시간** 11:00~23:30(일~목요일), 11:00~24:00(금~토요일과 공휴일)/연중무휴

더다이닝룸 (The Dining Room)

상하이에 본점을 둔 상하이요리전문 레스토랑이다. 감각적인 인테리어와 깔끔한 플레이팅 퓨전요리로 홍콩젊은이들의 감각과 입맛을 사로잡았다. 특히 더다이닝룸은 통유리로 시원한 전망과 함께 식사를 즐길 수 있으며, 볶음밥, 튀김, 딤섬과 디저트 등 다양한 메뉴가 있다.

교하야시야 (Kyo Hayashiya)

1753년 교토에 오픈한 일본의 전통디저트전문점으로 홍콩에 오픈한 첫 번째 지점이다. 일본 말차를 이용한 파르페, 아이스크림, 빙수, 롤케이크, 젤리, 차 등 최고의 말차 디저트가 인기가 있으며, 실내인테리어는 모던한 일본풍으로 깔끔함이 돋보인다.

매장번호 12층 1201호 **영업시간** 11:30~23:00/연중무휴 **문의** (852)2648-2199

매장번호 6층 603-604호 **영업시간** 11:30~22:00/연중무휴 **문의** (852)3580-1838

타임스스퀘어의 유명레스토랑

모던차이나레스토랑 (Modern China Restaurant)

광둥, 베이징, 쓰촨, 상하이 등 다양한 중국북부요리를 선보이는 레스토랑으로 모던하면서도 우아한 실내인테리어에 비해 가격은 비싸지 않아 항상 많은 사람들이 줄을 서서 기다린다. 크리스탈제이드 라미엔샤오롱바오와 비슷한 메뉴구성이며 우리입맛에 잘 맞는다. 특히 탄탄면, 샤오롱바오(Mouthful Small Steamed Meat Buns, HK$64), 탕수육(Sweet and Aour Pork, 92) 등이 이 집의 유명메뉴이다.

부다오웽핫풋쿠진 (Budaoweng Hotpot Cuisine)

침사추이 아이스퀘어에도 위치한 중국식 훠궈와 일본식 샤부샤부가 혼합된 스타일의 핫풋레스토랑이다. 다양한 부위의 최상급 소고기와 해산물, 돼지고기, 야채, 면 등 원하는 재료를 주문하면 된다. 회, 볶음밥, 수프, 로스트, 샥스핀 등 다양한 요리도 있으며 핫풋과 함께 호가든맥주도 잘 어울린다. 야경을 감상하기에는 아이스퀘어 23층에 위치한 부다오웽이 더 좋다.

매장번호 13층 1301호 **영업시간** 11:00~22:00/연중무휴 **문의** (852)2506-2525

매장번호 11층 1101호 **영업시간** 11:00~23:00/연중무휴 **문의** (852)3102-9363

Chapter 04 코즈웨이베이

코즈웨이베이 대표쇼핑몰 ★★★★
타임스스퀘어 時代廣場 Times Square

하이산플레이스가 오픈하기 전까지 코즈웨이베이를 대표하던 대형 쇼핑몰이었다. 뉴욕 타임스스퀘어를 모방한 건물로 중앙부분이 뚫린 원통형 모양으로 각층을 한 바퀴 돌며 한 층씩 오르내리는 구조로 지어졌다. 홍콩의 영화와 드라마 단골촬영지이며, 건물 앞 시계탑은 홍콩 젊은이들의 약속장소로 언제나 사람들로 넘쳐난다.

디올, 메이크업포에버, 슈에무라, 맥, 오리진스, 라꼴린느, RMK, 고세 등 코스메틱매장이 B3과 B2층에 있으며, B1층에는 다양한 수입식료품과 고급와인을 판매하는 시티슈퍼, 인테리어소품숍 로그온이 자리한다. G~1층에는 명품백화점 레인크로포드, 2~3층에는 구찌, 샤넬, 루이비통, MCM, 셀린느, 코치, 펜디, 지미추 등 명품매장이 있다. 4~6층에는 자라, 디젤, 톱숍, 더블파크, izzue, 아그네스베 등 중저가 캐주얼브랜드와 I.T, 비비안웨스트우드, 휴고보스, 닥스, 겐조, 발리 등 명품매장이 입점되어 있다. 7층에는 막스앤스펜서, 팀버랜드, 나이키, 반스, 필라, 뉴발라스, 파타고니아 등과 같은 친숙한 스포츠매장이 자리하며, 8~9층에는 가구, 가전, 인테리어매장과 주얼리숍, 생활용품매장이 위치해 있다. 10~13층에 위치한 레스토랑은 쇼핑몰 입구 오른편에 푸드포럼Food Forum 전용엘리베이터를 타고 이동해야한다.

주소 1 Matheson St., Causeway Bay **영업시간** 10:00~22:00(매장마다 상이)/연중무휴 **문의** (852)2118-8900 **찾아가기** MTR 코즈웨이베이역 A번 출구와 바로 연결된다. **홈페이지** www.timessquare.com.hk

더팻피기바이톰애킨스 (The Fat Pig by Tom Aikens)

홍콩레스토랑전문기업 프레스룸(Press Room Group)과 미슐랭스타셰프 영국의 톰애킨스가 손을 잡고 '살찐 돼지'를 콘셉트로 한 레스토랑이다. 특히 베이컨 맛을 가미하여 직접 양조한 더팻베이컨레드에일(The Fat Bacon Red Ale)맥주는 꼭 마셔보자. 버거, 빅플레이트, 스몰플레이트, 라이스, 파스타, 누들, 핫도그와 사이드메뉴 등으로 구성되어 있으며, 미슐랭스타셰프 레스토랑치고는 전체적으로 가격이 저렴한 편이다.

매장번호 11층 1105호 **영업시간** 11:00~23:00/연중무휴 **문의** (852)2577-3444

명품족과 아이엄마를 위한 호화명품쇼핑몰 ★★★★
리가든스 利園 Lee Gardens

홍콩상류층이 주로 이용하는 쇼핑몰로 우리에게도 익숙한 명품브랜드 대부분이 입점된 쇼핑몰이다. 리가든원과 리가든투 2개의 건물은 2층 구름다리로 서로 연결되며 다른 유명쇼핑몰에 비해 한산편이라 느긋하게 쇼핑하기 좋다. 리가든원에는 샤넬, 크리스찬디올, 루이비통, 엠미쏘니, 엘리사브, 발렌티노, 까르띠에, 불가리, 조이스, 퀴린 등과 같은 명품매장이 위치하며, 특히 홍콩유일의 에르메스 복합매장이 자리한다. 리가든투에는 토즈, 구찌, 몽클레르, 랄프로렌, 보테가베네타, 산드로 등 유럽 고급브랜드매장이 위치하며, 홍콩 최대규모의 반클리프앤아펠이 자리한다. 특히 2층 키즈월드에는 베이비디올, 버버리칠드런, 돌체앤가바나 주니어스토어, 펜디키즈, 구찌키즈, 랄프로렌칠드런 등 명품아동복매장과 아동명품 편집숍 아베비를 비롯하여 니콜라스앤베어스, 치코, 시드, 미키하우스, 자카디 등의 매장이 모여 있다.

주소 33 Hysan Avenue, Causeway Bay **영업시간** 11:00~21:00(매장마다 상이)/휴무일도 매장마다 상이 **문의** (852)2895-5227 **찾아가기** MTR 코즈웨이베이역 F1번 출구로 나와 오른쪽으로 걷다 만나는 윤핑로드(Yun Ping Rd.)를 따라 직진하면 오른편과 왼편에 위치한다. 도보 2분 거리. **홈페이지** lg.leegardens.com.hk

고급스러운 외관에 아담한 쇼핑몰 ★★★★★
리시어터 利臺舞廣場 Lee Theatre

하이산플레이스나 리가든스처럼 (주)하이산개발에서 투자한 쇼핑몰이다. B2~G층은 중저가브랜드 유니클로, 2층은 호주의 코튼온, 3~4층은 일본 생활용품 브랜드 무지가 자리한다. 우리나라뿐만 아니라 해외 신진디자이너가 제작한 의류, 액세서리, 가방, 리빙, 뷰티제품 등을 판매하는 편집숍 에이랜드가 1층에 입점되어 있다. 9층에는 홍콩 최고의 요리학원인 타운가스 쿠킹클래스가 있고, 여기서는 중국, 서양, 디저트 등 다양한 요리를 직접 배워볼 수도 있다.

주소 99 Percival St., Causeway Bay **영업시간** 10:30~22:00(매장마다 상이)/연중무휴 **문의** (852)2504-2781 **찾아가기** MTR 코즈웨이베이역 A번 출구로 나와 타임스스퀘어시계탑을 등지고 오른쪽으로 걸으면 왼편에 위치한다. 도보 1분 거리.

홍콩 젊은이들이 많이 찾는 ★★★★
소고백화점 紫光百貨 SOGO

상업지구 코즈웨이베이 한복판에 자리하여 이곳을 방문한 사람이라면 한번쯤 들러보게 되는 일본계 백화점이다. MTR 코즈웨이베이역과 연결되어 있어 주말과 저녁시간에는 쇼핑을 즐기려는 사람들로 가득하다. 항상 번잡한 곳이지만 다른 곳에 비해 할인폭이 큰 편이고 세일하는 브랜드가 많아 잘 둘러보면 매력적인 상품을 저렴하게 구입할 수도 있다.

B1과 G층은 코스메틱과 명품매장이 자리하고, 1층은 가방, 액세서리, 주얼리, 시계 등의 매장이 위치해 있다. 6층은 아동복, 7층은 세계 유명인테리어소품, 주방용품과 커피용품 등의 매장, 10층에는 세일기간 파격적으로 여행관련 상품을 구입할 수 있는 매장이 위치해 있다.

주소 555 Hennessy Road, Causeway Bay **귀띔 한마디** B2층 슈퍼마켓은 일본 수입식료품을 판매하는데 특히, 차를 좋아한다면 웨지우드(Wedgwood), 위타드(Whittard), 런던후르츠(London Fruit), 인터티(Intertee), 프리미어스(Premier's) 등의 유명 차를 저렴하게 구할 수 있다. **영업시간** 10:00~22:00(매장마다 상이)/연중무휴 **문의** (852)2833-8338 **찾아가기** MTR 코즈웨이베이역 D1~4번 출구와 바로 연결된다. **홈페이지** www.sogo.com.hk

 홍콩 패셔니스트들의 핫플레이스 ★★★★
패션워크 名店坊 Fashion Walk

홍콩의 패션트렌드를 주도하는 브랜드숍이 모여 있는 거리이다. 그레이트조지, 패터슨, 클리브랜드, 킹스턴 등의 거리일대를 패션워크라 부르는데 명품매장부터 신예디자이너 매장과 편집숍들이 모여 있어 현재 패션트렌드를 한눈에 파악할 수 있다. 영국브랜드 테테베이커, 미국 패션브랜드 케이트스페이드, 프랑스 브랜드 아페쎄, 신발전문 스페인브랜드 캠퍼,

개성 있는 홍콩디자이너들이 모여 만든 브랜드 이니셜, 빈티지의상과 소품들로 눈길을 잡는 로컬브랜드 더블도트, 홍콩 유명편집숍 I.T, 홍콩 캐주얼편집숍 디몹, H&M 대형매장과 스웨덴 유명SPA브랜드 H&M의 프리미엄브랜드 코스 등 독특한 매장들이 모여 있다. 일본의 패션디자이너 요지야마모토와 아디다스가 합작한 셀렉트숍 Y-3, 몽환적 느낌의 디자인 츠모리치사토 등 일본에서 인기 있는 브랜드매장도 함께 있다. 이 밖에도 아네스베, 막스마라, 발리, 버버리 블랙&블루, 마크제이콥스 등 명품브랜드매장도 함께 위치해 있다. 홍콩 빅세일 기간에는 독특한 상품을 저렴하게 구매할 수 있다.

귀띔 한마디 킹스턴스트리트(Kingston Street)의 하우스턴스트리트(Houston Street)에는 엘시드(EL CID), 마블링(Marbling), 버거룸(Burerroom), 엘리펀트그라운드(Elephant Grounds) 등 10여 개의 레스토랑이 있는 푸드스트리트를 형성하고 있다. **영업시간** 11:00~23:00(매장마다 상이)/연중무휴 **찾아가기** MTR 코즈웨이베이역 E번 출구로 나와 왼쪽으로 걸으면 왼쪽 첫 번째 골목 패터슨스트리트(Paterson St.)부터 시작된다. **홈페이지** www.fashionwalk.com.hk

 심플하고 모던한 일본생활용품매장 ★★★★★
프랑프랑 Franc Franc

일본 내 120여 개의 매장을 운영하고 있으며, 타이완, 싱가포르뿐만 아니라 우리나라에도 지점을 둔 일본 최대 인테리어 생활용품매장이다. 프랑스어로 '자유로운, 순수한'이란 뜻을 가진 프랑프랑은 특히 개성과 감각을 중시하는 전문여성들이 좋아할 만한 디자인으로 문구, 주방용품, 욕실용품, 가구, 조명, 소파, 패션 등 아기자기한 제품을 판매하는 곳으로 일본판 이케아라 불리지만 가격은 비싼 편이다.

주소 8 Kingston Street, Causeway Bayay **귀띔 한마디** 일본에는 오사카, 신주쿠, 시부야, 요코하마, 후쿠오카 등에 지점이 있다. **영업시간** 11:00~22:00(일~목요일), 11:00~22:30(금~토요일)/연중무휴 **문의** (852)3583-2528 **찾아가기** MTR 코즈웨이베이역 E번 출구로 나와 왼쪽 패터슨스트리트(Paterson St.)를 따라 걷다 삼거리에서 오른쪽 킹스턴스트리트(Kingston St.)를 따라 직진하면 오른편에 위치한다. 도보 3분 거리. **홈페이지** www.francfranc.com.hk

착한 가격 스웨덴 인테리어소품전문점 ★★★★★
이케아 宣家傢俬 IKEA

1943년 출범한 스웨덴 홈퍼니싱기업 이케아는 전 세계 매장을 보유한 세계적인 인테리어소품전문점이다. 현재 홍콩에는 샤틴, 카오룽베이와 코즈웨이베이 총 3개의 매장을 운영하고 있다. 판매하는 제품 대부분은 소비자가 직접 조립해 사용하는 D.I.Y방식의 가구이기 때문에 가격이 매우 저렴하다. B1~2층 걸쳐 넓게 진열된 매장에 들어서면 매장지도와 몽당연필 하나를 챙겨 바닥에 표시된 화살표 방향으로 이동하면서 둘러보면 된다. 한 번 들어서면 끝까지 다 돌아봐야만 외부로 나갈 수 있게 설계되어 있으며 몽당연필은 기념품으로 챙길 수도 있다.

주소 B/F The Park Lane Hotel, 310 Gloucester Road, Causeway Bay **귀띔 한마디** 저렴한 유리잔이나 머그잔은 이동 중 깨질 수 있으니 계산 후 셀프코너에서 잘 포장한 후 이동하는 것이 좋다. **영업시간** 10:30~22:30/연중무휴 **문의** (852)3125-0888 **찾아가기** MTR 코즈웨이베이역 E번 출구로 나와 왼쪽으로 직진하다 왼편의 파크레인호텔(The Park Lane Hotel)이 있는 건물 지하에 위치한다. 도보 1분 거리. **홈페이지** www.ikea.com.hk

 아이들을 위한 쇼핑몰 ★★★★
윈저하우스 皇室堡 Windsor House

이케아 맞은편에 위치한 쇼핑몰로 현지인들이 주로 찾는 곳이다. 2층에는 다양한 아동복매장, 7층은 완구전문 할인매장 토이저러스, 16층에는 임산부부터 6세 아동까지 각종 유아관련 제품을 취급하는 유진베이비매장이 있어 우리나라 아이엄마들에게 필수쇼핑몰로 자리 잡았다. b+ab, ete!, 스파이럴걸, 베닐라스위트, 프리티 발레리나, 트롤비즈, 자롤라, 로코코, 블라블라브라 등 대형쇼핑몰에서 볼 수 없는 브랜드매장이 G~1층과 3층에 위치해 있으며 코코이찌방, 와타미, 야미, 타오홍슈퍼88과 킹스퀴진 등 다양한 레스토랑이 4~6층에 자리한다.

주소 311 Great George Street, Causeway Bay **영업시간** 11:00~22:00/연중무휴 **문의** (852)2864-4570 **찾아가기** MTR 코즈웨이베이역 E번 출구로 나와 왼쪽으로 걷다 오른편에 위치한다. 도보 1분 거리. **홈페이지** www.windsorhouse.hk

Special 07

여유롭게 해변산책을 즐길 수 있는
리펄스베이 (Repulse Bay, 淺水灣)

성룡, 유덕화, 주윤발 등 홍콩의 스타와 부호들이 살고 있는 고급빌라촌이자 아름다운 해변마을이다. 식민시절 영국군 함대가 이곳에서 해적을 물리쳤다 하여 영문 Repulse를 따와 현재의 지명이 되었다. 아담한 규모의 모래사장과 파도치는 해변은 물살이 거칠지 않아 관광객들에게 인기 있는 곳이며, 해수욕을 즐기거나 해변산책을 즐기기 좋은 곳이다. 1955년 영화〈모정〉과 2007년 영화〈색계〉의 배경에도 등장했던 곳이다.

Repulse Bay
리펄스베이

리펄스베이를 이어주는 버스편

- **센트럴** 익스체인지스퀘어(交易廣場, Exchange Square) 버스터미널 지하 같은 1층에 위치한 홍콩남부행 버스터미널에서 스탠리(赤柱, Stanley)행 6, 6A, 6X, 66번 일반버스와 260번 급행버스를 타고 리펄스베이비치(淺水灣海灘, Repulse Bay Beach)에서 하차한다. 단, 6A번 버스는 월~토요일, 66번 버스는 월~금요일만 운행한다.
- **코즈웨이베이** MTR 코즈웨이베이 부근의 탕룽스트리트(Tang Lung St.)의 미니버스정류장에서 40번 미니버스 또는 하이산플레이스 앞의 버스정류장에서 65번 버스를 타고 리펄스베이비치에서 하차한다.
- **침사추이** 캔톤로드(Canton Rd.)의 1881헤리티지 또는 실버코드쇼핑몰 앞의 버스정류장에서 스탠리마켓(赤柱市, Stanley Market)행 973번 버스를 타고 리펄스베이비치에서 하차한다.

출발지역	버스번호	운행시간(센트럴출발기준)	소요시간	요금(HK$)	옥토퍼스카드 반환요금(HK$)
센트럴	6	09:00~15:10(월~금요일)/07:05~19:27(토요일)/07:05~19:25(일요일과 공휴일)	40~50분	7.9	2.6
	6A	07:00~08:20(월~토요일)		8.4	3.1
	6X	07:50~19:45(월~금요일)/07:00~19:30(일요일과 공휴일)			
	66	07:00~08:55/15:20~19:30(월~금요일)		8.9	없음
	260	07:12~24:02(월~토요일)/08:10~24:00(일요일과 공휴일)	30~40분	10.6	4(주말/공휴일 제외)
코즈웨이베이	40	24시간 운행(단, 일요일과 공휴일제외)	20분	10(심야 13.6)	없음
	65	07:00~19:00(일요일과 공휴일만 운행)	30~40분	8.9	
침사추이	973	08:30~22:05(월~토요일)/08:00~22:05(일요일과 공휴일)	1시간	13.6	없음

6, 66번 버스를 이용하자! 리펄스베이에서 스탠리로 이동할 때는 73번 버스 이용

리펄스베이로 이동할 때는 센트럴 익스체인지스퀘어 1층 홍콩남부행 버스터미널에서 6번이나 66번 버스를 타자. 이외의 버스는 모두 터널을 지나기 때문에 시간은 빠르지만 볼거리가 없다. 반면 6, 66번 버스는 니콜슨산(Mt. Nicholson, 해발 430m)을 넘기 때문에 센트럴, 코즈웨이베이, 해피밸리 등 홍콩섬 곳곳의 경치를 감상하며 리펄스베이까지 갈 수 있다. 또한 산을 오를 때는 왼쪽, 내려갈 때는 오른쪽에 앉는다면 더욱 멋진 경치를 감상할 수 있다. 6A, 6X, 260번 버스도 애버딘터널(Aberdeen Tunnel)만 빠져나오면 해안 풍경을 볼 수 있는데, 제대로 보려면 2층 오른쪽 제일 앞자리에 앉는 것이 좋다. 정류장 안내방송이 없지만 건물 중앙이 뚫린 리펄스베이맨션이 왼쪽에 보이면 내릴 준비를 하고 있다가 내리면 된다.

용신이 드나드는 통로가 있는 최고급 맨션

리펄스베이맨션(Repulse Bay Mansion, 影灣園)

리펄스베이의 랜드마크로 홍콩의 스타와 내로라하는 부호들이 거주하는 최고급맨션이다. 부드럽게 밀려오는 파도의 모습을 본떠 S자형으로 디자인되었으며 쇼핑아케이드를 제외하고는 일반인출입이 엄격히 통제된다. 37층 높이 중 중앙 6층 규모를 직사각형으로 뻥 뚫어 놓았는데, 이는 풍수학적으로 맨션 뒷산에 사는 용이 앞쪽 바다를 오가는 통로라 실제 공사도 중 설계까지 변경해가며 현재의 모습으로 건축하였다.

맨션 앞에 자리한 리펄스베이쇼핑아케이드는 영화 <색계>의 촬영지로 유명한 더베란다와 장국영의 단골레스토랑 스파이시스 등 10여 개의 상점이 입점한 아담한 쇼핑센터이다. 고급 생활잡화와 가구를 파는 인디고, 조용히 커피를 즐길 수 있는 퍼시픽커피컴퍼니, 종이카드제작업체로 100여 년의 역사를 지닌 홀마크 등이 있다. 건물 뒤편으로 들어가면 테이블이 마련된 야외라운지와 중국식정원, 인공폭포 등을 만날 수 있다. 건물 앞 넓은 잔디밭은 야외결혼식이나 웨딩촬영, 결혼피로연 등이 열리는 곳으로 색다른 재미를 선사한다.

강력추천 계단 위로 올라가서 리펄스베이비치를 내려다보자. **찾아가기** 리펄스베이비치 버스정류장 바로 앞에 위치한다. **홈페이지** www.therepulsebay.com

하얀 백사장과 초록빛 바다
리펄스베이비치(Repulse Bay Beach, 淺水灣海灘)

버스정류장에서 하차하여 길 건너편 계단을 내려가면 만날 수 있는 해변이다. 해안선이 완만하게 굽은 홍콩섬 최고의 인기 해수욕장으로 그리 길지도 넓지도 않은 해변이다. 해수욕 시즌은 4월 말부터 10월까지로 겨울에는 해수욕을 즐길 수 없지만 모래가 고와 백사장을 걷는 것만으로도 충분하다. 이곳 모래는 호주 등지에서 꾸준히 수입해 유난히 입자가 곱고 반짝인다. 해변 한쪽에 돗자리나 타월을 깔고 내리쬐는 태양을 즐기거나 그늘진 곳에서 시원한 바닷바람 맞으며 한가로운 한때를 보내기에도 좋다. 또한 해질녘 일몰을 감상하기에도 더할 나위 없이 멋진 곳이다. 탈의실, 샤워실 등의 편의시설을 무료로 운영하므로 해수욕을 즐기기에 좋다. 짐이 있는 경우 세븐일레븐 유료코인로커를 이용하면 되고, 트리발리네즈레스토랑, 핫샷과 민앤라이스 등과 다양한 식료품을 판매하는 체인슈퍼마켓 제이슨스마켓플레이스 등의 편의시설이 있는 더펄스(The Pulse) 쇼핑센터가 있다.

운영시간 24시간/연중무휴 **찾아가기** 리펄스베이비치 버스정류장에서 내려 건너편 계단을 따라 내려간다.

바다의 여신을 모신 화려한 도교사원
틴하우사원(Tin Hau Temple, 天后廟)

1865년에 세워졌으며, 1972년 개보수를 하여 오늘에 이른다. 바다의 수호신 틴하우를 모시는 도교사원으로 홍콩 전역에 여러 곳 있지만 다른 곳의 틴하우사원과 달리 이곳은 화려한 색상의 동상들이 눈길을 끄는 곳이다. 예전에는 어부들이 바다로 나가기 전 풍어와 무사귀환을 빌었던 사원으로 사원 앞 오른쪽에는 틴하우, 왼쪽에는 거대한 관음보살상이 세워져있다. 문을 들어서면 1,000세까지 무병장수한다는 천세문(千歲門)이 있는데 두 번 이상 지나치면 효험이 없다고 하며, 관음보살상 앞에는 재물을 불러오는 재운의 신 정재(正財)가 있어 많은 사람들로 북적인다. 정재신 왼쪽에 있는 그릇 귀퉁이 양쪽을 세 번 문지른 다음 정재신 머리부터 발목까지 쓸어내려 자신의 주머니 속으로 집어넣으면 재물이 들어온다고 한다. 또한 장수교(長壽橋)라는 붉은색 작은 다리를 건너면 한 번 건널 때마다 3일씩 수명이 늘어난다고 하고, 장수교 앞에 검은 돌은 인연석(姻緣石)이라고 하는데, 문지르면 원하는 사람과 인연을 맺어주고, 부부라면 다음 생에도 다시 맺어진다고 한다. 이 외에도 여기저기 원색적인 다양한 모양의 신상들이 많아 색다른 재미를 주는 곳이다.

찾아가기 리펄스베이비치에서 바다를 바라보고 오른쪽으로 걸어서 5분 거리이다.

양조위 주연의 영화 〈색계〉의 촬영지
더베란다(The verandah, 露台餐廳)

페닌슐라호텔에서 운영하는 영국 정통레스토랑으로 1920년대 고풍스럽고, 앤티크한 모습을 그대로 간직한 인테리어가 인상적인 곳이다. 영국식 정통 애프터눈티를 격조 높은 서비스와 함께 즐길 수 있어 인기가 높다. 1982년까지 리펄스베이호텔의 메인레스토랑이었지만 호텔이 문을 닫으면서 일시적으로 영업을 정지했다가 1986년 새롭게 다시 영업을 시작하였다. 우리에게는 영화 〈색계〉에서 양조위와 탕웨이가 저녁식사를 하며 데이트를 즐기던 장소로 기억되는데, 홍콩의 유명스타들도 즐겨 찾는 곳이다. 리펄스베이에 점심시간에 도착했다면 페닌슐라호텔의 더로비와 함께 최고의 애프터눈티라 평가받는 '더클래식 리펄스베이애프터눈티'를 추천한다.

높은 천장에 매달려 일없이 돌고 있는 팬, 절대 모던하지 않으면서도 심플한 느낌을 주는 고전적 인테리어와 친절하고 정중한 웨이터서빙은 이곳에서만 느낄 수 있는 묘한 매력이 있다. 은은하게 울려 퍼지는 재즈음악과 유럽풍의 창틀 너머로 보이는 리펄스베이의 아름다운 바다가 운치를 더한다. 저녁식사 때는 테이블마다 촛불까지 밝혀 로맨틱한 분위기를 조성해주므로, 은밀한 사랑을 속삭이기에도 그만이다. 해변에 위치해 있지만 드레스코드에 제약이 있어 스포츠셔츠, 수영복, 샌들 차림의 남성은 들어갈 수 없다.

주소 G/F The Repulse Bay, 109 Repulse Road, Repulse Bay 귀띔 한마디 평일은 1인 HK$288, 주말과 공휴일은 1인 HK$308의 미니멈차지가 있고, 주말에는 결혼피로연이나 개인파티 등으로 일반 손님을 받지 않을 경우가 있으니 전화 또는 이메일로 예약을 하는 것이 좋다. 베스트메뉴 3단 트레이에 스콘, 샌드위치, 패스트리, 와플, 케이크, 피낭시에(Financier), 과일타르트 그리고 망고 푸딩 디저트가 나오는 더클래식 리펄스베이애프터눈티(The Classic Repulse Bay Afternoon Tea), 1인 HK$288(수~금요일), 1인 HK$308(주말과 공휴일) 추천메뉴 일요일을 제외하고 점심시간에 애피타이저, 수프, 메인요리와 디저트뷔페, 음료수로 구성된 점심메뉴세트(Set Lunch Menu) 2코스 1인 HK$368(수~금요일), 3코스 평일 1인당 HK$388(수~금요일), HK$438(주말과 공휴일) 가격 HK$280~/Service Charge 10% 별도 영업시간 점심 12:00~14:30(수~일요일) 애프터눈티 15:00~17:30(수~일요일), 15:30~17:30(공휴일) 저녁 19:00~22:30(수~일요일) 선데이브런치 11:00~14:30(일요일)/공휴일을 제외한 매주 월~화요일 휴무 문의 (852)2292-2822 찾아가기 리펄스베이 쇼핑아케이드 G층에 위치한다. 홈페이지 www.therepulsebay.com

장국영의 단골레스토랑
스파이시스(Spices, 香辣軒)

태국, 일본, 베트남, 인도, 인도네시아와 싱가포르 등 다양한 아시아요리를 선보이는 아시아요리전문 레스토랑이다. 실내인테리어는 고풍적인 동양분위기가 물씬 풍기고, 가든테이블이 놓인 야외정원은 넓은 초록잔디와 이름 모를 열대꽃들이 레스토랑의 분위기를 한층 고조시켜준다. 장국영이 생전에 가족과 친구들과 함께 즐겨 찾던 곳으로 좋아했던 요리는 새우에 향신료와 소스를 넣고 끓인 태국의 대표음식이자 세계 3대 수프 중 하나인 매콤한 톰얌쿵으로 장국영 덕에 이곳의 대표메뉴로 인식되고 있다. 각 메뉴에는 어느 나라 음식인지가 표기되어 있고, 매운 정도를 고추그림으로 표시하고 있으며 모든 커리에는 밥이 서비스로 제공된다.

❶ 톰얌쿵(Tom Yam Kung) ❷ 탄두리믹스그릴(Tandoori Mixed Grill) ❸ 껭펫뺏양(Kaeng Phed Ped Yang) ❹ 아시안샐러드플래터(Asian Salad Platter)

주소 G/F The Repulse Bay, 109 Repulse Road, Repulse Bay 베스트메뉴 타이 대표음식 톰얌쿵(Tom Yam Kung, HK$88), 인도음식으로 연어, 치킨티카와 양갈비가 나오는 탄두리믹스그릴(Tandoori Mixed Grill, HK$258), 바비큐오리고기에 리치와 레드커리소스를 얹은 태국요리 껭펫뺏양(Kaeng Phed Ped Yang, HK$208) 추천메뉴 타이비프샐러드, 알래스카킹크랩, 포멜로샐러드, 새우&그린망고샐러드와 치킨샐러드로 구성된 아시안샐러드플래터(Asian Salad Platter, HK$218), 오렌지, 파인애플과 망고주스에 레몬이 곁들여진 리펄스베이리바이버(Repulse Bay Reviver, HK$88) 영업시간 점심 12:00~14:30 저녁 18:30~22:30(월~금요일), 11:30~22:30(주말과 공휴일) 연중무휴 가격 HK$250~/Service Charge 10% 별도 문의 (852)2292-2821 찾아가기 리펄스베이쇼핑아케이드 G층에 위치한다. 홈페이지 www.therepulsebay.com

Special 08

홍콩 속 작은 유럽
스탠리 (Stanley, 赤柱)

홍콩섬 남동부에 위치한 스탠리는 홍콩 속 작은 유럽이라 할 만큼 많은 외국인이 거주하는 지역이다. 리펄스베이에서 버스를 타고 15~20분 정도 걸리는 스탠리는 영국의 식민시절 영국인들이 이주해 들어오면서 임시 수도역할을 했던 가장 번화한 거리였다. 하지만 2차 세계대전 당시에는 일본군이 이곳에 감옥을 지으면서 피의 장소가 되기도 했다. 스탠리 메인스트리트에는 이국적인 바, 노천카페, 레스토랑들이 자리하고 있어 관광객들의 발길이 끊이지 않는 홍콩의 유명관광지 중 한 곳이다.

Stanley
스탠리

스탠리를 이어주는 버스편

- **센트럴** 익스체인지스퀘어(交易廣場, Exchange Square) 버스터미널 1층에 위치한 홍콩남부행 터미널에서 스탠리(赤柱, Stanley)행 6, 6A, 6X, 66번 일반버스와 260번 급행버스를 타고 스탠리빌리지(Stanley Village)에서 하차한다. 단, 6A번 버스는 월~토요일, 66번 버스는 월~금요일만 운행한다.
- **코즈웨이베이** MTR 코즈웨이베이 부근 탕룽스트리트(Tang Lung St.) 미니버스정류장에서 스탠리마켓(赤柱市, Stanley Market)행 40번 미니버스나 하이산플레이스 앞에서 65번 버스를 타고 스탠리빌리지(Stanley Village) 종점에서 하차한다.
- **침사추이** 캔톤로드(Canton Rd.)의 캔톤로드(Canton Rd.)의 1881헤리티지 또는 실버코드쇼핑몰 앞 버스정류장에서 스탠리마켓(赤柱市, Stanley Market)행 973번 버스를 타고 스탠리빌리지에서 하차한다.
- **리펄스베이** 리펄스베이비치(淡水灣海灘, Repulse Bay Beach) 버스정류장에서 6, 6A, 6X, 40, 65, 66, 73, 260, 973번 버스를 타고 스탠리빌리지에서 하차한다.

출발지역	버스번호	운행시간(센트럴출발기준)	소요시간	요금(HK$)	옥토퍼스카드 반환요금(HK$)
센트럴	6	09:00~15:10(월~금요일)/07:05~19:27(토요일)/07:05~19:25(일요일과 공휴일)	50~60분	7.9	2.6
	6A	07:00~08:20(월~토요일)		8.4	3.1
	6X	07:50~19:45(월~금요일)/07:00~19:30(일요일과 공휴일)		8.4	3.1
	66	07:00~08:55/15:20~19:30(월~금요일)		8.9	없음
	260	07:12~24:02(월~토요일)/08:10~24:00(일요일과 공휴일)	40~50분	10.6	4(주말/공휴일 제외)
코즈웨이베이	40	24시간 운행(단, 일요일과 공휴일제외)	30분	10(심야 13.6)	없음
	65	07:00~19:00(일요일과 공휴일만 운행)	30~40분	8.9	
침사추이	973	08:30~22:05(월~토요일)/08:00~22:05(일요일과 공휴일)	1시간 15분	13.6	없음

홍콩섬남부 최대 재래시장

스탠리마켓 (Stanley Market, 赤柱市場)

200m 길이의 좁은 골목에 기념품, 전통의상, 수영복, 가방, 신발, 각종 잡화, 이미테이션 상품, 저렴한 의류 등 150여 개의 상점이 들어선 해변가 재래시장이다. 예전에는 명품브랜드 이미테이션이 많아 짝퉁시장이라 불렸지만 지금은 찾아보기 힘들다. 골목골목을 구경하다보면 시간가는 줄 모를 정도로 다양한 상품이 관광객들의 발길을 잡는다. 템플스트리트 야시장이나 레이디스마켓보다 규모가 작은 편이라 그곳 먼저 둘러봤다면 살짝 실망할 수 있지만 깔끔하고 넓은 매장 안에 다양한 물건들이 진열되어 있어 오히려 구경하기는 더 좋다. 정가가 표시되어 있지만 여기서도 흥정은 필수로 대부분 영어를 하기 때문에 값을 흥정해서 저렴하게 구입해보자. 시장 내에는 작은 화랑이 몇 곳 있으니, 그림을 좋아한다면 너무 큰 기대는 하지 말고 한 쯤 들러보자. 도자기와 가구, 수공예품도 저렴하게 구입할 수 있으니 관심이 있으면 한 번쯤 흥정해보자.

영업시간 10:00~22:00(상점마다 상이)/연중무휴 **찾아가기** 스탠리버스터미널 앞 대각선 맞은편 스탠리뉴스트리트(Stanley New St.) 표지판을 따라 내리막길로 2분 거리이다.

해안가를 따라 노천카페들이 자리한

스탠리 메인스트리트 (Stanley Main Street, 赤柱大街)

유럽풍 노천카페와 바가 즐비한데 대낮부터 맥주를 마시거나 늦은 점심을 즐기려는 외국인들로 북적거리는 해변거리이다. 금요일부터 주말과 공휴일에는 차량 통행이 전면 금지되므로 방파제를 따라 여유롭게 산책하기 좋다. 노천테이블이 있는 카페는 대부분 낮에는 레스토랑, 저녁에는 바로 운영되고, 해질 무렵 노천카페에서 즐기는 차 한 잔의 여유는 홍콩여행의 백미이다. 거리를 따라 걷다보면 머레이하우스, 블레이크선착장, 스탠리플라자, 틴하우사원 등으로 연결된다. 조금 떨어진 곳에 위치한 스탠리 메인비치에서는 3~11월까지 해수욕뿐만 아니라 윈드서핑 등 해양레저를 즐길 수 있다.

차량통행금지시간 19:00~23:00(금요일), 11:00~23:00(주말과 공휴일) **찾아가기** 스탠리버스터미널에서 스탠리마켓 방향으로 걸어서 3분 거리이다.

빅토리아풍의 석조건물
머레이하우스(Murray House, 美利樓)

1844년 센트럴에 처음 지어졌던 머레이하우스는 도심이 개발되면서 중국은행에 자리를 내주고 해체되었다가 1991년 현재 위치에 복원되었다. 40만 장의 벽돌로 지어진 3층짜리 석조건물인데, 해체할 때부터 벽돌 한 장 한 장에 고유 번호를 매겨 현 자리에 원형 그대로 복원할 수 있었다고 한다. 현존하는 건물 중 홍콩에서 가장 오래된 건물로 세워질 당시 영국군병영이었지만 2차 세계대전 때에는 일본군 취조실로 사용됐다. G층에는 H&M 매장, 1~2층에는 해변이 보이는 레스토랑이 자리하고, 틴하우사원으로 향하는 길에는 야우마테이의 상하이스트리트를 재개발할 때 철거한 건물 기둥 10여 개를 세워뒀는데 기둥에 새겨진 글씨는 전당포 상호명이라고 한다.

주소 Murray House, Stanley Plaza, Stanley **영업시간** 10:00~23:00(상점마다 상이)/연중무휴 **문의** (852)2813-2322 **찾아가기** 스탠리 메인스트리트에서 스탠리만을 바라보고 오른쪽으로 걸어 4분 거리이다.

호랑이가 보호하는 사원
틴하우사원(Tin Hau Temple, 天后廟)

홍콩 어디에서나 볼 수 있는 틴하우사원은 바다의 여신 틴하우를 모시는 도교사원이다. 풍수지리설에 따라 장군상과 봉황이 그려진 정문이 정확하게 스탠리만까지 일직선상에 위치한다. 1942년 스탠리경찰서 앞에서 잡았다는 호랑이가죽이 왼쪽 벽에 걸려 있는데, 두 차례 일본군공습 때도 피해를 입지 않아 '호랑이의 보호를 받는 사원'으로 유명하다. 사원 중심에는 붉은빛과 황금빛 틴하우상이 모셔져 있고, 양쪽으로 빙 둘러 18개의 신상이 모셔져 있다. 매년 음력 3월 23일 틴하우 탄생일에는 사원 앞에서 경극공연이 열린다.

운영시간 07:00~18:00/연중무휴 **찾아가기** 스탠리마켓에서 스탠리 메인스트리트를 따라 걸어서 5분 거리이다.

시원한 바다가 펼쳐져 있는
블레이크선착장(Blake Pier At Stanley, 赤柱卜公碼頭)

홍콩에 있는 섬 중 세 번째로 큰 섬인 포토이섬(Po Toi Island, 蒲苔島)을 오가는 배의 선착장이다. 처음에는 센트럴 스타페리선착장 근처에 있었지만 주변지역 매립공사 때 이곳으로 옮겨졌다. 블레이크피어는 홍콩 12대 총독 헨리아서블레이크(Herry Arthur Blake) 이름에서 유래된 것으로 목재천장과 철골기둥이 세워져 고풍스럽고, 노란색 가스등이 켜지는 저녁시간이면 선착장 주변은 로맨틱한 분위기가 흐른다. 주로 작은 개인보트들이 정박해있고, 간간이 포토이섬을 오가는 배들과 낚시를 즐기는 사람들, 산책 나온 사람과 여행자들이 어우러져 작은 항구의 여유로운 모습을 그린다.

찾아가기 머레이하우스 바로 앞에 위치한다.

야외극장이 있는 쇼핑센터
스탠리플라자(Stanley Plaza, 赤柱廣場)

난민거주지를 쇼핑센터로 탈바꿈시킨 곳으로 스탠리마켓의 조악한 물건들이 마음에 들지 않았다면 이곳에서 쇼핑을 즐겨보자. G층부터 5층 구조로 G.O.D, 젠가든, 홈리스, 인스타일, 왓슨와인셀러, 시티라이프와 라피리빙 등의 생활용품매장이 주를 이룬다. 스타벅스, 맥도날드, 샤프란베이커리와 세련된 프렌치레스토랑 셰파트리즈델리, 인도요리레스토랑 머치마살라 등이 있어 요기를 할 수도 있다. 4~5층 전망대에 서면 스탠리일대가 시원하게 눈앞에 펼쳐지며 쇼핑센터 앞 하얀 천막은 대형야외극장으로 수시로 공연과 행사가 열린다. 스탠리행 버스종점인 스탠리플라자정류장에서 하차하면 스탠리플라자, 머레이하우스, 틴하우사원, 스탠리 메인스트리트, 스탠리마켓 역순으로 돌아볼 수 있다.

주소 Stanley Plaza, 23 Carmel Road, Stanley **영업시간** 10:00~21:00(매장마다 상이)/연중무휴 **문의** (852)2813-4623 **찾아가기** 머레이하우스 앞 대형야외극장을 지나 맞은편에 위치한다. **홈페이지** www.stanleyplaza.com.hk

스탠리하면 떠오르는 레스토랑
보트하우스 (The Boat House)

지중해 풍 노란색 3층 유럽식레스토랑으로 실내는 배안처럼 아기자기하게 꾸며 놓았다. 미국의 유명한 대서양안 고급휴양지 마르타스빈야드(Martha's Vineyard)의 분위기를 물씬 풍기는 독특한 느낌으로 홍콩드라마 단골촬영이이다. 스탠리만이 펼쳐지는 1~2층 테라스 창가자리는 늘 인기 만점이며, G층의 스피나커스바(Spinnaker's Bar)는 노천테이블에 앉아 거리풍경을 감상하며 가벼운 음료나 맥주, 칵테일 등을 마시기에 좋다. 메뉴는 수시로 변경되며 스테이크, 샐러드디저트 등을 맛볼 수 있다. 포크와 나이프가 독특하고 음식장식도 훌륭한 편이다.

주소 88 Stanley Main Street, Stanley **베스트메뉴** 연어, 새우, 게 등 9가지 해산물을 즐길 수 있는 칠리드씨푸드플래터(Chilled Seafood Flatter, HK$358) **가격** HK$200~/Service Charge 10% 별도 **영업시간** 11:30~22:00(일~목요일), 11:30~23:00(금~토요일, 공휴일)/연중무휴 **문의** (852)2813-4467 **찾아가기** 스탠리 버스터미널을 등지고 왼쪽으로 내려 온 후 스탠리마켓을 지나서 바로 보인다. **홈페이지** www.cafedecogroup.com

메인스트리트와 바다를 바라보며 즐기는
메인스트리트스탠리바앤카페 (Main Street Stanley Bar&Cafe)

스탠리 메인스트리트를 따라 비슷비슷한 카페와 레스토랑이 즐비하다. 그 중 스탠리바앤카페는 가볍게 맥주 한 잔 즐기거나 세트메뉴로 저렴하면서 푸짐하게 한 끼를 즐길 수 있는 곳이다. 샐러드, 스테이크, 해산물, 파스타, 버거 등의 요리와 세계 각국의 맥주, 다양한 칵테일, 와인 등의 메뉴가 있다.

❶ 보스턴피쉬앤칩스(Boston Fish&Chips)
❷ 립아이스테이크(Grilled NZ Rib Eye Steak)

주소 90 Stanley Main Street, Stanley **베스트메뉴** 립아이스테이크, 피쉬앤칩스, 팟타이, 나시고랭, 싱가포르프라이드누들 등 10여 가지 메인메뉴 중 한 가지와 맥주, 소프트 드링크, 커피 또는 차 중에서 선택할 수 있는 점심세트(Visitor Set Lunch, HK$138) **추천메뉴** 생선튀김과 감자가 일품인 보스턴피쉬앤칩스(Boston Fish&Chips, HK$138), 뉴질랜드산 립아이스테이크(Grilled NZ Rib Eye Steak 10oz, HK$168) **가격** HK$150~/Service Charge 10% 별도 **영업시간** 11:00~01:00(월~금요일), 09:00~01:00(토~일요일)/연중무휴 **문의** (852)2813-6599 **찾아가기** 스탠리 메인스트리트 중간에 위치한다.

스탠리의 새로운 프렌치레스토랑
셰파트리크델리 (Chez Patrick Deli)

프랑스출신의 유명셰프 파트리크구비에(Patrick Goubier)가 센트럴 소호에 오픈한 프렌치레스토랑 셰파트리크(Chez Patrick)에서 운영하는 캐주얼프렌치레스토랑이다. 프랑스식식당(French Bistro)을 표방하여 신선한 양질의 재료를 사용하면서도 저렴하게 프랑스요리를 맛 볼 수 있다. 매일 점심과 저녁시간에는 저렴한 세트메뉴가 있으며, 프랑스요리 외에도 델리라는 명칭답게 훈제육류나 치즈 등이 들어간 샌드위치와 디저트가 인기 있다.

주소 Shop.G05-6, Stanley Plaza, 23 Carmel Road, Stanley **베스트메뉴** 2~3가지 메인메뉴를 선택할 수 있는 세트런치(Set Lunch, 평일 HK$108~168, 주말 HK$138~228, 12:00~14:30) **추천메뉴** 치즈, 레드와인, 샬롯소스 중 선택하는 립아이스테이크(Rib-eye Steak, HK$218), 수제푸아그라와 브리오슈, 양파잼이 함께나오는 푸아그라(Homemade Foie gras, HK$158) **가격** HK$200~/Service Charge 10% 별도 영업시간 09:30~23:00/연중무휴(예약가능) **문의** (852)2683-5115 **찾아가기** 스탠리플라자 G층에 위치한다. **홈페이지** www.chezpatrick.hk

스페인 전통요리를 맛볼 수 있는
미하스패니시레스토랑 (Mijas Spanish Restaurant)

머레이하우스 1층에 위치하며, 오픈키친 구조로 실내와 스탠리 일대가 한눈에 보이는 테라스로 구성되어 있다. 프라이팬에 쌀, 고기, 해산물 등을 함께 볶아낸 파에야, 돼지뒷다리를 소금에 절여 건조시킨 스페인햄 하몽으로 만든 스페인전통요리가 대표요리이다. 점심시간에는 메인메뉴를 주문하면 애피타이저와 디저트로 이뤄진 뷔페를 함께 즐길 수 있고, 저녁에는 애피타이저, 수프, 메인요리, 디저트가 제공되는 세트메뉴가 있다.

주소 1/F 102 Murray House, Stanley **베스트메뉴** 관자, 홍합을 비롯한 킹새우가 푸짐하게 담긴 해산물파에야(Seafood Paella with Scallops and King Prawn, HK$690) **추천메뉴** 하몽 이베리코햄, 소시지 이베리코초리조, 살라미, 드라이에이징한 소고기 등이 함께 제공되는 스패니시미트플래터(Spanish Meat Platter, HK$400) **가격** 점심뷔페 1인당 HK$388(11:30~15:00) 애프터눈티뷔페 1인당 HK$198(15:00~17:00)/Service Charge 10% 별도 **영업시간** 12:00~23:30(월~목요일), 12:00~24:00(금요일), 11:00~24:00(토요일), 11:00~23:00(일요일과 공휴일)/연중무휴 **문의** (852)2899-0858 **찾아가기** 머레이하우스 1층에 위치한다. **홈페이지** www.kingparrot.com

Special 09

드라마와 영화의 단골 촬영지
애버딘(Aberdeen, 香港仔)

홍콩섬 남서부에 위치한 항구도시로 영국 스코틀랜드 북동쪽 항구도시의 이름을 그대로 따온 애버딘은 낡은 삼판선과 고급요트들이 묘하게 조화를 이룬 곳이다. 1841년 영국이 홍콩을 점령할 당시 홍콩의 어부들이 수상생활을 하던 허름한 수상가옥촌이었지만, 현재는 대부분 철거되고 아파트단지로 바뀌었고, 애버딘 버스터미널 근처 잡화상과 사원 등에서 옛 항구의 모습을 아련히 추억해볼 수 있다.

Aberdeen 애버딘

애버딘을 이어주는 버스편

- **센트럴** 익스체인지스퀘어(交易廣場, Exchange Square) 1층에 위치한 버스터미널에서 70번 버스 또는 MTR 애드미럴티(金鐘, Admiralty)역 D번 출구 버스터미널에서 70, 37B, 37X, 90B번 애버딘(香港仔, Aberdeen)행 버스를 타고 애버딘 프로머네이드(香港仔海濱公園, Aberdeen Promenade)에서 하차한다.
- **코즈웨이베이** 하이산플레이스 앞 버스정류장에서 38, 42, 72, 77번 버스를 타고 애버딘 프로머네이드에서 하차한다.
- **침사추이** 캔톤로드(Canton Rd.)의 1881헤리티지 또는 실버코드쇼핑몰 앞 버스정류장에서 스탠리마켓(赤柱市, Stanley Market)행 973번 버스를 타고 하이유파이로드(Yue Fai Rd.)에서 하차한다.
- **오션파크** 오션파크의 웡축항산와이(Wong Chuk Hang San Wai)정류장에서 73번 버스 또는 오션파크(Ocean Park) 버스정류장에서 매주 주말과 공휴일만 운행하는 48번 버스를 타고 애버딘프로머네이드(Aberdeen Promenade, 香港仔海濱公園)정류장에서 하차한다.
- **리펄스베이/스탠리** 73번 버스를 타고 애버딘 프로머네이드, 973번 버스를 타면 하이유파이로드에서 하차한다.

출발지역	버스번호	운행시간(출발지역 기준)	소요시간	요금(HK$)
익스체인지스퀘어	70	05:50~24:10	35~40분	4.7
MTR 애드미럴티역	37B	10:10~23:12(월~토요일)/07:10~23:12(일요일과 공휴일)	35~40분	4.7
	37X	06:00~10:00(월~토요일만 운행)		
	90B	09:00~23:42	40~50분	5.8
코즈웨이베이	38	06:00~24:35	30~35분	5.6
	42	05:56~24:38	30~35분	4.1
	72	06:00~24:30	35~40분	4.7
	77	05:45~24:15	35~40분	5.3
침사추이/오션파크/리펄스베이/스탠리	973	08:30~22:05(월~토요일)/08:00~22:05(일요일과 공휴일)	40~50분	6.1
오션파크/리펄스베이/스탠리	73	08:10~23:03(월~일요일)	20~25분	4.6
오션파크	48	16:42~19:42(토요일)/07:54~19:42(일요일과 공휴일)	10~15분	3

수상가옥촌의 염원이 서린

틴하우사원(Tin Hau Temple, 天后廟)

수상가옥촌이었던 애버딘에 1815년 건립된 사원이다. 본당 내부에는 나선형의 거대한 향들이 주렁주렁 매달려 타고 있고, 가운데에는 틴하우상이 모셔져 있으며 오른쪽에는 의선화타. 왼쪽에는 정재신상이 함께 모셔져 있다. 앞이 자욱한 내부는 항상 사람들이 피운 향연기로 가득하며, 다른 틴하우사원에서는 나무막대로 점을 치지만 이곳에서는 반달모양 나무 두 개를 던져 점을 본다.

운영시간 08:00~17:00/연중무휴 **찾아가기** 애버딘버스터미널에서 도보 3분 거리

한가로운 해변마을풍경

애버딘해변산책로(Aberdeen Promenade, 香港仔海濱公園)

바다에는 아직도 삼판선에서 생활하는 사람들이 보이고, 잡아온 생선과 새우 등을 손질하는 사람, 건어물을 파는 노점상, 그 곁을 한가로이 산책하는 사람들 그리고 해변을 위협적으로 내려다보고 있는 고층아파트의 모습이 묘한 엇박자로 조화를 이루고 있다. 산책로는 특별히 볼 것이 있는 건 아니지만 바다를 배경으로 살아가는 삼판선 사람들과 낮과 밤의 풍경이 달라지는 거리의 모습 속에 잠시나마 머리를 식히며 걷기 좋다. 비싼 삼판선을 타기 부담스럽다면 산책로 중간쯤에서 애버딘과 압레이차우(Ap Lei Chau, 鴨脷洲, HK$1.8)를 오가는 삼판선과 비슷한 배를 이용해도 좋다.

귀띔 한마디 바다를 보고 산책로 오른쪽 끝자락에는 람마섬행 페리선착장과 점보레스토랑이 있는 점보선착장을 무료로 오가는 보트를 탈 수 있다. **찾아가기** 애버딘프로머네이드(Aberdeen Promenade, 香港仔海濱公園)정류장에서 바다를 바라보고 도보 1분 거리이다.

애버딘 일대를 유람할 수 있는

삼판선(Sampan, 三板船)

해안산책로를 걷다보면 삼판선투어를 권유하며 호객행위를 하는 사람들을 만나게 된다. 예전에는 해상교통수단 또는 수상가옥이었지만 현재는 관광투어상품이 되었다. 10여 명 정도를 태울 수 있는 조그만 배를 타고 애버딘 일대를 유람할 수 있다. 보통 30분에 HK$50~100을 요구하지만 사람이 없는 평일에는 흥정만 잘하면 HK$30~50로 다른 일행 없이도 혼자 삼판선을 독차지할 수도 있다. 삼판선을 타면 중간 중간에 사진 찍을 시간도 주기 때문에 더 없이 좋다. 요금이 부담스럽다면 꼭 식사를 하지 않아도 점보레스토랑까지 무료로 운행하는 셔틀보트를 타는 것도 방법이다.

가격 주말 30분 HK$60~100, 평일 HK$30~50선/흥정가능. **찾아가기** 애버딘해변산책로를 걷다보면 호객꾼이 먼저 말을 건다.

바다에 떠있는 선상레스토랑

점보수상레스토랑(Jumbo Floating Restaurant)

과거 홍콩을 배경으로 한 영화에는 빠지지 않고 등장했던 유명한 곳으로 홍콩 유일의 수상레스토랑이다. 홍콩 최고급레스토랑 중 하나로 주말예약은 필수이다. 홍콩 유명영화뿐만 아니라 엘리자베스 2세 여왕, 영화배우 탐크루즈, 주윤발, 공리 등 수많은 외국유명인들이 찾는 명소이다. 국내에서는 드라마 〈에덴의 동쪽〉과 영화 〈도둑들〉에서 한 장면이 촬영되었다. 점보(珍寶)와 타이팍(太白) 두 개의 대형유람선으로 이루어져 있고 2,300명이 동시에 식사할 수 있으며, 외관과 내부는 중국황실처럼 입구부터가 금빛으로 화려하게 빛난다. 2~3년에 한 번씩은 선체를 보수하는데 이 기간에는 타이팍에서 손님을 맞는다. 해산물요리, 광둥요리, 딤섬 등이 주메뉴로 대표요리는 랍스터, 샥스핀 등 고급해산물요리와 오리구이, 비둘기요리 등이 있다. 해산물요리는 수족관에서 직접 재료를 선택하여 원하는 조리방식을 요청할 수 있다. 가격대비 맛은 그리 좋지 않지만 밤이 되면 화려한 조명이 볼거리를 더욱 풍성하게 한다.

주소 Shum Wan Pier Drive, Wong Chuk Hang, Aberdeen **셔틀보트운행시간** 11:00~23:30(월~토요일), 09:00~23:30(토~일, 공휴일) **베스트메뉴** 술에 잰 새우를 테이블에서 조리해주는 술 취한 새우요리(Flamed Drunken Shrimp, 4인 이상 주문가능 1인당 HK$110), 간장에 재운 쓰촨닭요리(Braised Chicken Sichuan, 1마리 HK$360) **추천메뉴** 새콤달콤한 맛이 일품인 새우볼튀김(Sweet and Sour Shrimp Ball, HK$280), 샥스핀수프, 랍스터와 코냑을 맛볼 수 있는 샥스핀수프(Shark's Fin Soup with Lobster&Cognac, 1인당 HK$870) **요리** 차 1인당 HK$16 요리 HK$300~/Service Charge 10% 별도 **영업시간** 11:30~23:30(월~토요일), 09:00~23:30(일요일과 공휴일)/연중무휴 **문의** (852)2553~9111 **찾아가기** 애버딘해변산책로 점보선착장에서 무료셔틀보트를 이용하면 된다. **홈페이지** www.Jumbokingdom.com

프라다, 헬무트랭과 미우미우제품을 저렴하게 구입할 수 있는

프라다아울렛(Prada Outlet)

제조업체가 유통라인을 거치지 않고 직영으로 운영하는 상설할인매장인 팩토리아울렛으로 프라다, 헬무트랭과 미우미우를 30~70% 할인된 가격으로 구매할 수 있다. 한 시즌에서 두 시즌의 지난 상품이 대부분이고 헬무트랭의 할인폭이 가장 크며, 프라다와 미우미우는 50% 할인을 넘지 않는다. 향수, 액세서리, 향수, 선글라스, 구두뿐만 아니라 남성복과 여성복 등 다양한 라인을 갖추고 있다. 유행을 타는 디자인의 상품들이 많아서 스테디셀러 상품을 찾는 분이라면 실망할 수도 있다. 하지만 워낙 찾아오는 사람들이 많이 일정 인원만 입장시키므로 대기를 해야 한다.

주소 2/F Marina Square East Centre, South Horizon, Ap Lei Chau, Aberdeen **영업시간** 10:30~19:30(화~일요일), 12:00~19:00(월요일과 공휴일)/연중무휴 **문의** (852)2814~9576 **찾아가기** 애버딘에서 이동할 시 애버딘메인로드(Aberdeen Main Rd.) 버스정류장에서 95C번 버스를 타고 이완코트사우스호라이즌(Yee Wan Court South Horizon, 海怡半島怡韻閣)에서 하차한 후 버스 진행 반대방향으로 걸으면 마리나스퀘어 이스트센터 2층에 위치한다. 도보 5분 거리.

홍콩을 대표하는 아울렛쇼핑몰

호라이즌플라자(Horizon Plaza, 新海怡廣場)

아파트형식의 G~28층 건물에 인테리어소품, 가구, 명품, 장난감 등 100여 개 아울렛 매장이 모인 홍콩최대 규모의 창고형 아울렛쇼핑몰이다. I.T, 레인크레포드 등 편집숍 뿐만 아니라 막스마라, 휴고보스, 랄프로렌, 폴스미스 등 명품아울렛매장을 갖추고 있다. 특히 25층 레이크로포드는 브랜드별이 아닌 사이즈별로 진열을 해놓아 쇼핑이 편하며 세일시기에는 최대 70% 할인에 추가할인된 제품을 구입할 수 있다. 19층의 블루벨 패션웨어하우스에는 까르벵, 패션계 악동으로 불리는 모스키노와 개성넘치는 아이디어 디자인으로 인기를 끄는 안야힌드마치 등이 있어 꼭 둘러봐야 한다. 엘리베이터를 타고 원하는 매장이 위치한 층부터 시작하여 계단을 이용하여 내려오면서 구경하거나 다양한 브랜드가 모여있는 편집숍을 우선적으로 둘러보는 것을 추천한다.

주소 2 Lee Wing Street, Ap Lei Chau, Aberdeen **영업시간** 10:00~19:00(매장마다 상이)/매주 월요일, 설날일 휴무 **문의** (852) 2554-9189 **찾아가기** 프라다아울렛에서 도보 15분 거리이다. 애버딘에서 이동할 시 애버딘메인로드(Aberdeen Main Rd.) 버스정류장에서 95번 버스를 타고 호라이즌플라자(Horizon Plaza, 新海怡廣場)에서 하차하면 된다.

프라다아울렛과 호라이즌플라자 교통수단

압레이차우(鴨脷洲, Ap Lei Chau)에 위치한 프라다아울렛과 호라이즌플라자는 애버딘뿐만 아니라 홍콩의 주요 중심지에서도 이동이 가능하다. 가장 빠르고 편리하게 이동하는 방법은 물론 택시이지만 스탠리, 리펄스베이 등과 연계하여 대중교통을 이용하는 것도 나쁘지 않다.

프라다아울렛 가는 방법

- **센트럴** 익스체인지스퀘어 1층에 위치한 버스터미널에서 90, 91, 590번 버스, MTR 애드미럴티역 C2번 출구 앞 버스정류장에서 90B번 또는 C1번 출구 옆 버스터미널에서 590A를 타고 압레이차우에스테이트(Ap Lei Chau Estate) 또는 오아시스 압레이차우브릿지로드(The Oasis, Ap Lei Chau Bridge Rd.)에서 하차한다.
- **코즈웨이베이** 하이산플레이스 앞 정류장에서 592번을 타고 사우스호라이즌(South Horizons)정류장에서 하차한다.
- **애버딘** 애버딘버스정류장(Aberdeen)에서 90B번 버스를 타고 오아시스 압레이차우브릿지로드에서 하차 또는 하이유파이로드(Yue Fai Rd.) 버스정류장에서 95번 버스를 타고 압레이차우에스테이트에서 하차한다.

출발지역	버스번호	운행시간(출발지역 기준)	소요시간	요금(HK$)
익스체인지스퀘어	90	05:55~24:25	40~50분	4.7
	91	06:25~24:40		5.8
	590	06:35~24:20		6.9
MTR 애드미럴티역	90B	09:00~23:42	30~40분	5.8
	590A	06:32~24:15		6.5
코즈웨이베이	38	06:00~24:35	30분	6.9
오션파크	90B	09:00~23:42	10~15분	3
	95	06:00~24:30(월~토요일만 운행)		3.2

호라이즌플라자 가는 방법

- **무료셔틀버스** 무료셔틀버스가 호라이즌플라자 지하주차장 → 사우스호라이즌 → 압레아차우에스테이트 → 호라이즌플라자 지하주차장을 순환 운행한다. 프라다매장부터 방문했다면 버스정류장이 다소 멀지만 도보로 이동해도 된다. 프라다아울렛매장의 버스정류장은 매장을 등지고 왼쪽으로 걷다 삼거리에서 대각선 방향으로 건넌 후 오른쪽으로 직진하면 택시정류장 근처이다.
- **코즈웨이베이** 소고백화점 뒤쪽 글로스터로드 버스정류장에서 671번을 타고 호라이즌플라자에서 하차한다.
요금 HK$11.1 **운행시간** 06:30~20:15(월~토요일), 07:30~19:45(일요일과 공휴일) **소요시간** 30분 정도.
- **애버딘** 하이유파이로드(Yue Fai Rd.)버스정류장에서 95번을 타고 호라이즌플라자(Horizon Plaza)에서 하차한다.
요금 HK$3.2 **운행시간** 06:00~24:30(월~토요일만 운행) **소요시간** 10분 정도.

Special 10

홍콩 최대의 테마파크
오션파크 (Ocean Park, 海洋公園)

홍콩섬남부 애버딘동쪽에 위치한 홍콩 최대규모의 해양테마파크로 1997년 홍콩마사회의 기부로 세워졌다. 오른편에는 딥워터베이, 왼편에는 애버딘해협 그리고 정면은 남중국해를 배경삼아 수려한 자연경관과 함께 각종 놀이기구, 해양수족관, 아쿠아리움 등 다양한 볼거리와 즐길거리를 제공한다.

운영시간 10:00~20:00(시즌별로 운영시간이 상이하니 홈페이지에서 확인하자)/연중무휴 **입장료** 자유이용권 성인 HK$385(성인), HK$193(3~11세 어린이)/티켓대행사 또는 온라인에서 할인가격에 구입할 수 있다. **문의** (852)3923-2183 **홈페이지** www.oceanpark.com.hk

◀ 오션파크를 이어주는 버스편 ▶

- **버스** MTR 애드미럴티(Admiralty, 金鐘)역 B번 출구로 나와 왼쪽에 위치한 버스터미널에서 논스톱으로 운행하는 629번 버스를 타고 종점 오션파크메인입구(Main Entrance)에서 하차한다. **요금** HK$10.6(성인), HK$5.3(4~11세)/옥토퍼스카드 동일적용 **운행시간 애드미럴티** 09:00~16:00(10~15분 간격으로 운행) **오션파크** 11:00~19:00(월~금요일), 11:00~20:00(주말과 공휴일) **소요시간** 25~30분 ※ 오션파크에서 센트럴로 돌아올 경우 629번 버스 외에도 센트럴 익스체인지스퀘어터미널까지 운행하는 버스가 있다. 요금은 629번 버스와 동일하며 17:20, 17:50, 18:20 1일 3회 운행한다.

- **MTR** 2017년 사우스아일랜드선(南港島線, South Island Line) 동쪽라인이 개통되면 오션파크까지 쉽고 빠르게 갈 수 있다. MTR 오션파크(海洋公園, Ocean Park)역에서 하차하여 구름다리로 이동하면 바로 연결된다.

※ 매표소에서 각종 공연시간, 놀이기구, 식당가, 볼거리 등의 위치가 그림으로 잘 표시된 가이드맵을 꼭 챙기자. 오션파크 입구에서는 가방검사를 하는데 외부에서 가져오는 음식과 음료수 반입을 금지하고 있다. 워터프론트(The Waterfront)와 서미트(The Summit)로 이동할 때는 단 3분 만에 갈 수 있는 오션익스프레스와 10여 분간 멋진 풍경을 감상하며 이동할 수 있는 케이블카가 있다.

워터프론트 The Waterfront 海濱樂園

아쿠아시티, 어메이징 아시안 애니멀즈, 위스커스하버 3개의 테마로 조성된 곳이다. 각종 볼거리와 놀이시설들이 잠시도 가만히 있을 수 없게 만드는 곳이다.

아쿠아시티(Aqua City)

물을 주제로 꾸며진 아쿠아시티에는 세계에서 아홉 번째로 큰 그랜드아쿠아리움(The Grand Aquarium)이 있어 각종 열대어, 밀크피시, 상어 등 400여 종 5,000여 마리의 해양생물을 바로 눈앞에서 볼 수 있다. 또한 시원한 분수쇼가 펼쳐지는 아쿠아시티라군(Aqua City Lagoon)에서는 세계 최초 워터스크린쇼인 심비오(Symbio)가 저녁 7시부터 펼쳐진다. 호주 남부의 야생을 보여주는 어드벤쳐인오스트레일리아(Adventures in Australia), 1950~70년대 홍콩거리와 문화를 재현한 올드홍콩(Old Hong Kong), 각종 공연이 펼쳐지는 워터프런트플라자(Waterfront Plaza) 등이 자리하고 있다.

어메이징 아시안애니멀즈(Amazing Asian Animals)

실내외를 모두 활용한 동물원으로 다양하고 희귀한 동물과 어류, 조류 등을 모아놓았다. 자이언트판다관(Giant Panda adventure)에는 중국 온대 삼림에서 서식하는 너구리판다와 멸종위기동물인 중국 자이언트도룡뇽, 홍콩특별행정구 설립 10주년에 중국정부가 기증한 판다 레레와 잉잉 등이 있다. 또한 홍콩자키클럽 쓰촨트레저(Hong Kong Jockey Club Sichuan Treasures)에서는 홍콩반환기념으로 기증받은 자이언트판다 안안과 지아지아, 손오공의 후예라고 알려진 황금원숭이 등을 만날 수 있다. 이 외에도 금붕어보물섬(Goldfish Treasures)에서는 수백 마리의 붉고 하얀 난주금붕어, 희귀종인 블랙오란다, 블루피닉스에그피쉬, 세계에서 가장 큰 금붕어 등을 만날 수 있다.

위스커스하버(Whiskers Harbour)

회전목마, 크라운어라운드, 프로그호퍼, 바운서하우스, 동물하우스, 놀이터와 오락실 등 놀이기구와 시설들이 갖춰진 어린이를 위한 놀이동산으로 특히, 오션파크의 마스코트와 광대가 총출동하여 공연과 쇼를 하는 위스커스극장(Whiskers Theatre)이 인기 있다.

케이블카(cable car)

맑은 날에는 멀리 남중국해까지 보이는 워터프론트(The Waterfront)와 서미트(The Summit)로 이동하려면 케이블카를 타야 한다. 1.5Km 거리를 10여 분간 이동하는데, 발아래로 펼쳐지는 바다풍경은 오션파크의 자랑이자 필수코스이다. 이동 중에 바람이라도 불면 짜릿한 스릴도 만끽할 수 있다. 서미트에 도착하면 오른쪽으로 바다가 훤히 보이고 앞쪽에는 케이블카가 오가는 멋진 풍경을 테라스카페에서 즐길 수 있다.

오션익스프레스 (Ocean Express)

워터프론트와 서미트를 이어주는 케이블카와 마찬가지로 오션파크의 해안지역부터 산정상까지 1.3km 구간을 지하터널로 연결한다. 오션익스프레스는 19세기 잠수함을 모티브로 만들어진 열차로 타고 있는 동안 첨단미디어로 심해 가상체험을 하면서 다음 목적지까지 단 3분이면 편안하게 이동할 수 있다.

서미트 The Summit 高峰樂園

서미트지역은 오션파크의 메인지역으로 케이블카나 오션익스프레스를 타고 산정상까지 오르면 만날 수 있다.

폴라어드벤처 (Polar Adventure)

북극과 남극을 한곳에서 즐길 수 있는 곳으로 북극여우를 만날 수 있는 아크틱폭스덴(Arctic Fox Den), 2마리의 바다코끼리를 만날 수 있는 북극인카운터(North Pole Encounter), 남극에 사는 3종류의 펭귄 70여 마리를 만날 수 있는 남극스펙타큘러(South Pole Spectacular) 등이 있다. 영화 〈파퍼씨네 펭귄들〉에 출연했던 귀한 펭귄배우를 만날 수 있으며, 가족용 롤러코스터 북극브래스트(Arctic Blast)와 4000여 종의 물고기를 보며 식사할 수 있는 넵튠레스토랑(Neptune's Restaurant) 등의 편의시설도 있다.

스릴마운틴 (Thrill Mountain)

바다에 떠있는 듯 아찔함이 느껴지는 롤러코스터 헤어레이저(Hair Raiser), 공중 30m까지 솟아올라 빙빙 도는 윌리버드(Whirly Bird), 22m 상공으로 솟아올라 시속 60km 속도로 360도 회전하는 더플래시(The Flash), 하늘 위로 힘껏 점프하는 번지트램폴린(Bungee Trampoline) 등 스릴을 만끽할 수 있는 놀이기구와 가족이 함께 즐기는 범버카 범퍼블라스트(Bumper Blasters)와 회전부스터(Rev Booster) 등 다양한 놀이기구들을 즐길 수 있다.

레인포레스트 (Rainforest)

세상에서 가장 작은 원숭이 피그미마모셋(Pygmy Marmoset), 자기 몸무게의 850배까지를 들어 올리는 가장 힘센 곤충 헤라클레스딱정벌레(Hercules beetle), 세계에서 가장 큰 쥐 카파바라(Capybara)와 선명한 빨간색 눈이 인상적인 빨간눈청개구리(Red Eyed Tree Frog), 긴 꼬리로 물건을 감아쥐는 킨카주너구리(Kinkajou) 등 아마존의 다양한 동식물을 만날 수 있는 아마존을 테마로 조성된 지역으로 열대우림원정대(Discovery Trail)과 거친 물살을 따라 탐험보트를 타고 내려가는 래피드(The Rapids)가 있다.

마린월드 (Marine World)

오션파크에서 최고의 인기를 독차지하는 돌고래와 물개쇼가 열리는 오션극장(Ocean Theatre), 100여 마리의 희귀 상어와 가오리가 유유히 헤엄치는 상어의 신비(Shark Mystique), 진귀한 1,000여 마리의 해파리가 어둠 속에서 다양한 색을 발산하는 해파리수족관(Sea Jelly Spectacular), 205m 남룡산(南山) 정상에 20여 마리의 물개와 바다사자가 살고 있는 등대 모양의 퍼시픽피어(Pacific Pier) 그리고 중국철갑상어수족관(Chinese Sturgeon Aquarium) 등 다양한 해양동물을 만날 수 있다.
360° 회전하는 롤러코스터 드래곤(The Dragon), 오션파크가 한 눈에 들어오는 회전전망대 오션파크타워(Ocen Park Tower), 아찔한 높이에서 뚝 떨어지는 어비스터보드롭(The Abyss Turbo Drop), 45°까지 기울어지는 범선을 타고 지상 20m 높이까지 올라가는 크레이지갈레온(Crazy Galleon), 360° 회전하면서 7m 높이까지 올라가는 플라잉스윙(Flying Swing)과 대관람차 등 정상에서 즐기는 환상적인 놀이기구들이 있다.

어드벤처랜드 (Adventure Land)

세계에서 두 번째로 긴 옥외 에스컬레이터로 연결되는 어드벤처랜드에는 시속 70㎞의 속도로 질주하는 마인트레인(Mine Train), 시원하게 물길을 가로지르며 내려오는 후룸라이드 레이징리버(Raging River) 등 속도감을 즐길 수 있는 각종 놀이시설이 있다.

Part
04

홍콩 외곽 섬

Chapter01 자연을 만끽할 수 있는 란타우섬

Section01 란타우섬에서 반드시 둘러봐야 할 명소
Special11 홍콩 최초 리조트개념의 부촌, 디스커버리베이
Special12 가족단위 여행자를 위한 테마파크, 홍콩디즈니랜드

Chapter02 하이킹을 즐기기 좋은 람마섬

Section02 람마섬에서 반드시 둘러봐야 할 명소

Chapter03 만두축제가 유명한 청차우섬

Section03 청차우섬에서 반드시 둘러봐야 할 명소

Chapter 0 1

자연을
만끽할 수 있는
란타우섬

大嶼山, Lantau Island

홍콩 서쪽에 위치하여 영국 식민시절 유일하게 개발되지 않아 자연이 잘 보존된 섬이다. 면적은 홍콩섬의 2배로 홍콩 260여 개의 섬 중 가장 크며, 해발 934m의 란타우 피크는 많은 젊은이와 가족동반 등산객들이 배낭을 메고 하이킹을 즐긴다. 홍콩국제공항과 란타우섬을 잇는 칭마대교, 세계 최대의 좌불상이 있는 포린사원, 수상가옥이 있는 타이오마을 등이 이곳에 자리한다. 또한 홍콩디즈니랜드와 3개의 섬을 지나는 옹핑360 케이블카로 인해 주목받는 여행지이다.

란타우섬을 이어주는 교통편

❶ 홍콩에서 출발

- **MTR** 통청선(東涌綫, Tung Chung Line)의 종점 통청(東涌, Tung Chung)역에서 하차한 후 B번 출구로 나와 시티게이트에 위치한 통충타운센터 버스터미널에서에서 버스를 이용하거나 옹핑케이블카를 탄다.

- **페리** 센트럴 6번 페리선착장에서 무이워(梅窩, Mui Wo)행 페리를 이용한다.

행선지	운항시간	운항간격	소요시간	페리종류	좌석	요일	편도요금(HK$)	
							성인	3~12세
센트럴 6번 페리선착장 → 란타우섬 무이워 Mui Wo, 梅窩	06:10~24:30	20~50분	50~55분	일반 (Ordinary Ferry)	일반	월~토요일	15.2	7.6
	07:00~24:30					일요일과 공휴일	22.5	11.3
	06:10~24:30				디럭스	월~토요일	25.4	12.7
	07:00~24:30					일요일과 공휴일	37.2	18.6
	06:10~24:30	30분~ 1시간 20분	35~40분	쾌속 (Fast Ferry)	—	월~토요일	29.9	15
	07:00~24:30					일요일과 공휴일	42.9	21.5
란타우섬 무이워 Mui Wo, 梅窩 → 센트럴 6번 페리선착장	05:55~23:30	20~50분	50~55분	일반 (Ordinary Ferry)	일반	월~토요일	15.2	7.6
	06:20~23:30					일요일과 공휴일	22.5	11.3
	05:55~23:30				디럭스	월~토요일	25.4	12.7
	06:20~23:30					일요일과 공휴일	37.2	18.6
	05:55~23:30	10분~ 1시간	35~40분	쾌속 (Fast Ferry)	—	월~토요일	29.9	15
	06:20~23:30					일요일과 공휴일	42.9	21.5

❷ 디스커버리베이에서 출발

- **버스** 디스커버리베이 페리선착장 앞 버스터미널에서 DB01R버스를 타고 통충타운센터 버스터미널에서 하차한다.
- **페리** 디스커버리베이의 카이투선착장(Kai To Pier)에는 무이워를 오가는 셔틀개념의 페리를 운행한다. 평일에는 1대만 운행하며 주말과 공휴일에는 6~8대가 운행한다.
  요금 HK$12(월~토요일), HK$15(일요일과 공휴일)/현금만 가능 **운항시간** 15:10(월~금요일), 07:15, 10:45, 13:15, 16:15, 18:15, 20:05(토요일), 08:45, 10:45, 11:45, 13:15, 15:05, 16:15, 18:15, 20:05(일요일과 공휴일) **소요시간** 20분 정도.

❸ 홍함과 침사추이에서 출발

- **버스** 1R 직행버스는 홍함에서 출발하여 침사추이 카오룽공원을 거쳐 포린사원까지 일요일과 공휴일에 5회만 운행한다. **요금** HK$43 **운행시간** 09:00, 09:30, 10:00, 10:30, 11:00(일요일과 공휴일)

❹ 란타우섬 내 이동하기

- **버스** 통충타운센터 버스터미널에서 23번, 무이워 버스터미널에서 2번, 타이오 버스터미널에서 21번 버스를 타면 종점 옹핑버스터미널(Ngong Ping Bus Terminus)에 도착한다. 란타우섬 버스는 배차간격이 길기 때문에 시간을 맞춰야 하고, 버스가 빨리 끊어지기 때문에 막차시간도 꼭 확인해야 한다. 노선에 따라서 주중과 주말 버스요금이 다르고, 옥토퍼스카드도 사용가능하다.
  포린사원 → 타이오, 타이오 → 하청샤비치의 버스노선은 일차선 도로로 굽이굽이 산을 넘어 가는데 창밖으로 펼쳐지는 그림 같은 풍경 때문에 추천할 만한 경로이다.

란타우패스(Lantau Pass)

구간과 횟수에 제한 없이 하루 동안 심야버스와 일부노선을 제외한 란타우섬의 NLB 버스를 이용할 수 있는 패스이다. 통충버스터미널의 11번과 23번 버스정류장 사이 버스판매소에서 구입하면 된다. **요금** HK$35(월~토요일), HK$55(일요일과 공휴일)

360 데이패스(360 Sky-Land-Sea Day Pass)

통충 → 옹핑빌리지까지 운행하는 케이블카편도, 옹핑빌리지의 부처와의 산책, NLB 버스, 타이오 돌고래투어가 하나로 묶인 패키지패스이다. 통충버스터미널 11번과 23번 버스정류장 사이 패스판매소에서 구입하면 된다. **요금** HK$255(스탠다드캐빈 편도 케이블카포함), HK$325(크리스탈캐빈 편도 케이블카포함)

란타우섬 내 운행버스

출발지역	버스번호	도착지역	운행시간(출발지 기준)		운행간격	소요시간	요금(HK$)	
			월~토요일	일요일, 공휴일			월~토요일	일요일, 공휴일
디스커버리베이	DB01R	통총역	05:30~01:00 (매일)		10~30분	30분	10	
훙함/침사추이	1R	통총역	운행안함	09:00~11:00	30분	95분	–	43
통총역	23	옹핑	07:15~18:10	08:10~18:10	15~30분	50분	17.2	27
	11	타이오	06:20~01:20 (매일)		15~30분	60분	11.8	19.2
옹핑	23	통총역	08:10~16:10	08:10~15:55	20~60분	50분	17.2	27
	21	타이오	07:30~18:15	07:30~18:30	40~60분	20분	6.6	14
	2	무이워	12:10~18:20	07:05~18:45	30~45분	45분	17.2	27
타이오	1	무이워	05:00~24:20	05:30~24:10	20~40분	45분	10.7	17.7
	21	옹핑	07:45~16:45	07:45~17:45	45~60분	20분	6.6	14
			※ 단 토요일에는 17:15, 17:45 추가운행					
	11	통총역	05:20~24:15 (매일)		15~30분	60분	11.8	19.2
무이워	1/N1	타이오	06:00~01:10	06:30~01:10	30~45분	45분	10.7/16	17.7/27
	2	옹핑	08:00~16:30	08:00~17:55	30~40분	45분	17.2	27

- **택시** 란타우섬 내를 운행하는 하늘색 택시는 무이워페리선착장, 통총버스터미널, 옹핑버스터미널, 타이오, 디스커버리베이 등의 주요 명소에 항상 대기하고 있다. 주요 명소에서 원하는 장소까지 정해진 요금으로 가는 것이 일반적이다. 신용카드나 옥토퍼스카드로는 결제가 불가하며, HK$500 이상의 지폐로 지불할 경우 홍콩교통법상 거스름돈을 주지 않으므로 HK$100 이하의 지폐를 준비해서 탑승하자.

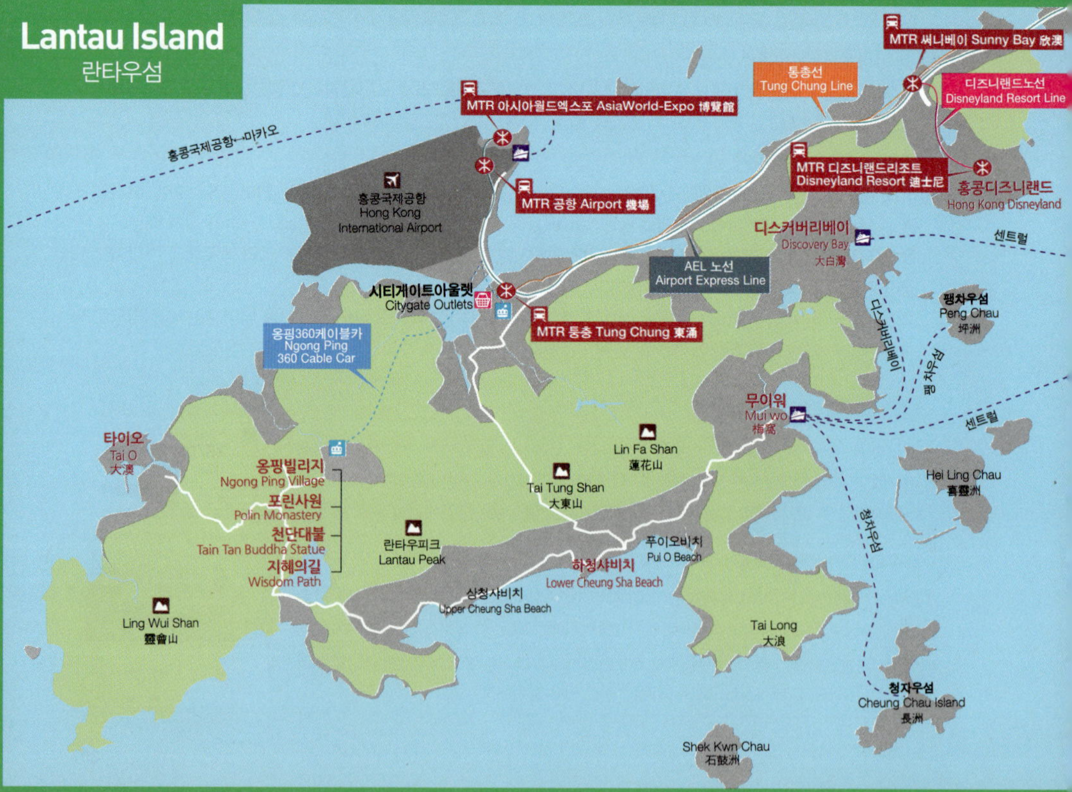

Lantau Island
란타우섬

란타우섬에서 이것만은 꼭 해보자

1. 옹핑케이블카를 타고 20분 동안 상공에서 내려다보는 홍콩을 만끽해보자!
2. 하루 일정이 된다면 란타우섬 일주에 도전해보자!

사진으로 미리 살펴보는 란타우섬 베스트코스 (예상 소요시간 7시간 이상)

MTR통충역 도착	시티게이트아울렛 1시간 코스	옹핑케이블카 25분 코스	옹핑빌리지 30분 코스	청동좌불상 30분 코스
1분	2분	25분	10분	10분

포린사원 30분 코스	지혜의 길 20분 코스	타이오 30분 코스	타이오보트투어 30분 코스	하칭샤비치 20분 코스	무이워 20분 코스
20분	20분	30분	25분	15분	

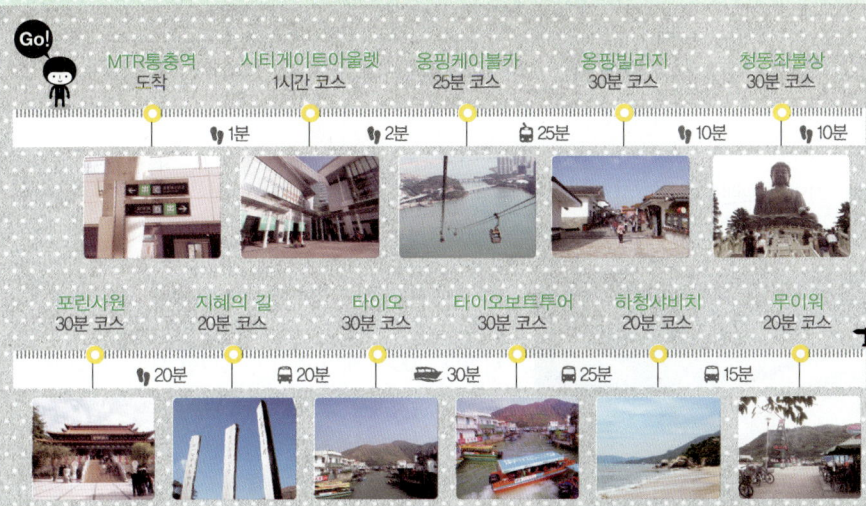

Tai O 타이오

Section 01
란타우섬에서 반드시 둘러봐야 할 명소

아시아 최장의 케이블카를 타고 세계 최대의 청동좌불상을 만날 수 있으며, 수상가옥과 돌고래를 볼 수 있는 타이오마을, 홍콩에서 가장 긴 백사장 하청샤비치까지 란타우섬 전체를 둘러보자. 도시에서 벗어나 여유롭게 하루일정으로 둘러보기 좋은 섬이며, 가까이 홍콩디즈니랜드까지 있어 다양하게 즐길 수 있다.

 다양한 브랜드를 저렴하게 살 수 있는 아웃렛 ★★★★★
시티게이트아울렛 東薈城名店倉 Citygate Outlets

MTR 퉁충역과 노보텔호텔이 연결되어 있는 지하 2층에서 지상 3층까지 총 5개층 규모의 아울렛쇼핑센터이다. 100여 개의 매장이 입점된 시티게이트아울렛을 제외하면 특별한 볼거리는 없다. 30~70%까지 할인하는 의류, 아동복, 화장품, 명품 등 다양한 제품이 있어 부담 없이 쇼핑하기 좋다. 던힐, 아르마니익스체인지, 아르마니아울렛, 발리, 아테스토니, 코치, 막스마라, 막스앤코 등 명품매장과 캐빈클라인진, 클럽21, 클럽모나코, 에스프리, 지오다노, I.T, 팀버랜드 등 캐주얼매장 그리고 아이다스, 나이키, 뉴발란스, 퓨마, 콜롬비아, 노스페이스 등 스포츠매장 등이 있다. 잘만 고르면 우리나라 절반 가격으로 구매할 수 있으므로 부지런히 다리품을 팔아야 한다. 지하 1층에는 유기농 수입식품을 판매하는 대형슈퍼마켓 테이스트, G층에는 스타벅스와 스파게티하우스, 1층에는 맥도날드, 골든상하이퀴진과 올리오, 2층에는 푸트코트 푸드리퍼블릭 등 레스토랑과 카페가 위치해 있다.

주소 20 Tat Tung Road, Tung Chung, Lantau 강력추천 에스프리, 나이키, 콜롬비아매장 등이 할인율이 좋다. 귀띔 한마디 10시부터 영업시간이지만 보통 11시 이후에 오픈한다. 영업시간 10:00~22:00/연중무휴(매장마다 상이) 문의 (852)2109-2933 찾아가기 MTR 퉁충선의 종점 인 퉁충역에서 내려 C번 출구와 연결된다. 홈페이지 www.citygateoutlets.com.hk

 아시아 최장의 케이블카 ★★★★★★
옹핑 360 케이블카 昂平纜車 Ngong Ping 360 Cable Car

5.7km 길이의 아시아 최장 케이블카로 개통 전에는 MTR 퉁충역에서 버스를 타고 산길을 50분 이상 돌아가야 했지만 케이블카가 개통되면서 25분 만에 옹핑빌리지까지 이동할 수 있게 됐다. 케이블카를 타고 가는 동안 덤으로 홍콩국제공항, 원시림, 남중국해, 란타우섬

Chapter 01 란타우섬

등을 한눈에 내려다볼 수 있다. 케이블카는 크리스탈캐빈과 스탠다드캐빈으로 나뉘며, 크리스탈캐빈은 바닥까지 투명해서 더욱 스릴을 만끽할 수 있어 인기이다. 주말과 공휴일에는 오픈시간 전부터 사람들이 길게 줄을 서므로 10시 이전에 도착하도록 하자. 매표소 앞에는 2개의 줄이 있는데, 현장구매와 온라인 구입바우처를 티켓으로 교환하는 줄이다. 아이러니하게 주말과 공휴일에는 오히려 현장구매 줄이 빠를 때도 있다.

주소 11 Tat Tung Road, Tung Chung, Lantau **강력추천** 옹핑360 홈페이지 또는 한국의 티켓대행사에서 할인된 금액에 구입할 수 있다. **귀띔 한마디** 바람이 심한 날은 운행이 중단되기도 한다. **요금** 표 참조 **영업시간** 10:00~18:00(월~금요일), 09:00~18:30(주말과 공휴일)/연중무휴 **문의** (852)2109-9898 **찾아가기** MTR 통충(東涌, Tung Chung)역 C번 출구로 나와서 왼쪽으로 걸으면 케이블카 승강강으로 가는 에스컬레이터를 타고 올라가면 매표소와 연결된다. **홈페이지** www.np360.com.hk

종류	내용	구분	요금(HK$)		
			성인	어린이(3~11세)	65세 이상
케이블카	스탠다드캐빈 (Standard Cabin)	편도	130	65	90
		왕복	185	95	130
	크리스탈캐빈 (Crystal Cabin)	편도	180	125	145
		왕복	255	175	190
	1+1(스탠다드&크리스탈캐빈)	왕복	240	155	190
360 Sky-Land-Sea Day Pass	왕복케이블카+NLB 버스+타이오 돌고래보트투어	스탠다드캐빈	255	170	—
		크리스탈캐빈	325	245	
360 Holidays Guided Tour	문화 및 란타우 유산투어	스탠다드캐빈	390	320	
		크리스탈캐빈	450	390	
360 Lantau Sunset Tour (선셋투어)	편도케이블카+타이오 돌고래보트 투어+저녁식사+MTR편도티켓	스탠다드캐빈	690	630	
		크리스탈캐빈	750	690	

 테마가 있는 마을 ★★★★
옹핑빌리지 昂平市集 Ngong Ping Village

옹핑케이블카를 타고 란타우피크Lantau Peak에 내리면 1.5헥타르 고원에 인위적으로 조성한 미니테마파크를 만날 수 있다. 포린사원과 청동좌불상으로 가는 길에 위치해 있으며 중국의 전통가옥들이 주변 자연경관과 조화를 이루고 있다. 문화체험관, 불교체험관, 부처와의 산책Walking with Buddha, 카페테리아와 찻집 등의 시설과 간단하게 요기할

수 있는 레스토랑도 찾아볼 수 있다. 부처의 일생에 대한 영화를 상영하는 실내 극장 부처와의 산책, 소원카드에 소원을 적고 걸은 후 소원을 빌면 이루어진다는 보리수소원성지Bodhi Wishing Shrine, 중국 전통 다도와 녹차를 시음해보는 리눙티하우스Linong Tea House 외에도 레스토랑, 카페, 기념품숍 등이 있다.

입장료 무료 **운영시간** 10:00~18:00(월~금요일), 09:00~18:30(주말과 공휴일)/연중무휴 **문의** (852)2109-9898 **찾아가기** 옹핑케이블카 종점에서 하차하면 바로 위치한다./MTR 퉁충역 B번 출구로 나와서 버스터미널에서 23번 버스를 타고 종점에서 하차(50분 소요) **홈페이지** www.np360.com.hk

세계 최대의 청동좌불상이 있는 ★★★★★
포린사원 寶蓮寺 Polin Monastery

옹핑고원 한가운데 당대 건축양식을 본떠 세워진 란타우섬의 가장 오래된 사원이자 홍콩에서 가장 큰 사원이다. 매년 음력 5월 21일 석가탄신일에는 부처목욕의식, 불경강연, 쿵푸 시연 등의 큰 행사가 진행된다. 사원 맞은편 가파른 268개의 계단을 오르면 홍콩 유명인들이 모금을 통해 봉헌한 천단대불Tain Tan Buddha Statue 또는 빅부다Big Buddha라 부르는 청동좌불상을 마주하게 된다. 세계 최대 규모의 청동좌불상은 높이 34m, 무게 202톤으로 중국본토에서 10여 년에 걸쳐 만들어져 1993년 이곳에 세워졌다고 한다. 연꽃모양 좌대 내부는 유료전시실(HK$38)로 부처의 모습을 그린 탱화와 경전, 스리랑카에서 기증한 진신사리, 매염방 등 고인들의 위패를 모신 추모실 등이 있다. 포린사원에 딸린 진미소珍味素에서는 채식으로만 차린 사찰음식을 맛볼 수 있는데, 식권은 계단입구와 식당 옆 매표소에서 판매하며 이표에는 유료전시실 입장권이 포함되어 있다.

Chapter 01 란타우섬

귀띔 한마디 홍콩영화 〈무간도3〉와 예능프로 〈런닝맨〉 등의 촬영지로 더욱 유명세를 탔다. **입장료** 무료/전시실 HK$38 **운영시간 포린사원** 08:00〜18:00 **청동좌불상** 10:00〜17:30 **사찰식당** 11:30〜16:30(월〜금요일), 11:30〜19:00(주말과 공휴일)/연중무휴 **문의** (852)2109-9898 **찾아가기** 옹핑빌리지에서 도보 5분 거리에 위치한다. **홈페이지** www.plm.org.hk

❶ 청동좌불상(Tain Tan Buddha Statue) ❷ 포린사원(Po Lin Monastery) ❸ 대형향로(Incense Burner) ❹ 사찰음식(Vegetarian Meal 제너럴 HK$98, 디럭스 HK$138) ❺ 오방불상(Five Dhyanu Buddhas)

 ### 지혜의 길 心經簡林 Wisdom Path
〈반야심경〉 글귀 따라 사색하기 좋은 산책로 ★★★★★

홍콩에서 두 번째로 높은 펑윙산(鳳凰山, 934m) 정상의 란타우피크로 가는 트레킹코스 초입에 위치한 산책로이다. 계단을 따라 38개의 나무기둥이 장승처럼 우뚝 서 있다. 나무기둥에는 불교경전 중 가장 많이 알려진 〈반야심경〉의 글귀가 새겨져 있으며, 위에서 내려다보면 무한대를 의미하는 ∞ 모양으로 세워져 있는데 〈반야심경〉 내용 중 '색즉시공 공즉시색'처럼 일시적으로 생겨나서 곧 없어지고 마는 것을 뜻한다. 예능프로 〈런닝맨〉 홍콩편에서 최종미션을 수행했던 곳이며, 주변으로 남중국해 풍경과 우뚝 솟은 란타우피크를 조망할 수 있다.

입장료 무료 **찾아가기** 포린사원과 청동좌불상 사이길의 이정표를 따라 15〜20분 걸으면 위치한다.

타이오 大澳 Tai O
홍콩의 베네치아라 불리는 작은 섬마을 ★★★★★

란타우섬 북서부에 위치한 작은 섬마을로 이 섬에서 가장 오래된 어촌이다. 한때 고기잡이와 염전으로 부를 누렸던 곳으로 수심 1.5m 높이에 대나무를 엮어 세운 팡옥(棚屋)이라는 수상가옥을 짓고 살아온 탄카족들의 고향이다. 지역재개발로 쫓겨날 처지에 내몰렸지만 수상가옥을 보려고 관광객이 급증하면서 정부에서는 보존방침을 세우고 관광자원으로 활용하기 위해 습지공원을 비롯한 관광자원을 개발하고 있다. 윙온스트리트의 좁고 짧은 하늘색다리를 건너면 바로 타이오섬인데, 윙온스트리트까지는 란타우섬에 속하고 타이오마켓스트리트부터 타이오섬이다. 윙온스트리트와 타이오마켓스트리트에는 건어물과 먹거리를 파는 시장이 형성되어 있는데, 조기(鹹魚)와 소금에 절여 발효시킨 새

우장_{蝦醬}이 유명하다. 캣힝스트리트^{Kat Hing Str.}를 따라 걷다 붉은색 신기대교_{新基大橋}를 건너면 타이오마을을 만날 수 있다. 하늘색 다리 근처의 보트선착장에서 돌고래보트투어^{Dolphin Travel Boat}를 이용하면 수상가옥과 핑크돌고래가 출몰하는 지역까지 한 번에 둘러볼 수 있다. 보트투어는 출발시간이 정해져 있지 않아 승객이 적당하게 탑승하면 출발한다.

귀띔 한마디 타이오는 주성치 영화 <도성타왕>과 MBC드라마 <히트>의 촬영지이다. **요금** 돌고래보트투어(Dolphin Travel Boat, HK$20~25)/20분 소요 **찾아가기** 똥쭝빌리지에 위치한 버스정류장에서 21번 버스를 타고 타이오(大澳, Tai O)정류장에서 하차한다./퉁충버스터미널에서 11번 버스를 타고 타이오정류장에서 하차한다.

타이오마켓(Tai O Market, 大澳街市)

타이오윙온스트리트(Tai O Wing On St)와 타이오마켓스트리트(Tai O Market St)에 형성된 건어물과 먹거리를 파는 시장으로 새우, 오징어, 쥐포, 해삼 등을 말린 건어물과 오징어구이, 소금에 절인 달걀, 계란빵 등 다양한 먹거리를 만날 수 있다.

수상가옥을 바라보며 즐기는 더치커피 ★★★★
솔로카페 蘇廬 Solo Cafe

특별한 간판도 없고 입구에 진열해 놓은 엽서들로 기념품숍처럼 보이는 카페이다. 수상가옥마을과 어울리지 않는 더치커피, 홈메이드 케이크와 간단한 요깃거리를 제공한다. 무심한 듯 꾸며놓은 소박한 인테리어와 수상가옥을 한눈에 바라볼 수 있는 테라스를 갖추고 있다. 4대째 이 마을에 살고 있는 주인장 리웨이펑은 사이폰^{Syphon}이라는 도구를 사용하여 커피를 추출하는데, 사이폰커피는 진공추출방식으로 실험실 도구처럼 물이 담긴 동그란 컵을 가열하면 생기는 수증기가 사이폰을 통과하면서 커피가 추출된다. 오랜 시간 내려 추출된 커피는 향이 진해 수제 치즈케이크, 티라미수, 세라두라와 함께 하면 더욱 좋다.

주소 86 Kat Hing Street, Tung Chung, Tai O, Lantau **귀띔 한마디** 1인당 HK$45 미니멈차지가 있다. **베스트메뉴** 음료수에 케이크나 요리 중에 선택할 수 있는 2세트메뉴(HK$95), 음료수, 케이크, 요리까지 제공되는 3세트메뉴(HK$125) **영업시간** 11:00~18:00(월~토요일)/매주 일요일 휴무 **문의** (852)9153-7453 **찾아가기** 타이오윙온스트리트(Tai O Wing On St.) 중간의 하늘색 다리를 건넌 후 타이오마켓스트리트(Tai O Market St.)를 따라 걷다 오른쪽 첫 번째 골목 캣힝스트리트(Kat Hing St.)로 진입하면 오른편에 위치한다. 도보 3분 거리.

↖ 세라두라와 더치커피 세트

Chapter 01 란타우섬

청샤비치의 동쪽해변 ★★★★
하청샤비치 下長沙泳灘 Lower Cheung Sha Beach

란타우섬 남쪽에 위치한 2km길이의 청샤비치는 홍콩에서 가장 긴 백사장으로 빼어난 조망 때문에 동방의 하와이라 불리며 과거 영국기업들의 휴양지로 각광받은 곳이다. 밀물 때 백사장 대부분이 물에 잠기는 서쪽의 상청샤비치Upper Cheung Sha Beach와 수심이 얕고 모래가 고운 동쪽해변 하청샤비치로 나뉜다. 해수욕을 즐길 수 있는 하청샤비치에는 탈의실과 샤워실 등 편의시설과 해양스포츠를 즐길 수 있는 해양스포츠센터가 자리한다. 지중해요리, 이탈리안요리, 남아프리카스타일 바비큐를 제공하는 야외레스토랑 더스탑The Stoep에서는 출렁이는 파도를 바라보면서 낭만적인 식사를 즐길 수 있으며, 간혹 해변산책을 즐기는 소도 볼 수 있다.

입장료 무료 개장기간 4~10월 찾아가기 포린사원 버스터미널에서 2번 버스 또는 타이오에서 1번 버스를 타고 하청샤비치(下長沙泳灘, Lower Cheung Sha Beach)에서 하차한다.

센트럴과 란타우섬을 페리로 오가는 ★★★★★
무이워 梅窩 Mui Wo

큰 볼거리가 있는 것은 아니지만 센트럴과 란타우섬을 오가는 페리를 타기 위해 꼭 거쳐야 하는 지역으로 퉁충타운센터 버스터미널과 옹핑케이블카가 생기기 전에는 란타우섬의 관문역할을 하던 곳이다. 무이워 페리터미널 바로 앞에는 버스터미널이 있고 주위에 레스토랑, 편의점, 맥도날드 등이 보인다. 페리선착장을 바라보고 왼편에는 싱싱한 해산물을 먹을 수 있는 식당가와 기념품점들이 자리한다. 선착장 옆에는 버려진 것 같이 보이는 자전거보관소가 있는데 대여도 가능하며, 하루 종일 빌려도 HK$30 정도이다. 페리선착장을 바라보고 왼쪽으로 3분 정도 걸어가면 예전 은이 나와 실버마인베이라 불리던 백사장이 있지만 이렇다 할 볼거리는 없고, 주로 홍콩 현지인들이 즐겨 찾는다. 왕가위감독의 〈열혈남아〉에서 유덕화와 장만옥이 키스하던 공중전화박스가 버스터미널 오른쪽에 있으니, 홍콩영화 마니아라면 놓치지 말자.

찾아가기 하청샤비치에서 1, 3, 4, A35, 3M번 버스를 타고 종점 무이워(梅窩, Mui Wo)에서 하차한다./센트럴 6번 페리선착장에서 40~55분 소요./무이워와 포린사원 간을 이동할 때는 2번 버스를 이용하면 된다.

Special 11

홍콩 최초 리조트개념의 부촌
디스커버리베이(Discovery Bay, 大白灣)

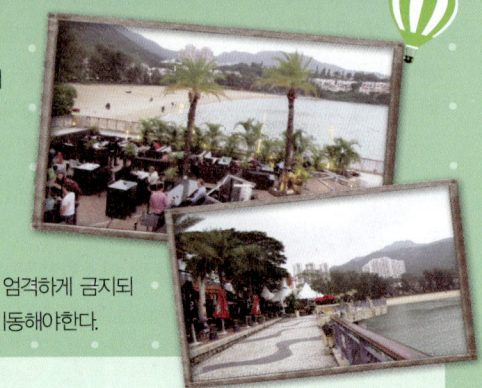

란타우섬 동쪽에 조성된 주거지역으로 홍콩섬 남부의 스탠리와 함께 홍콩의 작은 유럽이라 불리는 부촌 중의 하나이다. 주로 외국인들이 많이 거주하며, 리조트 개념의 주택단지로 페리선착장의 디데크와 디스커버리베이로드를 따라 북쪽으로 이동하면 DB노스플라자 쇼핑몰의 전망 좋은 레스토랑에서 다양한 세계요리를 맛 볼 수 있다. 이곳은 일반차량 소유와 통행이 엄격하게 금지되고 있어 지역 내는 디스커버리베이 전용버스를 타고 이동해야한다.

디스커버리베이에서는 자동차를 볼 수 없다!

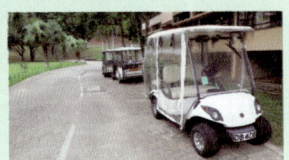

DB는 홍콩 유일의 친환경도시로 환경보호를 위해 자동차 소유금지는 물론 공용버스와 공익차량 외에는 운행자체가 엄격하게 금지되어 있다. 그래서 지역민들은 골프전동카트를 일반적 교통수단으로 이용한다. 하지만 사용료가 포함된 카트비용은 우리나라 돈으로 3억 원을 호가할 정도로 비싸고, 전체 500대로 제한되어 있어 그마저 치열한 경쟁을 거쳐야만 한다.

Discovery Bay
디스커버리베이

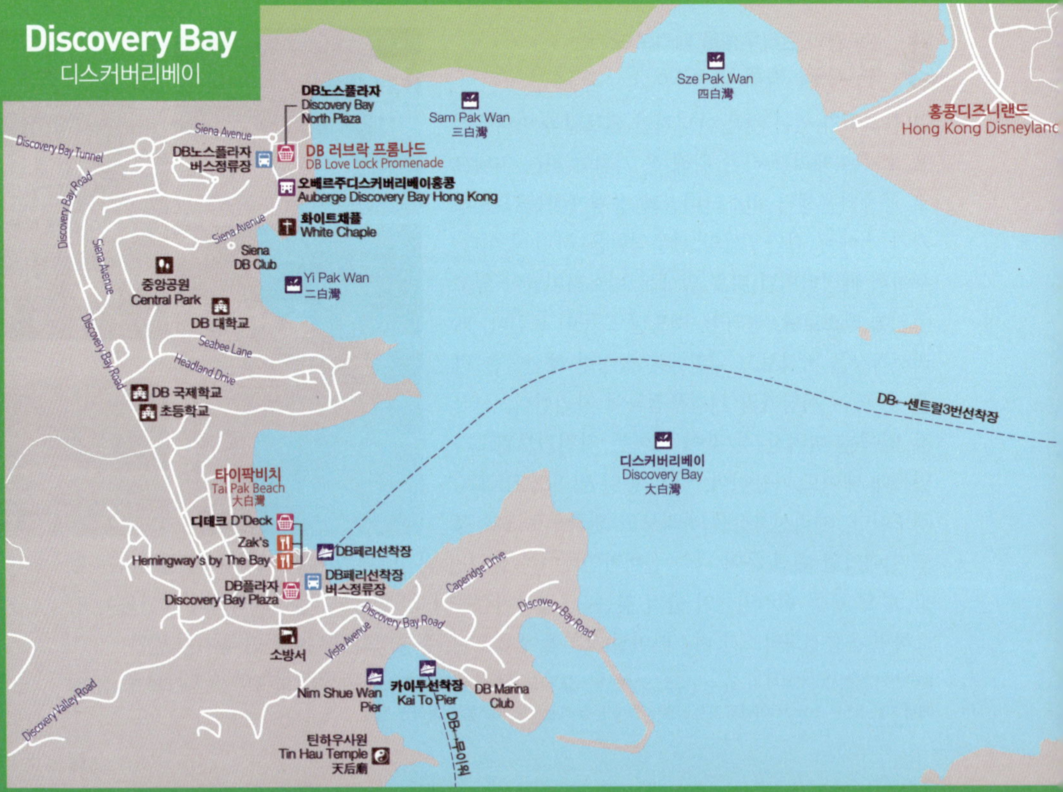

DB노스플라자
Discovery Bay North Plaza
Sam Pak Wan 三白灣
Sze Pak Wan 四白灣
홍콩디즈니랜드
Hong Kong Disneyland
Siena Avenue
Discovery Bay Tunnel
DB노스플라자 버스정류장
DB 러브락 프롬나드
DB Love Lock Promenade
오베르주디스커버리베이홍콩
Auberge Discovery Bay Hong Kong
Discovery Bay Road
화이트채플
White Chaple
Siena Avenue
Siena DB Club
Siena Avenue
Yi Pak Wan 二白灣
중앙공원
Central Park
DB 대학교
Seabee Lane
Discovery Bay Road
Headland Drive
DB 국제학교
초등학교
DB↔센트럴3번선착장
디스커버리베이
Discovery Bay
大白灣
타이팍비치
Tai Pak Beach
大白灣
디데크 D'Deck
Zak's
Hemingway's by The Bay
DB페리선착장
DB플라자
Discovery Bay Plaza
DB페리선착장 버스정류장
Caperidge Drive
Discovery Bay Road
Discovery Bay Road
Vista Avenue
소방서
Discovery Valley Road
Nim Shue Wan Pier
카이투선착장
Kai To Pier
DB Marina Club
DB↔무이워
틴하우사원
Tin Hau Temple
天后廟

디스커버리베이를 이어주는 교통편

❶ 홍콩에서 출발

- **페리** 센트럴 3번 페리선착장 디스커버리베이(大白灣, Discovery Bay)행 페리를 이용한다.

❶ DB로고가 새겨진 페리토큰 ❷ DB로 이동하는 센트럴 3번 페리선착장 ❸ DB 페리선착장

행선지	운항시간	운항간격	소요시간	편도요금(HK$)		
				구분	성인	3~12세
센트럴 3번 페리선착장 → 디스커버리베이	06:30~05:00	20분~1시간 30분	25분	데이 (06:30~23:30)	40	20
디스커버리베이 → 센트럴 3번 페리선착장	06:00~04:20	15~30분		오버나이트 (24:00~06:00)	57	36.5

❷ 란타우에서 출발

- **버스** 통총타운센터 버스터미널에서 DB01R버스를 타고 DB노스플라자 또는 DB페리선착장 앞에 위치한 버스터미널에서 하차한다.
- **페리** 무이워페리선착장을 바라보고 오른쪽에 디스커버리베이의 카이투선착장(Kai To Pier)까지 오가는 셔틀개념의 페리가 운행된다. 평일에는 1대, 주말과 공휴일에는 6~8대가 운항한다. 배에서 내려 왼쪽으로 걷다 삼거리에서 왼쪽의 디스커버리베이로드(Discovery Bay Rd.)를 따라 직진하다 플라자레인(Plaza Lane) 쪽으로 들어서면 디데크(D' Deck)가 나온다.

무이워페리선착장 바로 옆에서 출발하는 DB행 페리

요금 HK$12(월~토요일), HK$15(일요일과 공휴일)/현금결제만 가능 **운항시간** 07:20(월~금요일), 07:45, 11:15, 13:45, 16:45, 18:45, 20:30(토요일), 09:15, 11:15, 12:15, 13:45, 15:35, 16:45, 18:45, 20:30(일요일과 공휴일) **소요시간** 20분 정도

❸ MTR 써니베이역에서 출발

- **MTR** 통총선(東涌綫, Tung Chung Line)과 디즈니랜드리조트선(迪尼士綫, Disneyland Resort Line)이 만나는 써니베이(欣澳, Sunny Bay)역 A번 출구 근처에 위치한 버스터미널에서 DB03R번 버스를 타고 DB버스터미널 하차 또는 DB03P번 버스를 타고 DB노스플라자에서 하차한다.

❹ 홍콩국제공항에서 출발

- **버스** 페리선착장 바로 앞에 위치한 버스정류장에서 4, 9 C4, C9번 버스 또는 무료셔틀버스(Free Express Bus)가 DB노스플라자까지 운행한다.

❺ 디스커버리베이 내에서 이동하기

- **버스** 페리선착장 바로 앞에 위치한 버스정류장에서 9, C4, C9번 버스 또는 무료셔틀버스(Free Express Bus)가 DB노스플라자까지 운행한다.

❶ DB페리선착장 바로 앞에 위치한 버스터미널
❷ DB버스터미널과 DB노스플라자를 무료로 운행하는 셔틀버스

출발지역	버스번호	도착지역	운행시간(출발지역 기준)	운항간격	소요시간	요금(HK$)
통총역	DB01R	DB버스터미널	05:50~01:25	10~15분	30분	10
써니베이역	DB03R	DB버스터미널	06:40~01:12	10~15분	30분	10
	DB03P	DB노스플라자	08:00~22:05	10~15분	20분	10
홍콩국제공항	DB02A	DB노스플라자	07:45~23:45	1시간	20분	35
	DB02R	DB버스터미널	24:00~23:30	30분	30분	35
DB버스터미널	9	DB노스플라자	05:30~08:55(월~금요일만 운행)	7~10분	15분	4.4
	C4	DB노스플라자	24:00~04:00/19:10~23:30(월~금요일) 24:00~23:40(주말과 공휴일)	6~30분	15분	4.4
	C9	DB노스플라자	09:10~24:00(월~금요일) 05:30~24:30(주말과 공휴일)	10~30분	15분	4.4
	무료셔틀	DB노스플라자	11:00~22:00	30분	15분	-

해변을 바라보며 멋진 식사를 할 수 있는 쇼핑몰

디데크(D'Deck)

한식, 일식, 태국, 브라질, 멕시코, 유럽 등 다국적 레스토랑이 모여 있는 디데크는 슈퍼마켓, 헤어숍, 장난감매장 등이 입점한 디스커버리베이플라자(Discovery Bay Plaza)와 연결된다. 원통모양의 중앙광장에서는 6~8월 여름과 1월을 제외하고 매달 두 번째 일요일에 아티스트와 디자이너의 핸드메이드제품을 판매하는 프리마켓이 열린다. 디데크가 특별한 이유는 바로 앞 디스커버리베이비치라고 부르는 타이팍비치를 바라보며 요리를 즐길 수 있는 노천레스토랑과 카페가 있기 때문이다. 또한 매일 저녁 8시 또는 9시에 디즈니랜드에서 펼쳐지는 불꽃놀이도 볼 수 있다.

주소 92&96 Discovery Bay Road, Discovery Bay **영업시간** 08:00~24:00(매장마다 상이)/연중무휴 **찾아가기** 디스커버리베이 페리선착장을 등지고 오른쪽 해안산책로에 위치한다. 도보 1분 거리.

디데크에서 식사하면 센트럴행 페리를 무료로 탑승할 수 있다.

디데크에서 지정한 13개 레스토랑에서 1인당 HK$120 이상 식사를 하면 센트럴행 페리를 무료로 탑승할 수 있다. DB버스터미널에서 광장으로 통하는 입구 서비스카운터에 영수증을 제시하면 도장을 찍어 주는데, 탑승 시 개찰구 승무원에게 도장이 찍힌 영수증을 제시하면 된다. 단, 평일점심 영수증은 이용할 수 없다.

- 월~금요일 18:00~23:45까지 디데크 지정 레스토랑에서 1인당 HK$120 이상 이용 시 19:30~24:00에 운행하는 센트럴행 페리를 무료탑승할 수 있다.
- 주말과 공휴일 12:00~23:45까지 디데크 지정 레스토랑에서 1인당 HK$120 이상 이용 시 13:00~24:00에 운행하는 센트럴행 페리를 무료탑승할 수 있다.

디데크 무료페리서비스카운터(Free Ferry Service Counter)

- 지정레스토랑 22° North, Berliner, Café Duvet, Coyote Mexican Cantina, Ebeneezer's, Figos, First Korean Restaurant, Hemingway's by the Bay, Kiraku Tei, Koh Tomyums, McSorley's Ale House, Solera, ZAKS

디스커버리베이 최고의 레스토랑

작스(Zak's)

디데크뿐만 아니라 디스커버리베이에서 가장 유명하며, 가장 큰 레스토랑으로 야자수 너머 해변이 보이는 넓은 야외테라스를 갖추고 있다. 해산물요리, 샐러드, 스테이크, 파스타, 피자, 아시아요리, 버거, 샌드위치, 디저트 등 인터내셔널 요리를 선보이며 와인, 맥주, 칵테일, 커피, 차 등 다양한 음료도 있다. 가격대비 양이 푸짐하고 맛도 훌륭한 편이며, 특히 열대칵테일은 이곳을 더욱 낭만적으로 만들어 준다. 남은 음식은 직원에게 요청하여 포장해 갈 수 있다.

주소 Shop.G04, D'Deck, 98 Discovery Bay **귀띔 한마디** 디데크 지정 레스토랑이다. **베스트메뉴** 바다소금과 레몬후추로 양념한 오징어튀김 솔트페퍼카라마리(Salt&Pepper Calamari, HK$155), 새콤달콤한 비비큐소스로 구운 폭립에 웨지감자와 샐러드가 푸짐하게 나오는 그릴베이비블랙립(Grilled Baby Back Ribs, HK$383) **추천메뉴** 태국소스로 맛을 낸 타이비프샐러드(Thai Beef Salad, HK$147), 3~5명이 먹을 수 있는 참깨참치, 오징어튀김, 데친 연어, 홍합, 새우튀김, 꽃게 등의 해산물모듬 씨푸드플래터(Seafood Platter, HK$698), 피나콜라다칵테일(Pina Colada, HK$90) **가격** 요리 HK$200~, 칵테일 HK$90, 맥주 HK$60~/Service Charge 10% 별도 **영업시간** 08:00~23:00/연중무휴 **문의** (852)2987-6232 **찾아가기** DB페리선착장을 등지고 오른쪽 해변산책로를 따라가면 왼편에 위치한다. 도보 1분 거리.

① 솔트페퍼카라마리(Salt&Pepper Calamari)
② 씨푸드플래터(Seafood Platter)
③ 그릴베이 비블랙립(Grilled Baby Back Ribs)
④ 피나콜라다(Pina Colada)

여유롭게 즐길 수 있는 로맨틱한 레스토랑

헤밍웨이바이더베이 (Hemingway's by the Bay)

디데크 해변산책로 끝자락에 위치하며, 야외에 소파테이블을 갖추고 있어 좀 더 편안하고 느긋하게 즐길 수 있는 레스토랑이다. 점심시간을 지나서 오픈하기 때문에 주류와 함께 즐길 수 있는 가벼운 요리들로 구성되어 있으며 저녁에는 라이브음악으로 DB에서의 밤을 더욱 로맨틱하게 만들어 준다. 샐러드, 버거, 스테이크, 파스타 등 작스보다 저렴하게 비슷한 요리를 즐길 수 있다. 프랑스맥주 크로넨버그1664(Kronenbourg 1664), 사과를 와인처럼 18개월 숙성시킨 술 매그너스(Magners), 덴마크맥주 칼스버그(Carlsberg) 등과 함께 즐기면 더 좋은 요리구성이 된다.

주소 Shop.G09, D'Deck, 98 Discovery Bay **귀띔 한마디** 디테크 지정 레스토랑이다. **베스트메뉴** 감자, 샐러드가 함께 나오는 피쉬앤칩스(Fish&Chips, HK$88), 웨지 감자와 샐러드가 함께 나오는 버거(Buger, HK$68~) **가격** HK$100~/Service Charge 10% 별도 **영업시간** 14:00~01:00(월~토요일과 공휴일), 12:00~02:00(일요일)/연중무휴 **문의** (852)2987-8855 **찾아가기** DB페리선착장을 등지고 오른쪽 해변산책로 끝자락에 위치한다. 도보 1분 거리.

디스커버리베이를 더욱 낭만적으로 만드는

타이팍비치 (Tai Pak Beach, 大白灣)

디테크 해변산책로와 연결되어 디스커버리베이비치라고 부르는 해변이다. 남중국해에 위치한 중국 제2의 섬 하이난다오(海南島)에서 모래를 가져와 약 400m의 인공백사장을 조성하였다. 바다를 바라보고 오른편에는 디테크의 노천레스토랑, 왼편에는 고급빌라단지가 조성되어 있고 탈의실과 샤워실 등의 편의시설이 있으며, 고운 모래사장에서 일광욕이나 비치발리볼을 즐기는 외국인들을 쉽게 볼 수 있다.

입장료 무료 **찾아가기** 디스커버리베이 페리선착장을 등지고 오른쪽 해안산책로를 따라 가다보면 해변으로 가는 계단이 위치한다. 도보 1분 거리.

디스커버리베이의 또 다른 쇼핑몰

디스커버리베이노스플라자 (Discovery Bay North Plaza, 大白灣愉景北商場)

DB 페리선착장을 등지고 왼편의 디스커버리베이로드를 따라 북쪽의 이팍베이(Yi Pak Bay)에 위치한 쇼핑몰로 웰컴슈퍼마켓, 세븐일레븐, 헤어숍, 서점, 부동산, 애견숍 등 주변 주민들의 편의시설과 자파스, 셰프초이스, 무피쉬, 머치마살라, 파이사노스 등의 레스토랑이 위치해 있다. 쇼핑몰 뒤편은 DB러브락프롬나드가 조성되어 있어 아름다운 바다를 한눈에 조망할 수 있으며, 쇼핑몰 옆에는 디스커버리베이의 유일한 호텔인 오베르주 디스커버리베이홍콩(Auberge Discovery Bay Hong Kong)이 자리하고 있다.

주소 92&96 Siena Avenue, Discovery Bay **영업시간** 10:00~22:00(매장마다 상이)/연중무휴 **문의** (852)3651-2345 **찾아가기** DB버스터미널에서 DB노스플라자까지 논스톱으로 운행하는 무료셔틀버스(Free Express Bus)는 매일 DB버스터미널에서 11:00~22:00 매시 정각과 30분에 출발 DB노스플라자에서 11:15~22:15 매시 15분과 45분에 출발한다. **홈페이지** dbnplaza.com

Special 12

가족단위 여행자를 위한 테마파크
홍콩디즈니랜드(Hong Kong Disneyland)

란타우섬 북동쪽에 자리한 세계 다섯 번째 디즈니랜드는 홍콩정부와 월트디즈니사가 합작하여 조성한 테마랜드이다. 2005년 개장 첫 해 500만 관광객이 찾아왔지만 이후 계속되는 적자로 고전을 면치 못하다가 2011년 토이스토리랜드, 2012년 글리즐리걸치 그리고 2013년 미스틱포인트를 순차적으로 개장하면서 총 5,000여 억 원을 투자하며, 관광객을 불러 모으고 있다.

주소 Hong Kong Disneyland Resort, Lantau Islands **입장료** 원데이티켓 HK$539(12~64세), HK$385(3~11세), HK$100(65세 이상), **투데이티켓** HK$739(12~64세), HK$525(3~11세), HK$170(65세 이상)/티켓대행사 또는 온라인에서 할인가격에 구입할 수 있다. **영업시간** 10:00~21:00(시즌별로 상이)/연중무휴 **문의** (082)3550-3388 **홈페이지** www.hongkongdisneyland.com

홍콩디즈니랜드를 이어주는 교통편

- MTR 통충선(東涌線, Tung Chung Line)의 써니베이(欣澳, Sunny Bay)역에서 하차하여 3번 플랫폼에서 디즈니랜드리조트선(迪尼士線, Disneyland Resort Line)으로 환승한 후 종점 디즈니랜드리조트역에서 하차한다. 온통 디즈니캐릭터로 장식되어 있는 디즈니랜드리조트열차는 짧은 운행시간동안 소소한 볼거리를 제공해 준다.

메인스트리트 USA(Main Street USA)

홍콩디즈니랜드 입구를 들어서면 가장 먼저 만나는 곳으로 1900년대 초 미국 서부마을을 재현한 거리이다. 길 양옆으로 파스텔톤 상점과 레스토랑 건물들이 늘어서 있다. 디즈니랜드안내를 위한 시티홀(City Hall)에서 각종 퍼레이드쇼 시간안내와 부속레스토랑 예약업무 등을 처리한다. 또한 입구에는 증기기관차를 타고 디즈니랜드를 한 바퀴 돌아볼 수 있는 기차역이 위치해 있고, 광장에서는 디즈니랜드의 모든 캐릭터가 총출동하는 디즈니온퍼레이드와 다채로운 쇼가 진행된다.

❶ 증기기관차(HK Disneyland Railroad) ❷ 디즈니온퍼레이드(Disney On Parade)

어드벤처랜드(Adventure Land)

커다란 호수 중간에 타잔이 살던 집처럼 꾸며진 타잔트리하우스는 미니정글을 탐험하는 코스이다. 타잔의 집으로 뗏목을 타고 가는 '래프트투타잔트리스', 가이드설명으로 정글에 사는 동물과 원주민을 만나는 '정글리버크루즈' 그리고 황홀한 무대로 꾸며진 뮤지컬공연 '페스티벌 오브더라이온킹'은 어드벤처랜드의 하이라이트로 이것만 봐도 디즈니랜드에 온 것이 전혀 아깝지 않다.

❶ 타잔트리하우스(Rafts to Tarzan Tree House) ❷ 페스티벌 오브더라이온킹(Festival of the Lion King) ❸ 정글리버크루즈(Jungle River Cruise)

판타지랜드(Fantasy Land)

환상적인 동화나라가 펼쳐지는 곳으로 친숙한 디즈니랜드의 캐릭터를 만날 수 있다. 디즈니랜드를 대표하는 '잠자는 숲 속의 미녀 성'은 매일 저녁 8시에 성을 배경으로 화려한 불꽃놀이가 펼쳐진다. 시각, 청각, 후각, 촉각까지 느낄 수 있는 3D쇼 미키의 마술교향악단과 디즈니캐릭터가 총출동하는 '골든미키'도 놓치면 안 될 공연이다. 화려한 신데렐라회전목마(Cinderella Carousel), 나르는 덤보코끼리(Dumbo the Flying Elephant), 매드패터티컵(Mad Hatter Tea Cups) 등의 놀이기구, 디즈니캐릭터와 기념사진을 찍는 판타지가든(Fantasy Gardens), 곰돌이 푸우와 꿀을 찾아 떠나는 여행(The Many Adventures of Winnie the Pooh) 등 아이들이 좋아할만한 다양한 볼거리가 있다.

❶ 불꽃놀이(Disney in the Stars Fireworks) ❷ 미키의 마술교향악단(Mickey's Philhar Magic) ❸ 골든미키(Golden Mickey's)

토이스토리랜드(Toy Story Land)

2011년 새롭게 개장한 테마파크로 애니메이션 <토이스토리>의 장난감들이 살고 있는 앤디집을 콘셉트로 꾸며졌다. 주인공인 카우보이 우디와 우주인 버즈 등 토이스토리 속 캐릭터를 직접 만날 수 있어 아이들이 좋아하는 곳 중의 하나이다. 앤디의 장난감 RC레이서에서는 27m 높이의 U자형 트랙을 따라 최고 속도로 달리는 스릴 넘치는 놀이기구이다. 토이솔저 패러슈트드롭, 슬링키독스핀 등의 놀이기구 외에도 테마공원 곳곳에서 영화 속 주인공과 사진도 찍을 수 있다.

❶ RC레이서(RC Racer) ❷ 토이솔저 패러슈트드롭(Toy Soldiers Parachute Drop) ❸ 슬링키독스핀(Slinky Dog Spin)

투모로우랜드 (Tomorrow Land)

우주여행을 주제로 한 건물과 놀이기구들이 가득한 곳으로 디즈니랜드에서 유일하게 스릴 있는 놀이기구가 많은 곳이다. 우주공간을 지나는 듯한 스릴만점의 롤러코스터 '스페이스마운틴', 우주선을 조종하여 레이저총으로 목표물을 맞히는 '버즈라이트이어 아스트로블래스터'와 외계인 스티치를 만나는 '스티치엔카운터' 등의 놀이기구 외에도 레스토랑과 카페 등 다이닝코너도 마련되어 있다.

❶ 스페이스마운틴(Space Mountain) ❷ 버즈라이트이어 아스트로블래스터(Buzz Light-year Astro Blasters) ❸ 스티치엔카운터(Stitch Encounter)

그리즐리걸치 (Grizzly Gulch)

2012년에 개장한 미국 서부개척시대를 재현한 테마존으로 광산지대와 광부를 주제로 한 볼거리와 놀이기구를 선보인다. 그 중 빅그리즐리마운틴 런어웨이광산열차는 회색곰 그리즐리가 다이나마이트를 터트린 후 굉음과 함께 출발하며, 그리즐리계곡을 배경으로 스릴을 만끽할 수 있다. 살롱여주인이 방문객을 위해 노래와 캉캉 춤을 추는 그리즐리걸치 마차쇼와 아이들과 함께 물장난을 즐길 수 있는 간헐천협곡 등이 있다.

❶ 빅그리즐리마운틴 런어웨이광산열차(Big Grizzly Mountain Runaway Mine Ears) ❷ 그리즐리걸치 마차쇼(Grizzly Gulch Welcome Wagon Show) ❸ 간헐천협곡(Geyser Gulch)

미스틱포인트 (Mystic Point)

2013년에 개장한 미스틱포인트는 스토리텔링 테마파크로 도쿄디즈니시(Tokyo DisneySea)의 타워오브테러(Tower of Terror)와 이야기 배경은 같지만 타워오브테러 주인공 해리슨 하이타워 3세의 친구 헨리미스틱경이 주인공인 것이 다르다. 빅토리아양식의 신비로운 대저택 미스틱매너에는 헨리경의 소장품이 보관되어 있고 헨리경의 원숭이 친구 알버트가 무생물에게 생명을 주는 뮤직박스를 여는 영상을 관람한 후 전기자동차 미스틱마그네트를 타고 별난 탐험가이자 예술품 수집가인 미스틱경의 저택을 탐험하게 된다.

❶ 미스틱마그네트(Mystic Magneto) ❷ 헨리미스틱경(Lord Henry Mystic) ❸ 원숭이친구 알버트(Albert)

홍콩디즈니랜드호텔 (Hong Kong Disneyland Hotel)

백설공주타워와 붉은색 지붕이 잘 어울리는 20세기 낭만과 21세기 모험을 테마로 지어진 홍콩디즈니랜드에 딸린 부속호텔이다. 호텔입구에는 대규모 정원과 로비의 화려한 샹들리에가 인상적이며 판타지아, 파크뷰, 시뷰, 발코니시뷰, 킹덤클럽, 스위트, 프레지덴셜스위트 등으로 구분된 400여 개의 객실을 갖추고 있다. 호텔 최상층은 디럭스룸과 다양한 스위트룸이 위치하고, 콘시어지라운지 킹덤클럽은 테마파크가 한 눈에 내려다보여 아름다운 야경을 즐기기 좋다.

호텔 전체가 디즈니캐릭터로 장식되어 있어 어린이를 동반한 가족단위 손님이 많으며, 특별 객실에는 미니바, 잠자리용 TV이야기, 미키모닝콜, 어린이 목욕용품 등이 갖춰져 있다. 가벼운 스낵과 음료가 제공되는 월트카페(Walt's Cafe)와 빅토리아스타일의 정원으로 디즈니캐릭터가 식사 시간에 등장하여 색다른 재미를 주는 요술가든레스토랑이 있다. 실외 슬라이드수영장, 빅토리아스파, 테니스코트, 웨딩전망대, 어린이운동장, 피트니스센터 등의 부대시설을 갖추고 있다.

요술가든레스토랑
(Enchanted Garden Restaurant)

찾아가기 MTR 디즈니랜드리조트역(迪尼士, Disneyland Resort)에서 나와 왼쪽으로 40m쯤 걸으면 위치하고 호텔셔틀버스를 이용해도 된다. **문의** (852)3510-6000 **가격** HK$2,500~ **홈페이지** www.hongkongdisneyland.com

디즈니할리우드호텔 (Disney's Hollywood Hotel)

할리우드의 황금시대를 테마로 한 호텔로 8층 높이에 600여 개 객실을 갖추고 있다. 미국영화의 중심지 할리우드라는 이름답게 할리우드 유명배우사진과 영화 내용을 주제로 꾸며져 있다. U자형 건물이라 객실 대부분은 전망이 좋으며, 가든뷰룸, 파크뷰룸, 씨뷰룸, 스위트룸으로 이뤄져 있다. 특별실에는 미니바, 잠자리용 TV이야기, 미키모닝콜, 어린이 목욕용품 등이 갖춰져 있다. 주로 단체관광객들이 이용하는 곳으로 디럭스급 이상의 객실이 없는 것과 욕실이 좁은 것이 흠이다.

미키마우스로 꾸며진 치프미키레스토랑은 미키분장을 한 요리사가 음식을 만들며 어린이들이 좋아하는 메뉴를 제공하는 할리우드&다인(Hollywood and Dine)레스토랑과 편안하게 칵테일을 즐길 수 있는 스튜디오라운지(Studio Lounge)가 있다. 레스토랑 외에도 쇼핑매장, 라운지, 수영장, 미키마우스수영장, 어린이운동장, 할리우드거리 스타일의 정원 등 다양한 부대시설을 갖추고 있다.

치프미키(Chef Mickey)

찾아가기 MTR 디즈니랜드리조트(迪尼士, Disneyland Resort)역에서 나와 왼쪽으로 40m쯤 걸으면 위치하고 호텔셔틀버스를 이용해도 된다. **문의** (852)3510-5000 **가격** HK$2,000~ **홈페이지** www.hongkongdisneyland.com

Chapter 02
하이킹을 즐기기 좋은 람마섬

南丫島, Lamma Island

세계적인 스타 주윤발이 태어나서 자란 곳으로 홍콩섬 남서쪽에 위치한 홍콩에서 세 번째로 큰 섬이다. 3층 이상의 건물을 지을 수 없으며, 소형소방차와 응급차 외에는 자동차도 운행할 수 없어 자전거를 빌리거나 도보여행을 해야 한다. 용수완에서 출발하여 해변을 거쳐 스텐하우스산(Mount Stenhouse)까지 하이킹할 수 있으며 자전거로 1시간 정도면 소쿠완에 도착한다. 해산물식당이 모여 있는 소쿠완에서 각종 해산물요리로 하이킹으로 허기진 배를 달래보자.

람마섬을 이어주는 교통편

• 센트럴 4번 페리선착장에서 용수완(Yung Shue Wan, 榕樹灣)이나 소쿠완(Sok Kwu Wan, 索罟灣)행 페리를 탑승하거나 애버딘해변산책로 선착장에서 소쿠완행 페리를 이용한다.

행선지	요일구분	운항시간	운항간격	소요시간	편도요금(HK$)	
					성인	3~12세
센트럴 4번 페리선착장 → 용수완(Yung Shue Wan, 榕樹灣)	월~토요일	06:30~24:30	20~60분	35분	17.1	8.6
	일요일과 공휴일	07:30~24:30	30~60분		23.7	11.9
센트럴 4번 페리선착장 → 소쿠완(Sok Kwu Wan, 索罟灣)	월~토요일	07:20~23:30	60~90분	50분	21	10.5
	일요일과 공휴일				29.8	14.9
애버딘 → 소쿠완(Sok Kwu Wan, 索罟灣)	월~토요일	06:40~22:50	45~90분	30분	12	6
	일요일과 공휴일				18	9

람마섬에서 이것만은 꼭 해보자

1. 아침 일찍 출발해서 용수완 → 하이킹 → 소쿠완 순으로 람마섬을 돌아보는 반나절 여행을 즐기자!
2. 용수완메인스트리트의 상점에서 깜찍한 기념품을 구입할 수 있으니 놓치지 말고 구경하자!

사진으로 미리 살펴보는 람마섬 베스트코스(예상 소요시간 5시간 이상)

Go!

용수완 페리선착장 도착 → 2분 → 용수완 메인스트리트 30분 코스 → 2분 → 람마 패밀리트레일 90분 코스 → 20분 → 흥싱예완비치 30분 코스 → 1시간 → 소쿠완 10분 코스 → 소쿠완페리선착장 → 레인보우 씨푸드레스토랑 대표메뉴 : 해산물요리

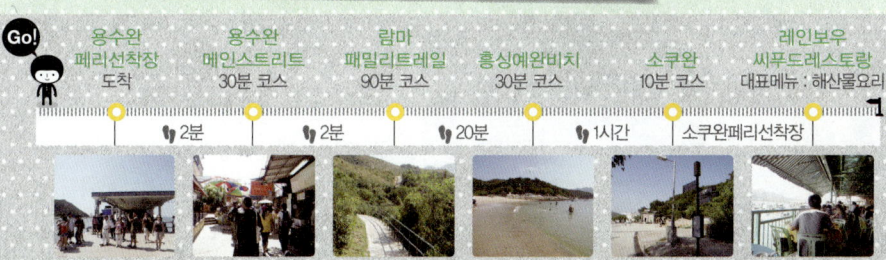

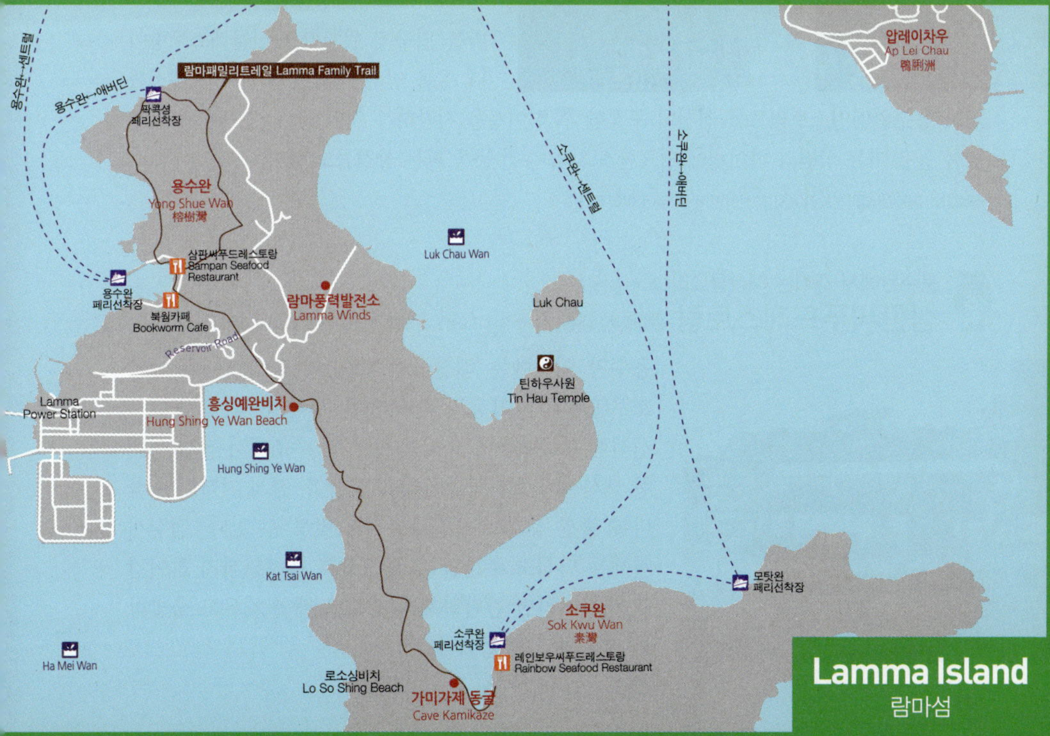

Lamma Island
람마섬

Section 02
람마섬에서 반드시 둘러봐야 할 명소

람마섬은 용수완을 시작으로 소쿠완까지의 하이킹을 즐기기에 좋은 곳이다. 용수완 입구의 작은 골목 안쪽으로 아기자기한 상점들이 볼거리를 제공하고, 힘들지 않은 하이킹코스를 따라가다 보면 탁 트인 바다와 마주치기도 하며 해변에서 수영을 즐길 수도 있다.

람마섬 여정을 시작하는 항구마을 ★★★★★
용수완 榕樹灣 Yong Shue Wan

용수완 페리선착장에서 하선하면 만나는 항구마을로 유럽풍 작은 레스토랑과 바, 상점들이 좁은 골목 가득히 들어차 있는 용수완메인스트리트가 볼만하다. 주말이면 하이킹을 즐기러 오는 사람들로 붐비는데, 여행자의 경우 자전거하이킹을 하려면 용수완에서 자전거를 빌려 소쿠완까지 갔다가 다시 용수완으로 되돌아 와 반납해야 하는 불편함이 있음으로 도보하이킹을 권한다.

마을 입구에 위치한 해산물레스토랑이나 골목 안의 식당에서 식사를 해결하거나 용수완메인스트리트를 천천히 구경한 후 하이킹을 시작하는 것이 좋다. 액세서리와 기념품 등을 파는 상점과 하이킹에 필요한 모자와 수건 등을 파는 상점들도 있다.

찾아가기 용수완페리선착장에서 하선하면 바로 길이 이어진다.

용수완에서 즐기는 해산물요리 ★★★★★
삼판씨푸드레스토랑 舢舨海鮮酒家 Sampan Seafood Restaurant

용수완 입구에는 해산물레스토랑이 몰려있는데 만약 소쿠완까지 하이킹을 하지 않을 생각이라면 이곳에서 신선한 각종 해산물요리를 맛보자. 수조에서 직접 선택한 해산물과 요리방법까지 요청한 후 잠시 기다리면 바다향 물씬 풍기는 해산물요리를 맛볼 수 있다. 점심시간에는 딤섬도 주문할 수 있으므로 소쿠완까지 하이킹할 생각이라면 간단하게 딤섬으로 배를 채우고 출발하는 것도 좋은 방법이다.

주소 16 Yung Shue Wan Main Street, Lamma Island 베스트메뉴 오징어와 새우를 소스와 함께 튀긴 오징어새우튀김(Sauteed Fresh Squid with Shrimp Sauce, HK$140) 추천메뉴 직접 해산물을 골라서 원하는 조리법으로 주문할 수 있다. 게요리 HK$150~, 조개요리 HK$100~, 새우요리 HK$120~, 생선요리 HK$180~ 영업시간 06:00~22:00/연중무휴 가격 HK$200~/Service Charge 10% 별도 문의 (852)2982-2388 찾아가기 용수완 페리선착장에서 도보 2분 거리에 위치한다.

람마섬의 인기카페 ★★★★☆
 # 북웜카페 南鳥書蟲 Bookworm Cafe

용수완메인스트리트를 걷다보면 '책벌레'라는 이름을 가진 테마카페를 만날 수 있다. 유기농재료로 채식주의자들을 위한 웰빙음식과 음료를 위주로 판매하는 람마섬 최고의 인기카페이다. 실내에는 10여 개의 테이블이 있고, 한 쪽 벽에는 책장가득 오래된 책들이 채워져 있으며, 야외테이블도 마련되어 있어 좁은 골목풍경과 함께 식사를 즐길 수 있다. 육류가 들어가지 않은 서양요리가 주 메뉴지만 맛은 전체적으로 좋은 편이라 람마섬에 사는 외국인들의 단골가게로 소문난 곳이다.

주소 79 Cross the Village of Yung Shue Wan Long Valley, Lamma Island 귀띔 한마디 주말과 공휴일에만 제공되는 메뉴도 있으니 확인하고 주문하자. 영업시간 10:00~21:00/연중무휴 가격 HK$100~/Service Charge 10% 별도 문의 (852)2982-4838 찾아가기 용수완선착장에서 용수완메인스트리트로 걸으면 위치한다. 도보 5분 거리.

주윤발의 고향을 걸어보는 이색체험 ★★★★★
람마패밀리트레일 南丫島家樂徑 Lamma Family Trail

람마섬을 찾는 이유는 바다를 바라보며 씨푸드레스토랑에서 해산물요리를 즐기는 것 외에도 용수완 또는 소쿠완을 출발하여 람마패밀리트레일을 따라 하이킹을 즐기는 것이다. 천천히 걸으면 1시간 30분 정도 걸리는데 중간중간 오솔길을 만나고, 20분쯤 걷다보면 확 트인 바닷가 홍싱예완비치를 만날 수 있다. 짧은 해변이지만 샤워장, 탈의실, 화장실과 무료 바비큐시설 등의 편의시설이 구비되어 있어 현지인과 외국인들이 많이 찾는다. 해안가를 따라 하이킹할 수 있으며 산 정상에서는 아름다운 해안풍경을 한눈에 바라볼 수 있고 정자에서 잠시 쉬어갈 수도 있다. 해변을 지나고 난 후부터는 상점을 찾아볼 수 없으므로 우리나라 순두부 같은 두부를 먹거나 페트병에 담긴 두부음료 등을 하이킹하기 전에 미리 구입하자.

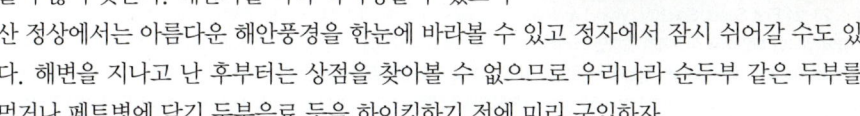

찾아가기 용수안메인스트리트 중간쯤 작은 사거리에 위치한 의화호(義和號, Yee Wo Ho)라는 이름의 상점 앞 골목으로 들어간다. 이정표가 따라 가면 길을 잃을 염려는 없다.

하이킹이 시작되거나 끝나는 마을 ★★★★★
소쿠완 素灣 Sok Kwu Wan

센트럴이나 애버딘에서 출발한 페리가 도착하는 마을로 람마섬 용수완에서 시작한 하이킹이 끝나는 곳이다. 하이킹을 마치고 소쿠완에 도착할 무렵이면 작은 산으로 둘러싸인 소박하면서도 조용한 어촌마을이 멀리서부터 보이기 시작한다. 틴하우사원을 지나면 씨푸드레스토랑들이 보이는데 람마섬을 대표하는 레인보우씨푸드레스토랑이 이곳에 위치한다. 특별히 볼 것이 많은 마을들도 아니고, 자연풍광을 벗 삼아 하이킹을 즐기는 곳이라 무사히 하이킹을 마쳤다면 출출해진 배를 저렴한 해산물요리로 채운 후 미련 없이 홍콩섬으로 향하면 된다.

찾아가기 용수완에서 출발한 하이킹은 1시간 30분 정도면 소쿠완에 도착할 수 있다.

람마섬 최고의 씨푸드레스토랑 ★★★★★
레인보우씨푸드레스토랑 天虹海鮮酒家 Rainbow Seafood Restaurant

2006년 홍콩미식대상을 수상한 해산물레스토랑으로 주말이면 현지인과 관광객, 평일에는 일부러 이곳까지 식사를 즐기러 오는 사람들로 북적이는 곳이다. 옆 가게를 하나씩 사들여 확장하면서 현재는 소쿠완페리선착장에 있는 레스토랑의 2/3를 차지하는 대형 해산물레스토랑이다. 랍스터, 게, 조개, 새우 등 다양한 해산물을 직접 수족관에서 골라 원하는 요리방법을 요청하거나 사진까지 있는 영어메뉴판을 보고 주문하면 된다.

요리종류가 많아 어느 것을 골라야 할지 모르겠다면 가격이 비싸지만 2~4인용으로 가리비, 전복, 대게, 새우, 랍스터 등 다양한 해산물을 즐길 수 있는 세트메뉴를 주문해보자. 레인보우레스토랑이 인기 있는 이유는 맛도 좋지만 식사를 마치면 센트럴과 침사추이 그리고 애버딘까지 운항하는 무료보트서비스가 있다는 점이다.

주소 23-24 First Street, Sok Kwu Wan, Lamma Island **귀띔 한마디** 센트럴과 침사추이를 운항하는 무료셔틀보트 운항시간표가 테이블에 있으니 확인하고 직원에게 말하면 스티커를 준다. **베스트메뉴** 대하를 껍질 채 달콤한 꿀과 후추를 발라 튀긴 새우튀김(Fried Scampi Prawns with Honey&Pepper, HK$180), 대하를 껍질 채 달콤한 꿀과 후추를 발라 튀긴 요리로 홍콩미식대회에서 대상을 수상했던 대게튀김(Fried Crab with Honey&Pepper, HK$228) **추천메뉴** 10가지의 다른 버터를 사용하여 랍스터의 신선하고 풍부한 맛을 내는 요리 버터소스랍스터튀김(Fried Lobster with Butter Sauce, HK$400), 마늘소스와 함께 랍스터를 쪄 낸 마늘소스랍스터찜(Steamed Lobster with Garlic Sauce, HK$300) **영업시간** 10:00~22:00/연중무휴 **가격** HK$200~/Service Charge 10% 별도 **문의** (852)2982-8100 **찾아가기** 용수완에서 하이킹으로 1시간 30분 정도 소요 **홈페이지** www.rainbowrest.com.hk

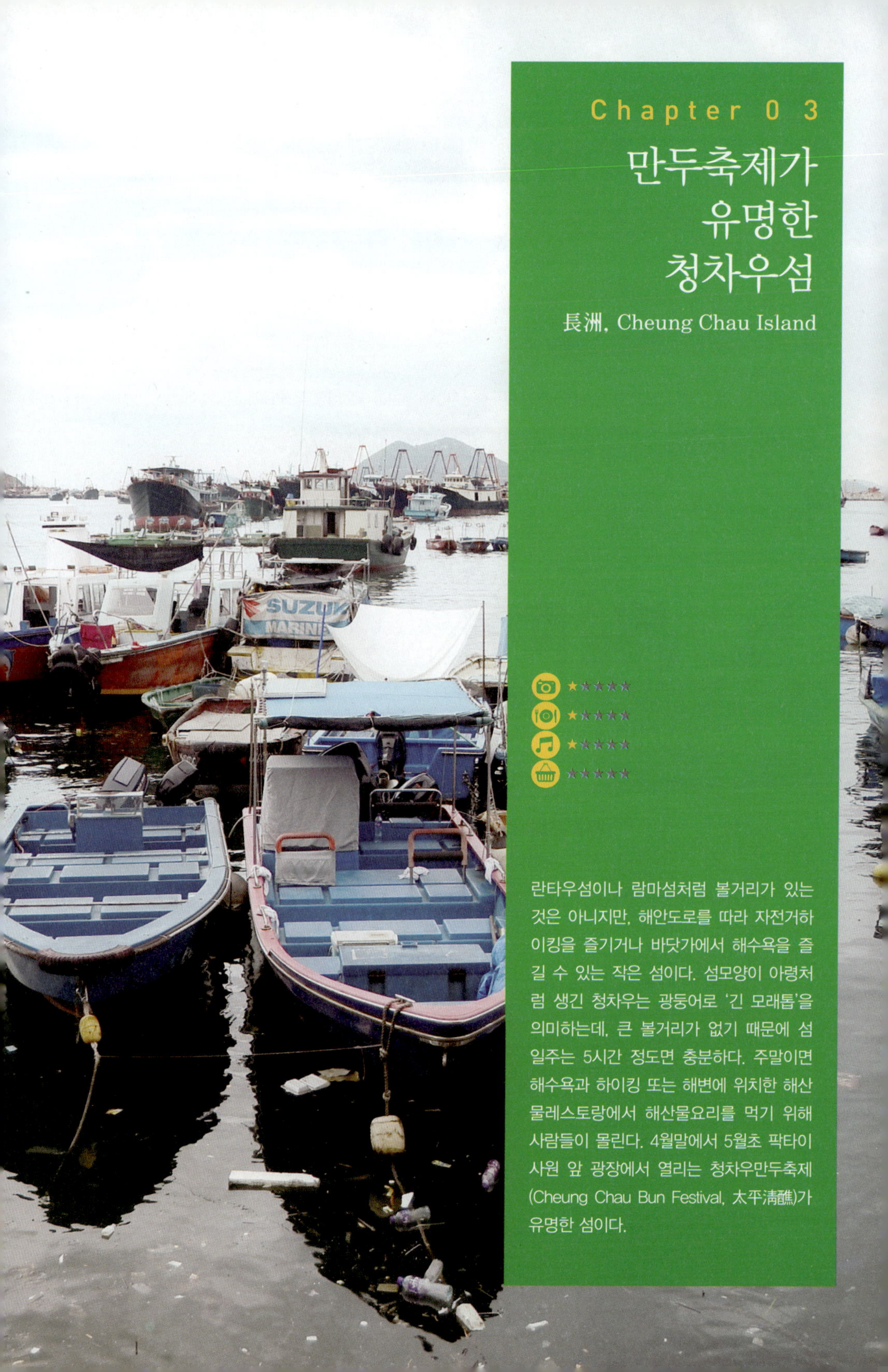

Chapter 03

만두축제가 유명한 청차우섬

長洲. Cheung Chau Island

란타우섬이나 람마섬처럼 볼거리가 있는 것은 아니지만, 해안도로를 따라 자전거하이킹을 즐기거나 바닷가에서 해수욕을 즐길 수 있는 작은 섬이다. 섬모양이 아령처럼 생긴 청차우는 광둥어로 '긴 모래톱'을 의미하는데, 큰 볼거리가 없기 때문에 섬 일주는 5시간 정도면 충분하다. 주말이면 해수욕과 하이킹 또는 해변에 위치한 해산물레스토랑에서 해산물요리를 먹기 위해 사람들이 몰린다. 4월말에서 5월초 팍타이 사원 앞 광장에서 열리는 청차우만두축제(Cheung Chau Bun Festival, 太平淸醮)가 유명한 섬이다.

청차우섬을 이어주는 교통편

• 센트럴 5번 페리선착장에서 청차우(Cheung Chau, 長洲)행 페리를 이용한다.

행선지	페리종류	운항시간	운항간격	소요시간	요일구분	좌석구분	편도요금(HK$)	
							성인	3~12세
센트럴 5번 페리선착장 → 청차우(Cheung Chau, 長洲)	일반 (Ordinary Ferry)	06:10~01:30	20~50분	55~60분	월~토요일	일반	13.2	6.6
						디럭스	20.7	10.4
					일요일과 공휴일	일반	19.4	9.7
						디럭스	30.2	15.1
	쾌속 (Fast Ferry)		30분	35~40분	월~토요일	–	25.8	12.9
					일요일과 공휴일	–	37.2	18.6

청차우섬에서 이것만은 꼭 해보자

1. 자전거를 빌려 해변도로를 달려보자!
2. 4월말에서 5월초 사이 5일간 열리는 청차우섬 만두축제기간에 홍콩을 찾았다면 꼭 축제에 참가하자!

사진으로 미리 살펴보는 청차우섬 베스트코스 (예상 소요시간 5시간 이상)

Go! 청차우섬 페리선착장 도착 → 산힝프라야 스트리트 30분 코스 → 팍타이사원 20분 코스 → 통완비치 30분 코스 → 미니만리장성 1시간 코스 → 해산물레스토랑 대표메뉴 : 해산물요리

바로 옆 / 5분 / 5분 / 10분 / 30분

Cheung Chau Island
청차우섬

Section 03
청차우섬에서 반드시 둘러봐야 할 명소

주말이면 현지인들로 북적거려서 제대로 청차우섬의 매력을 느낄 수 없으니 되도록 평일에 돌아보는 것을 추천한다. 다른 섬에 비해 볼거리가 많지는 않지만 메인거리인 산힝프라야스트리트에는 자전거를 타고 하이킹을 할 수 있고, 홍콩의 다른 해변과 달리 수상스포츠도 즐길 수 있는 섬이다.

자전거로 달리는 청차우섬 메인거리 ★★★★★
산힝프라야스트리트 新興海傍街 San Hing Praya Street

청차우페리선착장에 도착하면 제일 처음 만나는 곳은 청차우만長洲灣이라 불리는 거리이다. 주말과 휴일에는 관광객뿐만 아니라 가족단위 현지인과 연인들로 붐비는 곳이다. 해변에는 바다를 바라보며 해산물요리를 즐길 수 있는 노천 해산물레스토랑이 즐비하고 맥도날드, 세븐일레븐, 써클K 등과 길거리음식점이 있어 해산물요리가 부담스럽거나 입에 맞지 않는 분이라도 간단하게 식사를 해결할 수 있다. 페리선착장을 등지고 오른쪽으로 가면 건어물가게, 옷가게, 죽공예판매점, 싱싱한 해산물을 저렴하게 구입할 수 있는 청차우마켓이 나온다.

람마섬과 마찬가지로 구급차와 경찰차를 제외한 차량은 운행할 수 없기 때문에 자전거 또는 도보로 다녀야 한다. 이곳을 찾는 많은 사람들이 자전거하이킹을 즐기기 때문에 페리선착장 주변에는 여러 자전거대여소가 있으며, 해안선을 따라 조성된 산책로를 달려보면 좋다. 보통 1시간에 HK$10, 하루에 HK$50 정도로 보증금 HK$100을 맡기고 대여할 수 있다.

찾아가기 청차우페리선착장에서 오른쪽과 왼쪽의 해변도로가 산힝프라야스트리트이다.

청차우섬 만두축제가 시작되는 ★★★★★
팍타이사원 北帝廟 Pak Tai Temple

1783년 청차우섬 북서쪽에 세워진 사당으로 바다의 수호신 팍타이를 모신 곳이다. 출입문 지붕 위의 마주한 용조각이 인상적이며, 처마와 기둥에도 성스러운 동물인 성수聖獸와 선인仙人조각이 있다. 사원 안에는 팍타이뿐만 아니라 관음, 틴하우 등의 신상이 있으며 어부들이 바다에서 건져 냈다는 송나라 시기의 것으로 추정되는 칼도 전시되어 있다.

석가탄신일을 앞두고 빵축제太平淸醮라고도 부르는 청차우섬 만두축제를 200년 이상 매해 사원 앞 광장에서 개최한다. 18세기경 섬에 창궐한 역병을 바다의 신 팍타이가 몰아냈다고 하는 설과 해적들에 희생된 배고픈 영혼을 달래기 위한 원혼제라는 2가지 설이 있지만 아무튼 축제는 성대하게 거행된다. 중국식 만두와 삼신(토신, 산신, 지하신) 형상이 대나무탑과 함께 광장에 들어서며 축제가 시작된다. 복을 빌며 올린 수많은 만두를 15m 높이까지 쌓아올린 3개의 탑 주변에서 악귀를 물리치기 위해 징과 북소리와 함께 사자춤을 추기 시작한다. 신화 속 인물이나 중국의 영웅복장을 한 섬 아이들의 시가행진과 사원 앞에서 펼쳐지는 경극공연이 볼만하다. 5일간의 청차우섬 만두축제기간에는 해산물을 포함한 육식을 금하기 때문에 섬 내 해산물레스토랑이 문을 닫고, 맥도날드에서도 버섯 햄버거만 판매한다. 축제 마지막 날에는 만두탑 꼭대기의 만두를 집는 만두탑 오르기 시합을 끝으로 축제가 끝이 난다.

 운영시간 07:00~17:00/연중무휴 찾아가기 청차우선착장을 등지고 왼쪽으로 해산물 레스토랑을 지나 사거리가 나오면 오른쪽으로 들어서 이정표를 따라 걸어가면 된다.

청차우섬에서 만나는 가장 큰 해변 ★★★★★
퉁완비치 東灣灘 Tung Wan Beach

퉁완로드를 따라 걷다보면 물놀이에 필요한 각종 용품과 노점, 식당들이 바닷가 주변에 위치한다. 외국인보다 현지인이 많이 찾는 해변으로 해수욕을 즐기는 성수기가 지나면 바다가 심하게 오염되어 볼품없는 해변이 된다. 반달모양의 해안주변에는 탈의실, 샤워실과 화장실 등 편의시설이 갖춰져 있고 각종 수상레저스포츠를 즐길 수 있다.

찾아가기 청차우선착장을 등지고 오른쪽의 퉁완로드(Tung Wan Road)를 따라 걸어서 도보 5분 거리에 위치한다.

바다조망이 좋은 가파른 하이킹코스 ★★★★★
미니만리장성 小長城 Mini Great Wall

통완비치에서 바다를 바라보고 오른쪽 해안선을 따라 이어지는 하이킹코스로 화강암으로 만든 계단의 모습이 마치 중국 만리장성과 비슷하다 하여 붙여진 명칭이다. 미니만리장성 정상에 서면 탁 트인 바다조망을 감상할 수 있는 정자가 있으며, 반대방향으로 내려가는 길에는 멀리 람마섬이 보이고, 꽃병모양의 꽃병바위花瓶石, 사람 머리모양의 인두석人頭石 등 15개의 독특한 바위들을 볼 수 있다.

찾아가기 통완비치에서 바다를 바라보고 오른쪽의 해안도로를 따라 걸으면 미니만리장성 입구가 위치한다. 도보 10분 거리.

청포차이동굴이 있는 해안 ★★★★
사이완 西灣 Sai Wan

청차우선착장을 등지고 오른쪽 해변도로를 따라 30분 정도 걷거나 작은 어선들이 모여 있는 선착장에서 사이완으로 가는 삼판선을 이용하면 나오는 해변으로 해수욕을 즐기기 보다는 하이킹이나 청포차이동굴을 가기 위해 지나는 곳이다. 자전거로도 갈 수 있지만 청포차이동굴을 가려면 언덕을 넘어야 하므로 생각보다 힘이 든다. 19세기 초 1,200척의 정크선과 5만 명의 해적을 거

사이완 틴하우사원(西灣天后廟)

느렸다는 홍콩의 해적왕 청포차이가 머물렀던 동굴로 길이는 10m 정도이다. 동굴입구는 겨우 한 사람 정도 들어갈 수 있으며, 조명시설이 없어 동굴을 탐험하려면 입구에서 유료로 휴대용 플래시를 빌려야 한다. 계단을 따라 오르다보면 아담한 사이완 틴하우사원이 있고, 중간쯤에는 쉬어갈 수 있는 정자도 있다. 정자부터 약 3.5km의 하이킹코스가 함틴완Ham Tin Wan, 鹹田灣까지 조성되어 있어 주말이면 많은 사람들이 찾는다.

청포차이동굴(Cheung Po Tsai Cave, 張保仔洞)

찾아가기 청차우페리선착장을 등지고 오른쪽 해변도로를 따라 도보 30분 정도 거리에 위치한다./청차우선착장을 등지고 오른쪽으로 가다보면 하얀 천막의 선착장에서 청차우(Cheung Chau) ↔ 사이완(Sai Wan) 삼판선을 이용하면 5분 정도 소요된다.

Part
05

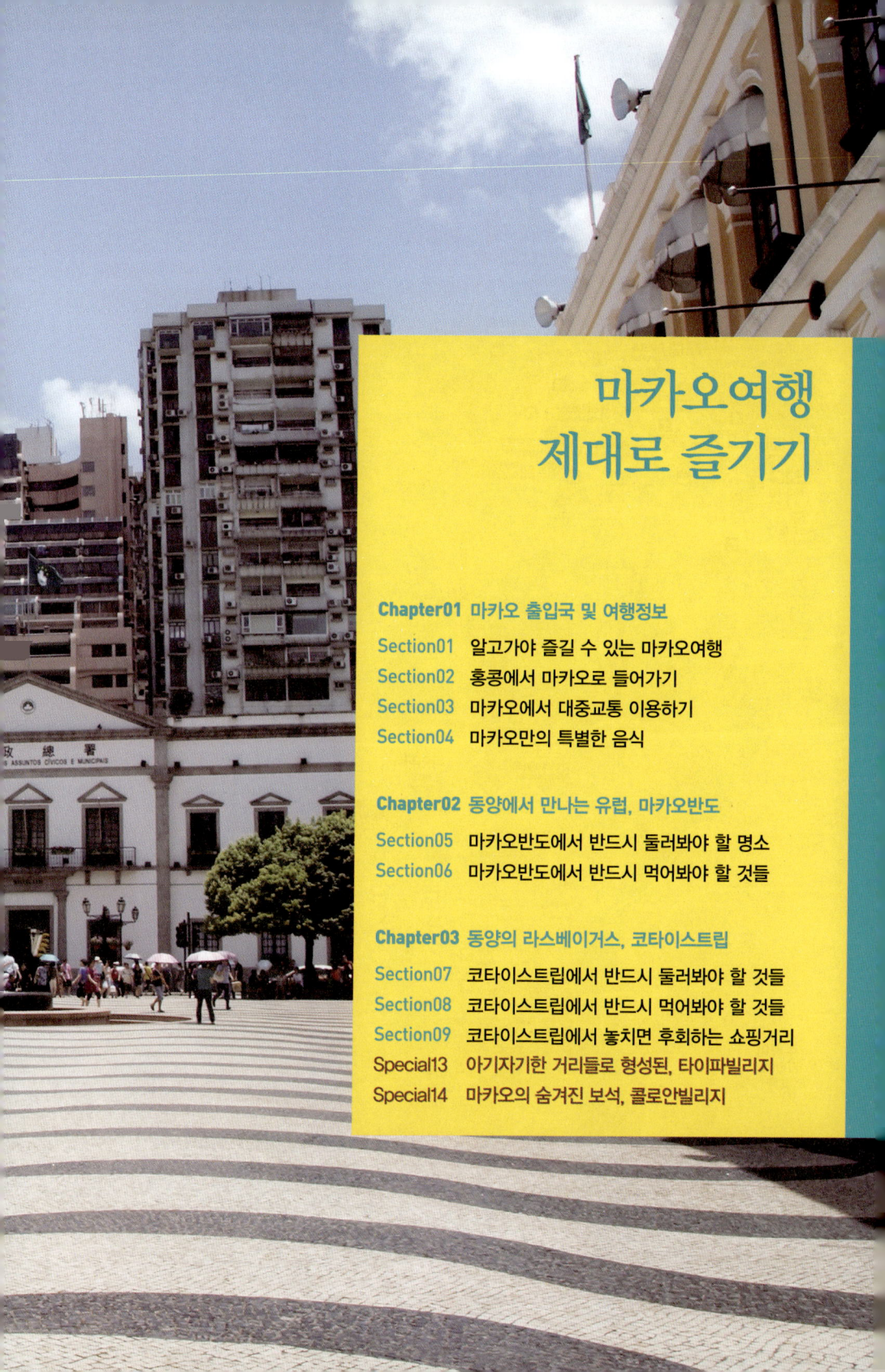

마카오여행 제대로 즐기기

Chapter01 마카오 출입국 및 여행정보
Section01 알고가야 즐길 수 있는 마카오여행
Section02 홍콩에서 마카오로 들어가기
Section03 마카오에서 대중교통 이용하기
Section04 마카오만의 특별한 음식

Chapter02 동양에서 만나는 유럽, 마카오반도
Section05 마카오반도에서 반드시 둘러봐야 할 명소
Section06 마카오반도에서 반드시 먹어봐야 할 것들

Chapter03 동양의 라스베이거스, 코타이스트립
Section07 코타이스트립에서 반드시 둘러봐야 할 것들
Section08 코타이스트립에서 반드시 먹어봐야 할 것들
Section09 코타이스트립에서 놓치면 후회하는 쇼핑거리
Special13 아기자기한 거리들로 형성된, 타이파빌리지
Special14 마카오의 숨겨진 보석, 콜로안빌리지

Chapter 01
마카오 출입국 및 여행정보

마카오는 홍콩에서 서쪽으로 60km 떨어진 거리에 위치하며, 중국으로 반환되기 전까지 포르투갈의 지배를 받아 동서양의 문화가 혼재된 아시아의 작은 유럽이라 불리는 도시이다. 작은 도시임에도 불구하고 30여 개의 유네스코 세계문화유산이 있는 역사의 중심지이기도 하다. 마카오반도를 비롯하여 타이파섬에는 미국의 라스베이거스 못지않은 세계적인 호텔브랜드가 들어와 있으며, 수많은 카지노가 호텔에 딸려 있어 동양의 라스베이거스라고도 불리는 아시아 제일의 관광도시이다.

Chapter 01 마카오 출입국 및 여행정보

Section 01
알고가야 즐길 수 있는 마카오여행

홍콩에서 페리를 타고 1시간 남짓 거리에 위치한 마카오는 동양의 라스베이거스, 아시아의 작은 유럽이란 수식어가 덧붙는 곳이다. 16세기 포르투갈의 지배를 받으면서 포르투갈과 중국색이 섞인 독특한 마카오만의 문화를 발전시켰다. 〈궁〉, 〈꽃보다 남자〉, 〈동네의 영웅〉, 〈도둑들〉, 〈런닝맨〉 그리고 〈우리 결혼했어요〉 등 다양한 드라마, 영화와 예능프로그램의 촬영지로 많이 소개되어 우리에게도 친숙한 곳이다.

🧳 잠깐 짚고 넘어가는 마카오정보

마카오는 마카오반도, 타이파섬과 콜로안섬으로 이뤄졌으며, 베이징어로 아오먼이라 하는데, '무역의 출발지'라는 의미가 있다. 16세기 포르투갈에 점령당한 후 영국이 홍콩을 식민경영하기 전까지 중국과 서양을 잇는 유일한 통로였다. 1887년 청과 포르투갈이 우호통상조약을 맺으며 포르투갈령이 되었지만, 1987년 합의에 따라 1999년 12월 20일 중국으로 귀속됐다. 하지만 마카오는 특별행정자치구로 홍콩처럼 1국가 2체제 원칙에 따라 국기까지 별도로 사용한다.

홍콩에서 64km쯤 떨어져 있고 중국 광둥성 주강珠江, 주하이珠海와 인접해 있다. 마카오반도 북쪽 끝은 중국 주하이와 중산까지 연결되며 콜로안섬은 로터스교를 통해 중국 주하이로 연결된다. 면적은 서울 관악구 정도이며, 인구도 관악구와 비슷한 55만 명 정도이다. 오랜 포르투갈 지배로 포르투갈문화가 곳곳에 남아 있으며, 아열대몬순기후로 4계절이 구분되며 여행적기는 10~11월이다. 대부분 광둥어를 사용하지만 영어도 어느 정도 통용되며, 명칭표기는 한자와 포르투갈어를 병행한다. 시민의 87%가 카지노와 서비스업에 종사하며, 우리나라와 시차는 홍콩처럼 1시간 늦고, 전기는 220V, 50㎐ 콘센트로 홍콩플러그와 동일하다.

🧳 마카오의 법정화폐 마카오파타카(Macau Of Pataca)

마카오 화폐단위 마카오파타카 MOP는 세계적인 화폐로 인정받지 못하기 때문에 한국뿐 아니라 전 세계 어디에서도 환전할 수 없고 마카오에서만 환전과 사용이 가능한 통화이다. 홍콩달러를 그대로 마카오에서 사용할 수 있으며, HK$1=MOP1.03으로 홍콩달러의 가치가 조금 높은 편이지만 대부분 1:1로 통용된다. 1박 이상을 할 경우나 고액을 사용하려면 마카오파타카로 환전하는 것이 좋지만 당일여행이라면 마카오파타카가 홍콩에서 통용되지 않기 때문에 홍콩달러를 사용하는 편이 낫다. 홍콩달러로 지불해도 마카오파타카로 거스름돈을 주는 경우가 많으니 홍콩 또는 한국으로 돌아올 때 지폐는 마카오 내에서 재환전하고 동전은 환전이 불가능하므로 되도록 동전위주로 다 사용하는 편이 좋다. 지폐는 MOP10, 20, 50, 100, 500, 1000짜리가 있으며, 동전은 MOP1, 2, 5, 10 그리고 아보스(Avos) 10, 20, 50가 있다.

한눈에 살펴보는 마카오의 유네스코 세계문화유산 25

마카오는 카지노와 현대적인 빌딩숲만 있는 것은 아니다. 마카오반도 곳곳에 산재되어 있는 유네스코지정 세계문화유산은 마카오를 휴양도시가 아닌 역사탐방이 가능한 도시로도 손색이 없게 만들어준다.

콴타이사원
Kuan Tai Temple

세나도광장
Senado Square

자비의 성채
Holy House of Mercy

대성당
Cathedral

성도미니크성당
Santo Dominic's Church

로우카우맨션
Lou Kau Mansion

세인트폴대성당유적
Ruins of Santo Paul's

몬테요새
Mount Fortress

나차사원
Na Tcha Temple

구시가지성벽
Section of the Old City Walls

성안토니오성당
Santo Anthony's Church

카사정원
Casa Garden

신교도묘지
Old Protestant Cemetery

릴세나도빌딩
Leal Senado Building

로버트호퉁경도서관
Sir Robert Ho Tung Library

성아우구스틴광장
Santo Augustine's Square

성아우구스틴성당
Santo Augustine's Church

성요셉신학교&성당
Santo Joseph Seminary&Church

돔페드로5세 극장
Dom Pedro V Theatre

성로렌스성당
Santo Lawrence's Church

릴라우광장
Lilau Square

만다린하우스
Mandarin's House

무어리시배럭
Moorish Barracks

아마사원
A-ma Temple

기아요새-예배당과 등대
Guia Fortress-Chapel&Lighthouse

알고가면 즐거운 마카오축제와 이벤트

국제도시 마카오는 동서양의 문화가 혼재된 만큼 기념일이나 축제가 많은 곳이다. 독특한 마카오만의 축제부터 세계적인 국제행사들이 하루가 멀다 하고 개최되고 있다.

음력설축제 Chinese New Year, 2월 경

음력 정월 초하루 새해부터 약 10일 동안 불꽃놀이, 용춤, 사자춤 등 다양한 이벤트가 마카오 곳곳에서 열린다. 홍콩과 마찬가지로 음력설 때쯤에는 마카오 곳곳에 대형 꽃시장이 열리고, 가족들이 모여 식사하며 아이들에게 복을 건네는 뜻으로 '새해 돈'을 준다.

파소스성채의 행진 Procession of the Passion of Our Lord, The God Jesus, 3월 사순절 첫째 일요일

성아우구스틴성당의 십자가를 진 예수상을 들고 거리를 행진하는 축제이다. 경찰밴드, 예복을 입은 성직자, 신도회, 학생 등 다양한 단체 수천 명이 성당에서 출발하여 다음 날 다시 성당으로 돌아와 미사를 하는 것으로 축제가 끝이 난다.

아마축제 A-ma Festival, 음력 3월 23일

바다의 여신 아마를 기리는 축제로 매해 축제일에 아마사원을 새로 단장하고 아마신께 공물을 바친다. 마카오 항구지역의 아마사원을 현지인들이 아마곡(阿媽閣)이라 부르는 것을 포르투갈인들이 '아마가오'로 잘못 듣고 부르던 것이 현재 마카오의 명칭 유래라고 한다.

마카오예술축제 Macau Arts Festival, 4~5월 중

세계 각국의 예술인들이 음악, 드라마, 코미디 등 장르에 구애받지 않고 4~5월부터 한 달간 다양한 공연과 전시회를 마카오 곳곳에서 개최한다.

술 취한 용의 축제 Feast of the Drunken Dragon, 4~5월 중

콴타이사원에서 내항까지 용춤을 이어가는 축제이다. 오래 전 술기운으로 한 남자가 사악한 용을 물리쳤다는 전설에서 유래됐으며, 용춤을 추는 남자들이 모두 술에 취할 때까지 행진은 계속된다.

성녀파티마의 행진 Procession of Our Ladu Fatima, 5월 13일

마카오에서 가장 인기 있는 축제로 성도미니크성당에서 펜하성당까지 흰옷을 입은 소녀들이 성녀파티마상을 운반한다. 대열선두에서 성가대가 경건하게 성가를 부르며 행진한다.

마카오국제불꽃놀이대회 Macau International Fireworks Display contest, 9~10월 중

매년 개최되는 행사로 5주간 매주 토요일밤에 펼쳐지는 세계불꽃놀이대회이자 불꽃축제이다. 전 세계 10여 개국에서 참여하며, 마카오 타워 앞바다에서 진행된다.

마카오그랑프리 Macau Grand Prix, 11월 셋째 주 주말

아시아 최대이자 60년이 넘는 역사를 지닌 그랑프리대회이다. 오토바이와 자동차경주가 같은 곳에서 동시 진행되는 유일한 대회로 명성 높은 F3 경주 중 하나이다. 시내 일반도로를 이용한 경주코스가 유명하며, 포뮬러3 경기 우승자에게는 포뮬러1 출전기회가 주어진다.

마카오에서 즐기는 공연

동양의 라스베가스라고 불리우는 마카오에서는 호텔에서 무료 또는 유료로 제공하는 다양한 공연을 관람할 수 있다.

하우스오브댄싱워터 The House of Dancing Water

25억 달러 이상의 제작비가 투입된 세계 최대 규모의 수중공연이다. 유교사상의 7가지 감정을 재해석한 내용으로 퀴담과 알레그리아 등을 연출한 프랑코드라곤(Franco Dragone)감독이 연출을 맡았다. 약 20m 길이의 무대가 있고 객석은 무대를 중심으로 원형구조로 배치되어 있다. 2년간 오디션을 통해 선발한 곡예전문연기자, 기예전문가, 모터사이클스턴트맨 등이 스펙타클한 쇼를 선보인다. ▶ P. 389 참조

하우스오브매직 The House of Magic

2015년 오픈한 스튜디오시티호텔에서 일루전 미술의 거장 프란츠하라리(Franz Harary)를 전면에 내세운 마술공연이다. 먼저 선보이는 작은 규모의 두 가지 공연이 끝나면 하우스오브매직의 메인공연인 프란츠하라리 공연을 관람하게 된다. 화려한 무대장치, LED, 사운드, 댄스 등이 어우러져 한편의 멋진 쇼를 보듯 웅장하고 화려한 일루전 미술공연이다. ▶ P. 392 참조

행운의 다이아몬드 Fourtune Diamond

갤럭시마카오호텔 로비에서 펼쳐지는 공연으로 공작의 깃털에서 영감을 얻은 3미터 높이의 거대한 다이아몬드가 등장하면서 공연이 시작되며, 음악과 조명이 함께하는 분수쇼가 펼쳐진다. 일~목요일은 10:00~24:00, 금~토요일과 공휴일은 10:00~02:00, 각 30분 간격으로 진행된다. ▶ P. 392 참조

윈호텔의 분수쇼 Performance Lake of Wynn Macau

윈호텔정문 분수대에서 아침부터 저녁까지 다양한 음악에 맞춰 펼쳐지는 화려한 분수쇼로 밤에는 조명과 함께 아름다운 불빛이 어우러져 감탄사를 자아낸다. 일~금요일은 11:00~21:45, 토요일과 공휴일에는 11:00~22:45 매 15분 간격으로 공연된다.

윈호텔 번영의 나무 Tree of Prosperity

천장에는 12간지, 바닥에는 12성좌가 조각되어 있는 공연장이 윈호텔 1층 카지노입구에 있다. 공연시간이 되면 천장이 열리면서 거대한 샹들리에가 내려오고 바닥이 열리면서 24K 순금나뭇잎으로 장식된 번영의 나무가 나온다. 번영의 나무에 동전을 던지고 소원을 빌면 소원이 이루어지고 길운이 생긴다고 한다.

행운의 용 Dragon of fortune

번영의 나무와 같은 곳에서 공연되는 행운의 용은 전통적 조각예술, 화려한 빛과 음향으로 극적인 분위기를 연출한다. 소용돌이치는 연기를 내뿜으며 8.5m까지 솟아오르는 용의 모습과 직경 3.6m의 아름다운 연꽃이 피어나는 짧은 쇼이다. 매일 10:00~24:00까지 30분 간격으로 번영의 나무 공연과 두 공연이 번갈아가며 공연된다.

Chapter 01 마카오 출입국 및 여행정보

Section 02
홍콩에서 마카오로 들어가기

홍콩에서 마카오까지 페리를 이용하면 약 1시간 정도면 도착하기 때문에 당일치기로 다녀올 수 있다. 홍콩에서 마카오로 가려면 쾌속선이나 헬리콥터를 이용할 수 있다. 헬리콥터는 요금은 비싸지만 시간을 단축할 수 있으며, 무엇보다 이색적인 체험이 된다.

페리 타고 마카오 들어가기

마카오행 페리는 침사추이, 성완과 홍콩국제공항에 위치한 페리터미널에서 터보젯과 코타이워터젯을 이용할 수 있다. 주중과 주말, 주간과 야간 그리고 소요시간에 따라 요금에 차이가 있으며, 한국에서 티켓대행사를 통해 미리 구매하거나 현지에서 페리터미널 전용매표소와 홍콩시내 여행사에서 티켓을 예매하거나 구입할 수 있다.

터보젯(www.turbojet.com.hk)

페리터미널 매표소와 터미널 내 여행사에서는 출국심사를 받아야 하므로 출발 30분 전까지만 티켓을 판매한다. 예매를 한 사람이라도 출국심사를 받으려면 출발 30분 전까지 페리터미널에 도착해야 한다. 금요일부터 일요일까지는 중국인들이 카지노로 밀려들기 때문에 가급적 이때는 피하거나 미리 왕복티켓을 예매해두어야 한다. 승객이

코타이젯(www.cotaijet.com.mo)

들고 탑승할 수 있는 수화물은 20kg 이내이며, 별도 수화물 또는 초과 수화물은 요금을 지불하고 보내야 한다.

차이나홍콩시티페리터미널 China Hong Kong City Ferry Terminal 中港城

침사추이 하버시티 옆 캔톤로드를 따라 위로 올라가면 차이나홍콩시티빌딩에 위치한 페리터미널이다. 마카오페리터미널로 출항하는 터보젯과 타이파페리터미널로 출항하는 코타이워터젯 두 개의 노선이 운항된다. 매표소, 여행사 그리고 출국장은 1층에 위치해 있으며, 같은 층에는 스타벅스, 샤샤, 제이슨스마켓플레이스, 맥도날드 등의 편의시설이 있다.
출항 30분 전까지는 도착해야 하며 페리티켓도 출항 30분 전까지만 판매한다. 출국게이트 F~I번에서는 터보젯, N~Q는 코타이젯 페리를 탑승할 수 있다. 게이트를 통과하면 출국심사대가 나오는데 방문객심사대에서 여권을 제시하고 출국심사를 받는다. 전광판에서 탑승게이트번호를 확인한 후 직원안내에 따라 에스컬레이터를 타고 내려가 쾌속선에 탑승하면 된다.

		차이나홍콩시티 페리터미널 → 마카오페리터미널			
터보젯		시간표	요금(HK$)		
			구분	슈퍼	이코노미
	주간	07:30 08:00 08:30 09:00 09:30 10:30 11:00 12:00 12:30 13:30 14:30 15:30 17:00	평일	326	164
			주말과 공휴일	348	177
	야간	18:30 19:30 20:30 21:30 22:30 22:35	평일과 주말 동일	369	200
		마카오페리터미널 → 차이나홍콩시티 페리터미널			
	주간	07:50 07:35 09:05 09:35 10:35 11:05 12:05 13:05 14:05 15:35 16:05 17:05	평일	315	153
			주말과 공휴일	337	166
	야간	17:35 18:35 19:35 21:05 22:05 22:35	평일과 주말 동일	358	189
코타이 워터젯		차이나홍콩시티 페리터미널 → 마카오 타이파페리터미널			
		시간표	구분	퍼스트	클래스
		08:15 10:15 11:15 12:15 13:15	평일	270	165
			주말과 공휴일	287	177
		마카오 타이파페리터미널 → 차이나홍콩시티 페리터미널			
		10:45 11:45 16:45 17:45 18:45 19:45	평일	257	154
			주말과 공휴일	274	167

주소 33 Canton Road, Tsim Sha Tsui **운항시간** 06:30~23:00/연중무휴 **문의** (852)3119-0288 **찾아가기** MTR 침사추이역 A1번 출구로 나와 오른쪽의 하이퐁로드(Haipong Rd.)를 따라 끝까지 걸으면 정면의 하버시티에서 오른쪽으로 걸으면 왼편의 차이나홍콩시티(中港城)에 위치한다. 도보 10분 거리. **홈페이지** www.chkc.com.hk

홍콩-마카오페리터미널 Hong Kong-Macau Ferry Terminal 港澳碼頭

홍콩섬 성완의 순탁센터 3층에 위치한 페리터미널로 마카오행은 24시간 운항하며, 차이나홍콩시티 페리터미널보다 운항편수가 훨씬 많다. 새벽에 마카오행을 타려면 이곳 터미널을 이용해야 하며, 마카오페리터미널과 타이파페리터미널로 출항하는 터보젯과 코타이젯 두 개의 노선이 운항된다.

3층에는 매표소와 출국장이 있고 매표소 주위 30여 개 여행사에서는 마카오 호텔예약과 마카오행 페리티켓을 10% 정도 저렴하게 구입할 수 있다. 출국장에서 티켓을 확인한 후 에스컬레이터로 내려가 출국심사와 세관검사를 받는다. 면세점에서 에스컬레이터를 타고 한 층 더 내려간 후 전광판에서 게이트번호를 확인하여 이동하면 된다.

		홍콩-마카오 페리터미널 → 마카오 페리터미널			
터보젯		시간표	요금(HK$)		
			구분	슈퍼	이코노미
	주간	07:00~17:00(15분마다 출항)	평일	326	164
			주말과 공휴일	348	177
	야간	17:15~23:59(15분마다 출항) 24:30 01:00 01:30 02:30 04:15 06:00	평일과 주말 동일	369	200
		마카오 페리터미널 → 홍콩-마카오 페리터미널			
	주간	07:00~23:59(15분마다 출항)	평일	315	153
			주말과 공휴일	337	166
	야간	24:15 24:30 01:00 01:30 02:30 04:00 06:15	평일과 주말 동일	358	189
		홍콩-마카오 페리터미널 → 마카오 타이파페리터미널			
	주간	08:40 10:40 11:40 14:50 15:50 16:50 17:50	평일	326	164
			주말과 공휴일	348	177
		마카오 타이파페리터미널 → 홍콩-마카오 페리터미널			
	주간	10:10	평일	315	153
			주말과 공휴일	337	166

Chapter 01 마카오 출입국 및 여행정보

	홍콩-마카오 페리터미널 → 마카오 페리터미널				
코타이 워터젯	시간표		구분	퍼스트	클래스
	07:15		평일	270	165
			주말과 공휴일	287	177
	홍콩-마카오 페리터미널 → 마카오 타이파페리터미널				
	주간	06:30~17:30(30분마다 출항)	평일	270	165
			주말과 공휴일	287	177
	야간	18:00~23:30(30분마다 출항)	평일과 주말 동일	317	201
	마카오타이파터미널 → 홍콩-마카오 페리터미널				
	수간	07:00~17:30(30분마다 출항)	평일	257	154
			주말과 공휴일	274	167
	야간	18:00~23:00(30분마다 출항) 23:59 01:00	평일과 주말 동일	302	190

주소 3/F Shun Tak Centre, 200 Connaught Road, Central **찾아가기** MTR 성완역 D번 출구로 나와 에스컬레이터를 타고 3층으로 이동하면 위치한다.

홍콩국제공항페리터미널
Hong Kong International Airport Ferry Terminal 香港國際機場

운항편수는 많지 않지만 홍콩국제공항의 페리터미널에서 입국수속 없이 바로 마카오로 갈 수 있다. 또한 마카오를 여행의 마지막 날로 잡았다면 바로 홍콩국제공항까지 페리를 이용하면 출국수속은 마카오에서 마치고 공항페리터미널에 내려 바로 비행기를 탈 수 있다. 이런 경우 입국심사대를 통과하지 말고 'immigration' 표지판을 따라 이동하다보면 'Macau Ferries'라고 적힌 표지판이 보인다. 공항 내에 위치한 페리터미널인 스카이피어SkyPier 페리매표소에서 마카오행 페리티켓구입 시 위탁수화물이 있는 경우 탑승수속 때 보딩패스와 함께 받은 클레임태그Claim Tag를 제시하면 페리티켓과 함께 새로운 클레임태그를 준다.
페리탑승장인 페리보딩Ferry Boarding 구역으로 이동하여 아래층 무인전철 APM을 타고 스카이피어로 이동한다. 무인전철에서 내려 정면 에스컬레이터를 타고 올라가면 탑승게이트가 보인다. 여권과 티켓을 제시하고 승선하면 마카오로 직행하여 그곳에서 입국수속을 받게 된다.

	홍콩국제공항 페리터미널 →마카오 페리터미널				
터보젯	시간표		요금(HK$)		
			구분	슈퍼	이코노미
	11:00 13:15 17:00 22:00		평일과 주말 동일	407	254
	마카오 페리터미널 →홍콩-마카오 페리터미널				
	07:15 09:30 11:30 15:15 19:45		평일과 주말 동일	407	254
코타이 워터젯	홍콩국제공항페리터미널 → 마카오 타이파페리터미널				
	시간표		구분	퍼스트	클래스
	12:15 14:15 16:15 19:00 21:00		평일과 주말 동일	382	254
	마카오 타이파페리터미널 → 홍콩국제공항페리터미널				
	07:15 10:15 11:55 13:55 15:55		평일과 주말 동일	383	256

15분 만에 마카오에 도착하는 스카이셔틀

홍콩섬 성완의 홍콩-마카오페리터미널 옥상에서 출발하여 마카오페리터미널까지 가장 빠르게 이동할 수 있는 교통수단이다. 마카오행 페리에 비해 10배 이상 요금은 비싸지만 시

간을 단축할 수 있을 뿐만 아니라 헬리콥터탑승이라는 새로운 경험을 해볼 기회가 된다. 특히 저녁에 탑승하면 홍콩과 마카오의 아름다운 야경을 하늘 높은 곳에서 내려다 볼 수 있는 특별한 경험을 마주하게 된다. 예약은 28일 전까지 가능하고 출발 15분 전까지 승객대기실에 도착해야 하며, 수하물은 5kg까지 들고 탑승할 수 있다.

주소 Shun Tak Centre, 200 Connaught Road, Central **요금** HK$ 4,300 **운행시간 홍콩출발** 10:00~22:30 **마카오출발** 10:30~22:59(30분~1시간 간격)/연중무휴 **소요시간** 약 15분 **문의** (852)2108-9898 **찾아가기** MTR 셩완역 D번 출구로 나와 에스컬레이터를 타고 3층으로 이동하면 위치한다. **홈페이지** www.skyshuttlehk.com

한국에서 직항 비행기로 마카오 들어가기

예전에는 홍콩으로 입국해 마카오를 들려 다시 홍콩에서 출국하는 여행자가 많았지만 요즈음은 마카오로 입국해 홍콩을 둘러보고 다시 마카오에서 출국하는 여행자가 증가했다. 마카오행 직항편은 대한항공, 에어마카오, 진에어, 티웨이항공, 이스타항공에서 취항한다. 타이파섬 동쪽 끝에 위치한 마카오국제공항은 국제공항이라 하기에는 부족한 조그마한 공항이다. 공항 도착 후 'Arrivals' 표지판을 따라 G층 입국심사대에서 외국인전용 'Visitors'에서 입국카드와 여권을 제시하고 입국심사를 통과하면 90일간 체류할 수 있는 입국카드를 준다. 전광판에서 본인이 타고 온 비행기 편명을 확인하여 수하물을 찾아 세관을 지나 공항을 빠져나오면 된다.

도착공항(코드)	출발공항(코드)	항공사(코드)	운항횟수	비행거리	예상비행시간
마카오국제공항 (MFM)	인천국제공항(ICN)	대한항공(KE), 제주항공(7C), 진에어(LJ), 에어서울(RS)	매일 1회	2,103km(1,307마일)	3시간 50분
		아시아나항공(OZ), 에어마카오(NX)	매일 2회		
		티웨이항공(TW)	주 5회		
	김해국제공항(PUS)	에어부산(BX)	주 3회	2,079km(1,292마일)	3시간 40분
	제주국제공항(CJU)	진에어(LJ)	주 3회	1,790km(1,112마일)	3시간 00분

마카오 입국절차

마카오는 중국의 특별행정구로 지정되어 홍콩과 마찬가지로 '1국가 2체제' 원칙으로 운영되며, 비자면제지역이므로 여권만 제시하면 된다. 마카오공항, 마카오페리터미널 또는 타이파페리터미널로 도착하여 입국절차를 밟으면 마카오에 최장 90일간 머무를 수 있다.

Chapter 01 마카오 출입국 및 여행정보

🧳 마카오페리터미널 Outer Harbour Ferry Terminal, 外港碼頭

터미널에 도착하면 페리에 실었던 짐을 챙겨 도착 'Arrival' 표지판을 따라 가면 입국심사대가 나온다. 외국인 전용 'Visitors' 심사대에서 여권을 제시하면 90일 체류가능한 입국허가증을 발급해주는데 이는 출국 시에도 필요하므로 잃어버리지 않게 조심해야 한다. 입국심사를 받은 후 세관을 통과하면 마카오 입국절차가 끝난다. 홍콩국제공항에서 페리를

타고 마카오로 바로 왔다면 세관검사대에서 수하물태그를 주고 가방을 찾으면 된다. 터미널 내에 위치한 우체국에서 환전하면 되고, 마카오에서 사용할 수 있는 유심칩을 자동판매기에서 판매하고 있으니 필요한 경우 구입하면 된다.

페리터미널을 등지고 왼쪽 지하보도로 연결된 에스컬레이터를 타면 호텔·카지노까지 무료로 이동할 수 있는 셔틀버스정류장이 위치한다. 페리터미널을 등지고 오른편에는 버스정류장과 택시정류장이 위치하며, 해당버스 또는 택시를 타고 시내로 이동할 수 있다.

마카오에서 데이터를 자유로이 사용할 수 있는 마카오 유심(USIM) 구입하기

마카오페리터미널, 타이파페리터미널과 마카오국제공항 등에 위치한 자동판매기 또는 편의점, CTM, 3Shop 매장 등에서 유심을 구입할 수 있다. 베스트프리페이드(BEST Prepaid), 3케어프리페이드(3 Care Prepaid), 노말(Normal) 등 다양한 회사의 유심이 있는데 본인에게 맞는 것을 선택하면 된다. 데이터로밍을 이용할 경우 HK$50과 HK$100 중에서 선택하면 되는데, 당일일정으로 둘러볼 계획이라면 HK$50을 구입하면 된다. 구입할 때는 안드로이드폰과 아이폰 등 유심칩 크기가 다르므로 미리 확인하자.

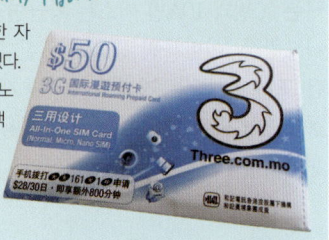

🧳 타이파페리터미널 Macau Taipa Ferry Terminal, 澳門氹仔客運碼頭

타이파섬 북동쪽에 위치한 페리터미널로 아직 완공되지 않아 임시로 운영 중이다. 타이파섬 내 위치한 호텔로 이동할 때 편리하며 입국절차는 마카오페리터미널과 동일하다. 페리터미널을 빠져나오면 바로 앞에 일반버스정류장이 위치하고, 횡단보도를 건너면 무료로 이동할 수 있는 호텔·카지노 셔틀버스정류장이 자리한다. 타이파섬 중심으로 이동한다면 시티오브드림즈, 스튜디오시티, 베

네치안마카오, 갤럭시리조트마카오 등으로 향하는 셔틀버스를 탑승하고, 마카오반도로 이동한다면 MGM마카오, 윈마카오, 그랜드리스보아, 샌즈마카오 등의 셔틀버스를 이용한다. 대부분의 호텔·카지노 셔틀버스는 특별한 제한 없이 무료로 탑승할 수 있다.

Section 03
마카오에서 대중교통 이용하기

무료로 운행하는 호텔·카지노 셔틀버스를 타고 마카오시내 주요관광지를 이동할 수 있다. 마카오의 버스는 주요여행지를 제외하면 외지인 혼자 타기에는 다소 어려우므로 택시를 이용하는 편이 좋다.

마카오페리터미널에서 마카오시내로 가기

페리터미널 1층의 마카오관광안내소에서 마카오지도와 버스노선안내도를 챙겨두면 유용하다. 정문으로 나와 오른편에는 일반버스와 택시정류장이 있고, 왼편 대각선방향에 무료탑승이 가능한 호텔·카지노 셔틀버스정류장이 위치한다. 호텔·카지노 셔틀버스는 해당 호텔까지 바로 이동하며, 대부분 호텔예약권 없이도 탈 수 있지만 몇몇 호텔은 호텔예약권을 확인하기도 한다. 마카오 주요명소를 운행하는 10번과 10A번 버스는 황금연꽃광장, 세나도광장, 아마사원 등을 연결한다. 워낙 작은 도시 마카오는 저녁 6~8시를 제외하면 교통체증이 없기 때문에 택시를 이용하는 것이 편리하다.

주요 호텔·카지노 셔틀버스노선

① **마카오페리터미널 ↔ 마카오반도** 윈마카오, 그랜드리스보아, 샌즈마카오, MGM마카오, 리젠시호텔 등
② **타이파페리터미널 ↔ 마카오반도** 샌즈마카오, 그랜드리스보아, MGM마카오 등
③ **마카오국제공항 ↔ 마카오반도** MGM마카오 등
④ **중국국경 ↔ 마카오반도** 그랜드리스보아, 샌즈마카오, MGM마카오 등
⑤ **마카오페리터미널/타이파페리터미널/마카오국제공항/중국국경 ↔ 코타이스트립** 시티오브드림즈, 스튜디오시티, 베네치안마카오, 갤럭시리조트마카오, 파리지앵마카오 등
⑥ **마카오반도 ↔ 마카오반도** 리스보아호텔 ↔ 그랜드리스보아
⑦ **마카오반도 ↔ 코타이스트립** 윈마카오 ↔ 베네치안마카오와 샌즈코타이센트럴, 샌즈마카오 ↔ 베베네치안마카오, 샌즈코타이센트럴과 파리지앵마카오, 세나도광장(메트로폴호텔) ↔ 갤럭시리조트마카오, 세나도광장 ↔ 호텔신트라마카오와 시티오브드림즈, 마카오타워 ↔ 갤럭시리조트마카오와 시티오브드림즈
⑧ **코타이스트립 ↔ 코타이스트립** 파리지앵마카오 ↔ 베네치안마카오, 샌즈코타이스트립, 시티오브드림즈, 갤럭시리조트와 스튜디오시티, 갤럭시리조트마카오 ↔ 베네치안마카오와 시티오브드림즈, 시티오브드림즈 ↔ 스튜디오시티

마카오국제공항에서 시내로 이동하기

마카오국제공항에서 마카오시내로 들어가려면 공항버스, 호텔·카지노 셔틀버스, 택시 등을 이용해야 한다. 마카오시내까지는 차로 15분밖에 안 걸리므로 짐이 많다면 택시를 이용하는 것이 편하다. 공항입국홀을 왼쪽으로 나와 버스표지판을 따라 가면 공항버스정류장이 나온다. 마을버스 수준의 AP1번 버스는 국제공항,  타이파페리터미널을 지나 타이파섬 주요호텔을 거쳐 마카오페리터미널까지 운행한다. 공항입국홀에서 오른쪽의 택시표지판을 따라 가면 택시정류장이 보이며, 마카오시내까지 15분 정도 걸리는데, 목적지를 한자로 미리 적어 택시기사에게 보여주면 헤매지 않고 찾아갈 수 있다.

AP1버스 운행시간 06:30~24:20(월~일요일)/연중무휴 **운행간격** 05~12분 **요금** MOP4.2

마카오에서 버스이용하기

지하철이 없는 마카오는 버스가 시민의 발이다. 작은 도시지만 60여 개의 노선버스가 마카오시내를 연결한다. 마카오관광안내소에서 지도를 챙겨두면 버스정류장과 버스번호를 알 수 있어 대중교통 이용이 수월해진다. 버스정류장 표지판에는 노선번호와 경유지가 표시되고, 버스 앞에는 종점과 주요경유지가 적혀 있다. 대부분 한문, 포르투갈어, 북경어와 영어로 표기되어 있어 알아보기 힘들며, 버스 내 운전석 위 전광판에 다음정류장만 표시될 뿐 별도 안내방송이 없어 기사나 다른 승객에게 도움을 청하는 것이 좋다.

버스는 앞문으로 탑승하여 뒷문으로 하차하며, 요금은 현금만 통용되고 요금함에 직접 넣는다. 거스름돈은 주지 않으므로 잔돈을 미리 준비해야 하며, 일방통행이 많아 갈 때와 올 때 노선이 다를 수 있으므로 당황하지 말자. 여행자들이 많이 이용하는 버스는 마카오반도로 이동하는 3번과 10A번 버스와 타이타섬과 콜로안섬을 오가는 26A번 버스이다.

운행시간 06:45~24:00(버스마다 다름)/연중무휴 **요금** **마카오반도** MOP3.2 **타이파섬** MOP3.6~4.2 **콜로안섬** MOP6.4

마카오반도 주요명소	주요 버스번호	타이파/콜로안 주요명소	주요 버스번호
마카오페리터미널	1A, 3, 3A, 10, 10A, 10B, 10X, 12, 28A, 28B, 32, AP1	타이파빌리지	10, 11, 22, 25, 25X, 33
세나도광장	3, 3A, 6, 7, 10, 10A, 10B, 11, 18A, 19, 21A, 26A, 33, N3	코타이스트립	25, 26, 26A
그랜드리스보아	9, 9A	타이파페리터미널	26, 36, AP1
아마사원	1, 2, 6, 5, 7, 10, 10A, 11, 21A, 26, N3	마카오국제공항	26, 36, AP1, MT1, MT2, N2
마카오타워	9A, 18, 23, 26, 32, MT4	콜로안빌리지	21A, 25, 26, 26A

마카오에서 택시이용하기

마카오시내는 넓지 않으므로 시간을 절약하려면 택시가 효율적인데, 특히 마카오 당일치기라면 더더욱 그렇다. 요금은 미터제로 저렴한 편이라 장거리를 이동해도 MOP100을 넘지 않으며, 운행하는 택시가 많아 잡는 것도 어렵지 않다. 요금은 버스와 달리 홍콩달러로도 지불가능하며, 기사와 영어가 통하지 않을 수 있으므로 목적지를 적은 종이나 가이드북을 보여주면 된다.

기본요금 MOP17, 260m당 MOP2 추가/트렁크에 짐을 싣게 되는 경우 짐 1개당 MOP3 부과/콜로안섬까지 운행 시 MOP2 추가요금 발생

페디캡(Pedi Cab) 이용하기

동남아지역에서 흔히 볼 수 있던 자전거 인력거로 페리터미널, 아마사원 등 마카오시내 주요관광지에서 이용할 수 있다. 2명이 탈 수 있으며 간단하게 가이드도 해주지만 영어가 통하지 않아 별 도움은 안 된다. 탑승 전 한자로 적은 목적지를 보여주는 것이 가장 확실하다. 여행객을 상대로 하기 때문에 터무니없는 바가지요금이 있으므로 탑승 전 요금부터 확인해야 한다. 요금은 1시간에 MOP150이 적당하지만 대체로 MOP200을 달라고 하며, 배짱을 부리는 사람도 있다.

마카오여행에 유용한 애플리케이션

언제 어디서든 스마트폰만 있으면 유용한 여행정보를 얻을 수 있는 애플리케이션들이 많다. 다음에 소개하는 애플리케이션 정도라도 미리 설치해두면 여행에 도움이 된다.

💙 익스피어리언스마카오(Experience Macau)

마카오정부 관광청이 개발한 애플리케이션으로 마카오의 세계문화유적, 유명관광지, 박물관&갤러리, 쇼핑, 공연&엔터테인먼트, 이벤트&페스티벌 그리고 숙박 등의 정보가 제공되고 있다. 360° 파노라마 사진, 오디오 가이드, 여행일정, 지도 등이 함께 제공된다.

💙 마카오 도보여행&미식탐방

한국 마카오관광청에서 발행하는 마카오 가이드북의 E-Book 버전이다. 마카오의 역사, 코스별 여행지, 즐길거리, 호텔리스트 등의 정보를 담고 있는 도보여행과 마카와 관광과 맛집 투어를 함께 할 수 있도록 지역별로 소개한 미식탐방 두 가지가 있다.

Section 04
마카오만의 특별한 음식

마카오에서 흔히 맛볼 수 있는 포르투갈요리를 매캐니즈요리라고 한다. 포르투갈식 중국요리를 말하는데 향신료와 디저트 문화가 발달한 포르투갈요리에 다양한 식재료와 조리법의 광둥요리가 결합한 마카오만의 요리이다. 두 요리의 뿌리는 같지만 각자의 환경에 맞게 고유의 특성을 간직하며 다르게 발전하였다.

마카오 고유의 퓨전요리 매캐니즈요리(Macanese Cuisine)

16~20세기 450년 동안 마카오를 지배했던 포르투갈인들이 이곳에서 나는 식재료를 사용하여 고향의 요리와 비슷하게 만들면서 탄생한 요리이다. 포르투갈의 짭조름한 맛과 중국 광둥요리의 담백한 단맛이 조화를 이루며 해산물요리와 커리요리가 발달했다. 염장대구로 만든 바카라우, 피리피리후추로 구운 아프리칸치킨, 다양한 새우요리, 포르투갈식 소시지 츄리소 등 후추, 칠리, 커리 등과 같은 강한 향신료를 사용한 요리가 대부분이다.

바카라우크로켓 Codfish Cakes

바카라우(Bacalhau)는 포르투갈어로 소금에 절여 말린 염장대구를 의미한다. 물에 담가 짠기를 제거한 바카라우는 1,000가지가 넘는 다양한 요리법이 있다. 대표적인 바카라우요리는 바카라우크로켓으로 대구살과 감자를 함께 다져 튀긴 전채요리이다. 대부분 절인 올리브를 함께 제공하는데 맛의 풍미를 더 해준다.

Pasties de Bacalhau

새우볶음 Fried Shrimp

식전빵과 함께 먹으면 좋은 전채요리 중 하나로 다진 마늘과 소스 등을 함께 볶아내어 우리입맛에도 잘 맞는다. 짙게 밴 마늘향이 식욕을 돋우며 함께 제공되는 레몬조각을 뿌려 먹으면 더욱 상큼한 맛을 느낄 수 있다.

Camarão Frito

포르투갈식 바지락볶음
Fried Clams in Portuguese Style

볶음요리지만 바지락에서 나오는 육수와 소스로 조개탕에 가까운 요리이다. 올리브오일에 조개를 볶은 후 화이트와인, 다진 마늘과 레몬 즙 등을 넣고 끓여낸다. 조개로 우려낸 시원한 육수, 화이트와인의 향긋함, 올리브오일의 고소함과 레몬즙의 상큼함이 어우러진 맛이다. 대부분 고수를 넣고 끓이기 때문에 원치 않는다면 주문 전에 미리 말하는 것이 좋다.

Amêijoas a Bulhao Pato

아프리칸치킨 African Chichen

매캐니즈의 대표요리 중 하나인 아프리칸치킨은 매콤하면서도 칼칼한 맛 때문에 우리입맛에 잘 맞아 인기가 많다. 그릴에 구운 닭을 포르투갈 고추 피리피리(Piri Piri), 허브로 만든 피리피리소스와 후추 등 다양한 향신료를 넣고 다시 구운 요리이다. 피리피리소스 대신 커리소스를 이용하거나 소스를 그냥 닭에 부어서 내 주는 등 레스토랑마다 조리법이 살짝 다르지만 대부분 평균이상의 맛을 낸다.

Galinha Africana

새우커리 Shrimp in Curry Sauce

일부 레스토랑은 시가로도 책정하지만 부담 없는 해산물요리를 원할 때 인기 있는 메뉴이다. 매콤함과 부드러운 맛이 공존하는 걸쭉한 커리소스와 작은 새우가 아닌 대하를 통째로 끓여내 부드러우면서도 쫄깃한 새우살과 매콤한 커리맛이 환상의 궁합이다. 남은 커리소스는 게커리와 마찬가지로 밥에 비벼먹으면 된다.

Camarão de Caril

정어리구이 Grilled Sardines

우리나라와 같이 삼면이 바다인 포르투갈에서 즐겨먹는 요리로 그릴에 직화로 구워낸 정어리구이에 레몬즙을 뿌린 후 올리브를 곁들여 먹는다. 우리나라의 꽁치구이와 비슷한 맛으로 레스토랑에서는 직원이 가시를 발라서 손님 접시에 올려준다.

Sardinhas Assadas

게커리 Curry Crab

매캐니즈요리 중 비싼 편에 속하여 대부분 가격은 시가로 표기된다. 인도의 대표향신료인 커리와 부드러운 코코넛밀크 등을 넣어 만든 소스와 머드게를 통째로 넣고 만든 요리이다. 커리 특유의 향과 고소함이 잘 어우러져 밥에 비벼먹으면 더욱 맛있다.

Caril de Caranguejo

포르투갈식 해산물밥 Seafood Rice Portuguese Style

새우, 홍합, 오징어 등 다양한 해산물, 잘 익은 토마토를 으깨 졸인 토마토퓌레 그리고 쌀을 넣고 푹 끓여낸 요리로 마치 해물탕밥과 비슷하다. 다양한 해물에서 우러난 시원하고 담백한 맛과 토마토퓌레의 달짝지근한 맛이 조화를 이룬다. 레스토랑에 따라 부드러운 맛을 내기 위해 토마토퓌레에 크림을 첨가하거나 고급스러움을 더하기 위해 통게를 함께 넣는 곳도 있다. 요리시간이 30분 정도 소요되기 때문에 간단한 전채요리를 먼저 먹으면서 기다리는 것이 좋다.

Arroz de Marisco

구운오리밥 Roast Duck Rice

잘게 찢은 오리고기 위에 밥을 올리고 그 위에 포르투갈 소시지와 베이컨으로 마무리한 후 오븐에 구워낸 요리이다. 향신료 때문에 조금 짠 편이지만 누룽지처럼 겉은 바삭하면서 고소한 밥과 담백한 고기의 맛이 어우러진 매캐니즈 대표요리 중의 하나이다.

Arroz de Pato

포르투갈과 중국을 동시에 만나는 마카오디저트(Macau Dessert)

에그타르트와 세라두라 등과 같은 포르투갈 전통디저트가 마카오식 디저트로 재탄생하여 세계인의 입맛을 사로잡았다. 이밖에도 밀크푸딩, 망고디저트, 아몬드쿠키, 어묵꼬치, 육포 등 중국식 디저트도 맛볼 수 있다.

에그타르트 Egg Tart

포르투갈 리스본의 제로니모스수도원 수녀들에 의해 처음 탄생한 간식이다. 달걀흰자로 수녀복에 풀을 먹이고, 남은 달걀노른자를 활용하여 디저트를 만든 것이 바로 에그타르트의 시초이다. 현재는 본고장 포르투갈뿐만 아니라 홍콩과 마카오 에그타르트도 유명하다. 포르투갈은 페이스트리 도우를 사용하여 바삭한 식감이고, 홍콩은 타르트 도우를 사용하여 촉촉하고 부드러운 식감이며, 마카오는 포르투갈 식민지 영향으로 포르투갈방식을 따르지만 영국식 조리법을 가미한 마카오식 에그타르트를 선보인다.

세라두라 Serradura

곱게 빻은 비스킷가루와 생크림을 겹겹이 쌓아 마치 케이크처럼 만든 후 차게 하여 아이스크림처럼 스푼으로 떠먹는 달콤한 디저트이다. 강한 향신료와 소스로 짭조름하면서 매콤한 매캐니즈요리를 먹은 후 입가심하기 딱 좋은 디저트이다. 부드러운 크림의 달콤함과 비스킷의 고소함 그리고 차가움이 잘 어울리며, 생크림 질에 따라 맛이 확연히 달라지므로 세라두라가 유명한 곳에서 맛보기를 권장한다.

육포 Meat Jerky

마카오명물로 꼽히는 대표 간식으로 아몬드쿠키를 판매하는 초이헝용, 코이케이, 파스텔라리아세인트폴 등에서 팔고 있다. 소고기, 돼지고기, 닭고기 등으로 만든 육포는 매운맛, 후추맛, 갈비맛 등 다양한 맛이 있으며 시식한 후 원하는 육포를 구입할 수 있다. 진공포장을 해주지만 국내반입이 엄격하게 금지된 품목이다.

아몬드쿠키 Almond Cookies

아몬드가루로 만들어 고소하지만 퍽퍽한 마카오의 대표적인 전통과자이다. 1935년 개업한 초이헝용은 아몬드가루와 아몬드조각으로 만든 쿠키로 유명하며, 현재 마카오 쿠키시장의 70% 이상을 점유한 신흥강자 코이케이는 통아몬드를 넣은 쿠키로 인기를 끌고 있다. 달걀노른자, 소금, 검은 깨, 녹차 등 다양한 소를 넣어 만든 아몬드쿠키도 있다.

주빠빠오 Pork Chop Bun

바삭하게 구운 숯불돼지고기를 바게트 사이에 끼운 마카오식 버거이다. 양상추, 양배추, 토마토, 소스 등의 재료가 전혀 들어가지 않고 오로지 바삭한 빵과 고기만 있는 단순한 먹거리지만 숯불향이 나는 돼지고기의 담백함이 입맛을 사로잡는다. 주빠빠오로 유명한 타이레이로이케이는 타이파빌리지와 세인트폴성당 가는 길목에 자리한다.

어묵꼬치 Fish Cake Skewers

마카오에서 육포거리만큼 유명한 어묵꼬치거리에서는 일명 카레어묵이라 불리는 꼬치를 팔고 있다. 다양한 꼬치 중에서 원하는 꼬치를 그릇에 담아 직원에게 넘겨주면 팔팔 끓는 매운탕과 커리탕 중 원하는 탕에 익힌 후 원하는 소스를 뿌려 먹기 좋게 담아 준다. 다양한 어묵꼬치뿐만 아니라 야채, 버섯과 동물내장꼬치 등이 있으니 취향에 맞는 걸로 고르면 된다.

Chapter 02

동양에서 만나는 유럽, 마카오반도

澳門半島, Península de Macau

마카오에서 가장 오래된 지역으로 유네스코세계문화유산과 명소 그리고 다양한 음식점이 모여 있는 주요 포르투갈지구이다. 450여 년간 포르투갈 식민지 영향으로 동서양의 문화가 절묘하게 융화된 매력적인 도시이다. 세나도광장을 중심으로 세인트폴대성당유적 주변과 릴세나도빌딩에서 아마사원까지 유네스코세계문화유산을 둘러보는 역사탐방을 할 수 있다.

마카오반도를 이어주는 교통편

- **일반버스** 마카오페리터미널에서 3번 버스를 타면 알메이다리베이로(Almeida Ribeiro, 新馬路)정류장에서 하차, 3A, 10, 10A번 버스를 타면 센트로/인판테돈엔히크(Centro/Infante Dorn Henrique)정류장에서 하차한다. 타이파섬에서 4, 26A, 33번 버스, 콜로안섬에서 26A번 버스를 타고 알메이다리베이로(Almeida Ribeiro, 新馬路)정류장에서 하차하면 세나도광장으로 갈 수 있다.
- **무료셔틀버스** 마카오페리터미널의 호텔·카지노 셔틀버스정류장에서 그랜드리스보아 셔틀버스를 타고 그랜드리스보아에서 하차 후 버스진행방향 반대쪽 대로를 따라 직진하면 세나도광장에 도착한다.

마카오반도에서 이것만은 꼭 해보자

1. 30 여개의 유네스코세계문화유산인 유적지 위주로 다니는 것도 좋은 선택이다!
2. 시간이 허락되면 마카오에서 1박 이상하면서 여유롭게 마카오를 둘러보자!

사진으로 미리 살펴보는 마카오반도 베스트코스(예상 소요시간 5시간 이상)

Section 05
마카오반도에서 반드시 둘러봐야 할 명소

세나도광장을 중심으로 주요볼거리가 포진되어 있고, 도보로 이동하면서 둘러봐야 볼거리를 제대로 볼 수 있다. 아침과 낮에는 마카오의 대표적인 세계문화유산을 중심으로 돌아보고, 저녁에는 마카오 유명호텔로 이동하면 된다. 마카오하면 카지노이므로 한 번 재미삼아 게임을 즐겨보는 것도 좋다.

마카오여행의 출발지 ★★★★★
세나도광장 議事亭前地 Praça do Largo do Senado

'마카오여행은 세나도광장에서 출발한다.'라고 할 만큼 마카오의 대표적 명소이다. 광장은 포르투갈 리스본의 여러 광장을 본떠 장식했으며, 세나도광장의 상징인 바닥의 물결무늬는 포르투갈에서 직접 가져온 돌 하나하나를 모자이크타일로 장식한 것이다. 광장주변으로는 19~20세기에 세워진 파스텔톤 건축물들이 자리하고 있어 '동양의 작은 유럽'이라 불리며 분수, 레스토랑, 관광안내소, 기념품점과 카페 등이 모여 있어 현지인들과 여행자들의 만남과 휴식의 장소가 된다.

마카오의 다양한 공식행사와 축제가 열리는 곳이며, 광장분수에는 교황자오선 또는 교황경계선이라 부르는 지구본이 눈길을 끈다. 15세기 포르투갈과 스페인간의 식민지 쟁탈전을 벌였던 당시 교황 알렉산더6세가 교황자오선을 중심으로 서쪽은 스페인, 동쪽은 포르투갈령이라는 의미로 세웠다. 분수에 동전을 던지고 소원을 빌면 이루어진다 하며, 밤에도 화려하고 운치 있는 조명이 꺼지지 않아 많은 사람을 불러 모은다.

영문명 Senado Square **귀띔 한마디** 세나도광장을 바라보고 오른편에 위치한 중앙우체국(General Post Office, 郵政總局)은 1929년 아르테코양식으로 지어진 건물이다. **찾아가기** 마카오페리터미널에서 3번 버스를 타면 알메이다리베이로(Almeida Ribeiro, 新馬路)정류장에서 하차, 3A, 10, 10A번 버스를 타면 센트로/인판테돈엔히크(Centro/Infante Dom Henrique)정류장에서 하차한다. 타이파섬에서 4, 26A, 33번 버스, 콜로안섬에서 26A번 버스를 타고 알메이다 리베이로(Almeida Ribeiro, 新馬路)정류장에서 하차한다.

❶ 교황자오선(敎皇子午線) ❷ 중앙우체국

Chapter 02 마카오 반도

아시아 최초의 자선기관이었던 ★★★★★
자비의 성채 仁慈堂大樓 Santa Casa da Misericordia

세나도광장 우측에 자리한 신고전주의양식의 흰색 건물로 1569년 아시아 최초로 설립된 자선기관이다. 마카오 첫 서양식 병원이었으며 고아원과 양로원 등 자선사업과 선교활동을 하던 곳으로 현재는 선교와 관련된 유물을 전시하고 있다. 마카오 초기 역사의 중요한 인물, 마카오의 첫주교이자 자비의 성채 설립자인 돈벨키오르까네이로 Dom Belchior Carneiro 의 흉상, 초상화와 두개골도 전시하고 있다.

영문명 Holy House of Mercy 개관시간 10:00~12:30, 14:30~17:30 (화~일요일)/매주 월요일과 공휴일 휴무 입장료 MOP5 찾아가기 세나도광장 분수대를 바라보고 오른편에 위치한 흰색건물이다.

마카오성당 중 내부가 가장 화려한 ★★★★☆
대성당 大堂 Igreja da Sé Macau

1622년 성모마리아에게 바치기 위해 성라자루스 St. Lazarus 희망의 성녀교회로 건립된 성당이다. 초기에는 진흙과 갈대가 주원료인 건축재료 타이파를 얼기설기 쌓아올린 조악한 성당이었지만 1850년 석조로 재건축하였다. 하지만 수차례의 태풍피해로 무너진 후 1937년 현재의 모습으로 다시 재건하였다. 중국, 한국과 일본의 대교구본당 역할을 하던 곳이었으며 마카오가 중국으로 반환되기 전까지 새로 부임하는 마카오총독이 대성당 성모 마리아상 옆에 재임권을 내려놓고 축복을 받던 부임식이 치러지던 곳이기도 했다. 성당제단 아래에는 16~17세기 주교의 유품들이 매장되어 있으며, 성당 내에는 유명한 종교화도 보존되고 있다. 왼편에는 노란색 주교공서건물이 있고, 대각선 방향에는 십자가와 분수대가 있는 주민들의 휴식처 대성당광장이 있다.

❶ 주교공관(The Bishop's House, 主敎公署) ❷ 대성당광장(Cathedral Square, 大堂前地)

영문명 Cathedral 주소 1 Cathedral Square 귀띔 한마디 기도를 위해 찾은 가톨릭신자가 아니라면 성당내부까지 들어갈 수 없다. 운영시간 07:30~18:30/연중무휴 찾아가기 세나도광장 분수대 정면으로 직진하다 오른편에 위치한 맥도날드를 바라보고 왼쪽 골목으로 직진하다 왼쪽 길을 따라 올라가면 위치한다. 도보 3분 거리.

중국 첫 번째 성당 ★★★★★
성도미니크성당 玫瑰聖母堂 Igreja de São Domoingos

1587년 스페인계 도미니카사제들에 의해 건축된 마카오 최초이자 중국의 첫 번째 성당이다. 이후 17세기 바로크 양식으로 재건한 후 18세기 마카오 건축양식까지 혼합된 콜로니얼양식으로 보수되었고, 1997년 완벽하게 복구를 마치고 현재의 모습으로 일반공개하였다. 1644년 스페인과 포르투갈전쟁을 지휘하던 장교가 미사 중 살해되었고, 1707년 교황을 지지하던 군대와 마카오주교를 지지하던 수사들 사이에 싸움이 벌어지기도 했으며, 1834년 성당건물을 정부가 막사와 청사로 사용하기까지 했던 역사를 고스란히 간직하고 있다.

외관은 연노란색 외벽에 초록색 창문이 인상적이며, 내부는 화려하게 장식된 제단과 천장에는 포르투갈왕가 문장이 장식되어 있다. 여러 성상과 성인들의 미술품 이 성당 곳곳에 자리하며, 특히 성모마리아, 아기예수와 예수조각상이 유명하다. 성당 뒤편 종탑에는 17~19세기의 조각, 성경, 성화 등 천주교 공예예술품 300여 점이 전시된 성도미니크성당박물관이 자리하고 있다.

성도미니크성당박물관(聖物寶庫)

영문명 Saint Dominic's Church 귀띔 한마디 매년 5월 13일 성녀파티마의 행진이 시작되는 곳이다. 운영시간 10:00~18:00/연중무휴 찾아가기 세나도광장 분수대를 바라보고 정면으로 걸으면 위치한다. 도보 3분 거리.

동서양의 문화가 잘 조화된 중국상인저택 ★★★★
로우카우맨션 盧家大屋 Case de Lou Kau

1889년 지어진 것으로 추정되며, 19세기 후반 영향력을 행사했던 중국무역상 로우와시오盧華紹가 살던 집이다. 그는 카지노대부로 도시 곳곳에 고급저택을 소유했던 사업가였다. 이 저택이 관심을 받는 이유는 '아시아의 크리스천 도시'라 불리던 마카오 중심에 19세기 청대의 전형적인 건축양식인 시관스타일로 지어졌기 때문이다. 2층 가옥 외관은 중국스타일 청회색벽돌을 사용하였으며, 내부는 만주스타일 창과 포르투갈스타일 스테인드글라스 등으로 꾸며져 동서양양식이 혼재되어 있다. 또한 집안의 조화를 위해 입구에 병풍을 놓았으며, 비를 재화로 여겨 집안에 재산이 모이기를 기원하는 의미로 'ㅁ'자 구

조로 지었을 뿐만 아니라 채광과 통풍이 잘되게 설계하는 등 풍수지리에 의거하여 지어졌다.

영문명 Lou Kau Mansion 주소 7 Travessa da Se 개관시간 09:00~19:00(화~일요일)/매주 월요일 휴무 입장료 무료 문의 (853)8399-6699 찾아가기 성도미니크성당을 바라보고 오른쪽으로 직진하다 갈림길에서 오른쪽 골목 어둑꼬지거리를 따라 걸으면 왼편에 위치한다. 도보 3분 거리.

Chapter 02 마카오 반도

마카오의 상징 ★★★★★
세인트폴대성당유적 大三巴牌坊 Ruins of Santo Paul's

1602년에 예수회선교사들에 의해 건축되었으며, 일본에서 종교탄압을 피해 건너온 일본인들에 의해 1640년에 완공된 극동지역 최초의 서구식 대학이었다. 중국과 아시아로 파견할 선교사를 양성하였으며, 1762년 마카오에서 예수회가 쫓겨난 이후 병사들의 숙소로 이용되었다. 1835년 의문의 화재로 대학과 성당이 불타버려 현재는 5단 구조의 장엄한 석조 파사드Façade와 거대한 66개의 계단만 남아 있다. 파사드는 동서양 문화가 결합된 독특한 특징을 보이며, 정교한 부조장식은 예수회수도사 지휘 아래 중국 장인과 일본에서 건너온 나가사키 가톨릭교도들이 1620년부터 7년여에 걸쳐 완성한 작품이다. 5단 구조 중 1~2층의 성인상 부조물은 예수회의 동방선교역사를 의미하고, 3~5층 부조물은 성모마리아와 삼위일체를 의미한다. 중국 최고 권력을 의미하는 머리가 7개 달린 용, 십자가에 못 박힌 예수, 성모마리아, 천사와 악마, 해골상 등 부조와 조각들이 눈에 띄며, 에덴동산, 일본을 상징하는 국화, 포르투갈의 범선 등 다양한 부조상을 찾아볼 수 있다.

영문명 Saint Paul's Cathedral 귀띔 한마디 계단아래 자리한 예수회기념광장(Largo da Companhia de Jesus 耶穌會紀念廣場)에는 1999년 마카오 중국반환을 기념해 중국정부에서 조화와 번영의 상징으로 마카오여성이 포르투갈남성에게 연꽃을 건네는 청동상을 세웠다. 운영시간 24시간/연중무휴 입장료 무료 찾아가기 성도미니크성당을 바라보고 오른쪽으로 걷다 갈림길에서 왼쪽으로 가면 된다. 도보 10분 거리./곳곳에 설치된 이정표를 따라 가면된다.

세인트폴대성당 부속미술관, 성당예술미술관(天主教藝術博物館, Museu de Arte Sacra)

세인트폴대성당 지하에 자리한 초미니미술관이다. 유적지에서 발견된 예수회 알레산드로발리그나노(Allesandro Valignano) 신부의 묘, 무명의 선교사들 유골. 16~19세기 가톨릭성화와 17세기 일본 천주교예술가들의 유화와 조각품 등이 전시되어 있다. 가톨릭성화, 인도와 포르투갈양식의 조각과 미술품 등이 주를 이루며 천사를 중국의 장군처럼 묘사한 천사장 미카엘(St. Michael Archangel)이라는 17세기 유화작품이 유명하다. 미술관입구 28개 유리관에는 아시아지역에서 순교한 선교사들의 유골을 안치한 납골당(Cripta, 葬室)도 보인다.

개관시간 09:00~18:00(수~월요일), 09:00~14:00(화요일)/연중무휴 입장료 무료 찾아가기 세인트폴성당 안쪽 지하에 위치한다.

몬테요새 大炮台 Forte do Monte
마카오를 한눈에 내려다 볼 수 있는 ★★★★★

예수회선교사들이 1617년부터 1626년까지 10여 년에 걸쳐 마카오를 방어할 수 있는 지점에 세운 사다리꼴 모양의 요새이다. 요새 모퉁이 4곳에는 적의 침입을 막기 위해 돌과 콘크리트로 쌓은 보루가 있고, 성벽을 따라 22개의 대포가 놓여 있다. 1622년 네덜란드군과의 전투에서 딱 한 번 사용되었는데, 이곳의 대포로 네덜란드함대 화약고를 명중시켜 마카오를 구했다고 전해진다.

이후 마카오영사의 관저로 사용되었으며, 군인막사, 감옥, 관측소 등으로 활용되다 1835년 세인트폴대성당과 함께 화재로 무너진 것을 현재의 모습으로 재건하였다. 현재는 세인트폴대성당, 마카오 도심 그리고 중국 주하이珠海까지 시원하게 펼쳐지는 마카오를 한눈에 조망할 수 있는 전망대로 활용된다.

영문명 Monte Fort 운영시간 07:00~19:00/연중무휴 입장료 무료 찾아가기 세인트폴대성당을 바라보고 오른쪽 언덕길을 따라 걸으면 위치한다.

마카오박물관 奧門博物館 Museu de Macau
한눈에 살펴보는 마카오의 역사 ★★★★★

몬테요새에서 막사로 사용했던 남유럽풍 건축물이 1998년 마카오의 역사와 마카오만의 독특한 문화를 한눈에 살펴볼 수 있는 박물관으로 개관됐다. 박물관 1층 '마카오 기원관'에서는 유럽문화가 들어오기 전 마카오의 문화와 역사를 다루고, 2층 '마카오 대중예술과 전통관'에서는 예전 마카오인들의 축제, 의례, 고기잡이 등의 전통생활상을 엿볼 수 있으며, 3층 '오늘날의 마카오전시관'에서는 중국반환 이후 마카오의 현재 모습을 다루고 있다. 19세기 포르투갈양식의 건축물과 마카오와 포르투갈 무역선 등을 미니어처로 만날 수 있으며, 다양한 시청각자료들도 준비되어 있어 마카오를 이해하는데 도움이 된다.

영문명 Macao Museum 주소 112 Praceta do Museu 개관시간 10:00~18:00(화~일요일)/매주 월요일 휴관 입장료 MOP15(성인), MOP8(학생)/매월 15일 무료입장 문의 (853)2835-7911 찾아가기 세인트폴대성당을 바라보고 오른편 표지판을 따라 올라가면 박물관입구로 이어지는 에스컬레이터가 있다./몬테요새에 자리한다. 도보 2분 거리. 홈페이지 www.macaumuseum.gov.mo

역병과 귀신을 물리친 나차를 모신 사원 ★★★★★
나차사원 哪咤廟 Templo de Na Tcha

어린아이 모습을 한 나차를 모신 사당으로 1888년 마카오에 급속도로 퍼진 역병을 퇴치하기 위해 지어졌다. 작은 규모의 사원은 세인트폴대성당유적 왼쪽에 자리하고 있어, 중국과 서양문화과 같은 공간에 공존하였음으로 단편적으로 보여준다. 역병과 귀신을 물리쳤다는 도교신 나차는 변신술과 무예에 능하며 발에 불바퀴가 달려있어 날아다닐 수 있었다고 한다. 중국소설 서유기에도 등장하는데 옥황상제의 명을 받아 손오공과 결투를 벌이지만 결국 패하는 모습으로 그려진다.

영문명 Na Tcha Temple **귀띔 한마디** 사원 옆에는 1569년 도시방어를 위해 포르투갈인들이 쌓은 구시가지성벽, 사원 왼쪽에는 사원유래 소개와 주변에서 발견된 유물이 전시된 작은 전시관이 있다. **운영시간** 08:00~17:00/연중무휴 **찾아가기** 세인트폴대성당을 정면에서 바라보고 왼편에 위치한다.

 김대건신부의 목상을 만날 수 있는 ★★★★★
성안토니오성당 聖安多尼教堂 Igreja de Santo António

1560년 이전 포르투갈군의 수호성인 성안토니오를 기리기 위해 세웠으며, 예수회가 마카오에 처음 설치한 성당이다. 최초 목재로 지어져 1874년 화재로 완전히 소실된 것을 1930년대 현재의 모습으로 재건하였다. 건립 초기 포르투갈인들이 이곳에서 결혼식을 많이 거행하자 마카오인들은 '꽃의 성당'이라 불렀다.

1837년 마카오에서 신학과 어학을 공부한 우리나라 최초의 사제 김대건신부의 목상이 성당 안 별실에 놓여 있다. 그는 25세의 젊은 나이로 새남터에서 순교하였으며, 1984년 교황 요한바오로2세에 의해 시성되어 성인품에 올랐다. 김대건신부와의 인연으로 매주 토요일에는 한국어로 주일특전미사가 거행된다.

영문명 Saint Anthony Church **운영시간** 07:30~17:30/연중무휴 **문의** (853)2831-5566 **찾아가기** 나차사원의 내리막길을 따라 내려오면 마주하는 오른쪽의 루아드산토안토니우스(Rua de Santo Antonio)를 따라 걸으면 왼편에 위치한다./마카오시내에서 8A, 18, 18A, 19, 26번 버스를 타고 프라사루이스까몽이스(Praça Luis Camões, 白鴿巢前地)정류장에서 하차한다.

사시사철 푸른 공원 ★★★★★
카몽이스정원 白鴿巢公園 Jardim de Camões

영국동인도회사 사택대지의 일부로 이후 포르투갈인들의 피서지로 이용됐던 마카오에서 가장 오래된 공원이다. 포르투갈왕실의 마구간지기를 상해한 죄로 마카오로 추방당한 16세기 민족시인이자 군인이었던 루이스드카몽이스가 자주 찾아왔다고 하여 그의 이름을 붙였다. 공원 안쪽의 석굴에는 카몽이스흉상이 세워져 있고, 흉상 아래에는 그의 대표 서사시 '여기서 땅이 끝나고 바다가 시작된다'라는 시구가 새겨져 있다. 공원 놀이터에는 1997년 한국천주교 주교회의에서 봉헌한 김대건신부의 동상이 있다.

영문명 Camoes Garden **주소** Praca de Luis de Camoes **귀띔 한마디** 카몽이스공원 바로 오른편에는 유네스코세계문화유산으로 지정된 신교도묘지(Old Protestant Cemetery)와 카사정원(Casa Garden)이 있다. **운영시간** 06:00~22:00/연중무휴 **찾아가기** 성안토니오성당을 바라보고 왼편 길 건너에 위치한다./마카오시내에서 8A, 18, 18A, 19, 26번 버스를 타고 프라사루이스카몽이스(Praça Luis Camões, 白鴿巢前地)정류장에서 하차한다.

마카오에서 가장 아름다운 건물로 명성이 자자했던 ★★★★★
카사정원 東方基金會會址 Jardim de Casa

1770년 포르투갈의 부유한 상인이자 귀족 그리고 정치가였던 마누엘페레이라[Manuel Perreira]의 별장으로 마카오 최초의 별장식 화원주택이다. 1779~1834년까지 영국동인도회사에서 대여하여 공관으로 사용하다 19세기 포르투갈정부가 건물을 매입하여 이용하였다. 이후 20세기 초 명·청대 복식과 마카오 풍경화, 서화 등을 전시한 박물관으로 운영되다가 1989년 동방기금재단[Oriental Foundation]에게 박물관이 매각되면서 현재까지 동방기금재단의 본부로 사용되고 있다. 건물 앞에는 마카오 치안행정유지에 공헌한 베르나르디노 드 세나페르난데스[Bernardino de Senna Fernandes] 동상이 세워져 있다.

영문명 Casa Garden **주소** Beside Camoes Square **귀띔 한마디** 건물 내부는 일반인 출입이 금지되어 있다. **운영시간** 09:30~18:00(화~일요일)/매주 월요일 휴관 **문의** (853)6669-2909 **찾아가기** 카몽이스정원 바로 오른편에 위치한다.

베르나르디노드세나페르난데스(Bernardino de Senna Fernandes) 동상

마카오 최초 기독교묘지 ★★★★★

신교도묘지 基督教坟场 Cemitério Protestante

카사정원 오른편 작은 입구로 들어가면 1821년 조성된 마카오 최초의 신교도묘지가 자리한다. 영국동인도회사의 직원과 영국, 독일, 미국, 네덜란드 등의 정부관리, 포르투갈 무역상과 선원 등 마카오에서 죽은 160여 명의 외국인이 잠들어 있다. 이 중에는 18세기 마카오에서 거주했던 위대한 영국예술가 조지쉬러니George Chinnery, 대영제국 드루이드호의 함장이자 윈스턴처칠의 할아버지 존스펜서처칠John Spencer-Churchill경 그리고 최초로 중영사전 제작 및 중국어로 성경을 처음 번역한 로버트모리슨Robert Morrison과 그의 가족 등의 묘지도 함께 있다.

모르슨예배당(Morrison Chapel)

영문명 Old Protestant Cemetery **귀띔 한마디** 입구의 하얀색 석조건물 교회는 로버트모리슨의 업적을 기리기 위해 세워진 모르슨예배당(Morrison Chapel)이다. **운영시간** 09:00~17:30(화~일요일)/매주 화요일 휴관 **찾아가기** 카사정원 내의 작은 입구와 통해 있다.

아담한 정원을 가진 민정청사 ★★★★★

릴세나도빌딩 民政總署大樓 Edifício do Leal Senado

세나도광장 길 건너편에 자리한 흰색 건물로 '충성스런 의회Loyal Senate'라는 의미의 릴세나도에서 따온 이름이다. 중국풍의 기존 건물을 1784년 포르투갈식 신고전주의양식으로 재건하였으며, 이후 마카오 정부에서 정면 외관에 고전적 미를 더해 개보수하면서 현재는 남유럽건축양식도 함께 지니고 있다. 수백 년간 마카오시의회 건물로 사용되었고, 현재는 시정자치국에서 사용한다. 돌계단을 따라 1층으로 올라가면 포르투갈의 북부역사박물관을 모방한 도서관과 의회실로 연결된다. 2층 오른편에는 포르투갈의 역사와 선교활동을 기록한 각종 자료가 갤러리에 보관되어 있다. 아담한 원형정원에는 분수와 벤치 그리고 포르투갈 국민시인 카몽이스의 흉상이 놓여 있다.

영문명 Civic And Municipal Affairs Bureau **귀띔 한마디** 1층 도서관 창문을 통해 세나도광장 일대를 내려다 볼 수 있다. **운영시간** 09:00~21:00(갤러리와 정원), 13:00~19:00(도서관, 매주 월요일과 공휴일 휴관/연중무휴 **찾아가기** 마카오페리터미널에서 3번 버스를 타면 알메이다리베이로(Almeida Ribeiro, 新馬路)정류장에서 하차, 3A, 10, 10A번 버스를 타면 센트로/인판테돈엔히크(Centro/Infante Dom Henrique)정류장에서 하차한다. 타이파섬에서 4, 26A, 33번 버스, 콜로안섬에서 26A번 버스를 타고 알메이다리베이로(Almeida Ribeiro, 新馬路)정류장에서 하차한다./세나도광장의 분수대를 등지고 바로 길 건너편에 위치한다.

영화 〈도둑들〉 포스터 촬영지 ★★★★★
펠리시다데거리 福隆新街 Rua da Felicidade

마카오에서 가장 아름다운 중국풍 거리로 2층짜리 흰 벽에 붉은색 대문과 창문이 길게 이어져 강렬한 인상을 준다. 청나라시기 조성된 거리는 '행복의 거리'라는 명칭과 달리 과거 선원들이 드나들면서 아편과 도박을 일삼던 곳이었다. 1932년 홍콩정부에서 사창가를 금지하자 이곳으로 쫓기듯 모여들어 유명한 홍등가를 형성하였다. 1940년대에는 마카오도 공식적으로 아편과 홍등가를 금지시키면서 쇠락하였으나 현재는 각국의 영화촬영지로 유명해지면서 식당, 카페 등의 상점이 들어선 마카오의 새로운 명소가 되었다. 특히 우리나라에서는 영화 〈도둑들〉의 메인포스터와 〈우리 결혼했어요〉의 남궁민·홍진영 마카오편 촬영지로 알려져 있다.

산바호스텔(新華大旅店)

 귀띔 한마디 거리를 내려가면 사거리 왼쪽에 영화〈도둑들〉에서 허름한 숙박집으로 등장한 산바호스텔이 보인다. 세나도광장의 분수대를 등지고 보이는 릴세나도빌딩 오른쪽 골목으로 걷다 갈림길에서 오른쪽으로 가면 오른편에 위치한다. 도보 2분 거리.

파소스성채행렬의 시작과 끝 ★★★★★
성아우구스틴성당 聖奧斯定教堂 Igreja de Santo Agostinho

1591년 스페인 아우구스틴사제단에 의해 나무와 야자수잎으로 만들어진 신학교건물이었다. 세워질 당시 비가 많이 오면 사제들이 야자수 잎으로 지붕을 덮었는데 바람이 불면 야자수 잎이 마치 용의 수염처럼 날린다 하여 롱송뮤龍嵩廟라고도 불렀다. 지금 성당의 모습은 1874년에 재건한 것으로 영어로 예배를 드린 마카오의 첫 번째 성당이다. 외관은 평범해 보이지만 실내 기둥들은 화려한 아치형이라 고전적이면서도 화려한 모습이다.

성당주변에는 유네스코세계문화유산으로 지정된 성아우구스틴광장, 성호세신학교, 로버트호통경의 도서관, 동양최초의 서양식극장인 돔페드로5세극장 등이 위치해 있다. 매년 2월 성아우구스틴성당의 '십자가를 진 예수상'을 들고 도시를 순회한 후

다시 교회로 돌아오는 마카오 최대 규모의 천주교행사인 파소스성채행렬을 시작하고 끝내는 곳으로도 유명하다.

영문명 Saint Augustinian Church **운영시간** 10:00~18:00/연중무휴 **찾아가기** 릴세나도빌딩을 바라보고 오른쪽 골목으로 걷다 갈림길에서 왼쪽 카우사다두 트롱쿠벨류(Calcada do Tronco Velho, 東方斜港)를 따라 직진하면 왼편에 위치한다. 도보 5분 거리.

성아우구스틴광장(Largo de Santo Agostinho, 崗頂前地)

 휴식처처럼 조용하고 편안한 ★★★★★
로버트호퉁경도서관 何東圖書館大樓 Biblioteca Sir Robert Ho Tung

포르투갈의 귀부인 도나캐롤리나쿤하(Dona Carolina Cunha)의 저택으로 홍콩사업가 로버트호퉁경이 1918년 매입하여 그의 여름별장으로 사용하였던 곳이다. 1955년 그가 세상을 뜨자 유언에 따라 마카오정부에 기증되어 1958년 도서관으로 개관하였다. 포르투갈과 마카오의 문화가 혼재된 매캐니즈양식의 전형적인 모습이다. 건물입구 안쪽 아담한 야외정원과 3층 휴게실에는 테이블과 의자가 있어 쉬어가기 좋다.

영문명 Sir Robert Ho Tung Library **주소** 3 Largo de Santo Agostinho **운영시간** 10:00~19:00(월~토요일), 11:00~19:00(일요일)/공휴일 휴관 **찾아가기** 성아우구스틴광장 바로 맞은편에 위치한다.

 아시아 최초 서양식극장 ★★★★★
돔페드로5세극장 崗頂劇院 Teatro Dom Pedro V

1860년 포르투갈의 왕 페드로5세를 기리기 위해 지어진 중국 최초의 서양식극장이다. 또한 아시아 최초의 남성전용 사교클럽인 마카오클럽의 발원지이자 제2차 세계대전 시 피난처로도 이용되었다. 건축 당시에는 극장의 주요 부분만 세웠으며, 1873년에야 신고전주의풍 외관을 완성하였다. 비발디와 푸치니의 작품을 중국 최초로 공연한 극장이며 현재는 부정기적으로 다양한 공연이 열리면서 마카오 공연예술 발전에 중요한 역할을 하고 있다.

영문명 Dom Pedro V Theatre **운영시간** 10:00~18:00(수~월요일)/매주 화요일 휴관 **찾아가기** 성아우구스틴성당을 바라보고 오른쪽 내리막길을 내려가면 오른편에 위치한다. 도보 1분 거리.

바로크양식으로 세워진 ★★★★★
성호세성당 聖若瑟修院及聖堂 Seminnário E Igreja de Santo José

세인트폴대성당과 유사한 모습으로 건축된 바로크 건축양식의 성당이다. 성당내부 천장은 나선형기둥과 천장을 잇는 아치형곡선 그리고 돔형으로 바로크양식의 화려함과 웅장함이 느껴진다. 아시아선교활동을 하다 1552년 중국 광동성 상촨다오上川島에서 삶을 마친 예수회 일원이자 최초의 동방선교자인 성프란시스코사비에르St. Francisco Xavier의 팔뼈 중 일부가 재단 오른쪽 캐비닛에 보관되어 있다. 로버트호통경도서관 바로 옆에는 1758년 예수회에서 세인트폴대학과 함께 지은 성호세신학교가 위치해 있다. 교육과정을 통해 양성된 예수회 수사들은 마카오에 신학교를 짓고, 선교사를 양성하여 중국이나 일본, 동남아 각지로 선교사를 파견하였다.

영문명 Saint Joseph's Church **운영시간** 10:00~17:00(월~일요일, 신학교는 관람불가)/연중무휴 **찾아가기** 성아우구스틴성당을 바라보고 오른쪽 내리막길을 내려가다 돔페드로5세극장을 지나 갈림길에서 오른쪽으로 가다보면 위치한다. 도보 5분 거리.

성호세신학교(Seminnário de Santo José)

마카오에서 가장 아름다운 성당 ★★★★★
성로렌스성당 聖老楞佐教堂 Igreja de Santo Lourenço

16세기 중반 예수회에서 목조로 건축한 마카오 초기 성당 중 하나였지만 1846년에 석조로 재건하면서 현재의 모습을 갖추게 되었다. 조화와 균형을 중시하는 신고전주의를 기본으로 바로크장식이 가미된 아름다운 성당이다. 포르투갈선원의 가족들이 무사귀항을 기원하던 곳으로 '이곳은 바람을 잠재우는 곳이다'하여 펑순탕風順堂이라고도 불렸다. 하늘색 터키옥으로 무늬를 입힌 아름다운 예배당천장은 길게 늘어진 우아한 샹들리에의 조화가 아름다우며, 순교자 성로렌스의 종교활동을 묘사한 스테인드글라스 창문이 인상적이다.

영문명 Saint Lawrence Church **귀띔 한마디** 성당주변은 부촌으로 유명한데, 성로렌스성당의 영광 덕분이라고 믿고 있다. **운영시간** 08:30~17:00/연중무휴 **찾아가기** 돔페드로5세극장 정문을 바라보고 왼쪽 길로 직진하면 오른편에 위치한다. 도보 2분 거리.

마카오의 수원 ★★★★★
릴라우광장 亞婆井前地 Largo do Lilau

포르투갈어로 릴라우는 '산에서 나는 온천'을 의미한다. 예전 마카오의 주요 식수근원지로 '릴라우 물을 마셔본 사람은 결코 마카오를 잊지 못한다'라는 포르투갈의 유명속담이 생길 정도로 유명했다. 내항內港과 근접하여 초기 포르투갈 정착민들의 주거지역 중 한 곳으로 100년이 넘은 나무가 우뚝 서있다. 소박한 릴라우광장 주변은 형형색색의 파스텔톤 포르투갈풍의 건물들이 둘러싸고 있어 이국적인 느낌을 준다.

영문명 Lilau Square 운영시간 24시간/연중무휴 찾아가기 성로렌스성당을 바라보고 왼쪽 길을 따라 직진하면 오른편에 위치한다. 도보 5분 거리.

고풍스러운 전통중국저택 ★★★★★
만다린하우스 鄭家大屋 Casa do Mandarin

청조말기 개혁사상가이자 성공한 근대상인 정관응鄭觀應의 고택이다. 광둥지역의 전통주택양식으로 지어졌으며 외벽의 미장과 창문장식 등 몇몇 부분은 19세기 유행하던 서양주택양식을 혼합하여 1869년 완공되었다. 로우카우맨션과 함께 마카오에서 가장 잘 보존된 중국식저택이며, 마카오에 현존하는 고택 중 가장 큰집이다.

부친이 정관응을 포함한 9명의 아들을 위해 아홉 개로 나눠 지은 저택으로 두 채가 연결된 사합원四合院과 하인들의 거주지 등 회랑으로 나란히 연결된 총 12채 건물에 60여 개의 객실이 있다. 1950~60년부터 정씨의 후손들이 하나 둘 다른 지역으로 이주하면서 300여 명의 세입자가 가난한 생활을 하는 곳으로 변모하였다. 세월이 흐르면서 저택은 많이 훼손되었고, 2001년 정부가 이곳을 인수해 엄격한 고증을 통해 옛모습에 가깝게 복원하여 일반인에게 개방하였다.

영문명 Mandarin's House 주소 10 António da Silva Lane 귀띔 한마디 포르투갈어 관리를 의미하는 마다린(Madar)에서 유래된 만다린은 현재 중국어를 의미하는 영어식 표현이다. 운영시간 10:00~18:00(목~월요일)/매주 화요일 휴관 문의 (853)2896-8310 찾아가기 릴라우광장을 등지고 마주하는 골목 안 바로 왼편에 위치한다. 홈페이지 www.wh.mo/mandarinhouse

이슬람건축양식이 혼재된 건축물 ★★★★★
 무어리시배럭 港務局大樓 Quartel dos Mouros

1874년 마카오의 치안을 강화하기 위해 포르투갈의 지배하에 있던 인도 고아(Goa)지역에서 파병된 무어인들을 수용하기 위해 지은 건물이다. 이탈리아건축가 카수토(Cassuto)가 파병된 이슬람교 무어인들을 위해 이슬람양식이 가미된 신고전주의양식으로 설계한 독특한 건물로 당시에는 바다를 내려다 볼 수 있었던 바라언덕 경사면에 세워졌다. 1905년부터 해상행정국본부로 사용되는 관공서로 실내입장은 불가하고 입구와 격자무늬로 되어 있는 테라스만 둘러볼 수 있다.

영문명 Moorish Barracks **운영시간** 09:00~18:00 / **연중무휴 찾아가기** 릴라우광장을 바라보고 오른쪽 골목길을 따라 걸으면 왼편에 위치한다. 도보 5분 거리.

마카오에서 가장 오래된 도교사원 ★★★★
 아마사원 媽閣廟 Templo de Á-Ma

1448년 지어진 마카오에서 가장 오래된 사원으로 바다의 여신 아마를 모시고 있다. 16세기 초 포르투갈인들이 처음 마카오로 들어왔을 때 지역의 이름을 물었지만 현지인들은 이 사원의 이름을 묻는 줄 알고 아마가오(A-ma-gao)라 일러주었다. 이 말이 포르투갈어로는 '마카오'라 발음되었고 그 이름이 현재의 마카오란 지명이 되었다. 정문 오른쪽 커다란 바위에 새겨진 선각(船刻)은 폭풍우 몰아치는 날 고향인 푸첸(福建)에서 마카오까지 아마여신을 태우고 온 배라 전해진다.

유교, 불교, 도교뿐만 아니라 다양한 토착신앙이 혼재된 도교사원으로 각기 다른 시기에 건축된 석전, 신상제일전, 홍인전, 관음각, 정각선림 등의 전각이 있으며, 1828년 현재의 모습으로 완성되었다. 매년 음력 3월 23일 아마신을 기리는 축제가 열리고, 주말에는 입구에서 악령을 퇴치하는 폭죽을 터트린다.

영문명 A-ma Temple **운영시간** 07:00~18:00 / **연중무휴 문의** (853)2836-6866 **찾아가기** 릴라우광장을 바라보고 오른쪽 골목길을 따라 걷다가 무어리시배럭를 지나 정면에 대로변이 보이기 바로 전 왼쪽 골목을 따라 직진하면 왼편에 위치한다. 도보 8분 거리./마카오시내에서 1, 10, 10A, 11, 18, 28B번 버스, 타이파섬 11, 21A, 26, MT4번 버스 그리고 콜로안섬에서 21A, 26번 버스를 타고 템플루드아마(Templo de Á-Ma, 媽閣廟)정류장에서 하차한다.

Chapter 02 마카오 반도

해사박물관 海事博物館 Museu Marítimo
포르투갈과 중국의 해양자료를 한눈에 볼 수 있는 ★★★★★

1553년 포르투갈 범선이 마카오에 최초로 정박한 역사적인 장소에 현대식으로 건축된 박물관이다. 외관 벽면은 항해하는 배모양, 창문은 항구스타일을 표방하고 있다. 포르투갈과 중국간의 해양관계를 중심으로 유물과 자료를 전시하며, G층에는 마카오와 중국남부 어촌의 생활상, 1층에는 선박의 발전사 그리고 2층은 현대의 항해술을 소개하고 있다. 전시품 중에는 실제 선박도 포함되어 있으며, 특히 G층의 리틀아마극장에서는 아마여신의 전설을 인형극으로 상영한다.

영문명 Maritime Museum **개관시간** 10:00~18:00(수~월요일)/매주 화요일 휴관 **입장료** 성인 MOP10(수~토요일과 월요일), MOP5 (일요일) 10~17세 MOP5(수~토요일과 월요일), MOP2(일요일) 10세 이하와 65세 이상 무료 **찾아가기** 아마사원을 등지고 왼편에 위치한다. **홈페이지** www.museumaritimo.gov.mo

펜하성당 西望洋聖堂 Capela de Nossa Senhora da Penha
언덕 위 아름다운 성당 ★★★★★

1622년 네덜란드함선 공격을 받은 여객선의 선원과 승객에 의해 펜하언덕에 건립된 성당으로 이후 바다로 나가는 선원들의 안전을 비는 성지가 되었다. 곡선의 미가 아름다운 로코코양식으로 지어졌으며 1935년 현재의 모습으로 재건되었고, 특히 세계에서 둘뿐인 다각뿔 모양으로 세워진 종탑이 인상적인 성당이다. 마카오의 안녕을 기원하듯 지붕에는 바다를 바라보는 성모상이 있고, 성당 앞에는 마카오시내를 바라보는 성모상이 있다.

포르투갈총독이 이 성당의 바바라수녀에게 반해 터무니없는 사랑을 갈구하지만 끝내 거절당하자 결국 그녀를 참수했다고 하는 슬픈 이야기가 전해진다. 이후 파티마성모마리아 축제일인 매년 5월 13일에만 바바라수녀를 기리는 의미로 미사를 드리고 있다. 성당을 등지면 정면으로 마카오타워와 저 멀리 타이파섬이 보이고 왼편으로는 마카오페리터미널과 함께 중국 주하이까지 조망할 수 있다.

영문명 Chapel of Our Lady of Penha **귀띔 한마디** 아마사원에서 펜하성당으로 향하는 언덕길은 전망이 좋아 마카오의 비버리힐스라 불리는 고급빌라촌이 형성되어 있다. **운영시간** 09:00~18:00/연중무휴 **찾아가기** 아마사원 입구를 바라보고 오른쪽으로 가다가 왼편 언덕길을 따라 올라가면 위치한다. 도보 15분 거리./다른 지역에서 이동할 때는 택시를 타는 편이 낫다.

마카오를 대표하는 랜드마크 ★★★★★
마카오타워 澳門旅遊塔 Torre de Macau

2001년 마카오 중국반환 2주년을 기념하여 남반호수 위에 세운 높이 338m의 타워이다. 360° 통유리를 통해 화창한 날에는 마카오뿐만 아니라 중국의 주강(珠江) 일대와 홍콩까지 보이는 58층 실내전망대와 61층 야외전망대가 유명하다. 유리로 된 바닥이 있어 아래를 내려다보면 아찔한데, 날씨가 흐리면 전망이 좋지 않으므로 맑은 날 해질녘에 가면 야경까지 덤으로 감상할 수 있다.

233m 높이의 58층에서 뛰어내리는 스카이점프, 번지점프, 시원하게 뚫린 난간을 걷는 스카이워크, 338m 높이의 첨탑꼭대기까지 오르는 타워클라임, 타워외벽을 등반하는 클라이밍월 등 아찔한 스릴을 제대로 만끽할 수 있는 다양한 익스트림스포츠 프로그램이 있다. 〈런닝맨〉과 〈우리 결혼했어요〉 등의 촬영지로 출연자들도 여기서 다양한 익스트림스포츠를 즐겨 우리에게 더욱 친숙하며, 매해 마카오 국제불꽃놀이대회가 이곳에서 진행된다.

❶ 58층 실내전망대 ❷ 번지점프 ❸ 스카이워크 ❹ 360°카페

영문명 Macau Tower **귀띔 한마디** 4층에는 3D영화관과 카페온포, 60층에는 회전식 뷔페레스토랑 360°카페 등이 유명하다. **입장료** 58층 전망대 MOP135(성인), MOP70(3~11세와 65세 이상) **전망대영업시간** 10:00~21:00(월~금요일), 09:00~21:00(주말과 공휴일)/연중무휴 **문의** (853)2893-3339 **찾아가기** 마카오시내에서 9A, 18, 23, 32번 버스 타이파섬에서 26, MT4번 버스를 타고 토리드마카오(Torre de Macau, 澳門旅遊塔)정류장에서 하차한다. **홈페이지** www.macautower.com.mo

타워어드벤처 종류	내용	요금(MOP)	영업시간
번지점프(Bungy Jump)	1회 / 2번째	3,288 / 1,088	11:00~19:30(월~목요일), 11:00~22:00(금~일요일)
스카이점프(SkyJump)	1회 / 2번째	2,288 / 1,088	
스카이워크(Skywalk)	1회 / 2번째	788 / 299	
타워클라임(Tower Climb)	1회 / 2번째	1,888 / 999	10:30~15:30(월~일요일)
클라이밍월(Climbing Wall)	번지점프, 스카이점프, 스카이워크 등을 신청한 경우만 가능	250	11:00~18:00(토~일요일만 가능)

※ 요금에는 증명서, 멤버십카드, T셔츠가격이 포함된다.

Chapter 02 마카오 반도

 성모마리아의 얼굴을 닮은 ★★★★★
관음상 觀音像 Estátua de Kun Iam

1999년 포르투갈정부가 중국에 마카오반환을 기념하여 선물한 높이 20m의 특수청동으로 제작한 관음불상이다. 관음보살을 잘 몰랐던 포르투갈 여성조각가가 제작을 맡으면서 불교의 관음보살과 천주교의 성모마리아의 얼굴을 모두 닮은 불상이 탄생했다. 얼굴윤곽에서 서구적인 느낌이 나지만 관음보살의 온화한 미소가 담겨 있다. 관음상을 받치고 있는 돔모양의 연화대 아래에는 불교, 도교, 유교 등 종교관련 전시실인 세계교회센터가 자리하고 있다.

영문명 Statue of Guan Yin **귀띔 한마디** 관음상 주변은 공원으로 조성되어 있으며 길 건너편에는 마카오예술박물관, 레스토랑, 바, 노천카페들이 모여 있다. **입장료** 무료 **전시실개관시간** 10:30~18:00(토~목요일)/매주 금요일 휴관 **찾아가기** 마카오페리터미널이나 마카오시내에서 10A, 17번 버스를 타고 센트루에쿠메니쿠쿤람(Centro Ecuménico Kun Iam, 觀音蓮花苑)정류장에서 하차한다.

 마카오반환을 기념하여 조성한 광장 ★★★★★
황금연꽃광장 金蓮花廣場 A Praça Flor de Lodão

1999년 12월 20일 마카오반환을 기념해서 조성한 광장으로 홍콩 완차이의 골든보히니아광장과 흡사하게 조성됐으며, 건립이유 또한 같다. 중앙에 세워진 높이 6m의 황금연꽃조각상 기단석은 붉은 화강암을 3층으로 쌓았는데, 각각 마카오반도, 타이파섬, 콜로안섬을 의미하고 활짝 핀 연꽃은 마카오의 영원한 번영을 상징한다. 금박으로 도금되어 있어 오전에 가면 햇살을 받아 연꽃이 반짝이는 모습을 볼 수 있고, 광장주변으로 샌드호텔, 와인박물관과 그랑프리박물관이 있고 뒤로는 기아요새가 보인다.

영문명 Lotus Square **운영시간** 24시간/연중무휴 **찾아가기** 마카오페리터미널에서 3, 10, 10B, 28B번 버스, 마카오시내에서 1A, 23, 28C, 32번 버스를 타고 센트루드악티비다데스 투리스티카스(Centro de Actividades Turísticas, 旅遊活動中心)정류장에서 하차한다.

 마카오그랑프리대회 역사를 한눈에 볼 수 있는 ★★★★★
그랑프리박물관 大賽車博物館 Museu do Grande Prémio

1993년 마카오그랑프리대회 40주년을 기념하여 설립하였다. 1954년 마카오의 자동차경주 마니아들을 위해 아마추어경기로 시작한 마카오그랑프리대회는 아시아 최고의 자동차경주이자 F3 선수권대회이다. 매년 11월 셋째 주에 4일간 세계 30여 개국

373

Part 05 마카오

의 카레이서가 참가하여 마카오시내 일반도로를 경주코스로 이용하는 독특한 레이싱이다. 특히 우승자는 최고 자동차경주인 포뮬러1에 진출할 수 있는 자격이 주어지는데, 출발지점인 만다린오리엔탈마카오호텔은 대회 몇 달 전부터 예약이 마감될 정도로 수많은 관광객이 몰린다.

박물관에는 대회에 참가했던 과거 우승자들의 레이싱카, 오토바이, 각종 장비, 역대 우승자들의 사진과 영상물들이 전시되었으며, 시뮬레이션을 통해 가상레이싱도 체험해볼 수 있다. F1 황제라 불리는 독일의 카레이서 미하엘슈마허가 1990년 마카오그랑프리대회에서 우승을 차지했던 레이싱카도 전시되어 있다.

영문명 Grand Prix Museum **주소** 431 Rua de Luis Gonzaga Gomes **개관시간** 10:00~20:00(수~월요일)/매주 화요일 휴관 **입장료** 무료 **문의** (853)8798-4108 **찾아가기** 황금연꽃광장 뒤편 건물이다./마카오페리터미널에서 3, 10, 10B, 28B번 버스, 마카오시내에서 1A, 23, 28C, 32번 버스를 타고 센트루드악티비다데스 투리스티카스(Centro de Actividades Turisticas, 旅遊活動中心)정류장에서 하차한다.

포르투갈산 와인을 홍보하는 박물관 ★★★★★
마카오와인박물관 葡萄酒博物館 Museu do Vinho de Macau

그랑프리박물관과 복도를 두고 마주하는 박물관으로 포르투갈의 고대 포도재배부터 현대 포도주생산까지 포도주와 관련된 모든 역사를 한눈에 살펴볼 수 있다. 포르투갈인에 의해 아시아로 와인이 전파되는 과정과 포르투갈의 유명 산지 14곳에서 생산한 1,200여 종의 포르투갈와인을 만날 수 있다. 오래된 와인압착기, 포도의 품종, 와인생산지, 와인제조과정을 사진과 지도로 살펴볼 수 있으며, 생산지의 전통복장을 한 마네킹까지 전시되어 있다. 가장 오래된 1815년산 와인 뽀르또1815^{Porto1815}가 먼지가 쌓인 채 와인창고에 보관되어 있으니 잘 찾아보자. 박물관을 나오기 전 와인시음을 유료로 할 수 있으며, 출입구에는 와인숍이 있어 품질 좋은 와인을 구입할 수도 있다.

영문명 Wine Museum **주소** 431 Rua de Luis Gonzaga Gomes **귀띔한마디** 와인시음권(1잔 MOP10, 3잔 MOP15)을 구매하면 와인을 맛볼 수 있다. **개관시간** 10:00~20:00(수~월요일)/매주 화요일 휴관 **입장료** 무료 **문의** (853)8798-4188 **찾아가기** 마카오와인박물관과 같은 건물 같은 층에 위치한다.

유럽의 다양한 거리를 거닐 수 있는 ★★★★★

마카오피셔맨스워프
澳門漁人碼頭 Doca dos Pescadores

마카오 도박계의 대부 스탠리호가 2,500억 원을 투자하여 건설한 마카오 최초의 테마파크이다. 하지만 현재는 로마원형극장을 제외하고는 유럽 각국거리로 조성된 이국적인 거리의 건축물에는 호텔, 카지노 등과 쇼핑몰, 레스토랑, 결혼식장 등이 들어섰다. 저녁에 방문하면 바다에 위치한 유럽거리를 연상케 하는 해안가레스토랑과 바에 앉아 칵테일 한 잔을 마시며 멋진 야경을 즐길 수 있다.

영문명 Macau Fisherman's Wharf **입장료** 무료 **운영시간** 24시간(레스토랑과 카페는 상이)/연중무휴 **찾아가기** 마카오페리터미널을 등지고 왼쪽으로 도보 5분 거리에 위치한다.

중국내륙까지 훤히 보이는 ★★★★★

기아요새 東望洋炮台及燈塔 Fortaleza da Guia

1622~1638년 사이 마카오에서 가장 높은 해발 90m 기아언덕정상에 세워진 요새이다. 요새는 네덜란드 함선공격에 대비하려고 쌓았지만 실제 전투는 이뤄지지 않았으며, 도시 전체가 내려다보이는 지리적 특성 때문에 관측소의 역할이 더 중요했다. 1865년 건립한 중국해안 최초의 서양식 등대는 오늘날까지도 그 역할을 하고 있다. 등대 바로 옆 기아성당은 기아요새의 한 부분으로 건축되었으며, 1996년 성당 복원작업 중 천장과 벽면에서 오래된 벽화유적들이 발견되었다. 동양의복을 입은 천사들이 그려져 있는데 동서양의 조화를 벽화로 살펴볼 수 있다.

기아요새는 마카오 주변지역을 한눈에 내려다볼 수 있는 훌륭한 전망대로 기아요새까지 오르는 완만한 산책로는 현지인들에게 인기 있는 조깅코스이다. 요새로 오르다보면 언덕 아래 사방으로 연결된 방공호가 있고, 방공호내부에는 당대의 사진과 군복을 입은 마네킹이 보초를 서고 있다.

영문명 Guia Fortress **귀띔 한마디** 등대와 성당은 유네스코세계문화유산이다. 등대 내부는 공개되지 않으며, 성당 내부는 사진촬영이 금지이다. **운영시간 등대** 09:00~17:30 **예배당** 10:00~17:30(수~월요일)/매주 화요일 휴무 **찾아가기** 마카오시내에서 2, 2A, 6, 12, 18A, 19, 22, 25X번 버스, 타이파섬에서 22, 25X번 버스를 타고 자르딩엠플로라(Jardim M. Flora, 二龍喉公園)정류장에서 하차하면 왼편에 공원입구와 케이블카승강장이 보인다. **케이블카** 08:00~18:00(화~일요일)/매주 월요일 휴무 **케이블카요금** MOP2(편도), MOP3(왕복)

중국의 국부 쑨원을 기리는 ★★★★★
순얏센기념관 國父紀念館 Casa Memorial do Dr. Sun Yat Sen

중국혁명의 선구자이자 정치가인 쑨원(孫文)이 마카오에서 의사로 활동하던 1890~1892년 시기에 머물던 저택을 기념관으로 개관하였다. 스페인과 포르투갈에 녹아든 이슬람풍 건축양식인 무데하르양식으로 지어진 3층 건물로 독특한 매력이 느껴지는 저택이다. 1층에는 쑨원의 동상이 있고, 2층에는 쑨원의 혁명과 관련된 자료와 문헌, 쑨원의 사진과 그가 생전에 애용하던 등나무의자 등의 가구가 전시되어 있다.

영문명 Dr. Sun Yat Sen Memorial House **주소** 1 Avenida Sidonio Pais **입장료** 무료 **개관시간** 10:00~17:00(수~월요일)/매주 화요일 휴관 **문의** (853)2857-4064 **찾아가기** 마카오시내에서 2, 2A, 4, 9, 9A, 12, 18A, 19, 22, 25, 25X번 버스, 타이파섬에서 22, 25, 25X번 버스를 타고 자르딩다빅토리아(Jardim da Victória, 得勝花園)정류장에서 하차하면 위치한다.

마카오와 중국을 가르는 ★★★★★
중국국경 關閘 Portas do Cerco

마카오 최북단에 위치한 마카오와 중국 주하이(珠海) 사이의 국경지역으로 1999년 새로 지은 국경건물 앞에는 아치형 옛 국경 벽이 남아 있다. 오전 7시부터 자정까지 개방되는데 마카오와 중국을 오가는 사람들로 이른 시간부터 북적이며, 특히 주말에는 마카오에서 카지노를 즐기려는 중국인들로 인산인해를 이룬다. 코타이스트립의 카지노를 소유한 대형호텔들이 고객유치를 위한 무료셔틀버스를 운행하고 있어 편하게 중국국경을 오고 갈 수 있지만 중국 주하이를 넘어갈 일이 없다면 굳이 여기까지 올 필요는 없다.

영문명 Border Gate **귀띔 한마디** 옛 국경 벽에는 포르투갈 민족시인 카몽이스의 '그대를 지켜보는 조국을 영광스럽게 하라(A Pátria honrai que a Patria vos contempla)'라는 문구가 새겨져 있다. **찾아가기** 마카오페리터미널에서 3, 3A, 10, 10B, AP1번 버스, 아마사원에서 1, 5, 10번 버스, 세나도광장에서 3, 3A, 5, 10, 10B번 버스, 타이파섬에서 25, 25X, AP1번 버스를 타고 종점 포르타스두세르쿠(Portas do Cerco, 關閘總站)정류장에서 하차한 후 에스컬레이터를 타고 올라가면 정면에 위치한다./코타이스트립의 베네치안마카오, 시티오브드림즈, 스튜디오시티, 갤럭시리조트마카오 등 그리고 마카오반도의 MGM마카오, 그랜드리스보아, 윈마카오 등의 무료셔틀버스를 운행한다.

Section 06
마카오반도에서 반드시 먹어봐야 할 것들

세나도광장 주변으로 매캐니즈요리와 마카오스타일의 디저트 등을 맛 볼 수 있는 레스토랑과 카페가 밀집해 있다. 특히 노점거리로 형성된 마카오식 육포와 쿠키 그리고 어묵꼬치 등을 맛볼 수 있으며, 유명한 매캐니즈레스토랑에서 마카오만의 특별한 요리를 즐길 수 있다.

품격 있는 프렌치 퀴진레스토랑 ★★★★★
비다리카 Vida Rica Restaurant

우아한 아트데코인테리어, 높은 천장, 현대적 감각의 샹들리에 그리고 통유리를 통해 남중국해와 남반호수를 바라보며 로맨틱한 식사를 즐길 수 있는 호텔레스토랑이다. 만다린오리엔탈호텔그룹에서 15년을 근무한 수석셰프 도미니크뷔낭(Dominique Bugnand)의 지휘 아래 신선한 재료만을 사용한 절제된 프렌치요리와 캔토니즈요리를 선보이며, 아침에는 뷔페, 점심에는 딤섬요리 등의 메뉴뿐만 아니라 점심과 저녁에는 비교적 저렴하게 즐길 수 있는 코스요리가 준비되어 있다. 대리석벽을 설치하여 테이블간의 소음을 최소화하였으며, 주문한 요리가 나올 때마다 요리설명을 해주는 등 세심하게 신경을 써주고 있어 레스토랑의 품격이 느껴진다. 마카오타워가 보이는 전망으로 환상적인 야경을 감상할 수 있으며 칵테일, 와인 등을 즐길 수 있는 바가 한켠에 자리하고 있다. 매해 세계불꽃대회와 포뮬러3 경주대회를 편안하게 관람할 수 있는 곳으로도 유명하다.

❶ 알래스칸스파이더크랩앤캐비아 (Alaskan Spider Crab and Caviar)
❷ 와규비프(About Wagyu Beef)
❸ 핫앤콜드(Hot and Cold)

주소 2/F Mandarin Oriental Macau, Avenida Dr Sun Yat Sen, Nape **베스트메뉴** 랍스터로 만든 젤리 안에 크랩을 넣고 말아서 스투리아 프리미엄 캐비아를 올린 후 아보카드와 망고로 만든 소스를 곁들인 알래스칸스파이더크랩앤캐비아(Alaskan Spider Crab and Caviar, HK$310), 당근매쉬, 푹 삶은 소볼과 그리비슈소스의 우설이 소뼈에 플레이팅되어 제공되며 샬롯소스의 와규채끝스테이크가 나오는 와규비프(About Wagyu Beef, HK$610) **추천메뉴** 타이티안바닐라, 컬리플라워 퓨레와 랍스터볼로네즈카넬로니로 장식한 감초와 함께 구운 보스톤랍스터컬리플라워(Boston Lobster and Cauliflower, MOP 520), 리치와 라즈베리셔벗에 뜨거운 라즈베리소스를 붓는 독특한 디저트 핫앤콜드(Hot and Cold, HK$130), 매일 12:00~15:00에 제공되는 딤섬런치(Dim Sum Lunch, HK$55~) **가격** HK$500~/Service Charge 10% 별도 **영업시간** 06:30~22:30/연중무휴 **문의** (853)8805-8918 **찾아가기** 만다린오리엔탈마카오 2층에 위치함. **홈페이지** www.mandarinoriental.com/macau

마카오에서 꼭 먹어봐야 할 완탕면전문점 ★★★★★
웡치케이 黃枝記 Wong Chi Kei

홍콩 센트럴에 분점을 두고 있는 마카오의 유명 완탕면전문점이다. 중국 후난湖南출신의 캔토니즈누들 대가가 1946년에 개업하여 3대째 전통을 이어오는 집이다. 최상급 오리알, 소금, 물을 넣은 밀가루를 직접 손으로 반죽한 후 대형 대나무로 얇게 펴서 기계를 이용하여 가느다란 면을 뽑아내는데 고소하고 꼬들꼬들한 이 집만의 수타면이 완성된다.

완탕면 특유의 향 때문에 입에 맞지 않는 사람도 있지만 쫄깃한 면발을 위해 첨가제 감수#*를 넣지 않은 웡치케이의 면은 쫄깃한 면발은 살아 있으면서 특유의 향은 덜해 부담 없이 먹을 수 있다. 식사시간에는 늘 사람들로 붐비며, 완탕면 외에도 덮밥, 볶음밥, 콘지, 볶음면, 튀김면 등 다양한 현지음식들도 판매한다.

주소 17 Largo do Senado **베스트메뉴** 꼭 맛봐야 하는 대표메뉴 완탕면(Wonton with Noodle in Soup, HK$40), 야채와 소고기를 얹은 소고기튀김면(Fried Noodle with Beef, HK$70) **추천메뉴** 게가 통째로 들어간 크랩콘지(Fresh Crab Congee, HK$95), 데친 야채에 굴소스를 뿌린 계절야채(Season Vegetable with Oyster Source, HK$32) **가격** HK$40~/Service Charge 10% 별도 **영업시간** 08:30~23:00/연중무휴 **문의** (853) 2833-1313 **찾아가기** 세나도광장 분수대를 바라보고 왼편 대각선바향 건물에 위치한다. 도보 1분 거리.

❶ 완탕면(Wonton with Noodle in Soup)
❷ 소고기튀김면(Fried Noodle with Beef)
❸ 크랩콘지(Fresh Crab Congee)

세나도광장의 대표 매캐니즈레스토랑 ★★★★★
에스까다 Restaurante Escada

세나도광장의 중앙우체국 바로 옆 계단에 위치한 연노랑 포르투갈풍 3층짜리 건물이 매력적인 매캐니즈레스토랑이다. 한국인뿐만 아니라 중국인 여행객에게도 유명해 늘 북적이니 저녁식사를 할 예정이라면 미리 예약하는 것이 좋다. 포르투갈의 아늑한 가정집에 온 듯 꾸며진 2층에는 두 개의 테이블이 자리한 테라스공간도 있다. 인기메뉴는 사진과 함께 메뉴명이 적힌 메뉴판이 있어 어렵지 않게 주문할 수 있으며 에피타이저, 메인메뉴, 디저트 등 다양한 매캐니즈요리를 선택할 수 있다. 대부분의 요리에 에스파냐의 대중적인 술 상그리아를 곁들인다면 더욱 풍미를 살린 식사를 즐길 수 있다.

주소 8 Rua da Sé Avenida de Almeida 베스트메뉴 화이트소스와 레몬으로 조개의 향을 살린 조개찜(Clams with Coriander and White Wine Sauce, HK$148), 포르투갈식 커리를 이용한 새우커리(Curry Prawn, HK$198) 추천메뉴 감자튀김, 샐러드, 밥 그리고 계란프라이를 올린 포르투갈식 등심스테이크(Portuguese Style Grilled Steak, HK$178), 상그리아(Sangria 大 HK$180, 細 HK$138) 가격 HK$200~/Service Charge 10% 별도 영업시간 점심 12:00~15:00 저녁 18:00~22:00/연중무휴 문의 (853)2896-6900 찾아가기 세나도광장 분수대를 바라보고 오른쪽 대로변으로 가다 중앙우체국 건물 바로 옆 골목 계단을 올라가면 오른편에 위치한다. 도보 1분 거리.

❶ 조개찜(Clams with Coriander and White Wine Sauce)
❷ 새우커리(Curry Prawn)
❸ 상그리아(Sangria)

 새롭게 떠오르는 매캐니즈요리전문점 ★★★★★
오문카페 澳門咖啡 Café Ou Mun

세나도광장의 유명 매캐니즈레스토랑을 꼽자면 에스까다와 지금은 폐업한 플라토였지만 현재 한국여행자에게 가장 핫한 곳으로 떠오른 레스토랑이다. 마카오를 의미하는 중국어 오문澳門은 처음에는 디저트카페로 시작하였으며, 친절한 직원과 합리적인 가격 그리고 맛으로 유명해졌다. 10여 개의 테이블이 있는 작은 규모지만 디저트카페로 시작한 만큼 직접 구워낸 베이커리가 유명하며, 다양한 매캐니즈요리들도 훌륭하다는 평을 받고 있다.

주소 12 Travessa de São Domingos 귀띔 한마디 점심시간에는 매일 메뉴가 변경되는 수프, 메인요리와 음료가 제공되는 런치세트(Lunch Set, MOP108~118)가 있다. 베스트메뉴 양파와 마늘 등을 함께 볶은 후 빵과 함께 제공되는 새우볶음, 오문슈림프(Ou Mun Shrimps, MOP160), 치즈크림소스를 듬뿍 뿌린 오문스테이크(Ou Mun Steak, MOP160) 추천메뉴 레몬슬라이드와 함께 쪄낸 오문조개찜(Ou Mun Clams, MOP138), 포르투갈스타일의 샐러드(Portuguese Vegetable Salad, MOP68), 포르투갈 과즙탄산음료 수몰(Sumol Soft Drink, MOP22) 가격 MOP180~/Service Charge 10% 별도 영업시간 10:00~21:00/연중무휴 문의 (853)2837-2207 찾아가기 세나도광장 분수대를 바라보고 정면으로 직진하다 오른편에 위치한 맥도날드를 바라보고 왼쪽 골목 안으로 들어가면 오른편에 위치한다. 도보 2분 거리. 홈페이지 www.oumuncafe.com

❶ 오문슈림프(Ou Mun Shrimps) ❷ 오문스테이크(Ou Mun Steak) ❸ 오문조개찜(Ou Mun Clams)
❹ 샐러드(Portuguese Vegetable Salad)
❺ 수몰(Sumol Soft Drink)

 100년 역사의 레스토랑 ★★★★★
팟시우라우 佛笑樓餐廳 Restaurante Fat Siu Lau

1903년 오픈하여 4대째, 100년 이상의 역사를 이어오는 레스토랑이다. 웃고 있는 부처라는 의미의 팟시우라우는 가게의 역사와 함께 전해진 비법으로 조리하는 비둘기구이가 유명하다. 중국에서는 극빈에게 통째로 조리한 비둘기를 내오는데, 중국스타일의 비둘기구이가 거북하다면 커리크랩, 아프리칸치킨, 폭찹라이스 등 다양한 매캐니즈요리를 선택하면 된다.

❶ 비둘기구이(Superb Roasted Pigeon)
❷ 커리크랩(Curry Crab)

주소 64 Rua da Felicidade 귀띔 한마디 타이파빌리지에 대형 분점이 위치한다. 베스트메뉴 이 집만의 비법소스로 구워낸 쫄깃한 비둘기구이(Superb Roasted Pigeon, MOP145), 코코넛과 커리로 요리하여 고소한 커리크랩(Curry Crab, MOP360) 추천메뉴 매캐니즈 대표요리 중의 하나인 강한 맛 아프리칸치킨(African Chicken, 반 마리 MOP195) 영업시간 12:30~22:30/연중무휴 가격 MOP200~/Service Charge 10% 별도 문의 (853)2857-3580 찾아가기 릴세나도빌딩을 바라보고 오른쪽 골목에 위치한 펠리시다데거리 맨 끝자리에 위치한다. 도보 3분 거리.

여행자들이 많이 찾는 매캐니즈레스토랑 ★★★★
 아로차 船屋 A Lorcha

아로차는 포르투갈스타일의 선체에 중국 전통배 정크선에서 사용하는 장비를 지닌 배를 이른다. 여기서 영감을 얻어 꾸몄다는 실내장식이 인상적인 매캐니즈레스토랑이다. 흰색 벽과 아치형기둥 그리고 군데군데 놓인 체크무늬 보가 깔린 테이블 등 이색적인 분위기로 넓지 않은 공간이라 몇 개 테이블만 차도 분위기가 조금 어수선하지만 요리만큼은 훌륭한 곳이다. 매일 현지 시장에서 구입한 신선한 재료로 요리를 하며 해산물요리가 인기 있고 특히, 포르투갈식 해산물라이스는 이 일대에서 가장 맛있다고 정평이 나있다. 식사시간이면 항상 사람들로 북적이므로 이 시간대를 피해 방문하거나 미리 예약하는 것이 좋다.

주소 289 Rua do Almirante Sérgio, Sao Lourenco 귀띔 한마디 같은 대로변에 현지인이 주로 찾는 오포르토인레이오르(O Porto Interior, 內港餐廳)와 리토랄레스토랑(Restaurante Litoral, 海灣餐廳)이 위치한다. 베스트메뉴 포르투갈 전통의 짭조름한 커리소스와 해산물이 들어간 해산물라이스(Mixed Seafood Rice Portuguese Style, MOP168), 매콤한 소스맛이 일품인 아프리칸치킨(African Chicken, HK$168), 바다향 가득한 조개요리(Clams "Bulhão Pato" Style, MOP 130) 추천메뉴 마늘과 칠리소스를 곁들여 구운 대하구이(Deep Fried Prawns with Chili, HK$120), 메인요리를 상큼하게 하는 마늘과 소금 그리고 올리브오일로 맛을 낸 샐러드(Salada Mista, HK$58), 매캐니즈요리와 잘 어울리는 상그리아(Sangria, 1잔 MOP48) 가격 MOP200~/Service Charge 10% 별도 영업시간 점심 12:30~15:00 저녁 18:30~23:00(수~월요일)/매주 월요일 휴무 문의 (853)2831-3193 찾아가기 아마사원을 등지고 대로변 오른쪽 건물에 위치한다. 도보 1분 거리. 홈페이지 www.alorcha.com

❶ 해산물라이스(Mixed Seafood Rice Portuguese Style)
❷ 아프리칸치킨(African Chicken)
❸ 조개요리(Clams "Bulhão Pato" Style)
❹ 대하구이(Deep Fried Prawns with Chili)

광둥식 밀크푸딩의 명가 ★★★★
 이순밀크컴퍼니 義順牛奶公司 Leitaria I Son

홍콩, 마카오 등지에서 손가락 안에 꼽히는 150여 년의 역사를 지닌 밀크푸딩전문점이다. 세나도광장 주변으로 자주 이주를 하지만 여전히 분위기는 동네 분식점 같다. 이곳의 역사를 말해주듯 이 빠진 그릇에 나오는 부드럽고 달콤한 밀크푸딩이 인기 메뉴이다. 부드러운 우유는

매일 중국 주하이목장에서 가져오는 것이라 신선함이 유지된다. 뜨거운 것과 차가운 것 중에 선택할 수 있는데 우리입맛에는 덜 느끼한 차가운 것이 낫다. 연유를 뿌린 달콤한 토스트, 국수, 샌드위치, 번 등의 메뉴도 있어 간단하게 요기하기에도 좋다.

주소 60 Avenida de Almeida Ribeiro **귀띔 한마디** 푸딩은 찬 것(凍)과 뜨거운 것(熱) 중에 선택할 수 있다. **베스트메뉴** 대표메뉴인 밀크푸딩(Steamed Milk, 馳名雙皮燉奶, MOP30), 계란푸딩(Steamed Egg, 冰花燉雞蛋, MOP25) **추천메뉴** 생강과 우유가 어우러진 뜨거운 밀크생강푸딩(Milk with Ginger Juice, 熱巧手薑汁撞奶, MOP33), 두툼한 돼지갈비를 올린 폭찹누들(Pork Chop Noodle, 豬扒麵, MOP35) **가격** MOP30~ **영업시간** 09:00~24:00/연중무휴 **문의** (853)2857-3638 **찾아가기** 세나도광장 분수대를 바라보고 정면으로 걷다 성도미니크성당을 바라보고 왼쪽 포트리스(Fortress)건물이 있는 골목 안 왼편에 위치한다. 도보 3분 거리.

❶ 밀크푸딩(Steamed Milk)
❷ 계란푸딩(Steamed Egg)
❸ 폭찹누들(Pork Chop Noodle)

 커리어묵꼬치로 유명한 ★★★★★
항우 恒友 Heng You

세나도광장 어묵꼬치거리에서 가장 유명한 가게이다. 어묵꼬치거리에는 비슷한 가게들이 쭉 늘어서 있는데 유독 사람들로 붐비는 가게로 가게 앞에는 어묵과 더불어 각종 버섯과 야채가 진열되어 있다. 원하는 재료를 선택하면 매운 고추기름 국물 마라탕麻辣湯과 매콤한 커리탕咖喱湯 중에 선택하여 재료를 담갔다 건져먹는 요리이다. 일명 커리어묵이라고 불리는 커리탕이 더 맛있으며, 이 집만의 수제소스를 뿌려주는데 매운 맛을 원하면 랄**이라고 하면 된다. 생선으로 만든 어묵을 비롯하여 동물내장 등도 있지만 어묵과 야채가 우리입맛에 더 잘 맞는다.

주소 12C Travessa de Se **귀띔 한마디** 거리 중간에는 앉아서 먹을 수 있는 벤치가 있다. **가격** MOP10~ **영업시간** 12:00~24:00(월~일요일)/설연휴 휴무 **문의** (853)6650-8211 **찾아가기** 성도미니크성당을 바라보고 오른쪽으로 직진하다 갈림길에서 오른쪽 좁은 골목에 형성된 어묵꼬치거리 초입에 위치한다. 도보 2분 거리.

 마카오스타일의 상큼한 젤라토 ★★★★★
레몬첼로젤라토 Lemoncello Gelato

이탈리아 젤라토를 표방한 아이스크림으로 매일 아침 직접 제조한 신선한 아이스크림만을 판매한다. 레몬, 딸기, 바나나, 자몽, 수박, 요거트체리, 요쿠르트, 녹차, 모카, 화이트초콜릿 등 20여 가지의 재료로 만든 상큼한 아이스크림을 맛볼 수 있다. 신선함을 전략으로 내세워 20~30대 젊은이들에게 큰 인기를 끌면서 마카오 아이스크림업계를 평정하다시피 했으며 가장 유명한 맛은 상호명이기도 한 상큼새콤한 레몬첼로이다.

주소 11 Travessa de Se **가격** 1가지 HK$30, 2가지 HK$35, 3가지 HK$45 **영업시간** 12:00~23:00/연중무휴 **문의** (853)2833-1570 **찾아가기** 성도미니크성당을 바라보고 오른쪽으로 직진하다 갈림길에서 오른쪽 좁은 골목에 형성된 어묵꼬치거리 안에 위치한다. 도보 2분 거리.

마카오의 첫 헬로우키티카페 ★★★★★
헬로우키티 오브리가두 Hello Kitty Obrigado

마카오풍의 헬로우키티카페로 오브리가두는 포르투갈어로 '감사합니다'란 의미이다. 테이크아웃 전문카페로 전체적인 인테리어뿐만 아니라 키티얼굴 모양의 쿠키와 육포, 색색의 키티가 새겨진 마카롱, 아몬드쿠키 그리고 키티가 그려진 컵에 담긴 에그타르트, 프리즌요거트, 커피, 음료 등 귀여운 키티 캐릭터 디저트를 맛볼 수 있다. 맛에 따라 그림이 다른 마카롱이 가장 인기 있으며, 아침마다 직접 만든 프리즌 요거트 또한 인기이다.

주소 5-7A Travessa de São Domingos **베스트메뉴** 맛보다는 모양 때문에 많이 구입하는 마카롱(1개 MOP28), 당일 아침 만드는 신선한 프리즌요거트(Frozen Yogurt, MOP38~48) **추천메뉴** 버터, 녹차, 초콜릿, 참깨, 커피 등 다양한 맛 쿠키(1개 MOP10), 돼지육포(Pork Jerky, MOP48) **가격** MOP10~ **영업시간** 11:00~19:00/연중무휴 **문의** (853)2835-6543 **찾아가기** 세나도광장 분수대를 바라보고 정면으로 직진하다 오른편에 위치한 맥도날드를 바라보고 왼쪽 골목 안으로 들어가면 왼편에 위치한다. 도보 2분 거리./오문카페 바로 맞은편에 위치한다.

❶ 스트로베리매직(Strawberry Magic) ❷ 마카롱 ❸ 쿠키

마카오의 유명 에그타르트전문점 ★★★★★
마가렛트 카페이나타 瑪嘉烈 Café e Nata Margaret's

복잡한 골목 안쪽에 위치해 있어 지도를 봐도 찾기 힘들지만 현지인에게 물어보면 누구나 알 정도로 유명한 에그타르트전문 카페이다. 콜로안빌리지 로우스토우베이커리와 함께 마카오에서 가장 맛있는 에그타르트로 알려져 있으며, 이 집만의 특별한 비법이 있어 늘 사람들로 붐빈다. 볼거리 없는 골목에 설치된 야외테이블이지만 여행자 느낌으로 에그타르트를 맛볼 수 있다. 샌드위치와 머핀 등 20여 가지의 베이커리와 함께 마실 수 있는 음료 등도 판매한다.

주소 17 Rua do Comandante Mata e Oliveira **귀띔 한마디** 가게 내부는 사진촬영이 금지된다. **베스트메뉴** 에그타르트(Egg Tart, 1개 MOP10, 6개 MOP55) **추천메뉴** 에그타르트와 잘 어울리는 커피 MOP11~ **가격** MOP10~ **영업시간** 08:30~18:00(목~화요일)/매주 수요일 휴무 **문의** (853)2871-0032 **찾아가기** 세나도광장 분수대를 등지고 왼쪽 우체국방향 대로변을 따라 직진하다 사거리에서 BCM은행 건물방향으로 건너 그대로 직진하다 첫 번째 골목으로 들어가 오른쪽 첫 번째 골목으로 들어가면 오른편 골목 안쪽에 위치한다. 도보 6분 거리.

드라마 〈꽃보다남자〉로 유명해진 ★★★★
티플러스 大聖豬扒包 Tea Plus

드라마 〈꽃보다남자〉에서 남녀주인공 금잔디와 윤지후가 에그타르트를 사먹던 장면이 촬영된 가게이다. 마카오에 3개의 지점이 있으며 원래는 에그타르트보다 마카오식 버거인 주빠빠오가 메인메뉴였지만 유명한 타이레이로이케이에 비해 고기비린내가 난다는 평이 있어 에그타르트와 아이스밀크티를 대표메뉴로 내세우고 있다. 이밖에도 마카오간식과 음료를 판매하며 모두 무난한 맛으로 세인트폴대성당유적을 들르기 전 간식으로 사먹기 좋다.

주소 7 Rua da Palha **베스트메뉴** 에그타르트(Egg Tart, 2개 MOP20) **추천메뉴** 타이완의 대표음료 쩐주나이차라고 불리는 아이스밀크티(Frothy, Tea with Pearl Tapioca, MOP20) **가격** MOP8~ **영업시간** 10:00~22:00/연중무휴 **문의** (853)2836-2669 **찾아가기** 성도미니크성당을 바라보고 오른쪽으로 걷다 갈림길에서 왼쪽으로 골목을 따라 직진하면 오른편에 위치한다. 도보 3분 거리.

 아몬드쿠키와 다양한 육포를 맛볼 수 있는 ★★★★★
육포거리 肉乾街 Jerky Street

어묵꼬치거리와 함께 유명한 거리로 세인트폴대성당유적으로 가는 좁은 골목길에 쿠키와 함께 육포를 파는 상점들이 밀집하면서 육포거리라고 부르고 있다. 초입에는 아이러니하게도 싱가포르 육포전문점 비첸향이 자리하고 있고, 마카오쿠키의 양대산맥 코이케이와 초이형윤 그리고 거대상점에 밀렸지만 소박한 로컬분위기의 파스텔라리아세인트폴 등이 자리하고 있다. 특히 코이케이는 육포거리에 4개의 대형상점이 자리하고 있어 마치 코이케이거리 같은 느낌을 준다. 쿠키가게에서 모두 돼지, 소고기, 닭 등으로 만든 마카오식 육포를 그램단위(g)로 판매하며, 시식도 가능하기 때문에 먹어보고 구입하면 된다.

찾아가기 성도미니크성당을 바라보고 오른쪽으로 걷다 갈림길에서 왼쪽으로 가다 오른쪽 루아지상파울루(Rua de São Paulo)골목이 육포거리이다. 도보 5분 거리.

Chapter 03
동양의 라스베이거스, 코타이스트립

路氹金光大道, Cotai Strip

1990년대 타이파섬과 콜로안섬 사이의 매립지에 조성된 코타이는 타이파의 Tai와 콜로안의 Co를 따온 이름이다. 코타이스트립은 미국 라스베이거스의 메가카지노리조트가 밀집한 중심거리 스트립을 본떠 조성한 마카오의 새로운 카지노중심지를 이른다. 베네치안마카오, 시티오브드림즈, 갤러시마카오, 스튜디오시티와 샌즈코타이센트럴 등 세계 유명호텔들의 초대형복합리조트들로 이루어졌으며 루이13세마카오, 갈라거펠드호텔앳리스보아플레이스 등이 동양의 라스베이거스라 불리는 코타이스트립 복합리조트시티에 합류할 예정이다.

◀ 코타이스트립을 이어주는 교통편 ▶

- **일반버스** 마카오시내에서 15, 21A, 26, 26A, N3번 버스, 세나도광장에서 21A, 26A, N3번 버스를 타고 이스트라다 두이스트무(Estrada do Istmo, 建貴公路)정류장에서 하차한다.
- **무료셔틀버스** 마카오페리터미널, 타이파페리터미널와 마카오국제공항 등에서 시티오브드림즈, 스튜디오시티, 베네치안마카오, 갤럭시리조트마카오 등 호텔·카지노 무료셔틀버스를 이용하여 각 호텔의 버스정류장에서 하차한다. 마카오반도의 윈마카오, 샌즈마카오, 메트로폴호텔, 마카오타워 등에서도 무료셔틀버스가 운행된다.

◀ 코타이스트립에서 이것만은 꼭 해보자 ▶

1. 베네치안마카오는 호텔자체로도 다양한 볼거리를 제공하고 있다. 특히 베네치아를 옮겨놓은 인공하늘의 L3층에서 낭만적인 곤돌라라이즈를 타보자!
2. 홍콩호텔보다 훨씬 저렴한 가격에 마카오의 최상급 호텔에서 묵어보자!
3. 동양의 라스베이거스에 왔으니 카지노에서 재미삼아 겜블링을 해보자!
4. 우리나라의 유명드라마의 단골촬영지 콜로안빌리지를 둘러보자!

◀ 사진으로 미리 살펴보는 코타이스트립 베스트코스(예상 소요시간 10시간 이상) ▶

Section 07
코타이스트립에서 반드시 둘러봐야 할 명소

> 타이파섬은 옛 마카오의 정취를 느낄 수 있는 타이파빌리지, 카지노를 보유한 대형복합리조트호텔단지로 코타이스트립과 작은 어촌마을 콜로안섬으로 이루어져 있다. 이른 아침 콜로안빌리지를 둘러본 후 타이파빌리지와 저녁이면 눈부신 조명으로 화려한 치장을 하는 코타이스트립으로 이동하면 된다.

〈꽃보다 남자〉 등 한국드라마의 단골촬영지 ★★★★★
베네치안리조트마카오 澳門威尼斯人 The Venetian Resort Macau

미국 샌즈그룹이 베네치안라스베가스 콘셉트로 3배나 크게 건설한 종합리조트타운이다. 탄식의 다리, 카도르, 콘타리니파산궁 등 호텔 곳곳에 르네상스를 꽃피었던 베네치아의 대표 건축물을 완벽하게 재현하였다. 가장 화려한 공간은 G층의 호텔리셉션으로 18세기 베네치아의 주요건축물을 디자인한 조반니바티스타티에폴로Giovanni Battista Tiepolo의 작품 황금혼천의와 16세기 대관식을 묘사한 그림이 천장에 그려져 있으며, 천장과 기둥은 도금이 아닌 순금을 사용하였다.
명품숍, 레스토랑, 카지노, 공연장, 스타디움, 컨벤션, 전시공간 등을 갖추고 있으며 특히 L3층 그랜드커널스트리트에는 흰 구름이 그려진 인공하늘 아래 곤돌라라이즈가 지나다니는 3개의 인공운하가 있다. 인공운하에는 리알토다리, 산마르코광장과 종탑 등 베네치아를 그대로 재현해 놓았다. 명품, 중저가브랜드와 홍콩로컬브랜드가 주를 이루는 300여 개의 쇼핑매장과 30여 개의 레스토랑이 모여 있는 그랜드캐널숍스는 저녁시간이면 곳곳에서 오페라공연을 비롯한 다양한 공연이 무료로 펼쳐진다.

주소 Venetian Resort Macau, Cotai Strip, Taipa **귀띔 한마디** 1층 안내데스크에서 지도를 챙기자. **문의** (853)2882-8888 **찾아가기** 마카오페리터미널, 타이파페리터미널, 마카오국제공항, 중국국경 등에서 호텔무료셔틀버스를 운행한다./세나도광장에서 21A, 26A, N3번 버스, 콜로안섬에서 15, 21A, 25X, 26, 26A, N3번 버스를 타고 이스트라다우 이스트무(Estrada do Istmo, 建貴公路)정류장에서 하차한다. **홈페이지** www.venetianmacao.com

마카오에서 즐기는 베네치아의 낭만 ★★★★★
곤돌라라이즈 Gondola Rides

하루 종일 어둠이 내리지 않는 인공하늘 아래 이탈리아 베네치아모습을 조성한 L3층의 베네치안마카오리조트 상징은 곤돌라라이즈이다. 산루카, 마르코폴로, 그랜드커넬 3개 구역으로 나뉜 250m에 달하는 인공운하를 따라 운항하는 곤돌라는 뱃사공이 노를 저으며 불러주는 로맨틱한 세레나데를 들을 수 있다. 운하주변에 조성된 베네치아건물에는 숍과 레스토랑이 있고, 시간에 따라 아침, 낮 그리고 석양으로 바뀌는 인공하늘과 어우러져 로맨틱한 분위기를 제대로 느낄 수 있다.

영업시간 11:00~22:00(그랜드커넬과 마르코폴로), 11:00~19:00(산루카) **티켓판매** L3층 Boutique di Gondola Shop.832, Emporio di Gondola Shop.891 **요금** MOP128(성인), MOP98(어린이) **찾아가기** 베네치안마카오리조트 L3층에 위치한다. **홈페이지** www.venetianmacao.com

다양한 공연과 세계적인 경기가 열리는 ★★★★★
코타이아레나&베네치안극장 Cotai Arena&The Venetian Theatre

베네치안마카오리조트의 코타이아레나는 세계 최대 엔터테인먼트공연, 세계적인 뮤지션의 콘서트, 이종격투기, 복싱, 농구, 테니스 등의 경기가 열리는 15,000석 규모의 대형원형홀이다. 엠넷아시안뮤직어워드, K-POP 네이션콘서트와 슈퍼주니어, 소녀시대, 2NE1, EXO, 빅뱅 등 한국 유명뮤지션들의 콘서트가 열렸던 곳으로 유명하다. 오페라의 유령, 태양의 서커스 등 세계 수준급 공연, 아시아필름어워드 등의 시상식과 연주회 등이 개최되는 1,800석 규모의 베네치안극장도 있다.

주소 L1/F Venetian Resort Macau, Cotai Strip, Taipa **귀띔한마디** 공연과 각종 경기일자는 홈페이지를 통해 확인하자. **문의** (853)2882-8818 **찾아가기** 베네치안마카오 1층 서쪽 호텔셔틀버스정류장 근처에 위치한다. **홈페이지** www.venetianmacao.com/entertainment

도시형 종합엔터테인먼트 리조트 ★★★★★
시티오브드림즈 新豪天地 City of Dreams

마카오 카지노대부의 아들 로렌스호와 호주 억만장자 제임스패커가 합작해 만든 멜코크라운엔터테인먼트가 건설한 도시형 종합엔터테인먼트 리조트이다. 건물 안팎은 모두 물을 테마로 디자인되어 크라운타워는 빗줄기, 하드록호텔은 소용돌이, 그랜드하얏트는 물결을 연

Chapter 03 코타이스트립

상쾌하며 세 호텔의 연결통로인 1층은 마치 강을 따라 걷는 듯 조성하였다. 또한 초대형 스크린에서 헤엄치는 인어를 볼 수 있는 브이쿠아리움과 세계 최대규모의 수중공연 하우스오브댄싱워터 등도 모두 물과 관련되었다.
현대적 게임시설을 갖춘 카지노, 마카오 최고의 나이트클럽 클럽큐빅, 20여 개의 명품브랜드매장을 갖춘 소규모 쇼핑공간 더숍앳더블르바드와 다채로운 요리를 맛볼 수 있는 20여 곳의 레스토랑과 바 등이 자리한다. 특히 L2층에는 뉴욕거리를 테마로 한 식당가 소호가 새로 오픈하였다.

❶ 브이쿠아리움(Vquarium)
❷ 블리바드(The Boulevard) ❸ 소호(SOHO)
❹ 하드록카지노(Hard Rock Casino)

주소 City of Dreams, Cotai Strip, Taipa **귀띔 한마디** 우리에게는 영화 〈도둑들〉의 촬영지로 유명하다. **문의** (853)8868-6688 **찾아가기** 마카오페리터미널, 타이파페리터미널, 마카오국제공항과 중국국경 등에서 호텔무료셔틀버스를 운행하고 있다./세나도광장에서 21A, 26A, N3번 버스, 콜로안섬에서 15, 21A, 25X, 26, 26A, N3번 버스를 타고 이스트라다 두 이스트무(Estrada do Istmo, 建貴公路)정류장에서 하차한다. **홈페이지** www.cityofdreamsmacau.com

세계 최대의 아트수중서커스 ★★★★★
하우스오브댄싱워터
水舞間 The House of Dancing Water

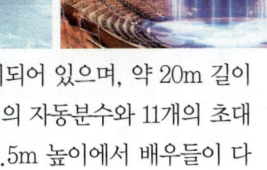

C.O.D의 대표공연으로 태양의 서커스, 알레그리아 등을 연출한 세계적 서커스 연출가 프랑코드라곤(Franco Dragone)이 중국전역을 돌며 얻은 영감을 토대로 직접 창작, 연출, 감독까지 맡은 세계 최대의 수중공연이다. 전 세계에서 2년간 700명 이상의 연기자, 연주자, 곡예전문가 오디션을 통해 80명을 캐스팅했으며, 25억 달러 이상의 제작비를 투입한 공연이다. 중국의 유교사상 사단칠정론(四端七情論)의 희·노·애·구·애·오·욕의 칠정을 바탕으로 시공을 초월한 대서사 러브스토리를 물을 무대로 전개한다.
용을 모티브로 지어진 2천 석 규모의 객석은 270° 원형구조로 배치되어 있으며, 약 20m 길이의 무대가 중앙에 있다. 지름 49m, 깊이 8m의 수중무대는 239개의 자동분수와 11개의 초대형 엘리베이터를 이용하여 수중과 육상을 자유롭게 전환한다. 26.5m 높이에서 배우들이 다이빙을 하며, 스펙타클한 모터사이클쇼와 화려한 분수쇼 등 마카오 최고의 공연이다.

입장료 C석 HK$580, B석 HK$780, A석 HK$980, VIP석 HK$1,480 **공연시간** 17:00, 20:00 두 차례 공연(목~월요일)/매주 화~수요일 휴무 **문의** (853)8868-6767 **찾아가기** 시티오브드림즈의 그랜드하얏트 L1층 댄싱워터극장(Dancing Water Theater)에서 공연한다. **홈페이지** thehouseofdancingwater.com

아시아에서 가장 핫한 나이트클럽 ★★★★☆
클럽큐빅 嬌比 Club Cubic

2011년 C.O.D에 개장한 클럽큐빅은 세계적인 디자이너 보스코람Bosco Lam이 설계, 디자인하고 3D입체영상과 최고급 음향시설을 갖춘 럭셔리한 클럽이다. 큐빅은 라이브공연무대, 고딕, 퓨처리즘 그리고 아시아 최초의 페리에주에Perrier Jouët 샴페인으로 테마를 꾸민 바&라운지와 2층에는 테마별로 꾸민 럭셔리한 VIP룸 5개가 있다. 세계 최고의 DJ를 초청하여 그들만의 개성으로 테크노, 일렉트로닉, 하우스뮤직, 펑키, 힙합 등 세계 유명음악을 선보이며, 세계적인 팝스타들이 라이브공연을 하는 클럽으로 자리매김하였다. 큐빅의 오프닝파티에는 세계적 힙합가수 플로라이다가 공연했으며, 우리나라 가수 싸이도 공연을 한 곳이다.

영업시간 22:00~06:00(일~월요일), 23:30~06:00(화~토요일)/연중무휴 문의 (853)6638-4999 찾아가기 C.O.D의 더숍앳더블바드 L2층에 위치한다. 홈페이지 www.cubic-cod.com

영화를 테마로 조성된 ★★★★★
스튜디오시티마카오 新濠影滙 Studio City Macau

C.O.D를 건설한 멜코크라운엔터테인먼트에서 약 3조 7,300억 원을 투입하여 2015년 개장한 복합엔터테인먼트 리조트이다. 할리우드 블록버스트영화에서 영감을 받아 워너브라더스와 DC코믹스와 손잡고 영화를 테마로 조성하였다. 아트데코디자인 2개 호텔타워는 배트맨의 고담시티 건물 사이로 2개의 소행성이 통과하는 모습이다. 갤럭시리조트마카오 디자인을 담당했던 고다드그룹Goddard Group이 전체 디자인을 담당했으며, 세계 최고높이의 대관람차 골든릴, 4D체험관 배트맨다크플라이트, 마술공연 하우스오브매직과 약 4만㎡ 공간에 워너브라더스 캐릭터를 테마로 한 어린이를 위한 펀존 그리고 세계적인 나이트클럽브랜드 파차의 메가클럽 파차마카오 등 총 7가지의 다양한 엔터테인먼트 시설을 갖추고 있다. 뉴욕의 타임스퀘어와 비버리힐스를 모티브

❶ 골든릴(Golden Reel) ❷ 스튜디오시티카지노(Casino)
❸ 워너브라더스펀존(Warner Bros. Fun Zone)

로 조성한 쇼핑구역 더블르바드앳스튜디오시티, 최신기계로 최고의 시설을 자랑하는 카지노 그리고 20여 개의 레스토랑과 카페 등이 자리한다.

주소 Studiocity Macau, Cotai Strip, Taipa **문의** (853)8865-6868 **찾아가기** 마카오페리터미널, 타이파페리터미널, 마카오국제공항, 중국국경 그리고 시티오브드림즈 등에서 호텔무료셔틀버스를 운행한다./베네치안마카오리조트와 시티오브드림즈에서 도보로 15분 정도 거리에 위치한다./세나도광장에서 21A, 26A, N3번 버스, 콜로안섬에서 15, 21A, 25X, 26, 26A, N3번 버스를 타고 로툰다플로드 로투스-2(Rotunda Flor de Lotus-2, 蓮花圓形地-2)정류장에서 하차한다. **홈페이지** www.studiocity-macau.com

스튜디오시티의 상징 ★★★★
골든릴 影滙之星 Golden Reel

우리나라 에버랜드와 롯데월드 등 어트랙션전문 제작회사 인타민어뮤즈먼트라이드가 디자인한 것으로 세계 처음 선보이는 8자형 관람차이다. 셀러브리티타워와 스타타워 사이에 중국인이 행운의 숫자로 생각하는 8자를 형상화한 대관람차로 세계 최고의 높이 130m로 설치하였다. 전체적인 이미지는 2개의 소행성이 고담시티의 건물을 통과하는 형상으로 23층에서 탑승한다.

서로 다른 시대의 디자인을 섞은 스팀펑크스타일의 17개 곤돌라로 곤돌라 1대에 최대 10명까지 탑승가능하며, 한 바퀴 도는데 15분 정도 소요된다. 저녁이면 배트맨의 고담시티처럼 하늘을 향해 쏘아 올리는 레이저조명과 함께 파노라마로 펼쳐지는 마카오야경을 감상할 수 있다.

영업시간 12:00~20:00(월~금요일), 11:00~21:00(주말과 공휴일)/연중무휴 **입장료** HK$100(성인), HK$80(어린이) **찾아가기** 스튜디오시티의 스타타워 L3층 골든힐 매표소에서 입장권을 구매한 후 전용엘리베이터를 타고 23층으로 올라가면 위치한다. **홈페이지** www.studiocity-macau.com

영화 〈배트맨다크나이트〉를 4D로 체험하는 ★★★★★
배트맨다크플라이트 蝙蝠俠夜神飛馳 Batman Dark Flight

워너브라더스와 DC 코믹스가 합작하여 세계 최초로 배트맨을 주제로 만들어진 비행시뮬레이션 4D 영상체험관이다. 고담시티에 입장하면 홀로그램영상과 배트맨기지를 지나 본격적으로 4D관으로 입장하게 된다. 4D 입체영상 속 위기에 처한 고담시티를 배트맨과 함께 배트맨의 전용 배트플레인, 배트카와 배트바이크 등을 타고 조커일당으로부터 구하는 비행시뮬레이션이다. 최신 4D 비행시뮬레이션기술과 타의 추종을 불허하는 비주얼그래픽으로 관객을 사로잡고 있으며 상영관 내에서는 촬영이 금지된다.

주소 L2/F Star Tower, Studiocity Macau, Cotai Strip, Taipa **귀띔 한마디** 신장 120~140cm에 해당되는 어린이는 18세 이상 성인과 동반 시 입장가능하며, 몸무게 136kg 이상 또는 임산부, 심장질환, 고혈압, 멀미, 간질, 밀실공포증 등이 있는 경우 이용제한이 있다. **입장료** HK$150(성인), HK$120(어린이) **상영시간** 12:00~20:00(월~금요일), 11:00~21:00(주말과 공휴일)/연중무휴 **찾아가기** 스튜디오시티의 스타타워 L2층에 위치한다. **홈페이지** www.studiocity-macau.com

90분간 펼쳐지는 환상의 마술쇼 ★★★★★
하우스오브매직 魔幻間 The House of Magic

일루전마술의 거장 프란츠하라리Franz Harary를 전면에 내세운 마술공연이다. 회당 150명을 수용하는 2개의 소형마술극장에서 전 세계의 재능 있는 마술사가 펼치는 마술공연을 각각 이동하면서 관람한 후 마지막으로 300명을 수용하는 대형극장에서 프란츠하라리의 메가매직을 관람하게 된다. 메가매직은 웅장하고 화려한 일루전 마술공연을 선보이는데, 프란츠하라리가 직접 연출, 제작 그리고 공연까지 한다. 화려한 무대장치, LED, 사운드, 댄스 등이 어우러져 최첨단 멀티미디어를 통해 역동적인 공연을 선보인다. 두 개의 마술공연에서는 사진촬영이 금지되지만 프란츠하라리의 공연은 사진, 비디오촬영이 가능하며 공연이 끝나면 그와 함께 사진촬영도 할 수 있다.

주소 L2/F Star Tower, Studiocity Macau, Cotai Strip, Taipa 입장료 HK$450(성인), HK$360(어린이) 공연시간 16:00, 18:00, 20:30(월~금요일), 14:00, 16:00, 18:00, 20:30(토~일요일)/연중무휴 찾아가기 스튜디오 시티의 스타타워 L2층에 위치한다. 홈페이지 www.studiocity-macau.com

 거대한 궁전 같은 대형복합리조트 ★★★★★
갤럭시리조트마카오 澳門銀河 Galaxy Resort Macau

홍콩계 카지노업체 갤럭시엔터테인먼트그룹이 베네치아마카오 뒤편에 조성한 초호화 종합리조트단지이다. 태국왕궁을 테마로 건설되었으며 반얀트리호텔, 오쿠라호텔&리조트와 갤럭시마카오호텔을 시작으로 리츠칼튼마카오, JW메리어트마카오와 브로드웨이마카오호텔 등 세계최고의 호텔들이 갤럭시리조트마카오를 구성한다.

갤럭시마카오호텔 정문 로비분수대에서 30분 간격으로 화려한 조명과 음악이 어우러진 행운의 다이아몬드쇼가 볼만하며, 쇼핑구역 이스트프롬나드에는 할리우드무대설치가인 제레미레일튼Jeremi Railton이 디자인한 수정을 만지며 소원을 비는 소원수정을 볼 수 있다. 마카오에서 가장 큰 3D영화관 UA갤럭

시시네마, 세계적인 공연이 열리는 3,000석 규모의 브로드웨이극장, 상하이풍 클럽 차이나라운지, 200여 개의 쇼핑매장과 식당가로 구성된 프롬나드 그리고 대형카지노 등이 자리한다.

주소 Galaxy Macau, Cotai Strip, Taipa **귀띔 한마디** 2014년 4월 프랑스의 스파이더맨으로 알려진 빌딩등반가 알랭로베르(Alain Robert)가 영화 〈어메이징 스파이더맨2〉를 홍보하기 위해 153m의 갤럭시마카오 이스트타워를 맨손으로 올랐다. **문의** (853)2888-0888 **찾아가기** 마카오페리터미널, 타이파페리터미널, 마카오국제공항, 중국국경, 스타월드호텔, 세나도광장, 시티오브드림즈와 베네치안마카오 등에서 호텔무료셔틀버스를 운행하고 있다./타이파에서 25, 25X, 26A, 35, MT1, MT2, MT3, MT4번 버스를 타고 이스트라다다바이아 다노사세뇨라다 이스페란사 (Estrada da Baía da Nossa Senhora da Esperança, 望德聖母灣大馬路)정류장에서 하차한다. **홈페이지** www.galaxymacau.com

❶ 행운의 다이아몬드(Fortune Diamond) ❷ 카지노(Casino)
❸ 소원수정(Wishing Crystals) ❹ 프롬나드(The Promenade)

차이나라운지 紅伶 China Rouge
다양한 장르와 세계적 수준의 라이브공연 ★★★★★

홍콩 유명디자이너 앨런첸(Alan Chan)이 디자인한 19세기 파리의 카바레, 1930년대 상하이클럽과 21세기 라운지를 결합한 갤러리분위기의 클럽이다. 1930년대 상하이의 최고의 가수 저우쉬안(周璇)과 전설적인 여배우 완링위(阮玲玉) 두 명을 모자이크한 입구를 지나면 바&라운지 벽면에 중국 아티스트 덩신리의 〈구름배의 여신〉이라는 작품과 중국 유명사진가 첸만(陳漫)의 사대천왕여신을 누드로 묘사한 작품을 만날 수 있다. 퍼포먼스바에서는 스테인드글라스로 화려하게 삼국지를 표현한 홍콩유명만화가 마윙싱의 작품도 만날 수 있다.

공연을 보며 즐길 수 있는 쇼룸에서는 호화로운 식사를 즐기면서 중국, 아시아뿐만 아니라 세계적 수준의 라이브공연을 볼 수 있다. 할로윈, 풀문, 새해 등 특별한 날에는 화려한 파티가 열리며, 2012년에는 세계적인 색소폰연주자 케니지가 공연한 곳이기도 하다.

주소 G001 G/F Diamond Lobby, Galaxy Macau, Cotai Strip, Taipa **영업시간** 21:00~02:00(화~목요일과 일요일), 21:00~03:00(금~토요일)/매주 월요일 휴무 **문의** (853) 8883-2221 **찾아가기** 갤럭시마카오의 다이아몬드 로비에 위치한다. **홈페이지** www.china-rouge.com

급부상하는 대규모 복합리조트 ★★★★
샌즈코타이센트럴 金沙城中心 Sands Cotai Central

세계적인 카지노그룹 라스베이거스샌즈그룹의 마카오 사업체가 쉐라톤마카오, 콘래드마카오, 홀리데이인마카오, 세인트레지스마카오호텔, 파리지앵마카오와 함께 대형카지노, 쇼핑몰, 레스토랑 등을 겸비한 초대형 복합리조트를 건설, 운영하고 있다. 특히 100여 개의 매장이 입점한 숍스앳코타이센트럴은 포지즌마카오의 숍스앳포시즌과 베네치안마카오의 숍스앳베네치안을 구름다리로 연결하여 마카오 최대의 쇼핑단지를 구성하였다.

애니메이션 대표영화사 드림웍스와 손잡고 다양한 프로그램을 선보여 가족단위 관광객들에게 인기가 높다. 슈렉, 쿵푸팬더, 드래곤 길들이기, 마다가스카의 펭귄 등 드림웍스 인기캐릭터와 댄서들이 총출동하는 드림웍스 올스타퍼레이드, 드림웍스 캐릭터와 함께 기념사진을 찍을 수 있는 미트앤그리트가 진행되고, 드림웍스의 다양한 캐릭터와 함께 사진을 찍으며 아침을 먹을 수 있는 슈렉퍼스트 등 다양한 프로그램이 마련되어 있다.

❶ 숍스앳코타이센트럴(Shoppes at Cotai Central)
❷ 드림웍스올스타퍼레이드(DreamWorks Experience All Star Parade) ❸ 파라다이스가든(Paradise Gardens)
❹ 미트앤그리트(Meet and Greet)

주소 Sands Cotai Central, Cotai Strip, Taipa **귀띔 한마디** 드림웍스 올스타퍼레이드는 숍스앳코타이센트럴 L2층에서 매일 16:00~16:20까지, 미트앤그리트는 파라다이스가든에서 매일 12:30~14:30까지 진행된다. **문의** (853)8118-3643 **찾아가기** 마카오페리터미널, 타이파페리터미널, 마카오국제공항, 중국국경 등에서 베네치안마카오 또는 시티오브드림즈 호텔셔틀버스를 타고 하차하면 도보 2분 거리에 위치한다./세나도광장에서 21A, 26A, N3번 버스, 콜로안섬에서 15, 21A, 26, 26A, 25X, N3번 버스를 타고 이스트라다 두 이스트무(Estrada do Istmo, 建貴公路)정류장에서 하차한다. **홈페이지** www.sandscotaicentral.com

Chapter 03 코타이스트립

Section 08
코타이스트립에서 반드시 먹어봐야 할 것들

대형복합리조트호텔단지로 조성된 코타이스트립에서는 다양한 요리를 전문으로 하는 호텔레스토랑을 홍콩보다 저렴하게 이용할 수 있다. 가격적인 면에서 부담스럽다면 베네치안마카오와 갤럭시마카오에 위치한 푸드코트 또는 C.O.D와 스튜디오시티에 자리한 식당가를 이용하면 된다. 로컬음식을 먹고 싶다면 타이파빌리지로 이동하자.

엄마의 손맛을 담은 이탈리안레스토랑 ★★★★★
베네 班妮意大利餐廳 Bene

모던한 분위기에서 전통이탈리안 가정식 요리를 맛볼 수 있는 쉐라톤마카오에 자리한 대형레스토랑이다. 전채요리, 메인요리, 디저트, 홈메이드 파스타를 비롯하여 오픈키친을 통해 화덕에서 구워내는 피자 등 다양한 이탈리안요리를 선보이고 있다. 차분한 분위기이지만 일반 가정집을 방문한 손님을 맞이하듯 직원들의 편안하고 친절한 서비스가 인상적인 곳이다.

곡물 본연의 맛을 그대로 살려 방금 구워낸 푸짐한 식전빵을 기본으로 제공하며, 인기메뉴는 단연 화덕에서 갓 구워낸 일반 피자를 비롯하여 다양한 토핑을 선택할 수 수 있는 피자와 이탈리아 가정집스타일의 홈메이드 파스타 등이 있다.

주소 G/F Sheraton Grand Macau Hotel, Cotai Strip, Taipa 귀띔 한마디 토요일에는 홈메이드 파스타를 주문하면 10가지 토핑으로 구워낸 1m 길이의 피자를 함께 맛볼 수 있는 올유캔잇파스타앤피자(All You Can Eat Pasta and Pizza, 1인당 HK$198)가 있다. 베스트메뉴 카스텔마그노치즈에 한 번 더 버무려져 제공되는 카르보나라(Carbonara e Castelmagno, HK$158), 이탈리아 포르치니버섯으로 향긋한 맛을 낸 버섯리소토(Risotto ai Funghi di Bosco, HK$188), 올리브오일로 구워낸 마늘, 로즈마리, 라디키오, 어린 당근구이 등과 함께 나오는 안심스테이크(Beef Tenderloin Tagliata, HK$368), 바닐라푸딩에 커피소스와 초콜릿쿠키가루를 뿌린 이탈리아 대표디저트 판나코타(Panna Cotta, HK$88) 추천메뉴 평일 점심 모듬전채요리와 디저트바 또는 모듬전채요리, 메인메뉴와 디저트바를 이용할 수 있는 스페셜세트런치(Special Seet Lunch, HK$158~198), 일요일 점심에 세미뷔페로 제공되는 베네선데이브런치(Bene Sunday Brunch, HK$458) 가격 HK$200~/Service Charge 10% 별도 영업시간 점심 11:00~15:00 저녁 18:00~23:00/연중무휴 문의 (853)8113-1200 찾아가기 쉐라톤마카오 G층에 위치한다. 홈페이지 www.benemacao.com

❶ 카르보나라(Carbonara e Castelmagno)
❷ 버섯리소토(Risotto ai Funghi di Bosco)
❸ 올유캔잇파스타앤피자(All You Can Eat Pasta and Pizza)
❹ 스페셜세트런치(Special Seet Lunch)

Part 05 마카오

아시아 핫폿 앤 씨푸드레스토랑 ★★★★★
신 鮮 Xin

중국어로 신선함을 의미하는 신은 2014년 미슐랭 가이드에 소개된 마카오의 유명 핫폿뷔페레스토랑이다. 5스타 핫폿을 콘셉트로 내세워 각종 해산물, 고기, 야채, 피쉬볼, 버섯 등 신선한 최고급 재료를 제공하는 아시안 해산물뷔페 핫폿을 선보이고 있다. 여럿이 함께 어울려 먹는 일반 핫폿과 달리 1인용 버너와 냄비를 각각 제공하여 각자 원하는 육수와 재료를 선택하여 먹을 수 있다.

3가지 쓰촨육수와 4가지 아시안육수 중에서 선택할 수 있고, 뷔페섹션에서 각종 핫폿재료를 직접 가져오면 된다. 현대화된 딤섬과 랍스터, 크랩, 전복, 와규 등을 사용한 매콤한 쓰촨성요리 그리고 음료와 주류를 별도로 주문할 수 있다.

주소 G/F Sheraton Grand Macau Hotel, Cotai Strip, Taipa **귀띔한마디** 일요일 11:30~15:00에는 약 30여 종류의 딤섬을 마음껏 먹을 수 있는 선데이딤섬브런치(Sunday Dimsum Brunch all you can eat) 1인당 HK$188, HK$100(6~12세 어린이)가 있다. **가격 점심** 1인당 HK$238(성인), HK$100(6~12세 어린이) **저녁** 1인당 HK$398(일~목요일), HK$438(금~토요일), HK$200(6~12세 어린이)/Service Charge 10% 별도 **영업시간 점심** 11:30~15:00 **저녁** 18:00~23:00(월~일요일)/연중무휴 **문의** (853)8113-1200 **찾아가기** 쉐라톤마카오 G층에 위치한다. **홈페이지** www.xinmacao.com

❶ 매화탄산을 넣어 마시는 샤케 우메원더랜드 (Ume Wonderland, HK$98)

마카오 최고급 광둥요리레스토랑 ★★★★★
제이드드래곤 譽瓏軒 Jade Dragon

태국, 일본황실 그리고 아시아 유명호텔 등 30여 년 경력의 미슐랭 스타셰프 탐궉펑을 전면에 내세운 광둥요리전문 대형레스토랑이다. 요리뿐 아니라 인성도 훌륭하다는 평을 받는 탐궉펑은 방문에 대한 감사와 배려로 그 나라를 대표하는 요리를 코스에 포함시키는데 한국인에게는 김치 또는 김치로 만든 요리를 제공한다.

레스토랑명칭에 걸맞게 옥과 용을 주제로 한 장식하였으며, 약재를 많이 사용하는 광둥요리답게 서랍식 약장으로 꾸민 벽면과 곳곳에 장식된 공예품 등은 마치 갤러리를 방불케 한다. 정교한 광둥요리와 혁신적이고 현대적인 퍼포먼스가 가미된 요리를 제공하며, 한의학박사와 손잡고 건강에 유익한 한약재와 식재료를 사용한 최상의 요리를 선보인다. 특히 약재를 사용한 약선수프는 효능과 효험에 대한 설명을 들어보고 선택할 수 있으며, 구이는 4천 년 된 뉴질랜드산 카우라나무로 만든 받침대에 제공되어 품격을 높이고 있다.

❶ 셰프 탐궉펑(Tam Kwok Fung)
❷ 마카오솔찜(Steamed Macau Sole)
❸ 로스트구스(Lychee Wood Roosted Goose)

주소 L2/F The Shops at The Boulevard, City of Dreams, Cotai Strip, Taipa **귀띔 한마디** 예약 시 방문인원과 1인당 예상금액을 미리 말하면 금액에 맞게 구성해주는 코스요리 테일러메이드(Tailor Made)서비스를 받을 수 있다. **베스트메뉴 점심** 1인 HK$500 정도 **저녁** 1인 HK$700 정도의 코스요리가 있으며, 점심에는 딤섬으로 구성된 저렴한 얌차세트도 있다. **추천메뉴** 리치나무로 구워 낸 로스트구스(Lychee Wood Roosted Goose, 반 마리 HK$388), 마카오에서는 구하기 어려운 가자미과에 속하는 마카오솔을 이용한 찜요리와 구이요리(Macau Sole, 시가) **가격** HK$500~/Service Charge 10% 별도 **영업시간 점심** 11:00~15:00 **저녁** 18:00~23:00/연중무휴 **문의** (853)8868-1920 **찾아가기** C.O.D의 크라운타워호텔 L2층에 위치한다. **홈페이지** www.cityofdreamsmacau.com

베이징덕이 유명한 ★★★★★
베이징키친 满堂彩 Beijing Kitchen

궁중요리의 색채를 띠고 있는 중국 북부지방요리인 베이징요리레스토랑이다. 다양한 중국 티팟과 각양각색의 차통으로 인테리어된 입구와 전통적인 중국 인테리어와 현대적인 조리기구들로 채워진 주방이 돋보이는 곳이다. 다이닝, 프라이빗과 와인룸 등으로 구분된 실내는 총 200여 석이 마련되어 있으며, 4개의 섹션으로 나뉜 오픈키친에서 주방장들의 요리과정을 직접 눈으로 볼 수 있다. 장작 화덕에서 구워내 담백한 맛이 그대로 살아 있는 베이징덕이 유명하며, 정통방식으로 뽑은 수타

면을 사용한 산시성누들요리, 딤섬 그리고 현대적 감각으로 재탄생시킨 요리 등 다양한 베이징요리를 맛볼 수 있다.

주소 L1/F Grand Hyatt Macau, City of Dreams, Cotai Strip, Taipa 베스트메뉴 베이징덕(Traditional Beijing Style Duck, 한 마리 HK$698), 레이스모양으로 튀겨낸 돼지고기만두(Pan Fried Minced Pork Dumpling, HK$158) 추천메뉴 베이징스타일의 푸아그라버거(Duck liver, Plum Chutney and Sesame Pancakes, HK$195), 아이스크림, 계절과일, 코코넛셔벗 등으로 구성된 베이징키친디저트플래터(Beijing Kitchen Dessert Platter, HK$318) 영업시간 점심 11:30~14:30 저녁 17:30~23:30/연중무휴 가격 HK$200~/Service Charge 10% 별도 문의 (853)8868-1930 찾아가기 C.O.D의 그랜드하얏트마카오 L1층에 위치한다. 홈페이지 www.macau.grand.hyatt.com

❶ 베이징덕(Peking Duck) ❷ 돼지고기만두(Pan Fried Minced Pork Dumpling) ❸ 푸아그라버거(Duck liver, Plum Chutney and Sesame Pancakes) ❹ 베이징키친디저트플래터(Beijing Kitchen Dessert Platter)

9가지 다양한 요리를 제공하는 ★★★★★
메자9마카오 Mezza 9 Macau

매캐니즈, 그릴, 스시, 웍, 스팀바스킷, 파티세리, 중국요리, 와인셀러와 바 등 총 9개의 개별 스테이션에서 다양한 요리와 음료를 제공하는 레스토랑이다. 독특한 레스토랑의 전체디자인은 세계적인 디자인회사 슈퍼포테이토 Super Potato 에서 설계하였는데, 거대한 화강암을 격자무늬 패턴으로 다듬은 벽면과 생강, 마늘, 호박, 밤 등으로 만든 다양한 향신료를 유리통에 넣어 장식하였다.

셰프들이 요리하는 모습을 볼 수 있는 쇼키친은 공연요소를 가미하여 시각, 청각, 후각 등 오감을 만족시킨다. 특히 포르투갈출신 셰프 리카르도올리베이라 Ricardo Oliveira 는 현지의 신선한 해산물과 제철재료를 이용한 전통 포르투갈요리와 매캐니즈요리를 선보인다.

주소 L3/F Grand Hyatt Macau, City of Dreams, Cotai Strip, Taipa 베스트메뉴 6가지의 신선한 모듬해산물(Seafood on Ice, HK$1,088), 완두콩, 체리토마토, 샬롯, 마늘, 월계수잎 등을 대구와 함께 올리브오일에 구운 대구요리(Codfish, Green Pea Cream, Tomatoes, Confit Garlic, HK$188) 추천메뉴 매콤하게 양념된 돼지목살과 함께 화이트와인, 마늘, 피망 등을 넣고 감자와 조개 등의 재료를 넣고 볶음 후 레몬주스와 올리브오일을 첨가한 돼지목살과 조개구이요리(Pork Neck, Clams, Bell Pepper Paste, HK$288), 에그타르트, 아이스크림과 세나두라 등 정통 포르투갈식 디저트가 제공되는 포르투기즈 디저트플래터(Portuguese Dessert Platter, HK$198) 가격 MOP250~/Service Charge 10% 별도 영업시간 18:00~23:00/연중무휴 문의 (853)8868-1920 찾아가기 C.O.D의 그랜드하얏트마카오 L3층에 위치한다. 홈페이지 www.macau.grand.hyatt.com

❶ 모듬해산물(Seafood on Ice) ❷ 대구요리(Codfish, Green Pea Cream, Tomatoes, Confit Garlic) ❸ 돼지목살과 조개구이요리(Pork Neck, Clams, Bell Pepper Paste) ❹ 포르투기즈 디저트플래터(Portuguese Dessert Platter)

미슐랭에 빛나는 인도요리레스토랑 ★★★★★
더골든피콕
皇雀印度餐廳 The Golden Peacock

아시아에서 인도요리로 미슐랭스타를 획득한 유일한 레스토랑으로 2014년부터 2016년까지 연속 별 1개를 획득하면서 유명해졌다. 인도남부 케랄라주 출신의 총괄셰프 저스틴폴Justin Paul 외에도 10명의 주방장 모두가 인도출신으로 레시피를 비롯한 식재료와 주방기구까지 인도에서 공수해왔으며 본토 본연의 맛을 제대로 살린 인도요리를 선보인다. 모든 요리는 채식주의자와 비채식주의자요리로 나뉘며 커리, 인도산 칠리 등 강한 향신료를 사용한 다양한 인도요리를 맛볼 수 있다. 인도에서 직접 공수한 전통 탄두리화덕에서 난, 로티, 바비큐 등을 구워낸다. 점심에는 다채로운 인도요리와 디저트 등으로 구성된 런치뷔페가 있어 저렴하게 인도요리를 맛볼 수 있다.

❶ 런치뷔페(Lunch Buffet) ❷ 칸다리무르그티카(Kandari Murgh Tikka)
❸ 진가발차오(Jhinga Balchao) ❹ 제와르(Ghevar with Spiced Cherry)

주소 Shop.1037 L1/F The Venetian Macau, Cotai Strip, Taipa **베스트메뉴** 샐러드, 메인요리와 디저트 등을 제공하는 런치뷔페(Lunch Buffet, 1인당 HK$178), 오가닉치킨을 각종 향신료를 바르고 화덕에 구워낸 칸다리무르그티카(Kandari Murgh Tikka, HK$105), 말린 칠리, 코코넛과 말린 새우를 반죽으로 이용한 타이거새우요리 진가발차오(Jhinga Balchao, HK$228) **추천메뉴** 오가닉오쿠라, 양파, 토마토와 녹색후추 등으로 만든 반디심라미르치(Bhindi Shimla Mirch, HK$85) 인도 자이푸르지역의 전통디저트로 체리로 장식한 제와르(Ghevar with Spiced Cherry, HK$88) **가격** HK$200~/Service Charge 10% 별도 **영업시간** 점심뷔페 11:00~15:00 저녁 18:00~23:00/연중무휴 **문의** (853)8118-9695 **찾아가기** 베네치안마카오의 L1층 카지노 방향으로 위치한다. **홈페이지** www.venetianmacao.com

미슐랭 원스타에 빛나는 이탈리안레스토랑 ★★★★★
오로라 奧羅拉 Aurora

알티라마카오 10층에 위치한 레스토랑으로 이탈리안 전통요리와 현대적 퓨전요리가 유명하며, 2010년 미슐랭가이드 원스타를 획득하였다. 특히 이탈리아, 프랑스, 포르투갈 등 유럽에서 생산된 700여 종의 유명와인을 함께 즐길 수 있으며 샤토라투르Château Latour를 다양하게 보유하고 있다. 이탈리아남부 요리를 기본으로 신선한 샐러드, 홈메이드파스타, 화덕에 구운 피자, 디저트 등을 제공하며, 계절별로 메뉴가 변경된다. 높은 천장, 탁 트인 통유리, 대리석과 화려한 직물로 장식된 실내는 평온하면서도 우아한 느낌을 주며, 야외테라스에서는 칵테일과

디저트 등을 즐기며 환상적인 야경과 스카이라인을 감상할 수 있다.

주소 10/F Altira Macau, Avenida de Kwong Tung, Taipa **베스트메뉴** 화~금요일 점심에 이탈리안요리 마스터셰프 프란체스코그레코(Francesco Greco)가 5스타 이탈리안요리로 구성한 세트런치(Set Lunch, 2코스 HK$188, 3코스 HK$288, 4코스 HK$368) **추천메뉴** 이탈리아의 대표피자 마르게리타피자(Margherita, HK$138), 매일 일요일 점심 굴, 랍스터, 푸아그라 등과 다양한 이탈리안요리와 디저트 등을 뷔페로 제공하는 선데이뷔페브런치(Sunday Buffet Brunch, HK$488) **가격** HK$200~/Service Charge 10% 별도 **영업시간** 점심 12:00~14:00 저녁 18:30~22:30(월~토요일) 선데이브런치 11:30~15:30(일요일)/일요일은 선데이브런치만 제공한다. **문의** (853)2886-8868 **찾아가기** 알티라마카오 10층에 위치한다. **홈페이지** www.altiramacau.com

 밤에 더 볼거리가 많은 C.O.D의 식당가 ★★★★

소호 SOHO

C.O.D 하드록호텔 방향의 더숍앳더블러바드 L2층에 뉴욕거리를 콘셉트로 새롭게 꾸며놓은 테마거리 식당가이다. 딘타이펑, 스타즈키친, 찬키로스트구스, 아시아키친, 한가득 삼계탕, 더쇼다운, 하드록카페, 타파스 등 15여 개의 레스토랑과 카페 등이 위치해 있어

DC코믹스슈퍼히어로즈(DC Comics Super Heroes)

입맛에 맞는 요리로 허기진 배를 채울 수 있다. 낮보다는 밤에 방문하는 것이 좋은데 부정기적으로 라이브공연, 마술쇼와 댄스공연 등 다양한 퍼포먼스와 거리공연이 펼쳐지기 때문이다.

주소 L2/F The Shops at The Boulevard, City of Dreams, Cotai Strip, Taipa **귀띔 한마디** DC코믹스의 영웅들을 테마로 한 다양한 제품을 판매하는 DC코믹스슈퍼히어로즈(DC Comics Super Heroes)매장이 있다. **영업시간** 11:00~03:00(상점마다 상이)/연중무휴 **문의** (853)8590-3000 **찾아가기** C.O.D의 더숍앳더블러바드 L2층에 위치한다. **홈페이지** www.cityofdreamsmacau.com

 인공하늘 아래서 맛보는 ★★★★★

푸드코트아울렛 Food Court Outlets

인공하늘 아래 이탈리아 베네치안 건물로 둘러싸인 1,000여 석 규모의 대형 푸드코트로 코타이스트립에서 호텔레스토랑을 이용하지 않고 저렴하게 식사를 할 수 있는 몇 안 되는 곳 중 하나이다. 인도, 태국, 이탈리안, 베트남, 미국 등을 비롯한 일식, 중식, 한식 등 25여 개의 다양한 국적의 요리를 만날 수 있다. 매콤달콤한 떡볶이가 유명한 한식코너 대장금, 수제버거 프랜차이즈 팻버거, 바비큐전문 글로리스비비큐킹, 빵 사이에 폭

찹을 끼운 마카오식 버거 주빠빠오가 유명한 타이레이로이케이, 인도요리전문 인디안스파이스익스프레스와 밀크푸딩으로 유명한 이슌밀크컴퍼니 등의 상점이 들어와 있어 골라먹는 재미도 있다.

주소 L3/F Grand Canal Shoppes, Venetian Resort Macau, Cotai Strip, Taipa 가격 MOP60~ 영업시간 11:00~22:00/연중무휴 문의 (853)8868-1920 찾아가기 베네치안마카오 L3층의 그랜드커넬숍스에 위치한다. 홈페이지 www.venetianmacao.com

호텔 내에서 즐기는 마카오간식 푸드코트 ★★★★
마카오고메워크 Macau Gourmet Walk

C.O.D L2층에 소호가 있다면 스튜디오시티 2층에는 마카오거리로 꾸며진 식당가 마카오고메워크가 있다. 다이파이동, 코타이에그타르트, 아이스크림샌드위치, 영키베이커리, 초이헝윤베이커리, 마카오폭찹번 등 마카오간식 위주의 매장과 재패니즈고메크레페, 천인명차, 스타벅스, 맥카페와 맥도날드 등 10여 개의 매장이 자리하고 있다.

주소 Shop.2053-2095 L2/F The Boulevard at Studio City, Studio City, Cotai Strip, Taipa 가격 MOP60~ 영업시간 08:00~23:00(상점마다 상이)/연중무휴 문의 (853)8865-6868 찾아가기 스튜디오시티 더블르바드앳스튜디오시티 L2층에 위치한다. 홈페이지 www.studiocity-macau.com

아시아요리로 구성된 푸드코트 ★★★★★
테이스트오브아시아 Tastes of Asia

중국, 일본, 태국 그리고 싱가포르 등 아시아요리로 구성된 갤럭시마카오의 푸드코트이다. 태국요리 칠리앤스파이스, 일본 돈가스전문 사보텐, 철판요리 페이퍼런치와 싱가포르요리 프리마테이스트스티 등 15여 개의 아시아 유명체인점이 자리하고 있다. 베네치안마카오에 비해 작은 규모이지만 덜 북적거리면서 늦은 시간까지 운영하기 때문에 늦은 밤 출출한 배를 채우기 그만이다. 갤럭시마카오 내의 식당에서 사용할 수 있는 현금충전카드를 구매한 후 주문할 수 있으며 잔액은 구입한 카운터에서 환불받으면 된다.

주소 Shop.G025 G/F Galaxy Macau, Cotai Strip, Taipa 가격 MOP60~ 영업시간 09:00~24:00(일~목요일), 08:30~02:00(금~토요일과 공휴일)/연중무휴 문의 (853)8883-2221 찾아가기 갤럭시마카오 G층에 위치한다. 홈페이지 www.galaxymacau.com

Section 09
코타이스트립에서 놓치면 후회하는 쇼핑거리

코타이스트립에 자리한 초대형복합리조트에는 대부분 대형쇼핑몰이 자리하고 있다. 특히 베네치안마카오, 포시즌마카오, 샌즈코타이센트럴 그리고 파리지앵마카오는 모두 건물과 구름다리로 연결되어 있어 원스톱쇼핑이 가능한 대형쇼핑지구를 형성하고 있다. 홍콩처럼 쇼핑매장에는 큰 의미를 두지 않기 때문에 다양한 브랜드를 만나지는 못하지만 인기브랜드 위주로 입점되어 실속 있는 쇼핑을 즐길 수 있다.

C.O.D의 명품브랜드 쇼핑구역 ★★★★
더숍앳더블르바드 The Shops at The Boulevard

C.O.D의 L1~L2층에 위치한 소규모 복합쇼핑몰이다. 그랜드하얏트, 하드록 그리고 크라운타워를 강물의 흐름처럼 이어주는 디자인이 전체적으로 물을 테마로 했다는 C.O.D답다. L1층에 대부분의 쇼핑매장이 자리하는데 던힐, 발리, 버버리, 코치, 엠프리오아르마니, 구찌, 휴고보스, 로에베, 불가리, 까르띠에, 오메가 등 명품브랜드매장과 유명 코스메틱매장이 모여 있는 DFS뷰티가 있다. L2층은 뉴욕거리를 콘셉트로 꾸며진 식당가 소호로 DC코믹스 영웅들의 다양한 제품을 판매하는 DC코믹스 슈퍼히어로즈매장과 하드록카페의 다양한 기념품을 판매하는 록숍이 위치한다.

주소 L1-2/F The Shops at The Boulevard, City of Dreams, Cotai Strip, Taipa 영업시간 10:00~23:00(상점마다 상이)/연중무휴 문의 (853)8868-6688 찾아가기 C.O.D의 L1층과 L2층에 위치한다. 홈페이지 www.cityofdreamsmacau.com

마카오 최대의 쇼핑몰 ★★★★★
숍스앳베네치안 Shoppes at Venetian

베네치안마카오 L3층 그랜드커넬숍에 300여 개의 쇼핑매장과 30여 개의 레스토랑이 자리한 쇼핑몰이다. 포시즌마카오의 숍스앳포시즌스와 바로 연결되며, 건너편 샌즈코타이센트럴의 숍스앳코타이센트럴과 구름다리로 연결되어 있어 600여 개의 매장을 원스톱으로 쇼핑할 수 있는 마카오 최대의 쇼핑단지이다. 2016년 가을 완공된 파리지앵마카오의 숍스앳파리지앵까지 연결되어 명실상부한 마카오 최대 쇼핑상권을 형성하였다.

인공하늘로 조성된 천장, 3개의 운하 그리고 베네치아의 건축물로 조성되어 있어 마치 베네치아에서 쇼핑을 즐기는 느낌이다. 명품브랜드로 이루어진 C.O.D의 더숍더블바드와 달리 CK진스, 아르마니익스체인지, 보시니, 클럽모나코, 나인웨스트, H&M, 자라 등 중저가브랜드와 b+ab, :CHOCOOLATE, 5cm, i.t 등 홍콩로컬브랜드 위주로 포진되어 있어 저렴한 쇼핑을 할 수 있다는 장점이 있다.

주소 L3/F Grand Canal Shoppes, Venetian Resort Macau, Cotai Strip, Taipa **영업시간** 10:00~23:00(일~목요일), 10:00~24:00(금~토요일)/연중무휴 **문의** (853)2882-8888 **찾아가기** 베네치안마카오 L3층에 위치한다. **홈페이지** www.venetianmacao.com

 코타이스트립의 초호화 쇼핑몰 ★★★★
숍스앳포시즌스 Shoppes at Four Seasons

포시즌마카오 L1, M층과 L2층에 150여 개의 브랜드매장으로 이루어진 쇼핑몰이다. 마카오반도의 오리엔탈만다린마카오와 MGM마카오에 위치한 원센트럴 쇼핑몰과 마찬가지로 초호화 명품브랜드매장으로 이루어져 있다. L1층에는 발렌시아가, 셀린느, 구찌, 로에베, 루이비통, 미우미우, 토즈, 롱샴, 디올, 샤넬, 버버리, 엠포리오아르마니, 에르메스, 프라다와 펜디 등, M층에는 MCM, 케이트스페이드, 프라텔리 로세티, 엠미쏘니, 에트로, 발렌티노와 상하이탕 등 그리고 L2층에는 발리, 코치, 보테가 베네타, 지미추, 코코, 막스마라, 돌체앤가바나, 겐조와 비비안웨스트우드 등 다양한 해외명품브랜드가 입점되어 있다.

주소 Four Seasons Hotel Macao, Cotai Strip, Taipa **영업시간** 10:00~23:00(일~목요일), 10:00~24:00(금~토요일)/연중무휴 **문의** (852)8117-7992 **찾아가기** 포시즌스마카오에 위치한다. **홈페이지** www.fourseasons.com/macau

숍스앳코타이센트럴 Shoppes at Cotai Central
홍콩에서도 만나기 힘든 브랜드가 가득한 ★★★★☆

샌즈코타이센트럴에 자리한 마카오에서 가장 트렌디한 쇼핑몰로 자연채광의 천장, 인공폭포, 열대나무, 폭포와 암벽 등으로 꾸며져 열대우림 속에서 쇼핑을 즐기는 듯한 느낌이다. L1~L3층에 쇼핑, 코스메틱, 주얼리 그리고 레스토랑 등 100여 개의 매장이 자리하고 있다.

L1층에는 랄프로렌, 생로랑, 보네타베네타, 마이클코어스, 구찌, 호간 등 명품매장과 베네, 팜스, 신, 피스트, 다이너스티8 등의 레스토랑과 다양한 주얼리매장이 있다. L2층에는 에메, 콘셉츠, 조안앤데이비드, 쥬시꾸뛰르, 자라, 에스프리, 아돌포도밍게즈, EQ:IQ, 카렌밀렌, 모다수 등 마카오에 최초로 선보이는 패션브랜드매장이 다수 입점해 있으며, 아르마니주니어, 랄프로렌칠드런웨어, UM주니어, 자라홈키즈 등과 같은 키즈웨어매장도 있다. L3층에는 아디다스, 콜롬비아스포츠컴퍼니 등 스포츠매장과 장난감으로 가득한 키즈몰 키즈커번이 자리하고 있다.

주소 Sands Cotai Central, Cotai Strip, Taipa 영업시간 10:00~23:00(일~목요일), 10:00~24:00(금~토요일)/연중무휴 문의 (852) 8117-7992 찾아가기 샌즈코타이센트럴에 위치한다. 홈페이지 www.sandscotaicentral.com

더블르바드앳스튜디오시티 The Boulevard at Studio City
초호화 명품매장이 입점한 ★★★★★

뉴욕의 타임스퀘어와 할리우드의 비버리힐스를 표방한 스튜디오시티 내에 자리한 쇼핑몰이다. 중앙에 위치한 카지노주변으로 던힐, 코치, 엠포리오아르마니, 에르메네질도 제냐, 휴고보스, 보테가베네타, 코치, 캘빈클라인 플래티늄, 던힐, 펜디, 지방시, 구찌, 케이트스페이드, 겐조, MCM, 모스키노, 프라다, 생

로랑, 발렌티노와 T-갤러리 등 그야말로 최고의 명품브랜드매장이 입점되어 있다. 딘타이펑, 허발트레져스, 히데야마모토, 등의 레스토랑과 10여 개의 아시아요리점으로 구성된 푸드코트 코스모스Cosmos가 L1층에 그리고 마카오거리를 콘셉트로 한 식당가 마카오고메워크Macau Gourmet Walk가 L2층에 자리한다.

주소 Studiocity Macau, Cotai Strip, Taipa 영업시간 10:00~23:00(일~목요일), 10:00~24:00(금~토요일과 공휴일)/연중무휴 찾아가기 스튜디오시티의 스타타워 L1층에 위치한다. 홈페이지 www.studiocity-macau.com

 고가 주얼리와 시계매장이 많은 ★★★★★
더프롬나드 The Promenade

럭셔리 플래그십스토어, 디자이너부티크, 하이스트리트브랜드와 레스토랑 등 200여 개의 매장으로 구성된 갤럭시마카오 내에 위치한 쇼핑몰이다. 중앙의 카지노를 중심으로 이스트프롬나드와 웨스트프롬나드로 나뉘며, G층은 브레게, 블랑팡, 프랭크뮬러, 위블로, 코럼, IWC 등 초고가 시계매장, 불가리, 쇼메, 드비어스, 티파니, 룩푹, 차우타이푹 등의 주얼리매장과 발렌시아가, 벨루티, 알렉산더맥퀸, 디올, 돌체앤가바나, 지방시, 케이트스페이드 등 명품매장이 자리한다. 1층에는 알렉산더왕, 버버리, 아쿠아스큐텀, APM모나코, 에트로, 펜디, 휴고보스 등과 같은 명품매장이 위치하며 캘빈클라인진스, 클럽모나코, 캔버스, H&M, 아이다스, 나이키 등 캐주얼매장과 코이케이베이커리, 고디바, 베이비왓슨스와 매닉스 등의 매장이 G층과 1층에 자리하고 있다.

주소 G-1/F The Promenade, Galaxy Macau, Cotai Strip, Taipa 영업시간 10:00~22:00(매장마다 상이)/연중무휴 문의 (852)2888-0888 찾아가기 갤럭시마카오의 더프롬나드 G층과 1층에 위치한다. 홈페이지 www.galaxymacau.com

Special 13

아기자기한 거리들로 형성된
타이파빌리지(Vila da Taipa, 冰仔村)

마카오반도 아래에 위치한 타이파섬은 3개의 다리가 놓이기 전에는 한적한 어촌마을에 지나지 않았다. 하지만 현재는 고층빌딩과 최상급호텔 등이 들어서면서 새롭게 각광받는 관광지가 되었다. 특히 타이파빌리지는 중국 남부지역 특유의 상점들과 파스텔톤의 포르투갈양식의 낡고 허름한 건물들이 묘한 조화를 이뤄 여행자들이 주목하는 곳이다. 마카오에 거주하는 외국인들의 거주지역이며, 쿤하거리를 중심으로 마카오식 포르투갈식 매캐니즈 로컬식당이 대거 자리하고 있다.

◀ 타이파빌리지를 이어주는 교통편 ◀

- **일반버스** 마카오페리터미널 28A번 버스, 세나도광장 11번과 33번 버스, 아마사원 11번 버스, 코타이스트립과 콜로안섬 15번 버스를 타고 후아두헤제도르(Rua do Regedor, 地堡街) 또는 후아두쿤하(Rua do Cunha, 官也街)정류장에서 하차한다.
- **도보** 베네치안마카오 서쪽로비의 정류장 부근에 위치한 에스컬레이터를 타고 올라가 공중회랑을 건넌 후 무빙워크를 이용하면 타이파빌리지 주택박물관 앞 공원에 도착할 수 있다.

◀ 타이파빌리지에서 이것만은 꼭 해보자 ◀

1. 쿤하거리를 중심으로 뻗어있는 골목골목을 탐방해 보자!
2. 매캐니즈요리와 포르투갈디저트 등을 맛보자!

Taipa Village
타이파빌리지

타이파빌리지의 중심
쿤하거리 (Rua do cunha, 官也街)

아기자기한 그림이 그려져 있는 노란색 건물 쿤하바자(Cunha Bazaar)와 붉은색 건물 코이케이(Koi Kei) 사이의 100m 정도 골목으로 육포, 쿠키, 매캐니즈레스토랑과 전통 디저트가게 등이 즐비하여 늘 사람들로 붐빈다. 포르투갈이 마카오를 점령한 16세기 초 아프리카와 인도를 점령한 탐험가이자 해군사령관이었던 트리스탄다쿤하(Tristão da Cunha)의 이름을 거리명에 붙였다. 쿤하거리 끝에서 오른쪽 후아코레이아다실버(Rua Correia da Silva)를 따라가면 파스텔톤의 포르투갈양식의 건물들이 골목골목에 자리하여 고전적이면서도 이국적인 풍경을 자아낸다. 매주 일요일에는 쿤하거리 입구에 자리한 봄베이로스광장(Largo dos Bombeiros)에서 소규모 벼룩시장이 열린다.

찾아가기 후아두헤제도르(Rua do Regedor, 地堡街)정류장에서 하차하면 바로 보인다.

아름다운 풍경에 자리한
타이파주택박물관 (Casas Museu da Taipa, 龍環葡韻住宅式博物館)

20세기 초 포르투갈 고위관직자와 상류층 가족들이 거주하던 5개의 민트색 주택단지를 마카오관광청에서 매입하여 전체적으로 리모델링한 후 박물관으로 오픈하였다. 각각의 주택은 매캐니즈주택, 마카오반도주택, 포르투갈주택, 주택갤러리관 그리고 연회장주택으로 나뉘어져 서로 다른 주제로 소품을 전시하고 있다. 특히 포르투갈주택에는 포르투갈의 전통의상과 악기 등이 전시되어 있으며, 마카오주택에는 당시 모습으로 보존된 침실, 욕실, 거실, 주방 등 실제 사용했던 가구와 침구 등의 생활용품을 함께 전시하고 있다. 박물관 앞에는 유럽식으로 꾸며진 작은 생태공원(十字公園)에서 코타이스트립의 풍경을 즐길 수 있으며, 박물관을 바라보고 왼쪽 언덕을 오르면 1885년 지어진 카르멜성모성당(Igreja de Nossa Senhora do Carmo)이 자리하는데, 이곳은 웨딩촬영지로 인기가 높다.

개관시간 10:00~18:00(17:30까지 입장 가능)/매주 월요일 휴관 **입장료** MOP5(매주 일요일 무료입장) **문의** (853)2882-5631 **찾아가기** 타이파빌리지 곳곳에 타이파주택박물관 이정표가 설치되어 찾기 쉽다./쿤하거리 끝 계단을 따라 올라가서 이정표를 따라 걸으면 위치한다. 도보 7분 거리./베네치안마카오 서쪽로비 정류장 부근에 위치한 에스컬레이터를 타고 올라가 공중회랑을 건넌 후 무빙워크를 이용하면 타이파빌리지 주택박물관 앞 공원에 도착한다.

타이파섬과 콜로안섬의 역사를 살펴볼 수 있는
타이파·콜로안역사박물관 (Museu da História da Taipa e Cloloane, 路氹歷史館)

1921년 폭죽공장 부지에 지어진 민트색 포르투갈풍 저택으로 이후 타이파·콜로안의 행정구청으로 사용되다 현재는 9개의 전시관으로 이루어진 역사박물관으로 탈바꿈하였다. 16세기 포르투갈의 지배를 받은 마카오반도와 달리 1851년부터 지배를 받은 어촌지역 타이파섬과 콜로안섬의 역사를 한눈에 볼 수 있다. 마카오반도에 거주하던 포르투갈인들이 조용하고 한적한 타이파섬으로 이주하여 정착하였는데 그들의 고향집처럼 저택을 짓기 시작하였다. 1층에는 콜로안지역에서 발

407

굴한 역사유물, 타이파빌리지의 발전사와 과거 두 지역의 역사, 문화와 종교 등을 전시하고 있다. 2층에는 고대농업과 수공예품, 과거와 현재의 타이파·콜로안의 건축모습 등이 전시되어 있다.

개관시간 10:00~18:00(화~일요일, 17:30까지 입장가능)/매주 화요일 휴관 **입장료** MOP5(매주 일요일 무료입장) **문의** (853)2836-6866 **찾아가기** 쿤하거리 끝에서 타이파주택박물관을 가는 계단을 바라보고 오른쪽 후아코레이아다실버(Rua Correia da Silva)를 따라 직진하면 오른편에 위치한다. 도보 5분 거리.

타이파섬의 오래된 사원

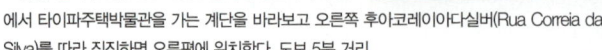
팍타이사원(Pak Tai Temple, 北帝廟)

어민들의 수호신 팍타이를 모시는 사원으로 1884년 세워진 타이파섬에서 가장 큰 사원이다. 팍타이는 세상의 모든 소리를 들을 수 있는 커다란 귀와 천리안을 가진 바다의 신 중 한 명으로 이곳에는 악의 왕을 물리쳤다는 전설이 전해진다. 사원 안 천장에는 나선형모양의 만수향(萬壽香)이 걸려있는데 향을 피우면 연기가 하늘에 닿아 자신이 빈 소원이 이루어진다고 하며 떨어지는 재를 맞으면 행운이 온다고 믿는다.

찾아가기 타이파·콜로안 역사박물관 입구를 등지고 오른쪽으로 가다 바로 오른쪽 골목 끝 광장 앞에 위치한다.

아기자기한 분위기의 매캐니즈레스토랑

갈로(Galo, 公雞葡國餐廳)

타이파빌리지에서 매캐니즈요리로 유명한 레스토랑 중 하나로 흰색 건물에 하늘색으로 장식한 지중해풍 건물이 인상적이다. 갈로는 포르투갈어로 '수탉'을 뜻하며, 수탉과 관련된 아기자기한 인테리어소품으로 벽면을 장식했다. 2층으로 된 식당내부는 크지 않기 때문에 식사시간이면 사람들로 붐비며, 70여 가지의 다양한 메뉴가 사진과 함께 제공되는 메뉴판이 있어 어렵지 않게 주문할 수 있다. 우리입맛에 맞는 메뉴는 스테이크, 볶음밥, 게요리와 샐러드 등으로 가격은 비싼 편이며 해산물요리는 대부분 시가이다. 모든 요리는 마카오맥주나 포르투갈 저탄산과즙음료 서몰(Sumol)과 곁들이면 좋다.

주소 45 Rua do Cunha, Old Taipa Village, Taipa **베스트메뉴** 마늘, 고수, 레몬주스와 화이트와인 등을 넣고 올리브오일로 볶은 조개볶음(Fried Clams in Portugese Style, MOP115), 매콤한 커리소스를 얹은 커리크랩(Crab with Curry Sauce, 시가) **추천메뉴** 피망, 계란, 소금으로 염장한 말린 대구 바칼라우를 찢어 밥과 함께 볶은 바칼라우볶음밥(Fried Rice with Codfish, MOP85), 튀긴 닭에 매콤한 소스를 부은 아프리카치킨(Africa Chicken, MOP120), **가격** MOP100~/Service Charge 10% 별도 **영업시간** 점심 11:00~15:00 저녁 18:00~22:30(월~금요일), 11:30~22:30(토~일요일)/설연휴 휴무 **문의** (853)2882-7318 **찾아가기** 쿤하거리의 상점이 끝나는 지점 오른편에 위치한다. 도보 2분 거리.

❶ 조개볶음(Fried Clams in Portugese Style) ❷ 커리크랩(Crab with Curry Sauce) ❸ 바칼라우볶음밥(Fried Rice with Codfish) ❹ 아프리카치킨(Africa Chicken)

정겨운 분위기의 포르투갈요리전문

안토니오레스토랑 (António Restaurant, 安東尼奧)

유명호텔과 레스토랑에서 요리사로 근무한 경력이 있는 포르투갈 셰프 안토니오코엘리오(Antonio Coelho)가 운영하는 포르투갈 요리레스토랑이다. 콜로안빌리지의 에스파소리스보아에서 주방장을 있었을 당시 드라마 <궁>의 마지막 회와 한국요리프로그램에도 출연하면서 한국에 대해 각별하여 한글메뉴가 있을 정도이다. 아시아 최고의 레스토랑을 선정하는 밀레가이드와 미슐랭가이드 등 세계 각국의 잡지에 수없이 소개된 유명레스토랑이다. 정통가정식 포르투갈요리와 다양한 요리법을 접목시킨 메뉴를 선보이며, 포르투갈 전통요리의 맛을 내기 위해 소금, 식초, 햄, 와인과 커피 등 주요 식재료를 고국에서 수입하여 사용한다. 식사시간에는 반드시 예약 후 방문해야 하며 식사시간 이후에 방문한다면 안토니오셰프와 두런두런 이야기도 나눌 수 있다.

주소 7 Rua dos Clerigos, Old Taipa Village, Taipa **베스트메뉴** 마늘, 고수, 올리브오일과 화이트와인으로 조리한 조개볶음(Sautéed Clams with Garlic, Coriander, Olive Oil and White Wine Sauce, HK$160), 우리입맛에 잘 맞는 마늘소스를 곁들인 대하요리(Prawns with Garlic Sauce, HK$160), 삶은 감자, 양파와 파프리카로 만든 샐러드와 숯불에 구운 정어리구이(Charcoal Grilled Sardines with Boiled Potatoes&Green Bell Pepper Salad, MOP180) **추천메뉴** 셰프안토니오 스타일로 만든 2인용 포르투갈 해산물리소토(Seafood Rice Antonio Style, HK$530), 셰프안토니오의 불쇼를 볼 수 있는 디저트 크레이프수제트(Crepes Suzette, HK$250) **가격** HK$250~/Service Charge 10% 별도 **영업시간** 점심 12:00~15:00 저녁 18:00~22:30/연중무휴 **문의** (853)2888-8668 **찾아가기** 쿤하거리 끝에서 타이파주택박물관으로 가는 계단을 바라보고 오른쪽 후아지코레이아다실버(Rua Correia da Silva)를 따라 직진하다 오른편 좁은 내리막 골목길 왼편에 위치한다. 도보 4분 거리. **홈페이지** www.antoniomacau.com

① 조개볶음(Sautéed Clams) ② 대하요리(Prawns with Garlic Sauce) ③ 정어리구이(Charcoal Grilled Sardines) ④ 해산물리소토(Seafood Rice)

마카오의 대표 쿠키전문점

코이케이 (Pastelaria Koi Kei, 鉅記餅家)

1997년 마카오에 오픈하여 홍콩과 싱가포르 곳곳에 분점을 두고 있는 쿠키전문점이다. 1935년 개업하여 마카오를 대표하던 초이헝윤(Choi Heong Yuen Balery)을 가뿐하게 누르고 마카오 쿠키시장의 70% 이상을 점유하며 마카오의 대표베이커리로 우뚝 섰다. 아몬드를 통째로 넣어 구운 통아몬드쿠키가 가장 인기 있으며, 그밖에도 달걀노른자, 소금, 검은깨 등의 재료와 함께 만든 아몬드쿠키 종류가 있다. 중국전통과자, 육포, 중국스타일 땅콩, 생강, 검은깨, 아몬드누가 등으로 만든 사탕 등 다양한 간식거리가 있어 선물용으로 구입하기 좋다.

주소 46-50 Rua do Cunha, Old Taipa Village, Taipa **베스트메뉴** 통아몬드 넣어 만든 통아몬드(Almond Cookies with Whole Almond, 12개 MOP45) **영업시간** 10:00~21:00/연중무휴 **문의** (853)2882-7389 **찾아가기** 쿤하거리 바로 초입 오른편에 위치한다./ 쿤하바자(Cunha Bazaar) 맞은편에 위치한다. **홈페이지** www.koikei.com

포르투갈식 디저트를 선보이는 로컬카페

비터스위트 (Bitter Sweet, 必達士)

강한 향신료와 소스를 사용한 자극적인 매캐니즈요리를 먹은 후 입가심하기 좋은 포르투갈디저트를 전문적으로 판매하는 로컬카페이다. 포르투갈어로 '톱밥'이란 뜻을 가진 마카오의 대표디저트 세라두라는 곱게 빻은 비스킷 가루와 부드러운 생크림을 층층이

쌓아 냉장한 것으로 부드럽고 차가우면서 고소한 맛이 나는 아이스크림케이크와 비슷하다. 2층짜리 건물 실내는 로컬분위기가 물씬 풍기며, 케이크, 푸딩 그리고 아이스크림으로 나뉘는 세라두라, 치즈케이크, 티라미수, 망고푸딩, 블루베리푸딩 등의 디저트와 100% 자메이카 블루마운틴원두를 사용하여 내린 커피 등을 판매한다.

❶ 세라두라케이크(Serradura Cake)
❷ 세라두라푸딩(Serradura Pudding)
❸ 블루마운틴마카오(Blue Mountain Macau)

주소 92 Rua do Cunha, Old Taipa Village, Taipa **귀띔 한마디** 1인당 미니엄차지 HK$25가 있으며, 외부음식을 먹을 경우 1인당 HK$30이다. **베스트메뉴** 바닐라 또는 초콜릿 중에서 선택할 수 있는 세라두라케이크(Serradura Cake, HK$55), 세라두라푸딩(Serradura Pudding, HK$35) **추천메뉴** 100% 자메이카 블루마운틴원두를 사용한 블루마운틴마카오(Blue Mountain Macau, Hot HK$75, Ice HK$99), 세라두라아이스크림(Serradura Ice Cream, HK$35) **가격** HK$35~/Service Charge 10% 별도 **영업시간** 12:00~22:00/연중무휴 **문의** (853)2883-0289 **찾아가기** 쿤하바자와 코이케이건물 사이 쿤하거리로 들어가면 왼편에 위치한다. 도보 1분 거리.

미슐랭가이드에 소개된 중국전통쿠키전문점

파스텔라리아 펑케이(Pastelaria Fung Kei, 晃記餠家)

1906년 개업하여 100여 년을 이어온 중국전통쿠키 전문점으로 늘 중국관광객으로 붐빈다. 다른 쿠키전문점이 시식을 통해 손님유치를 하는데 반해 이곳은 가게 안에서 바로 구워낸 수제쿠키를 제공하기 때문에 별도로 시식코너가 마련되어 있지 않을 정도로 자부심이 높다. 다른 쿠키전문점과 마찬가지로 다양한 소를 넣은 아몬드쿠키 싱런뼁(杏仁餠) 종류뿐만 아니라 투박한 빵처럼 생긴 로우포뼁(老婆餠), 돼지고기(肉切酥), 닭고기(鷄仔餠) 그리고 마른전복(鮑魚餠) 등으로 만든 중국 전통비스킷이 유명하다.

주소 14 Rua do Cunha, Old Taipa Village, Taipa **베스트메뉴** 아몬드쿠키(杏粒杏仁餠, 작은 세트 MOP29), 치킨비스킷(鷄仔餠, 세트 MOP16) **추천메뉴** 로우포뼁(老婆餠, 세트 MOP32), 돼지고기비스킷(肉切酥, 세트 MOP18) **가격** MOP22~ **영업시간** 10:00~22:00/연중무휴 **문의** (853)2882-7142 **찾아가기** 쿤하바자와 코이케이건물 사이 쿤하거리로 들어가면 오른편에 위치한다. 도보 1분 거리.

유명한 마카오식 버거

타이레이로이케이(Tai Lei Loi Kei, 大利來記)

빵 사이에 폭찹을 끼운 마카오식 햄버거 주빠빠오(豬扒飽)로 유명한 로컬게이다. 1968년 타이파빌리지 맥도날드 근처 청타이공원(Chung Tai Garden)에서 노천식당으로 시작했지만 현재는 타이파·콜로안역사박물관 근처로 자리를 옮겼다. 얇게 저민 돼지고기를 튀긴 폭찹을 넣은 주빠빠오는 폭찹과 빵 외에는 야채는 물론 소스조차 없지만 바삭하게 구운 빵과 양념이 잘된 고기가 잘 어울러져 환상적인 맛을 낸다. 타이파빌리지 스타벅스 부근, 세나도광장 오문카페 부근, 세인트폴대성당유적과 베네치안마카오 푸드코트 내에도 분점이 있다. 가게는 면요리, 커리요리, 번과 토스트 등의 다양한 메뉴가 있는 식당과 주빠빠오 종류만 파는 노점으로 나뉜다.

❶ 주빠빠오(豬扒飽) ❷ 뽀로주빠빠오(菠蘿豬扒飽)

주소 35 Rua Correia da Silva, Old Taipa Village, Taipa **베스트메뉴** 바게트빵 사이에 폭찹을 끼워 넣은 오리지널 주빠빠오(豬扒飽, Pork Chop Bun, MOP40) **추천메뉴** 파인애플번 뽀로야우에 폭찹을 끼워 넣은 뽀로주빠빠오(菠蘿豬扒飽, Pork Chop Pineapple Bun, MOP40) **가격** MOP40~ **영업시간** 08:00~18:00/연중무휴 **문의** (853)2882-7150 **찾아가기** 타이파·콜로안역사박물관 바로 옆 건물에 위치한다.
홈페이지 www.taileiloi.com.mo

Special 14

마카오의 숨겨진 보석
콜로안빌리지(Vila de coloane, 路環村)

마카오 최남단에 위치한 작은 어촌마을이지만 〈궁〉, 〈도둑들〉, 〈우리결혼했어요〉 등 우리나라의 다양한 매체에 소개된 명소이다. 마을 전체를 돌아보는 데 고작 30~40분밖에 걸리지 않지만 중국 주하이가 저 멀리 보이는 해변산책로를 따라 성프란시스성당, 도서관과 탐쿵사원 등 작은 볼거리가 이어진다. 그리고 마카오식 에그타르트 원조인 로드스토우베이커리 본점, 영화 〈도둑들〉에서 김혜수와 전지현이 가짜목걸이를 받았던 응아팀카페, 골목 안 파스텔톤 낡은 주택 등이 또 다른 다른 볼거리를 제공한다.

콜로안빌리지를 이어주는 교통편

- **일반버스** 세나도광장에서 26A번, 아마사원에서 21A, 26번, 타이파빌리지에서 25번, 코타이스트립에서 15, 25, 26번, 타이파페리터미널에서 26번 버스를 타고 콜로안빌리지1 또는 2(Vila de Coloane-1 or Vila de Coloane-2, 路環市區) 정류장에서 하차한다. 마카오시내로 돌아갈 때는 커다란 환타병이 세워진 버스정류장에서 탑승하면 된다.
  요금/소요시간 세나도광장 출발 26A번 버스 MOP6.4/35분, 아마사원 출발 21A번 버스 MOP6.4/30분, 26번 버스 MOP5/60분 소요, 타이파빌리지 출발 25번 버스 MOP3.6/30분, 코타이스트립 출발 15번 버스 MOP3.6/20분, 25, 26번 버스 MOP3.2/20분
- **학사비치이동** 콜로안빌리지에서 15, 21A, 25, 26번 버스를 타고 학사비치(Praia de Hác-Sá)정류장에서 하차한다.
  요금/소요시간 MOP2.8/10분
- **택시** 2명 이상이라면 마카오시내 또는 타이파섬에서 택시를 이용하면 편하고 빠르게 이동할 수 있다.

콜로안빌리지에서 이것만은 꼭 해보자

1. 로드스토우베이커리 본점에서 마카오 최고의 에그타르트를 맛보자!
2. 드라마 〈궁〉에 나왔던 곳들을 둘러보는 재미가 있다.
3. 시간이 허락된다면 마카오에서 가장 큰 해변 학사비치까지 가보자!

콜로안빌리지 여행의 출발점
콜로안빌리지로터리 (Coloane Village Rotary)

버스에서 내리자마자 콜로안빌리지의 입구인 아기천사분수대가 있는 작은 원형의 아네스공원(Eanes Park)을 만난다. 드라마 〈궁〉에서 윤은혜와 주지훈이 다정하게 벤치에 앉아 에그타르트를 먹던 장소로 아기 분수대를 바라보고 왼편에는 가볍게 배를 채울 수 있는 로컬식당이 있고 대각선 방향에는 유명한 에그타르트전문점 로드스토우베이커리가 자리하고 있다.

잠시 여유를 부릴 수 있는
로드스토우카페 (Lord Stow's café, 安德魯咖啡店)

베이커리만 판매하는 로드스토우베이커리에서 운영하는 카페로 에그타르트, 세라두라, 버거, 샌드위치, 파이, 샐러드와 음료뿐만 아니라 아침세트와 브런치 등 다양한 메뉴가 있다. 콜로안빌리지에는 커다란 환타병 모형이 서있는 버스정류장 건너편에 위치한 가든카페와 해안가에 위치한 카페 두 곳이 있다. 커피, 생과일주스, 셰이크 등 시원한 음료수와 함께 간단한 디저트를 먹으며 쉬어가기 좋은 카페이다.

주소 Largo do Matadouro, Coloane Village **문의** (853)2888-2174 **가격** MOP10~ **영업시간** 10:30~19:00/연중무휴

마카오식 에그타르트의 원조
로드스토우베이커리 (Lord Stow's Bakery, 安德魯餠店)

마카오에서 마카오식 에그타르트의 원조로 유명한 에그타르트전문점이다. 설립자인 영국여성 앤드류스토우가 포르투갈을 여행하면서 관심을 갖게 된 포르투갈 에그타르트에 영국식 조리법을 가미하여 1898년 마카오식 에그타르트를 탄생시켰다. 바삭한 빵과 달콤하고 부드러운 커스터드크림의 조화가 일품으로 갓 구워내어 따뜻한 에그타르트를 맛 볼 수 있다. 베네치안마카오에도 매장이 있지만 콜로안빌리지에 왔다면 본점에서 갓 구워 낸 에그타르트를 맛보자. 드라마 〈궁〉에서 윤은혜가 자전거를 타고 에그타르트를 구입하던 장면이 촬영된 곳이다.

가격 에그타르트 1개 MOP10 **문의** (853)2888-2534 **영업시간** 07:00~22:00(매주 수요일은 07:00~18:00)/연중무휴

콜로안빌리지의 유일한 매캐니즈레스토랑
에스파소리스보아 (Restaurante Espaço Lisboa, 里斯本地帶餐廳)

좁은 골목 안에 위치한 매캐니즈레스토랑으로 1~2층에 20여 개의 테이블이 구비된 마카오에서 소문난 맛집이다. 콜로안빌리지에서 가장 분위기 있고 편안하게 식사를 즐길 수 있는 곳으로 드라마〈궁〉에서 윤은혜와 주지훈의 식사장면이 촬영되었다. 실내가 워낙 좁아 가게 앞에 테이블을 내놓고 촬영을 했으며, 타이파빌리지에 본인의 이름을 걸고 레스토랑을 오픈한 셰프 안토니오가 당시 이곳의 실제 주방장이었다. 소박한 공간에서 강한 향신료와 소스를 이용한 매캐니즈요리를 맛 볼 수 있다.

❶ 스테이크(Black Pepper Steak) ❷ 대구살튀김(Fried Codfish Cake)

주소 8 Rua das Gaivotas, Coloane Village **베스트메뉴** 드라마〈궁〉에서 주인공이 먹었던 구운 감자와 함께 나오는 계란프라이가 올라간 포르투갈식 스테이크(Black Pepper Steak, MOP184), 감자와 대구살을 갈아 튀긴 대구살튀김(Fried Codfish Cakes, MOP90) **추천메뉴** 고수가 들어 있는 새콤한 맛의 마늘소스대하(Prawns with Garlic Sauce, MOP118) **가격** MOP150~/Service Charge 10% 별도 **영업시간** 점심 12:00~15:00 저녁 18:30~22:00(월~금요일), 12:00~22:30(토~일요일)/연중무휴 **문의** (853)2888-2226 **찾아가기** 로드스토우베이커리를 바라보고 오른쪽 작은 골목 안 오른편에 위치한다.

콜로안빌리지 유일의 구멍가게
온케이 (on kei, 安記)

특별히 들러봐야 할 곳은 아니지만 드라마〈궁〉에서 셰프 안토니오가 좋아하는 아주머니가 일하던 잡화점으로 등장했던 곳으로 윤은혜가 두 사람을 연결해주기 위해 들러서 충고해주던 장면이 촬영되었다. 편의점이 없는 콜로안빌리지에서 간단한 군것질 거리나 음료 등을 구입하기 좋다.

해질녘 운치를 더하는
해안산책로

드라마〈궁〉에서 윤은혜가 자전거를 타고 안토니오에게 '방가방가'를 외치던 해안산책로 이후 우리나라 여행자들에게는 '방가방가도로'라 불린다. 가로수와 벤치가 쭉 이어져 있으며 작은 방파제에 앉아 맞은편의 중국 주하이와 오른쪽 마카오타워를 바라보며 조용히 쉬어가기 좋은 산책로이다. 산책로를 따라 걷다보면 도서관, 성프란시스코사비에르성당과 틴하우사원 등을 만날 수 있다.

예쁜 크림색 건물
성프란시스코사비에르성당 (Capela de Santo Francisco Xavier, 路環聖方濟各聖堂)

아시아선교의 주역이었던 성프란시스코사비에르를 기리기 위해 1928년 바로크양식으로 세워진 성당이다. 성당 앞에는 1910년 해적소탕을 기념하기 위한 비가 세워져있으며 성당 내부에는 선녀가 동자를 안고 있는 중국풍 성모자상과 김대건신부 초상화가 있다. 드라마 〈궁〉에서 윤은혜와 주지훈이 전쟁기념비 앞에서 결혼식을 올리던 장면이 촬영되었으며 영화 〈도둑들〉에서 김혜수와 김윤석이 대화를 나누던 장면이 촬영되었다.

주소 St. Francis Xavier Chapel, Coloane Village **문의** (853)2888-2128 **홈페이지** catholic.org.mo

현지식 해산물요리를 부담 없이 먹을 수 있는
응아팀카페 (café Nga Tim, 雅憩花園餐廳)

에스파소리스보아와 더불어 콜로안빌리지를 대표하는 식당이다. 영화 〈도둑들〉에서 김혜수와 전지현이 각각 한국에서 공수한 모조품 '태양의 눈물' 목걸이를 전해 받은 곳이다. 천막 차양, 빨간색 체크무늬 테이블보, 플라스틱 의자 등 마카오 현지 노천식당 분위기를 제대로 느낄 수 있다. 노천식당처럼 저렴하진 않지만 대체적으로 우리입맛에는 잘 맞는 요리로 구성되어 있다. 어촌마을답게 조개, 새우, 게, 오징어, 생선 등 해산물을 사용한 요리가 많고 면요리, 볶음밥, 고기요리, 음료와 디저트 등 다양한 메뉴가 있다.

주소 8 Rua do Caetano, Coloane Village **베스트메뉴** 고추와 마늘 등을 넣고 볶은 매콤한 새우볶음(Spicy Salt and Pepper Garlic Prawns, MOP88), 각종 야채와 통새우를 넣은 새우커리(Shrimp Curry, MOP88) **추천메뉴** 매캐니즈 대표요리 중 하나인 게요리(Crab Curry, 시가) **가격** MOP100~/Service Charge 10% 별도 **영업시간** 12:00~01:00/연중무휴 **문의** (853)2888-2086 **찾아가기** 성프란시스코사비에르성당을 바라보고 왼편에 위치한다.

◀ 새우볶음(Spicy Salt and Pepper Garlic Prawns)

작지만 아름다운
콜로안도서관 (Biblioteca de coloane, 路環圖書館)

드라마 〈궁〉에서 윤은혜가 도서관에서 나오며 주지훈을 발견하고 '신 봤대!'를 외쳤던 장면이 촬영된 곳이다. 해변산책로를 따라 걷다보면 단층의 연노랑 파스텔톤 건물로 맞은편에서 주지훈이 윤은혜를 향해 손을 흔들던 자리에는 '800003-16' 번호표가 붙은 '주지훈나무'가 있다. 근처에 초등학교가 있어 아이들이 하교 후 놀이터처럼 이용하는 시골 도서관 같은 분위기이며 드라마 〈에덴의 동쪽〉의 촬영지이기도 하다.

주소 Av. de Cinco de Outubro, Coloane Village **문의** (853)2888-2254 **홈페이지** library.gov.mo

콜로안빌리지를 한눈에 내려다볼 수 있는
탐쿵사원(Templo de Tam Kung, 谭公庙)

해안산책로 끝자락 오르막길에 위치해 있는 작은 콜로안빌리지와 너무나 잘 어울리는 사원으로 바다의 여신 틴하우와 함께 추앙받는 바다의 수호신 탐쿵을 모시고 있다. 사원자체는 크게 볼거리가 없지만 사원 뒤편 오르막길로 오르면 사원옥상과 연결되는데 이곳에 의자에 앉아 바닷바람을 맞으며 콜로안빌리지를 한눈에 시원하게 내려다볼 수 있다.

검은 모래가 반짝이는 해변
학사비치(Praia de Hác Sá, 黑沙海灘)

검은 모래 때문에 학사(黑沙)란 이름이 붙은 콜로안섬 동남쪽에 위치한 마카오에서 가장 큰 해변이다. 이곳 검은 모래를 방문자들이 기념으로 가져가면서부터 해변 모래가 점점 줄어들었던 적도 있었다. 해변 뒤편에 자리한 학사공원은 야자수가 우거져 그늘을 만들어주고 캠핑장과 바비큐시설이 구비되어 있어 주말이면 많은 사람들이 찾는다. 주변으로 오징어, 생선, 고기, 옥수수등 꼬치바비큐를 파는 노점들이 늘어서 있으며, 이 중 옥수수구이는 꼭 맛봐야 할 대표 간식거리이다. 바다를 바라보고 왼쪽에는 드라마 〈궁〉의 촬영지 웨스틴리조트마카오가 보이고 오른쪽 빌라촌에는 드라마 〈꽃보다 남자〉에서 김현중의 마카오친구로 나온 하이밍의 집이 보인다.

찾아가기 세나도광장에서 26A번 버스, 아마사원에서 21A번 버스, 타이파빌리지에서 25번, 코타이스트립에서 15, 25, 26번 버스, 콜로안빌리지에서 15, 21A, 15, 21A, 25, 26번 버스를 타고 학사비치(Praia de Hác-Sá)정류장에서 하차한다. **요금** 마카오시내 출발 MOP6.4, 타이파섬 출발 MOP3.6, 콜로안빌리지 출발 MOP2.8

Part
06

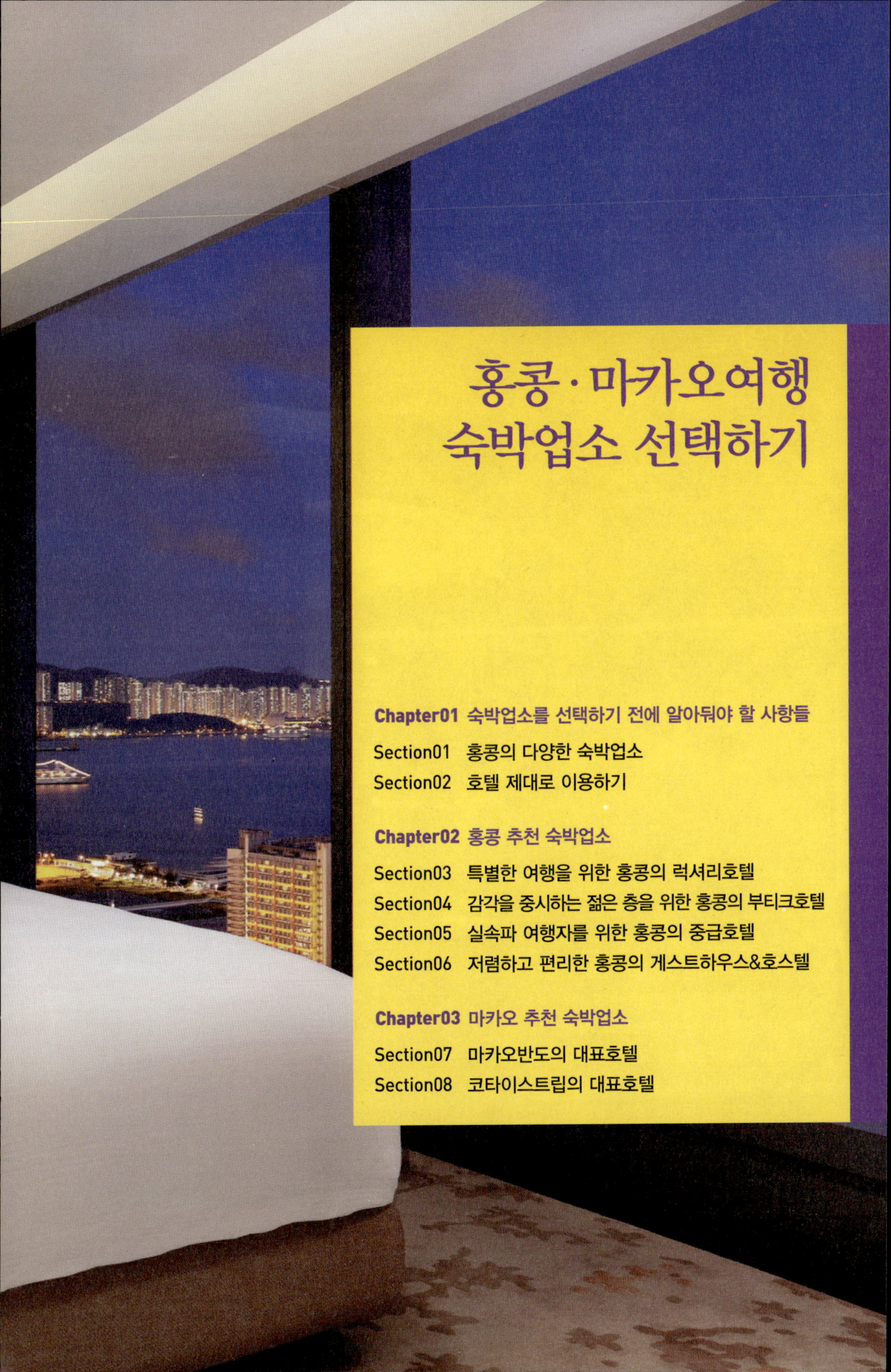

홍콩·마카오여행 숙박업소 선택하기

Chapter01 숙박업소를 선택하기 전에 알아둬야 할 사항들

Section01 　홍콩의 다양한 숙박업소
Section02 　호텔 제대로 이용하기

Chapter02 홍콩 추천 숙박업소

Section03 　특별한 여행을 위한 홍콩의 럭셔리호텔
Section04 　감각을 중시하는 젊은 층을 위한 홍콩의 부티크호텔
Section05 　실속파 여행자를 위한 홍콩의 중급호텔
Section06 　저렴하고 편리한 홍콩의 게스트하우스&호스텔

Chapter03 마카오 추천 숙박업소

Section07 　마카오반도의 대표호텔
Section08 　코타이스트립의 대표호텔

Chapter 01
숙박업소를 선택하기 전에 알아둬야 할 사항들

항공권 다음으로 여행경비 중 많은 부분을 차지하는 숙박비는 자신의 여행스타일과 주머니 사정에 맞춰 선택하는데 가격, 시설, 교통편, 위치 등이 중요하다. 저렴한 게스트하우스부터 초호화 고급호텔까지 다양한 숙박시설이 많지만 많은 여행자들이 방문하는 세일기간 등에는 숙소 구하기가 힘들기 때문에 미리 예약을 해야 한다. 평일과 주말 숙박요금이 다르거나 성수기일 경우 호텔은 요금이 오르기 때문에 미리 꼼꼼하게 따져봐야 한다.

홍콩의 다양한 숙박업소

Section 01

홍콩의 대표적인 숙박업소는 한인민박, 게스트하우스 그리고 호텔이 있다. 한인민박의 경우 한국인이 운영하므로 여러 모로 도움을 받을 수 있으며, 게스트하우스는 시설은 떨어지지만 저렴하게 묵을 수 있다. 가격은 비싸지만 2인 이상일 때는 호텔을 고려해보는 것도 괜찮으며, 비수기와 성수기 가격차가 있고, 프로모션을 잘만 이용하면 생각보다 저렴하게 묵을 수 있다.

게스트하우스에서 숙박하기

주로 홍콩 현지인들이 운영하는 숙소로 한인모텔에 비해 시설이 떨어지는 곳이 많다. 선풍기 또는 에어컨, 침대와 TV 정도만 구비되어 있어 짧은 기간 숙소의 편의시설에 개의치 않고 잠만 잘 여행자에게 추천한다. 숙박요금은 비수기, 성수기와 욕실 포함여부에 따라 달라지며, 보통 싱글룸, 트윈룸, 더블트윈룸, 패밀리룸 등으로 구분된다. MTR 침사추이, 조단, 코즈웨이베이역 등 지하철역 주변에 게스트하우스가 모여 있으며, 특히 네이던로드의 청킹맨션에 많이 포진되어 있다. 안전상의 문제가 있으므로 혼자 여행하는 여성에게는 추천하고 싶지 않다.

한인모텔(민박)에서 숙박하기

한국 여행자들이 저렴하고 안전하게 묵을 수 있는 가장 적당한 숙소로 대부분 한국인이 운영하며, 시설은 게스트하우스와 저렴한 호텔의 중간정도로 생각하면 된다. 한인모텔 대부분은 침사추이역 근처에 있으며, 다소 허름한 건물에 위치해 있으나 막상 모텔 안으로 들어서면 깔끔하게 정돈되어 있고, 여행자에게 필요한 최소시설들이 갖춰져 있어 이용하기 불편하지 않다.

객실은 보통 싱글룸, 더블트윈룸, 3인실, 패밀리룸으로 구성되며 객실에는 방마다 TV, 헤어드라이어, 에어컨과 화장실이 갖추어져 있다. 대부분 무료인터넷과 무료국제전화, 조식제공, 세탁기 무료사용 등의 서비스를 제공한다. 화장실에는 기본적으로 수건, 샴푸, 칫솔, 치약, 비누 등을 갖추고 있어 여행 중 짐을 줄일 수 있다. 홍콩을 처음 방문하는 여행자라면 가장 정확한 홍콩여행정보도 얻을 수 있는 곳이기도 하다.

대부분 홈페이지를 개설해 놓았으므로 해당 한인모텔 홈페이지에서 예약이 가능한지 체크해 볼 수 있다. 숙박료는 업소마다 다르지만 한국에서 예약할 때 예약금을 입금하고, 홍콩에 도착해서 입실할 때 홍콩달러로 결제하면 된다. 예약 전 따져봐야 할 것 중의 하나가 영업허가증인 모텔라이선스가 있는 곳인지 체크해 보는 것이 중요하다.

호텔에서 숙박하기

세계적인 관광지답게 홍콩 전역에는 약 3만 5천여 개의 호텔이 성업 중이며 새로운 호텔이 신규로 계속 오픈하고 있다. 세계적 수준의 특급호텔부터 개성 있는 객실디자인과 콘셉트로 승부하는 부티크호텔, 비교적 저렴한 중급호텔에 이르기까지 종류도 다양하다. 홍콩의 호텔숙박비는 비싼 편이지만 호텔예약 전문대행사를 통해 예약하거나 비수기 또는 특가 프로모션으로 대폭 할인되기도 하므로 이 기회를 놓치지 말아야 한다. 싱글, 더블, 트윈룸이 동일한 가격으로 적용되는 호텔이 많으며, 같은 호텔, 같은 크기의 객실이라도 전망과 시설에 따라 가격차이가 있을 수 있다. 전문업체나 여행사를 통한 예약은 동일 호텔, 동일 룸이라도 가격이 모두 다르므로 꼼꼼하게 알아보고 예약하는 것이 좋다.

Section 02

호텔 제대로 이용하기

호텔은 다양한 편의시설들을 갖추고 있기 때문에 제대로 알면 호텔 내에서 좀 더 편안하게 보내거나 즐길 수도 있다. 호텔은 2인 이상 여행일 때는 고려해봄직 하고 비수기와 성수기 가격차가 있으며, 프로모션을 이용하면 훨씬 저렴하게 숙박할 수 있다. 처음 호텔을 이용한다고 겁먹지 말고 기본적인 호텔이용법만이라도 이해한다면 내 집처럼 편하게 이용할 수 있다.

 ## 호텔이용의 시작과 끝 체크인&체크아웃(Check-In&Check-out)

홍콩호텔의 체크인은 보통 오후 2시 이후지만 만약 객실준비를 마쳤다면 이전이라도 체크인이 가능할 수 있다. 호텔체크인 시간보다 일찍 도착했다면 리셉션에 짐을 맡겨두고, 시내구경을 다녀와서 저녁에 체크인을 하면 시간허비를 줄일 수 있다. 리셉션에서 체크인을 할 때는 예약 시 출력하거나 직접 받은 바우  처(예약증명서)와 여권 그리고 현금이나 신용카드가 필요하다. 현금이나 결제 가능한 신용카드는 보증금Deposit을 걸 때 필요한데, 보통 숙박비의 10% 정도를 요구하지만 카드로 결제하면 현금의 2배를 결제하는 호텔도 있다.

체크아웃은 일반적으로 오후 12시지만 조금 이른 오전 11시에 체크아웃을 해야 하는 호텔도 있다. 시간을 넘기게 되면 추가요금이 발생하므로 미리 체크아웃시간을 체크해둘 필요가 있다. 만일 저녁 비행기라 출국까지 시간이 많이 남는다면 체크아웃부터 한 후 짐은 리셉션에 맡기고 주변관광을 하는 것도 좋은 방법이다. 체크아웃할 때 객실의 비품 유무상태를 확인하고, 객실 또는 호텔 내 유료시설을 사용하지 않았다면 체크인 시 결재했던 보증금을 돌려받을 수 있다.

🧳 나만의 공간으로 들어가는 객실카드키(Room Card Key)

홍콩호텔의 잠금장치는 대부분 카드키를 사용하고 있다. 카드키는 체크아웃하기 전까지는 본인이 직접 지니고 다녀야 하며, 입실 시 문옆 카드투입구에 카드를 꽂으면 문이 열리면서 객실 안의 전기가 작동한다. 호텔 객실의 문은 닫히면 자동으로 잠기는 시스템이므로 객실을 나설 때는 반드시 카드키 챙기는 것을 잊지 말아야 한다. 만일 객실 내에 카드키를 두고 나왔다면, 호텔리셉션에 연락해서 문을 열어달라고 하면 되지만, 카드키를 분실했다면 패널티를 물어야 하므로 보관에 주의해야 한다.

🧳 귀중품을 보관할 수 있는 안전금고(Safety Deposit Box)

시내관광 중 지니고 다니기 불안한 현금, 여권, 항공권과 고가의 물품 등이 있다면 객실 내 안전금고를 활용하자. 이용방법은 안전금고 안쪽에 비교적 자세하게 표시되어 있으며, 직접 비밀번호를 설정할 수 있어 안전하다. 귀중품을 넣은 후 비밀번호를 설정하고 금고 문을 닫으면 자동으로 문이 잠긴다. 제대로 작동이 안 될 때는 리셉션에 연락하여 조취를 받으면 된다. 만약 객실 내 안전금고가 없다면 리셉션에 귀중품을 보관해도 된다.

🧳 객실에서 즐기는 미니바&어메니티(Minibar&Amenity)

호텔에서 기본적으로 제공하는 웰컴드링크가 아니라면 미니바의 음료수는 무료가 아니라는 것을 기억해야 한다. 미니바에는 음료수, 맥주, 스낵 등이 채워져 있어 출출한 저녁시간에 유혹을 느끼지만 가격이 시중에 비해 비싼 편이므로 가까운 편의점에서 구입하는 것이 좋다. 커피, 티백 차 등은 무료이며, 부족할 경우 리셉션에 요청하면 직원이 객실까지 가져다준다.

투숙객의 편의를 위해 객실에 비치된 비품을 어메니티라고 한다. 욕실에 비치된 용품은 수건, 헤어드라이어, 욕실가운 등을 제외하고 칫솔, 치약, 비누, 샴푸, 바디샴푸 등은 대부분 기본적인 어메니티로 제공되며, 숙박기념으로 챙겨가도 무방하다.

깔끔하게 객실을 정리해주는 청소서비스(Room Cleaning Service)

호텔에서 11:00~17:00 사이에는 손님들이 사용하는 객실을 룸메이드가 청소하는 시간이다. 이 시간대에 객실에 머무르면서 간섭을 받고 싶지 않다면 문 밖 손잡이에 방해금지Do Not Disturb라고 적힌 종이를 걸어 두면 그날은 객실청소를 하지 않고 지나간다. 또한 청소 시간대에 외출을 한 후 돌아왔을 때 청소나 어메니티가 채워져 있지 않다면 리셉션에 연락해서 조취를 받으면 된다.

호텔에서 사용하는 전압과 인터넷(Voltage&Internet)

110/220V겸용의 전자제품인 경우 호텔 콘센트에 바로 꽂아 사용할 수 있지만 220V전용제품이라면 변환플러그가 필요하다. 대부분 호텔리셉션에서 대여해주지만 필요할 경우 멀티어댑터를 개인적으로 준비하면 된다. 호텔에는 객실마다 전용랜이 있어 노트북 사용자라면 리셉션에 문의하여 일정 금액을 지불하고 객실에서 편안하게 인터넷을 사용할 수 있다. 최근에는 호텔들이 서비스차원으로 유선 및 무선인터넷을 무료제공하므로 미리 체크해 보자.

호텔의 다양한 편의시설

호텔에서는 단순히 잠만 자는 것이 아니라 다양한 편의시설을 누릴 수 있다. 하루 종일 호텔에서 시간을 보내도 될 정도로 다양한 부대시설을 갖춘 호텔들이 많다. 대부분의 4~5성급 호텔에는 야외수영장, 스파, 사우나, 피트니스센터, 레스토랑, 클럽라운지, 컨시어지와 룸서비스 등이 있어 리셉션에 이용 가능한 시설과 시간을 미리 체크해보고 예약을 해두도록 하자.

Chapter 02
홍콩 추천 숙박업소

한인민박은 주로 침사추이, 게스트하우스는 네이던로드의 청킹맨션과 야우마테이&몽콕 그리고 코즈웨이베이에 모여 있으며, 유명호텔은 빅토리아하버를 중심으로 모여 있다. 마카오는 호텔숙박비가 홍콩보다 많이 저렴하고 다양한 프로모션을 진행하기 때문에 생각보다 저렴하게 예약할 수 있다.

Section 03
특별한 여행을 위한 홍콩의 럭셔리호텔

5성급 이상의 특급호텔을 말하며 규모, 시설, 서비스 등 모든 면에서 최고를 자랑한다. 대부분 빅토리아항을 바라보는 호텔들로 다양한 객실, 레스토랑과 바, 수영장, 스파, 사우나, 피트니스센터, 클럽라운지, 미팅룸 등 다양한 부대시설을 갖추고 있다. 한국 투숙객이 늘면서 한국인 직원이나 한국어를 구사할 줄 아는 직원을 두고 편의를 제공하는 호텔이 늘어나는 추세이다.

세계에서 가장 높은 호텔
리치칼튼홍콩 The Ritz-Carlton Hong Kong

국제상업센터 ICC 102~118층에 위치한 세계에서 가장 높은 호텔로 기네스북에 등재된 호텔이다. 포브스트래블가이드Forbes Travel Guide가 2년 연속으로 최고의 5성급호텔로 선정하였으며, 106~117층에 위치한 전 객실이 홍콩의 전경을 내려다 볼 수 있어 투숙객에게 특별한 경험을 선사한다. 리셉션은 103층에 자리하고 크게 시티뷰와 하버뷰로 나뉘는 총 312개의 객실을 갖추고 있다. 특히 하버뷰 중 빅토리아하버뷰룸 투숙객은 객실에서 홍콩의 환상적인 스카이라인과 심포니오브라이트를 즐길 수 있다. 호텔 전역에서 유무선인터넷을 무료로 사용할 수 있으며, iPod도킹스테이션, 42인치 HDTV, 블루레이 DVD, 네스카페머신 등 최신식 가전제품이 설치되어 있다. 통유리를 통해 홍콩전경이 파노라마처럼 펼쳐지는 116층 클럽라운지 클럽레벨에서는 조식, 점심, 애프터눈티, 저녁과 디저트 등 시간대별로 다양한 서비스를 제공하며, 스파업계에서 가장 유명한 이스파ESPA가 클럽레벨과 같은 층에 위치한다. 118층에는 호텔과 함께 세계에서 가장 높은 층으로 기네스북에 등재된 아름다운 전망의 실내수영장이 있다. 이밖에도 가장 높은 곳에 위치하여 분위기와 전망으로 각광받는 바 오존, 쇼콜라애프터눈티를 맛볼 수 있는 카페103, 정통애프터눈티를 선보이는 더라운지앤바, 미슐랭이 인정한 틴렁힌과 토스카 등이 102~103층에 위치한다.

주소 103/F The Rtiz-Carlton, Hong Kong, International Commerce Centre, 1 Austin Road West, Tsim Sha Tsui 요금 HK$5,000~ 체크인/아웃 14:00/12:00
문의 (852)2263-2263 찾아가기 MTR 통충선과 AEL 카오룽역 C1번 출구로 나와 The Rtiz-Carlton 표지판을 따라 이동하면 ICC빌딩 103층에 리셉션이 위치한다.
홈페이지 www.ritzcarlton.com/hongkong

네이던로드 초입에 위치한
쉐라톤홍콩호텔앤타워 Sheraton Hong Kong Hotel&Towers

스타우드계열의 5성급호텔로 메인빌딩과 타워빌딩에 총 780개의 객실을 갖추고 있다. 2014년 리뉴얼하였으며, 대부분 시티뷰룸이고 일부객실만 빅토리아항을 볼 수 있는 하버뷰룸이다. 스탠다드룸은 슈페리어, 디럭스, 하버뷰와 타워스룸 등으로 구분되며 이그제큐티브, 하버뷰, 타워스코너와 타워스펜트하우스 등으로 구분되는 스위트룸이 있다. 빅토리아항과 홍콩섬 일대를 볼 수 있는 하버뷰룸이 인기가 높은데, 제대로 이용하려면 예약 시 고층을 요구하는 것이 좋다.

스탠다드룸은 전체적으로 좁지만 MTR, 스타페리선착장 등이 근접해 있어 교통이 편리하며 더페닌슐라홍콩, 홍콩문화센터, 홍콩우주박물관 등의 볼거리가 인근에 자리하고 있다. 셀레스티얼코트 차이니즈레스토랑, 운카이재패니즈퀴진, 더카페, 오스터앤와인바, 스카이라운지 등의 레스토랑과 바 그리고 수영장, 피트니스센터, 비즈니스센터 등 부대시설을 갖추고 있다.

주소 Sheraton Hong Kong&Tower, 20 Nathan Road, Tsim Sha Tsui **요금** HK$3,000~ **체크인/아웃** 15:00/12:00 **문의** (852)2369-1111 **찾아가기** MTR 침사추이역 J2번 출구로 나와 출구를 등지고 오른편에 위치한다. **홈페이지** www.starwoodhotels.com/sheraton/hongkong

빅토리아항 바로 앞에 위치한
인터콘티넨탈홍콩 Intercontinental Hong Kong

5성급 럭셔리호텔로 침사추이에서 빅토이라항을 가장 가까이에서 바라볼 수 있는 객실을 갖추고 있다. 495개의 객실 중 절반 이상이 빅토리아항, 스카이라인과 야경을 즐길 수 있다. 모든 객실은 앞에 막힘이 없어 채광이 좋고, 모던 인테리어로 꾸며진 객실에서 버틀러서비스와 룸서비스를 24시간 이용할 수 있다. 일반객실은 비교적 넓은 편이고, LCDTV, 홈시어터시스템, iPod도킹스테이션 등 최신전자제품이 구비되어 있다. 스위트룸은 주니어, 이그제큐티브, 디럭스, 테라스, CEO와 프레지덴셜로 나뉘며 스위트룸 욕실은 대형 통유리가 설치되어 욕조에 몸을 담근 채 경치를 감상할 수 있어, 불꽃놀이 등 홍콩의 대표이벤트 기간에는 6개월 전에는 예약을 해야 한다.

홍콩 최대 규모의 인터콘티넨탈볼륨과 최신시설을 갖춘 11

개 행사장 그리고 야외수영장, 아이스파와 24시간 운영되는 피트니스센터 등 대부분의 부대시설이 빅토리아항 조망이며, 그밖에도 로비라운지, 스푼바이 알랭뒤카스, 더스테이크하우스, 얀토힌과 노부 등 유명레스토랑이 자리한다.

주소 18 Salisbury Road, Tsim Sha Tsui 요금 HK$3,500~ 체크인/아웃 14:00/12:00 문의 (852)2721-1211 찾아가기 MTR 침사추이역 J2번 출구로 나와 출구를 등지고 오른편에 위치한다. 홈페이지 www.hongkong-ic.intercontinental.com

동양의 귀부인이라 불리는
더페닌슐라홍콩 The Peninsulal Hong Kong

1928년 오픈한 홍콩에서 가장 오래된 호텔이지만 시설, 분위기, 직원서비스 모두 만족스러워 한번쯤은 머무르고 싶은 역사와 전통을 자랑하는 최고급호텔이다. 오픈 당시 모습 그대로 빅토리아풍 7층 본관과 1994년 완공된 30층짜리 페닌슐라타워로 구성되며, 2012년 모던분위기에 최첨단시스템으로 객실전체를 리모델링하였다. 하지만 여전히 전자식카드키가 아닌 클래식한 일반열쇠를 그대로 사용하며, 홍콩과 마카오의 부호, 귀빈들을 위한 헬기이착륙장이 옥상에 있다.

본관은 시티뷰와 코트야드뷰로 나뉘는 슈페리어, 디럭스, 디럭스코트야드, 그랜드디럭스룸이 있고, 신관은 그랜드디럭스하버뷰룸과 하버뷰, 시티뷰의 스위트룸이 있다. 특히 스위트룸은 빅토리아하버와 홍콩섬 스카이라인을 한눈에 조망할 수 있어 인기가 높다. 더페닌슐라스파, 수영장, 피트니스센터 등의 부대시설과 정통애프터눈티로 유명한 더로비, 홍콩의 최고의 프렌치레스토랑 중 하나인 가디스, 광둥요리레스토랑 스프링문, 스위스요리레스토랑 체사, 유명 가구디자이너 필립스탁이 디자인하여 유명한 펠릭스 등 레스토랑과 바가 자리한다.

주소 Salisbury Road, Tsim Sha Tsui 요금 HK$4,000~ 체크인/아웃 14:00/12:00 찾아가기 MTR 침사추이역 L3번 출구로 나오면 보인다. 문의 (852)2920-2888 홈페이지 hongkong.peninsula.com

송송커플이 머물렀던
포시즌호텔홍콩 Four Seasons Hotel Hong Kong

2005년 센트럴에 오픈한 5성급호텔로 아름다운 빅토리아 하버를 배경으로 32층에 총 399개의 객실을 보유하고 있다. 동서양이 조화를 이루게 디자인된 객실은 크게 빅토리아하버를 볼 수 있는 하버뷰와 홍콩섬의 화려한 빌딩과 피크가 펼쳐지는 피크뷰로 나뉘며, 객실 당 직원 2~3명의 서비스를 받을 수 있다. 빅토리아하버가 파노라마처럼 펼쳐는 6층 야외수영장은 풀에 설치된 스피커를 통해 음악을 들으며 수영을 즐길 수 있고, 18개의 트리트먼트룸과 2개의 스파스위트가 마련된 더스파가 5~7층에 위치한다. 4층과 6층에는 미슐랭가이드에서 쓰리스타를 받은 차이니즈레스토랑 룽킹힌과 프렌치 레스토랑 카프리스가 각각 자리한다. 센트럴 IFC와 연결되며 주변에는 센트럴스타페리선착장, MTR이나 AEL 홍콩역과 다양한 쇼핑몰 등이 위치한 최고 요지의 호텔이다.

주소 8 Finance Street, Central 요금 HK$4,700~ 체크인/아웃 14:00/12:00 찾아가기 MTR 홍콩역 F번 출구로 나와 도보 5분 거리에 위치한다./투숙객 중 예약자에 한해 AEL 홍콩역과 호텔을 오가는 AEL 무료셔틀버스를 이용할 수 있다. 문의 (852)3196-8888 홈페이지 www.fourseasons.com/hongkong

장국영을 떠오르게 하는
만다린오리엔탈홍콩 Mandarin Oriental Hong Kong

만다린오리엔탈그룹이 1963년 최초로 오픈한 아시아 최고 호텔로 꼽히는 5성급호텔이다. 다이애나왕세자비, 톰크루즈, 부시 전미대통령 등 유명인사들이 머물렀고 동양인보다 서양인에게 인기 있으며, 이 호텔만 고집하는 마니아층도 있다. 2003년 홍콩영화배우 장국영이 투신한 호텔로도 유명하다. 25층 건물에 총 501개 객실 중 71개의 스위트룸이 있으며 하우스, 메이지, 리치필드, 타마, 마카오와 만다린이란 별칭이 있는 6개의 독특한 콘셉트로 꾸며진 최고급 스위트룸이 있다. 특히 마카오스위트는 포르투갈저택을 콘셉트로 한 인테리어로 장국영이 생전에 주로 투숙했던 객실이다.

전체적으로 중후하면서도 고풍스럽고 현대적인 감각까지 어우러진 객실은 황후상광장뷰, 시티뷰, 하버뷰, 슈페리어, 만다린, 스터디룸으로 나뉘는 일반 객실과 스위트룸 그리고 6개 콘셉트의 최고급 스위트룸으로 나뉜다. 피트니스센터, 만다린살롱, 만다린스파, 수영장 등의 부대시설과 최상층인 25층에는 미슐랭 원스타를 받은 중식레스토랑 만와, 쓰리스타를 획득한 프렌치레스토랑 피에르가 자리하며, 모던유럽피언레스토랑 만다린그릴&바와 품격 있는 애프터눈티를 선보이는 클리퍼라운지 등이 있다.

주소 5 Connught Road, Central **요금** HK$4,500~ **체크인/아웃** 14:00/12:00 **문의** (852)2522-0111 **찾아가기** MTR 센트럴역 F번 출구로 나와 정면의 대로변을 건너면 왼편에 위치한다. **홈페이지** www.mandarinoriental.com/hongkong

명품 럭셔리호텔
그랜드하얏트홍콩 Grand Hyatt Hong Kong

1989년 홍콩 최초 디럭스호텔로 오픈한 격조 높은 서비스를 자랑하는 럭셔리호텔이다. 아르테코Artdeco를 모티브로 디자인한 로비와 복도 그리고 대리석과 화강암으로 화려함을 더한 공용공간은 그랜드하얏트홍콩을 대표하는 공간이다. 총 549개 객실은 스탠다드, 시티뷰, 하버뷰, 그랜드클럽과 스위트룸을 나뉘며, 하버뷰전망의 객실은 대형 통유리로 되어 있어 시원하게 펼쳐지는 아름다운 빅토리아항을 감상할 수 있다. 객실은 전체적으로 심플하고, 욕실은 대리석으로 화려하게 꾸며져 있다.

홍콩컨벤션&엑시비션센터가 바로 뒤편에 자리하고 있어 국제적인 포럼과 행사가 정기적으로 열리는 극장식 그랜드볼룸을 비롯하여 25개의 회의실을 갖추고 있다. 요가프로그램, 사우나, 개인트레이너 등을 갖춘 피트니스센터, 야외수영장, 플라토스파 등과 광둥요리레스토랑 원하버로드, 애프터눈티와 디저트뷔페로 유명한 티핀, 이탈리안레스토랑 그리시니, 일본 가이세키요리 전문레스토랑 카츠, 스테이크전문레스토랑 그랜드하얏트스테이크하우스 등과 고풍스러운 분위기의 클럽라운지가 자리한다.

주소 1 Harbour Road, Wan Chai **요금** HK$3,500~ **체크인/아웃** 14:00/12:00 **문의** (852)2588-1234 **찾아가기** MTR 완차이역 A1번 출구로 나온 후 홍콩컨벤션센터 방향으로 걸어서 도보 15분 거리에 위치한다./홍콩컨벤션&엑시비션센터 바로 뒤편에 위치한다. **홈페이지** www.hongkong.grand.hyatt.com

퍼시픽플레이스 쇼핑몰과 연결된
아일랜드샹그릴라홍콩 Island Shangri-la Hong Kong

센트럴의 대형쇼핑몰 퍼시픽플레이스와 연결된 56층 건물 중 39~56층에 자리한 고급호텔이다. 각종 매체에서 세계 100대 호텔, 최고 서비스호텔, 홍콩 최고의 호텔 등으로 선정된 바 있다. 전체적으로 시티뷰, 피크뷰와 하버뷰로 나뉘며, 34개의 스위트룸과 일반객실을 포함하여 총 565개의 객실을 갖추고 있다. 호텔로비 중앙에는 140년 된 반얀트리와 세계 최대의 실크페인팅 작품으로 기네스북에 등재된 산수화 '대호화산大好河山'이 전시되어 있다. LCDTV, 대리석 욕실, 네스프레소커피머신 등을 갖춘 객실과 24시간 운영되는 헬스클럽, 비즈니스센터, 헤어뷰티살롱, 야외수영장 등의 부대시설 그리고 56층에는 전망 좋은 프렌치레스토랑 페트루스가 위치해 있다

주소 Pacific Place, Supreme Court Road, Central **요금** HK$4,000~ **체크인/아웃** 14:00/12:00 **문의** (852)2877-3838 **찾아가기** MTR 애드미럴티역 F번 출구로 나와 오른쪽 에스컬레이터를 타고 위로 올라와 육교로 연결된 퍼시픽플레이스(Pacific Place)에서 에스컬레이터를 타고 5층 리셉션까지 이동한다. **홈페이지** www.shangri-la.com

홍콩섬의 피크전경을 바라보며 수영할 수 있는
JW메리어트홍콩 JW Marriott Hong Kong

MTR 애드미럴티역, 센트럴의 대표쇼핑몰 퍼시픽플레이스와 홍콩공원 등과 연결된 5성급 비즈니스호텔이다. 하버뷰, 마운틴뷰, 시티뷰로 나눠진 총 602개의 객실을 갖추고 있으며, 2010년 전 객실을 리노베이션하였다. 간단한 객실청소, 정리정돈 등 잠자리를 돌봐주는 이브닝 턴다운서비스를 실시하고 있다. L7층에는 홍콩섬의 피크전경을 바라보며 수영할 수 있는 야외수영장, 사우나와 피트니스센터 등의 부대시설이 자리하며, 딤섬과 광둥요리로 유명한 만호차이니스레스토랑, 뷔페와 애프터눈티세트를 제공하는 더라운지, 와인마니아가 즐겨 찾는 Q88와인바 등의 레스토랑과 바가 위치한다.

주소 Pacific Place, 88 Queensway, Central **요금** HK$3,500~ **체크인/아웃** 14:00/12:00 **문의** (852)2810-8366 **찾아가기** MTR 애드미럴티역 지하 1층에 JW메리어트와 연결된다. **홈페이지** www.marriott.com/HKGDT

여성들이 좋아할 만한 호텔
랭함홍콩 The Langham Hong Kong

홍콩의 부동산재벌 그레이트이글이 소유한 5성급호텔로 세계톱 호텔 100에 선정된 바 있다. 고풍스러운 대리석바닥과 세계적인 예술작품이 어우러진 앤티크풍 로비가 인상적이며, 시내중심에 위치하여 시티뷰와 코트야드뷰로 구성된 일반객실과 하버뷰의 스위트룸 등 498개의 스타일리시한 객실은 전체적으로 여성이 좋아할 만한 심플한 앤티크풍으로 꾸며져 있다.

유럽피언스타일로 인테리어된 11층의 클럽라운지 랭함클럽은 조식, 애프터눈티, 이브닝카나페 등을 시간대별로 제공하며, 24시간 이용할 수 있는 헬스클럽과 멋진 야경을 바라보며 수영을 즐길 수 있는 15층 루프톱수영장이 밤 11시까지 운영된다. 미슐랭 투스타를 수상한 정통광동요리 레스토랑 탕코트, 웨지우드 애프터눈티를 즐길 수 있는 팜코트, 홍콩 최초 진짜 뉴욕스타일의 델리를 선보이는 메인스트리트델리와 최상급 해산물과 스테이크를 제공하는 더 보스토니안 등의 레스토랑이 위치한다.

주소 8 Peking Road, Tsim Sha Tsui 요금 HK$2,500~ 체크인/아웃 15:00/11:00 문의 (852)2375-1133 찾아가기 MTR 침사추이역 L5번 출구와 연결된 지하도에서 원페킹건물로 나오면 바로 맞은편에 위치한다. 홈페이지 hongkong.langhamhotels.com

센트럴의 대표 대형호텔
르네상스홍콩하버뷰호텔 Renaissance Hong Kong Harbour View Hotel

메리어트계열의 대형 5성급호텔로 완차이에 위치한다. 2007년 가수 비가 콘서트를 마치고 숙박했던 곳으로 42층 건물에 809개의 일반룸과 53개의 스위트룸이 있고, 객실의 절반 이상이 빅토리아항 전망이며, 나머지는 카오룽반도와 신계지 일대의 전경을 감상할 수 있다.

24시간 룸서비스, 상점, 커피숍, 세탁서비스, 대형연회장 등의 부대시설뿐만 아니라 실내골프, 피트니스룸, 사우나, 스팀룸, 테니스코트, 야외수영장 등이 완비되어 있다. 11층에는 어린이 놀이터가 있고, 40층에는 빅토리아항의 멋진 전경을 감상할 수 있는 클럽라운지가 있다. 홍콩디즈니랜드, 오션파크, 빅토리아피크, 홍콩공원 등과 인접해 있으며, MTR 완차이역이나 완차이스타페리선착장과도 인접해있어 교통도 편리하다.

주소 1 Harbour Road, Wan Chai 요금 HK$2,400~ 체크인/아웃 14:00/12:00 문의 (852)2802-8888 찾아가기 MTR 완차이역 C번 출구로 나와 도보 5분 거리에 위치한다. 홈페이지 renaissancehotels.com/HKGHV

위치와 가격이 괜찮은 호텔
카오룽샹그릴라홍콩 Kowloon Shangri-La Hong Kong

중국여행객이 선호하는 호텔 중 하나로 지속적인 리노베이션으로 투숙객의 만족도를 높였으며, 다른 호텔에 비해 객실이 월등하게 넓은 편이다. 시티뷰와 하버뷰로 나뉘는 디럭스룸, 호라이즌클럽과 스위트룸 등 총 688개의 객실에서 로맨틱한 홍콩전경을 감상할 수 있다. 피트니스센터, 마사지, 실내수영장, 사우나, 자쿠지 등의 부대시설과 인터내셔널 뷔페를 선보이는 카페쿨, 스타일리시한 이탈리안요리를 선보이는 안젤리니, 일식의 품격을 높인 나다만 등의 레스토랑과 빅토리아항을 바라보며 로맨틱한 시간을 보낼 수 있는 타파스바 등이 위치해 있다.

주소 64 Mody Road, Tsim Sha Tsui East 요금 HK$2,200~ 체크인/아웃 14:00/12:00 문의 (852)2721-2111 찾아가기 MTR 이스트침사추이역 P1번 출구로 나오면 정면에 바로 위치한다. 홈페이지 www.shangri-la.com/hongkong/kowloonshangrila

영화 <도둑들>에서 전지현수영장으로 유명해진
하버그랜드카오룽 Harbour Grand Kowloon 九龍海逸君綽酒店

영화 <도둑들>에서 한쪽 면이 통유리인 옥외수영장에서 전지현이 수영을 즐기던 마지막 장면이 촬영되면서 우리나라에서 큰 관심을 끌었던 호텔이다. 홍함지역 해안에 위치하며, 2010년 하버플라자홍콩에서 하버그랜드카오룽으로 이름을 변경하였다. 옥외수영장과 더불어 신고전주의스타일의 대형계단과 넓은 로비는 또 다른 상징이며, 21층 높이에 총 55개의 객실을 보유하고 있다. 코트뷰, 하버뷰와 하버뷰스위트로 객실이 구분되며, 내부는 바닥부터 천장까지 통유리로 되어 있어 홍콩전망을 시원하게 볼 수 있다. 피트니스센터, 수영장, 스파, 비즈니스센터와 하버클럽라운지 등의 부대시설과 해산물요리, 점심딤섬으로 유명한 광동요리레스토랑 호이얏헌, 일식레스토랑 로바다야끼, 뷔페레스토랑 더프롬나이드, 그릴전문레스토랑 하버그릴 등의 레스토랑이 자리한다.

주소 20 Tak Fung Street, Whampoa Garden, Hunghom 요금 HK$1,800~ 체크인/아웃 14:00/12:00 문의 (852)2621-3188 찾아가기 MTR 홍함역에서 택시로 5분 거리에 위치한다./MTR 조단역, 홍함역, 오스틴역에서 AEL 무료셔틀버스 K1번을 타면 호텔까지 이동할 수 있다. 홈페이지 www.harbourgrand.com/kowloon

Section 04
감각적인 젊은 층을 위한 홍콩의 부티크호텔

개성 있는 외관, 콘셉트디자인, 서비스 등 대형 체인브랜드호텔과 차별화로 승부하는 개성강한 호텔이다. 부티크호텔을 디자이너스호텔 또는 콘셉트호텔이라고도 하는데 고객맞춤형 서비스를 제공한다. 독특한 디자인뿐만 아니라 곳곳에 그 호텔을 표현하는 예술작품을 전시하거나 친환경적 호텔이 늘어나는 추세이다. 홍콩도 대형부티크호텔부터 소규모호텔 등 개성 강한 부티크호텔들이 계속 생겨나고 있다.

유명 홍콩아티스트들이 합작하여 만든
호텔아이콘 Hotel ICON

전체적인 건축과 설계는 로코임(Rocco Yim), 인테리어디자인은 윌리엄림(William Lim)이 담당한 디자인호텔이다. 이밖에도 객실, 레스토랑, 가구, 직원유니폼, 로고, 로비의 버티컬가든 등 세부적 디자인은 비비안탐, 바니청, 프리먼로우, 파트리크블랑 등 다양한 분야의 홍콩출신 유명디자이너가 참여하여 더욱 유명하다. 각 층마다 아티스트의 작품을 전시해 놓았으며, 작품관리를 위해 호텔큐레이터와 호텔브랜드관리를 위해 브랜드빌더를 두고 있다는 점도 독특하다. 아이콘36, 클럽36, 클럽38하버로 구성된 일반객실과 C65스튜디오, C80하버스위트룸, 비비안탐이 디자인한 스위트룸 등 총 262개 객실을 보유하고 있다. 40인치 LEDTV, iPod도킹스테이션, 네스카페커피머신, 3-in-1 프린터기 등 최첨단 시설을 갖추고 있다. 전객실 미니바를 무료로 사용할 수 있고, 유무선인터넷과 국제·시내 무료통화를 할 수 있는 핸디스마트폰을 무료제공하며 호텔셔틀버스도 무료로 운영하고 있다. 특히 일찍 도착했거나 체크아웃 시간과 비행시간이 크게 차이나는 고객에게 호텔에서 시간을 보낼 수 있는 타임리스서비스를 9층에 위치한 라운지에서 24시간 제공하고 있다. 빅토리아항이 내려다보이는 루프톱수영장, 더스파, 헬스클럽 등의 부대시설과 멋진 전망을 자랑하는 어보브앤비욘드, 로비에 위치한 그린, 세계 각국의 요리를 뷔페로 제공하는 더마켓 등의 레스토랑이 자리한다.

주소 17 Science Museum Road, Tsim Sha Tsui East **요금** HK$2,000~ **체크인/아웃** 14:00/12:00 **문의** (852)2918-1838 **찾아가기** MTR 이스트침사추이역 P2번 출구로 나와 직진 후 모디로드(Mody Rd.)가 끝나는 삼거리에서 길 건너 왼쪽으로 가면 오른편에 위치한다. **홈페이지** www.hotel-icon.com

고품격 부티크호텔
더어퍼하우스 The Upper House

홍콩 유명디자이너 안드레푸Andre Fu가 전 객실을 손수 디자인하였으며 뛰어난 전망과 최상의 서비스를 자랑하는 고품격 부티크호텔이다. 아시아디자이너들이 대리석, 청동, 세라믹과 샌드스톤 등을 이용하여 만든 다양한 예술작품을 곳곳에서 감상할 수 있어 대형갤러리 느낌이다.

로비는 6층에 위치하며, 38층부터 아일랜드뷰와 하버뷰로 나뉜 스튜디오70, 하버뷰인 스튜디오80, 스위트룸과 펜트하우스 등으로 구성된 117개의 객실을 갖추고 있다. 불필요한 디자인 요소를 과감하게 없앤 서정적인 분위기로 프라이버시를 강조한 감각적인 디자인과 서비스를 제공한다. 호텔의 모든 서비스는 객실에 비치된 아이팟을 통해 이뤄지며, 맥시바라고 불리는 미니바는 샴페인과 와인을 제외하고 모두 무료제공된다. 매주 토요일과 일요일 아침에는 투숙객을 위한 요가클래스와 24시간 운영하는 피트니스센터 등의 부대시설과 49층에는 모던 유로피언 레스토랑 카페그레이디럭스와 카페그레이바, 6층에는 야외에서 간단한 스낵과 음료를 마실 수 있는 더론이 있다.

주소 6/F Pacific Place, 88 Queensway, Admiralty **요금** HK$5,200~ **체크인/아웃** 14:00/12:00 **문의** (852)2918-1838 **찾아가기** MTR 애드미럴티역 지하 1층 JW메리어트호텔과 연결된 통로를 통해 6층으로 가면 로비가 위치한다. **홈페이지** www.upperhouse.com

만다린오리엔탈의 업그레이드
랜드마크 만다린오리엔탈 Landmark Mandarin Oriental

3명의 아티스트와 만다린오리엔탈의 컬래버레이션으로 탄생한 부티크호텔로 홍콩호텔 중 객실이 넓은 호텔 중 하나이다. 객실디자인은 세계적 호텔전문디자이너 피터리미오디스Peter Remedios, 레스토랑, 바, 스파 그리고 로비 등의 디자인은 애덤티하니Adam Tihany 그리고 호텔의 모든 요리디자인은 리처드에키부스Richard Ekkibus가 맡았다. 도심 한복판에 자리하여 전망보다는 객실디자인에 중점을 두었으며, 최근에는 10주년을 맞이하여 홍콩 인테리어디자이너 조이스왕Joyce Wang

이 참여하여 객실디자인을 새롭게 단장하였다. 세련되고 모던한 인테리어가 돋보이는 디럭스, 슈페리어, 프리미어, 스위트룸 등의 객실이 있으며, 넓은 욕실의 원형욕조는 이곳의 자랑이다. 실내수영장, 피트니스센터, 만다린오리엔탈만의 시그니처요법으로 명성이 자자한 오리엔탈스파 등의 부대시설과 미슐랭 투스타를 획득한 프렌치레스토랑 엠버, 올데이다이닝을 선보이는 모바가 자리한다.

주소 15 Queen's Road Central, Central 요금 HK$4,500~ 체크인/아웃 14:00/12:00 문의 (852)2132-0188 찾아가기 MTR 센트럴역 G번 출구와 바로 이어진 랜드마크아트리움에서 다시 호텔로 이어진다. 홈페이지 www.mandarinoriental.com/landmark

감각을 뛰어넘는 감각을 보여주는 세계적인 부티크호텔
W홍콩 W Hong Kong

감각적 디자인으로 세계적 명성을 얻고 있는 스타우드계열의 W호텔로 세련된 디자인과 모던한 실내인테리어 그리고 W호텔의 고유 프로그램인 Whatever/Whenever 서비스를 누릴 수 있는 럭셔리 부티크호텔이다. 도서관콘셉트로 디자인된 객실복도 등을 비롯하여 호텔 곳곳에 감각적인 디자인작품과 소품들이 캐주얼한 느낌을 더한다. 원더풀, 스펙다큘러, 패뷸러스, 쿨코너룸과 판타스틱, 마블러스, 와우, 익스트림와우로 구분된 스위트룸 등 총 393개의 객실에는 iPod도킹스테이션, 핸디스마트폰, 42인치 HDTV, 구스다운 베개와 이불, 블리스브랜드의 욕실용품 등이 구비되어 있다. 76층에는 환상적인 뷰를 자랑하는 루프톱수영장 웨트가 있고, 블리스스파, 피트짐, 비즈니스센터 등의 부대시설과 미슐랭 원스타에 빛나는 키친, 딤섬으로 유명한 광둥요리레스토랑 싱인, DJ라이브공연과 정기적 파티가 열리는 우드바 등이 자리한다.

주소 1 Austin Road West, Tsim Sha Tsui 요금 HK$3,300~ 체크인/아웃 15:00/12:00 문의 (852)3717-2222 찾아가기 MTR 통충선과 AEL 카오룽역 D1번 출구로 나와 W Hong Kong 표지판을 따라가면 보인다. 홈페이지 www.w-hongkong.com

미래지향적인 감각의 디자인호텔
더미라홍콩 The Mira Hong Kong

베를린에 거점을 둔 디자인호텔스 멤버호텔로 세계적인 디자이너들의 감각을 곳곳에서 느낄 수 있는 총 492개의 객실을 갖춘 홍콩의 대표적인 부티크호텔이다. 2013~2016년까지 트립어드바이저 액셀런스 어워즈를 연속수상하였으며, 3년 연속 미슐랭가이드 추천호텔로 소개되

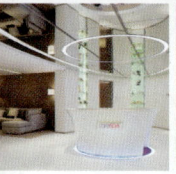

는 등 호텔관련분야에서 다양하게 수상을 한 유명디자인 호텔이다.

객실은 크게 그린, 실버, 레드, 퍼플 등 4가지 컬러를 테마로 구분된 일반룸과 클럽룸, 스위트룸 그리고 테라스를 갖춘 스페셜스위트룸으로 나뉜다. 실내수영장, 피트니스센터와 화려한 수상경력을 자랑하는 미라스파 등의 부대시설과 미슐랭 스타레스토랑 퀴진퀴진과 위스크가 유명하며, 새로 오픈한 미라몰이 같은 건물에 위치하고, 공중회랑으로 맞은편 기존 미라마쇼핑센터까지 연결된다.

주소 118-130 Nathan Road, Tsim Sha Tsui **요금** HK$3,100~ **체크인/아웃** 15:00/11:00 **문의** (852)2368-1111 **찾아가기** MTR 침사추이역 B1번 출구로 나와 오른쪽으로 직진하면 보이는 미라마쇼핑센터(Miramar Shopping Centre) 맞은편에 위치한다. **홈페이지** www.themirahotel.com

달에서 잠드는 기분
미라문호텔홍콩 Mira Moon Hotel

더미라홍콩의 자매호텔로 미라마그룹이 2013년 오픈한 부티크호텔이다. 중국신화 〈달축제〉의 주인공 달의 여신 창어 Chang'e의 이야기를 재해석하여 현대적인 감각으로 접목시킨 독특하고 세련된 인테리어디자인은 네덜란드 산업디자이너 마르셀반더스 Marcel Wanders와 영국 디자인회사 유디자인이 합작한 것이다. 영국매거진 콘데나스트래블러, 아시아-태평양 비즈니스트래블러, 베스트인테리어홍콩 등에서 다양한 수상을 거머쥐었다.

룸타입은 뉴문, 하프문, 풀문, 하프문프리미어, 풀문프리미어, 문샤인스위트 등으로 나뉜 91개 객실은 전체적으로 달, 토끼 그리고 모란꽃을 상징적으로 표현했으며, 붉은색 가을단풍 태피스트리가 인상적이다. 슈퍼자이언트 타파스앤칵테일바, 시크릿가든과 더샴페인바 등 간단한 스낵과 주류를 판매하는 다이닝이 있다.

주소 388 Jaffe Road, Causeway Bay **요금** HK$1,800~ **체크인/아웃** 14:00/12:00 **문의** (852)2643-8888 **찾아가기** MTR 코즈웨이베이역 C번 출구로 나와 왼쪽으로 도보 5분 거리에 위치한다. **홈페이지** www.miramoonhotel.com

Chapter 02 홍콩 추천 숙박업소

센트럴 중심에 위치한
더포팅거홍콩 The Pottinger Hong Kong

1850년대 건설한 최초의 포장도로인 화강암 계단골목 포팅거스트리트에 2014년 시노호텔가 오픈한 부티크호텔이다. 클래식, 디럭스룸과 스튜디오스위트, 포팅거스위트룸으로 나뉜 총 68개의 객실을 보유한 아담한 호텔이지만 오픈하자마자 2014년 월드부티크호텔 어워드에서 아시아베스트시티 부티크호텔로 선정되며 유명해졌다.

객실은 아담하지만 앤티크소품과 패브릭 등으로 꾸며져 아늑하면서도 고풍스러운 유럽풍 분위기라 여성들이 선호하는 호텔이다. MTR 센트럴역, 미드레벨에스컬레이터, 소호, 란콰이펑, 셩완 등이 가까이 자리하고 있어 최상의 위치이다.

주소 74 Queen's Road Central, Central 요금 HK$3,000~ 체크인/아웃 15:00/12:00 문의 (852)2308-3088 찾아가기 MTR 센트럴역 D2번 출구로 나와 오른쪽 삼거리에서 왼쪽으로 가다 사거리 횡단보도를 건너 오른쪽으로 가면 위치한다. 홈페이지 www.thepottinger.com

완차이의 과거와 현재를 담고 있는
호텔인디고 홍콩아일랜드 Hotel Indigo Hong Kong Island

인터콘티넨탈호텔스그룹에서 운영하는 부티크호텔로 로컬아티스트들의 작품들로 장식된 모던한 객실과 현대적 내부시설이 돋보이는 곳이다. 또한 건물 외벽에 설치된 스크린을 통해 태양열을 저장하여 호텔 냉난방에 활용하는 친환경호텔이다. 전체적인 디자인콘셉트는 예전과 현재 완차이의 모습으로 동양적 감성이 묻어나지만 현대적 감각을 동시에 가지고 있다.

용과 나비 등 홍콩을 상징하는 문양의 모자이크 벽지가 인상적이며, 객실마다 콘셉트를 다르게 디자인하였다. 욕실제품은 천연재료로 만든 오가닉 브랜드를 비치하였다. 비즈니스센터, 24시간 운영하는 피트니스센터 등의 부대시설이 있고, 인터내셔널요리를 제공하는 카페포스트와 29층 루프톱수영장과 스카이바 등이 있다.

주소 246 Queen's Road East, Wan Chai 요금 HK$1,800~ 체크인/아웃 14:00/11:00 문의 (852)3926-3888 찾아가기 MTR 완차이역을 나와 왼쪽으로 도보 5분 거리다. 홈페이지 www.ihg.com/hotelindigo

437

필립스탁만의 홍콩감성이 표현된
J플러스호텔바이유 J Plus Hotel by YOO

필립스탁이 디자인한 홍콩 최초의 부티크호텔로 원래명칭은 J플러스부티크호텔이었다. 2014년 개관 10주년을 맞아 필립스탁이 존히치콕스와 공동설립한 유스튜디오에서 팝아트와 스트리트아트를 접목한 디자인으로 J플러스호텔바이유를 탄생시켰다. 전통적인 홍콩 색감과 형태에서 영감을 얻고 유로피안 감성을 더했으며, 호텔 곳곳에 필립스탁만의 유머러스한 디자인가구, 위트 있는 예술작품, 감각적이고 개성 있는 다양한 디자인을 엿볼 수 있다.

컬러별 테마로 구성된 스튜디오, 스튜디오플러스, 스위트, 스위트플러스룸 등으로 구분되는 총 56개의 객실이 있다. 객실 내에는 주방시설이 완비되어 있고, 라운지에서는 조식, 애프터눈케이크, 이브닝와인뿐만 아니라 커피, 차, 주스 등을 투숙객에게 24시간 무료제공한다. 이밖에도 무료 핸디스마트폰, 셀프세탁실, 피트니스센터 등의 부대시설을 갖추고 있다.

주소 1-5 irving Street, Causeway Bay 요금 HK$1,700~ 체크인/아웃 14:00/12:00 문의 (852)3196-9000 찾아가기 MTR 코즈웨이베이역 F1번 출구로 나와 왼쪽의 자딘스바자(Jardine's Bazaar)를 따라 걸으면 사거리에 위치한다. 홈페이지 www.jplushongkong.com

유로피안스타일의 레지던스호텔
랑송플레이스호텔 Lanson Place Hotel

프랑스계열의 호텔로 2007년 'Small Luxury of The World' 멤버로 선정되었으며, 이후 매해 다양한 분야에서 수상한 부티크호텔이다. 디자인요소를 중시하는 다른 부티크호텔과 달리 19세기 고전적 파리스타일 외관과 현대적 감각, 고풍스런 실내분위기가 조화를 이룬 유럽풍 부티크호텔이다. 호텔 곳곳에 배치된 예술작품과 유럽스타일 디자인가구들이 호텔의 품격을 높여준다.

슈페리어, 프리미어, 디럭스, 그랜드디럭스와 프레스티지 스위트룸으로 구성된 총 194개의 객실은 심플하고 모던하게 꾸며 편안함을 강조하였다. 모든 객실에는 조리가 가능한 키친네트가 있어 장기투숙객이 많다. 투숙객들만 이용할 수 있는 1층 로비라운지에는 서적, DVD 등을 갖춘 라이브러리도 있으며, 피트니스센터, 셀프세탁방, 미팅룸 등의 부대시설과 센트럴, 쿼리베이까지 무료셔틀버스를 운행한다.

주소 133 Leighton Road, Causeway Bay 요금 HK$2,200~ 체크인/아웃 14:00/12:00 문의 (852)3477-6888 찾아가기 MTR 코즈웨이베이역 F1번 출구로 나와 왼쪽 자딘스바자(Jardine's Bazaar)를 따라 직진하다 사거리를 지나면 오른편에 위치한다./AEL 무료셔틀버스 H2번을 타고 리갈홍콩호텔에서 하차하면 바로 맞은편에 위치한다. 홈페이지 hongkong.lansonplace.com

호텔에 들어서는 순간 무료제공이 펼쳐지는
오블로센트럴 Ovolo Central

호주의 인테리어디자인회사 오블그룹의 디자인호텔로 란콰이퐁, 노호, 애버딘, 삼수이포, 성완 등 홍콩전역에 위치한다. 란콰이퐁에 위치한 오블로센트럴은 이그젝티브 디럭스와 슈퍼샤이니룸 2가지 타입으로 나뉜 총 48개의 객실을 보유한 소규모 호텔로 한 층에 2개의 객실구조라 조용하고 편안하게 쉴 수 있다. 호텔의 모든 가구와 소품은 오블로만을 위해 특수제작되었으며, 스마트한 인테리어소품으로 꾸며진 공간들은 참신하고 독창적이다.

호텔콘셉트가 '호텔에 들어서는 순간 더 이상 돈 걱정할 필요가 없는 호텔'로 조식, 와이파이, 미니바는 물론 24시간 라운지에서 음료, 맥주, 스낵까지 모두 무료제공되며, 오후 6시에서 8시에는 보드카, 위스키, 진, 와인 등의 주류도 무료제공된다. 또한 추가비용 없이 엑스트라침대를 제공하며, 객실 내 여행용 멀티플러그, 충전기, 백팩, 스낵팩, 슬리퍼 등을 챙겨도 된다.

주소 2 Arbuthnot Road, Central 요금 HK$2,500~ 체크인/아웃 14:00/12:00 문의 (852)3755-3000 찾아가기 MTR 센트럴역 D2번 출구로 나와 오른쪽으로 걷다 퀸즈로드센트럴(Queen's Road Central) 맞은편 골목인 디아길라스트리트(D'Aguilar Street)를 따라 계속 오르다 오른쪽 오르막길 계단을 올라가면 위치한다. 홈페이지 www.ovolohotels.com

호텔을 가장한 예술갤러리
코디스 홍콩앳랭함플레이스
Cordis Hong Kong at Langham Place

타임아시아가 '루브르박물관 뺨치는 박물관 같은 호텔'이라고 표현할 정도로 중국에서 가장 많은 모던차이니스 아티스트의 작품을 보유한 아트호텔이다. 1,500점 이상의 예술작품을 전시하며, 그 중 60%는 홍콩아티스트, 나머지는 중국아티스트 작품이다. 투숙객들의 홍콩로컬문화와 작품에 대한 이해를 돕기 위해 매일 오후 6시 호텔에 전시된 주요예술작품에 대한 무료가이드투어와 몽콕 일대의 시장과 골목을 답사하는 가이드투어 중 선택할 수 있다.

스탠다드룸, 패밀리룸, 클럽룸과 스위트룸으로 나뉜 총 664개의 객실이 있으며, 모든 객실은 최첨단시설을 갖추고 있다. 36층 클럽라운지에서는 조식, 애프터눈티, 이브닝칵테일 등이 시간대별로 무료제공되며, 41층 루프톱수영장과 피트니스센터 등의 부대시설, 6층에는 미슐랭 투스타에 빛나는 광둥요리레스토랑 밍코트가 자리한다.

주소 555 Shanhai Street, Mongkok 요금 HK$1,700~ 체크인/아웃 14:00/12:00 문의 (852)3552-3388 찾아가기 MTR 몽콕역 C3번 출구와 연결된 랭함플레이스쇼핑몰로 나오면 호텔이 위치한다. 홈페이지 www.cordishotels.com/en/hong-kong

한국여성들이 선호하는 부티크호텔
더럭스매너 The Luxe Manor

현실과 초현실을 넘나드는 감각적인 디자인과 레드, 바이올렛, 블랙으로 컬러감을 살린 인테리어가 돋보이는 부티크호텔이다. 호텔을 디자인한 재키웅 Jacky Wong은 스페인건축가 안토니오가우디의 작품에서 영감을 받아 모자이크타일장식을 로비에 적용하였다. 북유럽스타일의 스타일리시한 슈페리어, 프리미어, 스튜디오, 디럭스로 나뉘는 일반객실과 6가지 콘셉트로 나뉜 테마스위트룸 등 총 159개의 객실을 갖추고 있다. 유무선인터넷과 국제·시내통화를 무료로 할 수 있는 핸디스마트폰을 제공하며, 정통북유럽요리 레스토랑 파인스와 감각적인 디자인의 다다바가 있다.

주소 39 Kimberley Road, Tsim Sha Tsui 요금 HK$1,200~ 체크인/아웃 14:00/12:00 문의 (852)3763-8888 찾아가기 MTR 침사추이역 B1번 출구로 나와 오른쪽 네이던로드(Nathan Rd.)를 직진하다 호텔미라마와 미라마쇼핑센터 사이의 킴벌리로드(Kimberley Rd.)를 따라 가면 왼편에 위치한다. 홈페이지 theluxemanor.com

자연친화적인 부티크호텔
아이클럽완차이호텔 Iclub Wan Chai Hotel

리갈호텔의 체인부티크호텔로 완차이를 비롯하여 성완과 포트리스힐 등 홍콩섬에 3개의 아이클럽호텔이 자리하고 있다. 지구온난화를 생각하는 호텔로 개인, 회사, 단체 등에서 배출한 이산화탄소를 다시 흡수해 실질적인 배출량을 없애는 홍콩 최초의 탄소중립호텔이다. 아이셀렉트, 아이플러스 프리미어, 아이비즈니스디럭스, 아이스위트와 아이레지던스로 구분된 총 99개의 객실은 전반적으로 화이트톤에 시크하고 트렌디한 인테리어를 자랑한다. 5층에 위치한 라운지에는 빵, 버터, 잼, 시리얼, 과일, 차, 커피 등이 24시간 무료제공된다.

주소 411 Johnston Road, Wan Chai 요금 HK$1,700~ 체크인/아웃 14:00/12:00 문의 (852)3650-0000 찾아가기 MTR 완차이역 A3번 출구를 등지고 톰슨로드(Thomson Rd.)를 따라 직진하면 도로 끝 왼편에 위치한다. 홈페이지 www.iclub-hotels.com

중국풍 디자인의 부티크호텔
란콰이퐁호텔@카우유퐁 Lan Kwai Fong Hotel@Kau U Fong

2007년 오픈부터 매년 부티크호텔과 관련된 상을 수없이 수상한 부티크 호텔이다. 모던스타일에 중국전통양식을 가미한 모던오리엔탈리즘 인테리어와 소품으로 꾸며졌으며, 시티뷰, 마운틴뷰, 하버뷰룸과 스위트룸 등으로 나뉜 총 158개의 객실을 보유하고 있다. 전체적으로 동양적 분위기가 물씬 풍기는 객실은 핸디스마트폰, 아이팟독 등 최첨단시설과 조화를 이룬다. 야외테라스가 있는 4층 라운지에서는 스낵, 커피, 차 등과 해피아워타임에는 와인을 무료제공하며, 피트니스센터를 24시간 운영한다. 규모는 작지만 미슐랭 투스타를 획득한 광둥 요리레스토랑 셀러브리티퀴진이 자리하고 있다.

주소 3 Kau U Fong, Central 요금 HK$1,200~ 체크인/아웃 14:00/12:00 문의 (852)3650-0000 찾아가기 MTR 성완역 A2번 출구오른쪽으로 나와 써클K와 세븐일레븐 사이로 직진하다 오거리에서 본햄스탠드(Bonham Strand)길로 들어서 갈림길이 나오면 오른쪽 웰링턴(Wellington)길로 직진하다 왼쪽 세븐일레븐이 있는 언덕길을 오르면 오른편에 위치한다. 홈페이지 www.lankwaifonghotel.com.hk

저렴한 가격에 머물 수 있는 부티크호텔
버터플라이온할리우드 Butterfly on Hollywood

골동품거리인 할리우드스트리트에 위치한 유니크한 부티크호텔이다. 코즈웨이베이, 센트럴, 성완과 침사추이에 8개의 버터플라이호텔이 있으며, 할리우드지점은 이름처럼 할리우드 영화콘셉트로 꾸며진 142개의 객실이 있다. 객실은 좁은 편이지만 불편하지 않은 구조로 심플하게 꾸며져 있으며, 핸디스마트폰, iPod도킹스테이션, 40인치 LCDTV, 비즈니스책상, 미니바 등이 있고 무료인터넷과 셔틀버스 등의 서비스도 제공한다. 호텔주변에는 소호, 노호, 만모사원, PMQ, 웨스턴마켓 등의 센트럴의 주요명소가 자리하고 있어 이동이 편리하다.

주소 263 Hollywood Road, Central 요금 HK$900~ 체크인/아웃 14:00/12:00 문의 (852)2850-8899 찾아가기 MTR 성완역 A2번 출구로 나와 오른쪽 세븐일레븐과 써클K 사이의 골목을 빠져나와 본햄스탠드스트리트(Bonham Stand St.)에서 오른쪽으로 직진하다 삼거리에서 왼쪽골목으로 계속 직진하면 위치한다. 복잡하니 지도를 참고하자. 홈페이지 www.butterflyhk.com

Section 05
실속파 여행자를 위한 홍콩의 중급호텔

회사원이 주고객인 호텔을 비롯하여 실속파 여행자들을 위한 적당한 가격의 호텔 등으로 최근 젊은 고객층을 위해 감각적이면서도 심플한 디자인을 내세운 호텔이 늘어나는 추세이다. 럭셔리호텔과 유명부티크호텔보다는 저렴하면서도 동일한 수준의 컨디션과 서비스를 제공하고 있어 인기가 좋다.

조용하고 편안하며 가성비 높은
하얏트리젠시홍콩 샤틴
Hyatt Regency Hong Kong, Sha Tin

주택·상업지구 샤틴지역에 처음으로 세워진 인터내셔널호텔이다. 장기투숙객을 위한 레지던스형 룸과 마운틴뷰, 투루하버뷰로 나뉘는 스위트룸 등 총 559개 객실을 갖추고 있다. 주변에 산과 바다가 있는 외곽이라 한적함을 느낄 수 있으며, 5성급호텔임에도 저렴한 가격에 넓은 객실에 묵을 수 있다. 홍콩중심과 떨어져 있지만 침사추이의 하얏트리젠시와 홍콩과학공원까지 호텔셔틀버스가 무료운행되며, 바로 앞에 MTR 유니버시티역이 위치하여 이동이 어렵지 않다.

미팅룸, 비즈니스센터, 멜로스파, 24시간 운영하는 피트니스센터, 테니스코트, 야외수영장, 어린이를 위한 캠프하얏트 등의 다양한 부대시설을 갖추고 있으며, 광둥요리레스토랑 샤틴18, 뷔페레스토랑 카페, 라이브음악을 들을 수 있는 틴틴바와 간단한 스낵과 음료를 즐길 수 있는 풀바 등이 위치한다.

주소 18 Chak Cheung Street, Sha Tin 요금 HK$1,200~ 체크인/아웃 14:00/12:00 문의 (852)3723-1234 찾아가기 MTR 이스트레일선(東鐵綫, Esat Rail Line)의 유니버시티역 B번 출구로 나오면 정면에 위치한다. 홈페이지 hongkong.shatin.hyatt.com

전 객실 하버뷰를 자랑하는
글루세스터호텔 Gloucester Hotel

전 객실에서 파노라마처럼 펼쳐지는 빅토리아항을 즐길 수 있는 코즈웨이베이에 위치한 호텔이다. 전체적으로 일본비즈니스호텔 느낌으로 일반객실은 좁은 편이며, 이렇다 할 부대시설도 없지만 가격대비 좋은 위치와 멋진 전망으로 사랑받는다. 3층에 아담한 리셉션과 로비가 있으며, 각층마다 3개의 객실이 31층까지 자리한다. 퀸, 트윈, 럭셔리퀸, 프리미어 퀸, 코스모폴리탄퀸과 스위트룸 등으로 나뉘는 총 55개의 객실에는 무료음료와 무료와이파이, iPod도킹스테이션, 마사지샤워기, 록시땅 욕실용품 등이 제공된다.

주소 218 Gloucester Road, Causeway Bay 요금 HK$1,700~ 체크인/아웃 15:00/12:00 문의 (852)3996-2888 찾아가기 MTR 코즈웨이베이역 C번 출구로 나와 왼쪽으로 가다 고가도로가 나오면 맞은편으로 건넌 후 오른쪽으로 걷다 도로 끝에서 왼쪽으로 가면 왼편에 위치한다. 홈페이지 www.gloucesterhotel.hk

홍콩마르코폴로계열호텔 중 가장 깔끔한
게이트웨이호텔홍콩 Gateway Hotel Hong Kong

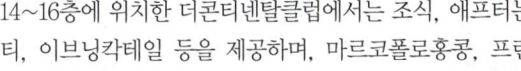

침사추이 최대의 쇼핑몰 하버시티에 위치한 호텔로 2013년 리노베이션하였으며, 하버시티에 위치한 마르코폴로계열 3개 호텔 중 가장 모던하고 세련된 인테리어가 돋보인다. 시티뷰의 슈페리어, 디럭스, 콘티넨탈디럭스, 프리미어룸과 스위트룸으로 나뉘는 총 400개의 객실은 현대적 감각의 디자인으로 꾸며져 있다. 미니바, 와이파이와 핸디스마트폰을 무료제공하며, iHome도킹시스템과 네스프레소커피머신 등 현대적 시설을 갖추고 있다.
14~16층에 위치한 더콘티넨탈클럽에서는 조식, 애프터눈티, 이브닝칵테일 등을 제공하며, 마르코폴로홍콩, 프린스홍콩 투숙객들과 함께 이용할 수 있는 피트니스센터와 야외수영장 그리고 인터내셔널요리를 선보이는 쓰리온캔톤과 세련된 도시감각으로 꾸며진 야외테라스 비온캔톤이 자리한다.

주소 13 Canton Road, Harbour City, Tsim Sha Tsui 요금 HK$1,500~ 체크인/아웃 15:00/12:00 문의 (852)2113-0888 찾아가기 MTR 침사추이역 A1번 출구 오른쪽 하이퐁로드(Haiphong Rd.)로 직진하면 맞은편 하버시티에 위치한다. 홈페이지 www.marcopolohotels.com

하버뷰전망이 펼쳐지는
마르코폴로홍콩 Marco Polo Hong Kong

마르코폴로홍콩호텔아케이드에 위치한 호텔로 침사추이 스타페리선착장과 인접하며, 마르코폴로계열 호텔 중 유일하게 빅토리아항 전망의 객실을 보유하고 있다. 호텔시설은 전반적으로 고전적이며, 슈페리어, 디럭스, 프리미어, 콘티넨탈슈페리어, 콘티넨탈디럭스, 콘티넨탈프리미

어와 스위트룸으로 나뉘는 총 665개 객실을 갖춘 5성급 호텔이다. 중후한 앤티크 분위기의 객실은 비교적 넓은 편이며, 인터넷과 핸디스마트폰을 무료제공한다. 17~18층에 걸쳐 콘티넨탈클럽 베네피트에서는 조식, 애프터눈티와 이브닝칵테일 등을 제공하며, 로비라운지, 카페마르코폴로, 이탈리안레스토랑 쿠치나 등이 위치해 있다.

주소 3 Canton Road, Harbour City, Tsim Sha Tsui 요금 HK$1,500~ 체크인/아웃 15:00/12:00 문의 (852)2113-0088 찾아가기 침사추이 스타페리선착장을 바라보고 오른편의 캔톤로드에 위치한다. 홈페이지 www.marcopolohotels.com

차이나홍콩시티 페리터미널이 가까운 곳에 자리한
프린스호텔 Prince Hotel

하버시티 게이트웨이아케이트에 위치한 호텔로 마크로폴로계열 중 시설은 좀 떨어지지만 객실이 넓은 편이다. 슈페리어, 디럭스, 프리미어, 콘티넨탈과 스위트룸으로 구분된 총 396개의 객실이 있으며, 무료유무선인터넷과 핸디스마트폰을 제공한다. 16~17층의 콘티넨탈클럽라운지에서는 조식, 애프터눈티, 이브닝칵테일 등을 시간대별로 제공하며, 야외수영장과 피트니스센터 등의 부대시설은 게이트웨이호텔과 마르코폴로홍콩과 공용으로 사용하고 있다.

주소 23 Canton Road, Harbour City, Tsim Sha Tsui 요금 HK$1,400~ 체크인/아웃 15:00/12:00 문의 (852)2113-1888 찾아가기 MTR 침사추이역 A1번 출구 오른쪽 하이퐁로드(Haiphong Rd.)로 직진하면 하버시티 내에 위치한다. 홈페이지 www.marcopolohotels.com

K11몰에 위치한
하얏트리젠시홍콩, 침사추이 Hyatt Regency Hong Kong, Tsim Sha Taui

하얏트가 1969년 미국 외 도시에 최초로 세운 호텔로 2009년 카오룽반도의 대형복합건물 K11의 3~24층에 재오픈하였다. 객실뷰는 빅토리아하버, 홍콩섬, 카오룽시티로 나뉘며 스탠다드, 디럭스, 리젠시클럽, 스위트룸으로 구성된 총 381개의 객실이 있다. 전제적으로 심플하고 모던한 인테리어에 LCDTV, 커피머신, 핸디스마트폰, 무료 유무선인터넷 서비스 등 최신시설을 갖추고 있다.

23층 리젠시클럽라운지에서는 통유리로 하버뷰를 바라보며 조식, 스낵, 이브닝칵테일 등을 시간대별로 즐길 수 있고, 24시간 운영하는 피트니스센터, 야외수영장과 오픈정원, 다양한 크기의 볼룸과 살롱 등의 부대시설과 유럽풍레

스토랑 휴고스, 1920년대 광둥요리를 선보이는 더차이니즈레스토랑, 다양한 세계요리를 맛볼 수 있는 카페와 라이브공연을 즐길 수 있는 친친바 등이 위치해 있다.
주소 18 Hanoi Road, Tsim Sha Tsui **요금** HK$1,800~ **체크인/아웃** 14:00/12:00 **문의** (852)2311-1234 **찾아가기** MTR 침사추이역 N2번 출구 바로 왼편 건물에 위치한다. **홈페이지** www.hongkong.tsimshatsui.hyatt.com

세심한 서비스가 고객만족으로 이어지는
그랜드스탠포드 인터콘티넨탈
Grand Stanford Intercontinental

인터콘티넨탈호텔&리조트, 호텔인디고, 홀리데이인 등의 호텔을 운영하는 인터콘티넨탈호텔스그룹의 5성급 비즈니스호텔이다. 지속적인 리노베이션과 직원들의 숙련된 서비스 등으로 투숙객의 만족도를 높이고 있다.
하버뷰와 시티뷰로 나뉘며 크게 클래식, 이그제큐티브와 스위트룸으로 구성된 총 573개의 객실을 갖추고 있다. 객실인테리어는 전체적으로 모던하면서도 중후한 클래식스타일이며 무료 유무선인터넷서비스와 핸디스마트폰, iPod도킹스테이션 등의 현대시설이 완비되어 편안함과 편리성을 강조하였다.
조식뷔페, 애프터눈티와 이브닝카테일 등을 시간대별로 제공하는 클럽라운지, 홍콩 유명인사들이 즐겨 찾는 광둥요리레스토랑 호이킹헌, 뷔페레스토랑 카페온엠, 고전적 분위기에서 라이브연주를 들으며 한잔 할 수 있는 티파니스뉴욕바 등이 위치해 있고, 미팅룸, 컨퍼런스룸, 볼룸 등의 비즈니스시설을 갖추고 있다.
주소 70 Mody Road, Tsim Sha Tsui East **요금** HK$1,500~ **체크인/아웃** 14:00/12:00 **문의** (852)2721-5161 **찾아가기** MTR 이스트침사추이역 P1번 출구로 나와 정면으로 걸으면 오른편에 위치한다. **홈페이지** www.hotelgrandstanford.com

만다린오리엔탈의 비즈니스호텔
더엑셀시어홍콩 The Excelsior Hong Kong

1973년 코즈웨이베이에 설립한 만다린오리엔탈계열의 비즈니스급호텔이다. 하버뷰와 시티뷰로 나뉘고 슈페리어, 디럭스, 이그제큐티브, 그랜드디럭스와 스위트룸 등으로 구성된 총 875개의 객실이 있으며, 특급 수준의 서비스와 넓은 객실을 자랑한다. 시설은 다른 호텔들에 비해 낙후되었지만 불편함을 느낄 수 없고 비교적 저렴한 가격과 세심한 서비스 등으로 꾸준한 사랑을 받고 있다.

피트니스센터, 스파트리트먼트, 비즈니스미팅룸, 컨퍼런스룸 등의 부대시설과 유명한 광둥요리레스토랑 이통헌, 이탈리안 레스토랑 캄미노, 뷔페레스토랑 카페온더1st, 호텔 최고층인 34층에는 실내공간과 야외테라스에서 멋진 야경을 감상할 수 있는 탓츠앤루프테라스가 있다. 뿐만 아니라 로비에는 마카오 로드스토우베이커리의 에그타르트를 판매하는 카페 에스프레스과 위치해 있다.

주소 281 Gloucester Road, Causeway Bay 요금 HK$1,600~ 체크인/아웃 14:00/12:00 문의 (852)2894-8888 찾아가기 MTR 코즈웨이베이역 E번 출구로 나와 왼쪽으로 걷다 첫 번째 사거리에서 왼쪽의 패터슨스트리트(Paterson St.)를 따라 직진하다 맞은편에 빅토리아하버가 보이면 왼편 도로가에 위치한다. 홈페이지 www.mandarinoriental.com/excelsior

저렴한 가격과 좋은 위치에 자리한
카오룽호텔 The Kowloon Hotel

침사추이의 중심 네이던로드에 위치한 총 736개의 객실을 갖춘 하버플라자호텔스그룹의 4성급호텔이다. 2011년 리노베이션을 완료하였고 슈페리어, 디럭스, 사이드 하버뷰, 클럽룸과 스위트룸으로 나뉜다. 스위트룸을 제외한 일반객실은 좁은 편이고 동일 인테리어로 구성되어 있다. 부대시설이 따로 없어 대각선에 위치한 YMCA의 수영장과 피트니스센터를 일정금액을 지불하고 사용해야 하지만 비즈니스센터, 하버클럽라운지와 컨퍼런스룸 등의 비니스시설이 잘 갖춰진 편이다. 광둥요리레스토랑 룽얏트, 뷔페레스토랑 더윈도우카페와 애프터눈티, 칵테일, 와인 등을 즐길 수 있는 더미들로우바 등이 위치한다.

주소 19-21 Nathan Road, Tsim Sha Tsui 요금 HK$1,100~ 체크인/아웃 14:00/12:00 문의 (852)2929-2888 찾아가기 MTR 침사추이역 L4번 출구와 연결되어 있다. 홈페이지 www.harbour-plaza.com/kowloon

시내 한복판에 가족끼리 머물기 좋은
홀리데이인골든마일 Holiday Inn Golden Mile

네이던로드의 청킹맨션 부근에 600여 개의 객실을 보유한 인터콘티넨탈호텔스그룹의 4성급 대형호텔이다. 슈페리어, 디럭스, 프리미어, 이그제큐티브, 트리플, 패밀리룸, 스위트룸 등으로 구성되며, 디럭스 또는 프리미어의 2더블베드룸을 선택하면 추가금액 없이 4명까지 머물 수 있다. 슈페리어룸을 제외한 나머지 객실은 비교적 큰 편이지만 분위기와 시설에서 조금 아쉬움이 있다. 무료 유무선인터넷서비스와 핸디스마트폰 등을 제공하며,

규모는 작지만 야외수영장, 사우나, 피트니스센터, 비즈니스센터 등의 부대시설과 광둥요리레스토랑 룽위엔, 이탈리안레스토랑 오스테리아, 뷔페레스토랑 비스트로온더마일 등의 레스토랑이 자리한다.

주소 50 Nathan Road, Tsim Sha Tsui 요금 HK$1,400~ 체크인/아웃 15:00/12:00 문의 (852)2369-3111 찾아가기 MTR 침사추이역 N5번 출구로 나오면 바로 보인다. 홈페이지 www.harilela.com

해피밸리의 경마경기를 객실에서 볼 수 있는
도세트완차이 Dorsett Wan Chai

완차이와 코즈웨이베이 중간 그리고 해피밸리 인근에 위치한 스타일리시한 4성급호텔이다. MTR 완차이역과 코즈웨이베이역 중간쯤에 위치해 있으며 소고백화점, ifc몰, 쿼리베이, 홍콩컨벤션&엑시비션센터과 아이사월드엑스포 등의 주요지역까지 무료운행하는 호텔셔틀버스서비스가 있어 편리하다. 20층 호텔은 스탠다드, 슈페리어, 그랜드디럭스, 디럭스트리플, 디럭스패밀리, 스위트룸 등으로 구성된 총 454개의 객실을 보유하고 있다. 해피밸리뷰 객실에서는 경마경기가 있다면 객실에서 경기까지 관람할 수 있으며 HDTV, 무료 유무선인터넷, 핸디스마트폰, 커피머신 등의 시설을 갖추고 있다.

주소 387-397 Queen's Road East, Wan Chai 요금 HK$1,200~ 체크인/아웃 14:00/12:00 문의 (852)3552-1111 찾아가기 MTR 코즈웨이베이역 D1~4번 출구와 바로 연결된 소고백화점에서 출발하는 호텔셔틀버스를 이용하면 된다. 홈페이지 wanchai.dorsetthotels.com

최고 위치에 자리한 3성급호텔
더솔즈베리YMCA The Salisbury YMCA

YMCA에서 운영하던 유스호스텔이 리노베이션을 통해 호텔로 재탄생하였다. 페닌슐라 바로 옆에 위치하여 동일한 뷰를 갖고 있지만 가격이 저렴하여 인기이다. 시트뷰, 가든뷰와 하버뷰로 나뉜 싱글룸, 스탠다드룸, 파티얼하버뷰룸, 하버뷰룸과 스위트룸 등으로 구성된 총 372개의 객실을 갖추고 있는 3성급호텔이다. 전체 객실은 모던하면서 기능적인 디자인을 추구하며, 전 객실 금연으로 쾌적한 환경에서 숙박할 수 있다.
몰카페, 솔즈베리다이닝룸의 레스토랑, 미팅룸, 어셈블리룸과 루프톱가든, 포디움가든, 실내수영장과 스쿼시, 댄스스튜디오, 클라이밍월과 스포츠홀 등 다양한 실내스포츠를 즐길 수 있는 피트니스센터 등의 부대시설이 자리한다.

주소 41 Salisbury Road, Tsim Sha Tsui 요금 싱글룸 HK$960~ 스탠다드룸 HK$1,100~ 하버뷰룸 HK$1,400~ 체크인/아웃 14:00/12:00 문의 (852)2268-7888 찾아가기 페닌슐라홍콩호텔 바로 옆이다. 홈페이지 www.ymcahk.org.hk

Section 06
저렴하고 편리한
홍콩의 게스트하우스&호스텔

숙소는 단지 잠만 자거나 또는 다국적 친구들과의 인맥을 쌓을 기회라고 생각한다면 게스트하우스나 호스텔이 좋은 선택이 된다. 홍콩은 세계적으로 부동산가격이 비싼 곳이라 대부분 낡은 건물에 위치하지만 내부로 들어가면 개성 있는 인테리어로 꾸며 놓았다. 호스텔은 도미토리와 개인룸으로 구분되며, 본인 취향과 주머니사정에 맞게 선택하면 되고 세계 각국의 배낭여행자들과 한 방에서 지낸다는 것이 불편할 수도 있지만 다양한 경험을 해볼 수 있어 요즘에는 일부러 호스텔에 묵는 여행자도 많다.

홍콩한인민박을 대표하는
홍콩파크모텔 Hong Kong Park Motel

MTR 침사추이역과 이스트침사추이역 바로 앞에 위치해 있어 홍콩시내로 이동할 때 상당히 편리한 한인숙박업소이다. 정식 라이센스 등록업체로 10년 넘게 운영을 하고 있지만 꾸준한 리모델링을 통해 깔끔한 분위기를 유지하는 것이 이곳의 자랑이다. 비·성수기 구분 없이 동일한 가격으로 예약 시 예약금을 지불할 필요없이 체크인할 때 홍콩달러로 숙박요금을 지불하면 된다.

건물 5~6층에 위치해 있으며 1~6인실 등 다양한 객실을 갖추고 있다. 모든 객실에는 TV, 에어컨, 화장대, 헤어드라이어 및 개인 욕실 등의 시설이 구비되어 있다. 비누, 치약, 칫솔, 샴푸, 바디샴푸, 수건 등의 욕실용품과 매일 아침 한식으로 차려지는 조식을 무료로 제공하고 있다. 오랜 현지생활로 사장님만이 알고 있는 생생한 여행정보와 홍콩지도 등을 얻을 수 있으며, 6층 거실에는 컴퓨터와 한국에 무료로 국제전화를 걸 수 있는 인터넷폰 등의 편의시설을 갖추고 있다.

주소 6/F Lyton Building, 32–34 Mody Road, Tsim Sha Tsui **요금** HK$580~ **체크인/아웃** 14:00/12:00 **문의** (852)2722–1589 **찾아가기** MTR 침사추이역 N1번 출구로 나와 뒤돌아 건너편 빌딩 6층에 위치한다. **홈페이지** www.parkmotel.co.kr

침사추이에 다양한 콘셉트로 운영 중인
판다스호스텔 Panda's Hostel

침사추이에 위치한 여러 빌딩에 다양한 콘셉트로 꾸며 놓은 테마호스텔이다. 네이던로드에 위치한 컴포트빌딩에는 엘레강스, 코지, 스타일리시 콘셉트, 네이던로드의 마제스틱하우스에는 핫도그버스와 올드홍콩 콘셉트, 카메론로드의 캄마빌딩에는 코믹스콘셉트 그리고 채텀로드사우스의 윈저맨션에는 스타페리와 모멘트콘셉트로 자리하고 있다. 리셉션은 네이던로드 컴포트빌딩 3층이며, 엘레강스는 2인 개인룸, 코지, 핫도그버스, 코믹스와 모멘트는 싱글룸과 2인 개인룸, 스타일리시는 2인 개인룸과 패밀리룸, 올드홍콩은 5인과 8인 도미토리룸과 패밀리룸 그리고 스타페리는 1~2인실과 패밀리룸을 갖추고 있다. 모든 객실에는 욕실이 별도로 마련되어 있으며 TV, 에어컨, 헤어드라이기, 샴푸, 와이파이, 수건 등을 제공한다.

요금 HK$180~(주말과 비·성수기 등 요금 상이) 체크인/아웃 14:00/12:00 문의 (852)3998-0811 찾아가기 MTR 침사추이역 B1번 출구로 나와 바로 오른편 컴포트빌딩(Comfort Building) 3층에 리셉션이 위치한다. 홈페이지 www.pandashostel.com

침사추이에 위치한 판다스호스텔(Panda's Hostel)
1. 엘레강스(Elegant)/코지(Cozy)/스타일리시(Stylish) 요금 엘레강스 HK$530~ 코지 HK$480~ 스타일리시 HK$585~ 주소 Comfort Building, 88 Nathan Road, Tsim Sha Tsui
2. 핫도그버스(Hot Dog Bus)/올드홍콩(Old Hong Kong) 요금 핫도그버스 HK$430~ 올드홍콩 HK$180~ 주소 Majestic House, 80 Nathan Road, Tsim Sha Tsui
3. 코믹스(Comics) 요금 HK$380~ 주소 Kam Ma Building, 16 Cameron Road, Tsim Sha Tsui
4. 스타페리(Star Ferry)/모멘트(Moment) 요금 스타페리 HK$480~ 모멘트 HK$480~ 주소 Windsor Mansion, 29-31 Chatham Road South, Tsim Sha Tsui

호텔급 도미토리를 운영하는
큐호텔 Cue Hotel

도미토리를 운영하는 부티크호텔로 호스텔비용으로 호텔시설을 누릴 수 있어 배낭여행자에게 인기이다. 더블룸, 트리플룸, 스위트룸으로 나뉜 호텔객실과 4, 6, 8, 10인실 여성전용과 남녀혼용으로 나뉜 도미토리 등 44개의 객실이 있다. 세련된 디자인의 이층침대가 갖춰진 도미토리에는 슬리퍼, 수건, 칫솔, 생수를 매일 챙겨주며, 개인 락커공간도 있고 커튼으로 개인공간을 만들 수 있다. 객실 내 마련된 욕실에는 샴푸, 바디워시, 바디로션, 핸드워시 등의 어메니티가 모두 록씨땅제품이다. 호텔급시설과 서비스를 제공하기 때문에 다른 호스텔에 비해 가격이 비싼 편이므로 2명이 왔다면 오히려 더블룸을 이용하는 것이 가격과 시설면에서 낫다.

주소 83 Queen's Road East, Wan Chai 요금 일반객실 HK$720~ 도미토리 HK$340~(주말과 비·성수기 등 요금 상이) 체크인/아웃 15:00/12:00 문의 (852)3696-6888 찾아가기 MTR 완차이역 A3번 출구로 나와 정면 횡단보도를 건넌 후 오른쪽 첫 번째 골목 타이윤 시장이 끝나는 지점 대로변 맞은편으로 건넌 후 오른쪽으로 직진하면 위치한다. 홈페이지 cue-hotel.com

홍콩의 유명호스텔
예스인@코즈웨이베이 Yesinn@Causeway Bay

포트리스힐, 야우마테이, 몽콕역과 올림픽역 사이 그리고 코즈웨이베이에 자리한 숙소이다. 이곳은 예능프로 〈아빠, 어디가〉에서 김성주부자가 묵었던 곳이다. 2인실 개인룸, 9인실 여성, 혼성도미토리, 21인실 혼성도미토리로 구분되며 각 객실에는 공용싱크대와 화장실이 있다.

2층에는 24시간 직원이 상주하는 리셉션, 무료로 사용할 수 있는 아이패드, 전신안마의자 등이 있는 거실, 프린트, 스캔 등을 할 수 있는 컴퓨터공간 그리고 싱크대, 냉장고 등이 있는 공용주방이 있다. 도미토리 3층 침대 각 베드에는 멀티콘센트, 미니LED스탠드, 커튼 등이 있으며 수건, 슬리퍼, 칫솔 등은 각각 HK$5로 구입 및 대여가능하다. 객실은 이케아제품으로 채워졌고, 무료인터넷서비스를 제공하며 4층과 옥상에는 맥주 등의 음료를 마시며 담소를 나눌 수 있는 야외테라스공간과 루프톱가든이 마련되어 있다.

주소 2/F Nan Yip Bldg, 472 Hennessy Road, Causeway Bay 요금 개인룸 HK$199~ 도미토리 HK$159~(주말과 비·성수기 등 요금 상이) 체크인/아웃 14:00/11:00 문의 (852)2213-4567 찾아가기 MTR 코즈웨이베이역 B번 출구로 나와 맞은편 대로변을 건넌 후 오른쪽으로 걸으면 난입빌딩(Nan Tip Bldg) 2층에 리셉션이 있다. 홈페이지 www.yesinn.com

친절함으로 무장한 호스텔
호미인 Homy Inn

호스텔월드와 트립어드바이저에서 좋은 평을 받는 호스텔로 침사추이 2개 지점과 노스포인트 지점을 운영한다. 침사추이의 유니온점과 윈저점은 같이 운영하며 싱글, 더블, 트윈, 트리플과 패밀리룸 등으로 구성된 개인룸과 혼성과 남성, 여성으로 구분된 도미토리를 갖추고 있다. 객실과 욕실이 좁지만 체크인부터 체크아웃 때까지 친절한 직원서비스로 단점을 커버하고 있다. 전 객실 무료인터넷서비스를 제공하며 개인룸 투숙객은 샴푸, 바디워시, 칫솔, 치약, 슬리퍼와 수건 등의 욕실용품이 무료제공되지만 도미토리 투숙객은 수건을 제외한 나머지 물품은 각각 HK$5 비용에 구입해야 한다.

주소 8/F Union Mansion, 33-35 Chatham Road South, Tsim Sha Tsui 요금 개인룸 HK$338~ 도미토리 HK$147~(주말과 비·성수기 등 요금 상이) 체크인/아웃 14:00/12:00 문의 (852)8100-0189 찾아가기 MTR 침사추이역 N1번 출구로 나와 왼쪽 길로 들어가 갈림길에서 오른쪽골목을 따라 걸으면 왼편 유니온맨션(Union Mansion) 8층에 리셉션이 있다. 홈페이지 www.homyinn.com.hk

홍콩에 위치한 호미인(Homy Inn)

1. 윈저지점(Windsor) 요금 개인룸 HK$289~ 도미토리 HK$168~(주말과 비·성수기 등 요금 상이) 주소 5F Windsor Mansion, 29-31 Chatham Road South, Tsim Sha Tsui
2. 노스포인트지점(North Point) 요금 개인룸 HK$338~ 도미토리 HK$168~(주말과 비·성수기 등 요금 상이) 주소 2F 375 King's Road, North Point

스타일리시한 게스트하우스
홉인 Hop Inn

침사추이 모디로드, 한커우로드, 카나본로드에 3개의 지점을 운영하며, 현지의 유능한 작가 35명이 직접 디자인한 벽화와 작품들로 꾸며진 게스트하우스이다. 싱글, 트윈, 더블, 트리플, 쿼드루플과 패밀리룸 등 개인욕실, TV, DVD 플레이어 등의 시설을 갖춘 개인룸과 욕실이 갖춰진 6~8인 여성도미토리, 공용욕실을 사용하는 4~8인 혼용도미토리로 구성되어 있다. 인터넷서비스, DVD대여, 아이패드대여 등의 서비스를 이용할 수 있으며, 헤어드라이기 등 몇몇 물품은 보증금을 지불하면 대여해 준다. 특히 카나본지점은 아늑하게 꾸며진 공용공간과 테이블이 마련된 루프톱테라스가 있어 인기 있다.

주소 9/F James S.Lee Mansion, 33-35 Carnarvon Road, Tsui Sha Tsui **요금** 개인룸 HK$430~ **도미토리** HK$150~(주말과 비·성수기 등 요금 상이) **체크인/아웃** 14:30/11:30 **문의** (852)2881-7331 **찾아가기** MTR 침사추이역 A2번 출구로 나와 직진하면 갈림길 맞은편 빌딩 9층에 위치한다. **홈페이지** www.hopinn.hk

한국백배커가 선호하는 호스텔
어반팩 Urban Pack Hostel

두 명의 캐나다인이 운영하는 호스텔로 싱글룸과 더블침대 또는 이층침대가 놓인 2인실로 구성된 개인룸과 2, 4, 8인 혼용도미토리, 6, 8인 여성전용 도미토리 등의 객실을 갖추고 있다. 주방, 거실과 루프톱 등이 있어 4~9명이 지낼 수 있는 독립된 서비스 아파트먼트도 운영하고 있어 단체여행자라면 고려해볼 만하다. 리셉션은 14층에 있으며 5층에도 별도의 공용공간이 있어 여행자간의 친목을 도모할 수 있다. 개인

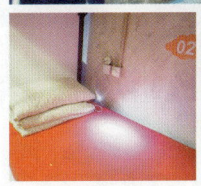 

룸에는 개인욕실이 있지만 도미토리룸은 공용으로 화장실과 샤워실을 사용해야 한다. 매일 밤 10시 5층에서 파티가 열리며, 14층 화이트보드에 다양한 이벤트공지가 적혀있다.

주소 14F Hai Phong Mansion, 53-55 Hai Phong Road, Tsim Sha Tsui **요금** 개인룸 HK$400~ **도미토리** HK$180~(주말과 비·성수기 등 요금 상이) **체크인/아웃** 14:00/11:00 **문의** (852)2732-2571 **찾아가기** MTR 침사추이역 A1번 출구로 나와 오른쪽 하이퐁로드(Haiphong Rd.)로 들어가면 바로 왼쪽 건물 14층에 위치한다. **홈페이지** urban-pack.com

소규모의 호스텔
레인보우로지홍콩 Rainbow Lodge HK

침사추이 네이던로드 청킹맨션 맞은편 건물에 위치한 소규모 호스텔이다. 욕실이 갖춰진 6인 여성전용 도미토리와 공용욕실을 사용하는 8, 10인 혼용도미토리 총 3개의 도미토리 객실이 갖춰져 있다.
3층 침대로 구성된 객실의 가구와 침구류 등은 이케아제품이며 각 베드마다 멀티콘센트, 미니 LED스탠드, 커튼 등이 있다. 소규모호스텔이기 때문에 투숙객들과의 유대관계를 위한 요일별 다양한 프로그램이 마련되어 있으며, 거실에서 담소를 나누며 다양한 국적의 친구를 만나 가족처럼 지낼 수 있다는 장점이 있다.

주소 14/F Harilela Mansion, 81 Nathan Road, Tsim Sha Tsui 요금 HK$170~(주말과 비·성수기 등 요금 상이) 체크인/아웃 15:00/12:00 문의 (852)3599-0743 찾아가기 MTR 침사추이역 C2번 출구로 나오면 바로 오른편 건물 14층에 위치한다. 홈페이지 rainbowlodgehk.com

아기자기한 인테리어가 돋보이는
저스트인 Just Inn

 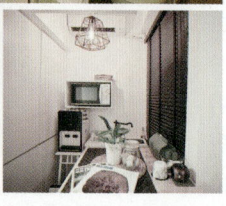

침사추이 락로드에 위치한 저스트인과 네이던로드에 위치한 저스트애즈인 2개의 지점을 운영하는 게스트하우스이다. 락로드지점은 싱글, 배이직더블, 스탠다드더블, 슈페리어더블, 디럭스더블과 트윈룸으로 구성되며, 네이던로드지점은 싱글, 배이직더블, 스탠다드더블, 컴포터블더블, 스타일리시더블, 트윈룸과 트리플룸으로 구성된다. 모든 객실에는 욕실이 포함되며 수건, 슬리퍼, 헤어드라이기, 멀티어탭터, LCDTV와 무료인터넷서비스 등을 제공한다. 객실마다 다른 콘셉트로 디자인된 벽화가 있으며 공용공간에는 전자레인지, 정수기, 네스프레소커피머신 등 편의시설을 갖추고 있다.

주소 7/F 23 Lock Road, Tsim Sha Tsui 요금 HK$380~(주말과 비·성수기 등 요금 상이) 체크인/아웃 14:00/11:00 문의 (852)2366-8972 찾아가기 MTR 침사추이역 A1번 출구로 나와 오른쪽 하이퐁로드(Haiphong Rd.) 오른쪽 첫 번째 골목 락로드(Lock Rd.)로 들어가면 오른편 건물 7층에 위치한다. 홈페이지 justinn.com.hk

Chapter 03
마카오 추천 숙박업소

마카오는 홍콩에 비해 저렴한 가격에 5성급 호텔에 숙박할 수 있는 호텔이 많다. 주말과 공휴일에는 카지노를 즐기려는 중국인들로 인해 요금이 2배까지 오르고 객실도 부족하지만 주중에는 객실요금이 할인된다. 물론 호텔홈페이지를 통해 예약하면 제가격을 지불하지만 호텔대행홈페이지나 여행사 또는 홍콩 현지여행사, 마카오페리터미널의 간이 부스 여행사를 통하면 10~60% 이상 할인된 가격으로 예약할 수 있다.

Section 07
마카오반도의 대표호텔

마카오반도에 위치한 호텔은 코타이스트립에 비해 대부분 규모는 작지만 만다린오리엔탈마카오, MGM마카오, 윈마카오호텔 등과 같이 남반호수와 남중국해를 전망으로 두고 있어 여행객들이 선호한다. 새로운 호텔을 원하거나 대형카지노를 즐기고 싶다면 코타이스트립에 위치한 호텔을 선택하는 편이 낫지, 시내관광이 목적이라면 마카오반도에 위치한 호텔이 편리할 수 있다.

여성을 위한 품격 있는 서비스
만다린오리엔탈마카오호텔 Mandarin Oriental Macau Hotel

세계 최고급호텔브랜드 중 하나인 만다린오리엔탈이 마카오반도에 건립한 5성급호텔이다. 타이파섬과 남반호수를 한눈에 내려다볼 수 있는 곳에 위치하며, 마카오반도에서 가장 럭셔리한 쇼핑몰 원센트럴, MGM호텔과 연결된다. 마카오의 다른 호텔들과 달리 카지노가 없어 조용하면서도 편안하게 휴식을 취할 수 있으며, 세심한 배려가 엿보이는 서비스를 누릴 수 있다. 디럭스, 프리미어, 스위트룸으로 구성된 총 213개의 우아한 객실 대부분은 남반호수와 남중국해를 전망으로 두고 있다. LCDTV, 오디오시스템, 네스프레소커피머신, iPod도킹스테이션 등의 최신시설을 갖추고 있으며 고급침구류, 넓은 욕실, 입욕제, 만다린스타일의 잠옷 그리고 턴다운서비스 등이 있다. 온도조절기능을 갖춘 야외수영장, 피트니스센터, 미팅룸 등의 부대시설과 프렌치요리와 캔토니즈요리를 선보이는 비다리카, 로비라운지와 만다린오리엔탈 케이크숍 등이 위치한다. 특히 스파로 유명한 호텔이니 만큼 4층 전체에 8개의 트리트먼트룸을 갖춘 더스파가 자리한다. 최고급 마사지서비스와 자체 개발한 스파프로그램 등을 제공하고 고객의 몸상태를 세심하게 체크하여 마사지에 반영하며 기와 풍수를 중시하는 중국식마사지가 유명하다.

주소 Avenida Dr Sun Yat Sen, NAPE **요금** HK$1,800~ **체크인/아웃** 14:00/12:00 **문의** (853)8805-8888 **찾아가기** 호텔자체 셔틀버스가 없는 관계로 마카오페리터미널, 타이파페리터미널, 중국국경 등에서 MGM호텔셔틀버스를 이용하면 된다.
홈페이지 www.mandarinoriental.com/macau

대형박물관을 연상케하는
엠지엠마카오 MGM Macau

카지노재벌 스탠리호의 딸 팬시호와 할리우드제작사 MGM미라지그룹이 합작하여 선보인 5성급호텔이다. 3가지 컬러로 이뤄진 물결무늬의 건물 외관과 살바도르달리 Salvador Dali 의 청동조각상 달리니안댄서, 세계 최고의 유리공예가 데일치훌리 Dale Chihuly 의 샹들리에 등 화려한 작품으로 꾸며진 로비가 인상적이다. 호텔 내부 곳곳에 고급예술작품을 전시하였으며, 특히 2층에는 연중 다양한 기획전시가 개최되는 MGM아트스페이스 전시실이 별도로 위치한다. 로비를 지나면 MGM의 최대자랑인 포르투갈 리스본역을 재현한 그랜드플라카광장 중앙에는 대형수족관이 자리하며 광장 안쪽으로 대형카지노가 위치한다.

그랜드, 그랜드스튜디오, 그랜드디럭스, 스위트룸, 빌라 등으로 구성된 총 582개의 객실이 있으며 가장 작은 객실이 48㎡로 넓은 편이다. 전반적으로 안락함과 럭셔리함을 기본으로 각 룸마다 지향하는 스타일콘셉트가 다르다. 남중국해를 180°시야로 바라볼 수 있는 야외수영장, 피트니스센터, 스파 등의 부대시설과 광둥요리레스토랑 임페리얼코트, 동남아시아요리전문 스퀘어에이트, 뷔페레스토랑 로스우 등 4개의 레스토랑과 3개의 바가 있다.

주소 Avenida Dr Sun Yat Sen, NAPE **요금** HK$1,700~ **체크인/아웃** 15:00/11:00 **문의** (853)8802-8888 **찾아가기** 마카오/타이파 페리터미널과 중국국경 등에서 MGM호텔셔틀버스를 이용하면 된다. **홈페이지** www.mgmmacau.com

호텔정문에서 펼쳐지는 분수쇼가 유명한
윈마카오호텔 Wynn Macau Hotel

미국 라스베이거스의 카지노대부인 리조트개발업자 스티브윈 Steve Wynn 이 2006년에 설립한 5성급호텔이다. 피카소, 세잔, 고갱, 반고흐, 모네, 앤디워홀 등 세계 유명화가의 작품을 라스베이거스의 본인 호텔에 전시하면서 도박의 천국 라스베이거스를 명품미술도시로 탈바꿈시킨 장본인이다. 마카오의 윈호텔도 마찬가지로 중국, 인도, 한국, 중동, 러시아, 유럽, 미국 등 다양한 세계적 예술작품을 로비를 비롯하여 호텔 곳곳에 전시해 놓았다. 윈타워와 앙코르타워 두 건물로 구성되어 있는 윈호텔은 디럭스, 그랜드디럭스와 스트위룸으로 나뉜 총 1,007개의 객실이 있다.

대형카지노뿐만 아니라 불가리, 샤넬, 던힐, 페라리, 구찌 등 20여 개의 명품매장이 자리한 쇼핑몰과 2개의 럭셔리스파, 살롱, 피트니스센터와 야외수영장 등의 부대시설이 마련되어 있다. 미슐랭 투스타를 획득한 쓰촨요리레스토랑 골든플라워, 미슐랭 원스타를 획득한 광둥요리레스토랑 윙레이, 일식레스토랑 미즈미, 이탈리안레스토랑 리스토란테 일테아트로 등 10여 개의 레스토랑과 바가 자리한다.

주소 Rua Cidade de Sintra, NAPE **요금** HK$1,900~ **체크인/아웃** 15:00/12:00 **문의** (853)2888-9966 **찾아가기** 마카오페리터미널, 타이파페리터미널과 중국국경 등에서 윈마카오호텔 셔틀버스를 이용한다. **홈페이지** www.wynnmacau.com

마카오반도의 랜드마크
그랜드리스보아 Grand Lisboa

마카오 카지노대부 스탠리호가 설립한 마카오 최초 카지노호텔 리스보아호텔 맞은편에 웅장하고 화려한 5성급호텔을 2007년 오픈하였다. 외관부터 마카오에서 가장 눈에 띄는 호텔로 43층짜리 건축물은 금빛 불꽃놀이를 연상케 하며 카지노가 자리한 LG1~3층까지는 화려한 새장 모양으로 카지노를 찾는 사람들이 수중의 돈을 탕진할 때까지 밖으로 못나가게 한다는 의미가 있다고 한다. G층과 호텔 곳곳에는 스탠리호가 구입한 화려한 중국예술품과 세계에서 가장 비싸게 구입한 다이아몬드 2개를 호텔 로비에 전시하였다.

슈페리어, 디럭스, 프리미어디럭스, 디럭스코너, 스위트룸으로 구성된 총 433개의 럭셔리한 객실을 갖추고 있다. 크림, 레드벨벳, 블랙컬러 등으로 인테리어된 젠스타일의 모던한 분위기로 뱅앤올룹스TV, 자쿠지, 터키증기탕 등의 시설과 인터넷서비스, 미니바를 무료로 제공한다. 미슐랭 쓰리스타의 로부숑오돔, 미슐랭 투스타의 디에이트, 남부이탈리아 최고의 미슐랭레스토랑 돈알폰소1890의 첫 아시아지점 등 마카오의 유명레스토랑이 위치한다.

주소 Avenida de Lisboa **요금** HK$2,100~ **체크인/아웃** 15:00/12:00 **문의** (853)8803-7722 **찾아가기** 마카오페리터미널과 중국국경 등에서 그랜드리스보아호텔 셔틀버스를 이용한다. **홈페이지** www.grandlisboa.com

마카오페리터미널에서 가까운 곳에 위치한
샌즈마카오호텔 Sands Macao Hotel

2004년 샌즈그룹이 라스베이거스 스타일로 설립한 카지노호텔이다. 샌즈마카오 카지노를 찾는 고객은 중국인이 대부분으로 건물외관과 내부 모두 중국인이 좋아하는 황금색과 붉은색으로 장식됐다. 총 289개의 객실은 디럭스스위트룸과 이그제큐티브스위트룸으로만 구성되어 있으며 스파, 살롱, 수영장 등과 시간대별로 다양한 공연과 쇼를 감상할 수 있는 제너두라운지, 세계적 수준의 공연이 펼쳐지는 샌즈시어터 등의 부대시설을 갖추고 있다. 스테이크하우스 코파, 광둥요리레스토랑 골든코트, 뷔페레스토랑 888뷔페, 다양한 아시안요리전문점이 입점한 888푸드코트 등이 자리한다.

주소 203 Largo de Monte Carlo 요금 HK$1,500~ 체크인/아웃 15:00/11:00 문의 (853)2888-3330 찾아가기 마카오페리터미널, 타이파페리터미널, 중국국경과 베네치안마카오 등에서 샌즈마카오호텔 셔틀버스를 이용하면 된다. 홈페이지 www.sandsmacao.com

서비스아파트먼트호텔
애스콧마카오 Ascott Macau

디럭스와 스위트룸으로 구성되어 있으며 주방시설이 갖춰진 아파트먼트타입의 110개 객실을 보유한 4성급호텔이다. 심플하고 모던한 분위기의 디럭스와 스위트룸으로 구성되며 심플하면서도 모던한 분위기의 객실은 시티뷰와 하버뷰로 나뉘고 LEDTV, 네스프레소커피머신, 싱크대, 마이크로웨이브오븐, 무료인터넷서비스 등의 시설을 갖추고 있다. 비즈니스센터, 미팅룸, 야외수영장, 야외테라스, 사우나, 피트니스센터 등의 부대시설과 3개의 레스토랑, 2개의 바를 운영하고 있다.

주소 336 Rua Cidade de Braga, NAPE 요금 HK$1,100~ 체크인/아웃 15:00/12:00 문의 (853)2822-0688 찾아가기 마카오페리터미널, 타이파페리터미널와 중국국경 등에서 윈마카오호텔 셔틀버스를 이용하면 대각선에 위치한다. 홈페이지 www.the-ascott.com

시내중심에 위치한 독특한 건축물
라크호텔마카오 L'Arc Hotel Macau

2009년 파리의 개선문에서 착안하여 설계한 건물로 저층 부분이 인상적인 5성급 카지노호텔이다. 디럭스, 이그제큐티브 클럽디럭스, 스위트룸, 복층빌라 등으로 구성된 총 283개의 객실이 있고 전체적으로 유럽풍 인테리어로 꾸며져 있으며, 대리석욕실, 무료인터넷서비스, 오버사이즈침대 등 투숙객의 편의에 신경을 쓰고 있다. 야외수영장, 피트니스센터, 비즈니스센터 등의 부대시설과 광동요리레스토랑 더차이니즈레스토랑, 24시간 운영하는 중식레스토랑 풀하우스, 정통상하이요리레스토랑 올드상하이레스토랑, 뷔페레스토랑, 시키핫폿 앤씨푸드레스토랑 등이 자리한다.

주소 278 Avenida 24 De Junho, NAPE **요금** HK$1,400~ **체크인/아웃** 14:00/11:00 **문의** (853)2880-8888 **찾아가기** 마카오페리터미널, 타이파페리터미널과 중국국경에서 윈마카오호텔 셔틀버스를 이용하면 대각선에 위치한다. **홈페이지** www.larcmacau.com

한국여행자가 선호하는 호텔
소피텔마카오앳폰테16 Sofitel Macau at Ponte 16

풀만, 노보텔, 이비스 등 전 세계 다양한 브랜드호텔을 소유한 아코르호텔 소피텔계열의 럭셔리 5성급 카지노호텔이다. 중심지가 아닌 항구쪽에 위치하여 다른 5성급호텔보다 가격은 저렴하지만 규모와 시설은 결코 뒤지지 않는다. 포르투갈풍 외관에 객실은 하버뷰와 시티뷰로 나뉘며 슈페리어, 럭셔리, 스위트룸과 빌라 등 총 408개이고, 고풍스러운 인테리어를 자랑한다. 야외수영장, 피트니스센터, 카지노, 미팅룸 등의 부대시설과 레스토랑, 바 등이 자리한다.

주소 Rua do Visconde Paco de Arcos **요금** HK$900~ **체크인/아웃** 15:00/11:00 **문의** (853)8861-0016 **찾아가기** 마카오페리터미널과 중국국경에서 소피텔마카오앳폰테16호텔 셔틀버스를 이용하면 된다. **홈페이지** www.sofitel.com

마카오에서는 보기 드문 부티크호텔
록스호텔 Rocks Hotel

마카오페리터미널 바로 옆 피셔맨스워프 내에 자리한 18세기 영국빅토리아왕조 콘셉트의 부티크호텔이다. 유럽 고성을 연상케 하는 건물외관을 비롯하여 로비, 객실, 계단, 복도 등이 모두 고풍스러운 앤틱스타일로 꾸며져 있어 여성들이 선호하는 호텔이다. 유럽저택의 거실분위기로 연출된 로비는 낭만적이고 우아한 나선형 계단과 샹들리에가 인상적이다.

하버뷰와 시티뷰로 나뉘며 슈페리어, 디럭스와 스위트룸으로 구성된 총 72개 객실을 갖추고 있다. 모든 객실에는 발코니가 있고 가구, 벽지, 커튼, 창문, 조명, 인테리어소품 등 영국귀족의 방처럼 장식되어 소녀감성을 불러일으키기 충분하다. 피트니스센터, 비니즈니센터 등의 부대시설과 애프터눈티와 인터내셔널요리를 제공하는 빅스카페, 가볍게 한잔 즐기기에 좋은 스카이라운지 등이 자리한다.

주소 Macau Fisherman's Wharf, Avenida Dr. Sun Yat-Sen 요금 HK$1,200~ 체크인/아웃 14:00/12:00 문의 (853)2878-2782 찾아가기 마카오페리터미널과 중국국경에서 록스호텔 셔틀버스를 이용한다. 홈페이지 www.rockshotel.com.mo

마카오에서 가장 로맨틱한 호텔
포우사다드산티아고 Pousada de Sao Tiago

17세기 경 포르투갈이 해적과 유럽침략군으로부터 마카오를 지키기 위해 세운 군사요새를 개조하여 지은 헤리티지 부티크호텔이다. 200년 넘은 멀버리라 불리는 뽕나무와 담쟁이덩굴로 둘러싸인 외벽, 당시의 모습을 그대로 간직한 좁은 통로의 돌계단을 오르면 바다가 한눈에 보이는 호텔정원과 마주한다. 스위트룸으로만 구성된 12개의 객실에는 고풍스럽고 기품 있는 가구와 인테리어, 고급침구류와 최신식 가전제품 등이 배치되어 있고 객실전용 발코니와 테라스에서 일대를 조망할 수 있다. 스페니시요리 레스토랑 라팔로마, 정통매캐니즈요리를 선보이는 카페 다바라, 애프터눈티로 유명한 카스카타바 등과 야외수영장, 호텔정원, 제임스성당이 자리하고 있다.

주소 Avenida da Republica, Fortaleze de Sao Tiago da Barra 요금 HK$3,000~(인터넷 홈페이지로 예약 시) 체크인/아웃 15:00/12:00 문의 (853)8805-8888 찾아가기 미리 예약하면 마카오페리터미널과 마카오국제공항 등에서 픽업서비스를 무료제공한다. 홈페이지 www.saotiago.com.mo

Section **08**

코타이스트립의 대표호텔

다양한 엔터테인먼트시설을 갖춘 대형복합리조트 형태의 세계적 브랜드호텔이 모여 있다. 야외수영장, 카지노, 공연, 쇼핑 등을 원스톱으로 즐길 수 있으며, 베네치안마카오, 갤럭시마카오리조트 등 대부분 가까이 위치하여 무료셔틀버스나 공중회랑을 통해 도보이동이 가능하다. 리스보아팰리스, MGM 코타이, 루이13세마카오 등도 코타이스트립 복합리조트시티에 합류할 예정이라고 한다.

4,000여 개의 객실을 갖춘 메머드급호텔
쉐라톤마카오호텔 코타이센트럴
Sheraton Macao Hotel, Cotai Central

세계적인 호텔그룹 스타우드호텔&리조트계열 중 가장 큰 규모의 호텔이다. 스카이와 어스로 나뉜 2개의 건물에는 디럭스, 쉐라톤클럽룸과 스위트룸 등으로 구성된 총 4,001개의 객실이 있다. 특히 아기자기하게 꾸며진 아이방이 있는 패밀리스위트, 영화와 음악감상을 위한 미디어룸이 있는 디럭스스위트, 이그제큐티브스위트, 앰배서더스위트, 파티를 열수 있는 넓은 야외테라스가 마련된 테라스스위트, 프레지덴셜스위트룸 등 350개의 스위트룸이 있다. 모든 객실에는 미국 씰리침대와 합작하여 제작한 침대, LCDTV, iPod도킹스테이션 등의 최신시설을 갖추고 있다.

대규모의 쉐라톤클럽라운지, 3개의 야외수영장, 피트니스센터, 아시아 최대규모의 샤인스파, 5,000명을 동시에 수용할 수 있는 회의실과 다양한 미팅룸, 2개의 카지노, 5개의 레스토랑과 100여 개의 브랜드매장이 있는 쇼핑몰까지 과히 메머드급호텔이다. 애니메이션 대표영화사 드림웍스와 손잡고 다양한 프로그램을 선보이며, 특히 드림웍스의 캐릭터와 함께 사진을 찍으며 아침을 먹을 수 있는 슈렉퍼스트는 아이가 있는 가족단위 여행객들에게 인기가 있다.

주소 Estrada do Istmo. s/n, Cotai **요금** HK$1,200~ **체크인/아웃** 14:00/12:00 **문의** (853)2880-2000 **찾아가기** 마카오페리터미널, 타이파페리터미널과 중국국경 등에서 베네치안마카오 또는 C.O.D 호텔셔틀버스를 이용하면 된다. **홈페이지** www.sheratongrandmacao.com

24시간 버틀러서비스를 제공하는
세인트레지스마카오, 코타이센트럴 The St. Regis Macao, Cotai Central

쉐라톤마카오, 홀리데이인마카오, 콘래드호텔에 이어 샌즈리조트 코타이센트럴에 2015년 후발주자로 입성한 스타우드호텔&리조트계열의 럭셔리브랜드호텔이다. 전 세계 세인트레지스호텔은 모두 고객에게 맞는 개인 맞춤형 버틀러서비스를 제공하는데 다림질서비스, 짐을 풀고 싸는 팩앤언팩서비스, 예약대행 등을 해주는 개인집사서비스를 마카오에서는 최초로 선보인 호텔이다.

디럭스, 코타이디럭스, 그랜드디럭스와 스위트룸으로 구성된 총 400개의 객실이 있으며, 38층에는 보석에서 영감을 받은 호화로운 이리디움스파, 8층에는 프라이빗카바나를 갖춘 야외수영장, 미팅룸 등의 부대시설과 20세기 초 세인트레지스 뉴욕호텔에서 시작된 블러디메리칵테일과 다양한 요리를 선보이는 더매너, 한국스타일의 프라이드 치킨을 맛볼 수 있는 더세인트레지스바 등이 위치한다.

주소 Estrada do Istmo. s/n, Cotai 요금 HK$2,500~ 체크인/아웃 15:00/12:00 문의 (853)2882-8898 찾아가기 마카오페리터미널, 타이파페리터미널과 중국국경 등에서 베네치안마카오 또는 C.O.D 호텔셔틀버스를 이용하면 된다. 홈페이지 www.stregismacao.com

저렴한 가격에 5성급 서비스를 받을 수 있는
홀리데이인마카오 코타이센트럴
Holiday Inn Macao, Cotai Central

전 세계 홀리데이인호텔 중 가장 큰 규모의 4성급호텔로 샌즈리조트 코타이센트럴에 위치한다. 디럭스, 슈페리어와 스위트룸으로 구성된 총 1,224개의 객실이 있으며, 통유리로 된 전 객실에는 주문제작한 책상과 인체공학적 의자, 현대적 감각의 가구로 꾸며져 있다. 무료 유무선인터넷서비스와 턴다운서비스 등을 제공하며, 비즈니스센터, 피트니스센터, 야외수영장, 사우나 등의 부대시설을 갖추고 있고 4성급호텔이지만 저렴한 가격에 5성급이상의 훌륭한 서비스를 받을 수 있는 장점이 있다.

주소 Estrada do Istmo. s/n, Cotai 요금 HK$1,000~ 체크인/아웃 15:00/11:00 문의 (853)2828-2228 찾아가기 마카오페리터미널, 타이파페리터미널과 중국국경 등에서 베네치안마카오 또는 C.O.D 호텔셔틀버스를 이용하면 된다. 홈페이지 www.holidayinn.com/macao

힐튼그룹의 럭셔리브랜드호텔
콘래드호텔&리조트마카오
Conrad Hotels&Resorts Macao

샌즈리조트 코타이센트럴에 위치한 힐튼그룹에서 운영하는 럭셔리브랜드호텔로 중국풍과 히말라야 콘셉트로 디자인되었다. 디럭스룸과 스위트룸으로 구성된 총 636개의 객실 중 스위트룸이 206개를 차지하고 있다. 전 객실에는 LED HDTV, DVD/CD 플레이어, iPod도킹스테이션, 네스프레소커피머신 등의 최신시설과 영국 유명브랜드 아로마테라피 어소시에이츠의 욕실용품, 무료 유무선인터넷 서비스 등이 제공된다. 전 투숙객에게 침대에는 곰인형, 욕실에는 오리인형을 선물로 제공한다. 보리스파, 헬스클럽, 자쿠지와 온수풀이 설치된 야외수영장, 미팅룸 등의 부대시설과 인터내셔널요리를 선보이는 그랜드오비트와 중식레스토랑 다이너스티8 등이 자리한다.

주소 Estrada do Istmo. s/n Cotai 요금 HK$1,500~ 체크인/아웃 15:00/11:00 문의 (853)8113-6866 찾아가기 마카오/타이파 페리터미널과 중국국경 에서 베네치안마카오 또는 C.O.D 호텔셔틀버스를 이용하면 된다. 홈페이지 www.conradmacao.com

전 객실이 스위트룸으로 구성된
베네치안마카오리조트호텔 The Venetian Macau Resort Hotel

2007년 샌즈그룹이 미국 베네치안라스베이거스와 같은 콘셉트로 규모만 3배 크게 건설한 대형리조트호텔이다. 이탈리아 베네치안을 콘셉트로 하여 웅장하면서도 화려한 외관과 실내로 호텔자체가 관광명소이다. 우리에게는 드라마 〈꽃보다 남자〉와 〈운명처럼 널 사랑해〉의 촬영지, 엠넷에서 주체하는 아시안뮤직어워즈 등이 개최되는 곳으로 익숙하다. 총 3,000개의 객실은 모두 로얄, 벨라, 리알토, 파밀리아, 플로렌스, 시엘로 등으로 나뉘는 스위트룸으로만 구성되며, 이탈리아 베니스 양식의 인테리어로 고풍스러운 분위기를 연출한다. 특히 성인용 침대와 별도

Chapter 03 마카오 추천 숙박업소

로 아이들을 위한 이층침대, 오락시설이 구비된 파밀리아스위트룸은 가족들이 숙박하기 좋다. 대형카지노, 공연장, 스타디움, 컨벤션룸, 전시공간, 대형쇼핑몰, 레스토랑, 미니골프장, 야외수영장, 피트니스센터, 3개의 실내운하, 곤돌라라이즈, 아이들을 위한 놀이공간 키즈앳베네치안 등 다양한 부대시설을 갖추고 있어 호텔 내에서만 지내도 지루할 틈이 없다.

주소 Estrada da Baía de N. Senhora da Esperança, s/n, Cotai **요금** HK$1,600~ **체크인/아웃** 14:00/12:00 **문의** (853)2882-8877 **찾아가기** 마카오페리터미널, 타이파페리터미널과 중국국경 등에서 베네치안마카오리조트 셔틀버스를 이용하면 된다. **홈페이지** www.venetianmacao.com

유럽풍 럭셔리호텔
포시즌마카오호텔 Four Seasons Macau Hotel

베네치안마카오리조트와 연결되어 있으며 코타이스트립에서 최초로 카지노가 없는 유럽풍 럭셔리호텔이다. 19층 건물에 프리미어, 디럭스 슈페리어룸과 스위트룸 등으로 구성된 360개의 객실은 전체적으로 넓고, 황금색 브로케이드와 벨벳으로 꾸며져 있다. 초호화 명품브랜드매장으로 구성된 숍스앳포시즌스, 5개의 야외수영장, 피트니스센터, 스파, 비즈니스센터 등의 부대시설과 광동요리레스토랑 지얏힌, 포르투갈과 마카오요리를 제공하는 벨칸카오, 다양한 요리를 선보이는 스플래시 등의 레스토랑이 자리한다. 어린이와 청소년을 위한 다양한 실내외 프로그램과 가족이 함께 즐길 수 있는 다양한 액티비티 프로그램이 준비되어 있다.

주소 Estrada da Baía de N. Senhora da Esperança, s/n, Cotai **요금** HK$3,000~ **체크인/아웃** 15:00/12:00 **문의** (853)2881-8888 **찾아가기** 마카오페리터미널, 타이파페리터미널, 과 중국국경 등에서 베네치안마카오리조트 셔틀버스를 이용하면 된다. **홈페이지** www.fourseasons.com/macau

럭셔리 비즈니스호텔
그랜드하얏트마카오호텔 Grand Hyatt Macau Hotel

시티오브드림즈의 3개 호텔 중 물결을 모티브로 한 그랜드타워와 그랜드클럽타워로 구성된 5성급호텔이다. 디럭스와 스위트룸 그리고 그랜드클럽룸으로 구성된 총 791개의 객실은 모던한 감각이 돋보이는 인테리어로 꾸며져 있다. 기업회의, 컨벤션, 전시회, 이벤트 등을 개최할 수 있는 마이스MICE기능이 완벽하게 구비된 호텔로 2,000명을 수

용할 수 있는 그랜드볼룸을 비롯하여 8개의 최첨단 시설을 갖춘 15개 미팅룸이 있다. 조식, 간단한 스낵과 음료, 이브닝칵테일, 샴페인 등이 시간대별로 제공되는 그랜드 클럽라운지, 최첨단 운동기구를 갖춘 피트니스센터, 아름다운 야경을 감상할 수 있는 야외수영장, 15개 스위트스파룸을 갖춘 이살라스파 등의 부대시설과 중국 북부지방 요리를 제공하는 베이징키친, 인터내셔널요리를 선보이는 메자9 등의 레스토랑이 자리한다.

주소 City of Dreams, Estrada do Istmo, Cotai **요금** HK$1,500~ **체크인/아웃** 15:00/11:00 **문의** (853)8868-1234 **찾아가기** 마카오페리터미널, 타이파페리터미널과 중국국경 등에서 C.O.D 셔틀버스를 이용하면 된다. **홈페이지** macau.grand.hyatt.com

크라운타워마카오 Crown Towers Macau
편안함을 느낄 수 있는 최고급호텔

빗줄기를 모티브로 시티오브드림즈에 자리한 프리미엄 통합리조트로 중국과 호주 아티스트들의 작품이 호텔 곳곳에 전시되어 있다. 골드와 아쿠아블루를 기본 색채로 하며 크리스털샹들리에 등으로 고급스러움을 더했다. 현대적 감각과 우아한 인테리어가 돋보이는 디럭스, 프리미어, 스위트룸과 빌라 등으로 구성된 총 290개의 전 객실은 넓고 거실까지 별도로 있으며 풀사이즈 소파가 설치되어 있다.

시몬스킹매트리스, 거위털침구류, 취향대로 선택할 수 있는 베개, LCD HDTV, iPod도킹스테이션 등의 시설과 무료 유무선인터넷서비스 등을 제공한다. 수영장, 피트니스센터, 비즈니스센터, 살롱, 투숙객이라면 사우나, 자쿠지, 스팀룸 등을 무료로 이용할 수 있는 더스파앳크라운 등의 부대시설, 최고급 프랑스 레스토랑 더테이스팅룸, 마카오 최고급광둥요리레스토랑 제이드드래곤, 도쿄미슐랭 투스타에 빛나는 신지바이카네사카 등이 자리한다.

주소 City of Dreams, Estrada do Istmo, Cotai **요금** HK$1,700~ **체크인/아웃** 15:00/11:00 **문의** (853)8868-6888 **찾아가기** 마카오페리터미널, 타이파페리터미널과 중국국경 등에서 C.O.D 셔틀버스를 이용하면 된다. **홈페이지** cityofdreamsmacau.com/hotel/crown-towers

투숙객을 록스타로 만들어 주는
하드록마카오호텔 Hard Rock Macau Hotel

젊은 감각에 맞춰 록음악을 주제로 한 호텔로 리셉션 벽면에는 머라이어캐리, 마이클잭슨, 딥퍼플, 메탈리카, 엘튼존 등 세계적 유명가수들의 애장품이 장식되어 있고, 각 층마다 유명록스타의 사진과 소장품이 전시되어 있다. 전체적으로 쿨, 펀, 엣지를 강조하는 '마음은 청춘이다'란 주제를 담은 록앤롤정신으로 디자인되어 투숙객 모두를 록스타처럼 느끼게 해준다.

스탠다드킹, 더블퀸룸과 스위트룸으로 구성된 총 266개의 객실이 있으며 코너스위트룸은 전설적인 록스타들의 콘서트사진과 소장품들로 장식되어 있다. 록스타스위트룸은 로데오게임룸, 포커룸, 별도의 주방과 중화권 슈퍼스타 재킹청의 무대의상과 사인이 적힌 그랜드피아노 등이 있다. 모든 객실에는 하드록기타 모양에 '바위처럼 잠들라'는 의미의 'Sleep like a Rock' 자수가 새겨진 베개를 비롯하여 iPod도킹스테이션, 무료 유무선인터넷서비스 등이 제공된다.

주소 City of Dreams, Estrada do Istmo, Cotai **요금** HK$1,100~ **체크인/아웃** 15:00/11:00 **문의** (853)8868-3333 **찾아가기** 마카오페리터미널, 타이파페리터미널과 중국국경 등에서 C.O.D 셔틀버스를 이용하면 된다. **홈페이지** www.hardrockhotelmacau.com

세계 최고급 엔터테이먼트 시설을 제공하는
스튜디오시티마카오 Studio City Macau

멜코크라운엔터테인먼트에서 약 3조 7,300억 원을 투입하여 2015년 개장한 복합엔터테인먼트리조트로 워너브라더스, DC코믹스와 손잡고 영화를 테마로 조성하였다. 킹, 트윈, 디럭스킹, 디럭스트윈과 스위트룸으로 구성된 셀러브리티타워와 전객실 스위트룸으로 구성된 스타타워 두 개의 건물로 이루어져 있으며 총 1,600개의 객실을 갖추고 있다.

일반객실은 영화필름과 캐릭터액자 등의 인테리어로 꾸며져 있으며, 무료인터넷서비스와 무료로컬전화, 턴다운서비스 등을 제공한다. 소파가 딸린 거실이 있는 600개의 스위트룸으로만 구성된 스타타워 객실은 55인치 LCD HDTV, JBL블루투스스피커, 쇼파와 테이블 등 다

양한 시설이 있다. 하우스오브매직, 골든릴, 배트맨다크플라이트, 파차마카오, 카지노 등의 엔터테인먼트시설과 쇼핑구역 더블르바드앳스튜디오시티, 실내외 수영장, 뷰티살롱, 피트니스센터와 스파 등의 부대시설, 20여 개의 레스토랑과 카페 등이 자리한다.

주소 Studiocity Macau, Cotai **요금** HK$ 1,000~ **체크인/아웃** 15:00/11:00 **문의** (853)8865-6668 **찾아가기** 마카오페리터미널, 타이파페리터미널과 중국국경 등에서 스튜디오시티 셔틀버스를 이용하면 된다. **홈페이지** www.studiocity-macau.com

전 객실 최고의 전망을 자랑하는
알티라마카오호텔 Altira Macau

예전 크라운호텔이 C.O.D로 옮기면서 2007년 알티라마카오로 새롭게 오픈한 호텔이다. 코타이스트립의 대형리조트호텔들과 달리 남중국해를 바라볼 수 있는 지역에 위치하며 카지노를 비롯한 엔터테인먼트시설보다는 호텔 자체 서비스에 집중하여 6성급호텔이라는 평을 받는다. 로비는 38층에 위치하며, 전 객실이 마카오타워와 마카오반도, 타이파섬을 연결하는 3개 대교가 파노라마처럼 펼쳐지는 전망이다. 워터프론트뷰와 스위트룸, 빌라룸으로 구성된 총 216개의 객실이 있으며 원형욕조, 일본식 샤워시설, 멀티미디어시스템, 무료인터넷 서비스 등을 제공한다. 카지노 대신 내세우는 알티라 스파는 15~16층에 자리하며 마카오가 한눈에 내려다보이는 최고급 스파이다. 포브지에서 세계 10대 호텔 수영장으로 선정된 인피니트엣지 실내수영장, 광동요리레스토랑 이영, 일본덴푸라전문레스토랑 텐마사 첫 해외지점, 이탈리아레스토랑 오로라, 야외테이블에서 최고의 전망과 함께 라이브음악을 즐기는 38라운지 등 세계 수준의 레스토랑과 바가 있다.

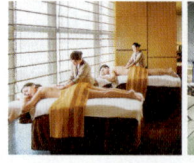 

주소 Avenida de Kwong Tung, Taipa **요금** HK$ 1,700~ **체크인/아웃** 15:00/11:00 **문의** (853)2886-8888 **찾아가기** 호텔셔틀버스를 운행하지 않으므로 택시로 이동해야 한다. **홈페이지** www.altiramacau.com

2016 미슐랭가이드 톱클래스컴포트에 선정된
갤럭시마카오 Galaxy Macau

반얀트리, 호텔오쿠라, 리츠칼튼마카오, JW메리어트마카오, 브로드웨이마카오 등 세계적 브랜드호텔이 함께 자리한 갤럭시마카오리조트 내에 위치한 5성급호텔이다. 궁전처럼 지어진 외관과 달리 심플하

고 안락하게 꾸며졌으며, 갤럭시룸과 갤럭시, 프리미어, 팰리스, 로얄스위트룸 등으로 나뉘는 총 1,500개의 객실은 인터넷 서비스와 미니바서비스 등을 무료제공한다.

2층에는 온도조절이 가능한 야외수영장, 자쿠지, 세계 최대 인공파도풀장 스카이톱, 웨이브풀을 갖춘 그랜드리조트데크 등이 자리한 워터파크리조트이다. 12개의 다목적 미팅룸, 그랜드볼룸, 세계 각국의 다양한 요리를 제공하는 20여 개의 레스토랑, 200여 개의 매장이 입점된 쇼핑몰 더프롬나드, 게임테이블과 최첨단 슬롯머신을 갖춘 초대형 카지노 등이 자리한다.

주소 Estrada da Baia de Nossa Senhora, da Esperanca, Cotai **요금** HK$1,400~ **체크인/아웃** 15:00/11:00 **문의** (853)2888-0888 **찾아가기** 마카오페리터미널, 타이파페리터미널과 중국국경 등에서 갤럭시마카오리조트 셔틀버스를 이용한다. **홈페이지** www.galaxymacau.com/en

럭셔리의 끝판왕
리츠칼튼마카오 Ritz-Carlton Macau

2015년 갤럭시마카오리조트에 새로 개장한 호텔로 리츠칼튼 최초로 239개 전 객실이 초호화 스트위룸으로 꾸며진 럭셔리호텔이다. 51층 로비는 대리석, 샹들리에, 화려한 꽃 등 전체적으로 파랑과 보라색으로 꾸며져 있으며, 웰컴드링크를 마시는 동안 담당직원이 알아서 체크인수속을 해준다. 객실은 침실과 거실이 분리된 프리미어스위트, 프리미어클럽스위트, 칼튼스위트, 칼튼클럽스위트, 투베드룸 칼튼스위트 등으로 구분되며, 포르투갈과 중국전통양식이 혼재된 마카오 특유의 럭셔리한 가구와 디자인으로 꾸며져 있다. 대리석 월풀욕조가 있는 럭셔리한 욕실에는 영국황실에서 사용하는 아스프리(Asprey) 어메니티가 제공되며, 드레스룸에는 별도 화장대가 마련되어 있다.

광둥요리레스토랑 라이힌, 올데이다이닝레스토랑 더리츠칼튼카페와 애프터눈티, 디너, 주류 등을 제공하는 더리츠칼튼바앤라운지 등과 피트니스센터, 스파, 야외수영장, 그랜드볼룸 등의 부대시설을 갖추고 있다.

주소 Estrada da Baia de Nossa Senhora, da Esperanca, Cotai **요금** HK$3,000~ **체크인/아웃** 15:00/11:00 **문의** (853)8886-6868 **찾아가기** 마카오페리터미널, 타이파페리터미널과 중국국경 등에서 갤럭시마카오리조트 셔틀버스를 이용한다. **홈페이지** www.ritzcarlton.com/macau

오리엔탈정신이 깃든 럭셔리호텔
반얀트리마카오 Banyan Tree Macau

세계적인 럭셔리호텔체인 반얀트리가 갤럭시리조트마카오 내 오픈한 리조트콘셉트의 초호화판 7성급호텔이다. 중국풍 디자인의 스위트룸과 빌라로 구성된 총 246개의 모든 객실에는 수온조절이 가능한 개인수영장 릴랙션풀을 갖추고 있다. 특히 900㎡가 넘는 크기의 독채 빌라에는 실내수영장, 야외수영장, 전용정원, 스팀&사우나룸, 자쿠지 등의 최고급 시설이 개별적으로 제공된다. 미팅앤컨퍼런스룸, 볼룸, 헬스클럽과 야외수영장, 스파차이나매거진에서 베스트스파상을 수상한 반얀트리트리스파 등의 부대시설이 자리한다.

주소 Estrada da Baia de Nossa Senhora, da Esperanca, Cotai 요금 HK$2,300~ 체크인/아웃 15:00/11:00 문의 (853)8883-6888 찾아가기 마카오페리터미널, 타이파페리터미널과 중국국경 등에서 갤럭시마카오리조트 셔틀버스를 이용하세요. 홈페이지 www.banyantree.com/en/macau

일본분위기를 느낄수 있는
호텔오쿠라마카오 Hotel Okura Macau

일본 오쿠라호텔앤리조트계열 체인호텔로 일본전통의 격자창과 심플하고 모던한 감각이 어우러진 로비에는 기모노를 착용한 호텔리어가 투숙객을 맞는다. 디럭스, 슈페리어, 오쿠라디럭스, 오쿠라슈페리어, 스위트룸으로 나뉜 총 488개의 객실이 있다. 일본호텔답게 미니멀리스트가 강조된 심플한 인테리어의 객실에는 무료인터넷서비스와 LCDTV, DVD플레이어, 커피머신 등의 시설이 갖춰져 있다.

투숙객은 갤럭시마카오 그랜드리조트데크를 이용할 수 있으며, 피트니스센터, 비즈니스센터, 실내수영장 등의 부대시설과 일본전통요리 레스토랑 야마자토, 동서양 퓨전요리 레스토랑 테라스와 일본, 마카오의 과자, 차, 애프터눈티 등을 즐길 수 있는 나고미로비바앤라운지 등이 자리한다.

주소 Estrada da Baia de Nossa Senhora, da Esperanca, Cotai 요금 HK$1,300~ 체크인/아웃 15:00/11:00 문의 (853)2888-0888 찾아가기 마카오페리터미널, 타이파페리터미널과 중국국경 등에서 갤럭시마카오리조트 셔틀버스를 이용하세요. 홈페이지 www.hotelokuramacau.com

아시아 JW메리어트 중 규모가 가장 큰 호텔
JW메리어트호텔마카오
JW Marriott Hotel Macau

갤럭시리조트마카오 내 리츠칼튼마카오와 함께 오픈한 5성급호텔로 아시아 JW메리어트 중 최대 규모를 자랑한다. 디럭스, 프리미어, 이그제큐티브, 리트릿스튜디오, 리트릿풀스튜디오, 스위트룸 등으로 구성된 총 1,015개의 객실이 있다. 전면통유리로 된 객실은 모던하면서 심플한 인테리어로 꾸며져 있고 전 객실 턴다운이브닝서비스를 제공한다.

스위트룸부터는 이그제큐티브라운지를 이용할 수 있는데 간단한 스낵, 애프터눈티, 디저트, 전채요리, 칵테일, 비즈니스서비스 등 다양한 서비스를 무료제공한다. 피트니스센터, 야외수영장, 스파, 아이들과 함께 즐기는 게임아케이드와 세계 최대 규모의 JW키즈살롱 등의 부대시설과 광둥요리레스토랑 만호, 뷔페레스토랑 어반키친, 점심과 저녁식사를 제공하는 더라운지 등이 자리한다.

주소 Estrada da Baia de Nossa Senhora, da Esperanca, Cotai **요금** HK$1,300~ **체크인/아웃** 15:00/11:00 **문의** (853)8886-6888 **찾아가기** 마카오페리터미널, 타이파페리터미널과 중국국경 등에서 갤럭시마카오리조트 셔틀버스를 이용한다. **홈페이지** www.jwmarriottmacau.com

다양한 엔터테인먼트 시설을 갖추고 있는
브로드웨이마카오 Broadway Macau

엔터테인먼트 시설이 부족했던 갤럭시리조트마카오에 다양한 공연과 이벤트 등으로 활기를 불어넣기 위해 미국 브로드웨이 콘셉트로 개장한 5성급호텔이다. 3,000석 규모의 브로드웨이극장에서는 세계적인 공연이 열리고, 미국 브로드웨이를 콘셉트로 꾸며진 브로드웨이 극장거리에는 40여 개의 식음료 매장이 자리하고 시간대별로 다양한 공연이 펼쳐진다. 브로드웨이, 브로드웨이 디럭스, 스위트룸으로 구성된 총 320개 객실은 인터넷과 미니바서비스를 무료제공하고 있다. 야외수영장과 피트니스센터, 마카오 로컬브랜드매장 위주로 입점된 숍앳브로드웨이 등의 부대시설이 있고, 투숙객은 갤럭시마카오의 그랜드리조트데크를 이용할 수 있다.

주소 Estrada da Baia de Nossa Senhora, da Esperanca, Cotai **요금** HK$1,300~ **체크인/아웃** 15:00/11:00 **문의** (853)2888-0888 **찾아가기** 마카오페리터미널, 타이파페리터미널과 중국국경 등에서 갤럭시마카오리조트 셔틀버스를 이용한다. **홈페이지** www.broadwaymacau.com.mo

마카오에서 만나는 파리
파리지앵마카오 The Parisian Macau Hotel Resort

2016년 9월 샌즈그룹이 이탈리아 베네치아를 본뜬 베네치안마카오에 이어 도시를 테마로 만들어진 두 번째 복합리조트를 오픈하였다. '빛의 도시' 파리를 모티브로 건축된 파리지앵마카오 입구에는 높이 324m의 실제 ½크기에 강철소재로 실제에 가깝게 재현한 축소판 에펠타워가 세워져있다. 6,600여 개의 조명을 설치하여 매일 오후 7시 20분부터 자정까지 20분 간격으로 일루미네이션을 진행하고 있으며, 본관과 연결된 7층 전망대와 코타이스트립의 전경을 한눈에 감상할 수 있는 37층 전망대가 자리한다.

본관내부에는 콩코르드광장, 오페라극장, 샹젤리제거리, 방돔광장, 베르사유궁전과 개선문 등 온통 파리의 상징물들을 재현했다. 물랑루즈의 붉은 풍차, 터널형 워터슬라이드 마리앙투아네트타워, 고전명작 '80일간의 세계일주'의 열기구 모양으로 제작된 물놀이시설 등 마카오파리지앵 외관을 바라보며 물놀이를 즐길 수 있는 아쿠아월드와 2,000㎡의 공간에 어린이를 위한 실내외 놀이시설을 갖춘 큐브킹덤도 있다.

디럭스, 에펠타워, 패밀리룸과 리옹스위트 등으로 나뉜 3,000여 객실내부는 에펠타워, 파리지도, 파리도심거리 등을 벽지에 담아내어 파리분위기를 느낄 수 있게 꾸며져 있다. 5,000㎡ 규모의 회의공간, 다양한 공연이 열리는 1,200석의 파리지앵극장, 푸드코트를 포함한 10여 개의 레스토랑, 거리화가, 마임 버스커, 캉캉춤, 샹송공연 등의 다양한 엔터테인먼트가 펼쳐지는 파리 샹젤리제거리콘셉트 쇼핑몰 숍스앳파리지앵 등이 자리한다.

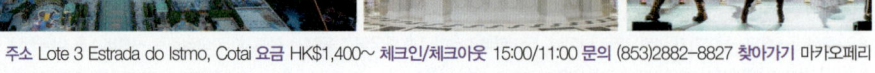

주소 Lote 3 Estrada do Istmo, Cotai 요금 HK$1,400~ 체크인/체크아웃 15:00/11:00 문의 (853)2882-8827 찾아가기 마카오페리터미널, 타이파페리터미널과 중국국경 등에서 파리지앵마카오 셔틀버스를 이용한다. 홈페이지 www.parisianmacao.com

꽃을 주제로 한 명품리조트
윈팰리스 Wynn Palace

2016년 8월 C.O.D 뒤편에 '꽃이 주는 기쁨과 아름다움'을 테마로 한 럭셔리 명품리조트 윈팰리스가 개장했다. 호텔광장에는 최첨단 음향과 조명시스템이 어우러져 황홀한 장관을 이루는 분수쇼가 펼쳐지는 약 3만㎡의 퍼포먼스레이크Performance Lake와 호텔주변일대를 감상할 수 있는 케이블카 스카이캡SkyCab이 있다. 로비&출구에는 현대미술가 제프쿤스Jeff Koons의 튤립작품과 세계적인 플라워아티스트 프레스턴베일리Preson Bailey의 작품들이 자리하며, 수만 송이의 생화를 사용하여 디자인한 초대형작품은 6개월마다 다른 작품으로 교체된다. 마카오 반도의 윈마카오와 마찬가지로 스티브윈이 수집한 진귀한 예술작품들을 공용공간 곳곳에 전시하였다.

일반객실 팰리스룸과 파운틴, 이그제큐티브, 팔러, 파운틴살롱으로 나뉜 스위트룸 그리고 펜트하우스와 가든빌라로 구성된 1,706개의 객실은 전제적으로 금, 청, 주 시대를 대표하는 골드, 블루, 오렌지컬러로 디자인되었다. 맞춤설계된 침대, 이집트산 면침구류, 65인치 HDTV, 뱅앤올룹슨 오디오시스템, 이탈리아 대리석세면대, 몰튼브라운 어메니티 등 명품리조트의 품격에 맞게 섬세하게 단장되었다.

윈팰리스의 주인 스티브윈의 이니셜을 딴 SW스테이크하우스, 스티브윈의 아내이름을 붙인 현대적 중국요리를 선보이는 안드레아스, 전통 중국왕실분위기의 광둥요리전문레스토랑 윙레이팰리스, 8명의 일본인 전문셰프가 요리하는 일식레스토랑 미주미, 퍼포먼스레이크를 감상하기 좋은 뷔페레스토랑 카페폰타나 등 10여 개의 레스토랑이 있다. 약 5,600평 규모에 엄선하여 선별된 세계최고의 명품브랜드와 디자이너매장이 입점된 윈에스플러네이드Wynn Esplanade, 환상적인 뷰를 자랑하는 실외수영장과 중국황궁에서 영감을 받아 꾸며진 스파앳팰리스 등이 자리한다.

주소 Avenida da Nave Desportiva, Cotai 요금 HK$1,700~ 체크인/체크아웃 15:00/11:00 문의 (853)8889-3888 찾아가기 마카오페리터미널, 타이파페리터미널과 중국국경 등에서 윈팰리스 셔틀버스를 이용한다. 홈페이지 www.wynnpalace.com

INDEX

ㄱ

가스등	204
간헐천협곡	322
갈로	408
감수	378
객실카드키	422
갤럭시리조트마카오	392
갤럭시마카오	466
거위구이	219
건샵거리	172
게스트하우스	419
게이트웨이아케이드	144
게이트웨이호텔홍콩	443
게커리	352
경마장	274
경찰핫라인	39
계란면	220
계란푸딩	381
고다드그룹	390
고담시티	391
곤돌라라이즈	388
골드릴	391
골든미키	321
골든보히니아	264
골든보히니아광장	255
골든상하이퀴진	310
골든코트	457
골든플라워	456
공항고속열차	62
공항리무진	52
공항면세점	56
공항철도	52
관음상	373
광동요리	80
광장분수	358
교하야시야	282
교황경계선	358
교황자오선	358
구름배의 여신	393
구슬바우어	134
구완차이우체국	258
구운오리밥	352
구찌	154
국제금융센터	232
국제상업센터	113, 425
국제상업센터 전망대	113
국제선	52
국제신용카드	37
국제직불카드	37
굿호프누들	166
궁	97
그랑프리박물관	373
그랜드리스보아	456
그랜드스탠포드 인터콘티넨탈	445
그랜드오비트	462
그랜드커넬스트리트	387
그랜드하얏트마카오호텔	463
그랜드하얏트홍콩	429
그리즐리걸치	322
그리즐리걸치 마차쇼	322

그린티허니드롭보디크림	93
글루세스터호텔	443
금불상	181
금붕어시장	161
금지옥엽	96, 205
기아성당	375
기아요새	375
길거리음식	89
김대건신부	363
까레이위단	90
까이단자이	90
깜와카페	165
깜풍카페	267
꽃보다 남자	97, 387, 462
꽃보다남자	383
꽃시장	160
꽃의 성당	363

ㄴ

나차사원	363
나트랑	126, 189
난리안가든	163
난징조약	28
난하이넘버원	148
남따이문	177
남반호수	372
납작면	220
넛츠포테라스	138
네이던로드	110
네팔	229
넵튠레스토랑	302
노천식당	226
노천카페	293
노호	209
눈꽃빙수	168
눈데이건	271
뉴타운플라자	189

ㄷ

다이너스티8	462
다즐링카페	131
다핑후오	223
단수여권	34
단팥푸딩	217
달걀빵	90
달로와요리카페	122
달리치약	94
담장마을	183
대기시간	56
대성당	359
대성당광장	359
대하구이	380
대형쇼핑몰	238
대호산	430
더골든피크	399
더나이트마켓	153
더다이닝룸	125, 282
더델스	216
더델스트리트	204

더럭스매너	440
더론	434
더리츠칼튼바앤라운지	467
더리츠칼튼카페	467
더매너	461
더미들로우바	446
더미라홍콩	435
더베란다	291
더보스토니안	431
더블르바드앳스튜디오시티	404
더세인트레지스바	461
더센터	205
더솔즈베리YMCA	447
더숍앳더블르바드	402
더스탑	315
더어퍼하우스	434
더엑셀시어홍콩	445
더원	149
더윈도우카페	446
더차이니즈레스토랑	445
더치커피	314
더팻피그바이톰애킨스	283
더페닌슐라 쇼핑아케이드	152
더페닌슐라홍콩	427
더포팅거홍콩	437
더폰	263
더프롬나드	405
더피크룩아웃	250
덩신리	393
데이트타르트	187
도교사원	209
도난	38
도난증명서	39
도둑들	96, 366
도망자 플랜.비	97
도미니크뷔냥	377
도성타왕	314
도세트완차이	447
돈알폰소1890	456
돌고래보트투어	314
돌체앤가바나	155
돔페드로5세극장	367
돼지고기만두	398
드래곤아이	231
등나무의자	207
디데크	318
디스커버리베이	316
디스커버리베이노스플라자	319
디스커홍콩	31
디저트전문점	131
디즈니온퍼레이드	320
디즈니할리우드호텔	323
딤딤섬	267
딤섬	82
딤섬아이콘	124
따이막유	90
딴탓	165
똥랭차	165
뚜또베네	139

ㄹ

라뒤레	145
라로칸다	143
라미엔샤오룽바오	123, 233
라우푸키누들숍	224
라운지앤바	119
라이브공연	393
라이온스파빌리온	247
라이트앤뮤직쇼	113
라이힌	467
라크호텔마카오	458
라틀리에드조엘로브송	215
라팔로마	459
란콰이퐁	230
란콰이퐁호텔@카우유퐁	441
란타우섬	306
란타우패스	307
란타우피크	311
란퐁유엔	222
람마섬	324
람마패밀리트레일	327
랑송플레이스호텔	438
랜드마크	197
랜드마크 만다린오리엔탈	434
랜드마크아트리움	235
랭함플레이스쇼핑몰	173
랭함홍콩	431
럭셔리호텔	425
럭키디저트	130
런닝맨	313, 372
레드페퍼레스토랑	277
레모리바	198
레몬첼로젤라토	381
레오A달리	201
레이가든	153
레디엠뉴욕	142
레이유문	176
레이유문마을	177
레이유문수산시장	177
레이저비전사	106
레이징리버	303
레인보우로징홍콩	452
레인보우씨푸드레스토랑	328
레인포레스트	303
레저시설	57
레지던스호텔	438
로드스토우베이커리	412
로드스토우카페	412
로마이까이	82
로바다야끼	432
로버트호퉁경도서관	367
로비라운지	121
로스우	455
로스트페킹덕	123
로우와시오	360
로우카우맨션	360
록스호텔	459
록차르하우스	218
롱송뮤	366
루이비통	154

룽얏힌	446	막스누들	221	바세린	93	빙셧	87
룽위엔	447	막스앤스펜서	148, 237	바운더리로드	110	빙셧스타일	266
룽토위엔	146	만다린그릴&바	429	바이오더마	93	뽀르또1815	374
뤼가드로드전망대	247	만다린오리엔탈마카오호텔	454	바칼라우크로켓	351		
르네상스홍콩하버뷰호텔	431	만다린오리엔탈콩	428	반얀트리마카오	468		
르살롱드떼 조엘로부숑	233	만다린하우스	369	발권	53	ㅅ	
르카페드조엘로부숑	145	만모사원	208, 209	발로나초콜릿	187	사건/사고	38
리가드스	284	만불사	181	방해금지	423	사단칠정론	389
리가든스그룹	281	만수향	408	배트맨다크플라이트	391	사망유희	277
리농티하우스	312	만와	116	백화유	94	샤오마이	82
리슈팀	263	만호	469	버바검프슈림프	249	사우나	57
리스토란테 일테아트로	456	만호차이니즈레스토랑	218	버섯리소토	395	사이완	333
리시어터	284	말차판나코타	130	버즈라이트이어아스트로블래스터	322	사이쿵	227
리츠칼튼마카오	467	망고	148	버터플라이온할리우드	441	사이폰	314
리치칼튼홍콩	425	망부성룡	208	번지점프	372	사찰음식	312
리카르도올리베이라	398	매닝스	92	번지트램폴린	302	사합원	369
리카싱	201	매치박스	279	범퍼블라스터	302	산리오캐릭터	109
리클리메이션스트리트마켓	174	매캐니즈요리	351	베네	395	산통점	162
리틀윈스타	124	매튜네이던	110	베네치안극장	388	산힝프라야스트리트	331
리펄스베이	288	맥심즈팰리스	213	베네치안리조트마카오	387	살바토레페라가모	154
리펄스베이맨션	289	맥커레이스튜디오	257	베네치안마카오리조트호텔	462	삼판선	298
리펄스베이비치	290	머레이하우스	294	베이비저러스	148	삼판씨푸드레스토랑	326
리포센터	201	메르하바	139	베이징덕	398	상그리아	378
릭샤이트싱버스	77	메인스트리트 USA	320	베이징요리	80	상업중심지구	192
린파쿵	273	메인스트리트스탠리바앤카페	295	베이징키친	397	상청샤비치	315
릴라우광장	369	메자9	464	베이징키친디저트플래터	398	상키콘지숍	225
릴세나도빌딩	365	메자9마카오	398	베트남쌀국수	126	상하이스트리트마켓	174
립테라피	93	면세점	56	변환플러그	28	상하이요리	80
		면세체인점	147	보리수소원성지	312	상하이탕	237
		모던차이나레스토랑	282	보스코락	390	새공원	160
ㅁ		모듬해산물	398	보안검색	55	새우볶음	351
마가렛 카페이나타	382	모스크	112	보제환	94	새우커리	352, 379
마담투소홍콩	245	몬스터스시	148	보증금	421	색계	96, 291
마라탕	381	몬테요새	362	보트하우스	295	샌즈그룹	387
마르셀반더스	436	몽콕	156	복합쇼핑몰	146	샌즈마카오호텔	457
마르코폴로홍콩	443	무간도	96	볼륨앤컬마스카라	94	샌즈코타이센트럴	394
마린월드	303	무료셔틀버스	355	봉주르	91	생존영어	40
마이뷰티다이어리	94	무민카페	142	부다오웽핫폿퀴진	282	생활용품	174
마이스	463	무어리시배럭	370	부처와의 산책	311	샤넬	154
마이옵절배토리	31	무이워	315	부타오라멘	278	샤샤	91
마이홍콩가이드	31	문교꼬치	90	북원카페	327	샤오롱바오	82
마인트레인	303	문창제군	209	분실	38	샤워실	57
마카롱	382	미니만리장성	333	뷰62	260	샤인스파	460
마카오	338	미니바	422	뷰티&드럭스토어	91	샤토라투르	399
마카오고메워크	401	미니버스	76	브로드웨이마카오	469	샤틴	178
마카오관광청	29	미도카페	166	브이쿠아리움	389	샤틴18	186, 442
마카오 국제불꽃놀이대회	372	미드레벨에스컬레이터	206	블레이크선착장	294	샤틴경마장	184
마카오국제불꽃놀이대회	341	미라웅	150	블루하우스	259	샤틴공원	182
마카오그랑프리	341	미라문호텔콩	436	블리바드	389	샤틴타운홀	182
마카오디저트	353	미스터심스올드스위트숍	240	비다리카	377	서미트	302
마카오레스토랑	128	미스틱마그네트	322	비둘기구이	380	선박대피소	272
마카오박물관	362	미스틱포인트	322	비비안웨스트우드카페	142	선상레스토랑	298
마카오반도	358	미우미우	298	비스트로온더밀	447	선셋투어	311
마카오반환	373	미주미	471	비염스틱	94	선아케이드	146
마카오솔찜	397	미즈미	456	비온캔틴	443	실축제	341
마카오예술축제	341	미키의 마술교향악단	321	비첸향	134, 383	성공회성당	202
마카오와인박물관	374	미하스스패니시레스토랑	295	비터스위트	409	성녀파티마의 행진	341
마카오 유심	347	민박	419	비행기탑승	57	성당예술관	361
마카오축제	341	밀크푸딩	279, 380	빅버스투어	76	성도미니크성당	360
마카오클럽	367	밍코트	439	빅부다	312	성라자루스	359
마카오타워	372			빅토리아공원	272	성로렌스성당	368
마카오파타카	339			빅토리아여왕동상	199	성아우구스틴성당	366
마카오페리터미널	347	ㅂ		빅토리아피크	242	성안토니오성당	363
마카오피셔맨스워프	375	바바라수녀	371	빅토리아하버	73	성요한성당	202
				빕구르망	123		

473

성월동화	96	스위트투스	130	아네스베시네마	257	에스까라	378
성프란시스코사비에르	368	스카이100	113	아네스베카페 L.P.G.	144	에스파소리스보아	413
성프란시스코사비에르성당	414	스카이라운지	136	아로차	380	에슬라이트	281
성호세성당	368	스카이셔틀	345	아르마니	234	에어포트호텔링크	65
성호세신학교	368	스카이워크	372	아르마니아쿠아	215	에펠타워	470
세계교회센터	373	스카이점프	372	아르테코	429	엑시비션센터	255
세관검사	59	스카이캡	471	아마가오	370	엘리먼츠	152
세관신고	54, 55	스퀘어에이트	455	아마사원	370	엘리자베스앤덴	93
세균학연구소	208	스타벅스 콘셉트스토어	216	아마축제	341	엘리자베스프링크	198
세나도광장	358	스타의 거리	108	아몬드쿠키	353	엘시드	139
세라두라	314, 353	스타의 정원	108	아베크롬비&피치	236	엠지엠마카오	455
세레나데차이니스레스토랑	126	스타페리	72	아보스	339	엠파이어시티 로스티드덕	122
세월신투	208	스타페리선착장	104	아시아월드엑스포	255	엠프리오아르마니	155
세인트레지스마카오	461	스탠다드캐빈	311	아싸지오트라토리아	264	여객터미널	56
세인트폴대성당유적	361	스탠리	292	아오먼	339	여권발급신청서	34
세일품목	175	스탠리마켓	293	아우구스틴사제단	366	여권유효기간	34
센트럴	192	스탠리 메인스트리트	293	아이스퀘어	148	여권준비	34
센트럴공중회랑	196	스탠리윙	263	아이클럽완차이호텔	440	여인가	170
센트럴빌딩	236	스탠리플라자	294	아이팩투어	30	여행예산	41
센트럴스타페리선착장	196	스탠톤스와인바+카페	229	아일랜드샹그릴라홍콩	430	여행일정	44
센트럴플라자	256	스토미스	231	아쿠아	119	여행자교통카드	67
셀러브리티퀴진	441	스튜디오라운지	323	아쿠아루나	73	여행자보험	39
셀프체크인	54	스튜디오시티마카오	390, 465	아쿠아시티	301	열혈남아	315
셔틀트레인	57	스트랩실	94	아크틱폭스덴	302	예만방	280
성완	192	스트로베리매직	382	아트갤러리몰	151	예스인@코즈웨이베이	450
셰파트리크델리	295	스티치엔카운터	322	아프리칸치킨	352, 380	오라	399
소고	151	스팀펑크스타일	391	안드레아스	471	오픈슈림프	379
소고기튀김면	378	스파앳팰리스	471	안드레푸	434	오픈스테이크	379
소고백화점	285	스파이시스	291	안전금고	422	오픈조개찜	379
소셜플레이스	213	스파이시크랩	169	안토니오레스토랑	409	오픈카페	379
소쿠완	328	스페이스마운틴	322	안티파스토	229	오블로센트럴	439
소피텔마카오앳폰테16	458	스포츠거리	170	알랭뒤카스	118	오션센터	142
소호	228, 400	스푼바이알랭뒤카스	118	알랭로베르	201	오션익스프레스	302
소호스파이스	229	스프링문	115	알레그리아	389	오션터미널	141
손문	207	스핀디자인스튜디오	115	알레산드로발리그나노	361	오션파크	300
솔로카페	314	슬링키독스핀	321	알레산드라하우스	234	오션파크타워	303
쇼콜라애프터눈티	120	승건시우보	257	알티마카오호텔	466	오스카초우	136
쇼핑리스트	93	시계탑	105	애니메이션센터	257	오이스터앤와인바	136
쇼핑센터	294	시노호텔스	437	애덤티하니	434	오존	135
쇼핑아케이드	236	시위엔지우지아	277	애버딘	296	오징어꼬치구이	90
쇼핑타운	152	시저펠리	201	애버딘해변산책로	297	오프라인면세점	56
숍앳베네치안	394, 402	시즌스바이올리비에엘저	278	애스콧마카오	457	오프라이스	31
숍앳코타이센트럴	394, 404	시티게이트아울렛	310	애프터눈티	84	오프라이스홍콩	30
숍앳파리지앵	470	시티버스뉴월드퍼스트버스	31	애플릿이	187	옥외에스컬레이터	206
숍앳포시즌	394	시티홀	200	앨런첸	393	옥토퍼스카드	61, 67
숍앳포시즌스	403	시티홀 맥심즈팰리스	213	야외테라스	251	온라인면세점	56
수몰	379	신	396	야우마테이	156	온케이	413
수상가옥촌	297	신기대교	314	얌차	277	올레이	93
수탑	408	신속해외송금지원제도	38	얏록레스토랑	220	올리브	229
수하물	54	신용카드	37	양조위	226, 291	올리비에엘저	278
수하물조회데스크	59	신지바이카네사카	464	어드벤처랜드	303, 321	올리오	310
수하물찾기	59	실버마인베이	315	어메니티	422	올유콘잇딤섬	231
숙박업소	419	실버코드	147	어메이징 아시안애니멀즈	301	옴니맥스쇼	107
순얏센기념관	207, 376	실크스타킹밀크티	222	어묵꼬치	353	옹핑 360케이블카	310
술 취한 용의 축제	341	심포니오브라이트	106	어반키친	469	옹핑빌리지	311
쉐라톤마카오 코타이센트럴	460	싱글티켓	69	어반팩	451	와인스펙테이터	117
쉐라톤홍콩호텔앤타워	426	싱럼쿠이	127	어보브앤비욘드	116, 433	와일드파이어	139, 248
슈손극장	257	싱인	435	어비스터보드롭	303	와펑	221
슈퍼포테이토	398	싱흥유엔	226	어퍼래스크로우	210	완차이	252
스누피월드	181	쌍둥이빌딩	201	에그요거트	125	완차이타이팻하우풋브리지	261
스누피테마파크	181	쑨원	207	에그타르트	353	완탕면	88, 233
스릴마운틴	302	쓰리온캔톤	443	에덴의 동쪽	97	완탕면전문	378
스마일오거트앤디저트바	133	쓰촨요리	80	에르메스	154	왓슨스	92
스시원	129	쓰촨육수	396			외교부계좌	38
스위트다이너스티	251					요금충전	68

요술가든레스토랑	323	일반버스	355	직항	35	카오룽모스크	112
요시하루카지	137	일반열차	53	진가발차오	399	카오룽반도	99
용선축제	33	일반페리	74	진공추출방식	314	카오룽샹그릴라홍콩	432
용수완	326	임페리얼코트	455	진미소	312	카오룽호텔	446
우드바	435	입국과정	58	짜우임싸이	81	카우케이레스토랑	226
우리 결혼했어요	372	입국심사	58			카이케이	171
우청전당포	261	입국홀	59			카트누들	90
운남쌀국수	127	입법부빌딩	199			카페103	120
운명처럼 널 사랑해	462			**ㅊ**		카페그레이디럭스	217, 434
올라	224			차슈	278	카페그레이바	434
올루물루프라임	149			차슈바오	82	카페다바라	459
워너브라더스	390	**ㅈ**		차슈소	82	카페데코그룹	231
워터프론트	301	자동출입국심사	55	차이나라운지	393	카페마르코폴로	444
원나잇푸드트립	213	자동티켓발매기	69	차이나바	231	카페베네	57
원더월	115	자딘하우스	198	차이나홍콩시티페리터미널	343	카페샤틴	187
원딤섬	164	자라플래그십스토어	238	차자이몐	90	카페 에스프레스	446
원숭이친구 알버트	322	자비의 성채	359	차찬탱	87	카페온엠	445
원앙차	165	자스파스	229	창어	436	카페폰타나	471
원피스	109	자이로스코프	107	창타이욱	183	칸드리무르그티카	399
원하버로드	262	작스	318	채터하우스	234	캐피탈카페	266
월리버드	302	잔액환불	68	천단대불	312	캔톤로드	154
윙치케이	219	장미잼	214	천사장 미카엘	361	캣스트리트	210
윙치키	378	장편	82	천장지구	205	캣힝스트리트	314
윙타이신사원	162	장폴에벵	143	첨밀밀	95, 132	커리어묵	90
웨스턴마켓	211	재래시장	170, 258	청소서비스	423	커리크랩	380
웨지우드티비	143	재키웡	440	청차우빵축제	33	커리탕	381
위스커스하버	301	저스트인	452	청차우섬	329	컨시어지	423
위탁수하물	55	저스틴폴	399	청콩공원	201	컨시어지키오스크	140
윈마카오호텔	455	전압	423	청콩센터	201	컬러믹스	92
윈에스플러네이드	471	전자여권	34	청킹맨션	111	컬렉션 오브 스타일	239
윈저하우스	287	전자제품거리	172	청포차이동굴	333	케이블카	301
윈팰리스	471	전통찻집	218	체쿵사원	184	케이일레븐	151
윈호텔 번영의 나무	342	점보수상레스토랑	298	체크아웃	421	코디 홍콩앳함플레이스	439
윈호텔의 분수쇼	342	정관응	369	체크인	421	코믹스홈베이스	257
윙레이	456	정글리버크루즈	321	체크인카운터	53	코비토즈칸	124
윙레이팰리스	471	정두	153, 233	첸만	393	코스	239
윙리스트리트	208	정어리구이	352	초이형윤	383	코알라빌딩	201
윙와누들숍	265	정크선	73	초콜릿	146	코이케이	383, 409
유네스코세계문화유산	340	제니베이커리쿠키	133	초콜릿커스타드번	125	코즈웨이베이	268
유심	60	제레미레일튼	392	초콜릿크런치케이크	187	코치	155
유아휴게실	57	제와르	399	추이와레스토랑	128	코타이센트럴	461
유엔포스트리트	160	제이드드래곤	397, 464	춘콘	82	코타이스트립	384
육포	353	제이드마켓	175	출국과정	52	코타이아레나	388
육포거리	383	제이미스이탈리안	143	출국심사	55	코타이워터젯	343
육포전문점	134	제인슨푸드앤리빙	281	출국장	55	콘래드호텔&리조트마카오	462
융키레스토랑	219	제프쿤스	471	출입국카드	58	콜렉션포인트	146
음식축제	33	조개찜	379	충성스런 의회	365	콜로안도서관	414
응급서비스	39	조르지오아르마니	155, 234	치린수도원	163	콜로안빌리지	411
응아팀카페	414	조반니바티스타티에폴로	387	치아오차우	231	콜로안빌리지로터리	412
의화호	327	조셉체	116	치즈번	134	콤보패키지	244
이소룡동상	108	조이스왕	434	치케이	173	쿠치나	114, 444
이슌밀크컴퍼니	279, 380	주방용품	174	치파오	237	쿡델리바이시티슈퍼	145
이스파	425	주빠빠오	353	치프미키	323	쿤하거리	407
이케아	286	죽가장	167	친친바	445	퀴진퀴진	117
이탈리안레스토랑	248	죽면전가	275	침사추이	100, 444	큐호텔	449
이티켓	36	중경삼림	95, 206	침차이키누들	220	크라운타워마카오	464
익세체인지스퀘어	198	중국국경	376	칭마대교	64	크랩콘지	378
익스트림스포츠	372	중국어	40			크랩트리앤에블린	93
인도요리	399	중국은행타워	202			크로싱 헤네시	266
인썸니아	231	중추절축제	33	**ㅋ**		크리스탈제이드	123, 233
인천국제공항	52	지앙슈주정원	163	카르보나라	395	크리스탈제이드 라미엔샤오롱바오	233
인터넷	423	지.오.디	240	카몽이스정원	364	크리스탈캐빈	311
인터넷카페	57	지혜의 길	313	카사정원	364	클라렌스입	233
인터콘티넨탈홍콩	426	직불카드	37	카수토	370	클럽큐빅	390
일기예보	32	직통열차	53	카오룽공원	112	클렌징워터	93

클리퍼라운지	214, 429	틴틴바	188, 442	포팅거스트리트	205	함틴완	333
키스미히로인	94	틴하우사원	161, 274, 290, 294, 297	포호	209	핫닷컴	171
키친11	282	팀스키친	153	폭찹누들	381	핫폿	396
		팀호완	212	폴라로이드벤처	302	항공권	35
				푸드리퍼블릭	147, 310	항공사라운지	56
ㅌ				푸드코트	173	항우	381
타락천사	111	**ㅍ**		푸드코트아울렛	400	해변마을	297
타워클라임	372	파리지앵마카오	470	푸드포럼	283	해변산책로	105
타이거밤	94	파빌리온오브하모니	185	푸아그라버거	398	해사박물관	371
타이레이로이케이	410	파사드	361	풀바	442	해산물라이스	380
타이오	313	파소스성채의 행진	341	프라다	155	해안산책로	413
타이오마켓	314	파스타앤피자	395	프라다아울렛	298	해외여행자보험	38
타이윤시장	258	파스텔라리아세인트폴	383	프라모델	172	해피밸리경마장	274
타이청베이커리	222	파스텔라리아 펑케이	410	프란스하라리	392	해피투게더	132
타이파빌리지	406	파오갤러리	257	프랑코드라곤	389	핸드크림	93
타이파주택박물관	407	파울라우	115	프랑프랑	286	행복의 거리	366
타이파·콜로안역사박물관	407	파이콧	82	프레스턴베일리	471	행운의 다이아몬드	342
타이파페리터미널	347	파이토시	165	프레타망제	233	행운의 용	342
타이팍비치	319	파인애플번	165	프렌치레스토랑	278, 295	허니디저트	227
타이푼셸터	272	파크레인쇼퍼스블루바드	150	프로즌요거트	133	허니베스앤샤워크림	93
타이핑쿤	276	파티세리	187	프린스빌딩	235	허니토스트	131
타이항화룡춤축제	273	파티시에	187	프린스호텔	444	허유산	132
타임스스퀘어	283	파파라치	139	프린지클럽	204	헤밍웨이바이더베이	319
타잔트리하우스	321	팍타이사원	332, 408	플라자할리우드	175	헤어레이저	302
탐궉펑	397	판다스호스텔	449	플로스	135	헤이마켓	185
탐자이윈난누들	164	판타지랜드	321	피쉬앤칩스	319	헨리무어	198
탐쿵사원	415	팜코트	431	피에르에르메	144	헨리미스틱경	322
탑승동	57	팟시우라우	379	피엠큐	206	헨리포팅거	205
탑승수속	53	패션워크	285	피크갤러리아	246	헬로우키티	167
탓츠앤루프테라스	446	퍼시픽커피컴퍼니	249	피크전경	430	헬로우키티 오브리가두	382
탕웨이	266	퍼시픽플레이스	238	피크타워	245	헬로우키티차이니즈퀴진	167
탕코트	431	퍼시픽어	303	피크트램	244	헬무트랑	298
태양의 서커스	389	퍼포먼스레이크	471	피터미오디스	434	호놀룰루쿠키숍	266
태틀러	124	펑순탕	368	필립여신동상	108	호라이즌플라자	299
택시분실물센터	38	페닌슐라 더로비	121			호미인	450
터보젯	343	페디캡	350			호스텔	448
테이스트오브아시아	401	페리보딩	60	**ㅎ**		호텔리무진버스	65
템사	466	페리에주에	390	하가우	82	호텔아이콘	433
템플스트리트야시장	321	페스티벌 오브더라이온킹	321	하드록마카오호텔	465	호텔오쿠라마카오	468
템플스파이시크랩스	169	페이지에	171	하드록카지노	389	호텔인디고	437
토니윙	257	페킹가든	124	하드록카페	231	호텔인디고 홍콩아일랜드	437
토니윙디저트&카페	189	페킹덕	123	하버그랜드카오룽	432	호텔인홍콩	30
토스카		펜디	155	하버그릴	432	호텔·카지노 셔틀버스노선	348
토이솔저 패러슈트드롭	321	펜폴드공원	185	하버시티	140	호텔코치	65
토이스토리랜드	321	펜하성당	371	하얏트리젠시 샤틴18	186	호프웰센터	260
토탈이펙트크림	93	펜하언덕	371	하얏트리젠시홍콩	444	호흥키	275
톰애킨스	263	펠리시다데거리	366	하얏트리젠시홍콩 샤틴	442	홀리데이인골든마일	446
톱숍	239	펠리에르	93	하얏트리젠시 휴고스	117	홀리데이인마카오 코타이센트럴	461
통라우	261	펠릭스	137	하우스오브댄싱워터	342, 389	홈리스	241
통팍푸	168	펠릭스비거	137	하우스오브매직	342, 392	홈스퀘어	188
투모로우랜드	322	평원산	313	하이난다오	281	홉인	451
퉁완비치	332	평화기념비	199	하이산개발	281	홍차	85
트램	78	포레스트캠프	249	하이산플레이스	315	홍콩3D박물관	108
트램노선	79	포르투갈식 바지락볶음	351	하청샤비치	415	홍콩공원	203
트리플오	153	포르투갈식 해산물밥	352	학사비치	57	홍콩과학박물관	110
트릭아이미술관	246	포르투기즈 디저트 플래터	398	한국문화박물관	419	홍콩관광안내소	59
특별행정자치구	28	포린사원	312	한인모텔	149	홍콩관광진흥청	29
티갤러리아홍콩	147	포브스트래블가이드	425	할란스	247	홍콩국제공항페리터미널	345
티우드	148	포송	145	할렉로드	33	홍콩달러	28
티티카카	147	포시즌마카오호텔	463	할로윈축제	323	홍콩대관람차	197
티파니스뉴욕바	445	포시즌호텔홍콩	428	할리우드&다인	210	홍콩동식물공원	203
티플러스	383	포야미	251	할리우드로드	35	홍콩디즈니랜드	320
티핀	262	포에버홍콩	29	할인항공권	82	홍콩디즈니랜드호텔	323
틴렁힌	115	포우사다산티아고	459	함쏘이꿕		홍콩-마카오페리터미널	344
						홍콩문화센터	106

찾아보기

홍콩상하이은행	200
홍콩설축제	33
홍콩섬	191
홍콩아일랜드	437
홍콩아트센터	257
홍콩역사박물관	109
홍콩와인	33
홍콩우주박물관	107
홍콩의학박물관	208
홍콩이야기	29
홍콩중문대학교	185
홍콩중앙도서관	273
홍콩축제	33
홍콩컨벤션	255
홍콩컨벤션&엑시비션센터	429
홍콩택시	66
홍콩파크모텔	448
홍콩펄스3D라이트쇼	33
홍콩페리	31
홍콩해사박물관	196
홍콩헤리티지디스커버리센터	112
홍콩헤리티지박물관	183
화강암계단	205
화룡암축제	273
환전	36
황금바람개비	184
황금연꽃광장	373
황금혼천의	387
황후상광장	199
훙싱사원	260
휴고스	117
흑진주마스크	94
희망의 성녀교회	359
히트	97, 314

숫자

2박 3일 추천일정	44
3박 4일 추천일정	44
4대 요리	80
4박 5일 추천일정	44
5박 6일 추천일정	44
38라운지	466
360 Holidays Guided Tour	311
360 Lantau Sunset Tour	311
360 데이패스	307
888뷔페	457
888푸드코트	457
1010센터	61
1881 Heritage	146
1881헤리티지	146

A

Abercrombie&Fitch	236
Aberdeen	296
Aberdeen Promenade	297
Above&Beyond	116
Adam Tihany	434
Adventure Land	303, 321
AEL	62
AEL 무료셔틀버스	63
African Chichen	352
African Chicken	380
agnès b. CAFÉ L.P.G.	144
Airline Lounge	56
Airport Express Line	62
Airport Hotelink	65
Alain Ducasse	118
Alain Robert	201
Alan Chan	393
Alexandra House	234
Allesandro Valignano	361
All you can eat Dim Sum	231
Almond Cookies	353
A Lorcha	380
Altira Macau	466
A-ma Festival	341
A-ma Temple	370
Amazing Asian Animals	301
Amêijoas a Bulhao Pato	351
Amenity	422
Andre Fu	434
Antipasto	229
António Restaurant	409
Aqua	119
Aqua City	301
Aqua Luna	73
Arctic Fox Den	302
AREX	52
Armani/Aqua	215
Arroz de Marisco	352
Arroz de Pato	352
Artdeco	429
Asia World Expo	255
Assaggio Trattoria	264
Aurora	399
Avos	339

B

b+ab	147
BabiesЯus	148
Bamboo Village	167
Bank of China Tower	202
Banyan Tree Macau	468
Batman Dark Flight	391
Bee Cheng Hiang	134
Beijing Kitchen	397
Bene	395
BIB Gourmand	123
Biblioteca de Coloane	414
Biblioteca Sir Robert Ho Tung	367
Big Buddha	312
Big Bus Tours	76
Bird Garden	160
Bitter Sweet	409
Blake Pier At Stanley	294
BLT Burger	141
BLT Steak	141
BLT버거	141
BLT스테이크	141
Blue House	259
Bodhi Wishing Shrine	312
Bongjour	91
Bookworm Cafe	327
Border Gate	376

C

Bosco Lam	390
Boundary Rd.	110
Broadway Macau	469
Bubba Gump Shrimp	249
Budaoweng Hotpot Cuisine	282
Bumper Blasters	302
Bungee Trampoline	302
Butao Ramen	278
Butterfly on Hollywood	441
Buzz Light-year Astro Blasters	322
Cable Car	301
Café 103	120
Cafe Deco Group	231
Café e Nata Margaret's	382
Café Gray Deluxe	217
Café Nga Tim	414
Café Ou Mun	379
Cafe Sha Tin	187
Camarão de Caril	352
Camarão Frito	351
Camoes Garden	364
Canton Road	154
Capela de Nossa Senhora...	371
Capela de Santo Francisco...	414
Capital Cafe	266
Carbonara	395
Caril de Caranguejo	352
Cart Noodle	90
Casa do Mandarin	369
Casa Garden	364
Casa Memorial do Dr. Sun...	376
Casas Museu da Taipa	407
Case de Lou Kau	360
Cassuto	370
Cathedral	359
Cat Street	210
Causeway Bay	268
Cemitério Protestante	365
Central	192
Central Building	236
Central Elevated Walkway	196
Central Plaza	256
Central Star Ferry Pier	196
Cesar Peili	201
CHANEL	154
Chang'e	436
Chapel of Our Lady of Penha	371
Charter House	234
Château Latour	399
Check-In	421
Check-out	421
CHEE KEI	173
Chef Mickey	323
Che Kung Temple	184
Cheung Chau Island	329
Cheung Kong Centre	201
Chez Patrick Deli	295
Chi Lin Nunnery	163
China HK Ferry Terminal	343
Chinese New Year	341
Chung king Mansion	111
Ciao Chow	231
Citybus NWFB	31
Citygate Outlets	310
City Hall	200
City Hall Maxim's Palace	213
Clipper Lounge	214
Clock Tower	105
Club Cubic	390
Coach	155
Codfish Cakes	351
Collection of Style	239
Collect Point	146
Coloane	411
Coloane Village Rotary	412
Colourmix	92
Combo Package	244
Comix Home Base	257
Conrad Hotels&Resorts...	462
CookedDeli by City'super	145
Cordis HK at Langham Place	439
COS	239
Cotai Arena	388
Cotai Central	460, 461
Cotai Strip	384
Crown Towers Macau	464
Crystal Cabin	311
Cucina	114
Cue Hotel	449
Cuisine Cuisine	117
Curry Crab	352, 380
Curry Fish Ball	90
Curry Prawn	379

D

DALLOYAU Le Café	122
Da Ping Huo	223
Darlie Toothpaste	94
DC코믹스	390
D'Deck	318
Deep Fried Prawns	380
Deposit	421
Dim Dim Sum	267
Dim Sum Icon	124
Discover HK	31
Discovery Bay	316
Discovery Bay North Plaza	319
Disney On Parade	320
Disney's Hollywood Hotel	323
Doca dos Pescadores	375
DOLCE&GABBANA	155
Dolphin Travel Boat	314
Dominique Bugnand	377
Dom Pedro V Theatre	367
Dorsett Wan Chai	447
Dragon Boat Carnival	33
Dragon-I	231
Dragon of fortune	342
Dr. Sun Yat Sen Memorial...	376
Dr. Sun Yat-Sen Museum...	207
Duddell's	216
Duddell Street	204

477

E

Edifício do Leal Senado	365
Egg Tart	353
Egg Waffle	90
El Cid	139
ELEMENTS	152
Elisabeth Frink	198
Empire City Roasted Duck	122
Emporio Armani	155
Enchanted Garden Restaurant	323
ESPA	425
Estátua de Kun Iam	373
Exchange Square	198
Exhibition Centre	255

F

Façade	361
Fantasy Land	321
Fashion Walk	285
Fauchon	145
Feast of the Drunken Dragon	341
Fei Jie	171
Felix	137
Felix Bieger	137
FENDI	155
Ferry	74
Ferry Boarding	60
Festival of the Lion King	321
Fish Cake Skewers	353
Flat White Noodle	220
Floss	135
Flower Market	160
Food Court	173
Food Court Outlets	400
food republic	147
Forbes Travel Guide	425
Fortaleza da Guia	375
Forte do Monte	362
Four Seasons Hotel HK	428
Four Seasons Macau	463
Fourtune Diamond	342
Franc Franc	286
Franco Dragone	389
Franz Harary	392
Fresh Crab Congee	378
Fried Clams in Portuguese...	351
Fried Noodle with Beef	378
Fried Shrimp	351
Fringe Club	204

G

Galaxy Macau	466
Galaxy Resort Macau	392
Galinha Africana	352
Galo	408
Garden of Stars	108
Gas Lamp	204
Gatewa Cuisine	177
Gateway Arcade	144
Gateway Hotel Hong Kong	443
Geyser Gulch	322
Ghevar	399
Giorgio Armani	155
Giovanni Battista Tiepolo	387
Gloucester Hotel	443
Goddard Group	390
Golden Bauhinia	264
Golden Bauhinia Square	255
Golden Mickey's	321
Golden Reel	391
Goldfish Market	161
Gondola Rides	388
Good Hope Noodle	166
Goods Of Desire	285
Grand Hyatt Hong Kong	429
Grand Hyatt Macau Hotel	463
Grand Lisboa	456
Grand Prix Museum	374
Grand Stanford Interconti...	445
Grilled Sardines	352
Grizzly Gulch	322
GUCCI	154
Guia Fortress	375
Guschlbauer	134
Gyroscope	107

H

Hair Raiser	302
Halloween	33
Ham Tin Wan	333
Happy Together	145
Happy Valley Racecourse	274
Harbour City	140
Harbour Grand Kowloon	432
Hard Rock Cafe	231
Hard Rock Casino	389
Hard Rock Macau Hotel	465
Harlan's	149
Harlech Rd.	247
Hello Kitty Chinese Cuisine	167
Hello Kitty Obrigado	382
Hemingway's by the Bay	319
Heng You	381
Henry Moore	198
Henry Pottinger	205
HERMÉS	154
HK 3D Museum	108
HK Ferry	31
Ho Hung Kee	275
Holiday Inn Golden Mile	446
Holiday Inn Macao	461
Hollywood and Dine	323
Hollywood Road	210
Holy House of Mercy	359
Homeless	241
HomeSquare	188
Homy Inn	450
Honeymoon Dessert	227
Hong Kong Arts Centre	257
Hong Kong Central Library	273
Hong Kong Convention	255
Hong Kong Cultural Centre	106
Hong Kong Disneyland	320
Hong Kong Disneyland Hotel	323
Hong Kong Heritage Museum	183
Hong Kong Airport Ferry...	345
Hong Kong-Macau Ferry...	344
Hong Kong Maritime Museum	196
Hong Kong Museum of History	109
Hong Kong Park	203
Hong Kong Park Motel	448
Hong Kong Science Museum	110
Hong Kong Space Museum	107
Honolulu Coffee Shop	266
Hopewell Centre	260
Hop Inn	451
Horizon Plaza	299
Hot.com	171
Hotel Coach	65
Hotel ICON	433
Hotel Indigo HK Island	437
Hotel Okura Macau	468
HSBC	200
Hugo's	117
Hui Lau Shan	132
Hung Shing Temple	260
Hyatt Regency HK	442, 444
HYSAN Place	281

I

ICC	113, 425
Iclub Wan Chai Hotel	440
i-Concierge Kiosk	140
IFC	197
ifc Mall	232
ifc몰	232
Igreja da Sé Macau	359
Igreja de Santo Agostinho	366
Igreja de Santo António	363
Igreja de Santo Lourenço	368
Igreja de São Domingos	360
IKEA	286
Insomnia	231
Intercontinental Hong Kong	426
International Commerce Center	113
International Finance Centre	197
Internet	423
Island Shangri-la Hong Kong	430
ISQUARE	148
i.t	147
IT체험관	57

J

Jacky Wong	440
Jade Dragon	397
Jade Market	175
Jamie's Italian	143
Jardim de Camões	364
Jardim de Casa	364
Jardine House	198
Jaspa's	229
Jean-Paul Hevin	143
Jeff Koons	471
Jenny Bakery Cookies	133
Jeremi Railton	392
Jerky Street	383
Jhinga Balchao	399
Joseph Tse	116
Joyce Wang	434
J Plus Hotel by YOO	438
Jumbo Floating Restaurant	298
Jungle River Cruise	321
Just Inn	452
Justin Paul	399
JW Marriott Hong Kong	430
JW Marriott Hotel Macau	469
JW메리어트호텔마카오	469
JW메리어트홍콩	430
JW키즈살롱	469
J플러스호텔바이유	438

K

K-11	151
Kai Kei	171
KAL라운지	56
Kam Fung Cafe	267
Kam Wah Cafe	165
Kandari Murgh Tikka	399
Kat Hing Street	314
Kau Kee Restaurant	226
Kitchen Eleven	282
Knutsford Terrace	138
Kowloon Park	112
Kowloon Shangri-La HK	432
KTX	53
Kwong Wa St.	172
Kyo Hayashiya	282

L

Ladies Market	170
Ladurée	145
Lady M New York	142
LA LOCANDA by Giancarlo...	143
Lamma Family Trail	327
Lamma Island	324
Landmark ATRIUM	235
Landmark Mandarin Oriental	434
Lan Fong Yuen	222
Langham Place Shopping Mall	173
Lan Kwai Fong	230
Lan Kwai Fong Hotel	441
Lanson Place Hotel	438
Lantau Island	306
Lantau Pass	307
Lantau Peak	311
L'Arc Hotel Macau	458
Largo do Lilau	369
Laservision	106
L'atelier de Joël Robuchon	215
Law Fu Kee Noodle Shop	224
Le Café de Joël Robuchon	145
Lee Gardens	284
Lee Theatre	284
Legislative Council Building	199
Lei Garden	153
Leitaria I Son	380
Lei Yue Mun	176
Lei Yue Mun Seafood Bazzar	177

Lei Yue Mun Village	177	MICE	463	Old Wan Chai Post Office	258	Procession of Our Ladu...	341
Lemoncello Gelato	381	Mickey's Philhar Magic	321	Olive	229	Pulse 3D Light Show	33
Leo A Daly	201	Mid-Autumn Festival	33	Olivier Elzer	278		
LE SALON DE THÉ de Joël...	233	Mid-Levels Escalator	206	Omnimax Show	107	**Q~R**	
Lilau Square	369	Mido Cafe	166	One Dim Sum	164		
Lin Fa Kung	273	Mijas Spanish Restaurant	295	One Harbour Road	262	Q88와이바	430
Linong Tea House	312	Mine Train	303	On Kei	413	Quartel dos Mouros	370
Lions Pavilion	247	Minibar	422	Oolaa	224	Rafts to Tarzan Tree House	321
Lippo Centre	201	Mini Bus	76	OpenRice	31	Raging River	303
Lobby Lounge	121	Mini Great Wall	333	Oscar Chow	136	Rainbow Lodge HK	452
Lock Cha Tea House	218	Miramar Mall	150	Ou Mun Clams	379	Rainbow Seafood Restaurant	328
Loong Toh Yuen	146	Mira Moon Hotel	436	Ou Mun Shrimps	379	Rainforest	303
Lord Henry Mystic	322	Modern China Restaurant	282	Ou Mun Steak	379	RC레이서	321
Lord Stow's Bakery	412	Monster Sushi	148	Outer Harbour Ferry Terminal	347	Reclamation Street Market	174
Lord Stow's Café	412	Monte Fort	362	Ovolo Central	439	Renaissance HK Harbour...	431
Lotus Square	373	Moomin Café	142	Oyster&Wine Bar	136	Repulse Bay	288
LOUIS VUITTON	154	Moorish Barracks	370	OZONE	135	Repulse Bay Beach	290
Lou Kau Mansion	360	MOP	339			Repulse Bay Mansion	289
Lounge&Bar	119	Mr Simms Olde Sweet Shoppe	240	**P**		Restaurante Escada	378
Lower Cheung Sha Beach	315	MTR	68			Restaurante ESpaço Lisboa	413
Loyal Senate	365	MTR Mobile	31	Pacific Coffee Company	249	Restaurante Fat Siu Lau	379
Lucky Dessert	130	MTR Tourist	31	Pacific Pier	303	Ricardo Oliveira	398
Lugard Road	247	MTR 노선도	70	Pacific Place	238	Rice Noodle House	127
		MTR모바일	31	Pak Tai Temple	332, 408	Rickshaw Sightseeing Bus	77
M		MTR 탑승	72	Panda's Hostel	449	Risotto ai Funghi di Bosco	395
		MTR투어리스트	31	Pan Fried Minced Pork...	398	Ritz-Carlton Macau	467
Macanese Cuisine	351	Mui Wo	315	Paparazzi	139	Roast Duck Rice	352
Macao Museum	362	Murray House	294	Park Lane Shopper's ...	150	Roasted Peking Duck	123
Macau Arts Festival	341	Museu da História da Taipa...	407	Pastelaria Fung Kei	410	Rocks Hotel	459
Macau Dessert	353	Museu de Arte Sacra	361	Pastelaria Koi Kei	409	Room Card Key	422
Macau Fisherman's Wharf	375	Museu de Macau	362	Patisserie	187	Room Cleaning Service	423
Macau Gourmet Walk	401	Museu do Grande Prémio	373	Paul Lau	115	Rua da Felicidade	366
Macau Grand Prix	341	Museu do Vinho de Macau	374	Peak Tower	245	Rua do Cunha	407
Macau Of Pataca	339	Museu Marítimo	371	Peak Tram	244	Ruins of Santo Paul's	361
Macau Restaurant	128	My Hongkong Guide	31	Pedi Cab	350		
Macau Taipa Ferry Terminal	347	MyObservatory	31, 32	Peking Duck	398	**S**	
Macau Tower	372	Mystic Magneto	322	Peking Garden	124		
Madame Tussauds HK	245	Mystic Point	322	Performance Lake	471	Safety Deposit Box	422
Main Street Stanley Bar&Cafe	295			Performance Lake of Wynn...	342	Saint Anthony Church	363
Main Street USA	320	**N**		Perrier Jouët	390	Saint Augustinian Church	367
Mak's Noodle	221			Peter Remedios	434	Saint Dominic's Church	360
Mandarin Oriental Hong Kong	428	Nanhai no.1	148	Pho Yummee	251	Saint Joseph's Church	368
Mandarin Oriental Macau Hotel	454	Nan Lian Garden	163	Pierre Hermé	144	Saint Lawrence Church	368
Mandarin's House	369	Na Tcha Temple	363	Pino Lavarra Chef	116	Saint Paul's Cathedral	361
Mango	148	Nathan Rord	110	Plaza Hollywood	175	Sai Wan	333
Man Ho Chinese Restaurant	218	Nepal Nepalese Restaurant	229	PMQ	206	Sai Yeung Choi St.	172
Man Mo Temple	209	Neptune's Restaurant	302	Po Chai Pills	94	Salvatore Ferragamo	154
Mannings	92	New Town Plaza	189	POHO	209	Sampan	298
Man Wah	116	Ngong Ping 360 Cable Car	310	Polar Adventure	302	Sampan Seafood Restaurant	326
Marcel Wanders	436	Ngong Ping Village	311	Polin Monastery	312	Sands Cotai Central	394
Marco Polo Hong Kong	443	Nha Trang	126, 189	Pork Chop Bun	353	Sands Macao Hotel	457
Marine World	303	NOHO	209	Pork Chop Noodle	381	Sang Kee Congee Shop	225
Maritime Museum	371	Noon Day Gun	271	Portas do Cerco	376	Sangria	379
Marks&Spencer	148			Porto1815	374	San Hing Praya Street	331
MARKS&SPENCER	237	**O**		Pottinger Street	205	Santa Casa da Misericordia	359
Mass Transit Railway	68			Pousada de Sao Tiago	459	Sardinhas Assadas	352
Matcha Panna Cotta	130	Observation Wheel	197	Praça do Largo do Senado	358	SaSa	91
Match Box	279	Ocean Centre	142	PRADA	155	Seafood on Ice	398
Matthew Nathan	110	Ocean Express	302	Prada Outlet	298	Seafood Rice Portuguese ...	352
Maxim's Palace	213	Ocean Park	300	Praia de Hác Sá	415	Seasons by Olivier Elzer	278
Meat Jerky	353	Ocean Terminal	141	Preson Bailey	471	Seminário E Igreja de Santo...	368
Merhaba	139	Ocen Park Tower	303	Pret A Manger	233	Senado Square	358
Mezza 9 Macau	398	Octopus Card	61	Prince Hotel	444	Serenade Chinese Restaurant	126
MGM Macau	455	Old Protestant Cemetery	365	Prince's Building	235	Serradura	353

Shaghai St. Market	174	Sushi One	129	The Shops at The Boulevard	402	Waterfront Promenade	105
Shanghai Tang	237	Sweet Tooth	130	The Stoep	315	Watsons	92
Sha Tin	178, 442	SW스테이크하우스	471	The St. Regis Macao	461	Wedgwood Tea Bar	143
Sha Tin 18	186	Symphony of Lights	106	The Summit	302	Western Market	211
Sha Tin Park	182	Syphon	314	The Sun Arcade	146	West Villa Restaurant	277
Sha Tin Racecourse	184			The Sweet Dynasty	251	Whirly Bird	302
Sha Tin Town Hall	182			The Upper House	434	Whiskers Harbour	301
Sheraton HK Hotel&Towers	426	**T**		The Venetian Macau Resort...	462	White Flower Oil	94
Sheraton Macao Hotel	460	Tai Cheung Bakery	222	The Venetian Resort Macau	387	W Hong Kong	435
Sheung Wan	192	Tai Lei Loi Kei	410	The Venetian Theatre	388	WildFire	139
Shoppes at Cotai Central	404	Tai O Market	314	The Verandah	291	Wildfire Pizza Bar&Grilled	248
Shoppes at Four Seasons	403	Tai Pak Beach	319	The Waterfront	301	Wimunpeong	280
Shoppes at Venetian	402	Tai Ping Koon	276	Thrill Mountain	302	Windsor House	287
Shrimp in Curry Sauce	352	Tai Yuen St. Market	258	Tiffin	262	Wine&Dine Month	33
Sing Heung Yuen	226	Tam Chai Yunnan Noodles	164	Tiger Balm	94	Wine Museum	374
Single Journey Ticket	69	Tam Kwok Fung	397	Times Square	283	Wing Lee Street	208
Sing Lum Khui	127	Tastes of Asia	401	Tim's Kitchen	153	Wing Wah Noodle Shop	265
Sir Robert Ho Tung Library	367	Tasty Congee&Noodle Shop	153	Tin Hau Temple	161, 274, 290, 297	Wisdom Path	313
SKY100	113	Tasty Congee&Noodle Wantun...	233	Tin Lung Heen	115	Wonderwall	115
SkyCab	471	Tatler	124	Tin Tin Bar	188	Wong Chi Kei	219, 378
Sky Lounge	136	Tea Plus	383	TITICACA	147	Wong Tai Sin Temple	162
Slivercord	147	Teatro Dom Pedro V	367	Tomorrow Land	322	Wonton Noodle in Soup	233
Smile Yogurt&Dessert Bar	133	Teawood	148	Tong Pak Fu	168	Wonton Noodle Soup	88
Snoopy's World	181	Temple Spicy Crabs	169	Tony Wong Dessert&Café	189	Woo Cheong Pawnshop	261
Social Place	213	Temple St. Night Market	169	Topshop	239	Wooloomooloo Prime	149
Sofitel Macau at Ponte 16	458	Templo de Á-Ma	370	Torre de Macau	372	Wynn Esplanade	471
SOGO	151, 285	Templo de Na Tcha	363	Tosca	115	Wynn Macau Hotel	455
Soho	228	Templo de Tam Kung	415	Tourist Tickets	67	Wynn Palace	471
SOHO	400	Ten Thousand Buddhas...	181	Toy Story Land	321	W홍콩	435
SOHO SPICE	229	T Galleria HONGKONG	147	Tram	78		
Sok Kwu Wan	328	The Abyss Turbo Drop	303	Tree of Prosperity	342		
Solo Cafe	314	The Boat House	295	Trick Eye Museum Hong Kong	246	**X~Z**	
Space Mountain	322	The Boulevard	389	Triple-O's	153	Xin	396
Spices	291	The Boulevard at Studio City	404	Tsang Tai Uk	183	Yat Lok Restaurant	220
Spin Design Studio	115	The Centre	205	Tsim Chai Kee Noodle	220	Yee Shun Milk Company	279
Spoon by Alain Ducasse	118	The Cheung Chau Bun Festival	33	Tsim Sha Taui	444	Yellow Noodle	220
Sports St.	170	The China Bar	231	Tsim Sha Tsui	100	Yesinn@Causeway Bay	450
Spring Moon	115	The Chinese University of HK	185	Tsui Wah Restaurant	128	Yong Shue Wan	326
Standard Cabin	311	The Dining Room	125, 282	Tung Wan Beach	332	Yoshiharu Kaji	137
Stanley	292	The Excelsior Hong Kong	445	Tutto Bene	139	Yuen Po St.	160
Stanley Main Street	293	The Fat Pig by Tom Aikens	283	Typhoon Shelter	272	Yung Kee Restaurant	219
Stanley Market	293	The Golden Peacock	399			Zak's	318
Stanley Plaza	294	The HK Observation Wheel	197			Zara Flagship Store	238
Starbucks Concept Store	216	The House of Dancing...	342, 389	**U~V**			
Star Ferry	73	The House of Magic	342, 392	Upper Cheung Sha Beach	315		
Star Ferry Pier	104	The House Of Magic	392	Upper Lascar Row	210		
Statue of Guan Yin	373	The Kowloon Hotel	446	Urban Pack Hostel	451		
Statue Square	199	The Langham Hong Kong	431	USIM	60, 347		
Staunton's Wine Bar+Cafe	229	The Lobby	121	Victoria Park	272		
Steamed Egg	381	The Luxe Manor	440	Victoria Peak	242		
Steamed Macau Sole	397	The Mira Hong Kong	435	Vida Rica Restaurant	377		
Steamed Milk	381	The Night Market	153	Vila da Taipa	406		
St. Francisco Xavier	368	The ONE	149	Vila de Coloane	411		
Stitch Encounter	322	The Parisian Macau Hotel...	470	Vivienne Westwood Café	142		
St. John's Cathedral	202	The Pawn	263	Voltage	423		
St. Michael Archangel	361	The Peak Galleria	246	Vquarium	389		
Stormies	231	The Peak Lookout	250				
Strawberry Magic	382	The Peninsular Hong Kong	427				
Street Foods	89	The Peninsula Shopping...	152	**W**			
Strepsil	94	The Pottinger Hong Kong	437				
Studio City Macau	390, 465	The Promenade	405	Wah Fung	221		
Studio Lounge	323	The Red Pepper Restaurant	277	Walking with Buddha	311		
Sumol	379	The Ritz-Carlton Hong Kong	425	Wan Chai	252		
Superb Roasted Pigeon	380	The Salisbury YMCA	447	Wan Chai Tai Fat Hau Foot...	261		
SuperPotato	398